# 2022
# 中国汽车市场展望

国家信息中心 编

机械工业出版社

本书是研究中国汽车市场2021年现状与2022年发展趋势的权威性书籍。

本书是汽车及相关行业众多专家、学者分析研究成果的集萃。全书分为宏观环境篇、市场预测篇、细分市场篇、市场调研篇、专题篇及附录（与汽车行业相关的统计数据等）六大部分。

本书全面系统地论述了2021～2022年中国汽车市场的整体态势和重、中、轻、微各型载货汽车，大、中、轻、微各型载客汽车，高级、中级、普通级、微型等各种档次轿车市场的发展态势，以及汽车市场的重点需求地区和主要需求区域的市场运行特征。

集研究性、实用性、资料性于一体的《2022中国汽车市场展望》，是政府部门、汽车整车制造商、零部件制造商、汽车研究部门、汽车相关行业、金融证券等领域研究了解中国汽车市场和汽车工业发展趋势的必备工具书。

## 图书在版编目（CIP）数据

2022中国汽车市场展望 / 国家信息中心编. — 北京：机械工业出版社，2022.3
ISBN 978-7-111-70333-4

Ⅰ. ①2… Ⅱ. ①国… Ⅲ. ①汽车—国内市场—市场预测—中国—2022 Ⅳ. ①F724.76

中国版本图书馆CIP数据核字（2022）第041788号

机械工业出版社（北京市百万庄大街22号　邮政编码 100037）
策划编辑：何月秋　王春雨　　责任编辑：王彦青　王春雨
责任校对：李　婷　王　欣　　封面设计：鞠　杨
责任印制：李　昂
北京中兴印刷有限公司印刷
2022年3月第1版第1次印刷
184 mm×260 mm·37.25印张·1插页·611千字
标准书号：ISBN 978-7-111-70333-4
定价：180.00元

| 电话服务 | 网络服务 |
| --- | --- |
| 客服电话：010-88361066 | 机 工 官 网：www.cmpbook.com |
| 　　　　　010-88379833 | 机 工 官 博：weibo.com/cmp1952 |
| 　　　　　010-68326294 | 金　书　网：www.golden-book.com |
| **封底无防伪标均为盗版** | 机工教育服务网：www.cmpedu.com |

# 《2022 中国汽车市场展望》
## 主办单位

国家信息中心
东风汽车有限公司
神龙汽车有限公司
东风日产乘用车公司
一汽-大众销售有限责任公司
上海汽车集团股份有限公司乘用车公司
上海大众汽车有限公司
广汽传祺汽车销售有限公司
重庆长安汽车股份有限公司
比亚迪汽车有限公司
长安马自达汽车有限公司
长城汽车股份有限公司
奇瑞汽车销售有限公司
浙江吉利控股集团销售公司
北汽福田汽车股份有限公司
北京北辰亚运村汽车交易市场有限公司
中国汽车流通协会
国机汽车股份有限公司
中国公路车辆机械有限公司
中国汽车技术研究中心
机械工业农用运输车发展研究中心
江苏省汽车流通协会
河南新未来投资有限公司
安徽汽车商会
重庆市汽车商业协会
中国机电产品进出口商会
上海自贸区汽车进出口流通协会
中通智运数字科技有限公司

# 《2022 中国汽车市场展望》
## 编委会成员

**主任委员**　　刘宇南　国家信息中心主任

**副主任委员**　徐长明　国家信息中心副主任

**委　　员**　　（排名不分前后）
　　　　　　　　黄路明　国家信息中心信息化和产业发展部副主任
　　　　　　　　刘　明　国家信息中心信息化和产业发展部副主任
　　　　　　　　江　炯　上汽通用汽车有限公司副总经理
　　　　　　　　郭永锋　一汽-大众销售有限责任公司总经理
　　　　　　　　俞经民　上海上汽大众汽车销售有限公司总经理
　　　　　　　　尚顺事　东风日产乘用车公司商品规划部部长
　　　　　　　　邓振斌　江西五十铃汽车有限公司规划部部长
　　　　　　　　尹高武　北京北辰亚运村汽车交易市场有限公司书记、总经理
　　　　　　　　刘景安　上汽集团乘用车公司产品规划部总监
　　　　　　　　袁小华　广汽本田汽车有限公司副总经理
　　　　　　　　李　旸　神龙汽车营销党委书记兼网络及营销支持部部长
　　　　　　　　刘国强　广汽传祺汽车销售有限公司销售部部长
　　　　　　　　吴　涛　长安汽车战略规划部总经理
　　　　　　　　吴会肖　长城汽车股份有限公司商品战略副总裁
　　　　　　　　彭　旺　比亚迪商用车研究院院长
　　　　　　　　王　辉　长安马自达汽车有限公司执行副总裁
　　　　　　　　邓智涛　长安欧尚汽车副总经理
　　　　　　　　贾亚权　奇瑞汽车股份有限公司副总经理/营销公司总经理
　　　　　　　　蒋　腾　吉利汽车市场研究部部长
　　　　　　　　叶永青　上海自贸区汽车进出口流通协会高级顾问
　　　　　　　　宋金刚　中国公路学会客车分会理事长

## 《2022 中国汽车市场展望》
## 编辑工作人员

| | |
|---|---|
| 主　编 | 徐长明 |
| 副主编 | 黄路明　刘　明 |
| 编辑人员 | 潘　竹　黄立栋　马　莹　李伟利　赵君怡　谢国平<br>林　超　管晓静　黄玉梅　包嘉成　丁　燕　王光磊<br>张桐山　张振翼　周　祺　任　群　杨　涛　朱文秀<br>李　敏　杨依菲　廖　琨　孙　田　苑伟超　石　旭<br>于　飞　刘天淼　李鋆丰　李姝萍　王泽伟　贾　炜<br>顾晓翠　张　飒　乔晟杰　王二明　赵长清　欧阳若男 |

# 前　言

2021 年我国汽车市场销量为 2531.8 万辆，与 2020 年销量持平，市场增速从 2020 年的-2.5%回归到零增长。2021 年汽车市场内部，乘用车涨、商用车降，全年乘用车市场销量为 2028.9 万辆，同比增长 2.6%，全年商用车市场销量为 445.5 万辆，同比下降 9.4%，全年微型客车市场销量为 57.4 万辆，同比下降 10.1%。

2021 年，全球经济逐步走出新冠肺炎疫情的影响，出现恢复性增长，但整体呈现出不均衡、高通胀的特点。2022 年，病毒变异、新冠肺炎疫情反复仍可能威胁全球经济增长，通货膨胀、金融市场风险、各国政治权衡等因素更增加了世界经济复苏前景的不确定性。2022 年，我国在做好防疫工作的同时，还将持续推动经济恢复，妥善应对国际关系的新变化，这给 2022 年的宏观政策提出了全新的挑战。在如此纷繁复杂的国内外形势下，汽车市场将如何发展，会出现哪些亮点，需要大家共同探讨。

2022 年，在碳达峰、碳中和的发展愿景之下，我国汽车产业将迎来更为广泛且深刻的系统性变革，研发、生产、制造、使用、回收的全产业链将迎来新的变化，新能源汽车也将乘势而上、加速发展。其次，2022 年将取消乘用车外资股比限制和合资企业不超过两家的限制，我国上百家汽车企业将面临大洗牌，加速优胜劣汰、产业融合，导致竞争格局的巨变。此外，《国家车联网产业标准体系建设指南（智能交通相关）》发布，为车联网产业的生态环境带来了顶层设计和基础引领，为打造创新驱动、开放协同的车联网产业提供支撑。因此，汽车产业将发生什么变化，传统汽车企业会受到什么影响，新势力汽车企业将迎来哪些发展机遇，需要汽车产业和相关行业共同研讨。

为使社会各界对 2022 年我国汽车市场的发展趋势有一个深入的认识和了解，

国家信息中心组织编写了《2022中国汽车市场展望》，期望本书能为汽车行业主管部门和生产、经销企业提供有价值的决策参考依据。本书将汽车市场与宏观经济运行环境紧密地结合在一起，采用定量与定性相结合的研究方法，从不同角度对2022年的汽车市场进行了深入分析和研究。由于时间仓促，书中难免有疏漏之处，敬请读者批评指正。

2022年1月20日

# 目 录

前 言

## 宏观环境篇

| | | |
|---|---|---|
| 2021年我国宏观经济形势回顾及2022年展望 | 张宇贤 王远鸿 牛犁 闫敏 胡祖铨 陈彬 邹蕴涵 韩瑞栋 | 3 |
| 2021年世界经济形势分析及2022年展望 | 程伟力 | 13 |
| 2021年金融运行分析与2022年展望 | 李若愚 | 20 |
| 2021年工业运行分析及2022年展望 | 魏琪嘉 | 30 |
| 2021年我国对外贸易形势分析及2022年展望 | 闫敏 | 39 |
| 2021年固定资产投资分析及2022年展望 | 胡祖铨 | 46 |
| 2021年消费形势分析及2022年展望 | 邹蕴涵 | 55 |
| 2021~2022年区域经济发展分析 | 胡少维 | 61 |

## 市场预测篇

| | | |
|---|---|---|
| 2021~2022年汽车市场形势分析与预测 | 徐长明 | 73 |
| 2021年客车市场现状及2022年基本判断 | 佘振清 | 92 |
| 2021年微型车市场分析及2022年展望 | 冉碧林 | 106 |
| 2021年中重型货车市场分析及2022年展望 | 王帆 李洋 | 112 |
| 2021年轻型货车市场回顾及2022年展望 | 赵建林 孙静美 | 117 |
| 2021年皮卡市场分析及2022年展望 | 邓振斌 | 122 |
| 2021年豪华车市场分析及2022年展望 | 叶永青 蒋睿毅 | 131 |
| 2021年SUV市场分析及2022年展望 | 吴会肖 | 139 |
| 2021年MPV市场分析及2022年展望 | 周剑敏 | 150 |
| 2021年三轮汽车市场分析及2022年展望 | 张琦 | 159 |
| 2021年专用汽车市场分析及2022年展望 | 任海波 张秀丽 | 164 |
| 我国乘用车市场区域发展特征及展望 | 林超 | 188 |

## 细分市场篇

| | | |
|---|---|---|
| 2021年北京市汽车市场分析及2022年展望 | 郭咏 | 207 |

| 章节 | 作者 | 页码 |
|---|---|---|
| 2021年上海市乘用车市场分析及2022年预测 | 俞滨 | 219 |
| 2021年陕西省乘用车市场分析及2022年展望 | 王泽伟 | 229 |
| 2021年贵州省乘用车市场分析及2022年展望 | 贾炜 | 240 |
| 2021年浙江省乘用车市场分析及2022年展望 | 张飒 | 251 |
| 2021年广东省乘用车市场分析及2022年展望 | 顾晓翠 | 260 |
| 2021年河南省乘用车市场回顾及2022年预测 | 朱灿锋 王彦彦 | 272 |
| 2021年江苏省乘用车市场回顾及2022年预测 | 徐士刚 | 280 |
| 2021年安徽省乘用车市场分析及2022年预测 | 韩震 | 287 |
| 2021年重庆市汽车市场分析及2022年预测 | 陈学勤 | 297 |
| 2021年我国进口车市场分析及2022年展望 | 国机汽车股份有限公司 王存 | 305 |
| 2021年中国汽车出口市场分析及2022年展望 | 陈菁晶 孙晓红 | 314 |
| 2021年二手车市场分析及2022年预测 | 罗磊 | 328 |

# 市场调研篇

| 章节 | 作者 | 页码 |
|---|---|---|
| 上汽大众产品市场调研报告 | 张曙 | 345 |
| 2021年一汽-大众（大众品牌）产品调查报告 | 李艳双 | 352 |
| 2021年上汽通用汽车产品市场调研报告 | 邱嘉柔 | 365 |
| 2021年广汽本田产品市场调研报告 | 毛玉晶 | 377 |
| 2021年东风日产产品市场调研报告 | 张健锋 | 386 |
| 2021年神龙汽车市场调查报告 | 李锦泉 | 396 |
| 2021年奇瑞主销产品市场调研报告 | 房冬冬 | 403 |
| 2021年广汽传祺产品市场调研报告 | 简飚 刘玉华 黄怡青 李文珊 温朴涵 | 413 |
| 2021年吉利汽车产品调研报告 | 费岑洁 | 424 |
| 2021年荣威及MG产品市场调查报告 | 刘尔田 汤晓颖 | 436 |
| 2021年长安汽车产品市场调研报告 | 蔡景平 金凌志 | 446 |
| 长安马自达产品市场调查报告 | 王超 | 457 |

# 专题篇

| 章节 | 作者 | 页码 |
|---|---|---|
| 传承行业精髓 聚焦创新融合 探求变迁发展 | 颜景辉 | 471 |
| 汽车行业数字化转型实践与展望 | 穆天宇 | 481 |
| 物流精细化发展对商用车销售的影响 | 郭蕾 | 487 |
| 重型货车市场发展趋势研究 | 张薇 | 491 |
| 我国新能源货车发展趋势简析 | 魏彦璋 | 502 |
| 越野车市场的发展与机遇 | 张桐山 张晓聪 | 507 |
| 跨界车定义与分类标准体系研究 | 张晓聪 管晓静 | 516 |
| 购车农民工消费行为研究 | 张文评 | 522 |

# 附 录

| | | |
|---|---|---|
| 附录A | 与汽车行业相关的统计数据 | 531 |
| 表A-1 | 主要宏观经济指标(绝对额) | 531 |
| 表A-2 | 主要宏观经济指标(增长率) | 531 |
| 表A-3 | 现价国内生产总值 | 533 |
| 表A-4 | 国内生产总值GDP增长率(不变价) | 534 |
| 表A-5 | 现价国内生产总值(GDP)构成 | 536 |
| 表A-6 | 各地区国内生产总值(现价) | 537 |
| 表A-7 | 各地区国内生产总值占全国比例 | 538 |
| 表A-8 | 各地区国内生产总值增长率 | 539 |
| 表A-9 | 全部国有及规模以上非国有工业企业总产值(当年价) | 541 |
| 表A-10 | 历年各种经济类型固定资产投资 | 541 |
| 表A-11 | 2011~2020年各地区工业产值占地区国内生产总值的比例 | 542 |
| 表A-12 | 各地区全社会固定资产投资(现价) | 544 |
| 表A-13 | 各地区固定资产投资占全国的比例(全国=100%) | 546 |
| 表A-14 | 2020年分地区货物进出口总额(按收发货人所在地分) | 547 |
| 表A-15 | 各季度各层次货币供应量 | 548 |
| 表A-16 | 各地区农村居民家庭年人均可支配收入 | 549 |
| 表A-17 | 各地区城镇居民家庭年人均可支配收入 | 550 |
| 表A-18 | 2020年年底各地区分等级公路里程 | 551 |
| 表A-19 | 历年货运量及货物周转量 | 552 |
| 表A-20 | 历年客运量及客运周转量 | 553 |
| 表A-21 | 各地区公路货运量 | 554 |
| 表A-22 | 各地区公路货运量占本地区全社会货运量的比例 | 556 |
| 表A-23 | 各地区公路货物周转量 | 557 |
| 表A-24 | 公路货物周转量占全社会货物周转量的比例(分地区) | 559 |
| 表A-25 | 2009~2020年年末全国民用汽车保有量 | 560 |
| 表A-26 | 各地区历年民用汽车保有量 | 562 |
| 表A-27 | 各地区民用货车保有量 | 563 |
| 表A-28 | 各地区民用客车保有量 | 564 |
| 表A-29 | 2020年各地区私人汽车保有量 | 565 |
| 表A-30 | 历年汽车产量 | 566 |
| 表A-31 | 2020年全国汽车产销分类构成 | 568 |
| 表A-32 | 历年低速货车产销情况 | 569 |
| 表A-33 | 能源生产总量及其构成 | 570 |
| 表A-34 | 2011~2018年分车型汽车进口数量 | 570 |

表 A-35　历年汽车进口数量及金额 ................................................................. 571
表 A-36　主要国家历年汽车产量及品种构成 ................................................... 572
表 A-37　1989~2020年国外主要国家商用车产量 ........................................... 574
附录 B　国家信息中心汽车研究与咨询业务简介 .................................................. 575

# 宏观环境篇

感光材料

# 2021年我国宏观经济形势回顾及2022年展望

2021年以来，面对复杂严峻的国内外环境，在以习近平同志为核心的党中央坚强领导下，各地区各部门认真贯彻落实党中央、国务院的决策部署，统筹国内国际两个大局，统筹疫情防控和经济社会发展，统筹发展和安全，有效实施了宏观经济政策，国民经济保持平稳恢复态势，全年GDP将增长8.0%左右。展望2022年，外部环境依然复杂严峻，国内疫情防控和经济社会发展任务依然繁重艰巨，但是我国拥有完善的供给体系，强大的国内市场，充沛的人力资本，将实施宏观政策跨周期调节和逆周期调节，经济增速将趋向潜在增长水平，预计GDP增长5.6%左右。

## 一、2021年我国宏观经济呈现稳定恢复态势

2021年前三季度，我国GDP同比增长9.8%，两年平均增长5.2%。分季度看，2021年一至三季度分别增长18.3%、7.9%和4.9%，两年平均分别增长5.0%、5.5%和4.9%。2021年上半年，在外需强劲增长、内需稳步恢复的带动下，经济稳中向好；2021年三季度以来，受疫情、汛情以及电力供应紧张等因素的影响，国内生产需求同步受到冲击，经济增势有所放缓。针对新情况、新问题，国家及时加强预调、微调和跨周期调节，稳定社会预期，经济运行保持了稳定恢复态势。

### 1. 供给保持稳步恢复

农业生产向好。2021年前三季度，农业经济运行总体良好，粮食产量喜获丰收，第一产业增加值同比增长7.4%，两年平均增长4.8%，增速大大超过疫情前水平。一是粮食实现高位增产。夏粮早稻产量合计3477亿斤，秋粮播种面积稳中有增，全年粮食产量有望再创历史新高。二是"菜篮子"产品供应充足。生猪生产全面恢复，2021年9月末全国能繁母猪存栏4459万头，接近正常保有量的110%，生猪存栏4.38亿头，创近8年来新高。蔬菜水果量足价稳，全国在田蔬

菜面积 1 亿亩左右。

工业生产恢复至疫情前水平。2021 年前三季度，第二产业增加值同比增长 10.6%，两年平均增长 5.7%，增速已超过疫情前水平。第二产业增加值占国内生产总值的比重为 39.0%，对经济增长的贡献率为 40.6%，拉动国内生产总值增长 4.0 个百分点。一是新动能蓬勃发展。高技术制造业同比增长 20.1%，两年平均增长 12.8%，对全部规模以上工业增长的贡献率达到 25.2%。从产品看，新能源汽车、工业机器人、太阳能电池、智能手表等体现新动能的产品同比增速均在 50% 以上。二是产能利用率水平较高。工业产能利用率为 77.6%，为 7 年来同期较高水平。分行业看，化纤、石油加工、有色金属冶炼、通用设备、专用设备、电气机械等行业产能利用率均达到 80% 以上。三是工业企业利润大幅改善。规模以上工业企业实现利润总额同比增长 44.7%，两年平均增长 18.8%。41 个工业大类行业中多达 36 个行业利润实现增长，利润增长覆盖面高达 87.8%。

服务业生产温和恢复。2021 年前三季度，第三产业增加值同比增长 9.5%，两年平均增长 4.9%，增速仍低于疫情前水平。第三产业增加值占国内生产总值的比重为 54.8%，对经济增长的贡献率为 54.2%，拉动国内生产总值增长 5.3 个百分点。一是现代服务业加快发展。信息传输软件和信息技术服务业、交通运输仓储和邮政业增加值分别同比增长 19.3%、15.3%，明显快于总体服务业。二是幸福产业持续扩容。高频次城市周边休闲游、自然文化深度体验游等需求持续释放。新型文化产品不断涌现，群众健身产品和服务需求明显提高。线上问诊、线上药店等一系列"无接触"互联网医疗服务呈高速增长态势，个性化、定制化服务受到消费者追捧。三是生产经营稳定向好。规模以上服务业企业营业收入同比增长 23.6%，两年平均增长 10.6%。

**2. 需求恢复动力有所增强**

投资需求稳步恢复。2021 年 1~10 月份，固定资产投资同比增长 6.1%，两年平均增长 3.8%。一是制造业投资增速快于疫情前水平。制造业投资同比增长 14.2%，两年平均增长 3.4%，其中，装备制造业投资同比增长 16.7%，成为支撑制造业投资回暖的重要力量。二是房地产投资下行压力加大。受"三道红线"落地导致融资收紧、楼市调控加压、集中供地政策出台以及销售逐步降温等因素影响，房企拿地和新开工积极性减弱，房地产投资下行压力加大，房地产开发投资同比增长7.2%，增速呈现逐月下滑走势。三是基础设施建设投资低速增长。受项目审核趋严、新增地方债发行进度偏慢等因素影响，基建投资（含电力）增长趋缓，同比仅增长0.7%，两年平均增长1.9%。

消费需求温和回升。2021年1~10月份，社会消费品零售总额同比增长14.9%，两年平均增长4%。一是商品消费修复快于服务消费。商品零售额同比增长13.8%，两年平均增长4.5%。疫情对服务消费影响更大，服务消费修复进度滞后于商品消费。餐饮收入基本恢复至2019年同期水平，电影票房收入大约恢复至2019年同期的七成，国内旅游收入恢复到2019年同期的近六成。二是限额以上单位零售修复较快。限额以上单位零售额同比增长16.4%，两年平均增长5.6%。三是重点零售商品增势先涨后跌。商品房销售面积同比增长7.3%，其中10月当月同比下降21.7%，已连续4个月下降。中国汽车工业协会数据显示，汽车销量同比增长6.4%，其中10月当月同比下跌9.4%，已连续6个月下跌。四是新型消费加快壮大。全国网上零售额同比增长17.4%，实物商品网上零售额同比增长14.6%，占社会消费品零售总额的比重达到23.7%。

出口需求强劲增长。2021年1~10月份，我国外贸进出口运行韧性较强、稳中提质，按美元计价出口额同比增长32.3%，两年平均增长15.1%，远高于疫情前水平。一是全球需求向好拉动我国出口增长。世界经济快速恢复，美欧等发达经济体经济加快恢复，海外市场需求大幅增长。我国对东盟、欧盟、美国、日本等主要贸易伙伴的出口额分别增长28.6%、33.4%、31.7%和17.6%。二是疫情导致贸易替代效应显现。疫情冲击导致东南亚等部分地区产业链供应链阻断，我国凭借完整的产业链和有效的疫情防控优势迅速补链，部分贸易订单转移至我国，特别是机电、高新技术产品出口向好，汽车及底盘、液晶显示板和集成电路出口同比分别增长了128%、47.5%和33%。

### 3. 价格走势明显分化

居民消费价格温和上涨。2021年1~10月份，CPI同比上涨0.7%，较2020年同期回落2.3个百分点。其中，食品价格累计下跌1.7%，由于猪肉供应增加，猪价延续下行态势，成为下拉CPI的主要因素；非食品价格上涨1.3%，受原材料价格传导等因素影响，交通通信、教育文化娱乐价格等上涨较快。核心CPI稳步回升，累计同比上涨0.8%，但仍显著低于疫情前水平。

工业生产者出厂价格快速上涨。在国际大宗商品价格上涨、国内能源供给约束、原材料成本高企等因素影响下，PPI涨幅持续上行。2021年1~10月，PPI同比上涨7.3%，较2020年同期提升9.3个百分点。2021年10月当月PPI涨幅达到13.5%，创1996年有PPI统计数据以来的历史新高。从结构看，生产资料价格累计大幅上涨9.8%，采掘工业和原材料工业价格均保持两位数增速；生活资料价格仅上涨0.2%。

### 4. 财政金融平稳运行

财政收入增长较快但支出偏慢。在经济稳定恢复、企业利润大幅改善、工业品价格快速上涨、进口价量齐升等因素的带动下，2021年前三季度，一般公共预算收入同比增长16.3%，两年平均增长4.3%，已完成全年预算的83%。一般公共预算支出同比增长2.3%，两年平均增长0.2%，完成全年预算的72%。民生保障持续发力，卫生、教育、社会保障和就业支出占比为近十年来新高。

货币金融环境适宜。货币流动性逐步回到疫情前的常态化水平。2021年10月末，广义货币（M2）同比增长8.7%，社会融资规模存量同比增长10%。2021年第二季度中国货币政策执行报告显示，小微企业综合融资成本稳中有降，企业贷款加权平均利率为4.58%，较2020年同期下降0.06个百分点。人民币汇率双向浮动，在合理均衡水平上保持基本稳定。2021年1~10月人民币对美元中间价汇率平均水平较2020年升值6.8%。

### 5. 内生发展动力不断增强

市场主体活力加速释放。"放管服"改革和优化营商环境成效持续显现。2021年前三季度，全国新办涉税市场主体同比增长16.1%，两年平均增长11.7%。反垄断和反不正当竞争执法明显强化，遏制资本无序扩张势头初见成效。

就业压力有所缓解。2021年1~10月份，全国城镇新增就业达到1133万人，提前完成全年目标任务。2021年10月全国城镇调查失业率为4.9%，处于调控预期目标之内。从结构看，大城市就业压力相对较大，31个大城市城镇调查失业率为5.1%，持续高于全国水平；青年群体就业压力依然较大，16~24岁人口调查失业率为14.2%。随着共享经济、平台经济快速成长，新业态、新模式不断涌现，就业带动效应增强。快递小哥、网络直播、网约车司机等灵活就业岗位增加。

## 二、国内外环境和存在的问题

### 1. 国际环境依然复杂严峻

（1）全球疫情影响有望缓和但不确定性仍然存在　随着疫苗推广、特效药研发以及经济社会交往越来越适应抗疫带来的变化，新冠肺炎疫情影响将逐步减弱。但是，在疫苗广泛普及、特效药成功研制之前，不排除可能出现传染性更强的变异毒株，为全球抗疫带来严峻考验。一是新冠病毒持续突变。全球新冠肺炎疫情仍处于流行状态，且病毒频繁变异，增加了疫情防控难度。新冠病毒变异带来的疫情反复给经济社会活动、产业链供应链带来负面冲击。二是疫苗分配不均导致"免疫鸿沟"。世卫组织数据显示，截至2021年9月底，欧盟和英国完全接种疫苗的人口比例超过60%，美国接近50%，而低收入国家只有不到2%的成年人完全接种疫苗。三是新冠药物研发进度不一。美国相关口服药物已进入上市阶段，中国、日本和瑞士等国家研发的多款新冠口服特效药处于临床Ⅲ期阶段，澳大利亚、新加坡等多个国家开始谈判采购新冠药物，但部分发展中国家药物供给不足。药物全球分配不均可能导致各国复苏进程持续分化。四是部分发达国家改变疫情防控策略增添了抗疫变数。英国、新加坡、美国等国家宣布取消新冠病毒限制措施后，新增确诊数据有明显反弹，公共卫生体系能否适应全面开放后的疫情形势仍有待观察。

（2）世界经济温和复苏但增长势头放缓　随着疫情冲击的减弱，世界经济将延续复苏态势，但进程仍将曲折不定、充满挑战。一是世界经济延续复苏势头。国际货币基金组织2021年10月发布的《世界经济展望报告》预计2021年全球经济增长5.9%，2022年增长4.9%，均高于金融危机后全球平均增长水平。二是世界经济中长期发展面临着新调整、新分化、新重构。疫情冲击后，经济增长脆弱性增加，世界经济潜在增长水平下行；由于新冠疫苗和药品分配不均、政策支持力度不同、科技进步差异等多重因素影响，各经济体复苏日益分化，发展鸿沟和贫富差距有所扩大；全球产业链、供应链深度重构，产业链区域化、本土化趋势不断强化，全球大产业链格局加快向区域性产业链转变。

（3）全球货币政策向常态回归但溢出风险上升　美国经济加快复苏、通胀压力显现，美联储已经启动退出量化宽松政策，从2021年11月开始缩减购债规模，加息时间将会提前。其他部分发达经济体也已启动或准备启动货币政策正常化进程。加拿大央行在 2021 年 4 月宣布缩减资产购买规模，并预期加息时间可能提前至 2022 年。英国央行表示在 2022 年左右将首次加息至 0.25%，当基准利率达到 0.5% 时，将开始考虑缩减资产负债表。但是，历史经验表明，以美国为代表的发达经济体货币政策收紧通常是新兴经济体风险高发期。一是可能引发全球资产价格下跌，降低发展中国家特别是资源型国家偿债能力，增大我国对外投资风险敞口，造成境外资产损失；二是境外资本市场动荡可能诱发跨境资金在短时间内大幅流出流入，将会对我国境内股市、债市、汇市造成较大影响；三是将影响我国货币政策调整空间。

（4）大宗商品价格高位回落但通胀压力仍会传导　一是大宗商品价格有望高位回落。展望 2022 年，随着新冠肺炎疫情的影响逐步减弱，能源原材料供应将逐步恢复；随着全球经济增速放缓，初级产品需求增量减少；随着美国等主要经济体货币政策逐步收紧，商品期货市场投机炒作预期降温，因而大宗初级产品价格将高位回落，至少涨幅会明显缩小。二是初级产品价格大幅上涨会向下游传导。2021 年，全球经济快速复苏、流动性宽裕叠加供应减少、运输不畅，能源原材料等国际大宗商品价格出现快速蹿升，煤炭、天然气、金属价格均创出历史新高，石油价格也出现大幅上涨。上游能源原材料价格大幅上涨将会逐步向下游制造业传导，推升通货膨胀压力。2021 年 10 月美国 CPI 同比上涨 6.2%，创 31 年来新高；欧元区 CPI 同比上涨 4.1%，达到历史最高；部分新兴市场和发展中经济体通胀高企局面可能持续更长时间。因此，输入性通胀压力给我国经济平稳运行带来了挑战，增加了我国能源原材料进口成本，挤压我国制造业利润空间；加重国内行业发展结构性分化问题，上游行业持续受益，中下游行业发展困难；扰乱国内市场正常价格体系，不利于资源优化配置和绿色低碳转型。

## 2. 国内机遇挑战交织共振

我国发展仍处于重要战略机遇期，拥有足够的韧性、巨大的潜力和不断迸发的创新活力，人民群众追求美好生活的愿望十分强烈，经济长期向好的基本面没有改变。2022 年，"十四五"规划重大项目将陆续上马，各地换届后都要以优异的成绩迎接党的二十大胜利召开；供给侧结构性改革、创新驱动发展战略将持续深入推进，不断为经济发展注入新动力；数字经济与实体经济深度融合，赋能传统产业转型升级，将催生新产业、新业态、新模式，为经济发展增添新活力；新型城镇化提质增效、乡村振兴全面推进、强大的国内市场和高水平对外开放协同互促,将不断拓展经济发展新空间。同时,我国宏观调控能力和水平不断提升,跨周期调节更好地统筹兼顾周期性波动和结构性问题,财政实力有所增强,货币政策仍然有较大空间,完全有能力、有条件采取稳定增长的政策措施。但是,疫情不确定性、供给约束仍存在,潜在风险隐现,经济平稳运行的难度加大。

(1) 疫情不确定性增加稳增长的压力　一是疫情反复抑制需求恢复。由于新冠病毒频繁变异,我国外防输入内防反弹的压力依然较大。疫情具有较大的不确定性,这将进一步影响市场预期和需求,不利于经济稳定恢复。二是疫情反复影响供给端生产恢复。受疫情反复、关键零部件和原材料短缺等因素影响,工业生产受到较大干扰,部分行业企业生产中断、原材料供给不足或交货时间延长等问题仍然可能出现。疫情反复不仅直接影响零售、旅游和交通行业,也会通过产业链间接影响餐饮、住宿等行业的经营,影响服务业生产恢复。

(2) 有序用电凸显能源保供稳价压力　2021年5月以来全国20多个省份采取有序用电措施,东北地区一度出现对居民用电进行限制。有序用电抑制了正常的生产活动,能源供应紧张成为了经济社会运行面临的新问题。多因素导致电力供应紧张:一是供给冲击是主要原因。煤炭供应出现硬缺口制约煤电发电能力。从生产看,国内煤炭产量明显不足,内蒙古、陕西等煤炭主产区为落实安全生产检查、环保督查等要求出台了多重限产政策,生产意愿大幅降低。从进口看,煤炭进口量不增反降。从可再生能源看,南方来水不足,水力发电量出现下降;东北三省风电总装机较多,但限电期间风电出力不足。二是电力需求旺盛是重要原因。经济恢复过程中生产端明显好于疫情前增速,生产环节用电旺盛,居民生活用电基本稳定;出口大幅超预期增长,用于工业品出口生产的用电需求旺盛。三是煤电价格倒挂是直接诱因。煤价飙升导致火电企业"越发越亏",火电厂缺乏发电积极性,部分发电机组甚至通过非计划检修来降低出力容量。四是能耗"双控"政策也有潜在影响。2021年上半年多省区市没有完成能耗双控目标,广东、浙江等地为完成双控目标实施有序用电。在碳达峰、碳中和战略目标提出后,各地大力推进绿色低碳转型,进一步强化了能耗双控要求。

(3) 金融违约风险提升　一是房地产企业违约风险上升。房企融资"三道红线""房贷集中度管控"政策和居民住房贷款限制政策影响逐步显现。受新房销售放缓导致回款变慢、开发融资持续收紧的影响,房地产企业资金链日益紧张,部分债务问题较重的房地产企业债务违约增加，面临较大的资金链断裂风险。部分房地产企业出现拖欠工程款、供应商货款等情况，存在房企破产、工程烂尾、工程款拖欠等风险隐患。二是国有企业信用违约增加。地方国有企业信用风险持续释放，目前新增违约主体占比首次超民营企业跃居首位，反映出弱资质国企不断打破刚兑，信用风险加速暴露。三是城投信用风险持续发酵。随着国家持续严控地方政府隐性债务风险，城投公司和地方政府在项目承接、业务开展、举债融资等多个层面开始"隔离"，两者之间的信用联系加快脱钩。城投企业融资能力大幅减弱，非标违约、境外债违约、债务逾期等负面事件频发，城投企业信用评级遭到下调。

（4）中小微企业生产经营困难增加　中下游企业面临成本上升和需求下降的双重挤压。一是中下游企业生产成本增加。大宗商品价格上涨给产业链中、下游企业，特别是中小微企业的生产经营增加了较大的成本压力。由于原材料成本占经营成本的比例较大，且中小微企业、个体工商户议价能力不强，对冲成本波动能力弱，生产成本上升在所难免。二是国际海运费用大幅上涨增加了物流成本。2021年10月7日，波罗的海干散货运价指数升至5650点，创2008年9月以来最高水平；2021年9月底，中国出口集装箱运价指数为3220点，同比增长了214.7%。由于国际商品需求激增、油价上涨、海员缺口持续扩大，加之疫情打乱了全球供应链，国际海运供给能力严重不足，国际集装箱运价持续攀升，进一步增加了外贸型企业的物流成本。三是利润收窄抑制了企业的投资意愿。由于行业竞争充分，中下游企业无法将成本转嫁至消费者，原材料价格的快速上涨大幅侵蚀利润空间，削弱了企业的投资能力，抑制了投资意愿。

## 三、2022年经济增长前景展望

### 1. GDP增长预测

随着疫情影响逐步消退，导致经济恢复不稳固、不均衡的主要诱因逐步消除，2022年经济发展将更趋稳固、更趋均衡。主要表现在：一是季度间经济增速更加平稳。疫情带来的基数效应趋于减弱，经济增长水平主要由潜在增长率、新扰动因素等共同决定。二是经济循环更加顺畅。疫情对经济社会活动的抑制有望减弱，供应短缺、物流不畅等问题加快解决，产业链供应链逐步恢复畅通。三是内外需增长更加均衡。制造业投资、接触性消费等内需薄弱环节加快恢复，新动能活力持续释放，国内需求对经济增长的拉动作用进一步增强。外贸出口增长难度增加，外需对经济增长的贡献将减弱。四是市场主体发展更加协同。中小企业发展环境持续改善,能源原材料价格上涨压力有所缓解,市场需求逐步回暖向好,发展信心得到增强。大企业与中小企业、个体工商户之间的发展鸿沟不断缩小。五是居民收入分配更加合理。促进共同富裕政策将落地生效,居民收入增长与经济增长保持基本同步,中等收入群体加快扩容,低收入群体和脱困人群收入实现更快增长。

综合考虑内外环境、发展潜力和风险挑战,初步预计2022年我国经济将增长5.6%左右(见表1)。分产业看,第一产业将保持平稳增长。乡村振兴战略深入实施,农业农村生产条件持续改善,粮食产量稳定增长,"菜篮子"和肉禽类供应充足。第二产业增速有所回落。高技术制造业继续发力,对工业的带动能力进一步增强,受芯片供应短缺抑制的汽车生产将有所加快,高耗能、高排放行业生产将放慢。第三产业加快向常态化水平恢复,对经济增长的拉动作用得到巩固。信息技术服务业继续发力,批发零售、住宿餐饮等生活性服务业加快恢复,金融业保持平稳增长。

**表1 2022年中国主要宏观经济指标预测表**

(单位:%)

| 主要宏观经济指标 | 2021年1~9月份 实际 | 两年平均 | 2021年全年 预测 | 两年平均 | 2022年全年 预测 |
|---|---|---|---|---|---|
| GDP | 9.8 | 5.2 | 8.0 | 5.1 | 5.6 |
| 第一产业 | 7.4 | 4.8 | 7.0 | 5.0 | 3.5 |
| 第二产业 | 10.6 | 5.7 | 8.3 | 5.4 | 5.4 |
| 第三产业 | 9.5 | 4.9 | 7.9 | 5.0 | 6.1 |
| 规模以上工业增加值 | 11.8 | 6.4 | 9.5 | 6.1 | 5.6 |
| 固定资产投资 | 7.3 | 3.8 | 5.5 | 4.0 | 5.0 |
| 房地产开发投资 | 8.8 | 7.2 | 5.3 | 6.2 | 1.0 |
| 社会消费品零售总额 | 16.4 | 3.9 | 12.7 | 4.1 | 6.8 |
| 出口/亿美元 | 33.0 | 14.6 | 29.1 | 15.6 | 8.0 |
| 进口/亿美元 | 32.6 | 13.5 | 29.0 | 13.3 | 6.5 |
| 居民消费价格 | 0.6 | — | 0.9 | — | 2.0 |
| 工业生产者出厂价格 | 6.7 | | 8.2 | | 5.0 |

### 2. 其他主要指标预测

固定资产投资将增长5.0%左右。投资结构有所优化,制造业投资延续较快增长，以智能化、低碳化为导向的设备更新和技术改造投资明显加快。基础设施投资小幅加快，政府投资力度增强，重大工程项目稳步落地实施。房地产开发投资增速有所回落，受新房销售放缓导致回款变慢、开发融资持续收紧等因素影响，房企资金链紧张，拿地开发的能力和意愿将下降。

社会消费品零售总额将增长6.8%左右。支撑消费增长的积极因素在不断增多。就业形势总体稳定，居民收入平稳增长，消费升级扩容的收入基础不断夯实。疫情影响有望逐步缓解，人员交往交流升温，被抑制的消费需求将逐步释放。具体看，餐饮消费有望加快恢复，新型消费将保持较快增长。

进出口增速明显回落，出口将增长8.0%，进口将增长6.5%。随着发达国家解除防疫限制措施，产能逐步恢复，国际供给市场缺口将有所收窄，我国率先恢复产能带来的优势可能减弱。世界经济增长放缓，将带来外需增量边际缩小，给我国出口保持快速增长带来压力。国内需求改善将有助于进口增长，但进口商品价格将有所回落，带动进口增速回调。

CPI将上涨2.0%左右。翘尾因素小幅提升，从2021年的平均-0.1%左右提高到2022年的0.7%左右。内需增长提速、生产资料价格快涨有限地向下传导等因素将提升居民消费价格。分类别看，粮食、果蔬价格将保持基本稳定，猪肉价格止跌企稳，工业消费品价格、服务价格均有望小幅上涨。

PPI将上涨5.0%左右。翘尾因素大幅提升，将从2021年的平均1.4%左右提高到2022年的4.5%左右。随着国际产能稳步恢复，输入性通胀因素将有所减弱，但国内煤炭、钢铁、有色、化工等两高行业面临着严格的能耗双控，产能释放受限，结构性价格上涨压力仍然较大。工业消费品市场整体供大于求、竞争激烈，价格上涨乏力，生活资料价格将保持温和上涨。

城镇将新增就业1100万人以上，城镇调查失业率在5.5%以内。我国就业总量压力不减、结构性矛盾突出、保障质量有待提升，疫情带来的就业冲击滞后影响仍将持续，就业压力总体较大。但也要看到，退休规模扩大在一定程度上减轻了就业压力。1962年我国新出生人口为2491万人，较1961年多出生1304万人。这意味着，2022年按照60岁年龄标准退出就业市场的退休人员规模将明显扩大，将可以腾出更多的就业岗位。

（作者：张宇贤 王远鸿 牛犁 闫敏 胡祖铨 陈彬 邹蕴涵 韩瑞栋）

# 2021年世界经济形势分析及2022年展望

2021年,疫情变化导致全球经济复苏跌宕起伏;多重因素推动全球通货膨胀持续上升;"用工荒"和"就业难"并存现象阻碍经济复苏;全球贸易复苏力度明显超过经济复苏;能源危机席卷全球。展望2022年,全球经济复苏面临放缓压力,"现代货币理论"及其实践对经济增长的贡献由正转负,通货膨胀预期形成之后可能导致物价螺旋式上涨,全球经济增长动力不足,滞胀风险提升。历史经验表明,西方发达国家的滞胀也可能是其他国家的机遇。对我国而言,一是要以此为契机加快中美贸易谈判;二是以共同化解全球滞胀风险为契机加强国际合作。

## 一、2021年世界经济形势分析

### 1. 疫情变化导致全球经济复苏跌宕起伏

受疫情影响,2021年第一季度各国经济出现停滞或衰退,2021年第二季度开始出现爆发性增长,2021年第三季度经济复苏再度因疫情受阻,2021年第四季度经济受管控措施放松影响乐观预期上升。

发达经济体上述特征尤为明显。2021年一季度,美国GDP同比涨幅只有0.6%,欧元区、日本和英国分别下滑1.2%、1.3%和5.8%。随着疫情的好转及基数因素影响,2021年二季度各国经济均出现大幅增长,英国最为显著,同比涨幅高达23.4%,美国、欧元区和日本涨幅分别为12.2%、14.5%和7.6%。不过,除了美国之外,GDP总量都没有恢复到2019年同期水平。2021年三季度则出现分化现象,美国GDP环比年化增速只有2%,出现明显的放缓迹象;欧元区环比增长2.2%,年化增速为9.1%,远远快于美国。

新兴市场国家经济走势与发达国家大致趋同,但存在细微的差异。2021年一季度,俄罗斯GDP同比下降0.7%,但其他主要新兴市场国家则保持增长,印度、巴西和越南同比增速分别为1.6%、1.0%和4.7%。2021年二季度上述四个国家同比增速分别为10.5%、20.1%、12.4%和5.6%,GDP总量也都超过2019年同期水平。受疫情因素影响，2021年三季度新兴市场国家经济复苏明显放缓，越南尤为突出，同比增速只有1.4%。

2021年四季度开始，受疫情管控措施放松因素影响，全球均出现了乐观预期，各类采购经理指数（PMI）持续上升。例如，2021年10月东盟国家制造业PMI从9月的50上升至53.6，这是该指数2021年5月之后首次达到50点以上，也是该指数自2012年7月开始编制以来的最高水平。再如，2021年10月美国服务业PMI由9月的61.9升至66.7，高于此前预期且创出新高，显示美国服务业仍保持强劲增长势头。

#### 2. 多重因素推动全球通胀持续上升

2021年全球经济的特征之一是通货膨胀持续上升。截至2021年10月份，美国和德国CPI分别同比上涨6.2%和4.5%，分别创31年和28年来最高纪录；欧元区同比上涨4.1%，创有统计数据以来的最高涨幅；日本CPI虽然较低，但生产价格指数同比上涨8%，创40年来新高；俄罗斯和巴西CPI分别上涨8.1%和10.7%。

当前全球通货膨胀成因并不复杂，主要原因如下：一是经济刺激政策扩大了全球总需求，最终形成需求推动的通货膨胀。二是供应链梗阻导致全球出现短缺经济现象，供不应求推动物价快速上涨。三是工资上涨导致成本推动型通货膨胀。四是极端天气变化导致食品和原材料价格上涨，联合国粮农组织2021年10月食品价格指数同比上涨31.3%，成为推动物价上涨的重要因素。五是货币超发。为应对突如其来的疫情，以美联储为代表的发达经济体加大了量化宽松货币政策的力度，导致货币供给剧增，推动物价上涨。以资产价格为例，货币供给增加推高了资产价格，以美国为代表的股市不断上涨，财富效应增加导致需求拉动的物价上涨。同时，长期量宽政策也加剧了房地产价格的上涨，房地产是产业链条最长的行业，房价上涨必然导致这一链条上所有产品价格的上涨。

#### 3. "用工荒"和"就业难"并存的现象阻碍经济复苏

2021年全球经济的另一重要特征是"用工荒"和"就业难"这一看似矛盾的现象并存。截至2021年10月份，美国失业率为4.6%，欧元区失业率仍高达7.4%，均远离充分就业状态，但也都出现"用工荒"现象，劳动力短缺必然影响全球经济复苏。

出现这一现象的原因是多方面的：一是劳动力参与率降低。这在美国尤为明显，政府发放的补贴高于一部分低收入阶层的工资收入，导致这一群体选择不工作，临近退休年龄的群体也倾向于选择提前退休。二是供给和需求不匹配的结构性问题。这在欧洲表现更为突出，技术、数字、绿色经济领域需要大量高素质劳动力，但大量失业人员不符合要求，在这种情况下，2021年10月份西班牙和意大利的失业率高达16%和10%。三是人口结构问题。根据英国就业研究所的报告，一方面年轻人接受教育的年限增长，另一方面老年人按期甚至提前退出劳动力市场，这导致英国劳动人口比疫情暴发之前大幅减少。四是疫情导致劳动密集型服务业出现大量工人流失，如餐饮、养老院等行业容易被感染且收入较低，劳动者就业意愿降低。五是数字化发展导致年轻一代劳动力就业观念发生巨大变化，劳动者开始规避那些工作时间不灵活、工资水平低的岗位。六是全球疫情导致跨国移民工人入境的难度加大，从而加剧了劳动力短缺现象。

### 4. 消费刺激政策发力，全球贸易复苏力度明显超过经济复苏

2021年10月份，国际货币基金组织下调了美国及全球经济增速，与此同时，世界贸易组织则将全球货物贸易增速由之前的8%上调至10.8%，一降一升形成了鲜明对比，各国尤其是美国经济刺激政策对全球贸易的增长产生了重要影响。

从表1可以看出，2020年前两个月美国零售和食品销售增速正常，受疫情影响随后三个月出现下降，之后受经济刺激政策影响开始加速增长。2021年前9个月，只有2月份增速为9.8%，其余8个月增速均超过12%。从历史数据来看，这是一种非常罕见的现象。自1993年1月份以来，只有三个月增速超过10%，分别是1994年3月、1999年8月和9月，增速依次为11.6%、10.7%和10.1%。由于美国国内消费品生产不足，大量的商品只能依赖进口，2021年前10个月，美国商品进口和商品贸易逆差增速分别为22.3%和22.1%，进口和逆差总额分别为20645亿美元、7901亿美元。换言之，美国刺激消费的政策在很大程度上促进了全球贸易的繁荣。

表1　美国零售和食品销售额增速

（单位：%）

| 时间 | 1月 | 2月 | 3月 | 4月 | 5月 | 6月 | 7月 | 8月 | 9月 |
|---|---|---|---|---|---|---|---|---|---|
| 2018年 | 3.9 | 4.5 | 4.5 | 4.5 | 6.1 | 5.2 | 5.8 | 5.3 | 2.9 |
| 2019年 | 2.0 | 1.4 | 3.2 | 3.0 | 2.2 | 2.9 | 3.0 | 3.9 | 3.2 |
| 2020年 | 4.5 | 4.5 | -2.9 | -15.3 | -1.1 | 5.5 | 6.0 | 5.9 | 8.9 |
| 2021年 | 12.9 | 9.8 | 28.9 | 48.0 | 23.9 | 16.5 | 12.9 | 13.5 | 12.2 |

注：数据来源于美国商务部。

## 5. 全球供应链梗阻严重，供给短缺现象严重

受制于关键零部件短缺和运输体系混乱，全球供应链长期不能顺畅运转衔接。2021年全球供应短缺最突出的是芯片短缺，已经导致汽车供应不足，是美国CPI上涨的最主要诱因之一。2021年9月23日，美国政府邀请台积电、英特尔等芯片巨头一起寻找解决芯片短缺的方法，但在美国仍对芯片出口实施限制的情况下，芯片供给短期内仍无法充分满足各方需求。除了关键零部件短缺，全球海运体系陷入混乱也阻碍了供应链正常运转。港口卸货工人和货车司机严重短缺是造成美国港口运转效率持续下跌的主要原因。疫情暴发以来全球供应链始终处于紧平衡状态，对于扰动的敏感性上升、容错率降低。在疫情无法清零的情况下，预计疫情反复会不断干扰全球供应链，据瑞银发布的一份研究报告预测，全球港口拥堵情况预计会持续到2022年。

## 6. 能源危机席卷全球，欧盟国家尤甚

2021年还有一个显著特征是出现了席卷全球的能源危机，欧洲则处于这场危机的中心。2020年12月11日，欧盟理事会批准新的协议，将温室气体减排目标由此前的2030年相较于1990年降低40%进一步提升至55%。伴随着减碳新标准的实施，欧洲碳价开始了持续上涨，碳排放交易许可价格由2020年12月的30欧元左右升至2021年8月的60欧元，9月底一度突破65欧元。根据西班牙央行有关研究的估计，电价涨幅中，碳价因素占到25%，天然气价格占比高达50%。在欧盟减碳新标准下，欧盟各国增加了对天然气等能源的使用，以逐步取代并最终淘汰煤电。在这一背景下，同时受其他因素影响，2021年全球天然气价格大幅走高，推动了欧洲多国电价的抬升。英国天然气期货价格由2020年12月每色姆50便士左右上升至9月底的251便士，10月初一度接近300便士，涨幅惊人。作为天然气的替代品，在天然气价格大幅攀升的情况下，原油价格也呈现大幅上涨态势。受能源危机等多种因素影响，欧洲多国PPI同比涨幅突破10%，创近30年之最。在此背景下，居民消费意愿和支出受到了严重影响。

## 二、2022年世界经济影响因素分析及趋势判断

### 1. 2022年全球经济发展的主要影响因素分析

（1）全球经济在短暂修复后面临放缓  目前全球经济增长动力得以强化的主要因素是经济刺激政策及基数效应。展望未来，政策刺激带来的短期因素趋于

弱化，2022年经济增速较2021年放缓基本是确定性事件。一方面，从第一大经济体美国来看，无论是特朗普执政时期还是拜登上台后推出的刺激计划，其重点都不在于解决供给问题，因此，超常规的刺激虽然避免了疫情可能造成的经济停摆和崩溃，但对解决当前全球性供应链问题和美国长期增长动力问题都作用甚微。另一方面，财政刺激带来的个人收入和支出不具有可持续性，在2021年9月财政救济和补贴结束后，个人消费增长面临压力，从而对经济增长形成拖累。这一效应几乎是立竿见影的，2021年11月美国密歇根大学消费者信心指数初值为66.8，创2011年来新低，并且意外地低于预期。数据显示，物价飙升导致房屋、汽车、大件家庭耐用品的购买条件跌至数十年来的最低水平。另有24%的美国家庭预计，自己的财务状况在2021年11月会进一步恶化，这一比例仅次于2008年6月美国爆发金融危机时的水平。

（2）"现代货币理论"及其实践对经济增长的贡献由正转负　现代货币理论兴起于2000年前后并在近年来影响力逐步增大。尽管拜登当选后并未明确主张，但事实上也采用了这一理论，即强调功能财政的作用，而美联储此前宣布的"无限制"量宽为拜登的宽松财政打开了政策空间。2021年3月，拜登政府1.9万亿美元的财政刺激法案宣布实施，其中大约8000亿美元以补贴、减税和失业救济等形式年内直接进入家庭和个人账户（尤以补贴和减税为主，多数人群受益），这固然提高和改善了家庭和个人收入，有利于推动房地产和零售等行业发展，成为促进经济增长的重要力量，但同时也造成了房地产价格、房租及二手车等一系列耐用消费品价格的上涨，成为2021年下半年美国通货膨胀超出美联储年初预期的最直接原因。在高通胀的背景下，2022年美联储货币政策面临转向的压力，货币政策对经济增长的边际贡献由正转负，经济增速自然会随之降低，其他发达国家同样面临类似问题。

（3）疫情下的供应链中断及劳动力供需结构矛盾推升通胀压力　本轮供应链危机产生的原因主要有两个方面：一是全球疫情；二是美国的逆全球化行为。事实上除了芯片危机导致马来西亚等多国停产，在服装制造等领域全球供应链也在重塑过程中。供应链的重塑叠加油气价格暴涨，使得全球企业面临的成本压力仍将持续存在。从目前的情况来看，2022年全球疫情难以消失且存在反复的可能，美国的逆全球化行为也没有停止，在此背景下，全球通货膨胀存在持续上涨的压力。

同时，当前美国及全球通货膨胀预期已经形成，未来工资成本上升可能导致物价螺旋式上涨，即使经济出现明显下滑也难以抑制这种趋势。根据结构性通货膨胀理论及历史经验，不同职位之间工资绝对水平存在差异是合理的，但工资增速应保持基本一致。因此，结构性工资上涨容易演化为工资全面上涨，由此导致工资—物价螺旋上升。以美国为例，2021年10月份登记失业人口约742万人，但职位空缺量达到1103万人，这说明劳动力供给和需求存在结构性矛盾，对工资从结构性上涨到全面上涨产生了推动作用，进而引发了工资—物价的螺旋式上升。

### 2. 2022年世界经济增长趋势判断

从以上分析可以看出，2022年全球增长动力明显不足，经济增速存在下行趋势，与此同时，通货膨胀仍将居高不下，全球经济有滑向滞胀的风险。

2021年10月12日，国际货币基金组织发布的《世界经济展望报告》预计，2021年全球经济增长5.9%，较7月份预测值下调0.1个百分点，2022年增速回落到4.9%。2021年12月1日，经济合作与发展组织（OECD）在下调全球经济增速的同时，也大幅上调了发达国家的通胀预期。OECD将2021年全球GDP增速预期值从9月份的5.7%下调至5.6%，预计2022年增速回落到4.5%。OECD预测整体通胀水平2022年可能接近5%的峰值，在2023年逐渐回落至3%左右。其中G20国家通胀均值2022年可能升至4.4%，然后在2023年降至3.8%。OECD同时指出，家庭和企业预期通胀将持续上升的风险越来越大，这将诱发工资上涨，并可能导致通货膨胀螺旋式上涨。

## 三、两轮滞胀及其借鉴意义

从历史上看，发达国家经历过两轮滞胀：一是1973年石油危机之后；二是2008年次贷危机全面爆发之前。借鉴历史经验教训对积极应对当前经济滞胀风险具有重要意义。

### 1. 第一轮滞胀时间漫长，促成了大规模国际产业转移

众所周知，20世纪50年代初到1973年是西方发达国家持续高速发展的"黄金时代"。1973年第一次石油危机爆发之后，美国和其他西方发达国家同步陷入了漫长且痛苦的调整期。例如，1982年美国经济衰退幅度为1.8%，但通货膨胀

率却高达 6.2%。直至 1983 年，美国经济增长 4.6%，通货膨胀率下降到 3.2%，才标志着美国经济逐步摆脱滞胀的困扰。

以美国为代表的发达国家面对国内生产成本高昂和产能过剩，只能将产业转移到第三世界，东南亚制造业由此崛起。1965～1990 年，亚洲四小龙的出口在国际市场上的份额由 1.2%增加至 6.4%，此后该比例继续上升，扭转了长期以来发展中国家出口初级产品、发达国家出口产成品的国际贸易格局。另外，1974 年美国总统和 1975 年法国、联邦德国、英国、意大利等国家领导人纷纷出访苏联，大都和寻找摆脱经济危机的出路有关。而苏联也看准了这一有利时机，形成了苏联历史上引进西方资金、技术和设备的高潮期。

### 2. 第二轮滞胀相对短暂，但诱发了全球金融危机及世界经济格局的变化

第二轮发生在次贷危机之前。2007 年美国经济增速回落到 2%的较低水平，同时物价不断上涨，10 月份之后开始加速上升到 3.5%，随后两个月均超过 4%，全年达到 2.8%。2008 年上半年经济同比增速回落到 1.5%之下，但通货膨胀压力有增无减，7 月份仍高达 5.6%，呈现出显著的滞胀特征。这一过程随着 2008 年 9 月份次贷危机的全面爆发而结束。

这一滞胀过程相对于第一轮滞胀虽然时间短暂，但影响同样深远。危机爆发前，全球各国均承受高通胀压力，危机后全球经济陷入衰退，世界经济格局发生了新变化，以 G20 成立为标志，新兴和发展中经济体在全球治理中发挥着愈来愈重要的作用。

### 3. 借鉴及启示

西方发达国家的滞胀可能是其他国家或经济体的机遇。对我国而言，一是以此为契机加快中美贸易谈判，尽快结束贸易战，在物价高企的背景下，美国有取消关税的内在压力；二是以共同化解全球滞胀风险为契机加强国际合作，稳定全球生产和供应链，并在应对全球疫情的短期政策和中长期平稳发展中取得协调，避免或减少短期应急性政策的中长期负面后果。

（作者：程伟力）

# 2021 年金融运行分析与 2022 年展望

2021 年货币政策保持了逐步回归中性、恢复常态的势头。货币供应量和社会融资规模存量增速、市场利率与社会综合融资成本均延续了稳中有降的态势，人民币对美元汇率双向波动、小幅升值。2022 年，我国金融平稳运行面临的外部环境更为复杂严峻，美联储退出 QE 的溢出效应将带来外部冲击，全球"滞涨"忧虑持续困扰股市等资产市场。我国经济发展面临着需求收缩、供给冲击、预期转弱的三重压力，结构性通胀有望减弱，房地产市场明显"降温"和房企债务违约事件可能导致相关金融风险的深化和扩散。稳健的货币政策要全力做好"六稳""六保"工作，着力稳定宏观经济大盘，保持经济运行在合理区间，充分运用结构性政策工具，加强定向调控，提高政策精准性。

## 一、2021 年金融运行情况及特点

### 1. 货币供应量增速稳中有降

2021 年货币政策保持连续性、稳定性，保持了 2020 年 5 月以来逐步回归中性、恢复常态的势头。主要政策操作有：延续两项直达实体经济的货币政策工具（小微企业延期还本付息政策工具、普惠小微信用贷款支持工具）至 2021 年年底；增加 3000 亿元支小再贷款额度用于支持地方法人银行向小微企业和个体工商户发放贷款，设立 2000 亿元支持煤炭清洁高效利用专项再贷款，推出碳减排支持工具；2021 年 7 月 15 日和 12 月 15 日两次全面降准 0.5 个百分点；包括逆回购、中期借贷便利（MLF）、国库现金定期存款等短期流动性政策工具在内的公开市场操作前 10 个月累计净投放资金（考虑到期因素）1234 亿元，同比少投放 206 亿元。在政策引导下，货币供应量增速延续 2020 年下半年以来的稳中略降态势。2021 年 11 月末，广义货币 M2 余额同比增长 8.5%，比 2020 年年末和 2020 年同期低 1.6 个百分点和 2.2 个百分点，比疫情前的 2019 年同期高 0.3 个百分点。以 2019 年同期数为基数，采用几何平均方法计算 2020～2021 年 9 月末 M2 余额的两年平均增速为 9.6%，略高于前三季度 GDP 的两年平均增速（8.6%）。

## 2. 债券净融资和表外融资拖累社会融资增长表现

2021年11月末，社会融资规模余额同比增长10.1%，比2020年年末和2020年同期低3.2个百分点和3.5个百分点，比疫情前的2019年同期低0.6个百分点。2021年9月末社会融资规模余额两年平均增速为11.7%，高于前三季度GDP两年平均增速3.1个百分点，显示社会流动性总体较为充裕。2021年前10个月社会融资规模增量累计为28.95万亿元，比2020年同期少4.19万亿元，但比2019年同期多5.48万亿元。从结构来看，表内贷款增长平稳，2021年前11个月对实体经济发放的人民币贷款增加18.91万亿元，同比多增203亿元。随着资管新规三年过渡期即将届满，房地产业信托贷款、通道业务受到更为严格的监管，表外融资持续收缩。2021年前11个月，表外融资（包括委托贷款、信托贷款和未贴现的银行承兑汇票）累计减少2.03万亿元，同比多减少1.45万亿元。在企业债券违约增多和管理层积极防范地方债风险的双重压力下，债券净融资同比减少较多。2021年前11个月，企业债券净融资3.04万亿元，同比少1.36万亿元；政府债券净融资5.85万亿元，同比少1.78万亿元。

## 3. 信贷政策引导人民币贷款总量平稳增长、结构有所调整

2021年人民币贷款总量增长相对平稳，呈现"有保有压"的结构调整。2021年11月末，人民币贷款余额同比增长11.7%，比2020年年末和2020年同期均低1.1个百分点，比2019年同期低0.7个百分点。2021年前11个月人民币贷款累计新增18.81万亿元，同比多增4356亿元。从结构来看，一是工业中长期贷款增长较快，较好地支撑了"稳投资"。2021年9月末，本外币工业中长期贷款余额同比增长24.1%，比2020年年末和2020年同期提高4.1个百分点和7.8个百分点，其中，制造业中长期贷款余额增长37.8%。2021年9月末，制造业投资同比增长14.8%，高于全部投资增速7.5个百分点；两年平均增速为3.3%，比2019年同期高0.8个百分点。二是普惠小微企业贷款快速增长，积极服务"保市场主体""保居民就业"。2021年9月末，人民币普惠小微贷款余额同比增长27.4%，高于各项贷款增速15.5个百分点。三是绿色信贷持续快速增长。2021年9月末，本外币绿色贷款余额同比增长27.9%，高于各项贷款增速16.5个百分点。人民银行于2021年11月份推出了碳减排支持工具，向金融机构提供低成本资金，引导金融机构提供碳减排贷款，未来绿色信贷将继续保持高增长。四是房地产金融政策收

紧导致房地产贷款增速持续放缓。在"三条红线"和房地产贷款集中度管理等政策压力下，2021年9月末，人民币房地产贷款余额同比增长7.6%，比2020年年末和2020年同期低4.1个百分点和5.2个百分点。

### 4. 市场利率与社会综合融资成本稳中有降

2021年央行政策利率一直未作调整，其中，7天逆回购利率保持在2.2%，1年期MLF操作利率保持在2.95%。在政策引导下，货币市场利率保持平稳，但整体较2020年上半年新冠肺炎疫情暴发早期阶段略有回升。同业拆借和质押式回购月加权平均利率稳定在2%附近，2021年11月份分别为2.03%和2.06%，较2020年同期分别高0.05个百分点和0.01个百分点。作为代表性利率，隔夜上海银行间同业拆放利率（SHIBOR）基本稳定在1.7%~2.3%区间内，银行间7天质押式回购加权平均利率基本稳定在2%~2.5%区间内。债市方面，国债到期收益率稳中略降。1年期和10年期国债到期收益率2021年12月末降至2.23%和2.77%，比2020年同期低0.25个百分点和0.37个百分点。

社会综合融资成本整体有所下降。2021年前11个月，1年期贷款市场报价利率（LPR）一直保持在3.85%，12月份降到了3.8%。即使LPR保持不变，随着贷款市场报价利率改革红利持续释放、政策推动银行支付手续费等进一步降低、市场利率自律机制优化存款利率自律上限的确定方式等措施落地，实际贷款利率仍保持稳中有降的态势。2021年9月份贷款加权平均利率为5%，同比下降0.12个百分点。Wind数据显示，2021年12月份公司债、企业债和中期票据发行利率分别为3.69%、4.43%和3.84%，比2020年12月下降0.91个百分点、1.11个百分点和0.76个百分点。

### 5. 人民币对美元汇率双向波动、小幅升值

2021年，人民币对美元汇率呈双向波动走势，即期汇率多数时间在6.36~6.55区间内运行，最高为4月1日的6.5739，最低为5月31日的6.3607。这期间，2021年4~5月份和10~12月份人民币对美元先后出现两波短期持续升值。人民币对美元汇率与美元指数走势之间存在一定"此升彼降"的跷跷板效应。2021年4~5月份的人民币升值就有美元走弱的背景。但2021年10~12月份在美联储退出量化宽松（QE）预期和美债收益率上行支撑下，美元指数走强，人民币对美元汇率不贬反升，走出相对独立的行情。出口强劲和境外机构增持人民币资产带来

的潜在结汇需求增加是推升10~12月份人民币对美元升值的重要原因。2021年9月份、10月份、11月份以美元计价出口同比增速高达28.1%、27.1%和22%，贸易顺差由8月份的584亿美元扩大到9月份、10月份、11月份的668亿美元、845亿美元和717亿美元。2021年9月份，境外机构全面加仓中国国债等低风险债券，当月境外机构债券托管面额增加884亿元。按照即期汇率计算，2021年人民币对美元累计升值2.6%，CFETS人民币汇率指数升值8%。

## 二、2022年金融运行面临的环境和问题

### 1. 美联储退出QE的溢出效应将带来外部冲击

美联储在2021年11月份的议息会议上正式宣布，从11月中旬开始缩减每月的购债规模，正式启动量化宽松政策（QE）的退出。在2021年12月议息会议上，美联储提出从2022年1月开始加速削减购债规模，从2022年1月开始，每月减少资产购买的金额为300亿美元，并于2022年2月中旬至3月中旬执行最后一轮资产购买。预计2022年下半年美联储将开启加息进程。

鉴于美元的世界货币地位和美国金融市场的国际主导地位，美联储货币政策调整具有较强的溢出效应，对全球金融市场和跨境资本流动格局都有着重要影响。2022年美联储逐步退出QE将极大地增加国际金融形势的波动和风险，对我国金融平稳运行形成外部冲击。一是可能引发新一轮新兴市场的"缩减恐慌"，带来外部风险传导。美联储上一轮退出QE（包括逐步缩减购债规模、完全结束购债、开始加息三个阶段）发生在2014~2015年。这期间，美联储政策收紧引发全球流动性预期转紧和风险资产抛售，巴西、印度、土耳其等新兴市场国家经历了资本大量外流、国际收支压力激增、本币汇率大幅贬值、股市暴跌等金融动荡。新兴市场受到的此次冲击后来被称为"缩减恐慌"。市场十分担心在新冠肺炎疫情中受创严重的新兴市场国家已无法再次承受"缩减恐慌"。二是冲击全球汇市和国际资本流动，引发我国资本外流和人民币贬值风险。历次美联储货币政策紧缩周期中，均会出现美元走强、新兴市场面临本币贬值和资本外逃的现象。在上一轮美联储退出QE的进程中，美元指数在2014年5月至2016年快速升值并维持强势。2015~2017年年初，我国外汇市场也遭受了较大冲击，人民币贬值伴随着资本流出、外汇储备规模下降。人民币对美元即期汇率由2014年年初约6.05，贬值至2016年年底约6.95，我国外汇储备余额由2014年年末的3.843万

亿美元降至 2016 年年末的 3.011 万亿美元，累计减少 8325 亿美元。此次美联储退出可能再次带来人民币对美元的贬值压力并加剧跨境资本流出风险。三是引发外资回撤，诱发我国股债齐跌。截至 2021 年 6 月末，境外投资者股票持仓量占 A 股总市值的 5.4%，债券持仓量占境内债券托管总量的 3.1%。未来美联储收紧政策可能使我国股市、债市面临外资回撤、市场加剧回调的压力。四是带来全球流动性边际收紧和中美利差变化，加大了我国货币政策的协调难度。美联储政策退出会带来全球流动性趋紧，全球"资金池"水位下降意味着我国国内流动性面临"输入性紧缩"压力，体现在资金价格上，就是市场利率水平易升难降。中美两国国债收益率存在较强的正相关性，以 10 年期国债收益率为例，2016 年以来相关系数为 0.67。2016~2017 年美联储加息期间，美债收益率走高加强了国内市场利率上升预期，强化了我国货币市场利率和国债收益率的上行态势。例如，隔夜 SHIBOR 和 10 年期国债到期收益率在 2016 年年底到 2017 年出现一波快速上升，由 2016 年 11 月初的 2.2%和 2.7%左右升至 2017 年 12 月底的 2.8%和 3.9%左右。此次美联储退出会通过市场预期、"中美利差"等渠道向我国输入利率上升压力，加大压降社会融资成本的难度。

### 2. 全球大概率不会陷入"滞胀"困境

2021 年以来，国际大宗商品价格高位攀升，多国通货膨胀压力加大，美国通胀压力尤为明显。与此同时，下半年以来全球经济复苏动力出现弱化，摩根大通全球制造业和服务业 PMI 指数均出现回落。市场投资者对全球"滞胀"（经济增长停滞与通货膨胀上升同时出现）的忧虑不断升温。

历史上最为著名的"滞胀"发生在 20 世纪 70 年代的美国。美国当时发生"滞胀"主要有供需两方面成因：需求侧面临前期凯恩斯主义"后遗症"带来的财政货币政策持续"双扩张"，供给侧面临两次石油危机导致国际原油价格猛涨并带动国际大宗商品价格上涨。对比当前全球经济形势，"滞胀"重演的概率较小。一是发达经济体财政货币政策已开始转向。虽然发达经济体为应对新冠肺炎疫情采取了超常规的财政刺激和宽松的货币政策，但 2021 年以来，随着全球经济复苏和通胀压力上升，额外财政刺激的必要性下降，发达经济体央行开始释放货币政策转向信号。根据 IMF 预测，2022 年主要经济体的财政赤字率都将较 2021 年回落。美联储开启了退出 QE 的进程，最早将于 2022 年下半年加息，欧洲央行和英国央行等也普遍强化了紧缩立场，韩国、俄罗斯、巴西等新兴市场国家2021年已经开始加息。二是石油危机不会重现。20世纪70年代美国为原油净进口国，对中东地区原油依赖度很高。得益于页岩油开采技术的进步，2011年以来美国石油产量快速增长，2019年成为世界第一大油气生产国，油气基本具备自给自足的能力，并深刻改变了全球能源供应格局与地缘政治形势。由于全球原油供应格局发生了根本性改变，未来中东石油危机难以重演。三是国际大宗商品价格持续高位攀升的动力不足。美联储收紧货币政策将削弱支撑本轮国际大宗商品价格上涨的金融因素，而全球经济在疫后复苏相对疲弱和海外复工复产推动供给逐步恢复也将减弱基本面支撑，国际大宗商品价格有望在2022年"见顶"。据IMF在2021年10月份发布的《世界经济展望》预测，全球2021年和2022年经济增速分别为5.9%和4.9%，经济增长并未陷入停滞。OECD预测，2022年OECD国家仍存在3.4%的产出缺口，持续存在的产出缺口将抑制整体价格水平上升。IMF预测，2021年发达经济体通胀率将上升至2.8%，到2022年通胀率有望回落至2.3%。现阶段的全球通胀上升压力有望在2022年出现缓解。

### 3. 我国货币政策无需面对"稳增长"与"控通胀"两难

2021年下半年局部疫情反复、洪灾等极端天气、电力与煤炭供应紧张导致我国多地出现拉闸限电、限产停工，经济短期下行压力有所加大。与此同时，供给约束推动PPI高位攀升。市场也在担心我国会出现经济增速下行与通胀压力上升的"类滞胀"现象，届时货币政策将面临"稳增长"还是"控通胀"的两难。

从影响因素判断，未来伴随经济下行压力加大，结构性通胀压力将减弱，2022年货币政策不会面临"类滞胀"带来的"两难"，政策重点可向"稳增长"倾斜。一方面，我国经济发展面临需求收缩、供给冲击、预期转弱的三重压力。需求收缩表现为"三驾马车"冷热不均。受海外需求恢复和对海外产能的"替代效应"推动，2021年出口表现强劲。但下半年出口金额的快速增长更多受原材料、海运费用等成本端上升带来的涨价效应推动，出口数量增速回落的拐点已经出现。2022年全球经济增长小幅放缓和海外产能恢复可能导致我国出口增长放缓，出口拉动作用将进一步减弱。固定资产投资增速尚未恢复到疫情前水平，2021年和2020年前11个月两年平均增速仍低于2019年同期1.3个百分点。房地产市场明显"降温"使未来房地产开发投资面临"失速"风险。出口与房地产两大增长引擎放缓的同时，国内消费表现疲弱，难以形成有效"对冲"。2021年和2020年前三季度全国居民人均消费支出两年平均实际增速低于2019年同期2个百分点。在国内局部疫情持续多点散发、疫情防控严防死守的情况下，未来短期消费恢复并不乐观。另一方面，我国当前物价上涨呈现明显的结构性特征，CPI及PPI中的生活资料价格接近零增长，PPI与CPI"剪刀差"不断扩大，PPI难以向CPI有效传导，结构性物价上涨不会演变为全面通胀。2021年前11个月PPI累计同比上涨7.9%，其中，生产资料上涨10.4%，生活资料上涨0.3%；CPI累计同比上涨0.9%，其中，食品下降1.4%，非食品上涨1.4%。PPI对CPI的传导主要体现为成本推动型涨价，即上游生产资料涨价→下游生活资料涨价→CPI中的非食品涨价。由于居民消费表现相对疲弱，缺乏需求侧配合，成本推动型涨价无法有效传导到价格终端。进一步看，本轮PPI中的生产资料价格上涨有国际大宗商品价格上涨的外部因素，也有"去产能"、环保与安全生产等政策压力导致国内煤炭、钢铁等产量增长缓慢的内部因素。未来随着国际大宗商品价格触顶、政策推动煤炭产能加快释放和高基数效应显现，PPI有望于2021年年底至2022年见顶并小幅回落。猪肉市场供应宽松、粮食连续丰收使CPI中的食品价格具有稳定基础。总体预计2022年CPI上涨2%左右，PPI上涨5%左右，通胀水平将保持温和可控。

### 4. 需警惕房地产金融风险进一步暴露和扩散

近年来房地产金融监管日益严格，房地产企业融资"三条红线"和银行业金融机构贷款集中度管理制度先后出台。在强监管压力下，2021年下半年以来房地产市场明显"降温"，一些高负债大型房企接连出现债务违约，房地产金融风险有所暴露。未来需要警惕房地产金融风险进一步深化和扩散。

一方面要警惕个别头部企业债务违约在行业内传染扩散，个案风险演变为行业风险。2021年下半年中国恒大、华夏幸福等头部房企债务违约事件频发，涉及了国内信用债券和海外美元债的违约、展期，以及贷款、信托、可转债、商业票据的违约，债务违约规模巨大。我国房地产企业大多采取高周转、高杠杆、高负债的经营模式，借新还旧、借短还长等较为普遍。头部房企违约事件导致金融机构风险偏好明显下降，市场投资者信心受到冲击，甚至出现恐慌情绪，房企外部融资持续收紧，尚未出现债务违约的企业难免受到牵连。2021年三季度末，房地产开发贷款余额仅同比增长0.02%，增速比上季度末低2.8个百分点。房企境内外债券价格大幅下跌，2021年10月份中资地产美元债普遍出现近20%的跌幅。中指研究院监测，2021年10月份房地产企业融资总额同比下降74.8%，环比下降60.0%，单月融资规模同比连续8个月下降。此外，2021年下半年以来，房地产市场快速降温，商品房销售量缩价跌，土地市场转冷。在整个行业景气明显下降的情况下，房企通过加快商品房销售来实现资金回笼和周转的难度也在加大。截至2021年三季度末，上市房企在手现金总量同比下降11.9%，在手现金总量处于近4年低位。外部融资和销售资金回笼受阻恐将使更多房企因流动性危机而陷入资金链断裂的困境。

另一方面要警惕房企大面积违约沿着金融链条不断传导，带来连锁反应，催生一系列关联风险。对银行业金融机构而言，会带来房地产开发贷款不良风险。2021年三季度部分银行的涉房不良贷款、关注类贷款有一定程度的上升。例如，招商银行对公房地产不良贷款率为1.29%，较2020年年末上升1.06个百分点。对于地方政府而言，政府性基金收入大部分来自于土地出让收入，房地产金融风险暴露使得土地市场趋冷，地方土地出让收入减少，地方财政稳定面临更大的压力。房地产部门产业链较长，与诸多产业紧密关联。对于上、下游的建筑商、供货商而言，房企债务违约后，面临大量货款或工程款无法收回的损失，流动性风险和信用风险将沿着产业链条向上和向下传导、扩散。

## 三、2022年金融调控政策建议

### 1. 货币政策"稳"字当头，适时加强逆周期调节

稳健的货币政策要与积极的财政政策协调联动，实现跨周期和逆周期宏观调控政策有机结合，全力做好"六稳""六保"工作，着力稳定宏观经济大盘，保持经济运行在合理区间。在总量上要"稳"字当头，做到灵活适度。综合运用各种货币政策工具，增强信贷总量增长的稳定性，保持社会流动性合理充裕，保持M2和社会融资规模增速同名义经济增速基本匹配。建议2022年M2增长9%左右，社会融资规模存量增长11%左右。数量调控可采取进一步下调法定存款准备金率和加大MLF操作力度等措施，及时释放宽松信号，避免市场形成紧缩和悲观预期。利率调控进一步落实"降成本"的要求，可择机下调MLF利率等政策利率，进而引导LPR有所走低，继续释放LPR改革促进降低贷款利率的潜力，优化存款利率监管，稳定银行负债成本，推动实际贷款利率进一步降低。

## 2．加强定向调控，提高政策精准性

保持小微企业信贷支持政策的连续性、稳定性，2022年实施两项直达工具接续转换。一是将普惠小微企业贷款延期支持工具转换为普惠小微贷款支持工具。金融机构与企业按市场化原则自主协商贷款还本付息。从2022年起到2023年6月底，人民银行按照地方法人银行普惠小微贷款余额增量的1%提供资金，按季操作，鼓励持续增加普惠小微贷款。二是从2022年起，将普惠小微企业信用贷款支持计划并入支农支小再贷款管理。原来用于支持普惠小微信用贷款的4000亿元再贷款额度可以滚动使用，必要时可再进一步增加再贷款额度。符合条件的地方法人银行发放普惠小微信用贷款，可向人民银行申请支农支小再贷款优惠资金支持。进一步发挥好再贷款、再贴现、碳减排支持工具等结构性政策工具的牵引带动和精准滴灌作用，加大对普惠金融、绿色金融的支持力度，引导金融机构加大对科技创新、小微企业、乡村振兴、绿色发展等重点领域的支持。督促指导金融机构优化制造业的信贷结构，明确"提高制造业贷款比重"和"保持高技术制造业中长期贷款合理增速"的目标和任务，引导金融机构加大对高新技术制造业、战略性新兴产业的信贷投放，同时也要支持传统制造业的设备更新和技术改造。充分用好碳减排支持工具，以稳步有序、精准直达方式，引导金融机构支持清洁能源、节能环保、碳减排技术等重点领域的发展，并撬动更多的社会资金促进碳减排。

## 3．防范美联储政策溢出，维护外汇市场和跨境资金流动"双稳"

外汇管理要积极防范美联储政策调整的溢出效应，维护跨境资金流动和外汇市场平稳运行。一是进一步推动汇率市场化改革，在增强人民币汇率弹性的同时，注重预期引导，引导人民币汇率在合理均衡水平上的基本稳定。二是积极防范跨境资本异常流动的风险，加强对美国金融市场和国际金融市场、跨境资金流动的高频监测，密切关注外部环境发展变化，提高对跨境资金流出风险的预警能力。三是引导企业和金融机构树立"风险中性"意识，加强跨境资本流动管理，加强外汇形势监测评估，适时运用外汇存款准备金率调整等各类外汇宏观审慎政策工具，对外汇供求进行逆周期调节，打击外汇投机行为，防范跨境资金流出与人民币贬值预期相互强化的风险。

## 4. 坚持"房住不炒"的定位，统筹做好房地产金融调控

一是坚持"房子是用来住的、不是用来炒的"定位，坚持不将房地产作为短期刺激经济的手段，坚持房地产去金融化的政策方向，保持房地产金融政策的连续性、一致性、稳定性。围绕"稳地价、稳房价、稳预期"的目标，准确把握和执行好房地产金融审慎管理制度，加快完善住房租赁金融政策体系。二是加大对金融机构"涉房"业务的窗口指导，对"三条红线"和贷款集中度管理设置"合理的过渡期"，对经营稳健、良好的房地产企业给予一定的帮扶，帮助其积极整改。三是对房地产市场的正常资金融资给予针对性、结构性和前瞻性调整，避免出现行业性流动危机。适时放松个人住房贷款"限贷"政策，坚持"因城施策"的原则，满足居民合理住房贷款的需求。对经营状况良好但因外部融资变化而陷入流动性困境的企业给予一定的政策救助，分类推进房地产企业债务展期和帮扶政策落实，有序推进房地产企业的债务置换、债转股等业务。四是妥善处置个别房地产企业的债务违约。全力以赴"保交楼"，尽量保障上下游建筑商、供应商等的基本利益，对金融机构债务采用市场化方式进行处置，对国内外债权人一视同仁，必要时进行市场化债务重组。

（作者：李若愚）

# 2021年工业运行分析及2022年展望

2021年，得益于前期各项惠企支持政策的落地见效，工业经济总体保持稳定运行。但国内外经济环境复杂多变，各类风险以及不确定性因素叠加，对工业供给端造成了一定的冲击，工业稳中向好的基础仍不牢固，特别是制造业产业链不同环节、不同类型市场主体面临的一些深层次矛盾和难题，巩固产业恢复性增长势头还要持续加力。建议政策上坚持目标导向和问题导向，注重发挥产业政策对畅通经济循环的具体推动作用，促进供需实现动态平衡，不断提升工业经济发展的质量和效率。

综合2021年以来的各类指标情况看，工业运行稳中向好的势头持续巩固，为加快推进供给侧结构性改革、不断提升经济增长质量和效率创造了良好条件。但同时也要看到，受疫情以及其他突发因素影响，供需结构性矛盾、产业内部发展不平衡不充分等问题进一步凸显，稳定工业运行的难度有所增大。应抓住当前各方面有利的"窗口期"，抓紧推动解决我国工业领域中存在的结构性难题，防范和化解各类潜在风险。

## 一、工业企稳向好的积极因素不断积累，运行的质量和效益明显提升

### 1.复工复产持续推进，产能利用率在合理区间运行

疫情得到有效控制，生产逐渐摆脱负面影响。供给复苏的态势在持续。2021年前三季度，工业产能利用率为77.6%，比正常年份2019年同期还高1.4个百分点，数值处于近五年来的较高水平（见图1）。国际上合理产能利用率的标准区间为75%~80%，我国工业当前产能利用水平说明很多行业不仅是复工复产，而且有的已接近于满工满产。

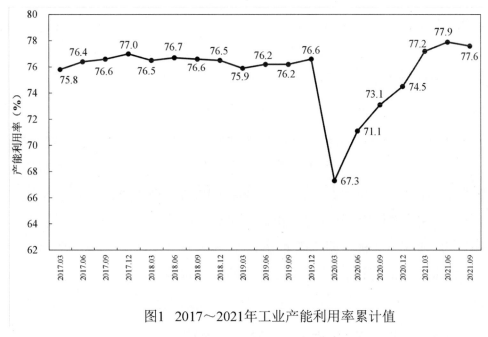

图1 2017～2021年工业产能利用率累计值

（注：数据来源于Wind资讯）

### 2. 出口增长超出预期，有效支撑生产端复苏

疫情造成全球产业链、供应链中断，率先恢复供应的国家有余力满足来自其他国家的市场需求。我国出口数据表现频频超出市场预期，原因就在于此。国内生产恢复得好，而国际上其他国家虽然需求在复苏，但疫情仍然未得到有效控制，生产很难回到疫情前的水平，我国在全球贸易市场的供给替代效应非常明显。2021年1～11月份，规模以上工业出口交货值同比增长17.8%，连续两个月增速加快，两年平均增速为7.9%。工业下游的消费品生产加工行业是我国对外出口的大户，强劲的外需有利于提高国内生产的积极性，助推工业稳定回升。

### 3. 高技术制造业保持较高增速，部分已经恢复到疫情前水平

数据显示，2021年11月份，规模以上高技术和装备制造业增加值同比分别增长15.1%、5.5%，增速较上月分别加快0.4个百分点、0.8个百分点，分别拉动工业增长2.3个百分点、2.0个百分点，对工业增长的引领作用进一步显现。电子行业同比增长13.5%；电子通信设备、计算机办公设备、航空航天设备、医疗仪器、医药制造业等高技术行业均保持10%以上的增长；受益于芯片紧缺情况有所缓解，汽车制造业增加值降幅连续3个月收窄。从产品看，智能低碳产品增势良

好，新能源汽车产量同比大幅增长112.0%，继续高速增长；工业机器人、太阳能电池、集成电路等体现转型升级的产品产量同比分别增长27.9%、15.4%、11.9%；微机设备、单晶硅、多晶硅等重要电子产品产量较快增长。

### 4. 政策保持稳定性连续性，有利于提振市场主体信心

一方面，中央经济工作会议和政府工作报告明确强调，要保持当前政策的连续性和稳定性，向市场释放了"稳"的信号。另一方面，制造业研发费用加计扣除比例由75%提高到100%，是结构性减税政策的又一次尝试，有利于进一步减轻企业特别是先进制造业企业的负担，同时对于提升产业发展质量具有很强的正向激励作用。此外，"放管服"改革举措不断落地落实，政务服务便捷化、集约化、一体化水平不断提升，对于优化营商环境、提高要素运转效率起到了重要促进作用。

## 二、当前工业运行面临亟待解决和破解的三方面难题

当前，工业发展的积极因素不断增加，但也要清醒地看到，产业发展的不平衡不充分问题仍然存在，其中虽然也有诸如像大宗商品价格过快上涨等偶发因素影响，但归根到底说明只有加大力气破解结构性难题，才能提升产业的抗冲击能力，才能在保持合理增速的同时不断提升发展质量。

### 1. 大宗商品价格上涨对工业运行造成一系列次生冲击

2020年4月份以来，受疫情全球蔓延、多国货币"放水"、产业链供应链中断等多重因素影响，全球大宗商品进入了新一轮涨价周期，且在2021年上半年尤为明显。大宗商品价格过快上涨最直接的危害就是，加重了下游制造业企业成本负担，同时加剧了上中下游发展的不均衡，加大了输入性通胀发生的概率。在此背景下，制造业下游企业利润受到挤压，在产业循环中形成了"堰塞湖"，造成了"上游热、下游冷"的局面，从而影响了经济大循环。潜在的风险在于，由于下游企业很难直接将涨价压力在生产循环中消化掉，很有可能将压力进一步向消费端传导，导致零售环节商品价格上涨。实践表明，大宗商品价格上涨很容易通过产业链进行传导，最终会把这种涨价效应传导给终端消费者。不仅如此，还容易在期货市场引发投机炒作，扭曲市场价格信号。同时需要警惕的是，部分大宗商品急涨后可能出现急跌，严重干扰上中游正常的生产秩序。

## 2. 行业内部企业景气程度分化问题凸显

PMI指数显示，自2018年1月至2021年10月的46个月中，大型企业景气程度在荣枯线之上的有43个月，中型企业有22个月，小企业有10个月（见表1）。行业内部企业景气程度分化的态势仍未有效缓解。这种现象反映出的本质是，不同企业组织形式对要素资源的吸附能力。大企业凭借先进的技术、稳定的市场，客观上形成了一种"虹吸效应"。从这个角度看，企业经营存在一定差距也是合理的，不能追求所有企业平均式发展。但景气程度的明显分化，也反映出解决中小企业生产经营遇到的深层次矛盾，难度大、要求高，需要下大力气破解。深层次矛盾主要有两方面：一是企业规模与企业信用之间的矛盾。中小企业特别是小企业经营规模小，资产数量有限，在获取信贷资源方面天然处于不利地位。二是要素成本刚性上涨与中小企业抗风险能力之间的矛盾。我国制造业发展已经明显受到土地、人工、水电等成本合理上涨的影响，加工制造类企业的利润空间受到挤压。中小企业抗风险能力弱，与营收增长空间受成本上涨影响有着密切的关系。

表1 大中小企业PMI变化情况对比

（单位：%）

| 时间 | PMI：大型企业 | PMI：中型企业 | PMI：小型企业 |
| --- | --- | --- | --- |
| 2018年1月 | 52.6 | 50.1 | 48.5 |
| 2018年2月 | 52.2 | 49.0 | 44.8 |
| 2018年3月 | 52.4 | 50.4 | 50.1 |
| 2018年4月 | 52.0 | 50.7 | 50.3 |
| 2018年5月 | 53.1 | 51.0 | 49.6 |
| 2018年6月 | 52.9 | 49.9 | 49.8 |
| 2018年7月 | 52.4 | 49.9 | 49.3 |
| 2018年8月 | 52.1 | 50.4 | 50.0 |
| 2018年9月 | 52.1 | 48.7 | 50.4 |
| 2018年10月 | 51.6 | 47.7 | 49.8 |
| 2018年11月 | 50.6 | 49.1 | 49.2 |
| 2018年12月 | 50.1 | 48.4 | 48.6 |
| 2019年1月 | 51.3 | 47.2 | 47.3 |
| 2019年2月 | 51.5 | 46.9 | 45.3 |
| 2019年3月 | 51.1 | 49.9 | 49.3 |
| 2019年4月 | 50.8 | 49.1 | 49.8 |
| 2019年5月 | 50.3 | 48.8 | 47.8 |

（续）

| 时间 | PMI：大型企业 | PMI：中型企业 | PMI：小型企业 |
| --- | --- | --- | --- |
| 2019年6月 | 49.9 | 49.1 | 48.3 |
| 2019年7月 | 50.7 | 48.7 | 48.2 |
| 2019年8月 | 50.4 | 48.2 | 48.6 |
| 2019年9月 | 50.8 | 48.6 | 48.8 |
| 2019年10月 | 49.9 | 49.0 | 47.9 |
| 2019年11月 | 50.9 | 49.5 | 49.4 |
| 2019年12月 | 50.6 | 51.4 | 47.2 |
| 2020年1月 | 50.4 | 50.1 | 48.6 |
| 2020年2月 | 36.3 | 35.5 | 34.1 |
| 2020年3月 | 52.6 | 51.5 | 50.9 |
| 2020年4月 | 51.1 | 50.2 | 51.0 |
| 2020年5月 | 51.6 | 48.8 | 50.8 |
| 2020年6月 | 52.1 | 50.2 | 48.9 |
| 2020年7月 | 52.0 | 51.2 | 48.6 |
| 2020年8月 | 52.0 | 51.6 | 47.7 |
| 2020年9月 | 52.5 | 50.7 | 50.1 |
| 2020年10月 | 52.6 | 50.6 | 49.4 |
| 2020年11月 | 53.0 | 52.0 | 50.1 |
| 2020年12月 | 52.7 | 52.7 | 48.8 |
| 2021年1月 | 52.1 | 51.4 | 49.4 |
| 2021年2月 | 52.2 | 49.6 | 48.3 |
| 2021年3月 | 52.7 | 51.6 | 50.4 |
| 2021年4月 | 51.7 | 50.3 | 50.8 |
| 2021年5月 | 51.8 | 51.1 | 48.8 |
| 2021年6月 | 51.7 | 50.8 | 49.1 |
| 2021年7月 | 51.7 | 50.0 | 47.8 |
| 2021年8月 | 50.3 | 51.2 | 48.2 |
| 2021年9月 | 50.4 | 49.7 | 47.5 |
| 2021年10月 | 50.3 | 48.6 | 47.5 |

注：数据来源于国家统计局。

### 3. 制造业比重下降不利于巩固产业发展基本盘、维护产业安全

（1）目前我国制造业比重面临下降过快的风险 虽然当前我国制造业比重在世界上居于第一位（见图2），但是仍然要关注该指标变化背后反映出的问题。

近年来，受金融、房地产行业快速增长、制造业成本加快上升、部分制造业产业链环节出现向外转移苗头等因素影响，我国制造业增加值比重呈现过快下降的特征。从国际经验看，美国等发达国家制造业比重下降过程均经历了较长时间。美国制造业比重从1953年最高点的27.6%到1980年完成工业化时的19.5%，整整花了27年时间，年均下降0.3个百分点。与之相比，我国制造业比重由2011年的32.06%下降至2020年的26.18%，年均下降0.65个百分点，最近十年下降速度明显过快。

（2）总的来看，制造业比重下降反映出我国实体经济与虚拟经济的良性循环尚未形成　近年来，我国实体经济经营环境趋紧、下行压力加大，出现了增长放缓、结构性矛盾突出、效益下滑等诸多问题，其根源主要在于虚拟经济泡沫对实体经济造成的挤压效应。主要表现为：一是大量信贷资源流向虚拟经济领域导致实体经济融资难的问题，即使有部分资金流入实体经济，也因为利率过高脱离实体经济可以承受的极限而导致融资贵的问题。二是传统银行体系服务长尾客户的能力相对较弱，风险管理模式过于依赖抵押和银政合作，对实体企业贷款的风险定价能力较弱。三是我国融资担保体系发展滞后，担保公司实力普遍较弱，难以取得银行的充分信任，加剧了实体企业贷款难、贷款贵问题。

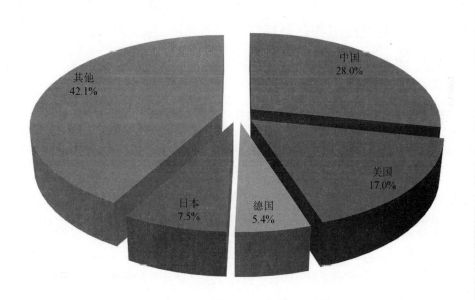

图2　2019年制造业比重国际比较

（注：数据来源于世界银行）

## 三、对 2022 年工业运行的展望

总体来看，工业经济在 2021 年四季度虽然有较大的下行压力，但是持续向好的基本面没有变，各类有利因素也在不断积累，跨周期调节政策力度也在不断加大，2022 年工业经济将继续延续稳定恢复态势，新动能增长韧性也将不断增强。2022 年主要有两个方面有利的因素积累：一是 2021 年各类支持政策效应将在 2022 年陆续集中显现。党中央、国务院高度重视工业等实体经济的平稳运行，对加快发展现代产业体系、推动工业体系优化升级做出了一系列部署。2021 年集中公布了一批在新形势下推进工业领域供给侧结构性改革的重要举措，协同配合、良性互动的政策体系正在加快形成，为工业平稳运行、加快发展提供了重要政策保障。二是数字化转型步伐加快，发展后劲有力。数字化发展全面渗透和深刻影响着工业生产、流通、消费、进出口等各个环节，数字经济与实体经济深度融合，数字产业化、产业数字化良性互动，这些为传统工业提升改造，以信息化培育工业发展新动能，用新动能推动工业高质量发展，创造了扎扎实实的需求、应用场景。

## 四、几点建议

稳定工业运行，政策上要坚持系统观念，坚持稳中求进的总基调，扎实细致地做好相应的政策储备，并根据具体问题对症施策。建议政策上统筹发展和安全，着眼短期和长期，兼顾增长和改革，注重投资政策和财税、产业、经贸等其他政策协同配合，推动工业高质量发展。

### 1. 遏制原材料价格过快上涨的势头

一是最大限度地做到信息的对称。要拓宽信息渠道密切监测国际大宗商品价格变动情况，快速、及时向市场主体发布价格监测和预警信息。专业行业协会要发挥大企业集聚的优势，率先发现大宗商品价格变化过程中的苗头性和倾向性问题。二是完善大宗商品期货市场定价机制，强化市场运行监管和执法力度，严厉打击在商品价格上涨之际违规操作、投机炒作等行为。三是加强对原材料流通环节的规范管理。对在大宗商品国内流通环节层层倒手加码加价的现象、通过串谋等手段哄抬原材料价格的不法商业行为，保持高压打击态势，整治市场秩序。四是加强对原材料市场的调节和预期引导，扩大国内市场有效供给，缓解短期供需

矛盾。

### 2. 着力扩大制造业有效投资

以投资为有效抓手，贯彻好中央关于保持制造业比重基本稳定的决策部署，发挥好投资对巩固制造业基本盘的支撑作用。一是促进项目开工落地。推动列入"十四五"规划中的重工业项目尽快落地并尽早形成实物量。二是加强对工业投资的要素保障。从土地、资金、财政、税收等方面强化激励保障力度，引导各类优质资源向实体经济领域汇聚。三是增强产业关键核心技术的突破能力。实施产业基础再造工程，加快补齐基础零部件及元器件、基础软件、基础材料、基础工艺和产业技术基础等瓶颈短板。四是培育壮大产业发展新动能，聚焦新一代信息技术、生物技术、新能源、新材料、高端装备、新能源汽车、绿色环保以及航空航天、海洋装备等战略性新兴产业，加快打造一批新兴产业应用场景，带动先进制造业产业集群建设。

### 3. 探索推进大中小企业协同发展

一是构建中小企业与大企业的稳定合作关系。建立大企业与中小企业的合作激励机制，积极引导具有创新活力的中小企业与大企业进行协作配套，促进中小企业产品进入大企业的产业链或采购系统，鼓励大企业将有关产品及零部件委托给中小企业生产，由大企业对产品进行质量检测，在大企业与中小企业协同发展中，对带动作用明显、成效显著的大企业予以税收减免等奖励。二是发挥大企业在产业联盟和专业协作体系中的主力军作用。成立专门引导基金，大力推动产业链上大企业与中小企业的"纵向联盟"，通过推动大企业与中小企业的合作，打通上下游企业的产业联系，保障企业原料和销售的稳定，实现大企业与中小企业的协同发展，推动中小企业借助大企业平台快速嵌入全球生产与贸易体系。三是优化协作环境，推进产业协作、生态链的有效连接与融合。对于参与企业配套、生态链构建效果好、程度高的行业给予奖励支持。

### 4. 强化督促各类惠企政策落实

一是以推动优惠政策落实提振市场主体信心。持续做好前期涉企优惠政策的执行落实。鼓励各地结合自身财政情况出台有关继续实施惠企政策促进经济稳中求进的相关措施，对涉企优惠政策实施效果好的地区给予相应的激励措施。二是强化政策落实督促检查力度，统筹规范督查检查。有针对性地加强对各地在落实政策方面的指导,及时发现堵点问题并着力加以解决。三是加强政策宣传力度,多渠道线上线下向企业进行优惠政策告知,简化政策程序,提高便利化水平。四是做实做细政策效果评估工作。注重发挥协会、企业、智库以及其他专业机构作用,定期开展政策效果评估。五是持续优化营商环境。在重点领域、关键环节继续放权,持续深化商事制度改革。进一步加大"互联网+政务服务""互联网+监管"平台建设力度,助力"放管服"改革。

### 5. 保持政策连续性、稳定性、可持续性

政策连续性事关市场预期的稳定性和连续性。推动工业高质量发展,离不开产业政策和竞争政策的协调,离不开各类政策协同并保持连续性、稳定性和可持续性。建议更加注重提升政策精细化水平。明确各类政策的适用范围,根据不同产业类别、产业发展的不同阶段分类把控政策重点,同时为政策动态调整预留一定的空间。

(作者:魏琪嘉)

# 2021年我国对外贸易形势分析及2022年展望

2021年以来，世界经济温和复苏，全球贸易稳步增长，但是新冠肺炎疫情呈现反复，通胀压力明显加大，全球产业链、供应链不稳。我国统筹推进疫情防控和经济社会发展取得重大成果，国民经济平稳恢复，国际合作更趋广泛。在国际经贸环境存在较大不确定性的背景下，我国对外贸易增势好于预期，外需对经济增长的贡献显著提高。展望2022年，我国立足新发展阶段、贯彻新发展理念、构建新发展格局，对外贸易高质量发展的特征将更加显著。

## 一、2021年我国对外贸易发展的主要特征

### 1. 进出口增速持续较快增长

2021年，国际贸易环境总体向好，遭受新冠肺炎疫情冲击的世界经济逐步恢复，但是部分国家疫情仍在大范围流行，发达国家免疫政策转变，国际产业链、供应链不畅，全球海运突发事件频发，大宗商品价格持续高涨。众多不确定性因素对中国贸易发展形成牵制。在这一背景下，我国外贸进出口逆势上扬，继续保持较快增长，表现出强劲的韧性和强大的抗冲击能力。2021年1~11月份，我国进出口总值35.39万亿元，同比增长22%。其中，出口19.58万亿元，同比增长21.8%；进口15.81万亿元，同比增长22.2%；贸易顺差3.77万亿元，同比增加20.1%。我国对外贸易显著增长有力弥补了全球供给缺口，为世界其他国家提供了重要产品和生活必需品，稳定了国际市场，提高了全球产业链、供应链的韧性，对世界经济贸易复苏形成了重要支撑。我国对外贸易增长形势优于全球其他主要经济体，国际市场份额继续提升，2021年上半年进出口、出口和进口的国际市场份额分别约为13.2%、14.5%、12%，同比分别提升了0.8个百分点、0.9个百分点和0.8个百分点。与此同时，在我国新冠肺炎疫情出现反复、国内需求恢复偏慢的情况下，对外贸易尤其是出口的持续快速增长，有力支持了国民经济平稳运

行，2021年前三季度货物和服务净出口对GDP增长的贡献率达到了19.5%。

### 2. 对外贸易结构更趋改善

我国对外贸易产品结构、贸易方式、市场结构、区域结构均延续改善态势。从产品结构看，伴随我国产业结构升级，劳动密集型产品出口保持平稳增长，机电产品出口比重持续提升，2021年1～11月份增长21.2%，占出口总值比重提高至59%，其中技术含量较高、处于产业链中上游的自动数据处理设备及其零部件、手机、汽车（包括底盘）等产品出口增势较好。从贸易方式看，生产环节、产品组件更多由国内提供的一般贸易进出口增速高于平均水平，增长25.2%，占外贸总值的61.6%，比2020年同期提升1.6个百分点。从企业类型看，民营企业进出口增长27.8%，占我国外贸总值的48.5%，继续保持外贸发展主力军的地位。2021年前三季度，我国有进出口实绩的企业达到52.67万家，同比增加了3.4万家，显示我国对外贸易活跃程度显著提升。从主要市场看，我国在巩固传统市场的同时，积极拓展新兴市场，扩大与周边国家的贸易规模，我国对东盟贸易总值增长20.6%，对欧盟贸易总值增长20%，对美国贸易总值增长21.1%。从区域结构看，我国中西部地区积极承接产业转移，充分发挥本地优势，对外贸易呈现加速增长之势，我国外贸区域发展更趋平衡。2021年前三季度，东部地区进出口增长21.8%，中西部地区增长27.2%，占比进一步提高，尤其是中西部地区计算机、通信和其他电子设备制造业进出口大幅增长，对中西部外贸增长的贡献率达到38%。

### 3. 新动能、新业态蓬勃发展

我国加快了贸易数字化步伐，提高了贸易数字化水平，以新兴科学技术赋能对外贸易发展，推动了对外贸易的新业态升级，促进了跨境电商创新，推进了跨境电商综合试验区建设，积极完善了对外贸易产业体系，健全了外贸综合服务企业的发展政策。数据显示，2021年前三季度，我国跨境电商进出口增长20.1%，市场采购出口增长37.7%。与此同时，我国扶持发展了一批外贸示范企业和自主品牌，鼓励各种类型市场微观主体大力开展创新活动；高水平建设贸易平台体系，加快培育各类外贸集聚区，发挥外贸发展的引领作用；加快海外仓发展，统筹规划海外仓国际化布局；推动保税维修发展，探索离岸贸易等新型贸易方式；办好中国国际进口博览会，充分展示了我国强大市场的作用。我国对外贸易发展的新动能不断汇集，新模式大量涌现，发展动力澎湃持续。

### 4. 服务贸易升级步伐加快

我国打造了服务贸易创新发展试点，支持特色服务出口基地发展，推动海南自贸区自贸港高质量发展，成功地举办了各类服务贸易博览会，扩大了优质服务进口。2021年前三季度，服务贸易保持快速增长态势，进出口总额达到37834.3亿元，同比增长11.6%，其中出口增长27.3%，进口增长0.5%，进口增速实现了疫情以来的首次转正，12大领域中有7个领域进口增速超过10%。服务出口中，由于我国服务业稳定发展、优化升级，知识型、科技型服务业发展实力壮大，2021年前三季度我国知识密集型服务进出口增长13.3%，占服务进出口总额的比重已经达到44.7%，其中出口增长16.5%，占服务出口总额的50.9%，个人文化和娱乐服务、知识产权使用费、电信计算机和信息服务等出口增速较快，服务贸易数字化趋势加深。

### 5. 外贸领域部分问题仍需关注

一是大宗商品价格高企导致进口量减价扬。2021年以来，由于世界经济温和复苏，国际供求关系发生改变，全球货币流动性增长较快，全球大宗商品价格持续拉升。截至2021年10月中旬，反映国际市场大宗商品价格的路透CRB指数相比2020年年底累计上涨超过40%，相比2020年的最低点涨幅超过130%，铁矿砂、原油、铜等商品进口均价的涨幅均超过30%。2021年1~11月份，我国进口价格指数上涨16.7%，进口成本显著提高，进口数量有所下滑。2021年前三季度，海关监管进出口货运量37.4亿t，增加3%，其中进口24.3亿t，减少0.5%。二是部分高载能产品出口增长较快。由于新冠肺炎疫情在世界范围内仍在流行，世界产业链、供应链存在堵点，我国凭借强大的生产制造能力，有效弥补了国际市场供求缺口，对外贸易整体呈现快速增长。但是，部分高载能产品在全球市场需求提升的带动下，出口同时呈现快速增长，导致外贸领域能耗提高。

## 二、2022年我国对外贸易发展趋势展望

展望2022年，我国对外贸易发展面临的国际环境更趋复杂，世界经济分化特征明显，主要经济体新冠肺炎疫情防控政策调整，全球宏观调控政策转向；国内经济保持平稳运行，部分领域发展面临的风险挑战依然较多，经济增长下行压力较大。在基数效应、替代效应、疫情效应等因素的影响下，我国对外贸易增速

将逐步回落。

## 1. 国际环境不确定性增加

（1）**世界经济延续温和复苏态势**　2022年，新冠肺炎疫情仍将在全球范围内存在，对经济增长形成压力，但是疫情边际影响减弱，世界经济延续复苏态势。国际货币基金组织（IMF）2021年10月预计2022年全球经济增长4.9%，经济合作与发展组织（OECD）2021年9月预计2022年世界经济增长4.5%，均高于近十年世界经济增长的平均水平。IMF预计，美国经济增长5.2%，欧元区经济增长4.2%，东盟五国经济增长5.8%，俄罗斯增长2.5%。但是，由于新冠肺炎疫情疫苗和药品全球分配不均，各国疫情下经济恢复能力存在显著差异，主要经济体之间的经济增长将呈现分化，发达经济体与低收入发展中国家之间的差距将扩大。

（2）**全球通胀压力难以缓解**　2022年，通胀前景仍存在较大的不确定性。新冠肺炎疫情发生后，全球主要国家为应对疫情冲击、拉动经济复苏，大规模发行国债扩大财政支出，降低利率实施宽松货币政策，同时通过购买国债等政策释放大量流动性。在供求关系改善、流动性宽松、国际运输不畅、地缘政治风险等因素的共同作用下，大宗商品价格持续上涨，美国、欧盟等国家和地区通货膨胀水平显著提高，2021年10月美国CPI同比大涨6.2%，涨幅为1990年12月以来的最高水平。2022年，全球通胀压力仍将延续。由于大部分国家的经济增长受新冠肺炎疫情影响存在下行压力，宏观经济政策将进一步平衡经济增长和通货膨胀的关系，对通货膨胀的容忍程度将有所提高；前期世界主要国家大量释放流动性，宽松政策带来的滞后影响仍将延续，世界性通货膨胀的货币基础仍然存在；新冠肺炎疫情导致部分国家就业结构、就业观念改变，失业率提高，工资—物价螺旋上升将导致部分国家通胀率持续居高不下。我国进、出口面临的价格条件将呈现新变化。

（3）**新冠肺炎疫情防控政策调整**　部分国家应对新冠肺炎疫情政策出现调整，美国、英国等国家已经开始解禁，欧洲多个国家宣布解封，签证和航班业务将逐步恢复正常；亚洲多国均采取逐渐解封措施，日本、韩国加快了解封步伐。2022年，世界范围内更多的国家将出现带疫解封，部分地区疫情可能呈现反弹。医疗资源国际分配不均衡将导致发达经济体和低收入国家发展水平进一步拉大。我国坚持内防反弹、外防输入，在全球解封范围扩大的背景下，我国对外贸易保持流通体系的顺畅性存在一定难度。

(4) 主要经济体宏观政策转型　由于世界范围内通胀压力加大，以美国为代表的部分国家率先启动量化宽松退出政策。美联储从 2021 年 11 月开始逐月减少 150 亿美元资产购买规模，调整资产购买速度，维持联邦基金利率目标区间在 0 至 0.25% 之间。市场预计美国将在 2022 年年底启动加息。欧洲央行议息会议表示考虑 2022 年酌情退出购债计划。部分新兴经济体由于国内价格涨幅偏大，已经启动加息。2022 年，发达国家量化宽松政策调整预期增强，新兴经济体资本外流风险加大，全球债务风险上升，部分主要金融市场资产价格抬升，全球金融领域聚集的风险点增多。

### 2. 国内环境总体有利

(1) 我国宏观经济保持平稳运行　2022 年，我国将统筹国内国际两个大局、统筹疫情防控和经济社会发展，有效实施宏观政策，国民经济将持续保持平稳恢复态势。尽管经济领域发展面临的风险挑战依然较多，经济增长下行压力依然较大，但是我国拥有完善的产业供给体系，强大的国内市场，充沛的人力和物质资源，我国将立足新发展阶段，贯彻新发展理念，构建新发展格局，实施宏观政策跨周期调节、科学精准施策，经济增速将重回潜在增长区间。

(2) 外贸支持政策精准有效　在构建新发展格局的要求下，我国将积极促进内需和外需、进口和出口协调发展，稳住外贸基本盘，优化货物贸易结构，提升出口质量，增加优质产品进口，创新发展服务贸易，加强在监管体制、经营资质、质量标准等方面与国际上其他国家、地区和组织相衔接，对接国际高标准经贸规则。政府进一步促进跨境电子商务健康有序发展，支持企业更好地开拓国际市场；创新海外仓出口监管，降低出口仓储物流成本；积极推进自由贸易试验区和海南自由贸易港高水平开放压力测试，发挥示范带动作用；积极参与数字经济、贸易和环境、产业补贴、国有企业等议题谈判，在国际贸易投资标准制定方面提出中国立场。我国稳外贸政策长期和短期结合，既有利于促进 2022 年外贸增长，也有利于推动外贸高质量发展。

(3) 外贸企业抗风险能力增强　我国对外贸易企业经历了金融危机、贸易摩擦、疫情冲击的洗礼，将不断加强创新发展，传统外贸企业加快数字化赋能，新增外贸企业重视模式优化。借助大数据、云计算、跨境电子商务平台等现代化手段，我国外贸企业将积极拓展发展空间、开发海外市场、适应客户需求，提高生产经营效率，加强产品研发，增加研发投入。在不断变化的国际环境中，我国外贸企业应对风险的能力将显著提高，这将有利于增强外贸发展的韧性。

### 3．2022年对外贸易发展预测

2022年，展望我国外贸发展总体情况，一是由于2021年对外贸易增速显著提升，在高基数效应的作用下，我国对外贸易增速将有所回调。二是新冠肺炎疫情全球扩散情况以及主要国家防疫政策转向后果影响不明朗，局部区域将呈现贸易发展不畅通现象，将影响我国对外贸易进出口的增长。三是随着发达国家解除防疫限制措施，产能逐步恢复，国际供给市场缺口将有所收窄，我国率先恢复产能带来的出口优势可能减弱。但是，我国对外贸易优化升级，产品不断向产业链高端攀升，海外市场占有率基本稳定，对外贸易仍将保持平稳增长，预计出口增长8%左右，进口增长6.2%左右（美元计价）。

## 三、政策建议

### 1. 深化内外贸一体化

鼓励外贸经营主体充分利用国际国内两个市场、两种资源，降低出口产品内销成本，提升内外贸企业供应链上下游环节的配套能力；对接国内经贸和对外贸易平台建设，推动内外贸商品质量趋同，开发一批自主品牌、国潮新品、创新产品，以质量和特色拓展国内外市场；畅通国内外贸易、物流、仓储、信息链条，延伸"一站式"服务领域，提高内外贸一体化、便利化程度；统筹协调内外贸相关规章制度，在制度上实现内外贸有效衔接；引导外贸企业与国内大型商贸流通企业对接，完善内外贸一体化营销渠道。

### 2. 提高贸易发展质量

进一步优化出口产品结构，推动出口向高端化、精细化发展，提高机电产品国产化率和产品附加值，增加高技术产品出口，实现服装、家具等劳动密集型产品的精细化生产；扩大服务贸易中研发设计、金融保险、知识产权等知识密集型服务产品的出口，由服务贸易大国向服务贸易强国转变；适应国内需求升级进程，扩大优质消费品、先进技术、重要设备等的进口；改善国内国际市场布局，深耕传统海外市场，开拓亚洲、非洲、拉美等新兴市场的贸易。

### 3. 持续加强国际合作

重视区域贸易合作,鼓励企业熟悉掌握 RCEP 规则,加强与互惠国家的经贸往来,充分利用区域贸易投资优惠政策,增加企业效益,实现区域内产业链、供应链整体化发展;积极参与国际数字贸易谈判,在跨境数据流动、隐私保护、知识产权保护、数字服务和技术壁垒等方面提高国际化程度;探索构建国际跨境电商、移动支付、数字货币等服务领域的规则,形成包容、普惠、公平的规则标准;深入开展研究,寻求加入全面与进步跨太平洋伙伴合作协定(CPTPP)契机。

### 4. 增强创新引领作用

持续推动互联网、大数据、人工智能等同各产业的深度融合,为我国对外贸易提供新技术、新产品、新业态、新模式的技术基础。提高生物技术、节能环保、新一代信息技术、新能源、机器人等新兴产业的国际竞争力,力争实现产业发展达到国际领先水平,以产业升级引领贸易提质。鼓励"专精特新"中小企业走国际化道路,在元器件、基础件等领域培育一批竞争力强的"小巨人"企业。

(作者:闫敏)

# 2021年固定资产投资分析及2022年展望

2021年1~11月份,固定资产投资同比增长5.2%,两年平均增长3.9%,呈现出总体恢复、稳中有进的发展态势。制造业投资对全部投资增长的贡献率达到62.8%,房地产开发投资高位回落,基础设施投资低速增长。当前需要密切关注国内市场需求恢复相对偏慢、设备工器具投资低迷、制造业投资有所分化、房地产市场进入调整阶段、部分行业发展尤其困难等问题。展望2022年,投资环境更趋友好、投资资金更有保障、投资空间更多亮点、投资热情更加高涨,固定资产投资将增长5.0%左右。

## 一、投资呈现稳定恢复、稳中有进的态势

在2021年年初公布的2021年国民经济和社会发展计划草案中,投资的主基调定位为"增强投资增长后劲",延续了2018年以来不再设立全社会固定资产投资预期增长目标的做法,并提出协同推进投资审批制度改革、加大新型基础设施投资力度、加快推进国家重大战略项目、稳妥推进基础设施领域不动产投资信托基金试点、规范推广PPP模式等重点工作。全社会固定资产投资的预期目标与完成情况见表1。

表1 全社会固定资产投资的预期目标与完成情况

| 年份 | 预期目标(%) | 主基调 | 完成增速(%) | 是否完成[①] |
|---|---|---|---|---|
| 2009年 | 20 | 保持投资较快增长 | 30.0 | √ |
| 2010年 | 20 | 保持合理的投资规模 | 23.8 | √ |
| 2011年 | 18 | 保持合理的投资规模 | 23.8 | √ |
| 2012年 | 16 | 进一步优化投资结构 | 20.3 | √ |
| 2013年 | 18 | 发挥好投资对经济增长的关键作用 | 19.3 | √ |
| 2014年 | 17.5 | 促进投资稳定增长和结构优化 | 15.3 | × |
| 2015年 | 15 | 着力保持投资平稳增长 | 9.8 | × |
| 2016年 | 10.5左右 | 着力补短板调结构,提高投资有效性 | 7.9 | × |
| 2017年 | 9.0左右 | 精准扩大有效投资 | 7.0 | × |
| 2018年 | — | 聚焦重点领域,优化投资结构 | 5.9 | — |
| 2019年 | — | 聚焦关键领域,促进有效投资 | 5.1 | — |

(续)

| 年份 | 预期目标(%) | 主基调 | 完成增速(%) | 是否完成 |
|---|---|---|---|---|
| 2020年 | — | 积极扩大有效投资 | 2.7 | — |
| 2021年 | — | 增强投资增长后劲 | 预测5.3 | — |

注：投资计划预期目标是政府对年度固定资产投资发展期望达到的目标。预期目标本质上是导向性的，在反映投资发展基本趋势的同时，主要是向社会传递宏观调控的意图，以引导市场主体行为，不等同于预测值。

① √表示完成，×表示未完成。

2021年1～11月份，全国固定资产投资额为49.41万亿元，同比增长5.2%，两年平均增长3.9%，与宏观经济恢复进程基本同步，总体呈现出稳中有进的态势。"稳"体现在投资累计增速较2020年同期、2020年年底均有所提升，仍在持续恢复中（见图1）；"进"体现在调结构、促转型的投资导向充分彰显，制造业投资、短板领域投资实现更快增长，投资结构进一步优化。从两年平均增速看，投资呈现出冲高回落的特点，上半年稳步加快、三季度有所回落。一、二、三季度投资两年平均增速分别为2.7%、4.9%、3.7%。分主要领域看，基础设施投资、房地产开发投资先后明显减速，是导致投资增长放缓的主要因素。固定资产投资主要领域当季及两年平均增速见表2。

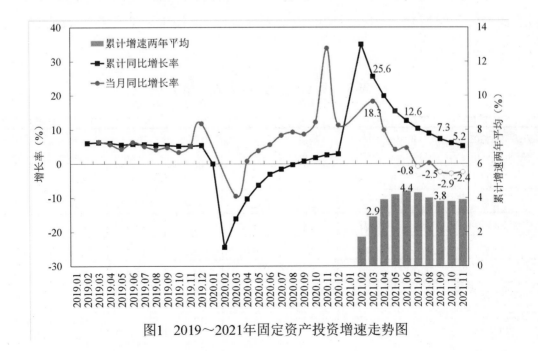

图1 2019～2021年固定资产投资增速走势图

### 表2 固定资产投资主要领域当季及两年平均增速

（单位：%）

| 当季 | 固定资产投资 | | 房地产开发 | | 基础设施 | | 制造业 | | 社会领域 | | 农业 | |
|---|---|---|---|---|---|---|---|---|---|---|---|---|
| | 2021年 | 两年平均 | 2021年 | 两年平均 | 2021年 | 两年平均 | 2021年 | 两年平均 | 2021年 | 两年平均 | 2021年 | 两年平均 |
| 第一季度 | 25.6 | 2.7 | 25.6 | 7.7 | 26.9 | 2.8 | 29.8 | -1.5 | 31.6 | 9.5 | 45.9 | 12.1 |
| 第二季度 | 6.0 | 4.9 | 9.3 | 8.6 | -2.4 | 2.5 | 13.9 | 4.4 | 8.6 | 10.4 | 10.8 | 10.1 |
| 第三季度 | -1.1 | 3.7 | -0.8 | 5.4 | -8.5 | -0.9 | 7.9 | 7.1 | 3.8 | 10.5 | 3.3 | 26.0 |

注：1. 2020年三季度农业投资当季增速高达53.6%。

2. 2020年主要领域投资占总投资的比重：房地产开发占27.3%、基础设施（含电热燃水）占25.7%、制造业占23.8%，社会领域占5.5%、农业占2.6%。

**1. 制造业投资加快恢复**

2021年1～11月份，制造业投资同比增长13.7%，两年平均增长4.3%（见表3）。制造业投资对全部投资增长的贡献率为62.8%，拉动投资增长3.3个百分点。在制造业利润大幅增长、中长期贷款支持力度加大、企业预期向好等因素带动下，制造业投资加快恢复。其中，新动能投资表现亮眼，高技术制造业投资增长22.2%，两年平均增长17.4%。

### 表3 投资指标两年平均增长情况

（单位：%）

| 2020年、2021年两年平均 | 固定资产投资 | 房地产开发 | 基础设施 | 制造业 | 高技术产业 | 第一产业 | 社会领域 | 民间投资 |
|---|---|---|---|---|---|---|---|---|
| 1～2月 | 1.7 | 7.6 | -0.8 | -3.4 | 11.0 | 9.5 | 8.8 | 1.4 |
| 1～3月 | 2.9 | 7.6 | 2.8 | -2.0 | 9.9 | 12.1 | 9.6 | 1.7 |
| 1～4月 | 3.9 | 8.4 | 3.1 | -0.4 | 11.8 | 13.2 | 10.6 | 2.9 |
| 1～5月 | 4.2 | 8.6 | 3.1 | 0.6 | 13.2 | 13.4 | 12.3 | 3.7 |
| 1～6月 | 4.4 | 8.2 | 3.3 | 2.0 | 14.6 | 12.2 | 10.7 | 3.8 |
| 1～7月 | 4.3 | 8.0 | 2.5 | 3.1 | 14.2 | 14.5 | 10.9 | 3.8 |
| 1～8月 | 4.0 | 7.7 | 2.1 | 3.3 | 13.4 | 14.8 | 10.6 | 3.9 |
| 1～9月 | 3.8 | 7.2 | 1.7 | 3.3 | 13.8 | 14.2 | 10.4 | 4.0 |

(续)

| 2020年、2021年两年平均 | 固定资产投资 | 房地产开发 | 基础设施 | 制造业 | 高技术产业 | 第一产业 | 社会领域 | 民间投资 |
|---|---|---|---|---|---|---|---|---|
| 1~10月 | 3.8 | 6.8 | 1.6 | 3.8 | 17.3 | 14.2 | 10.8 | 3.8 |
| 1~11月 | 3.9 | 6.4 | 1.3 | 4.3 | 14.2 | 13.7 | 10.8 | 3.9 |

### 2. 短板领域投资快速增长

随着乡村振兴战略的接续推进和深入实施，农业农村有效投资空间不断释放（见图2）。2021年1~11月份，第一产业投资增长9.3%，两年平均增长13.7%，分别高出全部投资增速4.1个百分点、9.8个百分点。国家加大了公共服务的供给力度，教育、卫生、养老托育、文化体育等社会领域投资增长10.3%，两年平均增长10.8%，分别高出全部投资增速5.1个百分点和6.9个百分点。

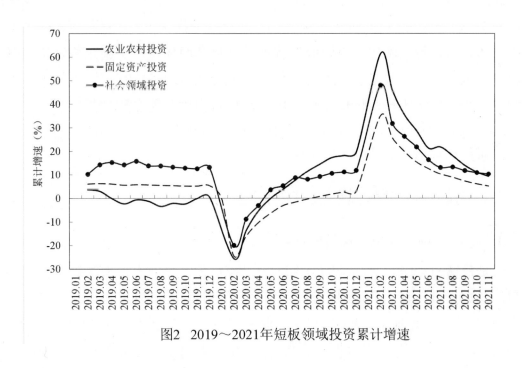

图2 2019~2021年短板领域投资累计增速

### 3. 房地产开发投资高位回落

2021年1~11月份，房地产开发投资增长6.0%，较上半年回落9.0个百分点，两年平均增长6.4%。资金流动性总体宽裕带动商品房成交放量，2021年上半年房地产市场仍然保持一定热度。2021年三季度以来，受房地产融资政策持续收紧、个别头部房企债务风险恶化等因素影响,房地产市场预期出现扭转,商品房销售快速降温。2021年11月份商品房销售面积、销售额分别同比下降14.0%、16.5%,均连续5个月下降。

#### 4. 基础设施投资低速增长

2021年1~11月份,基础设施投资(大口径,包括电热燃水的生产和供应业)同比下降0.2%,分别较2020年同期、2021年上半年回落3.0个百分点、0.9个百分点,两年平均增长1.3%。年内财政资源适当后置,蓄力保留逆周期调节能力,地方政府债券发行进度明显较慢,2021年前三季度地方政府新增债券发行28986亿元,较2020年同期少14059亿元。

#### 5. 民间投资稳步恢复

2021年1~11月份,民间投资同比增长7.7%,两年平均增长3.9%。民间投资占固定资产投资的比重为56.9%,较2020年同期提高1.2个百分点。国家紧扣市场主体急需,持续深化"放管服"改革和优化营商环境,实施减税降费、财政资金直达机制、货币政策直达工具和普惠金融等扶持政策,有力增强了市场主体的发展信心,新增市场主体保持较快增长,投资内生动能有所恢复。

综上所述,年内固定资产投资有望保持恢复态势,预计2021年全年增长5.5%左右,两年平均增长4.0%。

## 二、当前投资领域需要关注的问题

#### 1. 国内市场需求恢复相对偏慢

一是疫情对经济社会活动的负面影响仍在持续,我国市场需求恢复整体不及预期。2021年1~11月份,社会消费品零售总额同比增长13.7%,两年平均增长4%,明显低于疫情前8%以上的水平。服务消费受冲击更大,餐饮收入仅恢复至2019年同期水平,电影票房收入仅恢复至2019年同期的七成左右,国内旅游收入仅恢复到2019年同期的近六成。二是居民收入增长放缓进一步制约了消费需求恢复前景。前三季度居民人均可支配收入名义增长10.4%,两年平均增长7.1%,均低于同期GDP名义增速(14.4%、7.7%)。市场需求疲弱叠加能源原材料价格快涨,导致部分市场主体倾向"收缩式""应对型"经营策略,对扩大再生产、新增投资较为谨慎,投资意愿整体偏低。

## 2. 设备更新和技术改造投资有待激发

固定资产投资对房地产、基础设施的依赖程度仍然较大,以2019年1～11月份为基期,近两年房地产开发投资、基础设施投资对全部投资增长的贡献率分别为44.1%、8.3%。这导致了投资构成以建筑安装工程和其他费用为主,投资对设备工器具购置的带动作用明显下降。2021年1～11月份,设备工器具购置投资同比下降3.7%,两年平均下降5.9%。设备投资是实体经济运行的重要指示器,设备投资需求疲弱,将对整体制造能力以及装备销售市场带来不利影响。

## 3. 制造业投资分化问题比较突出

一是制造业内部盈利不平衡,能源原材料价格上涨进一步推动利润从中下游行业向上游行业转移并集中。2021年1～11月份,高耗能制造业、装备制造业、消费品制造业利润两年平均增速分别为36.3%、13.3%和12.7%。高耗能制造业利润占全部制造业的比重为33.9%,较2020年同期提高9.8个百分点。二是行业面临的产能过剩压力和市场需求形势也不尽相同,上游行业经历前期去产能阶段后供需关系明显好转,中游行业受益于外贸出口强劲增长,下游行业面临消费恢复较慢的拖累。与之对应,高耗能制造业、装备制造业、消费品制造业投资两年平均增速分别为6.5%、5.2%、0.1%。2019～2021年高耗能制造业、装备制造业、消费品制造业投资累计增速情况如图3所示。

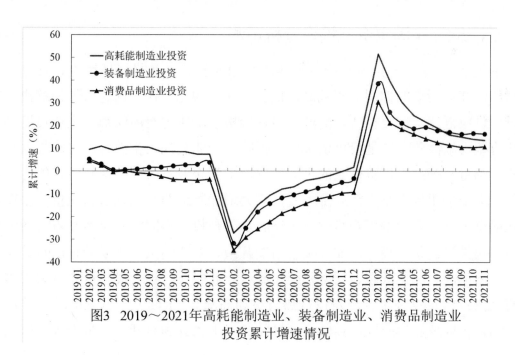

图3 2019～2021年高耗能制造业、装备制造业、消费品制造业投资累计增速情况

### 4. 房地产市场进入调整阶段

受新房销售放缓导致回款变慢、开发融资持续收紧的影响，房地产企业资金链日益紧张，部分债务问题较重的房地产企业债务违约增加、面临较大的资金链断裂风险。2021年11月份房地产开发企业到位资金同比下降6.5%，已连续5个月同比下降。其中，国内贷款同比下降20.4%，已连续9个月同比下降。在长效机制的引领下，房地产市场进入向理性发展回归的调整阶段，房企破产、工程烂尾、工程款拖欠等问题点状爆发的风险增大，房地产开发投资面临较大的下行压力。

### 5. 部分行业发展困难、投资持续低迷

商业房租、人工等成本持续上涨，消费线上化转型带来冲击，以及平台经济挤压生存空间等多因素碰头，导致以小店经济为主要形态的部分行业发展面临较大困难，再加上疫情冲击已近两年时间，发展环境更是雪上加霜，投资意愿极其低迷。批发和零售业2016~2020年连续五年投资增速为负，2021年前11个月同比仍下降5.4%。居民服务、修理和其他服务业2018~2020年连续三年投资增速为负，2021年前11个月同比仍下降8.3%。这些行业普遍具有小店经济扎堆、劳动密集、便民服务的特征，其投资持续低迷不利于后续发展能力，也对稳定就业、保障民生形成了压力。

## 三、2022年固定资产投资分析预测

展望2022年，固定资产投资将实现平稳增长。一是投资环境更趋友好。疫情对经济社会活动的抑制有望减弱，供应短缺、物流不畅等问题将加快解决，产业链、供应链逐步恢复畅通，能源原材料价格上涨压力有所缓解，企业投资兴业环境有望大幅改善。二是投资资金更有保障。企业利润大幅改善、财政收入有所超收，都将显著改善投资资金的供应情况，增强企业、政府的自有投资能力。国家将加大金融服务支持实体经济力度，着力增加制造业中长期贷款比重，创设结构化融资工具，企业融资难将进一步缓解。三是投资空间将有更多亮点。经济社会将加快推进创新升级、产业升级、消费升级、安全升级，不断孕育出新的投资空间。新动能、绿色低碳、新型基础设施、农业农村、社会民生以及重大工程项目将成为投资重点领域。四是投资热情更加高涨。"十四五"规划的重大项目陆续上马，各地换届后要以优异成绩迎接党的二十大胜利召开，党员干部与群众的

热情高涨，干事创业劲头十足。

从主要领域看，制造业投资将延续较快增长，以智能化、数字化、低碳化、清洁化为导向的设备更新和技术改造投资明显加快。基础设施投资小幅加快，政府投资力度增强，重大工程项目稳步落地实施。房地产开发投资增速有所回落，新房销售放缓叠加开发融资收紧，房企拿地开发的能力和意愿下降。综合判断，2022年固定资产投资将增长5%左右。

## 四、政策建议

### 1. 促进制造业投资稳步增长

一是培育壮大产业发展的新动能，积极推进电子信息、生物医药与医疗器械、高端装备等先进制造业和高技术制造业的投资项目。二是着力提升制造业能级，重点支持以先进生产线更新、绿色化转型、清洁化安全化生产、数字化智能化升级等为内容的技术改造投资。三是深化中下游制造业供给侧结构性改革，推动行业结构优化调整、提高集中度，加快盘活低效闲置资源。

### 2. 充分发挥政府投资引导带动作用

一是积极推进实施"十四五"规划确定的102项重大工程项目，形成储备一批、开工一批、建设一批、竣工一批的良性循环。二是加快办理投资项目的审批（核准、备案）手续和用地、规划许可、环评、施工许可等手续，依法合规加快推进征地拆迁、市政配套等工作。三是加强项目资金保障，及时下达中央预算内投资，加快地方政府债券发行节奏，尽早形成实物工作量。

### 3. 大力激发民间投资活力

一是持续深化放管服改革，进一步优化营商环境。深入实施"证照分离"改革，推进照后减证并证，扩大简易注销范围，促进市场新陈代谢。深化投资建设领域审批制度改革，精简整合审批流程，便利项目尽早落地投产。二是积极拓宽民营企业投资空间，进一步完善支持社会资本参与政策，用好向民间资本推介项目长效机制。规范有序推广政府和社会资本合作（PPP）模式，发挥政府资金引导带动作用，吸引民间资本参与市政、交通、生态环境、社会事业等补短板领域建设。三是加大融资支持力度，支持民营企业发行债券，加大"信易贷"模式推广力度，着力破解民营企业融资难题。持续支持民营企业市场化、法治化债转股，稳妥推进基础设施领域不动产投资信托基金（REITs）试点。

### 4．全面落实房地产长效机制

一是加快完善住房保障体系，扩大保障性租赁住房供给，着力解决人口净流入、房价偏高的大城市中新市民、青年人等群体的住房困难。二是加强房地产金融管理，严格落实房地产企业"三线四档"融资管理和金融机构房地产贷款集中度管理，同时注意规避房地产信贷政策"一刀切"及过度紧缩，满足合理融资需求。三是健全房地联动机制，探索推行住宅用地限房价、控地价、提品质的做法。四是持续整治房地产市场秩序，严肃查处房地产开发、中介、物业、租赁等方面的违法违规行为。

### 5．扶持小店经济脱困发展

一是加大政策扶持力度，落实落细减税降费措施，清理规范各类不合理附加费用，严厉整治涉企乱罚款、乱摊派等行为。扩大小微企业、个体工商户等的普惠金融覆盖面。二是支持小店经济提升线上转型能力，引导各级财政加大对小微企业、个体工商户数字化转型的投入力度，重点支持设备配置、技术培训、运营补贴等。三是提升平台经济友好度，加强平台经济规制，督促引导平台降低过高收费、抽成及新商户佣金和推介费比例。

（作者：胡祖铨）

# 2021年消费形势分析及2022年展望

2021年以来，消费持续复苏，但二季度以来，受局部疫情等多种因素影响，消费恢复态势出现波动。就业压力持续较大、收入对消费的支撑作用不足、消费意愿再度趋紧等问题制约消费持续复苏。展望2022年，消费将逐步向正常增长中枢回归，但增长压力不容忽视。初步预计2022年社会消费品零售总额增长6.8%左右。要坚持问题导向，紧抓消费带动力和支撑力较强的重点商品和服务，进一步发挥促消费政策的带动引导作用，多措并举形成政策合力，推动消费更好地发挥经济稳定器的作用。

## 一、2021年消费市场运行特征分析

2021年以来，消费延续了恢复增长态势，但局部疫情给消费特别是服务消费带来明显冲击。

### 1. 消费延续修复态势，疫情影响恢复进度

2021年以来，消费延续了持续修复的基本态势，但从两年平均增速看，消费尚未完全恢复至正常状态。2021年1~11月份，社会消费品零售总额同比增长13.7%、两年平均增速为4%。前三季度，我国居民人均消费支出两年平均实际增速为3.7%，修复至2019年同期增速的六成五左右。但广东、江苏等地疫情给线下消费带来明显冲击，2021年7月和8月全国社会消费品零售总额增长态势明显放缓。

### 2. 商品消费修复相对较快，服务消费遭遇二次探底

商品零售持续恢复，2021年1~11月份，全国商品零售额同比增长12.8%、两年平均增长4.6%，已经修复2019年同期水平六成左右。其中，限额以上商品零售额的两年平均增速已经超过2019年同期2.1个百分点。但疫情对线下接触型服务消费的影响较大，服务消费修复进度落后于商品消费。2021年1~11月份，全国餐饮收入两年平均增速从前6个月的2.5%降至-0.51%。

### 3. 重点零售商品增势先好后缓，新型消费蓬勃发展

2021年，社会消费品零售额占比大的汽车、石油制品、住房相关消费等重点零售商品先保持一个阶段的良好增势，从二季度起出现明显放缓。据中国汽车工业协会统计，2021年1~11月份，汽车销量同比增长4.5%，但自5月份以来，汽车销量的月度增速持续出现环比、同比下跌。同时，建筑装潢、家具家电等购房相关消费增长态势与全国房地产销售密切相关。2021年1~11月份，限额以上家具类零售额的两年平均增速为3.8%，较上半年增速回落1.9个百分点；限额以上建筑及装潢材料类零售额两年平均增速为7.9%，整体增势趋于放缓。从新型消费看，2021年消费新业态、新模式、新场景加速塑造，消费智能化、便利化水平不断提升，新型消费蓬勃发展。2021年1~11月份，全国实物商品网上零售额增长13.2%，占社会消费品零售总额的比重已经达到24.5%；限额以上通信器材类零售额两年平均增速已经达到14.1%，比2019年同期高5.6个百分点。

## 二、2021年消费市场运行存在的主要问题

目前，就业、收入等问题影响着消费复苏势头，需引起高度重视。

### 1. 就业压力持续较大地影响了消费恢复基础

三行业裁员问题突出。受市场发展、政策调整等多因素影响，房地产、教育培训和跨境电商三大行业面临较为突出的裁员问题。包括绿地等十多家房企内部裁员比例都在30%~40%左右。70多万家教育培训机构、1000多万从业人员面临巨大的行业调整，据市场估计裁员波及人数在百万人左右。全球最大的跨境电商平台亚马逊整顿"刷单"行为影响约5万户中国商家。青年群体就业问题突出。青年群体就业问题首先是量的问题。2021年11月，16~24岁人口调查失业率为14.3%，高于总体调查失业率9.3个百分点，阿里研究院数据显示2021年二季度受访企业当中仅有38.6%的企业表示会增加员工总量，招应届毕业生的企业比例仅为5.4%。其次是结构问题。青年人进入公务员、师范等"铁饭碗"行业的比例明显提高，不利于人力资源优化配置。中国教育科学研究院数据显示，各地高考成绩排在本省前30%的毕业生报考师范专业的比例已经超过33%，比2018年翻了近1倍。北京大学已有超过75%的毕业生进入体制内就业，五年提高了25个百分点。就业信心仍显不足。据央行调查显示，2021年三季度居民认为"就业形

势严峻、就业难"的比例为37.9%，较二季度提高3.1个百分点，延续了2021年以来持续提高的态势。

### 2. 收入对消费恢复可持续性的支撑力不足

经营性收入下拉影响较大。2021年前三季度，全国居民人均经营性净收入的两年平均增速为5%，仅恢复至2019年同期水平的五成左右，工资性收入已经恢复至八成左右，在工资性收入、经营性收入、财产性收入和转移性收入等四类收入中恢复速度最慢。疫情反复冲击线下个体工商户发展，特别是显著影响城镇居民的个体经营，经营性收入将成为持续下拉居民可支配收入的主要因素。贫富差距进一步拉大。疫情对收入分化的影响进一步凸显，社会贫富差距进一步拉大。2021年前三季度，全国居民可支配收入的中位数是平均数的84.4%，低于2019年同期2.5个百分点。一方面，财产性收入和工资性收入差距进一步扩大。在股票型基金两年平均回报率达两位数的情况下，全国居民工资性收入两年平均增长5.1%，反映出通过资本市场获得高投资回报群体的财富增长速度明显高于普通劳动群体。另一方面，地区和行业收入分化进一步加深。浙江、广东等发达省份人均可支配收入的两年年均增速已经是东北等北方底部区的2倍甚至更多。

### 3. 耐用品消费挖潜面临新障碍

汽车交易二级市场运行不畅影响了一级市场的增长。研究表明，二手车销量增长能够正向带动新车销售增长，但市场交易主体不成熟、信息高度不对称、评估鉴定标准缺失以及法律法规不健全等"老问题"以及资本快速涌入影响行业健康发展等"新问题"仍在深度制约着潜力释放。家电消费新趋势面临供给先行、需求滞后的问题。据统计，我国人均家电零售额仅85美元左右，与美国人均186美元的水平相比仍有较大的增长空间。在洗衣机、冰箱等大家电消费接近饱和的情况下，扫地机器人、多功能锅、净水器等小家电消费成为新趋势，但供给先行、需求滞后导致其渗透率仍处于较低水平。

## 三、2022年消费形势展望

展望2022年，消费将延续持续恢复的态势，逐步向正常增长区间回归，但增长压力仍然较大，重点品类消费将呈现不同走势。

### 1. 消费持续恢复但压力不容忽视

展望2022年,在国内没有再次爆发大规模疫情的情况下,消费也将继续恢复性增长态势,增长中枢逐步向正常增长区间回归。在居民消费能力有待进一步恢复、消费意愿有待进一步释放的情况下,消费增长压力依然不能忽视。由于不同收入群体就业和收入的恢复速度不同,消费市场仍将延续高档消费快速增长、中低档消费修复偏慢的内部分化特征。初步预计,2022年社会消费品零售总额增长6.8%左右。

### 2. 重点消费品类增势不同

服务消费的脆弱性依然较大。在新型毒株传播性强、外防疫情输入压力较大等因素影响下,国内局部疫情暴发风险持续存在,旅游消费、电影消费等服务消费恢复面临较大的不确定性,同时,行业监管政策大幅调整等因素将导致教育消费大幅下降,服务消费彻底摆脱疫情影响的时间将有所推后。重点商品消费增长有所变化。对汽车消费来说,四大因素导致增长承压、面临阶段性调整:一是芯片短缺、厂家减产、车辆交付周期延长导致供给短缺,汽车行业研究机构AFS预计全球汽车业"缺芯"问题将持续到2022年下半年;二是原材料成本上涨叠加"缺芯"问题导致厂家促销政策进一步收紧,之前汽车企业促销降价幅度达到20%~30%等情况将明显减少;三是疫后购车换车需求已得到一波集中释放,后续需求增长空间受限;四是地方促汽车消费政策到期,补贴力度有所下降。对住房相关消费来说,由于房地产调控政策不放松、资金涌入高风险领域的行为被扼制,在迎来一波需求释放后,全国住房消费增势将有所放缓,对建筑装潢、家电家具等相关消费的带动力有所减弱,此类消费增势将弱于2021年。

### 3. 有利因素支撑消费恢复

促消费政策发挥实效。《近期扩内需促消费的工作方案》《关于稳定和扩大汽车消费若干措施的通知》《关于促进社区消费 切实解决老年人运用智能技术困难的通知》《商务领域促进汽车消费工作指引和部分地方经验做法》等中央促消费政策加速出台,在加码短期促消费和长期扩内需政策方面发挥合力。同时,一系列地方相关促消费措施落地显效,继续发放消费券等举措为推动消费加速恢复提供了支撑。消费新模式激发新需求。以网络购物、共享平台、远程办公、在线教育等为代表的消费模式加速发展,深刻地改变着人们的生活习惯和办公业态。在与人工智能、区块链、云计算、大数据及5G等新技术的融合过程中，消费数字化进程快速发展，特别是重构消费模式场景引发了商业数字化变革，进一步改善了消费供需匹配问题，有利于激发消费活力。

## 四、政策建议

要坚持问题导向，从夯实消费增长基础、提升居民消费能力、改善居民消费意愿等方面入手，多措并举形成政策合力，巩固消费复苏势头，进一步推动消费平稳增长。

### 1. 进一步加大稳就业政策力度

加大援企稳岗力度，研究提高失业保险稳岗返还标准。支持困难企业开展以训稳岗，对新吸纳就业并组织开展以工代训的中小微企业，按吸纳人数给予企业最长6个月的职业培训补贴。增加对受疫情影响较大的住宿餐饮、文化旅游等行业的补贴，适度扩大补贴范围。开发一批农村护路、管水、保洁、治安、植树造林等乡村公益性岗位，兜底安置脱贫人口。大力支持中西部地区县域经济发展，提升农民工就地就业的容纳能力。

### 2. 着力增加居民可支配收入

引导各地优化完善临时救助机制，用好用足乡镇（街道）临时救助备用金制度，对基本生活受疫情影响陷入困境、相关社会救助和保障制度暂无法覆盖的家庭或个人，及时纳入临时救助范围。大力发展农村电子商务，鼓励各地因地制宜启动电子商务进农村综合示范县项目，新建若干个镇村电子商务服务站点，持续开展电子商务培训，支持有条件的农民运用电子商务创业就业。

### 3. 完善丰富汽车消费支持政策

建立健全二手车流通信息平台，向社会开放非保密、非隐私性信息，市场化运作符合国家有关要求的信息服务，增强消费者二手车相关信息查询的便捷性；对经销商实行评级制度，督促经销商正规执业。建立科学的国家二手车鉴定评估体系，通过建立完善的二手车鉴定评估公共平台，有效地提升二手车的质量检验和价值评估；加大对执业资格认定的支持力度，加大专业鉴定评估人才培养培训力度。鼓励地方总结评估汽车补贴等支持政策效果，因地制宜适度延长政策时限。鼓励限购地区的号牌指标数量配置向新能源汽车倾斜，给予购置新能源汽车综合性奖励。加快推进新一轮汽车下乡和以旧换新，鼓励有条件的地区对农村居民购车给予补贴。进一步提高县域农村道路建设标准。

### 4. 加快推进服务消费升级

大力推进互联网医疗、远程办公、数字化治理等在线服务发展，加快推进生活性服务业数字化。激发旅游消费活力，支持地方发展全域旅游，因地制宜建设旅游消费中心城市。推进重大文化工程项目，激发文化消费服务创新。充分挖掘体育消费潜力，着力扩大体育产品和服务供给，推动体育场馆运动空间向消费空间转变。着力增加 3 岁以下婴幼儿托育服务的有效供给，培育婴幼儿照护服务的新业态新模式。加大服务质量的监测监管力度，加快服务消费领域的标准建设，加强服务认证技术和规范研究，完善服务业重点领域的认证认可制度。

### 5. 进一步优化消费环境

着重加强电商平台、直播购物、社区团购等新兴领域重要民生商品价格等行为的监管，严厉打击各类扰乱市场秩序、虚假违法广告和虚假宣传等违法行为。畅通 12315 热线电话和网络、微信、公众号等诉求渠道，提高消费者咨询、投诉、举报处理效能，促进消费维权便利化。加快健全县乡村三级电子商务服务体系和快递物流配送体系，推动农村产品和服务的品牌化、标准化、数字化、产业化改造等。

（作者：邹蕴涵）

# 2021～2022年区域经济发展分析

随着区域发展战略的实施，我国区域发展协调性不断增强，重大战略引领作用持续显现，区域协同发展红利正不断释放。国家中心城市、都市圈、城市群等作为区域发展的主要空间载体，发展潜力愈发凸显，拉动和辐射作用不断增强，但一些资源性地区发展转型面临困难较多，增速相对低迷，需要持续给予关注。从国内外实践来看，不断推动区域协调发展，增强区域间发展的平衡性与协调性，可以不断培育新的区域增长极和动力源，稳定宏观经济发展全局。因此，需要在全面贯彻落实国家区域发展战略思路的大背景下，更加精细化区域政策，引导不同区域差异化、特色化发展，使不同区域的居民共享经济发展成果。

## 一、区域协同发展取得积极进展

推动区域协调发展是新时代国家重大战略之一，是贯彻新发展理念、建设现代化经济体系的重要组成部分。以习近平同志为核心的党中央高度重视区域协调发展，"十四五"开局之年，我国深入实施区域重大战略和区域协调发展战略，区域空间布局更加优化，质量效益稳步提高，区域协调发展正向着更高水平迈进。

随着全国统一大市场的加快建设，各自为政、单打独斗的区域发展时代正在终结，抱团发展、区域经济一体化和区域价值共享成为相互需求。区域之间从简单的劳动力、能源、资源和商品供求关系逐渐向产业链、价值链分工协作和信息、市场共享关系演变，围绕创新链、要素链和政策链的区域合作更加紧密。

2021年，区域协调发展取得积极进展。2021年上半年，京津冀协同发展取得新突破，北京非首都功能疏解的顶层设计基本完成，中国星网作为首家央企总部在雄安新区注册落地。长三角一体化示范区共推出了18项制度创新成果，多领域推动"跨省通办"，其制度创新的成果不仅让示范区联系更加紧密，更带来了一体化红利。通过采取多元化发展模式，区域发展建设路线图逐渐明晰。一个要素有序自由流动、主体功能约束有效、基本公共服务均等、资源环境可承载的区域协调发展新格局正在加快形成。粤港澳大湾区综合性国家科学中心先行启动区建设提速，前海、横琴、河套等重大合作平台规划建设取得新的进展，规则衔接、机制对接迈向深入。

山东省印发《关于建立流域横向生态补偿机制的指导意见》，在现行纵向生态补偿体系的基础上，建立流域横向生态补偿机制，并在2021年10月底前完成县际横向生态补偿协议签订工作，实现县际流域横向生态补偿全覆盖。

重庆市、四川省联合印发《关于推进成渝地区双城经济圈建设共同开展国土空间生态修复工作的实施意见》，提出要共同推进长江等"六江"生态廊道建设，谋划和实施一批生态修复重大工程，促进生态产品价值实现，实现两地生态共建共享。

## 二、区域发展格局出现新变化

受疫情影响以及增长动能的变化，各地区经济在整体向好的情形下也出现了一些细微的变化。

2021年前三季度，全国各地区GDP合计同比增速达9.68%。按地区来看，有8个地区GDP增速达到双位数，湖北由于2020年基数低，加之加大基建投资力度、大批项目集中开工，对经济拉动作用明显，使得GDP增速高达18.7%，领跑全国，其他分别为海南（12.8%）、北京（10.7%）、浙江（10.6%）、山西（10.5%）、江西（10.2%）、江苏（10.2%）、安徽（10.2%）。高于平均增速的还有重庆（9.9%）、山东（9.9%）、上海（9.8%）和广东（9.7%）4个地区。黑龙江、内蒙古、吉林、河北、辽宁、西藏、河南、陕西、青海GDP增速排名靠后，分别为8%、7.8%、7.8%、7.7%、7.4%、7.2%、7.1%、7%和6.7%。

从两年平均增速来看，2021年前三季度，有19个地区超过同期各地区加权平均增速5.38%的水平。其中，海南、西藏、浙江、江苏、安徽、江西分列前六位，增速分别为6.8%、6.7%、6.4%、6.3%、6.3%、6.3%。低于5%的有河北、吉林、上海、天津、陕西、青海、辽宁、湖北、黑龙江、内蒙古，分别为4.6%、4.6%、4.6%、4.2%、4.1%、3.9%、3.1%、3.1%、2.9%、2.85%。从总体来看，各地区之间两年平均增长率的差距明显小于同比增长率的差距（见图1）。

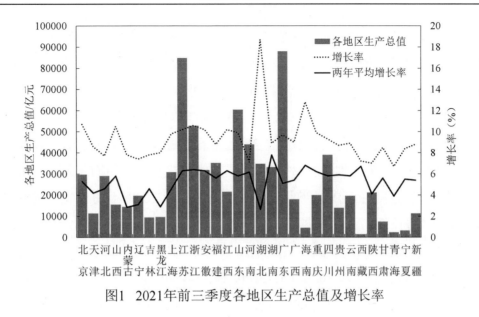

图1 2021年前三季度各地区生产总值及增长率

分区域看，2020年东部地区生产总值为525752亿元，比2019年增长2.97%；中部地区生产总值为222246亿元，增长1.34%；西部地区生产总值为213292亿元，增长3.36%；东北地区生产总值为51125亿元，增长1.13%。2021年前三季度，由于基数因素影响，中部地区增幅最高；东部地区次之，与全国水平相当；西部与东北地区增幅低于全国水平（见表1）。但若看两年平均增速，则出现了与前几年不同的增长格局，即东部地区领先增长，增幅高于全国水平；中部地区初步摆脱疫情影响，增幅略低于东部，也高于全国水平；西部地区增幅略低于平均水平；东北地区增幅依然最低，与其他地区存在明显差距。

表1 分区域地区生产总值季度累计增速

（单位：%）

| 地区 | 2019年 | | | 2020年 | | | | 2021年 | | | | |
| --- | --- | --- | --- | --- | --- | --- | --- | --- | --- | --- | --- | --- |
| | 前两季度 | 前三季度 | 全年 | 第一季度 | 前两季度 | 前三季度 | 全年 | 第一季度 | 前两季度 | 两年平均 | 前三季度 | 两年平均 |
| 地区合计 | 6.8 | 6.7 | 6.5 | -7.0 | -1.2 | 1.1 | 2.6 | 18.4 | 12.8 | 5.5 | 9.7 | 5.4 |
| 东部 | 6.5 | 6.4 | 6.3 | -6.0 | -0.9 | 1.5 | 3.0 | 18.2 | 12.8 | 5.8 | 9.8 | 5.6 |
| 中部 | 7.8 | 7.7 | 7.4 | -12.1 | -3.8 | -0.8 | 1.3 | 22.7 | 14.7 | 5.0 | 10.8 | 5.5 |
| 西部 | 6.9 | 6.9 | 6.8 | -3.8 | 0.5 | 2.0 | 3.4 | 15.6 | 11.5 | 5.7 | 8.7 | 5.3 |
| 东北 | 4.5 | 4.4 | 4.6 | -7.6 | -3.3 | -0.7 | 1.1 | 13.3 | 10.2 | 3.2 | 7.7 | 3.4 |
| 南方 | 7.2 | 7.1 | 6.9 | -7.5 | -1.4 | 1.1 | 2.8 | 19.9 | 13.7 | 5.9 | 10.3 | 5.7 |
| 北方 | 6.0 | 5.9 | 5.9 | -6.0 | -1.2 | 0.8 | 2.3 | 15.7 | 11.2 | 4.7 | 8.6 | 5.0 |

东西部地区经济增长的不同表现，根本上还在于产业结构和产业层次的差距，以及增长方式上的差异。东西部地区最大的差距在制造业。疫情之后，东部的增速较高，与其制造业实力、产业布局和产业链条密切相关，尤其是最终消费品，在全世界制造业受疫情影响下，东部地区订单反而增加了，而中西部地区产业大多以原材料为主，深加工不够，产业链条也短。从2021年前三季度的数据来看，制造业尤其是先进制造业对东部地区的增长起到了关键的支撑作用。比如，北京工业生产增势良好，高端产业发挥了引领作用，2021年前三季度规模以上工业增加值同比增长38.7%，两年平均增长17.7%，工业增长较快拉动了北京GDP的增长。增速领先的江苏也显示，工业生产增长较快，先进制造业支撑有力，2021年前三季度规模以上工业增加值同比增长15.8%，两年平均增长9.5%。40个工业行业大类中有36个行业增加值同比增长，增长面达90%。第三产业增长情况也表现出东西部上的结构差别。东部沿海地区服务业以金融、物流等现代服务业为主，西部地区则主要是餐饮、住宿、旅游等传统服务业，而这些行业受疫情冲击较大。2021年1~11月份工业增加值增长率见图2。

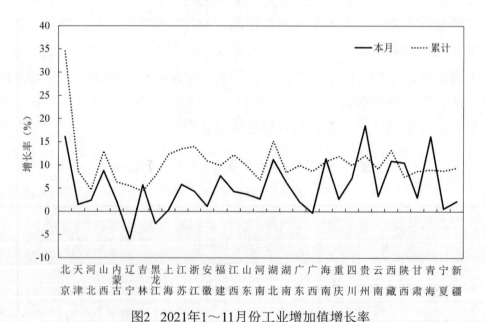

图2　2021年1~11月份工业增加值增长率

以地区为单位划分南北方，将上海、江苏、浙江、安徽、福建、江西、湖北、湖南、广东、广西、海南、重庆、四川、贵州、云南、西藏16个省市区划为南方地区，其余16个省市区划为北方地区。尽管受疫情影响，2020年以来二者同比增速差出现了波动，但若别除基数因素，以两年平均增速看，南北地区经济增速差仍基本维持在1个百分点左右，变化并不明显，南北经济差距持续处于拉大过程中。

受煤炭供应不足、汛情等偶发性因素与结构性因素影响，2021年三季度各地经济增速普遍有所放缓。受2020年基数抬升影响，预计2021年四季度各地经济增速或将继续回落，但仍将保持稳中加固、稳中提质的发展态势。

## 三、影响区域经济发展的因素分析

区域之间经济发展不平衡是由多种因素影响造成的，从目前来看，主要有以下几方面因素。

### 1. 资源环境

在区域经济发展的初期，一个地区所拥有资源种类的数量及质量的优劣是决定其经济实力、生活水平和发展的重要因素之一。但随着经济的发展，资源丰富不再被视为一个地区的优势，它反而会在一定程度上抑制经济增长，并造成多方面的问题。其原因在于资源产业的繁荣会抑制其他产业的发展。资源丰富地区通常大力支持资源产业的发展，在资源产业繁荣的同时，忽视了产业结构的合理性，导致制造业等其他产业的发展受到抑制，最终使经济发展出现一系列问题。特别是资源产业的扩张容易导致人力资本积累的不足，进而导致产业结构和水平的低端化、低附加值化和低科技含量化，阻碍产业结构的更新换代。近年来山西、内蒙古经济增速的相对低迷就是典型，这也是南北经济差距拉大的重要因素之一。

### 2. 区位条件

区位主要是由地理位置、交通条件、信息条件相互作用而形成的影响产业发展的综合条件。地理位置优越的区域，交通条件好，信息便捷迅速，蕴藏着巨大的发展潜力。受区位条件的影响，东部地区与中西部地区之间在发展机会上形成了事实上的不均等。东部地区借助区位优势，形成了市场体系相对完善、产业外向度高、区域经济良性循环的发展态势；尽管在国家加大中西部地区交通等基础设施投资的情形下，中西部地区的区位条件有了很大改善，但与东部发达地区仍有一定差距。

### 3. 城市群发展

随着重点区域战略推进力度的加大，都市圈已经成为带动国家经济发展和参与国际竞合的主要载体，也是区域发展的最大推动引擎。由中心城市带动的都市圈将成为吸引资金人才和产业、形成区域竞争新优势、带动经济整体转型升级的重要支撑。城镇化规律表明，城镇化中后期，随着人口流动逐渐由"乡城转移"转变为"城市间流动"，以及更加依赖于集聚经济的现代服务业逐渐取代制造业成为吸纳城镇就业的主要载体，人口和各类生产要素将进一步向少数中心城市和大都市圈集聚，快速扩张城市和收缩城市将长期共存。"十四五"规划已经明确了两个经济带——长江经济带和黄河生态保护与高质量发展、五个经济区——长三角一体化经济区、京津冀协同发展经济区、粤港澳大湾区、成渝经济区和辽中南经济区，全国围绕这些经济带和经济区将建设若干都市圈。但可以看出，都市圈特别是集聚能力、发展潜力大的基本均位于东部发达地区，比如长三角城市群已经成为我国产业体系最完备、城镇化基础最好、综合实力最强的城市群之一，也是我国经济总量最大的城市群，拥有六个 GDP 万亿城市，总数占到全国的 1/3。未来随着长三角一体化不断深入，长三角各个城市之间的分工协作增强，包括高铁等硬件基础设施不断改善，资金、技术、人才等要素将进一步向长三角城市群集聚。

### 4. 人力资本

第七次人口普查数据显示，与 2010 年第六次全国人口普查相比，西部地区人口所占比重上升了 0.22 个百分点，东部地区人口所占比重上升了 2.15 个百分点，中部地区人口所占比重下降了 0.79 个百分点，东北地区人口所占比重下降了 1.20 个百分点。东部人口占比的上升主要受经济增长拉动所致，西部地区人口占比的上升一方面是"一带一路"倡议的带动，另一方面主要是过去计划生育政策所致。人口占比的上升，一定程度上意味着劳动力的相对充裕和消费潜力的扩大，而且东部地区在人力素质方面也占有比较明显的优势，比如，2019 年北京 6 岁及以上人口中，大学本科及研究生学历人口占比超过 35%，在全国各个城市中名列前茅。长江三角洲地区也具有较大的人才优势，有上海复旦大学、上海交通大学、南京大学、浙江大学、东南大学等高等学府，有张江、合肥两个综合性国家科学中心，1/4 的双一流高校以及众多的科研院所为长三角地区的发展提供了源源不

### 5. 产业集群

一方面，长三角城市群共有1000多家上市公司，覆盖绝大多数行业。另一方面，长三角地区有着深厚的制造业基础，在产业升级转型的浪潮中，高端制造业同样领先全国，是我国先进制造业500强企业最为聚集的地区，目前已成为国内最主要的集成电路开发和生产基地，2020年中国十大集成电路设计企业在长江三角洲地区有6家，已初步形成了包括研究开发、设计、芯片制造、封装测试及支撑业在内的较为完整的集成电路产业链。此外，作为全国经济最具活力和科创氛围最浓厚的地区之一，粤港澳大湾区在5G、新能源汽车、智能家电等领域走在了全国乃至世界的前列。2020年5月，广东省政府出台了《广东省人民政府关于培育发展战略性支柱产业集群和战略性新兴产业集群的意见》，其中提出，重点发展十大战略性支柱产业集群和十大战略性新兴产业集群。作为全国制造业最为活跃的地区，有望形成一批具有国际竞争力的战略性新兴产业集群。

### 6. 需求变化

东部地区是人口流入地，无论是新兴群体还是年轻人口都在流入，收入水平也比西部高，消费会保持稳定增长的势头。由于国家对中西部转移支付力度的加大、巩固拓展脱贫攻坚成果同乡村振兴有效衔接、相关区域发展战略逐步落实，近年中西部省市的人均可支配收入一直保持较快增速，在居民消费水平方面与东部省市差距持续缩小，因此消费需求各区域增长差距不大。2012年前三季度，东部地区投资同比增长7.8%，中部地区投资增长13.3%，西部地区投资增长5.5%，东北地区投资增长8.2%，2022年，预计各区域投资增幅会有所缩小，但中部领先的格局不会改变，西部地区民间投资相对偏弱，且更易受疫情扰动影响，一旦出现疫情，生产生活空间被压缩，大规模的招商引资就难以持续。就外需而言，根据IMF（国际货币基金组织）的预测，2022年全球经济增长速度将从2021年的5.9%降至4.9%，发达经济体和新兴经济体的经济增长速度则将从2021年的5.2%和6.4%分别降至4.5%和5.1%。同时西方各国越来越意识到供应链的重要性，以及各国协作的必要性，若外部供应链问题得以缓解，我国供应链优势红利将逐步消失，对我国2022年的出口增长构成压力，这对东部地区的冲击会稍大些。

总体上看，随着中部崛起战略的深入实施，在长江中游城市群抱团发展及高质量共建"一带一路"倡议的带动下，2022年中部地区增幅有望再次领先，但与东部差距不大；在东部率先发展战略的驱动下，东部地区依然是区域经济的关键增长极，在国内大循环中扮演关键的角色；西部地区产业结构相对单一，相对更依赖投资拉动，增速可能低于平均水平；东北地区经济尽管在逐步好转，但仍将低于其他区域。

## 四、区域协调发展的问题与建议

21世纪以来，我国区域经济发展差距总体呈现缩小趋势，但近年来出现震荡态势，原因在于东西差距扩大出现转机后，南北分野却不断加剧。中国是发展中大国，区域经济发展必然会呈现差异性，一定时期内存在区域经济差距也将是一个必然现象。需要我们在正确看待区域差距的同时，发挥各个区域的比较优势，按照优势互补、互利共赢的原则，走出一条科学持续、协同发展的路子，不断形成新的经济增长极，打破区域分割、各自为政的状况，最终达到区域协调发展的目标。

### 1. 促进数字经济和区域经济一体化融合发展

在以信息技术革命、知识经济和全球化大市场为基础的新经济时代下，区域空间已扩展为要素流动空间与地理场所空间交互作用的新型网络空间。数字技术具有跨越地理特征的优势，未来随着新型数字基础设施的建设和普及，数字经济将会进一步突破地理条件限制，逐渐改变我国传统的经济发展模式和资源配置方式，为缩小区域差距注入新动能。不过，目前适应新经济时代的城市体系多维网络关系尚没有很好地建立。故建议：一是开展区域数字经济发展战略和布局体系的顶层设计。从信息基础设施、数字科技、数字产业、数字治理等维度，开展数字经济发展战略和全域性布局体系的设计，科学布局物联网、数据中心等信息基础设施，统筹推进区域性数字科技创新中心、数字产业创新中心、数字技术创新中心、数字知识产权中心等建设，有序引导数字科技、数字产业、数字治理等协同发展，助力数字经济新动能释放。二是将数字经济关键要素纳入国土空间规划体系中，将数字经济所涉及的关键要素纳入到新时期"多规合一"的国土空间规划体系中通盘布局。将数字经济布局体系与区域经济空间体系相融合，打破各类行政边界，构建释放梯次性发展效能的空间发展体系，促进东中西部区域协调发展和城乡一体化发展。三是完善数据治理规则，构建一体化配置的空间治理模式。

因地制宜地构建与数字经济相匹配的区域一体化协调机制和要素统筹配置机制，加快弥合各类"数字鸿沟"，有效控制数字经济发展中的区域性垄断，提高区域经济新型网络空间的整体稳健性。

### 2. 加强区域发展新要素的合作

我国发展动力正经历由土地、资本、劳动力等传统要素驱动向创新要素驱动的转变，叠加全国要素市场化配置改革的逐步深化，区域竞争正逐步由资金、原材料和项目争夺向人才、政策、制度较量转化，区域关系也由无序、恶性竞争逐渐向良性竞合转变，未来围绕知识、技术、管理和数据等新生产要素的区域竞争将日趋激烈。因此，为促进区域协调发展，在新时代背景下，不仅要关注传统要素的协作，更要关注区域间新要素的协作。促进创新链、产业链、供应链跨区域贯通，减少科创领域低效竞争，提升科技发展力量的整合度，联合实施一批科技领域重大改革创新举措，进一步释放政策红利和改革动能，避免各地方对中央区域政策的一味攀比，特别是增强京津冀、长三角、粤港澳大湾区在科技创新政策方面的协同衔接，推动创新链、产业链和政策链融合。进一步完善各类发展平台，包括国家级新区、综合配套改革试验区、承接产业转移示范区等先行先试政策优势区域性平台。

### 3. 构建区域经济协调发展的体制机制

完善财政体制，理顺中央和地方的关系，做到责权清晰，建立稳定的地方财政收入来源制度，创新财政转移支付方式，完善财政工具体系；完善绩效考核机制，根据不同国土类型区的要求确定考核方法，设置长期与短期的考核时间，将生态环境和社会事业指标纳入考核体系，建立激励相容的绩效考核配套体系，实现绩效考核重点与空间主体功能协调一致和良性互动；深化完善区域基本公共服务均等化的体制机制，促进公共服务资源在区域之间均衡配置，缩小基本公共服务水平差距。加大对老少边穷地区基本公共服务的建设投入力度，逐步缩小区域间居民生活水平的差距，实现各地区居民享受等值化的生活质量，确保国土空间开发及其成果惠及全体民众。

### 4. 充分发挥各地区比较优势

明确各地区发展战略定位，充分发挥区域竞争优势，推进区域合理分工，统筹各地区的资源和要素关系，有序推进区域资源整合与产业重组，引导产业有序转移，促进生产要素及人口跨区域合理流动，健全合作机制，巩固区域合作成果，创新合作模式，进一步促进区域互动发展和区域一体化进程。引导产业布局优化升级，实现区域错位互补发展，避免同质化。对经济基础一般、产业布局相对不完善的区域，要根据当地的人才、技术、产业基础等状况，选择具有局部优势的产业或环节，打造区域性产业高地，逐步吸引各方面资源形成全产业链；对产业布局较为完善的区域，需着重补短板。扭转人口集聚滞后于经济集聚的态势，积极引导中西部资源环境承载力较低地区的人口向东部沿海地区、都市圈和城市群区域转移，促进人口规模与经济规模基本匹配。实现国土经济与资源环境承载能力的基本匹配，在集聚中实现区域均衡。

（作者：胡少维）

# 市场预测篇

# 2021～2022年汽车市场形势分析与预测

在芯片短缺、新冠肺炎疫情散发等形势下，2021年我国汽车市场实现基本稳定，全年汽车需求量为2525万辆，基本与2020年持平。新能源汽车成为汽车市场最大亮点，全年销量突破320万辆，同比增长156%。综合长期规律、经济和产业政策，预计2022年我国汽车需求量将达到2640万辆，同比增长4.6%左右。

## 一、2021年汽车市场形势分析

2021年我国汽车市场止住了连续三年的较大负增长局面，内需总量为2525万辆，销量与2020年大体持平（见图1）。但是，2021年汽车市场在结构上出现了显著的变化，具体表现为三个显著的不平衡：一是乘用车与商用车市场之间发展不平衡；二是新能源汽车与传统能源汽车之间发展不平衡；三是豪华品牌、自主品牌与普通合资品牌之间发展不平衡。

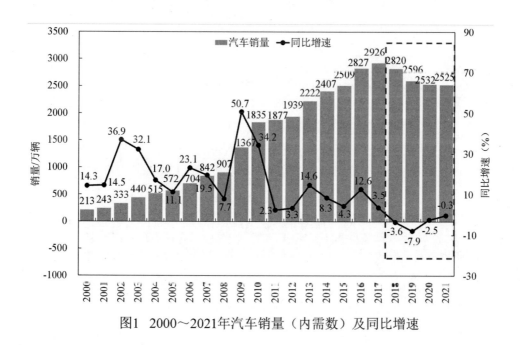

图1 2000～2021年汽车销量（内需数）及同比增速

## 1. 乘用车市场止跌回升，实现小幅正增长，商用车市场深度负增长

2021年，乘用车市场结束了连续三年的负增长局面，内需总量达到2029万辆，比2020年增加52万辆，增长2.6%（见图2），这一正增长是在一系列不利因素下取得的，来之不易。而商用车内需总量则由2020年492万辆的历史最高位回落到439万辆，减少53万辆，下降幅度达10.7%（见图3）。

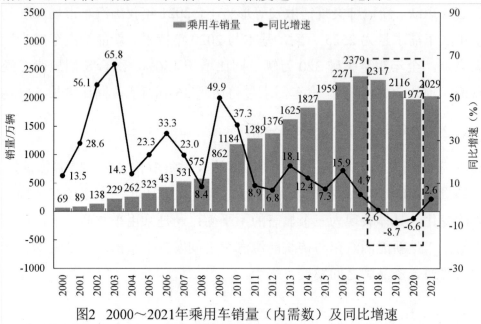

图2　2000~2021年乘用车销量（内需数）及同比增速

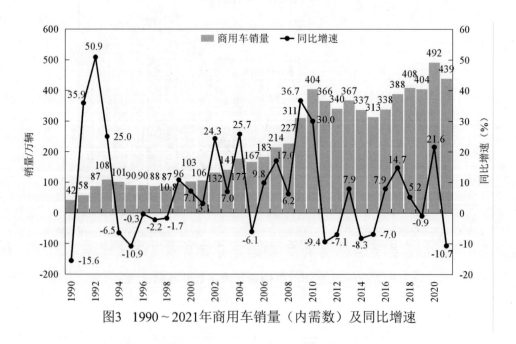

图3　1990~2021年商用车销量（内需数）及同比增速

（1）乘用车市场分析　从2021年乘用车市场月度销量变化来看，具有明显的动态特征。2021年，年初销量高企，中间几个月出现深度下调，至年末销量逐步向上恢复，但仍为负增长（见图4）。

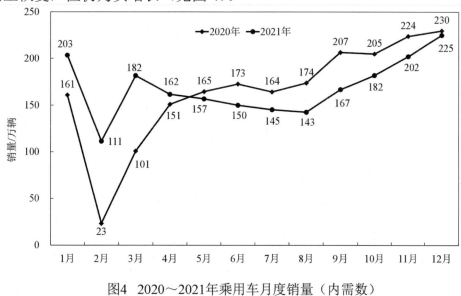

图4　2020～2021年乘用车月度销量（内需数）

分季度看，2021年一季度乘用车销量同比增长77.6%，增速大幅回升，一方面是因为2020年一季度严重的新冠肺炎疫情导致了乘用车需求的低基数；另一方面是市场需求本身在上涨。低基数作用消退后，2021年二季度乘用车销量同比增速恢复至相对正常的水平，为1.2%；2021年三季度乘用车销量同比增速再度由正转负，同比下降13.5%，这一降速主要是由汽车芯片供给短缺导致的；2021年四季度汽车芯片供给短缺的问题得到初步缓解，乘用车销量同比降幅收窄至3.4%。初步测算芯片因素导致全年乘用车批发量减少了142万辆，影响最大的是6～10月份（见表1）。

表1　芯片短缺对2021年乘用车销量的影响测算

（单位：万辆）

| 减少量 | 3月 | 4月 | 5月 | 6月 | 7月 | 8月 | 9月 | 10月 | 11月 | 12月 | 全年合计 |
| --- | --- | --- | --- | --- | --- | --- | --- | --- | --- | --- | --- |
| 批发销量减少量 | -8.4 | -9.7 | -12.6 | -29 | -20 | -20 | -21 | -17 | -4 | 0 | -142 |
| 零售销量减少量 | 0 | -4.1 | -5.6 | -11 | -12 | -15.7 | -18.5 | -21 | -15 | -10 | -113 |

2021年乘用车市场变化给予我们以下两点重要启示：第一，我国汽车市场的发展和运行符合先导市场的一般规律。从先导国家汽车市场发展历程看，乘用车千人保有量达到150辆左右时，需求增长会进入平台期。美国在1929年乘用车千人保有量达到190辆、年销量达到534万辆时需求增长进入平台期，随后销量连年萎缩，平台期内的年销量低谷为133万辆/年，1933年销量才开始企稳回升。德国在1965年乘用车千人保有量达到131辆、年销量达到150万辆时需求增长进入平台期，平台期内的销量低谷为134万辆/年。英国在1964年乘用车千人保有量达到159辆、年销量达到115万辆时需求增长开始进入平台期，平台期内的年销量低谷为107万辆/年。根据先导国家的经验，乘用车销售需求进入平台期后，经过几年的徘徊，销量会再度增长，我国乘用车销售在经过三年的需求萎缩后，终在2021年迎来反弹，符合先导市场规律。

第二，经济发展总量和结构特征仍对我国汽车市场需求起着主导作用，其中的关键变量是购买力。目前我国乘用车千人保有量为170辆，家庭百户保有量约为50辆，其中少量家庭已进入复数保有阶段，可推测目前有40%的家庭拥有汽车，多为中高收入家庭，60%的家庭尚没有汽车，多为中低收入家庭。因此，未来较长一段时间内，家庭对车辆的保有水平一是取决于40%中高收入拥有车家庭的复数保有意愿和能力，二是取决于60%无车家庭的购车能力和意愿，其中，60%无车家庭的购车能力和意愿更为重要。60%无车家庭的购车价格总体上将是偏低的，10万元以下低价位车型将占有较大比重。10万元以下低价位车型销量自2016年起连年萎缩（见图5），重要原因是进入购车门槛的家庭数量减少了，而这在很大程度上是经济结构性变化所导致的。2016年开始"三去一降一补"，"三去"中的去产能对技术落后的中小企业影响较大；2018年开始的"三大攻坚战"，使得中小企业受污染防治和金融防风险双重影响，其中污染防治导致部分环保技术水平低的中小企业，或环保升级，或被关停、限产，而这类企业本身就融资困难，金融防风险又进一步加剧了中、小、微企业融资难、融资贵的问题，双重压力导致部分中小企业的成本明显提升、生产经营难度加大；2020年，新冠肺炎疫情爆发，中、小、微企业和个体商户抗冲击能力普遍较弱，部分企业受到明显冲击；2021年，全球大宗商品价格上涨，下游中小企业价格谈判能力弱，原材料价格上涨提升了企业的经营成本，令部分中小企业生产经营依然较为困难。可见，2016年以来的一系列政策和突发事件客观上影响了部分中、小、微企业的经营和发展，影响到其员工的收入和预期，这类企业员工收入本就不高，再叠加额外冲击，影响了这部分就业群体购车能力的提升，这是导致10万元以下车型需求连年萎缩的重要原因，进而影响了汽车进入家庭的整体普及进程。

图5　2011~2021年乘用车分价位销量

（2）商用车市场分析　2021年商用车内需的月度走势与乘用车相比，表现出更大的动态波动性（见图6），2021年1~3月份高速增长（见表2），销量处于超高水平；2021年4~6月份销量依然维持在高位，但增速有所回落，市场需求由正转负；2021年7月份起开始大幅度回落，整个下半年都处在深度负增长区间。分上下半年来看，2021年上半年批发量占比高达60.2%，远高于51.4%的历史平均值，如此打破历史常规的销售节奏，给企业经营带来严重干扰。分细分市场来看，商用车市场的波动主要是重型货车和轻型货车带来的，造成这种波动的原因来自于经济和政策两个方面。在经济方面，2021年在新冠肺炎疫情常态化之下虽有所恢复，但GDP增速逐季下行，四个季度依次为18.3%、7.9%、4.9%和4.0%，特别是进入2021年下半年以后，固定资产投资增长率下行加速，货运量增速也随之下移，对商用车的支撑逐季减弱。在政策方面，重型柴油车国六排放升级、蓝牌车辆"大吨小标"治理等政策也给市场带来扰动，是造成销售节奏前高后低的重要原因。国六排放标准于2021年7月1日起执行，国六产品的购买和使用成本均有所上升，一方面促使用户提前购买更加实惠的国五车辆；另一方面，也促使经销商囤积国五车辆以备下半年销售,从而导致中重型货车、轻型货车、客车等细分市场均表现出上半年显著增长、下半年深度下跌的特征。此外,蓝牌轻卡"大吨小标"治理在2021年年初开启,上半年行业内展开了对新法规的密集探讨,引发了部分用户在上半年提前购买轻型货车,又由于正式治理方案迟迟未出台,下半年市场热度明显降温。

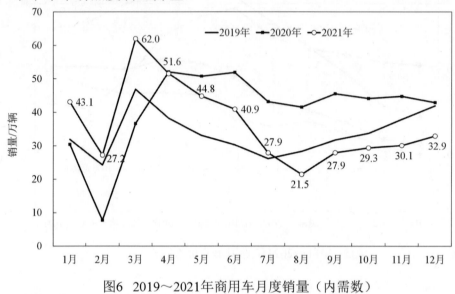

图6 2019~2021年商用车月度销量（内需数）

表2 2020~2021年商用车月度销量增速

（单位:%）

| 年份 | 1月 | 2月 | 3月 | 4月 | 5月 | 6月 | 7月 | 8月 | 9月 | 10月 | 11月 | 12月 |
| --- | --- | --- | --- | --- | --- | --- | --- | --- | --- | --- | --- | --- |
| 2020年 | -4.7 | -68.2 | -21.8 | 36.4 | 53.4 | 71.5 | 65.2 | 46.8 | 43.4 | 30.8 | 18.1 | 2.3 |
| 2021年 | 41.6 | 252.4 | 69.1 | -1 | -11.8 | -21.2 | -35.4 | -48.4 | -38.7 | -33.5 | -32.8 | -23.2 |

**2. 新能源汽车呈爆发式增长,而传统能源汽车市场持续萎缩**

传统能源汽车内需总量在2017年达到历史最高峰的2849.6万辆以后,就进入了持续的下跌通道,销量出现连续4年的下降（见图7）,2018~2021年4年间累计下降了651.4万辆,其中,2021年下降了206.4万辆,年销量降至2198.2万辆。新能源汽车在经历了2018~2020年的需求平台期后,反在2021年迎来爆发式增长,当年内需量达到326.6万辆,比2020年增长了156%,新能源汽车的渗透率也达到12.9%，创历史新高，一年提升了7.9个百分点。

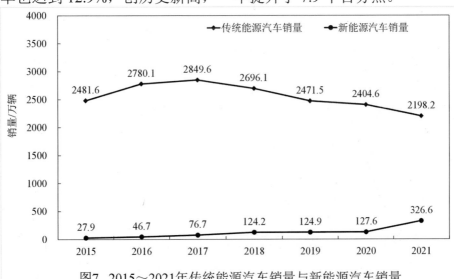

图7 2015~2021年传统能源汽车销量与新能源汽车销量

从月度动态表现来看，新能源汽车销量逐月走高，由2021年年初月销17.3万辆发展到年底月销53万辆的历史高位（见图8）。传统能源汽车月销量在2021年后几个月虽有所恢复，但复苏动力显然不足（见图9）。2021年新能源汽车的突飞猛进主要是新能源乘用车促成的，新能源乘用车对2021年新能源汽车销量增量的贡献率在为96.4%（见表3）。

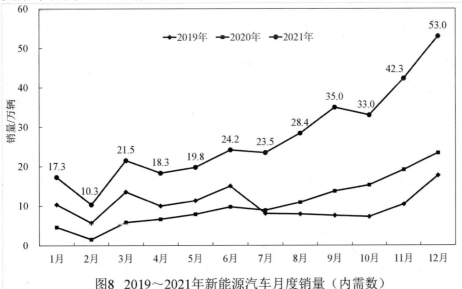

图8 2019~2021年新能源汽车月度销量（内需数）

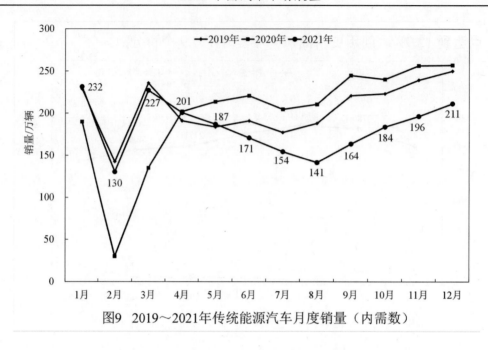

图9 2019～2021年传统能源汽车月度销量（内需数）

表3 2020～2021年新能源汽车销量结构与增量贡献率

| 销量（内需数） | 总量 | 狭义乘用车 | 微型客车 | 商用车 |
| --- | --- | --- | --- | --- |
| 2020年销量/万辆 | 127.6 | 115.9 | 1.4 | 10.3 |
| 2021年销量/万辆 | 326.6 | 307.8 | 3.6 | 15.3 |
| 增量/万辆 | 199 | 191.9 | 2.2 | 4.9 |
| 增量贡献率（%） | 100 | 96.4 | 1.1 | 2.5 |

新能源乘用车的爆发式增长是激励政策、技术进步与产品竞争力提升三重因素叠加而共同促成的，其引爆点是几款超强竞争力产品的出现。

首先是激励政策。目前对新能源汽车的激励政策可以分为三类，第一类是税费政策，涉及财政补贴、消费税和购置税减免等。2021年，按一辆售价近30万元的新能源乘用车为例，可享受购置补贴最高为1.8万元、消费税减免约为2.27万元、车辆购置税减免约为2.65万元，合计优惠额度约6.72万元，优惠幅度依然相当有力度。售价10万～20万元的车型虽然补贴额度略小一些，但综合优惠幅度对消费者仍具吸引力。第二类是非税费政策，包括路权、牌照优惠等。2021年，在限购城市，新能源乘用车销售渗透率为27.2%，在不限购但限行的城市，新能源乘用车销售渗透率为13.9%，在既不限购也不限行的城市，新能源乘用车销售渗透率仅为 10.3%。由此可见，牌照优惠政策对新能源汽车的销售激励最大、路权优惠政策次之。第三类是在出租车、网约车、公务车等公共领域对新能源汽车的特殊购买规定，目前很多省市都出台了相关优惠政策，对加快新能源汽车发展也起到了重要作用。

其次是技术进步。从续驶里程来看，A0 级纯电动汽车平均续驶里程从 2017 年的 191.7km 提升到 2021 年的 394.6km，A 级纯电动汽车平均续驶里程从 2017 年的 300.4km 提升到 2021 年的 467.9km，B 级纯电动汽车的平均续驶里程从 2017 年的 350.3km 提升到 2021 年的 546.9km，均有显著提升。从百公里电耗来看，A 级纯电动汽车销量加权平均百公里电耗从 2016 年的 17.8kWh 逐年下降至 2021 年的 12.5kWh，亦有明显进步。

第三是产品供给愈加丰富。2018 年至今，新能源汽车无论是当年新投放车型的数量还是在售车型的累计总数量都在持续提升，且月均销量超过 5000 辆的车型数量也越来越多。2018～2020 年，月均销量超过 5000 辆的新车数量只有 1～2 款，但 2021 年，月均销量超过 5000 辆的电动汽车数量激增至 10 款，五菱宏光 MINI EV 更是凭借 3.6 万辆的月均销量拔得头筹。

上述三个因素的叠加促成了新能源汽车良好的发展势头，但是爆发式增长一定有突变因素，这个因素就是出现了令消费者心动的超强竞争力的车型。以特斯拉 Model 3 为例，特斯拉 Model 3 在国产前，其售价是 35 万～36 万元，相较同档次同级别的奔驰 C 和宝马 3 系，价格更高，因此月均销量一直在 3000 辆左右的水平徘徊；在国产化初期，特斯拉 Model 3 价格降至 29.9 万元，与同档次同级别的奔驰 C 和宝马 3 系购车价位相当，其月均销量增至 5000 辆左右的水平；特斯拉 Model 3 在第一次降价后，售价达 27.1 万元，相较奔驰 C 和宝马 3 系 28 万～30 万元的购置价格（含车购税）已显示出初步优势，其月均销量提升至 1.1 万辆左右；特斯拉 Model 3 第二次降价后，售价降至 23.6 万～25 万元，相较奔驰 C 和宝马 3 系显现出明显的价格优势，在超强的价格优势带动下，其月均销量更是快速攀升至 2 万辆左右的水平。特斯拉 Model Y 也是如此，当其推出磷酸铁锂电池版本的车型后，售价仅为 28.08 万元，远低于价位区间在 40 万～48 万元（含购置税）的奔驰 GLC 和宝马 X3，其月均销量更是从过去 1 万辆出头的水平增至 3.3 万辆的水平。其他爆款车型如五菱宏光 MINI EV 和比亚迪秦 DM-i 也是凭借比同级别车型更具价格优势而获得市场青睐。

### 3. 自主品牌高速增长，豪华品牌快速增长，合资品牌快速下降

整体来看，乘用车市场内部的结构表现为豪华品牌份额持续上涨，自主品牌份额再度反弹，两者共同挤压合资品牌的生存空间（见图10和表4）。

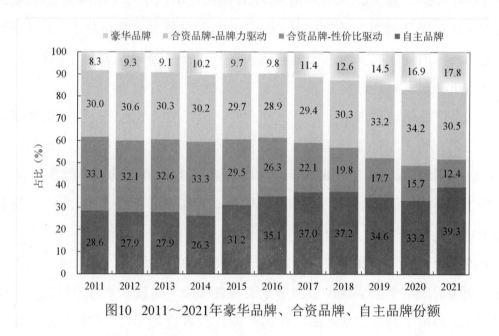

图10 2011～2021年豪华品牌、合资品牌、自主品牌份额

表4 2011～2021年豪华品牌、合资品牌、自主品牌增速

（单位：%）

| 品牌 | 2011年 | 2012年 | 2013年 | 2014年 | 2015年 | 2016年 | 2017年 | 2018年 | 2019年 | 2020年 | 2021年 |
|---|---|---|---|---|---|---|---|---|---|---|---|
| 豪华品牌 | 59 | 20 | 16 | 26 | 1 | 17 | 22 | 8 | 5 | 9 | 8 |
| 合资品牌-品牌力驱动 | 9 | 9 | 17 | 12 | 5 | 13 | 7 | 0 | 0 | -4 | -9 |
| 合资品牌-性价比驱动 | 13 | 4 | 20 | 15 | -5 | 3 | -12 | -13 | -18 | -17 | -19 |
| 自主品牌 | -2 | 4 | 18 | 6 | 27 | 31 | 10 | -2 | -15 | -11 | 22 |

（1）豪华品牌 2021年，豪华车销量达到360.7万辆，同比增长8.1%（见

图11),远高于乘用车销量增长2.6%的总体水平。豪华车是消费升级大趋势最大的收益者,是受经济结构性变化负面影响的最小者,其市场表现一直强劲。同时,消费偏好也决定了豪华车在我国发展的强势势头。从先导市场的豪华车发展规律来看,主要国家的豪华品牌份额走势遵循高偏好和低偏好两条路径,以2019年数据看,在同等人均GDP水平下,德国、英国的豪华品牌份额为25%~30%(见图12),属于高偏好国家;而加拿大、美国、法国等豪华品牌份额都比较低,仅为10%左右,属于低偏好国家。2021年我国人均GDP在1.25万美元,豪华品牌份额已接近18%,偏好趋势与英国、德国等高偏好国家相似。同时,从我国分地区的豪华品牌份额来看(见图13),2000年北京、上海、江苏、浙江等高收入地区豪华品牌份额已达到甚至超越英国、德国等高偏好国家的水平。可见,我国消费者对豪华品牌的偏好极高,这是价值观所决定的。首先,我国消费者讲究较高的社会阶层要用档次较高的车来彰显身份;其次,我国消费者对豪华品牌的拥有者也较为仰慕,对豪华品牌有较强的追求;此外,在用户心目中,以"纯、重、大"为特征的商品具有更高的价值。因此,豪华品牌在较为低迷的市场态势中仍能保持强劲增长。

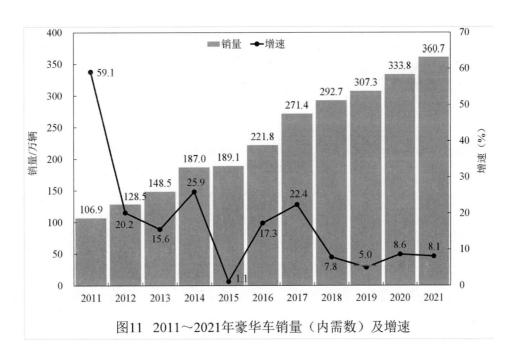

图11 2011~2021年豪华车销量(内需数)及增速

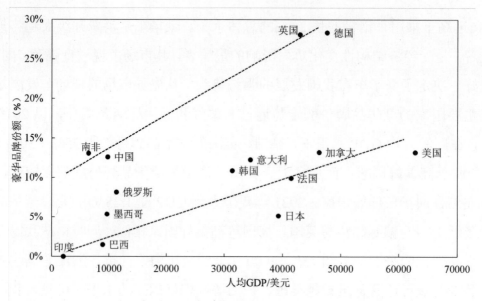

图12　2019年各国人均GDP与豪华品牌份额

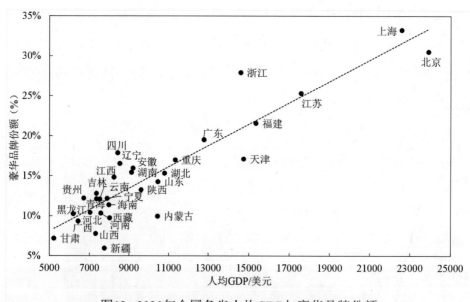

图13　2020年全国各省人均GDP与豪华品牌份额

（2）自主品牌　2021年自主品牌结束了连续两年的深度负增长局面,比2020年增长21.7%,销量达到798.3万辆,自主品牌目前进入了第三轮份额提升阶段。自主品牌的第一轮份额提升是在2000～2010年（见图14）,凭借低价位优势而提升；第二轮份额提升是在2014年启动,凭借SUV车型而提升。自主品牌目前处于第三轮份额提升期,是凭借智能化、电动化的先发优势来提升的。

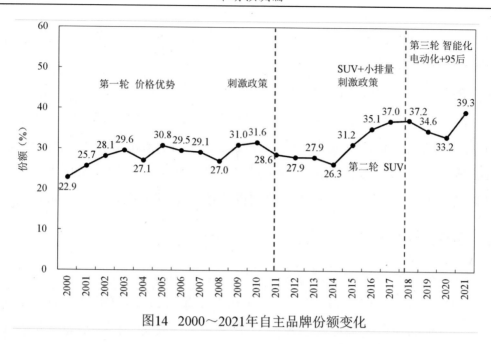

图14 2000～2021年自主品牌份额变化

自主品牌能进入第三轮份额提升期的基础是自主品牌的产品竞争力已有明显提升。首先，自主品牌可靠性已有明显提升。据国际知名机构调查，使用期在3~6个月的新车百车故障率，2003年，自主品牌为469个，远高于合资品牌278个的水平；之后逐年下降，至2019年，自主品牌降为101个，合资品牌降到92个，自主品牌与合资品牌的新车故障率已经很接近。其次，自主品牌的外观、内饰等感官品质也优于同价位的合资品牌，而且，消费者对自主品牌和合资品牌的产品性能满意度也是不相上下。在诸多价位区间，产品品质、性能已经可与合资品牌抗衡，自主品牌又在电动化和智能化领域形成了先发优势，当前泛Z世代（指1995年以后出生的人群）开始进入购车市场。泛Z世代生长在物质富裕、技术爆炸的年代，其家庭条件较此前世代更好、从小见多识广、对外国品牌没有盲目崇拜，对自主品牌更有好感；同时，其作为互联网原住民，对电动化、智能化产品的接受度也更高。因此，电动车、智能车遇上泛Z世代又为自主品牌带来了第三轮份额提升的机遇。

不过，自主品牌的内部分化也较为明显。2018年开始，TOP10自主品牌企业销量和其他自主品牌企业销量就呈两极分化的态势。TOP10自主品牌企业销量在总市场需求萎缩的环境下仍能保持相对平稳，但其他自主品牌企业的销量一路下滑。2021年其他自主品牌企业的销量和份额虽止跌回升，但这个回升是电动汽车带来的,如果没有电动汽车品牌、新势力汽车品牌的加入,市场份额还将加速向 TOP10 企业集中。

(3)合资品牌　品牌驱动型的合资品牌销量和份额在 2021 年也出现了萎缩,其中除丰田的销量保持正增长外,大众、别克、本田等品牌的销量都出现了不同程度的下降,这三大品牌销量的下降一方面是芯片供给短缺导致的,另一方面最代表其品牌力的 B 级轿车销量也有所下跌。此外,在自主品牌的挤压下,性价比驱动型的绝大多数合资品牌的销量和份额也延续了下滑态势。

## 二、2022 年汽车市场预测

### 1. 2022 年乘用车市场预测

(1)发展规律即中长期趋势　我国乘用车销量经过三年的下跌后在 2021 年略有恢复,未来的销量走势取决于家庭对车辆的保有意愿,也就是 40%拥有车家庭的复数保有意愿和 60%无车家庭的购车意愿。而这两种意愿与三个因素高度相关,一是经济增长水平,二是收入差距,三是人口密度。

首先,从经济增长水平来看,"十四五"期间预计我国经济增长速度保持在 5%~6%的水平,可以保证汽车市场销量基本稳定,很难支撑更多的需求增量。

其次,从收入差距来看,收入差距的变化主要影响 60%无车家庭拥有车能力和拥有车意愿。如果每年以 5%~6%的经济增长更利好中低收入家庭,那将令 60%无车家庭不断进入购车门槛,其购车意愿将大幅提升。从国际规律来看,在百户拥有 50 辆汽车(约 40%家庭有车)的阶段,一国收入差距越小,中低收入家庭的百户保有量越高,反之,一国收入差距越大,中低收入家庭越难跨入购车门槛,在此情况下,高收入家庭已进入复数保有阶段,中低收入家庭的百户保有量还停留在非常低的水平。而且从百户保有 50 辆汽车(千人乘用车保有量约为 150 辆)的水平继续向更高水平普及时,收入差距小的国家,总体普及水平提升较快,收入差距大的国家,总体普及水平较慢。以日本和巴西为例,日本是典型的收入均衡型社会,其基尼系数仅 0.33;而巴西则是收入差距较大的国家代表,其基尼系数高达 0.54,远超 0.4 的国际警戒线。百户拥有 50 辆汽车时的日本、巴西不同收入段百户保有量对比见图 15。日本的汽车千人保有量达到 150 辆之后,10 年间千人保有量提升了 90 辆(见图 16),即每年千人保有量提升 9 辆;巴西的汽车千人保有量达到 150 辆之后,8 年间千人保有量提升了 30 多辆(见图 17),即每年千人保有量提升约 4 辆,普及速度远低于日本。2019 年我国的基尼系数为 0.465,低于南非、巴西等国,但高于英国、日本、德国等发达国家,属于较高水平。因此,后续的普及进程和需求增长将取决于收入差距相对较大的问题能否得到有效改善。虽然中央把共同富裕作为奋斗目标和根本原则,但也指出共同富裕不是一朝一夕能够实现的,需要长期的奋斗和努力,是一个渐进的过程,这意味着我国中低收入家庭的普及进程仍会相对缓慢。

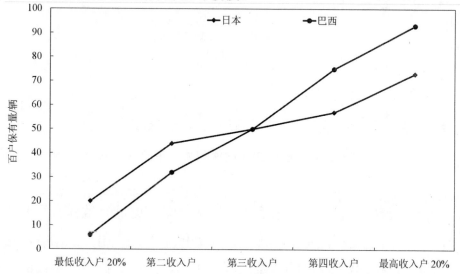

图15 百户拥有50辆汽车时的日本、巴西不同收入段百户保有量对比

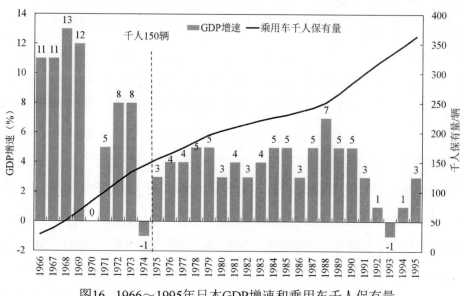

图16 1966~1995年日本GDP增速和乘用车千人保有量

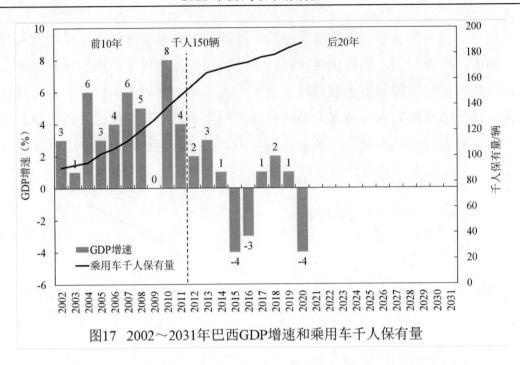

图17 2002～2031年巴西GDP增速和乘用车千人保有量

最后，从人口密度来看，人口密度主要影响有车家庭的复数保有意愿。在高人口密度的城市，用车便利性将受到影响，比如停车不便、出行拥堵等，这将影响有车家庭的复数保有意愿，影响普及进程。美国、法国、德国、英国的城镇人口密度在 4000 人/km² 以下，日本、西班牙在 6000 人/km² 以下，而我国城镇人口密度高于这些发达国家。不过，我国目前也在着力解决这一问题，已规划了多个都市圈，有利于引导高密度地区人口向低密度地区转移，从而提升有车家庭的复数保有意愿。

综合来看，"十四五"期间，我国乘用车销售需求将呈现缓慢增长的态势。

（2）宏观经济 目前国内经济发展正面临着需求收缩、供给冲击、预期转弱的三重压力。从需求端看，全球新冠肺炎疫情的不断变化使我国出口具有不确定性，内部消费和投资也由于新冠肺炎疫情等原因显得有些乏力。从供给端看，新冠肺炎疫情带来全球供应链受阻、人员流动受限；企业生产面临缺芯、缺柜、缺工等生产要素短缺问题；大宗商品价格处于高位，再叠加贸易保护下的技术封锁、实体清单，部分企业生产成本被明显抬高。需求端和供给端的共同原因导致了市场预期的不稳。但是，在宏观政策的有力调控下，我国经济持续恢复发展的态势不会改变，长期向好的基本面不会改变。后续的宏观政策将以稳为主基调，会"防止出现合成谬误""避免局部合理政策叠加后造成负面效应"。"各方面要积极推出有利于经济稳定的政策,慎重出台有收缩效应的政策""财政政策和货币政策协调联动,跨周期和逆周期宏观政策有机结合",最终实现经济的向好发展。

(3)产业政策　2022年预计不会出台强有力的购车刺激政策。历史上出台强有力购车刺激政策的年份均是因为当年宏观经济环境不佳,2022年,在有效的宏观调控下,经济预计将平稳发展,购车政策方面也将保持平稳。

(4)其他因素——芯片供给　汽车芯片供给紧张的问题预计不再会明显冲击终端购车需求的实现,但2022年全年汽车芯片供给仍将维持紧平衡的态势。自2021年10月份之后,各大芯片生产厂商都已恢复至满负荷生产的正常状态,芯片供给短缺的问题也逐步缓解,预计2022年芯片供给将不再明显冲击终端购车需求。但是,两方面因素将导致全年汽车芯片供给维持在紧平衡的状态,因素一是整车厂商调整了芯片采购模式。2021年汽车行业出现芯片供给短缺的问题后,各厂家纷纷加大芯片订购量,甚至过度采购,但对汽车芯片生产厂商来说,产能提升需要一个过程。因素二是电动车、智能网联汽车每辆车对芯片的需求量远多于传统汽车,2021年,全球新能源汽车销量较2020年翻了一倍多,渗透率达9.5%,其需求的激增也加大了整车厂商对芯片的采购需求,而2022年新能源汽车的销量仍将较快增长,促使芯片供应紧张。

综合考虑长期趋势、经济因素、政策因素、芯片因素及汽车补库存因素等,2022年乘用车内需有望达到2190万辆,增长约7.9%。

## 2. 2022年商用车市场预测

与乘用车一致,对于2022年商用车市场的预测,也从长期趋势、经济和政策三个方面进行分析。

(1)商用车市场长期趋势　根据国际规律,一个国家在人均GDP达到1万美元后,经济增速下台阶具有普遍性和长期性,我国2021年人均GDP已经超过1.2万美元,在未来几年GDP增速将有序下降,但依然能保持5%~6%的中高速增长水平,仍将处于能够保障商用车需求维持高位的速度区间。

从经济内部结构来看,随着人均GDP的提升,我国低附加值产业国际竞争力将减弱,产业结构也会不断转型升级,三产在国民经济中的比重上升,二产比重有所下降,在二产内部,高新技术和高附加值产业的增长也会快于传统产业。经济结构的升级将导致运输强度下降,对商用车需求形成负面拉动。此外,"双碳"战略的推进,也将导致运输强度高的高排放行业,如钢铁、化工、火电等,受到较大发展约束,带来大宗商品的运输需求下降。

在"双碳"战略下,交通运输领域的"减碳"也是重中之重,主要有三类手段:第一,结构性"减碳",即推动多式联运和"公转铁"和"公转水"的发展;第二,技术性"减碳",即发展甩挂运输、共同配送、基础设施智能化;第三,管理性"减碳",即发展新能源车辆和低排放车辆,淘汰老旧柴油货车等。交通运输领域"减碳"对商用车总量产生负向作用,尤其对传统能源汽车负向作用更大。

(2) 宏观经济  2022年宏观经济总体以稳为主,全年增速预计在5.4%左右,总体对于商用车的支撑力度,相比2021年没有明显改变。但是,2022年经济发展的结构将发生转变,投资在经济总体中的重要程度将上升,消费仍受新冠肺炎疫情散发及居民消费信心不足拖累,出口则可能随着发达国家经济刺激政策的回收,国际新冠肺炎疫情影响减弱,增速自高位回落。投资内部,作为稳增长重要手段的基建投资,在"适度超前进行基础设施建设"的主基调下,配合积极的财政和货币政策支持,增速预计在2022年快速回升;在房地产投资方面,2021年下半年表现迅速转差,2021年四季度开始虽然过严的管控政策开始纠偏,但"房住不炒"大方针及"三道红线"等约束措施仍在,预计2022年房地产投资增速只能维持在正常水平。综合来看,工程建设类商用车在2022年将面临相对较好的发展环境,消费民生及出口产业相关商用车的发展环境将相对较差。

(3) 产业政策  2022年商用车政策仍然围绕环保、安全两大主题。在环保方面,2022年是前期政策消化的关键之年,2018~2020年的国三淘汰、2021年国六升级都刺激了用户的购车需求提前释放,其透支影响将在2022年集中体现,前期受政策刺激大的中重型货车和轻型货车,回落幅度也更大。在安全方面,2022年是《全国安全生产专项整治三年行动计划》的收官之年,按照该行动计划要求,道路运输领域必将严格落实"一超四罚"措施,深化"百吨王"专项整治,2022

年基本消除货车非法改装、"大吨小标"等违法违规突出问题。可以预见，超载治理的常态化长效机制将在2022年得以巩固，各地可能陆续出台专项治理行动，对于当前仍存在超载情形的城市内及国道运营的中重型货车需求形成一定支撑。蓝牌车辆"大吨小标"治理政策预计将在2022年9月1日全面执行，法规执行前可能带来一定提前购买行为，对2022年轻型货车需求的节奏造成干扰。

综合考虑商用车市场长期趋势、经济和政策因素，预计2022年商用车内需将自高位继续回落，需求规模在390万～410万辆左右，同比2021年下降10%左右。

综合以上对乘用车、商用车市场的分析，再考虑到微型客车需求量50万辆左右，预计2022年我国汽车总需求量将达到2640万辆左右，同比增长约4.6%。

（作者：徐长明）

# 2021年客车市场现状及2022年基本判断

## 一、2021年1~11月份客车市场表现不及预期

2021年1~11月份,中国客车统计信息网的40家企业累计销售5m以上客车133653辆,同比增长4.5%,其中,座位客车增长31.95%,校车增长18.91%,公交客车下降27.3%,其他客车增长11.04%(见表1)。40家企业共有27家涉及新能源客车领域,5m以上新能源客车销量为44462辆,同比下降15.56%。5m以上传统客车销量为89191辆,整体增幅达18.54%,其中座位客车增长30.85%,公交客车下降45.47%。总销量中,大型客车销量为340291辆,同比下降13.87%;中型客车销量为32775辆,同比下降3.9%;轻型客车销量为60587辆,同比增长28.87%。

表1 2021年1~11月份销量同比情况

| 销量与增速 | 车型 | 总计 | 12m<L | 11m<L≤12m | 10m<L≤11m | 9m<L≤10m | 8m<L≤9m | 7m<L≤8m | 6m<L≤7m | 5m<L≤6m |
|---|---|---|---|---|---|---|---|---|---|---|
| 2020年同期销量/辆 | 合计 | 127898 | 3304 | 20402 | 23073 | 2809 | 22625 | 8670 | 7796 | 39219 |
| | 座位客车 | 56647 | 1057 | 9397 | 4711 | 720 | 4681 | 5459 | 3208 | 27414 |
| | 校车 | 7257 | 1 | 102 | 970 | 1264 | 188 | 1926 | 758 | 2048 |
| | 公交客车 | 54192 | 2172 | 10627 | 17281 | 614 | 17440 | 944 | 3471 | 1643 |
| | 其他 | 9802 | 74 | 276 | 111 | 211 | 316 | 341 | 359 | 8114 |
| 2021年累计销量/辆 | 合计 | 133653 | 3988 | 16027 | 20276 | 4816 | 20323 | 7636 | 7847 | 52740 |
| | 座位客车 | 74743 | 2130 | 10720 | 5512 | 2370 | 6319 | 4675 | 3778 | 39239 |
| | 校车 | 8629 | — | 194 | 1143 | 1458 | 546 | 2044 | 704 | 2540 |
| | 公交客车 | 39397 | 1826 | 4927 | 13504 | 759 | 13145 | 615 | 3195 | 1426 |
| | 其他 | 10884 | 32 | 186 | 117 | 229 | 313 | 302 | 170 | 9535 |

（续）

| 销量与增速 | 车型 | 总计 | 12m<L | 11m<L≤12m | 10m<L≤11m | 9m<L≤10m | 8m<L≤9m | 7m<L≤8m | 6m<L≤7m | 5m<L≤6m |
|---|---|---|---|---|---|---|---|---|---|---|
| 差额/辆 | 合计 | 5755 | 684 | -4375 | -2797 | 2007 | -2302 | -1034 | 51 | 13521 |
| | 座位客车 | 18096 | 1073 | 1323 | 801 | 1650 | 1638 | -784 | 570 | 11825 |
| | 校车 | 1372 | -1 | 92 | 173 | 194 | 358 | 118 | -54 | 492 |
| | 公交客车 | -14795 | -346 | -5700 | -3777 | 145 | -4295 | -329 | -276 | -217 |
| | 其他 | 1082 | -42 | -90 | 6 | 18 | -3 | -39 | -189 | 1421 |
| 增速（%） | 合计 | 4.50 | 20.70 | -21.44 | -12.12 | 71.45 | -10.17 | -11.93 | 0.65 | 34.48 |
| | 座位客车 | 31.95 | 101.51 | 14.08 | 17.00 | 229.17 | 34.99 | -14.36 | 17.77 | 43.13 |
| | 校车 | 18.91 | -100.00 | 90.20 | 17.84 | 15.35 | 190.43 | 6.13 | -7.12 | 24.02 |
| | 公交客车 | -27.3 | -15.93 | -53.64 | -21.86 | 23.62 | -24.63 | -34.85 | -7.95 | -13.21 |
| | 其他 | 11.04 | -56.76 | -32.61 | 5.41 | 8.53 | -0.95 | -11.44 | -52.65 | 17.51 |

2021年1～11月份客车销量不及预期，与2019年同期相比，下降17.42%。另外，公交客车的市场表现仍无起色，主要影响因素有四个：一是公交客车市场已经完成理性回归。经过最近两年销量的迅速下滑，2020年，大中型公交客车销量仅剩6万辆，已经属于正常更新需求状态，虽然公交客车需求进一步下滑的空间已经不大，但对于前几年超常规增长的"还账效应"还是得到了充分的体现。二是清洗泡沫的过程仍未结束。新能源公交客车进入市场以来，公交客车市场有揠苗助长之嫌，积累了大量的泡沫，需要一定的时间来矫正，2017～2020年是公交客车市场的调整过程也是市场的矫正过程，2021年这种矫正过程仍未结束。三是公交客车出口略有回升。2021年1～11月份，大中型公交客车出口6438辆，同比增长1.13%，但比2019年还是下降13.88%。国外新冠肺炎疫情得不到有效控制，客车出口仍未进入正常状态。四是公交客车是体现政府意志的一个窗口，近期，地方政府的工作重点是防疫和恢复经济，公交客车的更新已经不是热点也不是地方财政倾斜的重点。

公交优先始于2004年建设部发布的《关于优先发展城市公共交通的意见》（建城[2004]38号）文件，此后公交客车销量经过了长达十几年的增长周期，在新能源客车市场启动之前，公交客车的年需求量一直徘徊在 5 万～7 万辆之间。2013～2016 年，公交客车销量进入井喷时代，2017 年和 2018 年销量即使有所回撤，仍接近 10 万辆，主要归功于新能源补贴政策。2019 年和 2020 年销量迅速下滑，2019 年跌破 8 万辆，到 2020 年已接近 2010 年的水平（见图 1）。

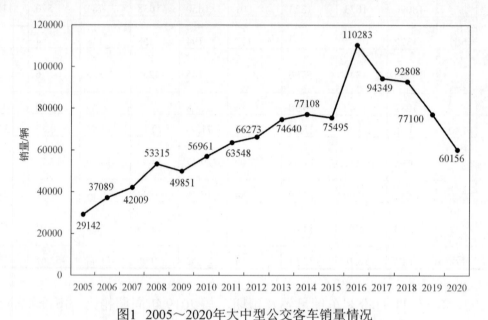

图 1　2005～2020 年大中型公交客车销量情况

15 家主流企业中，8 家企业销量增长，7 家企业销量下降，基本代表了客车行业的整体状态（见表 2）。15 家主流企业销量同比增长 5.65%，高于行业整体，从销量数据来看，比亚迪、中通、中车电动、安凯的表现并不强势，增幅位于前 3 名的是格力钛、东风襄阳、苏州金龙，福田、宇通的贡献最大。

表 2　2021 年 1～11 月份累计销量前 15 位的企业

| 序号 | 企业名称 | 2021 年销量/辆 | 2020 年同期销量/辆 | 增量/辆 | 增速（%） |
| --- | --- | --- | --- | --- | --- |
| 1 | 宇通客车股份有限公司 | 35008 | 34909 | 99 | 0.28 |
| 2 | 北汽福田汽车股份有限公司北京欧辉客车分公司 | 29721 | 22465 | 7256 | 32.30 |
| 3 | 东风襄阳旅行车有限公司 | 8727 | 5788 | 2939 | 50.78 |
| 4 | 中通客车控股股份有限公司 | 8202 | 9689 | -1487 | -15.35 |
| 5 | 金龙联合汽车工业（苏州）有限公司 | 7956 | 5785 | 2171 | 37.53 |
| 6 | 厦门金龙联合汽车工业有限公司 | 6504 | 6690 | -186 | -2.78 |
| 7 | 厦门金龙旅行车有限公司 | 5784 | 5151 | 633 | 12.29 |

（续）

| 序号 | 企业名称 | 2021年销量/辆 | 2020年同期销量/辆 | 增量/辆 | 增速（%） |
|---|---|---|---|---|---|
| 8 | 比亚迪汽车工业有限公司 | 4989 | 8121 | -3132 | -38.57 |
| 9 | 南京金龙客车制造有限公司 | 3801 | 3453 | 348 | 10.08 |
| 10 | 中车时代电动汽车股份有限公司 | 3652 | 4698 | -1046 | -22.26 |
| 11 | 安徽安凯汽车股份有限公司 | 3297 | 4592 | -1295 | -28.20 |
| 12 | 格力钛新能源股份有限公司 | 1977 | 742 | 1235 | 166.44 |
| 13 | 江西江铃集团晶马汽车有限公司 | 1915 | 1624 | 291 | 17.92 |
| 14 | 扬州亚星客车股份有限公司 | 1865 | 2510 | -645 | -25.70 |
| 15 | 东风超龙(十堰)客车有限公司 | 1499 | 1999 | -500 | -25.01 |
|  | 合计 | 124897 | 118216 | 6681 | 5.65 |

## 二、受公交车的拖累，新能源客车销量继续低迷

2021年1~11月份，5m以上新能源客车销量为44462辆（其中新能源公交车销量为35223辆，占79.22%），同比下降了15.56%，其中座位客车增长了50.27%，公交客车下降了24.31%（见表3）。与2019年相比，下降了34.22%。

表3  2021年1~11月份新能源客车销量与2020年同比情况

| 销量与增速 | 车型 | 总计 | 12m<L | 11m<L≤12m | 10m<L≤11m | 9m<L≤10m | 8m<L≤9m | 7m<L≤8m | 6m<L≤7m | 5m<L≤6m |
|---|---|---|---|---|---|---|---|---|---|---|
| 2020年同期销量/辆 | 合计 | 52655 | 1688 | 8463 | 16446 | 471 | 16745 | 792 | 4158 | 3892 |
|  | 座位 | 3193 | 124 | 288 | 1118 | 6 | 633 | 36 | 899 | 89 |
|  | 校车 | — | | | | | | | | |
|  | 公交 | 46538 | 1561 | 8171 | 15321 | 465 | 16097 | 743 | 3088 | 1092 |
|  | 其他 | 2924 | 3 | 4 | 7 | — | 15 | 13 | 171 | 2711 |
| 2021年累计销量/辆 | 合计 | 44462 | 1686 | 4226 | 13920 | 926 | 13020 | 895 | 4205 | 5584 |
|  | 座位 | 4798 | 82 | 748 | 1243 | 289 | 679 | 218 | 1263 | 276 |
|  | 校车 | — | | | | | | | | |
|  | 公交 | 35223 | 1587 | 3450 | 12673 | 627 | 12334 | 531 | 2933 | 1088 |
|  | 其他 | 4441 | 17 | 28 | 4 | 10 | 7 | 146 | 9 | 4220 |
| 差额/辆 | 合计 | 8193 | -2 | -4237 | -2526 | 455 | -3725 | 103 | 47 | 1692 |
|  | 座位 | 1605 | -42 | 460 | 125 | 283 | 46 | 182 | 364 | 187 |
|  | 校车 | — | | | | | | | | |
|  | 公交 | -11315 | 26 | -4721 | -2648 | 162 | -3763 | -212 | -155 | -4 |
|  | 其他 | 1517 | 14 | 24 | -3 | 10 | -8 | 133 | -162 | 1509 |

（续）

| 销量与增速 | 车型 | 总计 | 12m<L | 11m<L≤12m | 10m<L≤11m | 9m<L≤10m | 8m<L≤9m | 7m<L≤8m | 6m<L≤7m | 5m<L≤6m |
|---|---|---|---|---|---|---|---|---|---|---|
| 增速（%） | 合计 | -15.56 | -0.12 | -50.06 | -15.36 | 96.6 | -22.25 | 13.01 | 1.13 | 43.47 |
| | 座位 | 50.27 | -33.87 | 159.72 | 11.18 | 4716.67 | 7.27 | 505.56 | 40.49 | 210.11 |
| | 校车 | — | — | — | — | — | — | — | — | — |
| | 公交 | -24.31 | 1.67 | -57.78 | -17.28 | 34.84 | -23.38 | -28.53 | -5.02 | -0.37 |
| | 其他 | 51.88 | 466.67 | 600 | -42.86 | — | -53.33 | 1023.08 | -94.74 | 55.66 |

2010~2020年5m以上新能源客车的销量见图2，经过连续7年的高速增长之后，新能源客车销量从2017年开始进入调整周期，2020年销量已经从2016年的11.79万辆下降到6.61万辆，降幅达43.94%。可见，本轮客车市场调整主要来自于新能源客车，新能源客车销量企稳对整个客车市场具有支撑作用。因此，2021年新能源客车的市场表现至关重要，但是从市场表现来看，新能源客车销量还有继续下探的趋势。预计2021年5m以上新能源客车销量不超过5.8万辆。

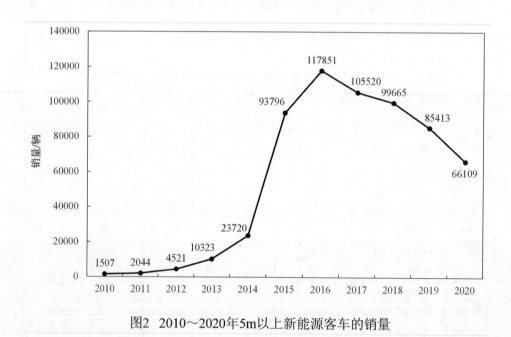

图2　2010~2020年5m以上新能源客车的销量

新能源客车销量的下滑，主要受公交客车的拖累，2021年1~11月份新能源公交客车销量为35223辆，同比下降24.31%，只有2019年同期销量的60%，新能源公交客车销量出现了断崖式下降。主要影响因素来自三个方面：一是补贴退坡，国内新能源公交客车市场出现较大幅度的调整；二是公交客车更新距离地方政府的工作重心很远；三是受新冠肺炎疫情的影响，新能源公交客车出口的替代作用并未出现，"把新能源客车卖到国外去"任重而道远。

各新能源客车企业的市场表现差异较大：上海申龙重新投产，销量强势反弹。银隆（格力钛）、东风襄阳销量大幅增长，但福田欧辉和申沃下降严重，加上比亚迪、安凯、宇通、中车销量明显下滑，因此，新能源客车整体销量不及预期（见表4）。

表4 2021年1～11月份新能源客车销量前15位的企业

| 序号 | 企业名称 | 2021年销量/辆 | 2020年销量/辆 | 增量/辆 | 增速（%） |
|---|---|---|---|---|---|
| 1 | 宇通客车股份有限公司 | 8868 | 13082 | -4214 | -32.21 |
| 2 | 比亚迪汽车工业有限公司 | 4989 | 8121 | -3132 | -38.57 |
| 3 | 中通客车控股股份有限公司 | 4203 | 4206 | -3 | -0.07 |
| 4 | 南京金龙客车制造有限公司 | 3801 | 3453 | 348 | 10.08 |
| 5 | 中车时代电动汽车股份有限公司 | 3572 | 4551 | -979 | -21.51 |
| 6 | 金龙联合汽车工业（苏州）有限公司 | 2606 | 2859 | -253 | -8.85 |
| 7 | 厦门金龙联合汽车工业有限公司 | 2429 | 2477 | -48 | -1.94 |
| 8 | 格力钛新能源股份有限公司 | 1977 | 742 | 1235 | 166.44 |
| 9 | 安徽安凯汽车股份有限公司 | 1667 | 2381 | -714 | -29.99 |
| 10 | 上海申龙客车有限公司 | 1401 | 632 | 769 | 121.68 |
| 11 | 北汽福田汽车股份有限公司北京欧辉客车分公司 | 1240 | 2223 | -983 | -44.22 |
| 12 | 厦门金龙旅行车有限公司 | 1172 | 1602 | -430 | -26.84 |
| 13 | 扬州亚星客车股份有限公司 | 923 | 790 | 133 | 16.84 |
| 14 | 上海申沃客车有限公司 | 810 | 2070 | -1260 | -60.87 |
| 15 | 东风襄阳旅行车有限公司 | 807 | 324 | 483 | 149.07 |
| | 合计 | 40465 | 49513 | -9048 | -18.27 |

探明新能源客车销量之底具有重要意义：

一是对判断新能源客车的市场规模具有研究价值。新能源客车是新生事物，判断新能源客车市场规模到底有多大，没有经验、没有规律也没有参照物。最近两年，调整周期叠加新冠肺炎疫情，市场的承受能力已到极限，而新能源客车的销量仍然有5万～6万辆的规模，说明5万～6万辆有可能是新能源客车市场规模的底线,探明了新能源客车市场规模的底线,所有的研究和判断都可以在此基础上来进行。

二是对恢复市场信心有帮助。信心比黄金更重要,新能源客车市场的兴衰几乎决定着整个客车行业的兴衰,最近几年,新能源客车市场的低迷走势,不仅在客车行业内引起了广泛的担忧和不安,也引起了国家有关主管部门的深度关注。2021年,新能源客车市场经过如此严峻的考验之后,仍然能够保持5万~6万辆的市场规模,是行业内外和国家有关主管部门多方共同努力的成果。最黑暗的时候已经过去,新能源客车市场将迎来黎明。

三是有利于新能源客车市场的软着陆。在国家上千亿元资金的拉动之下,新能源客车市场得到了快速发展,但是,在国家补贴资金退出之后,新能源客车市场如何走,是大家共同关注的一个话题。因此,保证新能源客车市场的平稳过渡是唯一选择。新能源客车市场的规模底线,是新能源客车市场实现平稳过渡的基础。

四是对资本市场具有指导作用。自新能源客车市场兴起以来,就吸引了资本市场的高度关注,有的收获不错,有的表现平平,甚至有的折戟沉沙,总之,资本市场对于新能源客车的关注或投入具有一定的盲目性。探明新能源客车市场的底线,对资本市场具有指导作用,至少不再是瞎子摸象,一方面有利于资本市场了解新能源客车行业,另一方面对资本规模的把控也有了一定的参考标准。

## 三、传统客车市场大幅反弹

2021年1~11月份,传统客车累计销量为89191辆,同比增长18.54%,其中,座位客车增长30.85%,校车增长18.91%,公交客车下降45.47%,其他客车下降6.32%(见表5)。由于传统客车的反弹力度较新能源客车大一些,因此传统客车销量的占比为66.73%,较2020年同期增长了7.9个百分点。这种现象最近10年都是比较少见的,但新能源客车的发展是未来的主流趋势,传统客车的反弹应该只是短期行为。增长主要集中在轻型客车领域。大型客车销量为20459辆,增长1.37%;中型客车销量为17934辆,增长11.42%;轻型客车销量为50798辆,增长30.37%。

校车的增长贡献主要来自宇通,2021年1~11月份,宇通校车销量为5527辆,同比增量1262辆(占总增量的91.18%),增长29.59%。公交客车在传统客车中份额越来越小,2021年1~11月份占比10.59%,较2020年同期又下降了3.53个百分点。公交客车同比降幅较大,主要影响因素是出口,2020年同期传统公交客车出口较好,2021年出口形势总体较差。

表5  2021年1~11月份传统客车销量同比情况

| 销量与增速 | 车型 | 总计 | 12m<L | 11m<L≤12m | 10m<L≤11m | 9m<L≤10m | 8m<L≤9m | 7m<L≤8m | 6m<L≤7m | 5m<L≤6m |
|---|---|---|---|---|---|---|---|---|---|---|
| 2020年同期销量/辆 | 合计 | 75243 | 1616 | 11939 | 6627 | 2338 | 5880 | 7878 | 3638 | 35327 |
| | 座位客车 | 53454 | 933 | 9109 | 3593 | 714 | 4048 | 5423 | 2309 | 27325 |
| | 校车 | 7257 | 1 | 102 | 970 | 1264 | 188 | 1926 | 758 | 2048 |
| | 公交客车 | 7654 | 611 | 2456 | 1960 | 149 | 1343 | 201 | 383 | 551 |
| | 其他 | 6878 | 71 | 272 | 104 | 211 | 301 | 328 | 188 | 5403 |
| 2021年累计销量/辆 | 合计 | 89191 | 2302 | 11801 | 6356 | 3890 | 7303 | 6741 | 3642 | 47156 |
| | 座位客车 | 69945 | 2048 | 9972 | 4269 | 2081 | 5640 | 4457 | 2515 | 38963 |
| | 校车 | 8629 | — | 194 | 1143 | 1458 | 546 | 2044 | 704 | 2540 |
| | 公交客车 | 4174 | 239 | 1477 | 831 | 132 | 811 | 84 | 262 | 338 |
| | 其他 | 6443 | 15 | 158 | 113 | 219 | 306 | 156 | 161 | 5315 |
| 差额/辆 | 合计 | 13948 | 686 | -138 | -271 | 1552 | 1423 | -1137 | 4 | 11829 |
| | 座位客车 | 16491 | 1115 | 863 | 676 | 1367 | 1592 | -966 | 206 | 11638 |
| | 校车 | 1372 | -1 | 92 | 173 | 194 | 358 | 118 | -54 | 492 |
| | 公交客车 | -3480 | -372 | -979 | -1129 | -17 | -532 | -117 | -121 | -213 |
| | 其他 | -435 | -56 | -114 | 9 | 8 | 5 | -172 | -27 | -88 |
| 增速(%) | 合计 | 18.54 | 42.45 | -1.16 | -4.09 | 66.38 | 24.2 | -14.43 | 0.11 | 33.48 |
| | 座位客车 | 30.85 | 119.51 | 9.47 | 18.81 | 191.46 | 39.33 | -17.81 | 8.92 | 42.59 |
| | 校车 | 18.91 | -100 | 90.2 | 17.84 | 15.35 | 190.43 | 6.13 | -7.12 | 24.02 |
| | 公交客车 | -45.47 | -60.88 | -39.86 | -57.6 | -11.41 | -39.61 | -58.21 | -31.59 | -38.66 |
| | 其他 | -6.32 | -78.87 | -41.91 | 8.65 | 3.79 | 1.66 | -52.44 | -14.36 | -1.63 |

分析传统客车的市场现状,有四个特点:一是前15家企业中8家企业销量

增长，7家企业销量下降。二是市场份额主要集中在前15位。前15位企业销量合计88261辆，占传统客车总销量的98.86%，虽然仍然有27家企业涉及该领域，但15位之后的企业基本可以忽略不计（见表6）。三是宇通撑起校车大旗。2021年1～11月份，宇通校车销量5527辆，占校车总销量的64.05%，较2020年同期增长了29.59个百分点。四是传统公交客车成为重灾区。前15位的企业中，销量降幅超过50%的企业有6家，分别是东风超龙下降91%、福田下降60.47%、安凯下降58.27%、中通下降52.08%、宇通下降51.42%、亚星下降52.97%。

表6  2021年传统客车销量前15家的企业

| 序号 | 企业名称 | 2021年销量/辆 | 2020年销量/辆 | 增量/辆 | 增速（%） |
| --- | --- | --- | --- | --- | --- |
| 1 | 北汽福田汽车股份有限公司北京欧辉客车分公司 | 28481 | 20242 | 8239 | 40.70 |
| 2 | 宇通客车股份有限公司 | 26140 | 21827 | 4313 | 19.76 |
| 3 | 东风襄阳旅行车有限公司 | 7920 | 5464 | 2456 | 44.95 |
| 4 | 金龙联合汽车工业（苏州）有限公司 | 5350 | 2926 | 2424 | 82.84 |
| 5 | 厦门金龙旅行车有限公司 | 4612 | 3549 | 1063 | 29.95 |
| 6 | 厦门金龙联合汽车工业有限公司 | 4075 | 4213 | -138 | -3.28 |
| 7 | 中通客车控股股份有限公司 | 3999 | 5483 | -1484 | -27.07 |
| 8 | 安徽安凯汽车股份有限公司 | 1630 | 2211 | -581 | -26.28 |
| 9 | 东风超龙(十堰)客车有限公司 | 1491 | 1890 | -399 | -21.11 |
| 10 | 江西江铃集团晶马汽车有限公司 | 1360 | 1212 | 148 | 12.21 |
| 11 | 桂林客车工业集团有限公司 | 1152 | 2117 | -965 | -45.58 |
| 12 | 扬州亚星客车股份有限公司 | 942 | 1720 | -778 | -45.23 |
| 13 | 江西博能上饶客车有限公司 | 582 | 491 | 91 | 18.53 |
| 14 | 南京依维柯汽车有限公司 | 367 | 203 | 164 | 80.79 |
| 15 | 保定长安客车制造有限公司 | 160 | 226 | -66 | -29.20 |
| | 合计 | 88261 | 73774 | 14487 | 19.64 |

## 四、客车出口持续走弱

2021年1～11月份，出口各类客车24216辆，出口金额95.6亿元，出口量比2020年同期下降0.64%（较2019年同期下降33.92%），出口额增长10.66%（较2019年同期下降24.71%）。其中，大中型客车出口14054辆，同比增长1.24%，出口金额89.3亿元，同比增长12.34%（见表7）。

表7 2021年1～11月份客车出口情况

| 车型 | 2020年同期 | | 2021年1～11月份 | | 增量 | | 增速 | |
|---|---|---|---|---|---|---|---|---|
| | 出口量/辆 | 出口金额/万元 | 出口量/辆 | 出口金额/万元 | 出口量/辆 | 出口金额/万元 | 出口量增速(%) | 出口金额增速(%) |
| 大型客车 | 11173 | 703818.75 | 9209 | 689952.02 | -1964 | -13866.73 | -17.58 | -1.97 |
| 其中:公交 | 5549 | 304271.12 | 4388 | 352067.82 | -1161 | 47796.7 | -20.92 | 15.71 |
| 中型客车 | 2709 | 91091.21 | 4845 | 203073.07 | 2136 | 111981.86 | 78.85 | 122.93 |
| 其中:公交 | 817 | 27281.57 | 2050 | 59420.1 | 1233 | 32138.53 | 150.92 | 117.8 |
| 轻型客车 | 10491 | 69043.55 | 10162 | 62994.55 | -329 | -6049 | -3.14 | -8.76 |
| 其中:公交 | 223 | 3485.03 | 328 | 5157.67 | 105 | 1672.64 | 47.09 | 47.99 |
| 合计 | 24373 | 863953.51 | 24216 | 956019.64 | -157 | 92066.13 | -0.64 | 10.66 |
| 其中:座位 | 17168 | 488267.28 | 17157 | 530771.22 | -11 | 42503.94 | -0.06 | 8.71 |
| 公交 | 6589 | 335037.72 | 6766 | 416645.59 | 177 | 81607.87 | 2.69 | 24.36 |
| 校车 | 18 | 857.72 | 34 | 1186.54 | 16 | 328.82 | 88.89 | 38.34 |
| 其他 | 598 | 39790.79 | 259 | 7416.29 | -339 | -32374.5 | -56.69 | -81.36 |

客车出口的低迷表现，原因众所周知，但仍然有几家企业表现较好：苏州金龙、北汽福田、上海申沃、重汽豪沃、丹东黄海增幅超50%，上饶客车（见表8）、广西申龙2021年新进入出口市场。

表8 2021年1～11月份客车出口销量前10位的企业

| 序号 | 企业名称 | 2021年1～11月份出口量/辆 | 2021年1～11月份出口金额/万元 | 出口量增量/辆 | 出口额增量/万元 | 出口量增速(%) | 出口额增速(%) |
|---|---|---|---|---|---|---|---|
| 1 | 郑州宇通 | 3230 | 291598.06 | -1 | 11484.2 | -0.03 | 4.10 |
| 2 | 苏州金龙 | 3194 | 220989.87 | 2009 | 139096.49 | 169.54 | 169.85 |
| 3 | 厦门金旅 | 4481 | 168237.44 | -313 | 92154.51 | -6.53 | 121.12 |
| 4 | 中通客车 | 1600 | 89520.25 | -833 | -13297.88 | -34.24 | -12.93 |
| 5 | 厦门金龙 | 7103 | 78743.93 | -700 | -71957.01 | -8.97 | -47.75 |

(续)

| 序号 | 企业名称 | 2021年1~11月份出口量/辆 | 2021年1~11月份出口金额/万元 | 出口量增量/辆 | 出口额增量/万元 | 出口量增速（%） | 出口额增速（%） |
|---|---|---|---|---|---|---|---|
| 6 | 扬州亚星 | 481 | 33145.88 | -988 | -71236.14 | -67.26 | -68.25 |
| 7 | 北汽福田 | 868 | 26593.99 | 411 | 7844.93 | 89.93 | 41.84 |
| 8 | 安凯客车 | 293 | 10274.93 | -590 | -15797.46 | -66.82 | -60.59 |
| 9 | 上饶客车 | 110 | 7270 | 110 | 7270 | — | — |
| 10 | 上海申沃 | 66 | 6885.99 | 47 | 5071.89 | 247.37 | — |
| | 合计 | 21426 | 933260.34 | -848 | 90633.53 | -3.81 | 10.76 |

## 五、对客车市场的基本判断

### 1. 对2021年客车市场的基本判断

就目前的市场形势来看，2021年客车销量将会高于2020年，但大概率低于2019年。因此，2021年1~11月份的销量加上2020年12月的销量可以作为全年销量判断的下限，用2021年1~11月份的销量加上2019年12月的销量作为全年销量判断的上限，如此，2021年全年的销量将在15.64万辆和16.27万辆之间，具体数据见表9和表10。

**表9 2021年全年客车销量预测**（基于2020年12月销量数据）

| 销量与增速 | 车型 | 总计 | 12m<$L$ | 11m<$L$≤12m | 10m<$L$≤11m | 9m<$L$≤10m | 8m<$L$≤9m | 7m<$L$≤8m | 6m<$L$≤7m | 5m<$L$≤6m |
|---|---|---|---|---|---|---|---|---|---|---|
| 2020年同期销量/辆 | 合计 | 150652 | 3686 | 23208 | 28478 | 3645 | 27708 | 9620 | 9115 | 45192 |
| | 座位客车 | 64262 | 1217 | 10527 | 5676 | 827 | 5510 | 6073 | 3647 | 30785 |
| | 校车 | 8017 | 1 | 102 | 1026 | 1447 | 197 | 2092 | 798 | 2354 |
| | 公交客车 | 66316 | 2386 | 12240 | 21650 | 1146 | 21644 | 1090 | 4274 | 1886 |
| | 其他 | 12057 | 82 | 339 | 126 | 225 | 357 | 365 | 396 | 10167 |
| 2021年累计销量/辆 | 合计 | 156407 | 4370 | 18833 | 25681 | 5652 | 25406 | 8586 | 9166 | 58713 |
| | 座位客车 | 82358 | 2290 | 11850 | 6477 | 2477 | 7148 | 5289 | 4217 | 42610 |
| | 校车 | 9389 | — | 194 | 1199 | 1641 | 555 | 2210 | 744 | 2846 |
| | 公交客车 | 51521 | 2040 | 6540 | 17873 | 1291 | 17349 | 761 | 3998 | 1669 |
| | 其他 | 13139 | 40 | 249 | 132 | 243 | 354 | 326 | 207 | 11588 |

（续）

| 销量与增速 | 车型 | 总计 | 12m<L | 11m<L≤12m | 10m<L≤11m | 9m<L≤10m | 8m<L≤9m | 7m<L≤8m | 6m<L≤7m | 5m<L≤6m |
|---|---|---|---|---|---|---|---|---|---|---|
| 差额/辆 | 合计 | 5755 | 684 | -4375 | -2797 | 2007 | -2302 | -1034 | 51 | 13521 |
| | 座位客车 | 18096 | 1073 | 1323 | 801 | 1650 | 1638 | -784 | 570 | 11825 |
| | 校车 | 1372 | -1 | 92 | 173 | 194 | 358 | 118 | -54 | 492 |
| | 公交客车 | -14795 | -346 | -5700 | -3777 | 145 | -4295 | -329 | -276 | -217 |
| | 其他 | 1082 | -42 | -90 | 6 | 18 | -3 | -39 | -189 | 1421 |
| 增速（%） | 合计 | 3.82 | 18.56 | -18.85 | -9.82 | 55.06 | -8.31 | -10.75 | 0.56 | 29.92 |
| | 座位客车 | 28.16 | 88.17 | 12.57 | 14.11 | 199.52 | 29.73 | -12.91 | 15.63 | 38.41 |
| | 校车 | 17.11 | -100 | 90.2 | 16.86 | 13.41 | 181.73 | 5.64 | -6.77 | 20.90 |
| | 公交客车 | -22.31 | -14.5 | -46.57 | -17.45 | 12.65 | -19.84 | -30.18 | -6.46 | -11.51 |
| | 其他 | 8.97 | -51.22 | -26.55 | 4.76 | 8 | -0.84 | -10.68 | -47.73 | 13.98 |

表10　2021年全年客车销量预测（基于2019年12月销量数据）

| 销量与增速 | 车型 | 总计 | 12m<L | 11m<L≤12m | 10m<L≤11m | 9m<L≤10m | 8m<L≤9m | 7m<L≤8m | 6m<L≤7m | 5m<L≤6m |
|---|---|---|---|---|---|---|---|---|---|---|
| 2020年同期销量/辆 | 合计 | 150652 | 3686 | 23208 | 28478 | 3645 | 27708 | 9620 | 9115 | 45192 |
| | 座位客车 | 64262 | 1217 | 10527 | 5676 | 827 | 5510 | 6073 | 3647 | 30785 |
| | 校车 | 8017 | 1 | 102 | 1026 | 1447 | 197 | 2092 | 798 | 2354 |
| | 公交客车 | 66316 | 2386 | 12240 | 21650 | 1146 | 21644 | 1090 | 4274 | 1886 |
| | 其他 | 12057 | 82 | 339 | 126 | 225 | 357 | 365 | 396 | 10167 |
| 2021年累计销量/辆 | 合计 | 162662 | 4577 | 20334 | 27727 | 5170 | 27697 | 9900 | 8836 | 58421 |
| | 座位客车 | 83425 | 2396 | 12534 | 6457 | 2543 | 7660 | 6047 | 3687 | 42101 |
| | 校车 | 9346 | — | 194 | 1238 | 1569 | 549 | 2242 | 773 | 2781 |
| | 公交客车 | 55929 | 2133 | 7387 | 19906 | 794 | 19102 | 762 | 3839 | 2006 |
| | 其他 | 13962 | 48 | 219 | 126 | 264 | 386 | 849 | 537 | 11533 |

(续)

| 销量与增速 | 车型 | 总计 | 12m<L | 11m<L≤12m | 10m<L≤11m | 9m<L≤10m | 8m<L≤9m | 7m<L≤8m | 6m<L≤7m | 5m<L≤6m |
|---|---|---|---|---|---|---|---|---|---|---|
| 差额/辆 | 合计 | 12010 | 891 | -2874 | -751 | 1525 | -11 | 280 | -279 | 13229 |
| | 座位客车 | 19163 | 1179 | 2007 | 781 | 1716 | 2150 | -26 | 40 | 11316 |
| | 校车 | 1329 | -1 | 92 | 212 | 122 | 352 | 150 | -25 | 427 |
| | 公交客车 | -10387 | -253 | -4853 | -1744 | -352 | -2542 | -328 | -435 | 120 |
| | 其他 | 1905 | -34 | -120 | — | 39 | 29 | 484 | 141 | 1366 |
| 增速(%) | 合计 | 7.97 | 24.17 | -12.38 | -2.64 | 41.84 | -0.04 | 2.91 | -3.06 | 29.27 |
| | 座位客车 | 29.82 | 96.88 | 19.07 | 13.76 | 207.5 | 39.02 | -0.43 | 1.1 | 36.76 |
| | 校车 | 16.58 | -100 | 90.2 | 20.66 | 8.43 | 178.68 | 7.17 | -3.13 | 18.14 |
| | 公交客车 | -15.66 | -10.6 | -39.65 | -8.06 | -30.72 | -11.74 | -30.09 | -10.18 | 6.36 |
| | 其他 | 15.8 | -41.46 | -35.4 | — | 17.33 | 8.12 | 132.6 | 35.61 | 13.44 |

**2. 对 2022 年客车市场的基本判断**

2022 年，客车市场将明显反弹，大致恢复到 2019 年的市场规模。2022 年全年预计 5m 以上客车销量为 19 万辆，同比增长 20%。具体指标判断如下：

1）座位客车总销量为 9.3 万辆，同比增长 12%。

2）公交客车总销量为 7 万辆左右，同比增长 30%。

3）校车销量为 1.2 万辆左右，同比增长 25%。

4）其他客车销量为 1.5 万辆，同比增长 15%。

其中，预计新能源客车同比增长 20% 左右，总销量为 7 万辆（其中公交客车 5.5 万辆，座位客车 0.7 万辆，物流车 0.8 万辆）。预计客车出口增长 50% 左右，出口量为 4 万辆，其中大中型客车为 2.5 万辆。

支撑基本判断的因素分析如下：

一是 2020～2021 年两年被压制的需求释放将抵消新能源补贴退出带来的负面影响，市场将爆发恢复性增长。

二是国家宏观政策利好客车行业。中央经济工作会议已经定调，2022 年，宏观政策要稳健有效，继续实施积极的财政政策和稳健的货币政策。实施好扩大内需战略，促进消费持续恢复，积极扩大有效投资，增强发展内生动力。微观政策要激发市场主体活力。要强化知识产权保护。结构政策要着力畅通国民经济循环，提升制造业核心竞争力，增强供应链韧性。

三是据世界卫生组织预测，2022年新冠肺炎疫情将得到控制（根据历史规律，大的疫情基本上在两年内能够得到控制）。特别是2022年下半年，旅游、出口将成为行业热点。

四是芯片危机将得到缓解。据搜狐报道，《芯片"拦路虎"将迎来拐点，三大趋势预示汽车产能逐渐复苏》一文特别提出，工信部组建了汽车半导体推广应用工作组，多次组织召开协调会，充分发挥地方政府、整车企业、芯片企业的力量。随着国家队的介入，势必推动中国芯片企业上下游的积极响应，形成中国制造芯片产业链的全面崛起。

五是体育盛会将推动客车需求释放。2022年将举办卡塔尔世界杯、北京冬奥会、杭州亚运会、成都大运会等多场体育盛会。

六是燃料电池客车逐渐成为市场热点。2021年8月18日，财政部等五部委印发《关于启动燃料电池汽车示范应用工作的通知》，原则上同意北京、上海、广东省报送的城市群启动实施燃料电池汽车示范应用工作，示范期为4年（截至2025年年底）。

（作者：佘振清）

# 2021年微型车市场分析及2022年展望

## 一、2021年微型车市场总体表现分析

### 1. 微型车市场进入稳定期,2021年销量正常波动

(1)2021年微型车市场总体销量略有回落,符合2020年整体判断 微型车市场从2017年开始进入市场稳定期,市场总体容量维持在90万~100万辆区间波动。2021年1~11月份,微型车市场累计销售79.7万辆,同比下滑8.5%,预计全年累计销售91万辆,同比下滑7.1%(见图1)。其中,微型客车市场容量开始触底反弹,连续两年同比上升;2021年1~11月份微型客车累计销售25.4万辆,同比上升5.9%,预计全年累计销售28.5万辆,同比上升5.1%。微型货车市场从2010年以来需求基本稳定,容量维持在50万~70万辆之间波动,2021年1~11月份微型货车累计销售54万辆,同比下滑14%,预计全年累计销售62.5万辆,同比下滑11.8%。

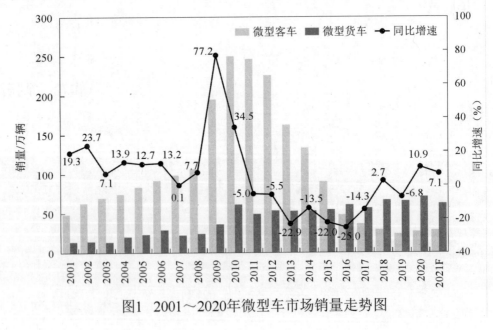

图1 2001~2020年微型车市场销量走势图

(注:数据来源于中国汽车工业协会,微型车包含微型客车和微型货车)

（2）从月度趋势来看，整体呈现"两头强，中间弱"的走势　受新冠肺炎疫情影响，2021年第一季度整体好于2020年，4~9月份受2020年新冠肺炎疫情恢复后的超强走势带来的高基数影响，销量同比下滑，但仍好于2019年同期水平。2021年10月开始，市场恢复正增长（见图2），整体来看全年市场趋势正常。

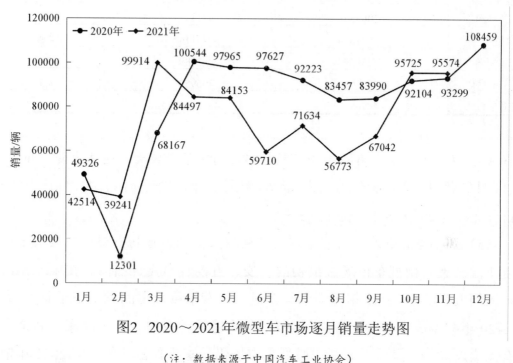

图2　2020~2021年微型车市场逐月销量走势图

（注：数据来源于中国汽车工业协会）

（3）对比其他商用车细分市场来看，微型车整体同比表现差于大部分细分市场　受第二、三季度弱势表现影响，微型车市场2021年销量表现弱于大部分商用车细分市场。具体来看，微型客车同比表现好于中大型客车市场，差于轻型客车市场；微型货车同比表现仅好于半挂牵引车市场，差于其他几个货车细分市场（见表1）。

表1　2021年商用车各细分市场销量及同比表现

| 细分市场 | 2020年1~11月份销量/辆 | 2021年1~11月份销量/辆 | 同比增速（%） |
| --- | --- | --- | --- |
| 客车 | 386050 | 451105 | 16.9 |
| 轻型客车 | 299131 | 372377 | 24.5 |
| 中型客车 | 39141 | 38929 | -0.5 |
| 大型客车 | 47778 | 39799 | -16.7 |

(续)

| 细分市场 | 2020年1~11月份销量/辆 | 2021年1~11月份销量/辆 | 同比增速（%） |
|---|---|---|---|
| 货车 | 4291195 | 3977455 | -7.3 |
| 半挂牵引车 | 783440 | 655848 | -16.3 |
| 重型货车 | 725942 | 681956 | -6.1 |
| 中型货车 | 141869 | 163994 | 15.6 |
| 轻型货车 | 2008560 | 1932543 | -3.8 |
| 微型货车 | 631384 | 543114 | -14.0 |
| 微型客车 | 239596 | 253839 | 5.9 |
| 微型车小计 | 870980 | 796953 | -8.5 |
| 商用车总计 | 4916841 | 4682399 | -4.8 |

（4）从行业地位来看，微型车销量占比同比下滑较大，整体走弱 2021年1~11月份微型车市场销售占比为3.4%（乘用车+商用车合计占比），同比下滑0.5个百分点，与2019年基本持平（3.5%）。

（5）从参与者来看，微型车市场仍延续寡头独占市场态势，但领头羊上汽五菱下滑较大 微型车市场由最初的长安、五菱、哈飞、昌河、佳宝5家，迅速扩大到近30家；2021年无新参与者进入，有销量数据的微型车企业13家，较2020年减少3家，预计2021年微型车年销量过万的企业仅8家，其余企业均有淘汰风险。上汽通用五菱在微型车市场仍是寡头独占地位，但2021年销量占比在微型客车和微型货车市场均有较大下滑。2021年1~11月份累计销量为42.9万辆，占据微型车市场53.8%的份额，较2020年销量占比下滑11.6个百分点；销量排名前五位的企业合计销量占比达到微型车市场总销量的89%，市场集中度仍然非常高。

**2. 微型客车需求触底回升**

（1）微型客车市场总体呈现前强后弱走势 从细分市场容量来看，2021年1~11月份微型客车累计销售25万辆，同比上升5.9%，预计全年销量为29万辆，同比上升7%，连续两年同比上升，市场需求逐步回升，但后续走势仍需要进一步观察。从月度趋势来看，2021年微型客车市场整体趋势与2020年基本一致，受新冠肺炎疫情因素影响，8月份前表现较强，9月开始连续弱于2020年同期（见图3）。

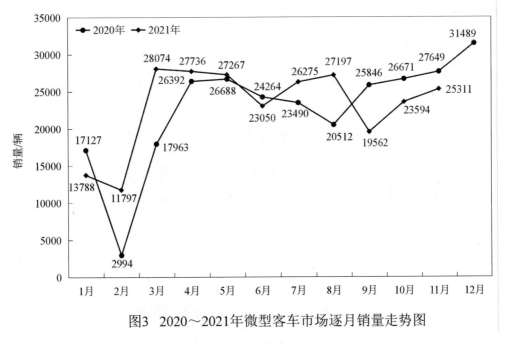

图3 2020~2021年微型客车市场逐月销量走势图

（注：数据来源于中国汽车工业协会）

(2) 微型客车市场竞争格局未变，但内部表现分化 2021年微型客车市场销量前四大企业（五菱、华晨、小康、长安）合计占据了96%的市场份额，与2020年基本持平，市场集中度非常高。其中，上汽通用五菱2021年累计销量为10.2万辆，同比下滑12.5%；华晨汽车销量大幅增长，2021年累计销量为8.1万辆，同比上升37.6%；东风小康2021年累计销量为3.4万辆，同比下滑7.5%；长安2021年累计销量为2.7万辆，同比上升148%。

(3) 新能源车型销量快速提升 微型客车市场新能源车型2021年销量突破2万辆，2021年1~11月份微型客车EV车型累计销售2.2万辆，占比达到8.5%，同比上升了3.3个百分点。

### 3. 微型货车市场下滑明显

(1) 受第二、三季度销量走弱影响，市场总体销量同比下滑较大 从细分市场容量来看，2021年1~11月份微型货车累计销售54万辆，同比下滑14%。从月度趋势来看，一季度走势与2020年基本一致，第二、三季度受2020年新冠肺炎疫情后"地摊经济""汽车下乡"等因素带来的高基数影响，销量同比6连跌，2021年9月份开始市场恢复增长态势，带动全年跌幅回升（见图4）。

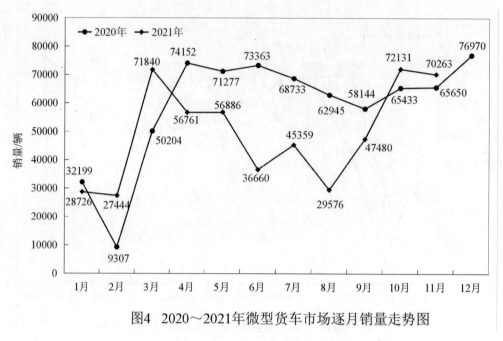

图4 2020～2021年微型货车市场逐月销量走势图

（注：数据来源于中国汽车工业协会）

（2）市场竞争格局稳定，上汽通用五菱一家独大 微型货车市场2021年销量过万辆的企业有6家，较2020年增加1家（山东唐骏欧铃），销量前三大企业（五菱、东风、长安）合计占据84.7%的市场份额，较2020年下降了5.5个百分点。其中，上汽通用五菱2021年累计销量为32.7万辆，同比下滑26.5%；东风汽车2021年累计销量为8万辆，同比下滑0.7%；长安汽车2021年累计销量为5.3万辆，同比上升5.4%。

## 二、微型车市场发展呈现"三变，三不变"趋势

第一，刚需依然还在，市场稳定发展预期没有变：从市场容量来看，微型车市场从2017年开始进入市场稳定期，市场总体容量维持在90～100万辆区间波动，预计2022年仍将延续这一趋势。

第二，市场集中度高，市场竞争格局没有变：微型车基本没有新进入企业，传统弱势企业持续淘汰，2021年销量排名前五位的企业合计销量占比达到微型车市场总销量的89%，市场集中度仍然非常高。

第三，新产品供给少，产品发展的趋势没有变：近年来微型车市场新产品供给较少，微型客车市场今年仅1款新产品上市，未来新能源产品将成为该市场的

主要增量来源；微型货车市场需求升级的趋势明显，大排量、高端化仍是主要趋势。

第四，政策法规趋严将带来市场和产品的变化：限行限购、油耗法规、安全法规、环保治超等一系列政策因素，将引导未来市场走向，持续影响微型车市场发展。

第五，低端乘用车的价格下移将带来微型车市场客户选择的变化：低端MPV及低端SUV产品在部分功能性上与微型车市场产品存在替代性，同时伴随产品价格持续下移，将分流一部分微型车市场客户。

第六，传统微型车企业的转型发展将带来市场容量的变化：传统微型车企业持续转型进入其他细分市场，厂家重心转移将对微型车市场的未来发展产生极大的影响。

总体来看，预计2022年微型车市场仍将延续小幅波动趋势，市场整体销售92.5万辆，同比上升1.6%。

（作者：冉碧林）

# 2021年中重型货车市场分析及2022年展望

2020年中重型货车市场需求规模为178.8万辆，总规模创行业新高。2021年是"十四五"规划的开局之年，也是中国共产党成立100周年，在政府有力的领导下，宏观经济开局良好，2021年前三季度，我国经济同比增长9.8%，经济的平稳恢复为中重型货车市场发展提供了较强的支撑力。同时，在"双碳"、环保、治理超载等政策影响下，政府持续推进淘汰国三车，部分地区针对国四车采取限行措施，2021年1～11月份，中重型货车市场实现销量150.2万辆，较2020年同期下降9.1%，但总量仍保持在高位。

在全球新冠肺炎疫情冲击下，全球百年变局加速演进，外部环境更趋复杂严峻，国内受新冠肺炎疫情、汛情以及电力供应紧张等因素影响，生产需求同步受到冲击的背景下，能取得如此成绩，实属不易。

## 一、2021年中重型货车市场回顾

### 1. 市场概况

2021年1～11月份中重型市场规模为150.2万辆，同比下降9.1%。重型货车市场规模为133.8万辆，同比下降11.4%，是市场需求的主要动力；中型货车市场规模16.4万辆，同比增长15.6%。2021年月度销量走势呈现前高后低的态势，从7月份开始出现断崖式的下滑（见图1）。影响市场发展的因素主要有两方面，即宏观经济、政府政策导向。

宏观经济：2021年前三季度，我国GDP同比增长9.8%，两年平均增长5.2%。分季度看，2021年上半年，在外需强劲增长、内需稳步恢复的带动下，经济稳中向好，三季度以来，受新冠肺炎疫情、汛情以及电力供应紧张等因素影响，国内生产需求同步受到冲击，经济增势有所放缓，下游的房地产、基建、消费物流需求出现低迷。2021年GDP一至三季度分别增长18.3%、7.9%和4.9%。在外部环境方面，新冠病毒变异增加了全球经济复苏的不确定性，新冠肺炎疫情扰动全球供应链，由于信息不对称，需求被进一步放大，得益于我国严密的疫情防控体系和完备的工业体系，我国出口供给竞争力高于东南亚等地区，进一步支撑出口需求，外需的改善有力地支撑了中国制造，对商用车具备较强的支撑。

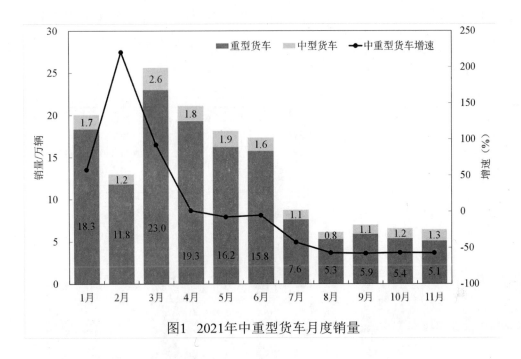

图1 2021年中重型货车月度销量

政府政策导向：政府持续推动道路货运行业高质量发展，2019年国务院办公厅转发交通运输部等部门《关于加快道路货运行业转型升级 促进高质量发展意见的通知》，积极稳妥淘汰老旧柴油货车，加强货车超限超载治理。2021年国务院办公厅发函，同意建立推动道路货运行业高质量发展部际联席会议制度，组成单位共16个部门，共同促进道路货运行业健康、稳定、高质量发展。

同时，由于排放标准切换，国五提前购买提振了市场短期销量规模。2021年7月1日起，中重型货车尾气排放标准从"国五"升级到"国六"。由于排放标准升级带来的成本增加，行业需求"前置"现象明显。2021年上半年，中重型货车实现销量约115万辆，较2020年同期，同比增长30%。进入到2021年下半年后，销量明显下滑，7~11月份中重型货车总销量为35万辆，同比下降54%，单月销量从上半年的平均约19万辆的规模，下降到7万辆左右。

另外，原材料价格上涨推高了整车厂生产成本，抑制促销政策出台，同时，芯片短缺使得产能受到抑制，拖累了行业整体销量。

## 2. 细分市场表现

2021年中重型货车市场全年需求预计在158万辆左右，牵引车、载货车销量保持在较高水平，其中载货车市场表现良好，2021年1～11月份实现销量32.2万辆（见图2），较2020年同期31.5万辆的销量水平，同比实现了正增长。2021年1～11月份在中重型货车产业链需求变化中，中型工程车、中型载货车、重型专用车增长较快，同比增长分别为19.8%、7.4%、2.1%。

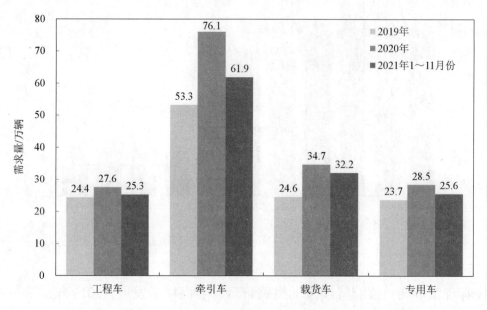

图2　2019～2021年中重型货车分品系需求量（保险数据）

中重型货车销量中占比最高的牵引车市场，2021年1～11月份需求同比下降12%，是导致中重型货车市场表现欠佳的主要原因，从上险数据看，主要销量排名靠前的地区，如河北、山东、河南、山西等省均出现了同比20%左右的下降，而西部地区，如新疆、西藏、甘肃、青海、陕西、内蒙古，东南沿海地区，如广东、福建、海南同比保持正增长。

## 二、2022年中重型货车市场需求判断

从中长期看，经济增长、政策影响、出口市场、技术的进步（智能化、新能源化）将决定中重型商用车的需求。预计2022年中重型货车销量将保持在130万～140万辆水平，整体虽有所下滑，但总量仍维持在相对较高的水平。

我国发展仍处于重要战略机遇期，展望2022年，预计GDP增长将保持在

5.3%~5.6%。虽然外部环境依然复杂严峻，国内新冠肺炎疫情防控任务依然艰巨，但是我国拥有完善的供给体系，并拥有强有力的国内市场，结合政府2022年稳字当头、稳中求进，适度超前开展基础设施投资，并实施扩大内需的工作方针，考虑到"十四五"规划重大项目陆续上马，各地换届后项目审批提速，投资力度增强，基建领域预计将进一步发力。在制造业投资方面，随着国内体制优势的进一步体现，新冠肺炎疫情对宏观经济的抑制有望减弱，供应短缺、国际物流不畅等问题将会快速得到解决，产业链供应链逐步恢复畅通，原材料价格上涨压力将有所缓解，结合制造业在以智能化、数字化、低碳化为主的新动能的积聚，制造业投资将实现较快增长。在房地产投资方面，预计在政府坚持"房住不炒"政策的背景下，房地产政策措施不断优化，政府加强保障性住房建设，改善购房信贷环境，从整体而言，预计2022年房地产市场将逐渐回归平稳健康发展。综合来看，整体经济环境将有助于中重型货车健康良性发展。

在政策方面，随着2021年7月1日柴油重型货车国六标准正式实施，重型货车售价相较于国五车辆价格提升，用户基于价格、可靠性等因素考虑，选择提前购车预支了下半年的需求，另外，由于多地延迟国五重型货车的上牌时间，货车经销商提前将国五车辆上牌后在7月1日后销售，造成行业内形成了一定数量的国五车库存。预计进入2022年，随着销售过渡期结束、国五车库存消化完毕，中重型货车将恢复到正常发展态势。另外，在环保方面，在"双碳"政策的背景下，部分地区如山东省将把国四纳入淘汰范围，多个省份和地区针对国四车辆的路权出台了相关规定，例如北京、河北及山西等地相继明确在部分区域全面禁止国四货车通行。同时，多地针对国五柴油车亦出台相关管控措施，不少工厂和企业禁止国五柴油车进厂装卸货。预计随着相关政策的出台及严格执行，将有利于中重型货车车辆的销售。

在出口方面，由于新冠肺炎疫情全球扩散及各国的防控存在一定的不确定性。预计2022年随着主要发达国家新冠肺炎疫情将得到有效控制，相关防疫限制措施逐步解除，相关产能得到恢复，我国出口相较2021年有可能出现一定的放缓，预计将对中重型货车销量产生一定的负面影响。

在技术方面，新能源与智能网联领域新技术与商业模式相结合，有望推动中重型货车市场格局进一步变革。主要体现在氢燃料、换电等领域。重型货车是重要的生产资料，目前燃油中重型货车具有高碳排放、污染大的特点，在"双碳"

背景下，减碳势在必行。而氢燃料中重型货车具有载重效率高、便于长途运输、便于低温启动、补能速度快四大优势，从长期来看，氢能技术路线将更加符合重型货车运营的基本要求，有望成为中重型货车脱碳的重要方案。同时，由于中重型货车行业对营运效率比较敏感，部分场景下（如短专线运输、基坑作业、港口内倒运等）运营里程较短，在治超限载标准收紧、双碳战略落地的背景下，运输半径较短的中重型货车通过高效便捷的换电模式可有效提升运营效率，并实现碳减排目标，同时有助于中重型货车产业链的拓展。

综合来看，2022年是党的二十大召开之年，面对百年未有之大变局加速演进，面对市场上的新变化、新挑战、新需求，企业需要保持战略定力，在变革中主动作为，识别不确定性中的确定性，抓住机遇，增强自身应对风险的能力，强化基础管理，加快改革创新步伐，强化资源协同，实现企业的高质量发展。

（作者：王帆 李洋）

# 2021 年轻型货车市场回顾及 2022 年展望

## 一、2021 年轻型货车市场回顾

2021 年我国轻型货车分别实现产量 209 万辆和销量 211 万辆,与 2020 年相比,同比减少 6.4%和 4.0%。从轻型货车全年市场走势来看,整体呈现前高后低,2021 年前 4 个月实现"4 连涨",自 5 月份开始,市场同比呈现下滑趋势,8 月份销量达到全年月度销量最低,自 9 月份开始环比有所回升,但同比依然大幅下降。2021 年前 4 个月轻型货车月度销量同比增速分别为 44.7%、310.1%、56.6%、9.4%,取得"开门红"(见图 1)。

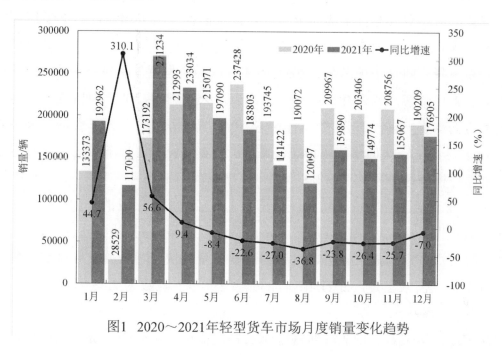

图 1 2020~2021 年轻型货车市场月度销量变化趋势

主要原因包括:一是国六排放法规切换影响。由于国六轻型货车的采购和使用成本都比国五要高不少,行业普遍看好 7 月 1 日全国实施国六排放法规前的国五市场抢购,因此,2021 年开局各大汽车企业开展了各式各样的促销活动,试图在 2021 年 7 月 1 日国六切换前尽可能多地抢占国五轻型货车市场,为前 4 个月的"4连涨"夯实了基础。二是年初各地由于防控疫情需要实行"就地过年"政策，电商及快递物流业务高速增长，带动了轻型货车需求的增长。三是受2021年年初"疯传"的蓝牌轻型货车新规影响。为了规避政策风险，汽车企业及终端客户都尽量选择符合新规要求的标载轻型货车，而标载轻型货车承载的重量比之前的"十吨王"要减少很多，因此运力相对减少。只有购买数量相对增多的轻型货车才能匹配之前的轻型货车市场运力，这有利于轻型货车销量的增长。四是2021年年初钢材等原材料涨价，不少主机厂将轻型货车车辆提价，由于"买涨不买跌"的心理作用，导致不少消费者提前购买，也在一定程度上拉动了前4月销量的增长。

2021年5月份以后，与2020年相比，月度销量同比连续下滑，月度销量同比增速分别为-8.4%、-22.6%、-27.0%、-36.8%、-23.8%、-26.4%、-25.7%、-7.0%，主要原因：一是宏观环境影响。2021年4月份以后，我国投资、消费等指标增速明显减缓，市场对轻型货车的需求减少。二是前期的连续增长，透支了后期的部分市场需求。三是运力过剩、车多货少，运费价格持续保持低位，轻型货车客户购买动力下降。四是法规影响。2021年8月蓝牌轻型货车新规征求意见，9月年检称重实施使得客户普遍存在观望情绪。五是天灾影响，部分轻型货车主销区域如河南遭遇洪水灾害，部分区域新冠肺炎疫情严重等对轻型货车市场带来负面影响。6~8月份是轻型货车市场传统淡季，9~12月份轻型货车市场实现一定程度的恢复，环比增速分别为33.1%、-6.3%、3.5%、14.1%。

2021年新能源轻型货车实现逆势增长，是轻型货车市场的一大亮点。在国家践行"双碳"目标、环保政策加严、新能源路权政策等利好因素的刺激下，国内新能源物流汽车市场需求旺盛，电动物流货车呈现快速增长的发展势头，各地新能源货车采购需求上升，2021年新能源轻型货车上险数为2.38万辆，同比增长97.3%，接近翻番。

从市场结构来看，受蓝牌新规影响，轻型货车逐步向中型货车和小型货车两端转化。在轻型货车市场中，受蓝牌新规和终端市场查超治超影响，2.5L及以下销量比重大幅增长，而2.5L以上大排量、重载产品销量比重大幅降低。

从竞争格局来看，北汽福田的龙头地位较稳固，市场占有率与2020年基本持平，继续领衔轻型货车市场；销量前15名的企业中东风集团、长城汽车、上汽大通、江西五十铃、上汽通用五菱实现逆势增长，市场占有率提升；中国重汽遭受重挫，销量同比下滑 35.8%（见表 1）。

表 1  主要轻型货车生产厂家 2021 年销量及市场占有率

| 排名 | 企业名称 | 2021年销量/辆 | 销量同比增速（%） | 市场占有率（%） | 市场占有率同比变化（%） |
| --- | --- | --- | --- | --- | --- |
| 1 | 北汽福田汽车股份有限公司 | 414045 | -4.2 | 19.6 | 0.0 |
| 2 | 东风汽车集团有限公司 | 234320 | 2.2 | 11.1 | 0.7 |
| 3 | 长城汽车股份有限公司 | 233006 | 3.6 | 11.0 | 0.8 |
| 4 | 安徽江淮汽车集团股份有限公司 | 208404 | -2.3 | 9.9 | 0.2 |
| 5 | 江铃汽车股份有限公司 | 186011 | -3.3 | 8.8 | 0.1 |
| 6 | 重庆长安汽车股份有限公司 | 178342 | -2.0 | 8.5 | 0.2 |
| 7 | 中国重型汽车集团有限公司 | 109364 | -35.8 | 5.2 | -2.6 |
| 8 | 上汽大通汽车有限公司 | 96255 | 13.6 | 4.6 | 0.7 |
| 9 | 中国第一汽车集团有限公司 | 77442 | -18.0 | 3.7 | -0.6 |
| 10 | 金杯汽车股份有限公司 | 63796 | -11.1 | 3.0 | -0.2 |
| 11 | 江西五十铃汽车有限公司 | 51707 | 23.5 | 2.5 | 0.5 |
| 12 | 庆铃汽车（集团）有限公司 | 44415 | -10.1 | 2.1 | -0.1 |
| 13 | 浙江飞碟汽车制造有限公司 | 39666 | -13.6 | 1.9 | -0.2 |
| 14 | 山东凯马汽车制造有限公司 | 26280 | -22.5 | 1.2 | -0.3 |
| 15 | 上汽通用五菱汽车股份有限公司 | 23986 | 880.6 | 1.1 | 1.0 |
| | TOP15 企业销量小计 | 1987039 | -4.0 | 94.2 | 0.1 |
| | 其他 | 122807 | -5.5 | 5.8 | -0.1 |
| | 轻型货车（含非完整车辆） | 2109846 | 4.0 | 100 | — |

## 二、2022 年轻型货车市场展望

我国经济发展韧性持续显现，长期向好的基本面没有改变，支撑汽车市场的发展。我国城镇化建设持续，城镇化率不断提升，社会消费水平仍在不断提高。从宏观层面看，对轻型货车产品的需求仍然旺盛。但是，也存在一些不利因素，如我国公路物流行业规模巨大，存在着信息不对称、运力利用率低、公路货运主体散、竞争激烈的情况，多方面原因导致运费持续保持低位，不利于市场发展。

2022 年 1 月 12 日，工业和信息化部、公安部联合发布《关于进一步加强轻型货车、小微型载客汽车生产和登记管理工作的通知》（下文简称《通知》），标志着事关我国轻型货车市场产品结构、生产企业竞争格局的蓝牌轻型货车新规终于落地,《通知》从技术要求、生产企业、检验机构、各级工业和信息化主管部门、各地公安交通管理部门等多个角度来共同加强对轻型货车和小微型载客汽车的管理。《通知》对发动机、货箱及轮胎等轻型货车车辆核心部位的参数进行限制,从源头上杜绝了今后蓝牌轻型货车超载的可能,蓝牌轻型货车的市场定位更加清晰化。蓝牌轻型货车新规落地后,之前的蓝牌轻型货车"十吨王"再无立足之地,单车运力大幅度下降,原来一辆车能拉的货,今后最多要3~4辆车才能拉完,有利于后期轻型货车销量的提升。

轻型货车仍然是存量竞争市场,2022年轻型货车行业依然面临较大的竞争压力,提早布局市场显然是各轻型货车主机厂的共识。2022年轻型货车行业将主要呈现以下趋势:

### 1. 合规化

随着蓝牌新规的实施,合规化是轻型货车行业必然的市场趋势。随着相关部门治理"大吨小标"的措施不断加严,"大吨小标"的轻型货车终将被淘汰。轻型货车不能超载了,物流企业不再琢磨着多拉快跑的"超载",而是将更多的精力投入到合理利用单趟运力及优化运输线路上来,不仅更有利于城市配送的安全,也能在一定程度上提升运价,这将有利于轻型货车市场回归理性、良好、稳定的市场秩序,促进行业高质量发展。

### 2. 轻量化

轻量化是实现产品合规化的重要技术手段,同时也是为客户增加盈利的重要技术手段。商用车是生产资料,是为用户赚钱的工具。如果没有收益,就不可能为用户创造价值。为了提高运力,提高盈利能力,在蓝牌轻型货车"新规"下,减轻"自重",提高运载能力对吸引用户至关重要。

毋庸置疑,合规且轻量化的蓝牌轻型货车是未来的主流趋势,毕竟卡友们的痛点就是在合规的情况下,在保证车辆强度、刚度和安全性能的前提下,多拉一些货,多赚一些钱。

### 3. 节能环保

从2021年国六排放法规实施,尽管初期用户对国六产品的一些小毛病有诸多挑剔,但是当用户对产品有了更深刻的认识后,加上现在使用国六产品是趋势,包括路权、货运权占据一定的优势,国六市场前景逐渐向好。随着新能源技术的不断进步，在国家"双碳"战略、环境保护政策加严，地方路权支持等政策的推动下，新能源轻型货车市场也将进一步提升，预计 2022 年新能源轻型货车销量将继续实现大幅增长。

综上，2022 年轻型货车市场走势与宏观环境、行业环境及蓝牌新规等有着密切关系，总体而言，有利于轻型货车市场的发展。轻型货车蓝牌新规的实施，有利于轻型货车市场回归理性、良好、稳定的市场秩序，促进行业高质量发展。从行业趋势看，轻量化、合规化、节能环保将成为行业主旋律，同时，智能网联化、大屏等新技术和配置需求也在增加，企业需提前做好布局。

（作者：赵建林 孙静美）

# 2021年皮卡市场分析及2022年展望

## 一、2021年皮卡市场分析

### 1. 我国宏观经济运行状况

2021年是我国"十四五"规划开局之年,世界百年未有之大变局和新冠肺炎疫情全球大流行交织影响,外部环境更趋复杂严峻。面对复杂多变的国内外环境,我国统筹国内、国际两个大市场,统筹疫情防控和经济社会发展,坚持稳中求进工作总基调,全面贯彻新发展理念,加快构建新发展格局,经济保持较好的发展态势,科技自立自强积极推进,改革开放不断深化,脱贫攻坚战如期打赢,民生保障有效改善。我国经济一枝独秀,迅速抓住全球产能受到新冠肺炎疫情影响不能正常恢复并在满足全球消费者需求的背景下,以"快于预期"的速度实现复工复产。2021年前三季度,国内生产总值同比增长9.8%,高于6%以上的预期目标,其中一季度增长18.3%,二季度增长7.9%,三季度增长4.9%,增速逐季下滑;前三季度,制造业增加值比重为27.4%,比2020年同期提高1.1个百分点,服务业增长对经济增长的贡献率为54.2%,比上半年提高1.2个百分点;前三季度,升级类消费和高技术产业投资较快增长,实物商品网上零售额同比增长15.2%,占社会消费品零售总额的比重为23.6%。

### 2. 我国皮卡市场整体运行状况

2021年1~10月份,我国汽车累计销量为2097万辆,同比增长6.4%,其中乘用车销售1687.1万辆,同比上升8.8%;商用车销售409.9万辆,同比下降2.5%,国内皮卡在1~10月份上牌保险量为357412辆,同比增长8.2%。全国前四家皮卡生产厂家终端销售277755辆,市场集中度为77.7%(2019年前四名市场集中度为72.4%,2020年前四名市场集中度为81.0%),相比2020年同期下降3.3个百分点。

前四家份额下降的主要原因:一是外部新锐厂家如上汽通用五菱、吉利等非传统皮卡制造厂家依靠承载式底盘进入皮卡市场,这些增量市场有力扩大了皮卡市场的规模和份额。二是长城皮卡在2019年年底率先推出的炮系列，领先其他企业达到国六排放标准，同时洞察到市场需求向乘用化、智能网联化发展，获得市场先发优势；而2020年推出的乘用车型炮、越野车型炮及衍生车型，定位小众细分市场，目标是提升品牌美誉度，扩大传播声量，销量有限；在其他竞品不断推出有竞争力的新品冲击下，长城销量下滑是难以避免的，直至长城新产品上市才能止跌回升。三是受到供应商缺芯片影响，供应商和主机厂优先保障销量大的乘用车，对皮卡芯片供应非常不利，限制了2021年皮卡市场的扩张。

2021年1~10月份，在品牌终端销量榜中，长城销量下滑，郑州日产、江西五十铃、江淮逆势上扬，其中长城皮卡销售156868辆（见表1），市场份额为43.9%，份额下滑4.6%；而郑州日产皮卡稳步增长，前10个月终端上牌35705辆，增速达到17.7%，市场份额上升0.6%；江西五十铃发布与全球同步的新D-MAX，市场份额上升0.5%，这也是江西五十铃连续7年保持增长。

表1 2018~2021年皮卡终端保险数销量

| 底盘企业 | 2018年销量/辆 | 2019年销量/辆 | 2020年销量/辆 | 2020年1~10月份销量/辆 | 2021年1~10月份销量/辆 | 累计增速（%） |
|---|---|---|---|---|---|---|
| 长城 | 121201 | 143845 | 200282 | 160145 | 156868 | -2.0 |
| 江铃汽车 | 67636 | 59840 | 59771 | 47253 | 51478 | 8.9 |
| 郑州日产 | 39959 | 45250 | 38881 | 30343 | 35705 | 17.7 |
| 江西五十铃 | 29154 | 34829 | 37529 | 30479 | 33704 | 10.6 |
| 江淮汽车 | 18151 | 16470 | 14038 | 10161 | 13410 | 32.0 |
| 北汽福田 | 12328 | 11750 | 13360 | 8246 | 11435 | 38.7 |
| 上汽大通 | 12563 | 14739 | 11478 | 11268 | 11072 | -1.7 |
| 长安凯程 | 11972 | 15449 | 10601 | 8737 | 6691 | -23.4 |
| 河北中兴 | 15144 | 13826 | 10239 | 8216 | 6053 | -26.3 |
| 庆铃皮卡 | 12957 | 11429 | 8990 | 7252 | 5975 | -17.6 |
| 黄海皮卡 | 13965 | 7809 | 5860 | 4336 | 4075 | -6.0 |
| 其他 | 20136 | 15274 | 4524 | 3920 | 20946 | 434.3 |
| 合计 | 375166 | 390510 | 415553 | 330356 | 357412 | 8.2 |

2018~2021年，皮卡销量前四强企业市场集中度分别为68.8%、72.7%、81.0%、77.7%（见图1）。2021年最大的亮点是以上汽五菱为代表的低端承载式皮卡异军突起，五菱征程在立项之初，通过市场调研挖掘微卡客户的升级需求，极大地拓

展了低端皮卡的增量市场,也使皮卡的市场结构发生了明显变化,低端汽油皮卡又再次回到各厂家的视野。

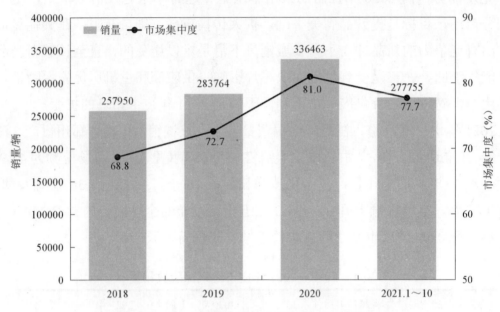

图1 2018～2021年皮卡销量TOP4市场集中度

(注:数据来源于上牌数据和保险数)

从市场集中度看,长城皮卡的市场份额由2018年的32.3%上升到2020年48.2%,市场份额上升15.9%;在江铃、郑州日产的冲击下,2021年1～10月份长城皮卡的市场份额下跌至43.9%(见图2)。整体而言,长城皮卡依靠先发优势以及技术开发能力带来市场份额的提升,后续在江铃股份、江西五十铃、郑州日产组成的第二阵营发力后(完成国六产品升级,通过乘用化、智能网联化来提升产品力),对长城皮卡形成步步紧逼的态势。处于第二阵营的皮卡企业,在营销渠道、产品盈利能力、资源开发等方面与长城存在差距,对高端化、个性化皮卡市场,缺乏供应商资源共同开发验证,精耕细作的个性化产品缺乏相应渠道来推广和验证能力。同时第二阵营企业难以承担小众市场的试错风险和投资,营销渠道没有长城皮卡密集,只能在传统的非承载式皮卡上依靠各自独特的优势来反击,如江西五十铃和郑州日产依靠合资品牌的高品质、一流口碑、动力系统和底盘技术领先来维持和扩大市场,而长城作为国产品牌,采用高配置、中价位的高性价比策略来维持在非承载式底盘的市场份额。

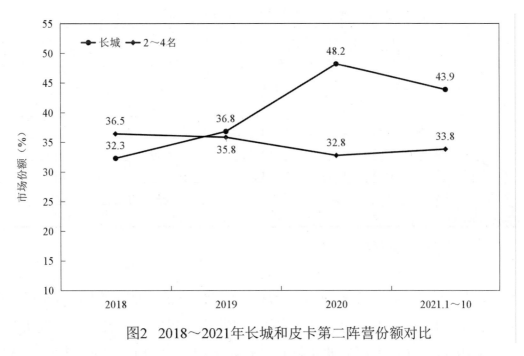

图2 2018～2021年长城和皮卡第二阵营份额对比

（注：数据来源于上牌数据和保险数）

### 3．主流皮卡产品分析

（1）皮卡应用场景化，催热皮卡改装专用车市场　长城皮卡以采用5+N的产品战略（乘用版、商用版、电动版、越野版、智联版+N类场景定制化改装），满足用户的多元化、个性化需求。2021年上海车展，长城皮卡发布"炮弹计划"。长城炮品牌将分化成两个系列，一个是以"量产基型车及特装车"为核心的炮系列，另一个是以"个性化共创改装车"为核心的弹系列。郑州日产旗下两款重磅车型锐骐6和纳瓦拉，面对不同的消费群体，推出多款满足不同消费场景的主力车型，如锐骐6在推出都市版、越野版、穿越版外，2021年投放工具类、装载性更强的平底货箱版，以及适合出游需求、可合法改装的拖拽皮卡。在高端车型方面，为满足极限越野爱好者的需求，引领SUV级高端皮卡的发展，推出纳瓦拉勇士版合资皮卡。

（2）AT逐步下探至10万元价格区间　在皮卡乘用化的趋势下，国内自动挡皮卡销量一路攀升，成为乘用化皮卡靓丽的景观。长城炮自动挡皮卡销量达41024辆（见表2），约占总体自动挡皮卡车型销量的54.3%。让人欣喜的是，主流厂家都在推自动挡皮卡，也为皮卡进入乘用车市场打下良好的基础。

表 2  2020～2021 年各企业自动挡皮卡销量及占比情况

| 企业 | 2020 年自动挡皮卡 | | 2021 年 1～10 月份自动挡皮卡 | |
| --- | --- | --- | --- | --- |
| | 销量/辆 | 自动挡皮卡占比（%） | 销量/辆 | 自动挡皮卡占比（%） |
| 长城 | 40012 | 20.0 | 41024 | 26.2 |
| 上汽大通 | 8903 | 77.6 | 8954 | 80.9 |
| 江铃 | 7855 | 13.1 | 9973 | 19.4 |
| 江西五十铃 | 5363 | 14.3 | 8361 | 24.8 |
| 郑州日产 | 3524 | 9.1 | 7096 | 19.9 |
| 其他 | 570 | — | 142 | — |
| 自动挡皮卡小计 | 66227 | 15.9 | 75550 | 21.14 |

注：数据来源于上牌数据和保险数。

自动挡皮卡在供给端不断增加，市场竞争日趋激烈，价格逐步下探亲民，最低价格已跌至 10 万～11 万元的价格空间。如最新推出的长安凯程 F70 汽油机，官网售价 10.88 万元；上汽大通 T70 自动挡，官网售价 11.08 万元，配合厂家的年终促销，客户感知价已经下探到 10.68 万元。

从皮卡厂家看，上汽大通的自动挡皮卡占比高达 80.9%，其次是长城炮的自动挡皮卡占比超过 40%，高于合资企业江西五十铃、郑州日产皮卡的自动挡占比，间接体现自主品牌与合资品牌开展竞争时，自主品牌通过更高配置、更大车型、更低价格来扩大市场份额。

（3）承载式皮卡和大尺寸皮卡是最大的皮卡增量市场　面对皮卡解禁政策春风频吹，皮卡市场容量逆势增长，吸引包括吉利、比亚迪等乘用车企业开发具有乘用化、智能网联特征的承载式皮卡。2021 年 1～10 月份，传统皮卡市场销量为 338243 辆，同比增长 2.4%，而以上汽通用五菱为代表的承载式皮卡贡献近 20000 辆的增量。在五菱征程和吉利远程还在"摸着石头过河"进军皮卡之际，奇瑞、宇通、领克、比亚迪等乘用车企业正在开发具有较高乘用化、智能网联特征的承载式皮卡；也有部分企业（如上汽通用五菱、万仁汽车）主攻原有微型货车和农用四轮车升级上来的低价皮卡，依靠价格优势和渠道优势，挤压微型货车的空间。

（4）汽车芯片影响皮卡销量　新冠肺炎疫情的全球流行导致居家办公成为常态，而汽车的智能网联化加剧芯片的短缺，芯片供应远远超出了芯片制造商对需求的预测。在新冠肺炎疫情暴发初期,汽车的制造商大幅削减产能,远远低估了汽车市场反弹的速度,芯片供应短缺导致价格上涨,芯片供应成为影响销量和企业盈利的重要因素。

从主流竞品看,长城越野炮四驱、江西五十铃的 AT 车型使用的芯片数量较多,受到芯片短缺影响,销量下滑明显。上汽通用五菱征途,对芯片加价的敏感度较大,上市后销量逐月下滑,对产能供应影响大。预计"缺芯"对皮卡全年销量影响超过 2 万辆,且"缺芯"情况将至少延续到 2022 年上半年才能缓解。

### 4. 主流皮卡市场分析

从 31 个省(自治区、直辖市)皮卡销量表现来看,在利好政策的刺激下,北方市场好于南方市场,新疆、山东、内蒙古等地均呈现较大幅度增长(见表3)。2021 年以来,皮卡解禁从三、四线城市向一、二线城市转移,以济南、南昌、上海、重庆、武汉为代表的省会及直辖市相继加入解禁阵营,对皮卡销量提升起到了明显的刺激作用。同时,内蒙古、新疆成为新晋黑马,同比增幅喜人,跻身榜单前列。

表3 2020~2021年各省份皮卡销售情况

| 省(自治区、直辖市) | 2020.1~10月份销量/辆 | 2020年销量/辆 | 2021.1~10月份销量/辆 | 同比增速(%) |
| --- | --- | --- | --- | --- |
| 新疆 | 14227 | 18940 | 20554 | 44.5 |
| 上海 | 1038 | 1409 | 1395 | 34.4 |
| 安徽 | 7570 | 9482 | 10026 | 32.4 |
| 吉林 | 4397 | 5810 | 5754 | 30.9 |
| 黑龙江 | 9478 | 12698 | 11620 | 22.6 |
| 江苏 | 7249 | 9222 | 8878 | 22.5 |
| 浙江 | 11028 | 13777 | 13354 | 21.1 |
| 山东 | 19198 | 24247 | 23224 | 21.0 |
| 内蒙古 | 16489 | 21829 | 19844 | 20.3 |
| 湖北 | 12425 | 16237 | 14895 | 19.9 |
| 广东 | 16082 | 20666 | 18695 | 16.2 |
| 河北 | 20334 | 25878 | 23119 | 13.7 |
| 天津 | 1764 | 2229 | 1958 | 11.0 |
| 辽宁 | 9906 | 12563 | 10640 | 7.4 |
| 陕西 | 8028 | 9710 | 8582 | 6.9 |
| 云南 | 20650 | 25932 | 21545 | 4.3 |
| 甘肃 | 8625 | 10528 | 8950 | 3.8 |

（续）

| 省(自治区、直辖市) | 2020.1~10月份销量/辆 | 2020年销量/辆 | 2021.1~10月份销量/辆 | 同比增速（%） |
|---|---|---|---|---|
| 宁夏 | 4715 | 5981 | 4860 | 3.1 |
| 河南 | 13201 | 16177 | 13328 | 1.0 |
| 山西 | 7780 | 9675 | 7824 | 0.6 |
| 福建 | 10828 | 13142 | 10860 | 0.3 |
| 西藏 | 5588 | 7221 | 5596 | 0.1 |
| 四川 | 22585 | 27670 | 22529 | -0.2 |
| 青海 | 2956 | 3721 | 2923 | -1.1 |
| 海南 | 6781 | 8706 | 6679 | -1.5 |
| 广西 | 14518 | 18388 | 14206 | -2.1 |
| 江西 | 10893 | 13287 | 10642 | -2.3 |
| 湖南 | 14096 | 17378 | 13564 | -3.8 |
| 贵州 | 10918 | 13360 | 10110 | -7.4 |
| 重庆 | 9611 | 11602 | 8527 | -11.3 |
| 北京 | 7398 | 8088 | 2731 | -63.1 |
| 合计 | 330356 | 415553 | 357412 | 8.2 |

## 二、2022年皮卡市场展望

### 1. 细分市场走势

2022年是实施"十四五"规划的第二年，全球经济仍面临较多不确定性：一是全球新冠肺炎疫情演变仍有不确定性；二是随着全球大宗商品价格飙升，生产所需的铜、铁等原材料价格一路"水涨船高"，全球性通胀对我国经济产生负面影响；三是金融政策和财政政策按照有利于实体经济发展的思路调整，积极的财政政策要提质增效，稳健的货币政策要灵活适度。

汽车行业增长与全国经济增速存在正相关性，预计2022年汽车行业下降3%，其中乘用车持平或略有下滑，商用车下降10%。其中轻型载货车下降，皮卡作为轻型货车的一个细分市场，在各地放开进城的宽松政策下，皮卡市场的发展速度将保持稳定，增速为7%~8%。其中非承载式皮卡预计有4%的增长，承载式皮卡增速50%。

### 2. 产品趋势

2022年，长城炮全球版和金刚炮及江铃域虎2022款、江西五十铃汽油铃拓分别上市。在皮卡解禁的利好背景下，通过乘用化、智能网联化来提升产品竞争力，对越野和泛户外客户有较强的吸引力，不断挤压硬派SUV市场份额。

（1）皮卡场景化、专用化　随着皮卡文化的逐渐渗透和流行，有越来越多的人选择皮卡作为家用和玩乐的车型首选。各主流厂家也紧跟用户需求，纷纷推出越野版车型，免去消费者的后续改装和其他费用。如长城越野炮珠峰版，基于长城炮越野版，在前保险杠内集成绞盘和拖车绳，车身右前方带有涉水喉，在车辆尾部的保险杠带有拖车方口，匹配分时四驱系统和前后差速器锁。锐骐6穿越版在车辆右前方加装了涉水喉，前保险杠内部集成了绞盘，搭载改装轮毂和佳通AT70的255/70R16全地形越野轮胎，配备分时四驱系统。江淮悍途山猫版（原厂改装定制版），搭载越野套件之后更加有力量感，配备上下分体式的前大灯，前部集成了绞盘拖车绳，拖车绳口旁边为绞盘控制器插口，该车配备了尺寸为265/70R17的佳通AT100全路况轮胎，配合前后改装保险杠，换装了22段可调氮气减震、水箱下护板、加强支架以及分时四驱系统等配置。

（2）皮卡品类不断扩容　在皮卡解禁进城和取消双证的政策引导下，皮卡市场容量持续增长，也吸引了更多乘用车企业的关注，而通过导入承载式皮卡使这些新进入者避开竞争激烈的非承载式皮卡，可以另辟蹊径来满足用户需求。长城、福田等传统皮卡企业，纷纷开发全尺寸非承载式皮卡，以满足海外市场的需求。2021年上海车展，长城X炮正式发布（国产全尺寸皮卡）。长城X炮拥有长约6m、宽约2m的庞大身躯，内饰采用时下流行的液晶仪表大屏+超大中控屏+电子挡杆设计，车联网、360°全息影像、6气囊、L2级自动驾驶等配置应有尽有，底盘悬挂采用前后双叉臂+四轮独立悬挂设定，可选装空气悬架，具备全球领先的120mm悬架升降范围。与此同时，长城全尺寸皮卡还采用了智能全地形反馈系统和第三代智能四驱系统，前者可通过计算机监控实时路况向车主反馈当前道路信息，搭配电控可调避震器实时调整刚度及阻尼，后者提供11种驾驶模式可选。

（3）节能技术在皮卡上广泛应用　面对日益严格的油耗法规，以及不断提升的消费升级需求，各项节油技术将在皮卡上广泛使用。如发动机米勒循环、VGT、双涡轮增压、8AT变速箱、EPS、自动启停、低黏度机油等各项技术将出现在皮卡车型上，皮卡发动机的燃油效率将进一步提升。

### 3. 市场趋势

皮卡企业将逐步洗牌，长城炮在 2020 年达到 48.4%的最高市场份额后，预计市场份额在其他企业的冲击下将逐步回落。江铃在域虎皮卡上市后，销量将略有上升，江西五十铃推出铃拓汽油机，份额将上升，而郑州日产将小幅下滑。营销模式也将出现一些新迹象，长城汽车逐步借鉴新势力的营销模式，更多地取悦更年轻的客户群体；而五菱征途等承载式皮卡更多是基于原有微车渠道来推广；同时，新冠肺炎疫情催生网上直播带货、平台经济等新业态、新模式快速兴起，这些业务模式对于提升声量，吸引潜在客户，具有非常好的引导示范作用。

在出口方面，皮卡出口将有所上升，但因各国贸易保护日趋严重，整车出口市场也会下降，而出口所在国的 KD 件本地组装出口将呈现上升。

（作者：邓振斌）

# 2021年豪华车市场分析及2022年展望

## 一、豪华车市场总览

**1. 2021年乘用车市场年初高开，受供应链问题影响下半年低走，全年销量预计超过2020年**

2021年对于我国汽车市场又是不平凡的一年。作为春节前的传统旺季，2021年第一季度的乘用车市场延续了2020年第四季度的热度，销量超过了2019年同期水平，市场情绪普遍乐观。虽然从2020年下半年开始，就已经陆续传出部分汽车芯片供应出现延期的消息，但由于汽车芯片往往使用较为成熟的28nm及以上工艺制程，加上汽车行业在供应链端较为优秀的管控和谈判能力，使得2021年年初市场各方并未预判到此问题可能对整个汽车市场带来的严重影响。进入2021年下半年，供应链对产能的影响逐步显现，汽车市场无论是总体批发量还是零售量都显著低于2020年同期水平，与2019年基本持平。预计2021年全年乘用车零售总量将超过2000辆，但很可能无法达到2019年的水平（见表1）。

表1 2019~2021年乘用车销量

| 月份 | 2019年销量/辆 | 2020年销量/辆 | 2021年销量/辆 |
| --- | --- | --- | --- |
| 1月 | 2738298 | 1928225 | 2357777 |
| 2月 | 923683 | 203036 | 1294698 |
| 3月 | 1545153 | 1071170 | 1746102 |
| 4月 | 1535731 | 1411512 | 1643239 |
| 5月 | 1727432 | 1585468 | 1687376 |
| 6月 | 2206303 | 1638325 | 1690303 |
| 7月 | 1451505 | 1642983 | 1646781 |
| 8月 | 1513704 | 1735481 | 1594821 |
| 9月 | 1764568 | 1993301 | 1717245 |
| 10月 | 1713295 | 1937442 | 1678206 |
| 11月 | 1826811 | 2024468 | 1765534 |
| 12月 | 2453420 | 2673969 | — |
| 合计 | 21399903 | 19845380 | 18822082 |

注：数据来源于保险上牌数据。

**2. 在芯片困扰和社会消费品零售总额增长放缓的背景下，2021 年传统豪华车品牌的渗透率首次出现下滑**

我国的豪华车市场在过去 10 年高歌猛进，一举成为全球最大的豪华车消费市场。即使 2020 年经历了史无前例的新冠肺炎疫情，全年乘用车销量跌破 2000 万辆，豪华车的销量依旧从 2019 年的约 300 万辆达到了 2020 年的近 320 万辆（见表 2）。但这一强劲的增长势头在 2021 年供需各方面因素的影响下，出现了停滞。在供给端，豪华车更高的电子化和信息化程度对供应链提出了更复杂的要求，在本次以芯片短缺为代表的汽车供应链问题中，豪华车受到了较大的影响，豪华车产量受到限制；在需求端，根据国家统计局公布的社会消费品零售总额统计，从 2021 年下半年开始，我国的消费增速明显放缓，8 月、9 月、10 月三个月的增速更是低于 5%，显示出居民消费能力增长的放缓。2021 年尤其是下半年，豪华汽车消费市场整体呈现出供应紧张、折扣回收、交付数量下滑的态势。

表 2 2019～2021 年豪华车渗透率

| 年份 | 乘用车销量/辆 | 豪华车销量/辆 | 渗透率（%） |
| --- | --- | --- | --- |
| 2019 年 | 21399903 | 3001921 | 14.0 |
| 2020 年 | 19845380 | 3183343 | 16.0 |
| 2020 年 1～11 月份 | 17171411 | 2846883 | 16.6 |
| 2021 年 1～11 月份 | 18822082 | 2943258 | 15.6 |

注：数据来源于保险上牌数据。

2021 年 1～11 月份的传统豪华品牌渗透率为 15.6%，低于 2020 年全年的 16%，这是近年来豪华汽车的渗透率首次出现下降。但笔者认为这一变化并不代表我国的豪华汽车市场出现了拐点，更多是由于供应端掣肘以及同价位段的中高端新能源汽车的分流。我国消费者可支配收入提升、消费升级这一支撑豪华汽车消费增长的底层逻辑没有变化，一旦芯片供应得以缓解，豪华汽车将回到其增长的轨道上来。

**3. 豪华车品牌普遍好于同期水平，其中林肯表现最为亮眼。部分豪华车品牌供应链受影响较大，日系品牌双雄继续颓势**

奔驰、宝马、奥迪稳居豪华汽车销量的第一梯队，凯迪拉克、雷克萨斯和沃尔沃也以平均月销量过万辆的水平居于第二梯队（见表 3）。大部分豪华汽车品牌

2021年1～11月份的销量均高于2020年同期,部分品牌更是超过了2020年的全年水平,其中以林肯的表现最为突出。林肯在国产化之后,新一代飞行家、航海家和冒险家SUV以其良好的产品力和具有竞争力的定价获得了消费者的认可,使其成为增速最快的豪华品牌。林肯的成功也说明我国的豪华汽车市场还远未到红海的程度,消费者是愿意为理解其需求、定价有诚意的二线豪华品牌买单的。且作为以传统美式豪华为卖点的林肯,在消费市场也并没有受到明显的中美贸易摩擦的拖累。无论从决心国产化的时机,还是车型选择与定价,林肯的再次崛起都有不少值得借鉴之处。个别第一、第二梯队豪华品牌的销量低于2020年同期,从终端市场的折扣回收情况进行分析,可以基本判断销量萎缩是受到了供应链的困扰,而不是消费者对这些品牌的偏好出现了改变。

表3 豪华车分品牌销量对比

| 品牌 | 2020年1～11月份销量/辆 | 2021年1～11月份销量/辆 | 增速（%） |
| --- | --- | --- | --- |
| 宝马 | 688265 | 767432 | 11.5 |
| 奔驰 | 696898 | 678508 | -2.6 |
| 奥迪 | 653075 | 639252 | -2.1 |
| 凯迪拉克 | 195491 | 214562 | 9.8 |
| 雷克萨斯 | 208304 | 201901 | -3.1 |
| 沃尔沃 | 149270 | 156186 | 4.6 |
| 林肯 | 54168 | 82819 | 52.9 |
| 保时捷 | 77793 | 80558 | 3.6 |
| 路虎 | 62405 | 72726 | 16.5 |
| 捷豹 | 21805 | 23248 | 6.6 |
| 英菲尼迪 | 25113 | 13700 | -45.4 |
| 玛莎拉蒂 | 4107 | 6257 | 52.3 |
| 讴歌 | 10189 | 6109 | -40.0 |

注：数据来源于保险上牌数据。

**4. 25万～50万元依旧为豪华车绝对主力价位段,SUV车型继续受到热捧**

从价格段分布看,25万～50万元的价格段依旧占据了我国豪华汽车消费市场的近2/3,与2020年相比,2021年1～11月份的销售中该价格段的占比略有下滑,但变化并不显著,且更多是由于以特斯拉、蔚来、理想为代表的中高端新能源品牌产生分流效应的影响，而不是豪华汽车消费客户群的偏好发生了迁移。如果将上述三个品牌超过40万辆的销量纳入考虑，25万～50万元价位段的占比在2021年反而有进一步的提升。

我国消费者对SUV车型的热捧曾在多年前引发热烈的讨论，油耗高、重心高导致的操控性差、乘坐空间不如同价位轿车等之类的诟病并没有影响SUV车型的持续热销。更大的车内空间是SUV最大的优势，很好地满足了汽车在家庭中多功能的定位需要。如果维持增长的势头，SUV将在未来一两年内超过轿车，成为豪华汽车中最畅销的车型。

**5. 新能源汽车头部玩家集团形成，以特斯拉、蔚来、理想为代表的中高端新势力品牌逆势增长，对豪华车客群的分流明显**

如果说2021年是以燃油车为主的豪华品牌增长遇到阻力的一年，那么对于价位段与之高度重叠的中高端新能源汽车品牌而言，则是逆势增长的一年。以特斯拉、蔚来、理想为代表的新能源汽车已在乘用车市场形成了头部集团，并交出了至少相较2020年同期翻番的答卷。聚焦2021年11月份的销量，三大中高端新能源品牌更是一齐发力，特斯拉已经隐有追上第一梯队销量之势，而蔚来和理想的销量也已稳居二线豪华品牌之列（见表4）。这些中高端新能源品牌已经聚集起了一批活跃度高、品牌黏性强的消费者。形成的口碑效应和消费客群也为这些新势力的进一步成长提供了基础。

表4 2020～2021年三大中高端新势力品牌销量

| 品牌 | 2020年1～11月份销量/辆 | 2021年1～11月份销量/辆 | 增速（%） |
| --- | --- | --- | --- |
| 特斯拉 | 121981 | 252336 | 106.9 |
| 蔚来 | 36432 | 80324 | 120.5 |
| 理想 | 26836 | 77198 | 187.7 |

注：数据来源于保险上牌数据。

新势力玩家中表现最为亮眼的无疑是特斯拉，该品牌激进的市场策略虽然有时会引发争议，但不可否认的是消费者对其的追捧。国产的Model 3和Model Y都实现了平均月销量过万辆的优秀成绩，使其仅仅依靠两个主力车型就超过了凯迪拉克、雷克萨斯的销量，且这一成绩还是在特斯拉上海超级工厂向海外输出了平均每月近 1.5 万辆产能的情况下达成的。从同价位端消费者的分流角度看，特斯拉已成为传统豪华品牌最大的竞争者。

本土的蔚来和理想也交出了优秀的答卷，但两个品牌的路径又不尽相同。蔚来坚持颇有争议的换电模式，主力销售也都为纯电动 SUV 车型；理想目前则是依靠一款增程式 SUV 支撑起了月均 7000 多辆的销量。这两个本土汽车品牌依靠直营模式平均每月在一、二线城市为主的市场中销售超过 1 万辆均价 30 万元以上的 SUV，这一成绩不可谓不优秀。

### 6. 模式的探讨：经销商模式与直营模式

经销商模式与直营模式各有优势和短板。目前主流的经销商模式为主机厂带来了大量的便利，例如经销商的库存深度可以为主机厂的排产计划提供充分的弹性与缓冲，直面消费者的经销商网络也为主机厂节省了大量的资源和精力。但是经销商模式也有其天然的局限性，主要是难以确保统一的服务标准和客户体验，以及事实上阻碍和限制了主机厂和消费者直接交流的渠道。

中高端新能源品牌的直营模式在很大程度上解决了消费者在购车过程中由于信息不对称而带来的体验不佳的问题，车价和收费项的统一让消费者避免了与销售人员的讨价还价过程。对于主机厂而言，直营的最大优势则是与消费者的直联。主机厂凭借官网、公众号、APP 和微信群形成的对客矩阵，在消费者买车用车的整个过程中都保持了与其的直接沟通，从而走通了建立客户群、提高活跃度、增加客户黏性、提高品牌忠诚度与口碑效应的整个循环。与之相比，经销商模式下由于存在主机厂和经销商集团两个运营主体，且双方的目标也不尽相同，使得在客户的运营和维护上存在相互拉扯，运营效果和客户体验也不如直营模式。当然，直营模式在资金投入上的要求也使得其扩张速度无法和经销商模式相比。此外，一旦在零售端出现需求疲软的情况，对主机厂的反应速度和供应链管理能力也会提出更高的要求。

### 7. 新一代消费者的崛起

1980~1995 年出生的新一代消费者已经逐步成为社会的中坚，同时也是豪华车消费的主力。从部分城市消费者年龄的构成可以发现，在传统豪华车品牌的消费客户群中，1980~1995 年出生的消费者，或近似对应美国"Y 一代"的消费者已经占到了超过 6 成的比例，而更年轻的"Z 一代"消费者也在快速崛起，其消费能力已经超过了其父辈。这部分消费者对崛起的新能源汽车的接受度更高，更愿意尝试以特斯拉为代表的中高端新能源品牌。

我国的"Y一代"和"Z一代"消费者有着鲜明的特点，首先，他们对科技的接受度更高。经历了移动互联网时代的消费者，自然会要求豪华车相较其他非豪华车品牌具有更高的科技感和更接近智能手机的用户体验。一辆拥有更多、更大、用户交互界面设计更合理、响应速度更快的屏幕和操作流畅、功能强大的车机系统的汽车，往往能更容易说服消费者支付更多的溢价。其次，他们是更自信的消费者。这个自信一方面体现在其对自身需求的理解和坚持，另一方面也体现在对中国制造和中国品牌的支持。"Y一代"和"Z一代"消费者在成长过程中，其接触汽车的机会远远多于他们的父辈，他们也是世界各国的同龄人中最早拥抱移动互联网时代的人群。这使他们不但形成了自己的消费偏好，而且敢于表达和坚持，不会仅仅因为与其他发达国家消费者的偏好不同而妥协。"Y一代"和"Z一代"的自信还体现在对中国制造和中国品牌的态度上，他们父辈那个愿意接受进口汽车超高溢价的时代已经过去。而我国新兴的新能源品牌只要能给出满足其需求的产品，他们也会支付相当于传统豪华品牌的预算予以支持。我国新一代消费者的崛起，使主机厂需要更加重视保持与消费者的密接沟通、倾听他们的诉求和反馈，这样方能拿出符合消费者需求的产品。

## 二、2021年豪华车市场总结

以2021年7月份为分水岭，2021年豪华汽车市场和整体汽车市场一样呈现出上半年快速爬升，下半年出现增长停滞的情况，但整体仍高于2020年同期水平。芯片供应短缺传导到零售市场后，带来的影响是交付周期延长和终端折扣回收。进而带来了二手车市场的回暖，部分豪华车品牌甚至推出"开票价回收"较短车龄二手车的活动，从侧面反映出下半年供应的紧张。

在销量稳中有升的背景下，终端折扣的回收大幅改善了之前相对低迷的经销商集团盈利水平，主要的上市经销商集团在其半年报和三季度季报中都显示盈利大幅度提升。而主机厂的盈利水平可以从部分单独披露财务结果的主机厂中管中窥豹，预计也将会有较大的提升。例如，盈利主要依靠北京奔驰的北汽集团，2021年前三季度净利润在受缺芯影响较大、销量低于2020年同期水平的情况下依旧超过了2019年和2020年的同期水平，而2021年再次挂牌上市的沃尔沃汽车，在 2021 年前三季度的净利润更是较 2020 年增长 4 倍以上。

总体而言，预计 2021 年全年的豪华车销量会维持增长，超过 2020 年的水平，但无论是销量增长的速度还是渗透率都会因为芯片供应受到限制。2021 年是我国豪华汽车市场逐渐走出新冠肺炎疫情影响的一年，即使在产量受限、中高端新能源品牌分流部分潜在客群的情况下，我国作为全球最大豪华车市场依旧展现出了潜力。

### 三、2022 年豪华车市场展望

展望 2022 年的豪华汽车市场，预计影响较大的因素包括宏观层面的新冠肺炎疫情、国内经济增速、中美关系，以及汽车市场本身的芯片供应和电动化转型。

宏观层面最大的不确定因素来自于新冠肺炎疫情变种病毒对全球主要经济体带来的持续冲击、我国经济的增速以及中美关系的走向。从德尔塔（Delta）变种到 2021 年 11 月底最新宣布的奥密克戎（Omicron）变种，新冠肺炎疫情的影响持续，病毒变异使得原本计划依靠疫苗压低感染率，进而维持经济活动的欧美国家不得不再次考虑采取限制措施。虽然我国的总体经济环境已经基本恢复活力，但由于国内需求萎缩和物流运力紧张带来的外需疲软势必会影响我国居民消费水平的增长。此外，2021 年 12 月上旬召开的中央经济工作会议提出了我国经济发展面临需求收缩、供给冲击、预期转弱的三重压力，这体现出我国经济所遇到的问题是综合性的，是需求、供给和预期综合作用的结果，稳增长将是 2022 年经济工作的重中之重。

至于汽车市场本身，首先考虑到芯片工厂从新建到投产一般需要一年至一年半的时间，预计全球范围的芯片供应短缺现象将在 2022 年逐步得到缓解，但具体的芯片分配一定程度上还取决于主机厂的谈判能力，部分依旧需要依赖进口的高端芯片则取决于海外产能。

除了芯片这个相对短期的影响之外，汽车动力系统向新能源转型的趋势将给整个汽车产业带来更为深远的改变。目前几乎所有的主流豪华车品牌都已经公布了停止销售燃油车的时间表，2021 年 3 月奥迪 CEO 明确宣布停止燃油引擎的研发投入，汽车产业整体向新能源尤其是电动汽车的转型已经开始。我国作为世界上最大的汽车消费市场、豪华汽车市场和新能源汽车市场，豪华汽车领域新能源汽车的渗透率也必然快速提升。随着 2022 年更多来自传统豪华品牌的纯电动车型投放市场，消费者在考虑传统豪华品牌的新能源汽车时，面对的将不再是过去价格高昂、续航里程尴尬的在燃油车平台上研发的电动车，而是无论在设计、续航以及定价上都有和新势力品牌一战实力的车型。

同时以特斯拉、蔚来、理想为代表的中高端新能源品牌也将继续利用先发优势和直营模式的长处占领更大的市场份额。特斯拉上海工厂的产能如果不再需要支持海外市场，销量在2021年超过25万辆的基础上跨上40万辆的规模也并非不可能。而蔚来与理想如果能保持2021年年底强劲的表现，月销量也都有希望站上平均1万辆以上的台阶，此外，在2021年年底宣布的新车型计划也为销量的进一步提升带来了可能。群雄逐鹿，豪华新能源汽车这一细分领域预计将成为2022年最大的热点和看点。同时，是否会有更多品牌试水直营模式，或尝试将新能源车型通过直营的形式销售，也将是豪华汽车流通领域值得关注的趋势。

总体而言，预计2022年的豪华汽车将逐渐走出芯片短缺的困扰，销量也将继续稳步增长。随着供应的恢复，终端价格也将出现松动，整个市场逐步回暖。但考虑到整个宏观经济层面的不确定性，往年的高歌猛进很可能不会再现，我国的豪华汽车市场将以一个更为稳健温和的态势继续发展。

（作者：叶永青 蒋睿毅）

# 2021年SUV市场分析及2022年展望

在经历了2018～2020年连续三年下行后,乘用车市场迎来触底反弹,逐渐走出需求平台期。2021年1～10月份我国乘用车市场累计销售1654.1万辆(见图1),同比增长8.9%。其中,轿车销售786.7万辆,同比增长9.6%,增速领跑;MPV销售84.8万辆,同比增长7.4%,增速仍持续低于其他品类;SUV销售78.3万辆,同比增长8.3%。

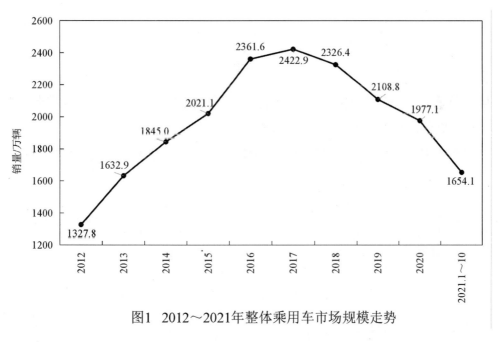

图1 2012～2021年整体乘用车市场规模走势

(注:数据来源于乘用车市场信息联席会)

## 一、2021年SUV市场特征

### 1. 整体SUV市场分析

从增速看,2012～2017年为SUV市场高速发展期,复合增长率高达40%左右,远高于乘用车市场增速;2018～2020年,随着乘用车市场进入存量竞争,增速下行,SUV增速也显著下滑。2021年1～10月份,SUV同比增长8.3%(见图2),市场表现略低于轿车及整体市场。

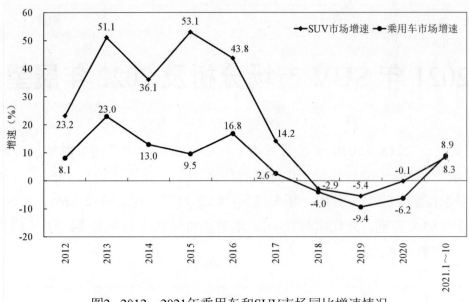

图2 2012~2021年乘用车和SUV市场同比增速情况

（注：数据来源于乘用车市场信息联席会）

从份额看，SUV市场份额呈上升趋势，从2012年的15.0%迅速增至2021年的47.3%（见图3），较2020年下降0.5个百分点，也是历年来首次，主要原因是新能源汽车渗透率较低；若剔除新能源因素影响，SUV份额仍保持增长。

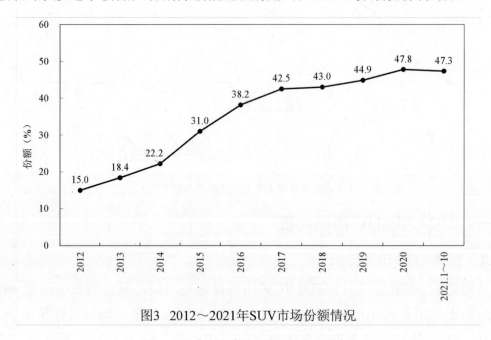

图3 2012~2021年SUV市场份额情况

（注：数据来源于乘用车市场信息联席会）

## 2. 各级别SUV市场分析

A0级SUV市场，市场份额逐年萎缩，由峰值25.7%下降至12.8%（见图4）。从产品功能来看，小型SUV难以满足家庭唯一用车的需求，不管是动力，还是尺寸都有着先天的缺陷；从供给端来看，厂商投放新品不积极，在售车型数量逐年减少，供需不旺导致A0级市场持续下降。A级SUV市场，是最大的细分市场，占比60%～70%之间。2021年1～10月份，A级市场占比63.3%，较2020年下降2.6个百分点。原因有两方面：一是，紧凑型市场趋于饱和，新品投放速度趋缓，2021年仅18款全新车型（不含换代），新品主要是对原有市场再次细分，未能有效扩展新的消费人群，缺少爆款产品；二是，在芯片短缺的背景下，大部分企业优先供应旗下中高端车型，也是A级市场下滑的重要原因。B级及以上SUV市场份额显著增长，2021年首次突破20%，根本原因是随着宏观经济的发展、居民收入水平提高，呈现出明显的消费升级特征，消费升级不仅体现在品牌、价格上的升级，也体现在级别的升级；供给迅速增加撬动需求。近年来，从新势力企业到传统汽车企业，从豪华品牌到合资品牌再到自主品牌，都将B级及以上市场作为新蓝海，加紧投放新品，产品数量突破百款。如特斯拉Model Y、宝马iX3、大众ID.6系列、理想ONE、蔚来ES6、蔚来ES8、蔚来EC6、红旗E-HS9、丰田皇冠·陆放、丰田凌放、丰田威飒、大众揽境、林肯航海家、别克昂科威PLUS、吉利星越L、长安UNI-K、长城摩卡等。

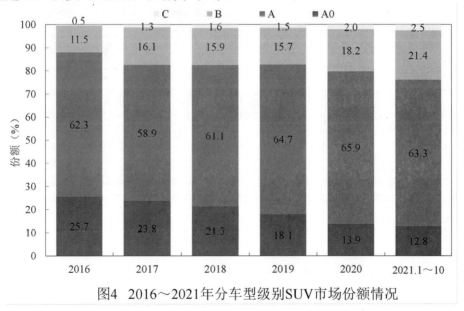

图4 2016～2021年分车型级别SUV市场份额情况

（注：数据来源于乘用车市场信息联席会）

### 3. 各系别 SUV 市场分析

自主品牌 SUV 崛起趋势延续。近年来，受消费升级及合资品牌完善产品线影响，自主品牌 SUV 市场份额逐年萎缩，一度跌破 50%。但 2021 年 1~10 月份，高端化、电动化驱动自主品牌强势反弹，市场份额恢复至 53%（见图 5）。分析原因，一方面，在行业普遍缺芯背景下，自主品牌芯片的原始库存较高，并且获取芯片的渠道更加多元化，如部分汽车企业会自研芯片，也有汽车企业拥有芯片直供渠道，在供应上相对灵活；另一方面，自主品牌实现技术创新，在三电和自动驾驶等领域的技术积累集中爆发，在外观设计、个性化以及智能化等方面的优势凸显，差异化爆款产品迭出，如宋 PLUS DM-i、星越 L、坦克 300 等。

日系、欧系 SUV 均受到缺芯制约，市场份额双双下滑。但日系有望实现快速反弹并进一步发展，主要是日系产品线进一步扩展，尤其是丰田全新汉兰达、皇冠·陆放、凌放、威飒、锋兰达、锐放等 6 款全新车型上市，将于 2022 年发力。此外，日系阵营纷纷扩充产能，将极大地缓解产能不足的现状。

美系 SUV 逆势上扬，份额提升至 8.1%，完全依靠特斯拉发力。特斯拉 Model Y 月销 1.3 万辆，位居 SUV 车型销量排行榜 Top10；别克、雪佛兰、福特、凯迪拉克等传统品牌均有不同程度下滑。

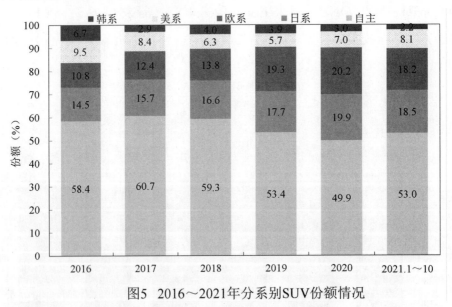

图 5 2016~2021 年分系别 SUV 份额情况

（注：数据来源于乘用车市场信息联席会）

### 4. 各区域 SUV 市场分析

（1）各级别城市 SUV 市场分析　分城市级别看，SUV 需求分布与整体市场一致，2线城市需求最大（见图6），1线城市受限购政策影响需求被抑制，3~6线城市占比递减。但在5~6线城市 SUV 占比明显高于其他品类，主要原因是自主品牌 SUV 渠道下沉更加明显。2021年1~6线城市 SUV 同比增幅情况如图7所示。

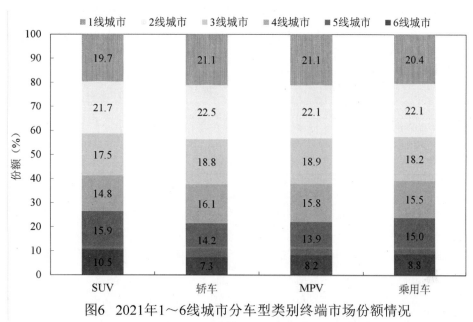

图6　2021年1~6线城市分车型类别终端市场份额情况

（注：数据来源于全国终端数据）

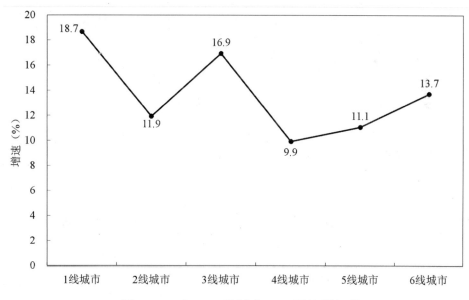

图7　2021年1~6线城市SUV同比增幅情况

（注：数据来源于全国终端数据）

（2）区域SUV市场分析　SUV市场发展与各区域地貌特征及经济发展紧密相关，中西部地区主要受功能性驱动，东部地区更多受经济驱动。西北、西南、东北等幅员广阔、地理条件复杂、经济相对滞后地区，对于通过性好、空间大的SUV需求更高（见图8），且这些区域在汽车快速普及时与SUV高速增长期重叠。华南、华东、华北等经济相对发达地区，更加关注购车成本、经济性、需求多样化等，对SUV偏好低于全国平均水平。

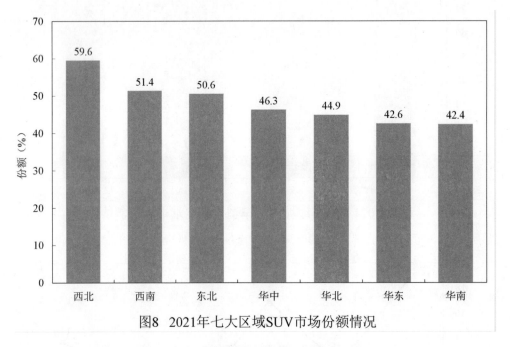

图8　2021年七大区域SUV市场份额情况

（注：数据来源于全国终端数据）

5. SUV终端价格走势分析

（1）SUV平均成交价　2021年，我国乘用车平均成交价延续上升趋势，提升至15.6万元（见图9），较2020年同期增长2.6%。轿车平均成交价为14.5万元，基本与2020年持平，以宏光MINI为代表的小型纯电动占比提升，拉低轿车价格增幅；SUV平均成交价为16.6万元，同比增长3.8%，增幅最大，与SUV产品高端化密切相关。

图9 2016~2021年乘用车、轿车和SUV终端成交价走势

（注：数据来源于全国终端成交价）

（2）SUV价格段走势 10万元以下市场：市场需求逐步减弱，份额持续走低。2021年占比降至21.5%，较2020年降低2.4个百分点（见图10），降幅有所缩小。

10万~15万元市场，是规模最大的细分市场，2021年占比34.8%，与2020年持平。细分市场内部分化，新品驱动自主品牌占比上涨1.9个百分点至21%；日产逍客、本田缤智、本田XR-V等小型SUV需求仍然存在，但供给不足，制约了终端交付，合资品牌占比由16.1%降至14.0%。

15万~20万元市场，份额基本与2020年持平，自主品牌在红旗HS5、吉利星越L、长安UNI-K等高端车型带动下，份额实现增长；合资品牌下滑显著，本田CR-V、本田皓影、丰田RAV4荣放、丰田威兰达、大众途观L、大众探岳、日产奇骏等主流紧凑型产品均存在"缺芯"问题，造成销量不及预期或同比下降。

20万元以上市场，延续强劲增长势头。豪华车在"缺芯"、优惠大幅回收等不利条件影响下，仍然保持可观的增长趋势；高端新能源特斯拉Model Y、理想ONE、蔚来ES6等延续高增长，交付量再创新高；长城坦克300引爆了越野车市场，上市以来月均销量6千辆，打破合资品牌一支独大的格局。

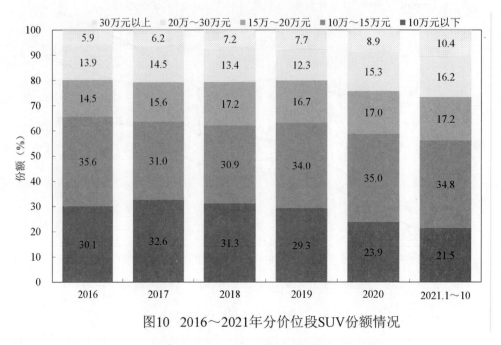

图10 2016~2021年分价位段SUV份额情况

（注：数据来源于全国终端成交价）

### 6. 2021年SUV市场小结

2021年1~10月份，SUV销量同比增长8.3%，与行业大盘基本一致。在"缺芯"危机下，欧系、日系以及韩系SUV都出现了同比负增长，但自主品牌坚持投放新品、保供应链稳定，逆势实现了高增长，直接拉动SUV的正增长。SUV在快速发展的同时，也在加快高质量发展，20万元以上高端市场需求加速释放、B级及以上市场表现优异、平均单车价格快速提升、产品多元化等趋势明显。

## 二、2022年SUV市场展望

### 1. 经济因素

2022年我国经济在"双循环"新发展格局、双碳目标、共同富裕的长期战略规划导向下，经济增速向潜在增长率回归，但考虑到新冠肺炎疫情局部反复、刺激政策边际退出以及供应链瓶颈修复缓慢等因素，预计经济增速将较2021年有所放缓，预计2022年实际GDP同比增速为5.5%左右。

## 2. 政策因素

国家各部委和政府工作报告多次提及稳定扩大汽车消费，从国家层面明确促消费信号，释放汽车市场消费潜力。但随着我国汽车市场逐渐走出需求平台期，回到正常发展轨道，出台直接的、刺激性的政策可能性越来越低，现阶段的政策是以促进消费、拉动内需为主的，相对比较温和，对市场直接影响减弱。

## 3．需求因素

（1）消费者偏好　从消费者对车型的偏好度来看，消费者对轿车的偏好在逐年下降，对于SUV的偏好相对稳定。从消费者购买原因来看，SUV用户更看重空间、动力和操控性，轿车用户更看重品牌和经济性。在不受经济条件限制的情况下，SUV更能满足消费者情感和功能上的需求。

（2）首再购偏好　我国汽车市场进入存量时代后，增换购带动的新车销量持续增长，增换购市场增速远高于整体新车市场增速，成为我国汽车市场的新引擎。预计2022年换购用户比例将达到48%左右（见图11），换购用户对SUV偏好度达44%（见图12），而且还呈现缓慢上升趋势，未来再购发展也将支撑SUV市场增长。

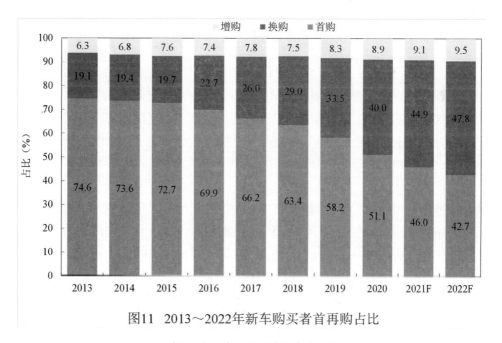

图11　2013~2022年新车购买者首再购占比

（注：数据来源于国家信息中心）

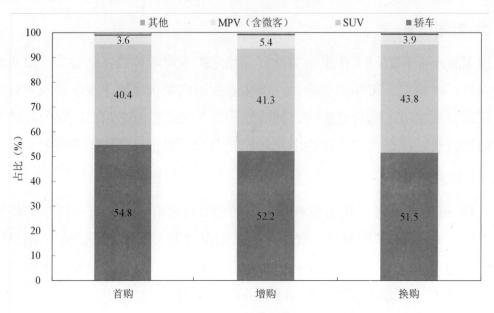

图12 首再购品类偏好

（注：数据来源于国家信息中心）

### 4. 技术因素

混合动力化是政策约束和兼顾市场消费需求下的较优解，自主品牌已经相继推出了专为混合动力车型设计开发的专用架构，技术先进，集成度高，性能佳且成本低，如比亚迪 DM-i、长城柠檬 DHT、吉利雷神智擎 Hi·X、长安 UNI-K iDD 混合动力、奇瑞鲲鹏 DHT、东风马赫动力 MHD 混合动力系统相继发布，而基于新一代混合动力系统架构的车型，预计也将于 2021~2022 年陆续上市，利好 SUV 品类的发展。

### 5. 供给方面

新车对 SUV 市场贡献度持续走低，但仍是拉动销量增长的重要引擎，2021年 1~10 月份，新车销量为 56.2 万辆，占整体市场比例 7.2%，贡献 SUV 市场增量的九成以上；据不完全统计，2022 年主流品牌 SUV 新车将达 30 多款，叠加2021 年下半年投放的新车，都将于 2022 年发力。新车型覆盖范围广，涵盖主流家用市场、越野市场、高端新能源市场、跨界 SUV 市场、都市潮流 SUV 等，产品更多聚焦在 15 万元以上高价位区间，既能满足多元化需求，也能满足换购升级需求。

6. 总结

展望 2022 年，我国经济继续保持恢复态势，发展韧性持续显现，长期向好的基本面没有改变，疫情防控继续保持良好效果，地方政府持续推出刺激汽车消费政策，芯片短缺问题将明显缓解，共同助推汽车市场增长。预计 2022 年全年乘用车同比增长 5%左右，SUV 销量实现 1000 万辆左右，同比增长 8%左右，跑赢整体市场。

（作者：吴会肖）

# 2021年MPV市场分析及2022年展望

## 一、2021年MPV市场销量分析

从2009~2021年的销量增速来看（见图1），2015年之前，当整体市场连续正增长时，MPV市场的增速明显高于平均水平，但2017年之后，当整体市场出现滞涨或萎缩时，MPV作为小众车型，销量迅速走低。相比2016年MPV市场销量14.6%的正增长，2017年直接转为两位数的负增长。但当整体市场走强时，小众车型市场又会以高于市场平均水平的增速反弹。预计2021年乘用车市场相比2020年将有微增，MPV市场的增长率也将回归4%左右的水平。

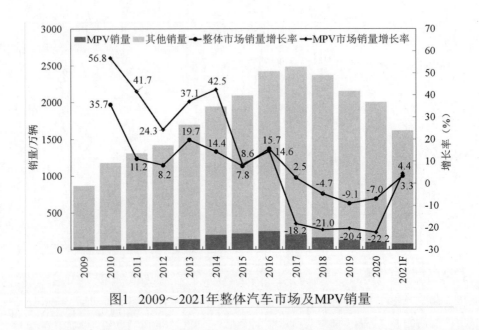

图1 2009~2021年整体汽车市场及MPV销量

从月度销量来看（见图2），由于2020年年底的整体市场快速增长的效应还在，2021年6月份之前MPV销量同比都呈正增长，彻底释放了由于新冠肺炎疫情原因积压的购车需求。但2021年6月之后的单月销量不及2020年同期，不仅是MPV细分市场，乘用车整体市场皆是如此，这跟宏观经济增长在第三季度放缓有密切联系。

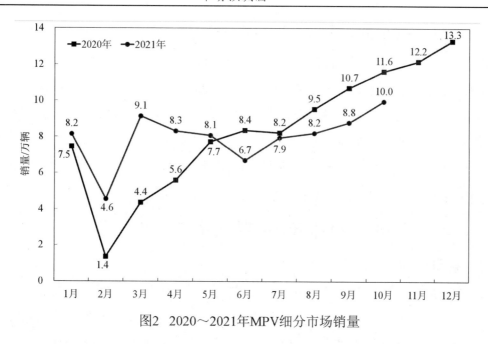

图2 2020~2021年MPV细分市场销量

从细分市场来看，大型MPV的销量2021年相对比较稳定，去除2月份春节的影响，月度销量基本稳定在4万~5万辆之间（见图3）。大型MPV的占比也基本稳定在整体的50%以上，相比2020年继续微幅提升。中型MPV的销量则出现了明显的回落，2020年下半年单月销量曾冲高至4万辆，但2021年月均销量始终都徘徊在2万辆左右。紧凑型MPV的销量基本与2020年持平，占比也没有明显变化。

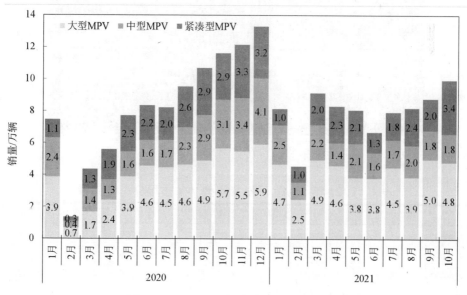

图3 2020~2021年分车型级别MPV销量

总的来看，2021年MPV市场最大的特点是，7月份以后没有如期出现销量的大幅上涨。一个大的原因就是宏观经济增速在2021年第三季度出现了明显的放缓，中型及紧凑型MPV车主多为家商两用的个体户或小业主，在整体经济环境不理想时，买车的需求就会被抑制；另一大原因可能与2021年新能源汽车消费趋势加速演变有关，新能源汽车的销售逐渐由政策导向型转变为客户自主需求型，而MPV细分领域恰好缺少新能源产品，客户完全可以选择新能源SUV以满足他们的需求。

## 二、2021年MPV市场重点车型分析

### 1. 紧凑型MPV市场

紧凑型MPV市场的格局多年未变，五菱宏光始终一枝独秀。五菱宏光方正的造型，搭配4.7m长的车身，使得车内空间长度达到了2.2m多（见图4）。第三排一体式的座椅翻折起来非常方便，可以在载人和载物之间轻松切换。手机互联功能的加入，极大地提升了车主的使用体验，平时拉货送人的时候还可以享受在线音乐资源。凭借多年的神车口碑和销量基础，五菱宏光的售后服务非常便利，到哪儿都可以进行保养和维修。五菱宏光2021年1~10月份销量与2020年同期持平，虽然没有跑赢整体乘用车市场的增速，但在紧凑型MPV市场的支配地位至今无人能够撼动（见表1）。

图4 五菱宏光车型

表1 2021年1~10月份紧凑型MPV市场分车型销量

| 车型 | 销量排名 | 累计销量/辆 | 累计同比（%） | 累计份额（%） | 累计份额变化（%） |
| --- | --- | --- | --- | --- | --- |
| 五菱宏光 | 1 | 161049 | 0.7 | 83.8 | 1.6 |
| 比亚迪D1 | 2 | 9446 | — | 4.9 | 4.9 |
| 风光 | 3 | 6858 | -38.1 | 3.6 | -2.1 |
| 欧尚 | 4 | 6548 | 27.6 | 3.4 | 0.8 |

(续)

| 车型 | 销量排名 | 累计销量/辆 | 累计同比（%） | 累计份额（%） | 累计份额变化（%） |
|---|---|---|---|---|---|
| 欧诺 | 5 | 6155 | -55.6 | 3.2 | -3.9 |
| 奔腾NAT | 6 | 1554 | — | 0.8 | — |

注：数据来源于中国汽车技术研究中心上险数，下同。

### 2. 中型MPV市场

中型MPV市场原本是自主品牌与合资品牌同台竞技的舞台，如今合资品牌全面败下阵来，仅有的别克GL6、大众途安和雪佛兰沃兰多都已进入产品末期，后续也将退出中型MPV的细分市场。而在自主品牌中，五菱凯捷自2020年上市首月就实现了3700辆销量后，不出意外地霸榜了中型MPV市场，联合旗下的宝骏系列产品，累计份额超过了40%（见表2）。紧随其后的还有广汽GM6，深耕家用MPV市场多年后，GM6的销量非常稳定。五菱凯捷和广汽GM6的热销，说明中低端家用MPV市场蕴含着稳定的客户需求，且随着我国家庭进入一家多车的时代，对MPV的需求将会越来越强烈。

表2 2021年1~10月份中型MPV市场分车型销量

| 车型 | 销量排名 | 累计销量/辆 | 累计同比（%） | 累计份额（%） | 累计份额变化（%） |
|---|---|---|---|---|---|
| 五菱凯捷 | 1 | 57142 | 921.9 | 31.4 | 28.4 |
| 传祺GM6 | 2 | 36636 | 20.5 | 20.1 | 3.8 |
| 大通G50 | 3 | 18027 | 52.2 | 9.9 | 3.6 |
| 宝骏730 | 4 | 17106 | -49.1 | 9.4 | -8.6 |
| 嘉际 | 5 | 10317 | -55.4 | 5.7 | -6.7 |
| 宋MAX | 6 | 9783 | -48.9 | 5.4 | -4.8 |
| 海马7X | 7 | 5517 | 3678.8 | 3.0 | 2.9 |
| 枫叶80V | 8 | 4785 | — | 2.6 | 2.6 |
| 别克GL6 | 9 | 3504 | -53.8 | 1.9 | -2.2 |
| 途安L | 10 | 3255 | -63.8 | 1.8 | -3.0 |
| 沃兰多 | 11 | 2979 | -66.7 | 1.6 | -3.2 |
| 斯威X2 | 12 | 2164 | — | 1.2 | 1.2 |
| 宝骏RM-5 | 13 | 2087 | -90.6 | 1.1 | -10.8 |
| 宝骏360 | 14 | 1896 | -77.5 | 1.0 | -3.5 |

2020年还火热一时的"跨界MPV"新宝骏RM-5，单月销量曾为细分市场第二，但在五菱凯捷上市之后（见图5），迅速被抢去了风头，足以证明国人在"传

统-现代-未来"的审美路线上，绝大部分的消费者还是偏主流，对于"跨界""出圈"这样的未来设计，即使有忠实的拥趸，市场容量还有待培养。

五菱凯捷的设计风格非常讨好年轻的家庭用户，它的配置功能也非常到位，许多功能都作为标配出现，例如10.25in的中控触摸屏、定速巡航（选配自适应巡航）、二排座椅长滑轨等。最重要的核心卖点则是它灵活多变的空间，当把第三排座椅收纳进后备厢底部的沉坑之后，整车秒变"大四座"，对于自主创业的小家庭来说，花费不到本田奥德赛一半的价钱就能得到一款实用性很强的车型，这难道不香吗？作为五菱品牌银标战略下的首款车型，凯捷在造型、配置和细节上都足够有诚意，能做到好看的同时还很好用，这对于自主品牌MPV来说十分难得。

图5 五菱凯捷车型

### 3．大型MPV市场

2021年1～10月份大型MPV市场分车型销量见表3。大型MPV市场的主力玩家还是合资品牌，其中又以别克品牌的GL8系列车型牢牢占据销量的头把交椅。广汽GM8最近两年持续发力，2021年又以绝对涨幅继续追赶别克GL8，成为自主品牌上攻大型MPV市场的生力军。

表3 2021年1～10月份大型MPV市场分车型销量

| 车型 | 销量排名 | 累计销量/辆 | 累计同比（%） | 累计份额（%） | 累计份额变化（%） |
| --- | --- | --- | --- | --- | --- |
| GL8 ES | 1 | 65144 | 18.7 | 15.4 | 0.5 |
| 传祺GM8 | 2 | 57655 | 139.7 | 13.6 | 7.1 |
| GL8 25S/28T | 3 | 55981 | 4.7 | 13.2 | -1.3 |
| 菱智 | 4 | 42794 | -11.1 | 10.1 | -3.0 |
| 艾力绅 | 5 | 42566 | 21.0 | 10.0 | 0.4 |

（续）

| 车型 | 销量排名 | 累计销量/辆 | 累计同比（%） | 累计份额（%） | 累计份额变化（%） |
|---|---|---|---|---|---|
| 奥德赛 | 6 | 39311 | 21.6 | 9.3 | 0.5 |
| 瑞风 | 7 | 27937 | 3.5 | 6.6 | -0.7 |
| 埃尔法（进口） | 8 | 19540 | 27.1 | 4.6 | 0.4 |
| 奔驰 V 级 | 9 | 16686 | 35.1 | 3.9 | 0.5 |
| 荣威 iMAX8 | 10 | 13139 | 203.9 | 3.1 | 1.9 |
| 大通 G10 | 11 | 10702 | -31.6 | 2.5 | -1.8 |
| 威然 | 12 | 8002 | -56.6 | 1.9 | -3.1 |
| GL8 Avenir | 13 | 6496 | -37.4 | 1.5 | -1.3 |
| LM（进口） | 14 | 3547 | 44.3 | 0.8 | 0.1 |
| 科尚 | 15 | 1939 | -14.8 | 0.5 | -0.1 |
| 库斯途 | 16 | 1909 | — | 0.5 | — |
| 嘉华 | 17 | 1610 | — | 0.4 | 0.4 |
| 途睿欧 | 18 | 1500 | -5.3 | 0.4 | 0.0 |

由于大型 MPV 市场的价格带非常宽（见表 4），下至 10 万元以下，上至百万元级的埃尔法，不同价位间产品属性完全不同。按照成交价位段划分，基本可以分成三类产品。15 万元以下的是以东风菱智、江淮瑞风为代表的工具车，月销 4000 多辆，相较 2020 年变化不大。50 万元以上的是以丰田埃尔法和奔驰 V 级为代表的高端豪华 MPV，这一细分领域利润丰厚但产品不多，从各大品牌的新车计划来看，高端豪华 MPV 将会迎来新的玩家。中间价位段的大型 MPV 才是目前各大厂商角逐的关键市场。从结构看，2020 年大型 MPV 销量主要集中在 25 万～30 万元区间，2021 年更为分散，从 20 万元到 35 万元均有广泛的销量分布。随着未来更多品牌推出大型 MPV 产品，这一价位区间的销量将会进一步增长，形成大型 MPV 的核心竞争圈。

表 4 2020～2021 年大型 MPV 市场分价格段销量

| 价格段 | 2020.1～10 累计销量/辆 | 2021.1～10 累计销量/辆 | 增速（%） | 占比（%） | 占比变化（%） |
|---|---|---|---|---|---|
| 50 万元以上 | 41827 | 34830 | -16.7 | 8.5 | -1.4 |
| 45 万～50 万元 | 9132 | 9658 | 5.8 | 2.4 | 0.2 |
| 40 万～45 万元 | 4186 | 1289 | -69.2 | 0.3 | -0.7 |
| 35 万～40 万元 | 36818 | 30290 | -17.7 | 7.4 | -1.3 |

（续）

| 价格段 | 2020.1~10<br>累计销量/辆 | 2021.1~10<br>累计销量/辆 | 增速<br>（%） | 占比<br>（%） | 占比变化<br>（%） |
|---|---|---|---|---|---|
| 30万~35万元 | 38358 | 56274 | 46.7 | 13.7 | 4.7 |
| 25万~30万元 | 128871 | 108145 | -16.1 | 26.4 | -4.1 |
| 20万~25万元 | 65360 | 84127 | 28.7 | 20.6 | 5.1 |
| 15万~20万元 | 22863 | 20946 | -8.4 | 5.1 | -0.3 |
| 10万~15万元 | 8820 | 9708 | 10.1 | 2.4 | 0.3 |
| 5万~10万元 | 64890 | 54058 | -16.7 | 13.2 | -2.2 |
| 5万元以下 | 1121 | — | — | 0.0 | -0.3 |
| 总计 | 422246 | 409325 | -12.5 | — | — |

这里重点要讲的是广汽传祺GM8，经过几年的打磨，传祺在设计方面已经不再惧怕合资品牌，开始有了自己的家庭化设计元素和风格，成熟、大气已被国产品牌发挥得深入人心。GM8有着足够霸气的外观（见图6），内饰的风格也属于绝大多数人能够接受的样式，配置方面更是自主品牌一直以来的优势所在，同时它也有着较为宽敞的乘坐空间，从这几项基本的条件看，它完全符合商用MPV的需求。作为一款主打商用市场的MPV车型，GM8的表现非常出色，从造型到配置，它都表现出了一款商务MPV应有的素质，至于价格，未来和它最有竞争关系的主要还是会集中在别克GL8、本田奥德赛和本田艾力绅等合资MPV车型中，更大价格的重叠无疑会让它们之间形成更有针对性的竞争。

图6 传祺GM8车型

## 三、MPV市场发展趋势预测

### 1. 自主品牌的上攻和新玩家的加入

随着广汽传祺GM6和GM8取得越来越高的销量，2020年上汽荣威也加入了大型 MPV 的竞争之中，力图上攻合资品牌中高端商务 MPV 市场，今后两年内将会有更多的自主或新势力品牌推出各自的 MPV 车型。比如广州车展上已经发布新车的岚图梦想家，合创汽车发布的 MPV 概念车，都预示着 MPV 市场即将迎来全新产品，其中不乏新能源车型。如今的自主品牌，已经可以依托产业链的规模优势以及自主研发的成本优势，推出的产品既有不错的产品力表现，同时成本控制也能优于大部分合资汽车企业。相信在中高端 MPV 市场，自主品牌的加入会让消费者有更多更好的选择。

### 2. 混合动力化、电动化的趋势

日系 MPV 都已进入混合动力时代，消费者对其不错的燃油经济性还是给出了肯定的评价。然而对于即将入市的更多自主品牌来说，更有竞争力的 PHEV、REEV 会是更好的动力选择。像吉利、长城、比亚迪等已经有了各自成熟的混合动力系统，将其用于 MPV 车型，既能让消费者在日常通勤中享受纯电行驶的经济性，又能在偶尔的长途旅行中无续航里程的后顾之忧，一定能帮助这些品牌更顺利地打开中高端 MPV 市场。随着电池技术的发展，一旦纯电动汽车的续航达到 800km 成为常态，甚至出现大于 1000km 的标杆产品，广大消费者对电动车续航不足的印象会有所改变。或是，当第一代电动车的消费者们有了电动车的使用经历后，他们会更理性地选择合适的电池容量和续航里程，对他们而言便利的充电体验往往能解除他们对纯电动汽车的续航忧虑。到那时，消费者会更关注电动车免维护的优势，电动 MPV 的推出就能顺其自然地得到消费者的认可。

### 3. 高端化、定制化的趋势

随着国内汽车消费逐渐进入二车时代，对汽车功能属性的消费会逐渐增多。MPV 作为极佳的多人出行工具，当家庭拥有 2~3 辆车时，MPV 会成为绝佳的选择。数据显示 MPV 作为家庭第 3 辆车的比例比家庭第 1、第 2 辆车的比例明显升高。只要宏观经济持续向好，汽车消费一旦止跌回升之后，MPV 市场的增速也会迅速以高于市场平均的水平开始回升。而家中能购入 2~3 辆车的往往也是收入层级比较高的家庭，他们购买 MPV 时会优先考虑高端、豪华的车型，当前的丰田埃尔法、奔驰 V 级和别克 GL8 的艾维亚车型就是他们的首选。其中有不少车主会在购车后寻求第三方改装，追求个性化、定制化的内、外饰造型，用以彰显车主的审美品位和社会地位，高端化、定制化的产品将更能吸引未来的这些消费者。

（作者：周剑敏）

# 2021年三轮汽车市场分析及2022年展望

2021年是三轮汽车市场面临多重复杂因素挑战的一年，首先面临政府统筹推进新冠肺炎疫情防控和经济社会发展的大环境，其次，面临原材料价格持续上涨和产品排放法规出台与实施过渡等因素的负面影响，三轮汽车产销量较2020年前9个月下降近15%。

## 一、2021年三轮汽车市场分析

2021年前三季度市场走势与2020年预测基本一致，三轮汽车总产销量在经历了2020年回升后，表现为较明显地回落。据统计，2021年前9个月三轮汽车总产量为101.33万辆，同比下降14.4%。从月度销售数据看，2021年1月份、2月份、3月份同比表现为增加趋势，其中1月份增幅最大，同比增加269.5%，这与2021年新冠肺炎疫情防控常态化下，市场需求复苏以及春季生产农村农业需求相对增加有关，2021年4~9月份则表现为波动性下滑趋势，其中8月份下滑最明显，同比下滑达到49.8%，这主要与原材料价格持续上涨有关。月度生产数据也表现与销售数据相同的趋势，2019年、2020年、2021年前三季度三轮汽车月产量见图1。从产销量情况来看，2021年前9个月中除1月和3月外，三轮汽车总产销量基本平衡。2021年1月份产量明显大于销量，高出1.07万辆，占当月销量的7.9%，3月份销量最高，比产量多0.41万辆，占当月销量的2.4%，其余各月份，产销量基本持平（见图2）。预计2021年第四季度三轮汽车产销量与第二、三季度相比仍将有所下降。

从市场集中度看，三轮汽车行业处于高度集中的稳定状态。2021年前三个季度，三轮汽车产量前3位的企业与2020年相同，前3位企业产量之和为99.14万辆，占全行业的97.8%。其中，山东五征集团有限公司的产销量位列第一，2021年1~9月份产销量超过全行业的五成。

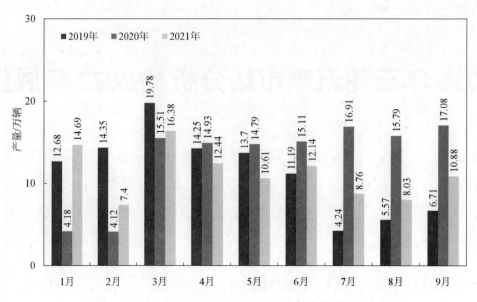

图1 2019~2021年前三个季度三轮汽车月产量走势图

（注：数据来源于中国农机工业协会农用运输车辆分会）

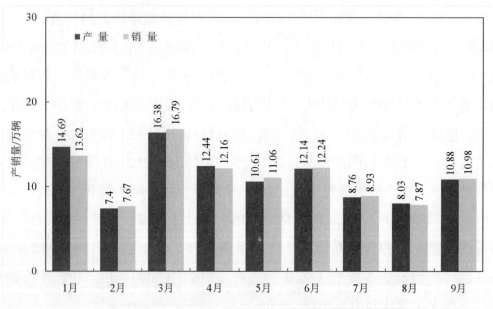

图2 2021年前三个季度三轮汽车月产销量走势图

（注：数据来源于中国农机工业协会农用运输车辆分会）

从产品结构看，三轮汽车产品结构特点与2018年以来的需求大体相同。在额定载质量、操作方式、启动方式、传动方式几方面仍然以载质量500kg、方向盘式、电启动、皮带+连体产品为主。其中，按额定载质量分，在200kg、300kg、500kg、750kg四种载质量的机型中，载质量500kg的三轮汽车占总销量的82.1%；按操纵方式分，在方向把式和方向盘式两种操纵方式的机型中，方向盘式三轮汽车占总销量的92.7%；按启动方式分，在手摇启动和电启动两种启动方式的机型中，电启动三轮汽车占总销量的98.0%；按传动方式分，在皮带+链条、皮带+连体、轴传动三种传动方式的机型中，皮带+连体三轮汽车占总销量的97.2%。另外，在按驾驶室结构形式方面，在半封闭、全封闭和简易棚式三种类型驾驶室机型中，半封闭驾驶室三轮汽车占总销量的32.9%，比2020年降低了21.9%，全封闭驾驶室三轮汽车占总销量的60.8%，比2020年上升28.9%；三轮汽车产品驾驶室结构型式变化说明，农村三轮汽车产品从单纯注重产品价格和功能向注重产品价格、功能、舒适性的发展趋势愈发明显。

从三轮汽车配套柴油机看，超过九成配套单缸柴油机，以1115和1125、1105等机型为主，这三种机型每个机型所占比例均在10%以上，三种机型超过全部配套柴油机的六成。

从三轮汽车区域销售看，主要销售区域销售占比下滑，非主要区域销售占比有所上市。山东省、河南省、河北省、甘肃省、山西省仍然是主要销售地区，占全国总销量的56.76%，山东省仍然是销量第一的省份，占比较2020年下降3.62%，主要销售区域市场需求出现一定减少，这也表现为以上省份的销量比例的下降（见表1），相比之下，宁夏回族自治区、青海省、湖北省等非主要销售区域的销售比例有所上升，其中，宁夏回族自治区占全国总销量的3.03%，比2020年上升了1.20%；三轮汽车生产区域分布与2020年情况相同，生产企业集中于山东省，占99.34%，其他主产省份都出现不同程度的下降。

表1 2019~2021年前三季度三轮汽车按省市分布的销售占比（前5位）

（单位：%）

| 年份 | 山东省 | 河南省 | 甘肃省 | 山西省 | 河北省 |
|---|---|---|---|---|---|
| 2019年 | 19.31 | 16.10 | 10.11 | 9.98 | 10.14 |
| 2020年 | 24.68 | 12.19 | 12.86 | 10.01 | 8.53 |
| 2021年 | 21.06 | 10.77 | 9.64 | 8.08 | 7.21 |

## 二、2022年三轮汽车市场展望

受当前复杂国际环境影响，不确定性因素较多，全球新冠肺炎疫情蔓延在欧美等国家的持续冲击、世界经贸复苏进程迟缓，间接影响了我国经济增长。同时，在我国载货汽车整体下行趋势的大环境下，原材料价格上涨将是2022年三轮汽车生产企业继续面临的严峻考验。

从产品价格和成本方面看，自2020年出现的原材料供应紧张导致价格上涨的问题也在2021年继续发酵，三轮汽车生产成本表现为较为明显的上涨，经向行业内的主要企业调查了解，以钢材为主的原材料价格较2020年年底上涨了50%～75%，加上工业用电限电的措施，为确保订单供货时限，出现电力能源价格相对上升的情况，导致整车产品生产制造成本上升5%～15%不等，而整车产品的价格上升幅度为2%～10%不等。三轮汽车作为微利产品，购买者对其价格变化敏感程度比其他汽车产品明显。调查表明，购买货运车辆产品的用户首要考虑的是价位问题，价廉物美一直是三轮汽车在农村载货汽车市场具有比较优势的主要因素。由于以上因素的影响，三轮汽车产品的价格上升，导致市场需求相对缩小。另外，利润空间的减小，也导致部分企业的生产积极性下降。

三轮汽车柴油机第四阶段排放要求的发布和实施，这也是三轮汽车市场出现振荡波动下降的主要原因之一。三轮汽车配套的动力90%以上为单缸柴油机，第四阶段排放要求将于2022年12月实施，这将推动三轮汽车配套的柴油机的升级换代，产品成本将出现较大幅度的上升，可达20%左右，企业消化产品升级造成的成本增加需要时间，为解决产品排放升级对动力性、可靠性、使用经济性、维修方便性等方面将造成的影响也需要技术投入，这对于微利润产品无疑是一个重大的考验。为应对三轮汽车排放要求向第四阶段过渡，主要生产企业也通过减少当年产量避免造成经营损失，这也是2021年三轮汽车产量下滑和波动明显的另一个原因。

从竞争性产品市场看，货车产品整体表现为下降趋势。中国汽车工业协会数据显示，2021年1～10月份累计销售货车产品368.8万辆，同比减少31.8%。不同车型表现一定程度的波动和同比下滑。其中微型货车2021年6月份销量为3.7万辆，同比降低50%；2021年10月份销量为7.2万辆，同比增长10.2%。轻型货车2021年6月份销量为18.4万辆，同比降低22.6%；2021年10月份销量为15.0万辆，同比增长26.4%。

收入水平是决定农民购买何种道路货运工具的主要因素,未来农民收入难以快速增长,决定了物美价廉三轮汽车在今后较长一段时间内仍将是农村货运的主力军,相对于微型货车、轻型货车、三轮摩托车、三轮电动车等仍有比较优势。随着2022年三轮汽车柴油机第四阶段排放要求实施,以及在全球新冠肺炎疫情形势下原材料、能源价格上涨的持续,以及全国广大农村市场整体需求的变化,预计2022年三轮汽车市场仍会呈现平稳下降的趋势。

(作者:张琦)

# 2021年专用汽车市场分析及2022年展望

  2021年我国专用汽车市场受多种因素交织影响，呈前高后低态势。2021年上半年受国六排放标准全面实施、治超治限、全国淘汰国三及以下排放标准汽车等因素拉动，我国六大类专用汽车销量同比大幅增长36.1%，普通自卸汽车同比增长55.8%；而2021年下半年，随着前期政策红利逐步减弱、房地产开发投资增速持续收窄、"蓝牌轻卡"政策预期导致消费观望、原材料价格高位运行、物流市场运费维持低位等影响，我国六大类专用汽车销量同比下降26.3%，普通自卸汽车同比下降59%。2021年1～11月份，我国六大类专用汽车累计销量为158.7万辆，同比增长5%，普通自卸车销量为34万辆，同比增长2.2%。2022年我国专用汽车销量将有小幅下降，预计六大类专用汽车销量为159万辆，普通自卸汽车销量为34万辆。

## 一、2021年专用汽车市场走势

### 1. 专用汽车市场销量走势

  （1）六大类专用汽车销量走势 2021年1～11月份，我国六大类专用汽车累计销量为158.7万辆，同比增长5.0%（见图1），达到近年来的高峰。2021年我国专用汽车市场影响因素较为复杂，一方面国六排放标准全面实施、国家治超治限力度加大、国三及以下标准汽车淘汰进入收尾阶段等政策，对专用汽车市场形成明显的刺激作用；另一方面，房地产开发投资增速持续收窄、原材料价格高位运行、物流市场运费维持低位、"蓝牌轻卡"政策预期导致消费观望、部分地区出现"拉闸限电"等突发事件等因素，对我国专用汽车市场带来不利影响。

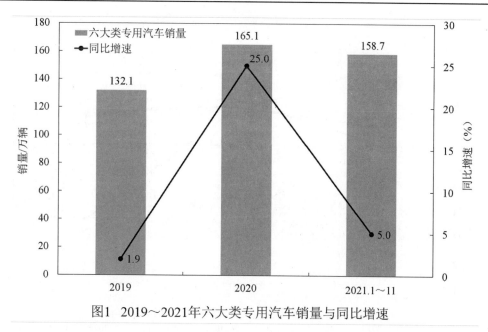

图1 2019~2021年六大类专用汽车销量与同比增速

（注：数据来源于中汽数据有限公司终端零售数据，下同）

六大类专用汽车中，厢式、仓栅、罐式、特种、举升、自卸汽车占比分别为58.2%、20.1%、9.9%、4.8%、4.7%和2.3%。从增速来看，2021年1~11月份增幅最大的是厢式汽车，同比增长31.5%，其次是特种汽车同比增长7.5%，罐式汽车同比增长1%，而自卸汽车同比下降49.4%，仓栅汽车同比下降26.6%，举升汽车同比下降1.4%。2019~2021年厢式、仓栅、罐式汽车销量见图2，2019~2021年举升、特种、自卸汽车销量见图3。

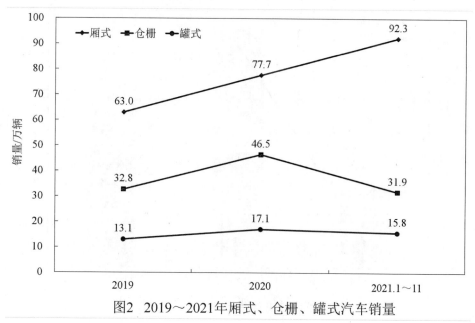

图2 2019~2021年厢式、仓栅、罐式汽车销量

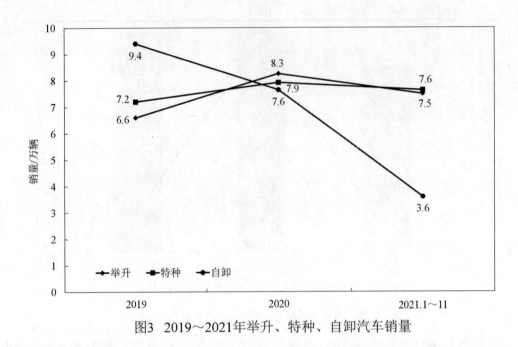

图3 2019~2021年举升、特种、自卸汽车销量

(2) 普通自卸汽车销量走势　近年来，普通自卸汽车市场呈现周期性波动。2021年1~11月份，受国六排放标准全面实施、超载超限治理、国三及以下标准汽车淘汰进入收尾阶段，以及基础设施建设和房地产开发投资增速放缓等因素影响，普通自卸汽车销量为34万辆，同比增长2.2%（见图4）。

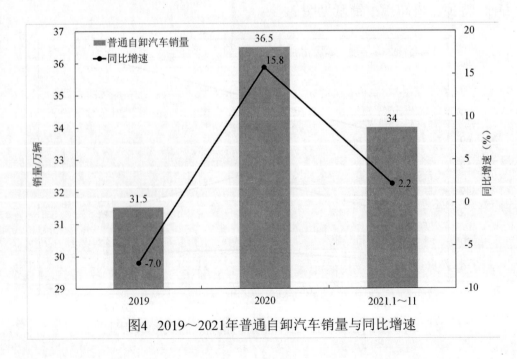

图4 2019~2021年普通自卸汽车销量与同比增速

## 2. 专用汽车吨位结构

（1）六大类专用汽车吨位结构　2021年1~11月份六大类专用汽车中，重型车销量为45.4万辆，中型车销量为7万辆，轻型车销量为103.1万辆，微型车销量为3.2万辆（见图5）。从增速来看，重型车同比下降5.1%，轻型车同比增长7.3%，中型车同比下降1.8%，微型车大幅增长16.6倍。从各吨位车型占比来看，2021年1~11月份，重型车占比下降2.9%，为28.6%，中型车占比下降0.2%，为4.4%，轻型车占比增长1.7%，为65%，微型车增长1.9%，为2%。

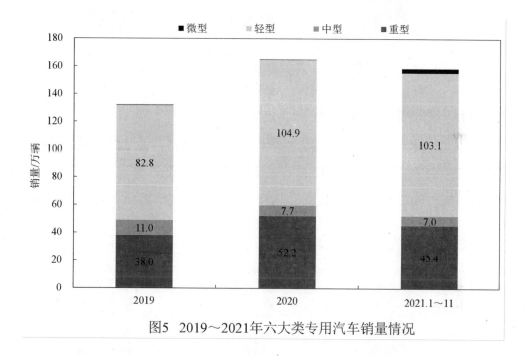

图5　2019~2021年六大类专用汽车销量情况

（2）普通自卸汽车吨位结构　近年来，重型普通自卸汽车占比持续提高。2021年1~11月份，重型普通自卸汽车销量为23.3万辆，中型普通自卸汽车销量为1.6万辆，轻型普通自卸汽车销量为9.1万辆。从各吨位车型占比来看，重型车销量占比大幅增长5.8%，为68.5%，中型车销量占比微增0.7%，为4.7%，轻型车占比下降6.3%，为26.9%（见图6）。

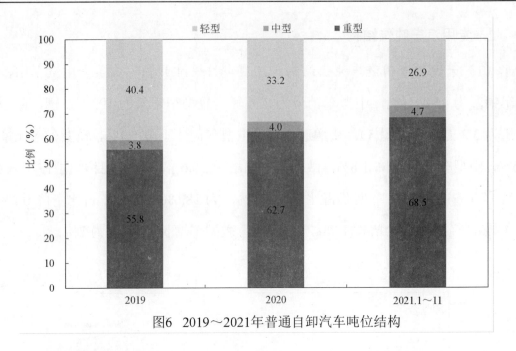

图6 2019～2021年普通自卸汽车吨位结构

### 3. 专用汽车燃料结构与排放标准走势

（1）专用汽车燃料结构走势 2021年1～11月份，六大类专用汽车中，柴油车销量占比下降9.7%，为66.2%，汽油车增长4.9个百分点至26.5%，混合动力占比为0.1%，天然气占比为0.8%，而新能源专用汽车销量占比达到6.5%（见图7）。

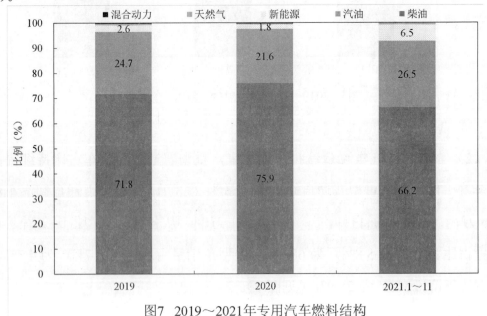

图7 2019～2021年专用汽车燃料结构

(2) 新能源专用汽车销售情况　2021年中央政府大力推动公共车辆电动化，新能源汽车的技术水平、经济性和用户认知度不断提高，我国新能源专用汽车销量显著增长。2021年1~11月份，我国新能源专用汽车销量为10.2万辆，其中燃料电池专用汽车为70辆，其余为纯电动专用汽车。

从车型来看，纯电动厢式运输车销量为9.4万辆，各类纯电动环卫车销量为2851辆，纯电动仓栅式运输车销量为1956辆，纯电动混凝土搅拌运输车销量为1120辆。从各吨位车型占比来看，轻型车销量为9.8万辆，占新能源专用汽车总量的95.7%，重型车销量为2520辆，占比为2.5%，中型车销量为1092辆，占比为1.1%，微型车销量为773辆，占比为0.8%。从主销企业来看，重庆瑞驰、东风汽车、奇瑞商用车销量位居前三，分别为18015辆、7252辆和7083辆。从主销区域来看，广东、福建、江苏、四川、上海销量位居前五，分别为2.9万辆、9612辆、8685辆、8497辆和7367辆。

(3) 专用汽车排放标准走势　2021年7月，重型车a阶段国六排放标准全面实施，我国专用汽车排放标准全面升级。2021年1~6月份，国五排放标准车型促销力度较大，市场份额占到56%左右，7月份以后，国六排放标准车辆占比大幅提升，到2021年11月，国六排放标准车辆占比已达到81.9%。2021年各排放标准专用汽车月度销量见图8。

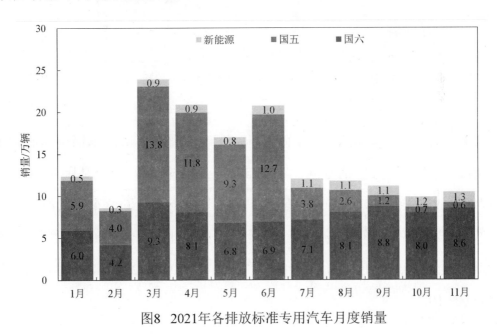

图8　2021年各排放标准专用汽车月度销量

## 4. 专用汽车月度销量走势

（1）六大类专用汽车销量　2021年我国专用汽车市场呈现前高后低态势。国六排放标准全面实施、国家治超力度加大、全国淘汰国三及以下排放标准汽车等政策原因推动2021年上半年专用汽车市场同比增长36.1%。随着国六排放标准的实施，2021年下半年国五车型销量大幅下降，使7～11月份六大类专用汽车销量同比大幅下滑26.3%。2020～2021年六大类专用汽车月度销量见图9。

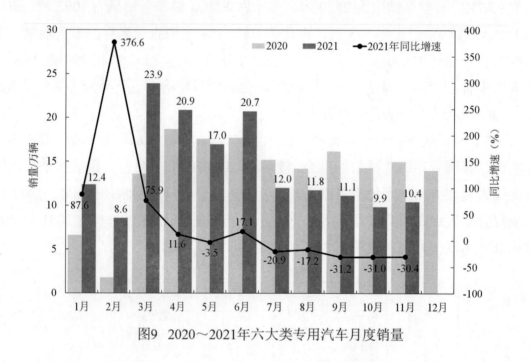

图9　2020～2021年六大类专用汽车月度销量

（2）普通自卸汽车销量　2021年1～6月份，普通自卸汽车销量同比大幅增长55.8%，而7～11月份销量同比下降59%。这在很大程度上是因为2021年7月份国六排放标准实施，将导致车辆购车成本增加，使自卸汽车需求在上半年提前释放，透支了下半年的市场需求。此外，国内基建项目、房地产开发投资等增速持续收窄，也导致普通自卸汽车终端需求下降。2020～2021年普通自卸汽车月度销量见图10。

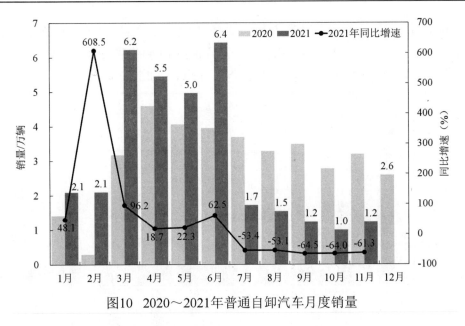

图10 2020～2021年普通自卸汽车月度销量

### 5. 专用汽车行业竞争格局

（1）厢式汽车竞争格局　从厢式汽车行业竞争格局来看，北汽福田连续多年位居第一，2021年1～11月份销量为17.4万辆，上汽通用五菱销量快速增长，位居第二，销量为7.0万辆，江淮销量为6.9万辆（见图11）。从行业集中度来看，2021年1～11月份，厢式汽车前三名企业市场份额为33.9%，比2020年降低5.3个百分点，前10名企业市场份额为61.6%，比2020年降低4.5个百分点。

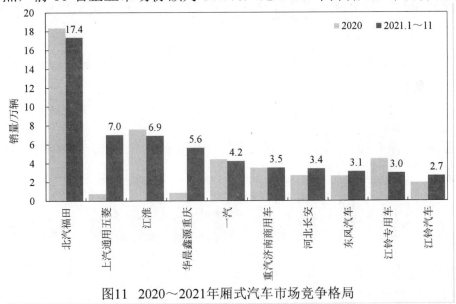

图11 2020～2021年厢式汽车市场竞争格局

（2）罐式汽车竞争格局　近两年罐式汽车行业排名变化不大，前10名企业较为稳定。2021年1～11月份，三一汽车销量位居第一，为2.0万辆，程力销量为 1.1 万辆,中联重科销量为 1.0 万辆(见图 12)。2021 年 1~11 月份罐式汽车行业集中度有所下降,与 2020 年相比,前三名企业市场份额下降 2.2 个百分点,为 26.4%,前 10 名企业市场份额下降 1.2 个百分点,为 56.7%。

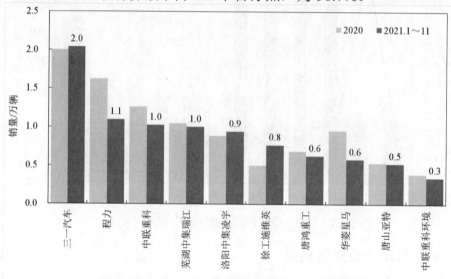

图12 2020~2021年罐式汽车市场竞争格局

(3) 仓栅式汽车竞争格局 2021 年 1~11 月份,仓栅式汽车市场格局基本保持稳定,一汽集团、北汽福田、重汽济南商用车位居前三,销量分别为 6.7 万辆、3.7 万辆和 2.5 万辆(见图 13),销量呈现一定幅度的下滑。与 2020 年相比,前三名企业市场份额下降 4.2 个百分点,为 40.4%,前 10 名企业市场份额下降 3.5 个百分点,为 71.3%。

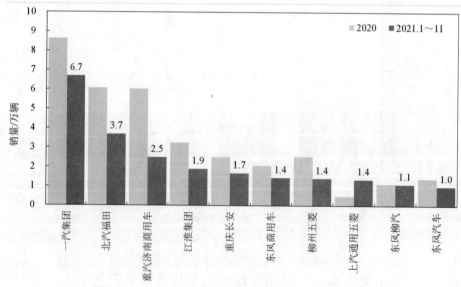

图13 2020~2021年仓栅式汽车市场竞争格局

（4）自卸汽车竞争格局　2021年1～11月份，自卸汽车市场格局呈现较大幅度的变化，中联重科、程力、福龙马销量位居前三，分别为6191辆和4298辆、2445辆（见图14）。2021年1～11月份，自卸汽车行业集中度呈明显上升态势，前三名企业市场份额比2020年上升8.2个百分点，为36%，前10名企业市场份额比2020年上升2.5个百分点，为58.7%。

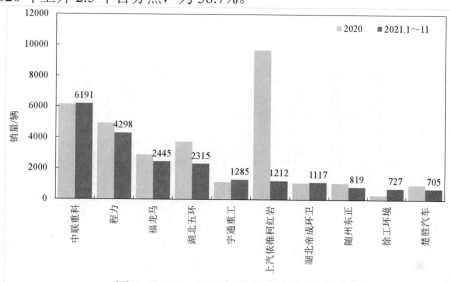

图14　2020~2021年自卸汽车市场竞争格局

（5）举升汽车竞争格局　2021年1～11月份，举升汽车前三名企业分别为徐工机械、三一汽车、中联重科，销量分别为1.7万辆、1.4万辆和1.2万辆（见图15）。从行业集中度来看，2021年1～11月前三名企业市场份额比2020年下降2.2个百分点，为57.1%，前10名企业市场份额比2020年下降0.7个百分点，为75.6%。

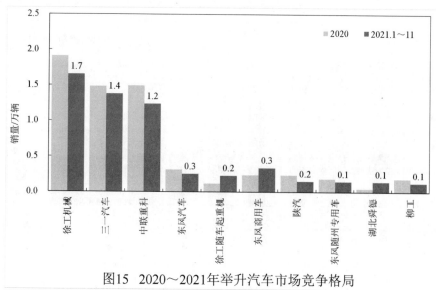

图15　2020~2021年举升汽车市场竞争格局

(6) 特种汽车竞争格局　2021年1~11月份，特种汽车前三名企业分别为程力、中联重科和中联重科环境，销量分别为5529辆、5101辆和4736辆（见图16）。从行业集中度来看，2021年1~11月份前三名企业市场份额比2020年下降0.4个百分点，为20.1%，前10名企业市场份额比2020年下降2.2个百分点，为41.4%。

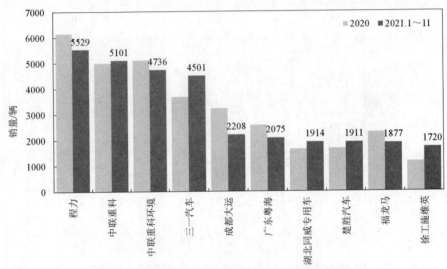

图16　2020~2021年特种汽车市场竞争格局

(7) 普通自卸汽车竞争格局　2021年1~11月份，普通自卸汽车销量前三名企业分别是北汽福田、陕汽、上汽依维柯，销量分别为4万辆、4万辆和3.2万辆（见图17）。从行业集中度来看，前三名企业市场份额比2020年提升了4.1个百分点，为33.1%，前10名企业市场份额比2020年提升了3.3个百分点，为66.8%。

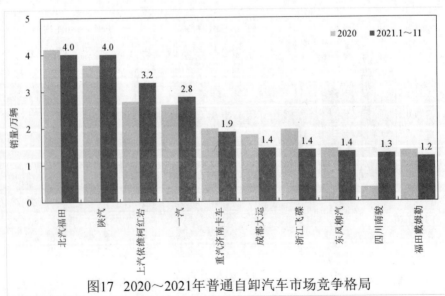

图17　2020~2021年普通自卸汽车市场竞争格局

## 6. 分用途专用汽车销量走势

2021年1~11月份专用汽车市场的增长主要是来自于公路物流类、城市服务类、土建工程类专用车，而环卫类专用车市场呈现较大幅度的下降（见表1）。

表1 2020~2021年主要用途专用汽车销量

（单位：辆）

| 用途 | 2020年 | 2021年1~11月份 | 同比增速（%） |
|---|---|---|---|
| 公路物流类 | 1199933 | 1187930 | 8.0 |
| 土建工程类 | 196013 | 185699 | 3.3 |
| 环卫类 | 146275 | 95516 | -29.1 |
| 城市服务类 | 41868 | 51058 | 35.5 |
| 路面/抢险类 | 24699 | 25522 | 19.1 |
| 医疗救护类 | 17163 | 17128 | 12.6 |
| 危化品运输车 | 19053 | 16970 | 0.2 |
| 消防类 | 2428 | 3125 | 51 |
| 警用军用类 | 2269 | 2931 | 45.6 |
| 其他 | 1071 | 917 | -5.7 |

（1）公路物流类专用车 2021年1~11月份公路物流类专用车销量为118.8万辆，同比增长8%。其中，厢式运输车销量为73.8万辆（见图18），同比增长36.2%。仓栅式运输车销量为30.8万辆，同比下降26.6%。冷藏车近年来持续快速增长，销量为7.2万辆，同比增长7.9%。翼开启厢式车销量为2.6万辆，同比增长0.1%。公路物流类专用车的增长主要是由于2021年排放标准升级、大吨小标治理、国三标准及以下车型淘汰等政策因素的影响，此外快递业务和冷链生鲜市场持续增长也对终端市场有一定的拉动。

（2）土建工程类专用车 2021年1~11月份，土建工程类专用车销量为18.6万辆，同比增长3.3%。其中，混凝土搅拌运输车销量为9.5万辆（见图19），同比增长5%。汽车起重机车销量为4.7万辆，同比下降6.1%。随车起重运输车销量为2.1万辆，同比下降1.1%。混凝土泵车销量为1.4万辆，同比增长29.3%。这主要是国六排放标准实施以及固定资产投资比2020年有一定程度回暖的影响。

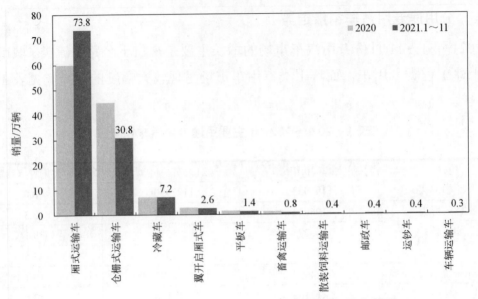

图18　2020~2021年主要公路物流类专用车销量

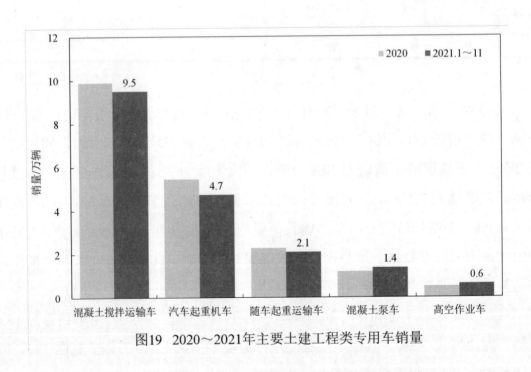

图19　2020~2021年主要土建工程类专用车销量

（3）环卫类专用车　2021年1~11月份环卫类专用车销量为9.6万辆，连续两年大幅下降。其中，绿化喷洒车销量为1.6万辆（见图20），同比下降17.7%。压缩式垃圾车销量为1.2万辆，同比下降7.8%。洒水车销量为8751辆，同比下降22%。车厢可卸式垃圾车销量为8291辆,同比下降18.1%。抑尘车销量为8014辆,同比增长30.1%。洗扫车销量为6734辆,同比增长2.7%。环卫类专用车销量下滑,部分原因是受垃圾分类政策的影响,住建部印发的《关于在全国地级及以上城市全面开展生活垃圾分类工作的通知》提出,到2020年年底,先行先试的46个重点城市基本建成垃圾分类处理系统。随着这一目标的完成,2021年垃圾车等环卫车的市场需求有所下降。

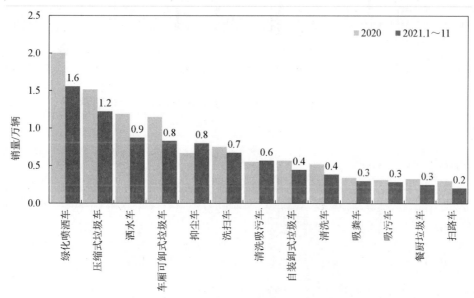

图20　2020～2021年主要环卫类专用车销量

（4）城市服务类专用车　2021年1～11月份城市服务类专用车销量为5.1万辆,同比增长35.5%左右。其中,旅居车销量为1.2万辆(见图21),同比增长48.9%。售货车销量为0.9万辆,同比下降10.6%。教练车销量为0.6万辆,同比增长97.1%。工程车销量为0.5万辆,同比增长27.1%。商务车销量为0.4万辆,同比增长133.8%。全球新冠肺炎疫情持续蔓延,使国外旅行需求下滑,很多高端消费群体对国内短途自驾游的需求增加,使旅居车市场持续快速增长。

（5）医疗救护类专用车　2021年1～11月份医疗救护类专用车销量为1.7万辆,同比增幅达到12.6%。其中救护车销量为1.4万辆(见图22),同比增长7.2%。医疗车销量为2760辆,同比增长52%。

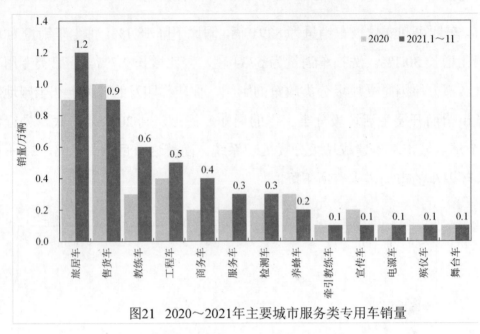

图21 2020~2021年主要城市服务类专用车销量

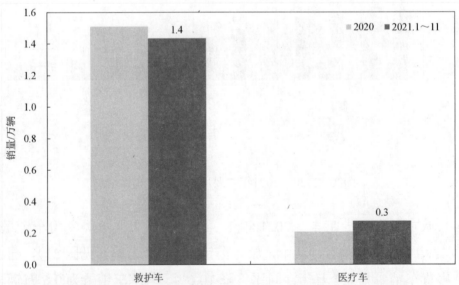

图22 2020~2021年医疗救护类专用车销量

### 7. 专用汽车区域销量分布

（1）六大类专用汽车区域销量分布　专用汽车作为生产资料，其销量与各省市的经济、人口规模、产业结构等息息相关，2021年1~11月份六大类专用汽车主销区域包括广东、山东、江苏、河北、浙江、河南等经济或人口大省，销量分别为23.7万辆、13.3万辆、10.2万辆、10.1万辆、8.2万辆和8.1万辆（见图

23），其中广东专用车销量大幅增长 21.3%。

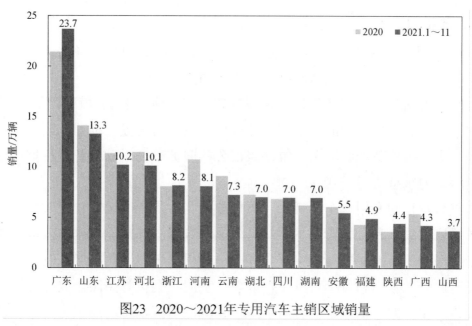

图23　2020～2021年专用汽车主销区域销量

（2）普通自卸汽车区域销量分布　2021年1～11月份普通自卸汽车的主销区域包括广东、四川、河北、浙江、江苏等地，销量分别为3万辆、2.5万辆、2.3万辆、2.3万辆和2万辆（见图24）。

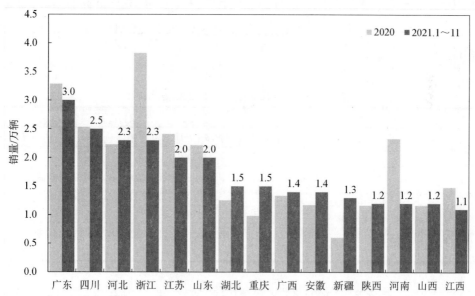

图24　2020～2021年普通自卸汽车主销区域销量

## 二、专用汽车市场主要影响因素

### 1. 政策因素

(1) 碳达峰、碳中和目标  2021年10月,《中共中央 国务院关于完整准确全面贯彻新发展理念做好碳达峰碳中和工作的意见》《国务院关于印发2030年前碳达峰行动方案的通知》相继发布,我国碳达峰、碳中和的"1+N"政策体系加快构建,碳达峰、碳中和的目标和路径逐步明确。政策提出推动运输工具装备低碳转型,大力推广新能源汽车,推动城市公共服务车辆电动化替代,推广电力、氢燃料等动力重型货运车辆。

中重型货车和专用汽车能耗大、碳排放量高,是交通运输领域节能减排的重点。碳达峰、碳中和目标背景下,一系列推动专用汽车节能减排的政策将陆续出台,专用汽车的节能减排要求将逐步提高,专用汽车电动化将迎来发展机遇。此外,在碳达峰、碳中和目标背景下,煤炭、水泥、钢材等高碳排放行业将面临结构性优化,相应的运输需求会有所下降,且对专用汽车生产成本也将产生影响。

(2) 排放标准升级  根据生态环境部《重型柴油车污染物排放限值及测量方法(中国第六阶段)》,重型车a阶段国六排放标准于2021年7月1日全面实施(见表2)。重型车国六排放标准b阶段的燃气车于2021年1月1日实施,所有车辆于2023年7月1日实施。随着2021年7月1日重型车a阶段国六排放标准全面实施,2021年上半年重型车销量大幅增长,成为2021年专用车销量增长的重要原因。

表2 全国范围内排放升级实施时间

| 排放标准 | 类型 | 实施时间 |
| --- | --- | --- |
| 国六 | 轻型车 | a阶段:2020年7月1日实施(延迟至2021年1月1日) |
| | | b阶段:2023年7月1日实施 |
| | 重型车 | a阶段:燃气车2019年7月1日实施<br>城市车辆2020年7月1日起实施<br>所有车辆2021年7月1日实施 |
| | | b阶段:燃气车2021年1月1日实施<br>所有车辆2023年7月1日实施 |

(3) 蓝牌轻卡政策  2021年8月3日,工信部、公安部公开征求对《关于进一步加强轻型货车、小微型载客汽车生产和登记管理工作的通知》(征求意见稿)的意见,提高轻型货车、小微型载客汽车安全技术要求,对发动机排量、货

箱内部尺寸等都作出了要求,还对轻型货车(不含新能源汽车)载质量利用系数限值做出了规定。该政策的目的是消除轻型货车"大吨小标"、超载运输隐患,减少小微型载客汽车非法改装空间。目前,蓝牌轻卡正式政策尚未出台,政策的不确定性使2021年下半年潜在购车用户处于观望中。

(4) 老旧车辆淘汰  生态环境部、国家发改委等10部委以及北京市、河北省等7省(市)政府联合印发《2021～2022年秋冬季大气污染综合治理攻坚方案》,提出全面完成京津冀及周边地区、汾渭平原国三及以下排放标准营运中重型柴油货车淘汰任务目标。上海、河北、山东、山西等多省市明确提出全面淘汰国三及以下排放车辆的任务。

随着国六标准实施,国内多个城市出台国四及以下排放标准货车限行政策,如北京及河北部分城市对国四货车采取一定限行措施,山东首次将国四柴油货车逐步纳入淘汰范围。对国四货车的限制,将在一定程度上刺激2022年和2023年年专用车市场需求。

(5) 治超、治限力度持续加大  2021年,国家继续大力度治超、治限。2020年4月,国务院安委会印发《全国安全生产专项整治三年行动计划》,提出加大对货车非法改装企业的打击力度,到2022年基本消除货车非法改装、"大吨小标"等问题。2021年,工业和信息化部装备工业一司、公安部交通管理局就"大吨小标"违规生产销售问题约谈多家车企,要求整改隐患车辆。

各省市治超、治限力度持续加大,安徽、河南、湖南、陕西等多地出台治超法规并开始实施,多地加快探索治超模式,积极开展科技治超。各地干线公路超限率明显下降,这加快了不合规的厢式运输车、仓栅运输车、自卸车、危险货物运输车、混凝土搅拌运输车等车辆的淘汰,使车辆向合规化转变,一定程度上增加了终端市场需求。

(6) 新能源汽车支持政策  近年来,新能源汽车作为实现碳达峰、碳中和的重要方向,受到各级政府的大力支持,产销量持续增长。2021年中央陆续出台一系列利好新能源专用车的重磅政策,公共领域及部分重点场景新能源专用车前景可期。

2020年9月,工信部、发改委、科技部等部门联合发布《推动公共领域车辆电动化行动计划》,提出2021～2023年全国公共领域累计推广新能源汽车100万辆。2021年12月工信部部长肖亚庆表示,2022年工信部将启动公共领域车辆全面电动化城市试点,试点城市的城市物流配送、环卫、城市邮政、机场用车等领域将加快实现电动化。交通运输部、公安部、商务部于2022年1月组织开展第三批城市绿色货运配送示范工程申报工作，鼓励示范城市制定货运配送车辆电动化替代。

2021年8月，国家财政部等五部门启动燃料电池汽车示范应用工作，同意北京、上海、广东报送的城市群启动实施燃料电池汽车示范应用工作，在四年的示范期内，五部门将采取"以奖代补"方式，对入围示范的城市群按照其目标完成情况给予奖励。示范期内，三个城市群将示范燃料电池汽车23000余辆，新建成加氢站350座。五部门鼓励燃料电池汽车在中远途、中重型商用车领域的产业化应用，燃料电池重型货车、环卫车、渣土运输车等推广规模将快速增长。

### 2. 经济因素

2021年专用汽车行业发展形势复杂严峻，全社会固定资产投资增速下降、新冠肺炎疫情的多点散发导致消费预期减弱、公路货运量增速放缓、原材料价格上涨、"双限"政策掣肘生产增速，我国经济发展面临需求收缩、供给冲击、预期转弱三重压力，外部环境更趋复杂严峻和不确定，对专用汽车市场带来一定的压力。

（1）全社会固定资产投资　2021年1~11月份全社会固定资产投资额（不含农户）为49.4万亿元，同比增长5.2%，比2019年1~11月份增长7.9%，两年平均增长3.9%。2021年1~11月份基础设施投资（不含电力、热力、燃气及水生产和供应业）同比增长0.5%。其中，水利管理业投资增长2.1%，公共设施管理业投资下降1.6%，道路运输业投资下降0.3%，铁路运输业投资下降1.7%，多领域基础设施建设增速放缓。

2021年1~11月份全国房地产投资增长6%，两年平均为6.4%，各月份房地产开发投资增速持续收窄。全社会固定资产投资额和基础设施投资增速放缓、房地产投资额增速持续收窄，终端市场对工程类专用车的需求有所下降。

（2）社会消费品零售总额　2021年1~11月份，社会消费品零售总额为40万亿元，同比增长13.7%（见图25），比2019年1~11月份增长8.2%。2021年各月份社会消费品零售总额呈前高后低态势，说明全球新冠肺炎疫情持续蔓延以及国内疫情零星散发，对企业经营、居民就业和收入形成一定影响，将对未来的消费增速产生影响。

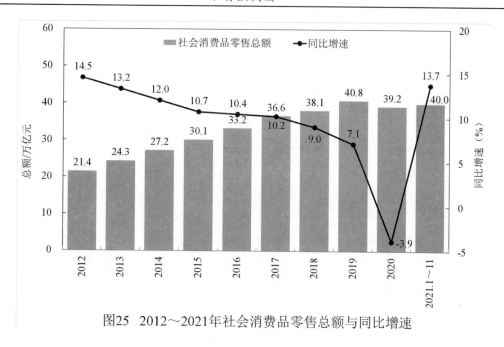

图25 2012～2021年社会消费品零售总额与同比增速

(3) 公路货运周转量与国内快递量 2021年1～11月份，国内公路货运周转量为6.3万亿t·km，同比大幅增长16%（见图26），但与2018年相比仍有明显下降，一定程度上影响公路物流车辆的终端需求。而2020～2021年公路物流类专用车销量大幅增长，导致物流车辆供给较为充足，运价长期维持在较低水平，物流用户盈利压力较大。

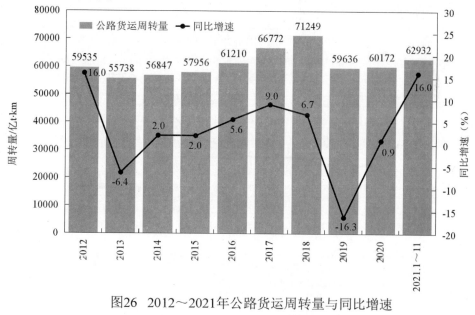

图26 2012～2021年公路货运周转量与同比增速

2021年1～11月份快递业务量突破900亿件，同比增长8%（见图27），增速比 2020 年明显放缓，但对厢式运输车、冷藏车等各类城市物流车仍形成一定的用车需求。

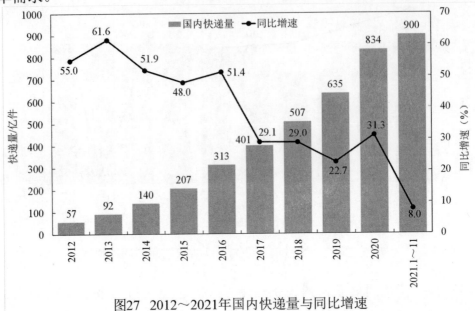

图27 2012~2021年国内快递量与同比增速

（4）工业生产者出厂价格指数  2021 年 11 月份，全国工业生产者出厂价格同比上涨 12.9%（见图28），环比持平。2021 年 1~11 月份平均，工业生产者出厂价格比 2020 年同期上涨 7.9%。2021 年工业生产者出厂价格明显增长，对专用汽车企业盈利带来较大压力。

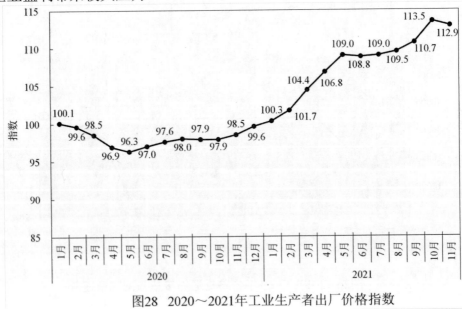

图28 2020~2021年工业生产者出厂价格指数

### 3. 技术因素

（1）电动化　目前，新能源汽车发展进入不可逆转的快车道，规模效应逐步显现，带来用户认知、技术水平、经济性的持续提升，将带动新能源专用汽车的发展。越来越多的车企开发设计新能源专用汽车专用底盘，实现驱动系统集成化设计，优化电机集成效率，优化动力电池系统空间布置，未来新能源专用汽车的能耗将持续下降，产品竞争力将不断提高。纯电动重型货车技术水平和经济性快速提升，多地探索纯电动重型货车换电模式，通过创新商业模式来拓展用车场景。随着燃料电池汽车示范应用的启动，燃料电池重型货车的寿命、能耗、续驶里程、系统功率等不断优化，基本满足长途运输、环卫作业、渣土运输、港口、矿山、煤炭及钢铁企业场内短倒等场景的应用，开始进入规模化示范阶段。

（2）智能网联化　商用车对降本增效的需求较为强烈，商用车智能网联设备增加了智能驾驶模块，提升座舱算力，结合 AI 技术和大数据分析技术识别驾驶行为，能明显降低行车事故率，并降低能耗，显著提升车辆运营经济效益。多家商用车企业正积极利用智能网联技术提升车辆运营效率和驾驶体验，包括实现车辆的自动驾驶、车辆上装的智能化作业以及座舱娱乐功能。多家车企推出 L4 自动驾驶货车，前期主要应用在港口、物流园区、城市环卫作业道路、矿区等行驶路线较为固定的区域。"十四五"期间，专用汽车上装关键部件、系统的自动控制技术与车辆底盘在感知协同、控制同步和通信交互等方面实现更优匹配，专用汽车将实现自动驾驶和智能化作业的协同发展。

（3）轻量化　近年来，通过对高强度钢、铝合金、复合材料等新材料的应用，我国专用汽车轻量化水平持续提高。"十四五"时期，我国专用汽车节能减排的标准将持续提高，超载、超限治理将长期保持高压态势，专用汽车的轻量化需求长期存在。专用汽车轻量化主要通过轻量化材料应用和轻量化结构设计实现。在轻量化材料方面，未来应持续提升高强度钢与铝合金的强度，并提升各类轻量化材料的经济性。在轻量化结构设计方面，应加快引入现代设计理念，加强底盘及上装关键部件的轻量化设计。通过提高专用车产品轻量化水平，持续提高产品的差异化和竞争力。

## 三、2022 年专用汽车市场趋势预测

### 1. 六大类专用汽车市场趋势预测

近年来，各类专用汽车政策和标准密集升级，GB 1589、GB 11567、GB 7258、

国六排放标准、治限治超、国三车加速淘汰等政策标准叠加实施，使专用汽车销量保持在高位运行，一定程度上透支了市场需求。2021年中央经济工作会议指出，我国经济发展面临需求收缩、供给冲击、预期转弱三重压力，外部环境更趋复杂严峻和不确定，2022年我国专用汽车市场面临下行压力。

在物流类专用汽车方面，国外新冠肺炎疫情持续蔓延以及国内疫情零星散发，多类原材料价格上行压力较大，企业盈利、居民就业及收入受到一定影响，消费意愿有所下降。碳达峰、碳中和战略使钢材、煤炭、水泥等产业结构优化，运输需求有所降低。此外，下游物流运输盈利空间受限，且物流类专用车市场透支，运力趋于饱和，预计2022年物流类专用汽车市场将有所下滑。从细分车型来看，全球新冠肺炎疫情预计仍将持续一段时间，人们对线上购买生鲜等冷链货物的需求较高，资本大力布局生鲜新零售，同时，政策鼓励冷链物流发展，预计2022年冷藏车会有一定幅度增长。在新能源汽车市场规模效应的带动下，以及政府大力推进公共车辆电动化和燃料电池汽车示范运行，预计2022年新能源专用汽车将迎来增长。

在土建工程类专用汽车方面，中央提出适度超前开展基础设施投资，同时2022年"十四五"规划下重大项目陆续新开工，传统基建将迎来反弹，但上升空间有限。而房地产开发下行压力大，同时，政策提出"加快发展长租房市场，推进保障性住房建设"，"十四五"期间全国多个省市提出了建设保障性住房的新建和改建规划，预期2022年将有一批保障性住房集中开工，为工程类专用汽车提供了一定的需求。

在环卫类专用汽车方面，前期46个重点城市的垃圾分类体系建设初步完成，后续垃圾分类体系将在全国范围内逐步推广，预计地方政府对环卫车辆的采购需求基本保持稳定，环卫车辆市场基本持平。

在城市服务类专用汽车方面，由于我国经济下行压力加大，企业经营形势较为严峻，企业用车需求预计有所下降。居民消费呈一定的分化态势，部分人群消费升级趋势明显，对旅居车等车型的需求呈增长态势。同时，围绕各细分应用场景的定制化开发产品将不断涌现。

综上，预计2022年六大类专用汽车销量将有小幅下降，全年销量在159万辆左右（见图29）。

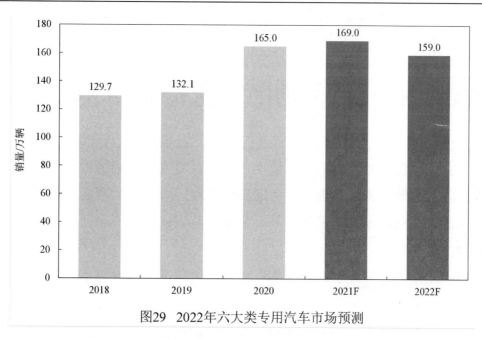

图29 2022年六大类专用汽车市场预测

### 2. 普通自卸汽车市场趋势预测

预计2022年基础设施建设稳中有升、公路货物运输需求较为稳定，但由于前期普通自卸汽车市场存在一定程度的透支，预计2022年普通自卸汽车销量会有小幅下降，全年销量在34万辆左右（见图30）。

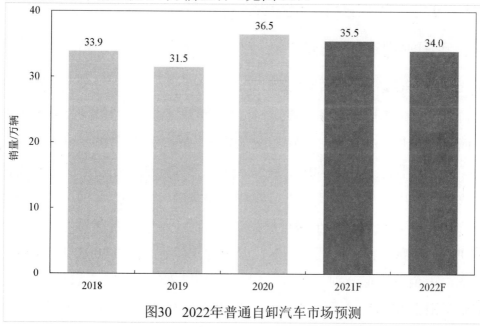

图30 2022年普通自卸汽车市场预测

（作者：任海波 张秀丽）

# 我国乘用车市场区域发展特征及展望

根据我国经济社会发展的实际情况,全国划分为四大经济板块:东部地区、中部地区、西部地区和东北地区。考虑到西部地区内部西南和西北差异较大,因此本文的区域共包括5大地区:东部、中部、西南、西北、东北。各地区包含的省(自治区、直辖市)范围如下。

东部:北京市、天津市、河北省、山东省、江苏省、上海市、浙江省、福建省、广东省、海南省。

中部:河南省、湖北省、湖南省、安徽省、江西省、山西省。

西南:重庆市、四川省、广西壮族自治区、贵州省、云南省、西藏自治区。

西北:陕西省、甘肃省、宁夏回族自治区、青海省、新疆维吾尔自治区、内蒙古自治区。

东北:黑龙江省、吉林省、辽宁省。

## 一、我国乘用车区域现状

### 1. 规模:东部>中部>西南>西北>东北

人口规模决定乘用车市场规模。根据第七次全国人口普查数据,2020年东部、中部、西南、西北、东北人口分别是56372万、36469万、25528万、12758万、9851万,占全国比重分别是40%、26%、18%、9%、7%[①](见图1)。人口规模大小直接决定了乘用车市场规模呈现东部>中部>西南>西北>东北的区域格局。一是保有量。2020年,全国乘用车保有量为2.2亿辆,其中,东部为1.1亿辆,占全国比重49%;中部、西南、西北、东北分别为0.47亿辆、0.30亿辆、0.19亿辆、0.15亿辆,占全国比重分别为22%、14%、8%和7%[②]。二是需求量。2020年,全国乘用车销量为1951万辆,其中,东部为978万辆,占全国比重50%;中部、

---

① 数据来源于国家统计局。后文出现的经济、人口数据来源相同。
② 数据来源于国家统计局、国家信息中心。后文出现的保有量数据来源相同。

西南、西北、东北分别为427万辆、288万辆、152万辆、106万辆,占全国比重分别为22%、15%、8%和5%[①]。

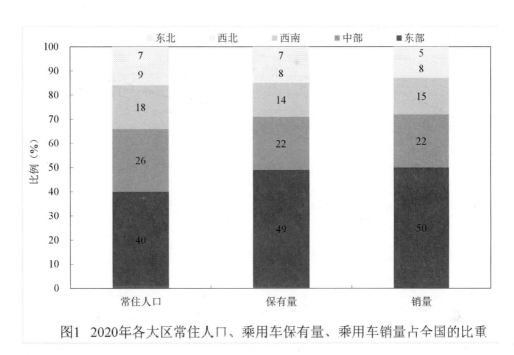

图1 2020年各大区常住人口、乘用车保有量、乘用车销量占全国的比重

### 2. 发展阶段:东部>东北>西北>中部>西南

乘用车普及时间和人均GDP,共同决定当前各区域的乘用车千人保有量水平。第一,普及时间越早,当前的千人保有量越高;第二,人均GDP越高,当前的千人保有量越高;第三,当前人均GDP相对不高,但乘用车普及时该区域人均GDP处于当时相对较高水平,那么由于时间的积累,当前千人保有量也较高。

东部人均GDP全国最高、乘用车普及最早,因此乘用车千人保有量最高,2020年为190辆(见图2、图3)。东北虽然当前人均GDP全国最低,但2010年人均GDP较高,带动乘用车普及早,2020年已达151辆。西北与东北类似,早年间凭借大宗商品和投资,经济发展水平相对较高,千人保有量较高,2020年为147辆。中部和西南虽然2020年人均GDP高于东北和西北,但2010年时是不及东北和西北的,导致乘用车普及较晚,当前千人保有量并不高,分别为130辆和118辆。

---

① 数据来源于保险口径销量。后文出现的销量数据来源相同。

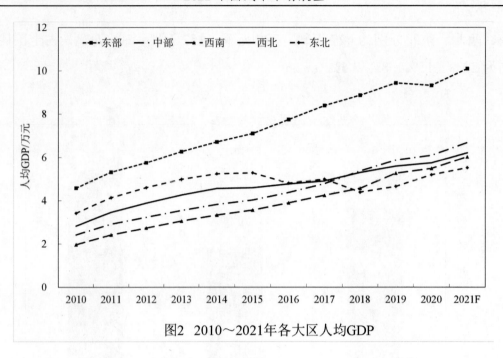

图2 2010~2021年各大区人均GDP

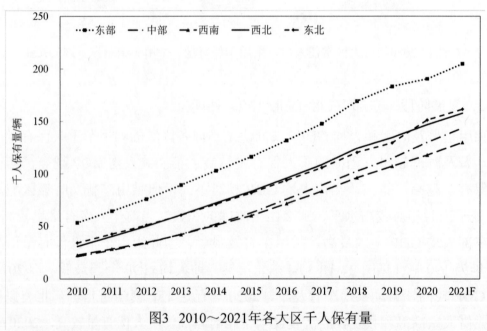

图3 2010~2021年各大区千人保有量

## 二、我国乘用车区域发展特征

乘用车市场趋势在2016年前后截然不同：2010~2015年，销量从1075万辆增长到 2009 万辆①，增长 87%；2016~2021 年，销量从 2407 万辆调整到 2129 万辆，下滑 12%②。主要有两方面原因：一是发展阶段变化，2016 年全国乘用车千人保有量达 100 辆，进入普及中后期，潜在增速放缓；二是经济转型，2015~2016 年经济发展方式进入转型期，客观上导致经济发展下行压力大。

不同地区经济和乘用车发展阶段、人口规模和结构、社会人文、政策环境等存在差异，导致不同地区乘用车市场在 2016 年前后的发展有非常大的差异。

**1. 东部总体"先降后升"、内部"一分为三"、结构"档次高、自主品牌少、新能源多"**

（1）"先降后升"，即 2010~2015 年东部份额下滑，2016~2020 年上升 2010 年，东部乘用车销量占全国份额的 55.7%，此后连年下降，2015 年最低，为 47.9%，2016 年止跌回升，2021 年达到 50.6%（见图 4）。

图4 2010~2021年东部乘用车销量占全国销量的份额

一是东部乘用车发展阶段高，潜在需求增速较低，意味着汽车市场整体高增长时，其需求增速必然低于其他地区，当汽车市场下滑时，其跌幅也小于其他地区。

---

① 2010~2015 年区域销量数据口径是注册口径销量。
② 2016 年及以后区域销量数据口径是保险口径销量。

二是因为东部GDP份额"先降后升"。2008年前，出口对经济发展贡献大，东部经济快速发展；随着国际金融危机爆发，刺激消费和加大国内投资尤其是基建投资成为增长主要动力，中西部经济得到快速发展，东部经济增速相对放缓。2015~2016年进入新阶段，中西部经济增长方式和产业结构面临调整，调整期间经济下行压力大，而东部受益于更合理的产业结构，经济受影响较小，经济份额在2018年回升至52.6%（此后受贸易摩擦影响，东部份额有一定下滑）（见图5）。

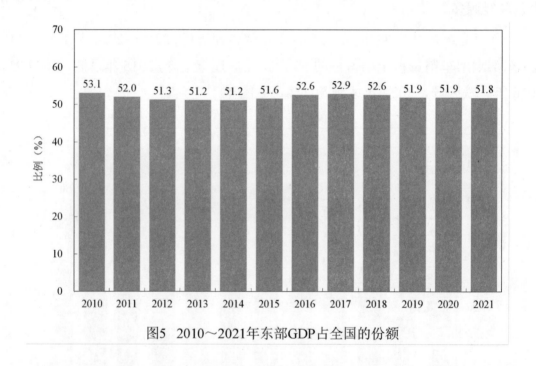

图5 2010~2021年东部GDP占全国的份额

（2）"一分为三"，即东部各省分为三类市场：限购省市、出口大省、河北

第一类是限购市场相对稳定，包括北京、天津、上海、广州、深圳、杭州。2010~2015年限购市场年均增长4.2%，不及全国的16%；2016~2020年均微跌0.5%，好于全国的-5.4%。尤其2018年以来，限购政策放松①，利好需求释放。

---

① 如杭州2018年增设个人阶梯摇号、2020年增加2万指标、2021年设置浙A区域号牌政策；深圳和广州2019~2020年分别累计增加8万和10万个增量指标；上海2020年增加4万个增量指标；天津2020年和2021年分别增加3.5万个增量指标，并在2020年设置区域号牌政策；北京2020年一次性增加家庭新能源指标2万个等。

第二类是出口大省销量增速与出口表现密切相关,包括广东、福建、江苏、浙江、山东。出口表现好,销量增速高于全国;出口表现不好,销量增速低于全国。2010年中国出口表现非常好,出口大省销量增长38%,高于全国的35%;2012年出口增速回落,出口大省销量增长12%,低于全国的17%;此后到2016年出口一直趋缓,出口大省销量增速也低于全国;2017年后,出口再度表现亮眼,出口大省在全国持续下滑的大背景下基本保持销量稳定;新冠肺炎疫情后出口高增长,出口大省的销量增长也明显好于全国(见图6)。

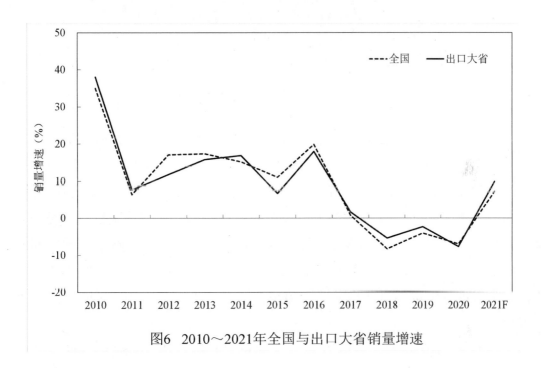

图6 2010～2021年全国与出口大省销量增速

第三类是河北,经济和销量受经济发展方式转型的客观影响,2016年后压力较大。增速的转折点出现在2016年。2010～2015年,河北销量年均增长19%,高于全国,但供给侧结构性改革开始后,2016年仅增长5%,而全国同期是20%。销量的转折点出现在2018年。2010～2017年河北销量从60万辆增长到161万辆,但在2018年环保攻坚战开启后销量一直下滑,2020年已快跌破百万辆,只有104万辆(见图7)。

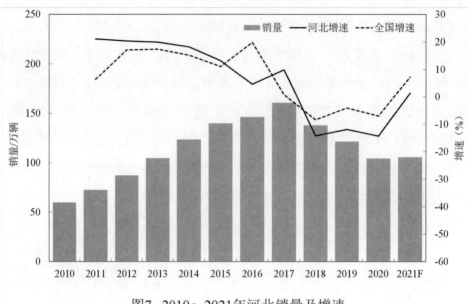

图7 2010~2021年河北销量及增速

（3）"档次高、自主品牌少、新能源多"，即东部豪华车和高级别车渗透率高、自主品牌份额低、新能源车普及更快　一是购车档次和级别高。2020年，东部豪华车渗透率达到21.6%（全国是18.3%）；B级及以上（B级车如大众帕萨特、丰田凯美瑞等）车型渗透率为38.0%（全国是32.2%）。东部购车档次和级别高的根本原因是收入高，2020年东部人均GDP达到9.4万元，远高于全国同期人均GDP 7.2万元。此外，东部乘用车发展阶段高，意味着再购（增购和换购）比例更高，国家信息中心调研数据显示，2020年东部的购车用户中，再购比例为42%（全国是35%）。

二是自主品牌份额低。2020年，东部自主品牌份额为28.2%，低于全国的33.1%，原因在于：一方面，东部地区乘用车普及最早，欧系和日系等合资品牌率先进入市场，造成了既有的品牌认知；另一方面，东部购买力高，豪华品牌和高级别车更受欢迎，是对当前自主品牌的主要不利因素。2021年，自主品牌份额突增，主要是因为合资品牌销量受到供给短缺的严重制约（见图8）。

三是新能源车渗透率高。2021年，东部新能源车占乘用车份额是14.3%（全国是11.2%）。主要是因为东部有北京、上海、天津、杭州、广州、深圳等多个限购城市，新能源车渗透率分别为21.8%、33.3%、21.3%、27.6%、22.5%；而且东部再购需求更高，国家信息中心调研数据显示，增购和换购用户愿意购买新能源车的比例分别为17.9%、17.6%，高于首购的13.3%。

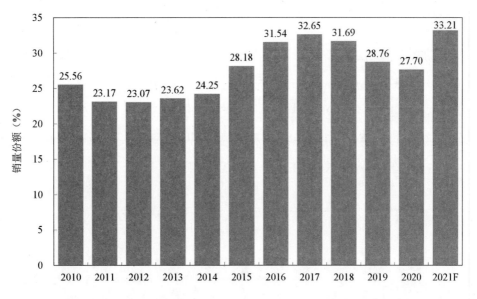

图8 2010~2021年东部地区的自主品牌销量份额（东部地区乘用车=100%）

## 2. 中部总体"前快中平后慢"、内部"依次调整"、结构"中"

（1）"前快中平后慢"，即2011~2015年增速快于全国，2016~2018年与全国基本一致，2019~2020年明显低于全国 2010~2015年中部销量年均增长21%，高于全国；2016~2018年中部年均增长3.2%，与全国基本一致；2019~2021年中部年均下滑3%，跌幅大于全国（见图9）。

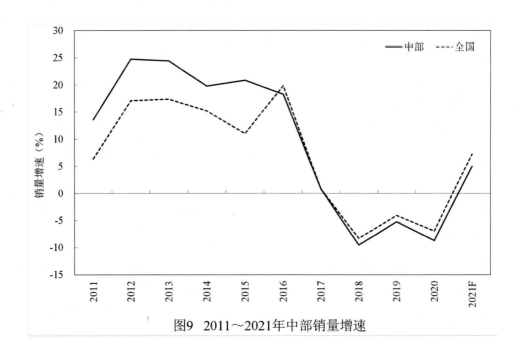

图9 2011~2021年中部销量增速

一是因为经济变化。2010~2015年，中部受益于投资尤其是基础设施建设投资的大幅增加，经济快速增长。数据显示，中部全社会固定资产投资额占经济总量的比重曾一度高达90%，在如此大力度投资的刺激下，中部经济占全国的份额也一路上升，从2010年19.7%上升到2015年的20.3%（见图10）。但2015年开始的供给侧结构性改革，中部经济结构转型升级的阵痛直接反映到经济增速由高速转向中速，汽车市场需求也随之受到一定影响。

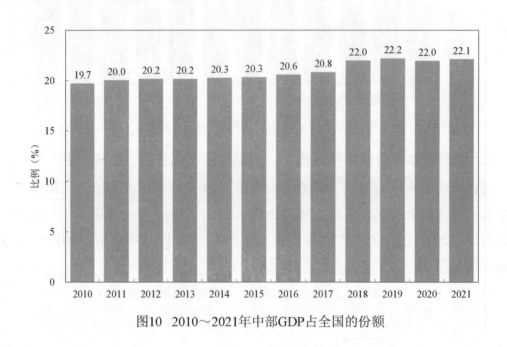

图10　2010~2021年中部GDP占全国的份额

二是因为乘用车发展阶段变化。2010年时中部的乘用车千人保有量（见图3）仅21辆，到2018年已达到102辆，由快速普及期来到普及中后期，潜在增速将显著降低。实际情况也正如此，2018年，中部乘用车销量下降10%，下滑幅度大于全国的8%，2019~2020年也延续了市场表现不如全国的趋势。

（2）"依次调整"，即2016年开始，中部各省销量增速陆陆续续进行调整　湖北销量增速2016年开始低于全国，2019年恢复，但2020年受新冠肺炎疫情影响，又低于全国；湖南增速2017年低于全国，2018年立即恢复较快增长；河南增速2018~2019年低于全国，2020年已高于全国；安徽增速2017年开始低于全国，已持续5年；江西增速2019年低于全国，目前已持续3年（见表1）。

表1  2015~2020年中部各省销量增速

(单位:%)

| 年份 | 湖北 | 湖南 | 河南 | 安徽 | 江西 | 山西 | 全国 |
|---|---|---|---|---|---|---|---|
| 2015年 | 28.6 | 23.1 | 16.0 | 24.0 | 28.7 | 8.9 | 11.0 |
| 2016年 | 12.9 | 20.3 | 21.4 | 18.8 | 20.3 | 12.9 | 19.8 |
| 2017年 | -3.7 | -1.6 | 3.4 | 0.1 | 2.0 | 3.9 | 0.8 |
| 2018年 | -9.4 | -8.2 | -9.6 | -11.0 | -6.5 | -12.3 | -8.3 |
| 2019年 | -2.6 | -3.5 | -6.5 | -4.5 | -8.0 | -6.2 | -4.0 |
| 2020年 | -13.9 | -5.2 | -5.8 | -12.1 | -10.6 | -7.2 | -7.0 |

中部省份汽车市场2015年开始调整，时间有先有后。一是中部各省经济结构转型阵痛导致经济波动。二是各省经济和产业结构存在差异，因此调整开始和所需的时间不相同。比如，湖北是中部产业结构最好的省，高校教育资源、"强省会"发展战略有效支撑和推动其经济能够较快实现转型；湖南装备制造业优势明显，叠加长株潭一体化发展，经济转型阵痛较快度过；河南依靠活跃的民营经济，快速度过经济转型阵痛期，但由于缺少亮眼的新经济支撑、交通运输枢纽作用在竞争中被削弱，未来几年增速可能会再次回落；安徽产业结构转型升级稳步推进，近年来已显现成效，预计经济和乘用车需求将很快有较好表现；江西是中部发展较慢的省，表现在经济速度和发展动作上，江西较晚明确"强省会"，错过了黄金发展时间，但由于经济体量不大，未来依然值得期待。

此外，山西2013年乘用车销量增速开始低于全国，持续到现在。一是因为2013年大宗商品价格进入下行周期，煤炭大省受影响首当其冲；二是2015年供给侧结构性改革，要求"三去一降一补"，对山西经济和产业结构造成非常大的冲击。

(3)"中"，即中部地区细分市场特征，没有最突出，也没有最拉垮 一是购车档次"中"。豪华车渗透率为13.1%，比东部低，与西南、东北差不多，比西北高。二是购车级别"中"。A级车（大众速腾、丰田卡罗拉等）是最主要车型，占比55.4%，比东部高，与西南差不多，比东北低。三是新能源车"中"。新能源车渗透率为9.6%，高于西北和东北，与西南差不多，低于东部。四是品牌属性"中"。自主品牌份额为35.7%，高于东北和东部，低于西北和西南。

中部细分市场表现"中"，有三方面原因：一是中部乘用车发展阶段处于各地区中间水平；二是中部购买力处于中间水平；三是中部文化也以中庸为主流。

### 3. 西南总体"先快后慢"、内部"大小分明"、结构"自主当家"

（1）"先快后慢"，即2011~2018年增速高于全国，2019~2021年低于全国 2011~2018年，西南销量年均增长13.6%，高于全国的9.9%；2019~2021年，西南年均下滑3.1%，跌幅大于全国的1.3%（见图11）。

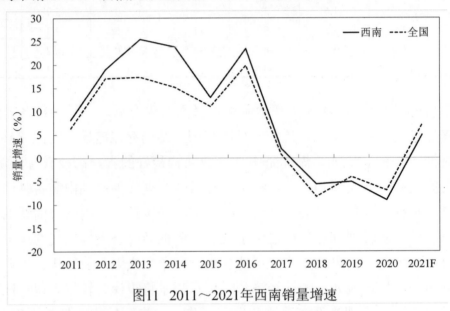

图11 2011~2021年西南销量增速

一是因为西南经济增速高于全国。2010~2015年，西南受益于大力度的投资尤其是基建投资，经济增长始终保持高速。2015年后，虽然受供给侧改革等影响，经济转型阵痛导致增速调整，但由于整体经济水平低、潜在增速高、重庆四川双城发力、云南贵州广西旅游支撑等因素，经济表现仍好于全国。

二是因为西南乘用车发展阶段低于全国。2010年，西南乘用车千人保有量是23辆，全国是36辆；到2020年，西南乘用车千人保有量为110辆，全国已接近150辆。与全国的差距并未显著缩小，意味着西南需求潜在增速依然高于全国。

（2）"大小分明"，即西南内部各省的市场规模差异极其显著 四川是百万销量规模，2021年销量106万辆，占西南34%；云南、广西、贵州、重庆是50万辆级的规模，销量分别为56万辆、52万辆、46万辆、46万辆，占西南的18%、17%、15%、15%；西藏仅4万辆，占1.3%。核心原因是经济和人口规模的差异：四川、云南、广西、贵州、重庆、西藏常住人口份额分别为33%、18%、20%、15%、13%、1%，GDP分别占35%、18%、16%、13%、18%、1%。

（3）"自主当家"，即西南自主品牌的份额是最高的 2021年，西南市场自主品牌份额为46.3%，略高于西北，远高于其他各区。一是因为西南地区乘用车普及较晚、购买力较低，自主品牌更符合当地用户的购买能力需求；二是西南多山地，对 SUV 需求更为旺盛，而自主品牌的 SUV 凭借更高的性价比，占据了西南 SUV 市场 55%的份额。

**4. 西北总体"前慢后快"、内部"三大主力"、结构"档次低 SUV 多"**

（1）"前慢后快"，即 2019 年前增速慢于全国，2019～2021 年快于全国　2019 年以前，西北销量增速慢于全国，主要是因为经济发展不顺。2013 年大宗商品价格下跌、2015 年供给侧改革、2016 年"祁连山事件"为代表的环保攻坚战，一系列外部环境变化和内部问题暴露，都制约了西北经济持续稳定发展。2019～2021 年增速快于全国，主要是前述的诸多负面因素出清，陕西、新疆、甘肃等西北大市场恢复较快增长，拉动西北整体增速快于全国（见图12）。

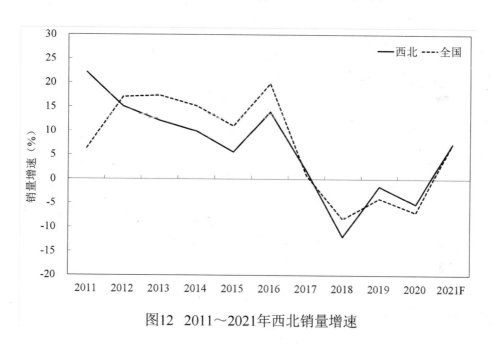

图12　2011～2021年西北销量增速

（2）"三大主力"，即陕西、新疆和甘肃，合计占西北销量的 70%以上　陕西是西北最大的市场，2021 年销量为 62 万辆，占西北的 36%。2010～2014 年，陕西市场增速其实和全国差不多；但 2015～2017 年受供给侧改革等因素影响，表现低迷；2018 年西安率先"抢人大战"，人口增长快速有效拉动汽车市场增长。但由于经济结构调整仍未取得显著成效，汽车市场能否持续高增长存在不确定性。

新疆是西北第二大市场，2021 年销量为 35 万辆，占西北的 21%。新疆乘用车发展阶段低，千人保有量在西北仅高于甘肃（112 辆）。理论上其汽车市场增速会明显高于西北整体也高于全国,但是新疆汽车市场增速波动却非常大,当新疆全力发展经济时,汽车市场增长明显快于全国;否则,汽车市场就会出现波动。

甘肃是西北第三大市场,是乘用车发展阶段最低的西北市场,2021年销量为25万辆,千人保有量为94辆。2010~2015年,甘肃乘用车销量增速都明显比全国更高,年均增长19%;但2016年爆出影响很大的"祁连山事件",导致2016~2018年汽车市场增速连续低于全国,年均增长-4.4%(全国是5.4%)。但由于甘肃发展阶段很低,当无明显不利的外部影响时,其汽车市场增速必然是高于全国的。

(3)"档次低SUV多",即购车档次最低、SUV份额最高 2020年,西北市场豪华车渗透率仅为10.3%,主要原因是西北经济增长明显放缓。从历史数据可以看出,2010年西北豪华车渗透率为4.6%,高于中部的3.5%;但由于过去10年西北经济增长较慢,其豪华车渗透率提升缓慢,到2020年只提升了5.7个百分点,而中部经济增长快,豪华车渗透率提升更快,2013年已超过西北,到2020年共提升了9.4个百分点,达到12.9%(见图13)。

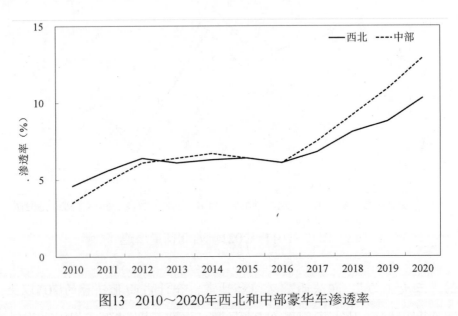

图13 2010~2020年西北和中部豪华车渗透率

2020年,西北SUV渗透率高达59%,此时东部、中部、西南、东北的SUV渗透率分别是43.2%、46.9%、50.0%、49.6%。SUV份额高最主要的原因是西北地广人稀山地多,自从2013年左右自主品牌发力SUV后,西北的SUV份额以年均近5个百分点幅度提升,可以说,SUV是西北的"天命之选"(见图14)。

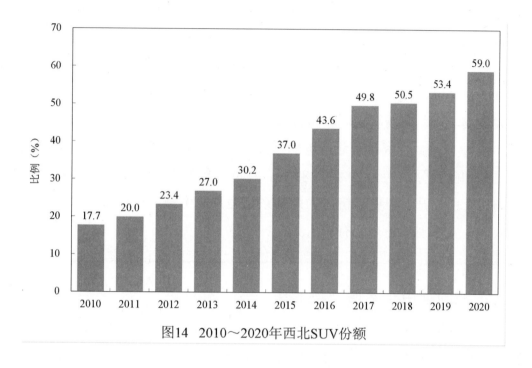

图14 2010~2020年西北SUV份额

### 5. 东北"一直低迷"、但"2020亮眼"、结构"燃油为王、钟爱合资"

(1)"一直低迷",即2010~2019年,东北销量增速都低于全国 经济低迷是东北汽车市场持续低迷的根本原因,经济总量占全国份额从2010年的8.6%降到2020年的5%。第一,经济持续低迷,直接影响购买力的增长;第二,经济持续低迷,导致人口持续外流,2010~2020年东北人口减少1104万人(同期全国人口增长6887万人),人口持续大量流失,意味着需求基本盘在不断变小;第三,流出的人口都是年轻人,导致老龄化非常严重,2020年东北60岁以上人口占24.3%(全国是18.7%),意味着有效的需求基本盘更小。

(2)"2020亮眼",即2020年东北市场表现显著好于全国 2020年最大的影响因素是新冠肺炎疫情。第一,东北新冠肺炎疫情相对较轻,新冠肺炎疫情防控的影响较小;第二,产业结构决定东北经济受新冠肺炎疫情的负面影响较小,新冠肺炎疫情影响最大的是三产,其次是二产,对一产影响不大,而东北一产比重高(黑龙江、吉林、辽宁分别是25.1%、12.6%、9.1%,全国是7.7%)、三产比重低(黑龙江、吉林、辽宁分别是49.5%、52.2%、53.5%,全国是54.5%);第三,因为新冠肺炎疫情更多考虑出行安全,乘用车出行需求增加,带动再购需求明显提升,国家信息中心调研显示,2020年东北再购比例为37.2%,比2019年高8.9%,而2015~2019年合计才增加3.5%。

（3）"燃油为王、钟爱合资",即新能源车少、合资品牌非常受欢迎 气候原因,决定了当前技术水平下的新能源车在东北"寸步难行"。2021年全国新能源车大爆发,东北市场新能源车份额仅为3.0%。

2010年以来,合资在东北市场的份额从来没有低于过60%,2021年为62%,其中日系和欧系分别为28.3%和28.6%。从近几年的发展看,自主品牌份额在东北市场也有所提升,但更多挤占的是韩系和美系的份额,对日系和欧系的抢占难度较大,主要原因就是东北有一汽大众、一汽大众奥迪、华晨宝马、一汽丰田等"地产车",而且"地产车"的品牌力和产品力都很优秀和扎实。

### 三、我国乘用车区域市场展望

未来,各区域乘用汽车市场规模大小仍取决于人口规模和经济规模,东部仍是最大市场,中部和西南位居其后,西北和东北规模较小。市场增长快慢取决于汽车市场发展阶段、经济发展速度和政策影响,具体来看:

#### 1. 2022年,在宏观经济、政策的共同作用下,东部仍有望领跑汽车市场

在宏观经济方面,在国际新冠肺炎疫情仍无望结束的大背景下,2022年中国出口虽有可能减速但不会失速,仍将保持增长,对东部出口大省的经济和汽车市场有支撑作用；新冠肺炎疫情不能完全消失的前提下,国内的消费仍将不会有明显起色,尤其旅游等消费仍将低迷,对西南和中部影响较大；投资大概率是"稳经济"的压舱石,不会有大力度刺激政策,对于中部、西南和西北等投资依赖度大的地区的经济发展是相对不利的。因此,2022年,区域经济格局基本延续2021年。

在政策方面,一是能耗双控政策。2022年压力依然很大,"十四五"设定的"能耗降低目标"为约束性指标,必须完成,对西北、东北、西南等地的经济转型来说,压力较大。二是汽车消费相关政策。"松限购"将保持延续,东部的限购市场仍将保持增长。此外,有经济实力的地方（基本上以东部地区居多）,将继续通过刺激汽车消费来提振消费、提振经济,也有利于汽车市场需求的释放。

## 2. 未来一段时间内，受发展阶段差异以及宏观经济和政策的影响，东部市场仍有增长空间，中部和西南也有增长潜力，西北和东北份额下滑

从汽车市场潜在增速来看，东部、东北、西北已处于后高速期，潜在增速都将逐渐下降；西南、中部饱和度较低，未来潜在增速将处于各大区较快水平。

从未来5年区域经济发展格局看，东部仍是最有经济发展活力和潜力的地区，其次是中部和西南，西北和东北受制于产业结构和经济结构，未来5年仍处于加速调整阶段。人口也将随着经济发展而继续向东部集聚，中部和西南相对稳定，西北和东北人口份额继续下降。

从政策看，"全面促进消费"成为"十四五"规划重要内容，汽车作为消费市场"顶梁柱"，"促消费"成为宏观调控的重要内容，2025年之前不再有新的限购城市出现。

从汽车市场本身的增长看，新能源将成为最主要的增长市场。过去五年，新能源车发展加剧了区域格局变化：加大了东部市场份额提升的幅度，缩小了其他区域市场份额提升幅度。未来，东部仍是新能源车需求的绝对主体，中部和西南需求会更快提升。

综合以上多种因素及其影响判断，未来5年，东部汽车市场需求份额稳步提升，西北和东北继续下降，中部和西南份额缓慢回升。

（作者：林超）

# 细分市场篇

# 2021 年北京市汽车市场分析及 2022 年展望

## 一、2021 年北京市汽车市场回顾

2021 年北京市实施小客车数量调控政策进入第 11 个年头，在全球新冠肺炎疫情依然延宕起伏、全球供应链危机下世界经济艰难复苏、我国经济率先走出疫情影响的大背景下，北京市汽车市场在限购政策、疫情防控及货源供应紧张三大因素影响下走出一波前高后低的市场表现。2021 年上半年北京市汽车市场基本恢复到正常状态，因 2020 年基数过低，2021 年上半年呈现出同比高速增长态势，下半年受牌照集中投放、新冠肺炎疫情及货源供应紧张因素影响，市场表现脱离往年正常销售趋势，第四季度整体汽车市场呈现下滑态势，除新能源汽车保持同比快速增长外，新车、进口车、二手车全年销量同比基本持平或有小幅增长。

### 1. 新车市场整体情况

2021 年 1～11 月份北京新车交易量为 59.46 万辆，同比增长 8.3%，增幅高于全国 4.8 个百分点，预计全年新车交易 65 万辆，与 2020 年基本持平或略有增长。2019～2021 年北京市新车月度销量见图 1。

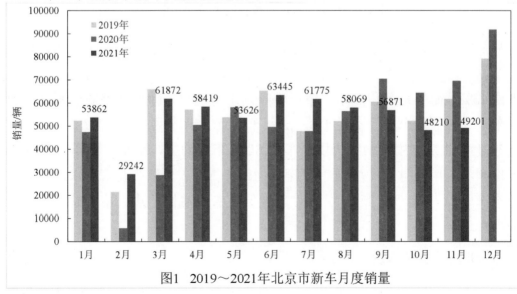

图1 2019～2021 年北京市新车月度销量

从月度销量变化看，2021年北京市新车销售表现为前高后低走势。2020年年底报复性增长后，2021年基本恢复到疫情前的正常销售水平，第一季度同比增长76.7%（见图2），远超2020年同期。随着2021年5月26日新能源汽车指标及6月26日的第一批燃油车牌照投放，6月、7月北京市新车消费需求得到集中释放，单月销量都突破6万辆，形成一个销售高峰。从2021年8月份开始随着消费需求的释放以及因芯片供应造成的车源紧张的影响，北京新车销售逐月下滑，10月、11月受到北京疫情的再次冲击，销量大幅下降，同比分别下降25.2%和29.3%，同比累计增幅由最高时的76.7%到11月时下降到只有8.3%，预计12月北京汽车销售总量同比会继续下降，全年实现小幅增长。

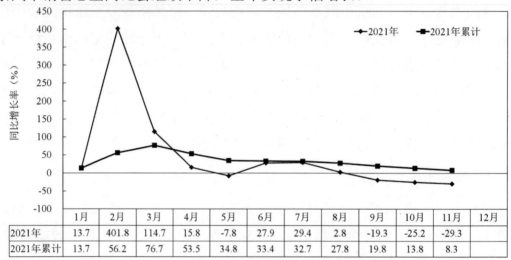

图2　2021年北京市新车月度销量同比增长率

从乘用车国别结构来看，2021年自主品牌汽车已经占到北京市汽车市场份额的第一位，占比34%，紧随其后的是德系车，占比28%，日系车占比20%，美系车占比13%，而韩系车和法系车市场份额则下滑明显，韩系车市场份额仅占3%，法系车市场份额甚至已经不足1%，法系车在京的销售网点不断萎缩。

2021年北京乘用车销售仍以轿车及SUV车型为主，分别占到46%和45%的市场份额，全年销量预计达到24万辆的水平。MPV车型在北京需求逐步增长，市场份额已经占到8%，随着家庭对7座车需求的增长，其市场份额还会进一步增加。

### 2．进口车销售情况

2021年1~11月份，北京市进口车累计交易5.33万辆，同比增长6.14%，增幅高于全国，预计全年进口车累计交易不足6万辆，同比持平或略有下降（见图3），远未恢复到新冠肺炎疫情前2019年7.88万辆的销售水平。

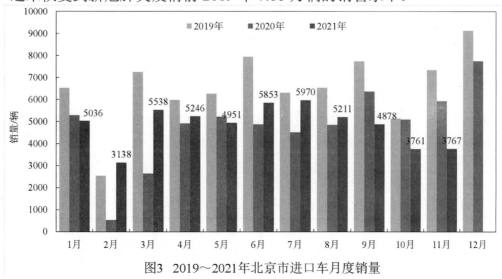

图3 2019～2021年北京市进口车月度销量

2021年北京进口车销售依然低迷，2021年1～11月份与2020年同期相比虽有所增长，但主要体现在上半年的补偿性增长，从8月份开始受货源供应紧张及疫情影响，单月销量连续下滑，11月份进口车销量同比下降幅度达到36.53%。2021年1～11月份进口车占北京新车销售市场份额的8.97%，11月份只有7.66%，进口车销售市场占有率继续保持下降趋势。国产车型替代、国六标准平行进口车进口受限、部分放开国六B车型无法在京上牌、北京疫情防控限制人员进京等是造成北京市进口车市场占有率持续下滑的主要因素。平行进口车的持续车源紧张，造成经销企业长时间无车可卖，严重冲击了北京市平行进口车销售渠道。

北京进口车销售车型占比与全国情况基本相同，进口车销售以轿车及SUV车型为主，两者占到所有进口车销售的96%，其中SUV车型排在首位，占比51%，轿车占比45%，排在第二位。

从动力类型上看，2021年新能源汽车占到北京进口车销量的13.66%，与2020年相比下降2.65个百分点，下降的主要原因是特斯拉国产化及国内新能源汽车优势不断提升。进口新能源汽车主要以油电混合动力车型为主，油电混合动力车型占到新能源进口车总体的91%，纯电动车型不足10%。

### 3. 新能源汽车销售情况

在全国新能源汽车市场爆发式增长的大背景下，2021年北京市新能源汽车继续保持了快速增长的势头，为低迷的北京市汽车市场提供了一股活力。在新车销售总量持续走低的情况下,新能源汽车在各项政策支持及新能源汽车自身产品的快速迭代和发展下,市场占有率不断提高。2021 年 1~11 月份,北京市新能源汽车累计交易 14.8 万辆,同比增长 35.39%,预计全年销售接近 16 万辆。2019~2021 年北京市新能源汽车月度销量如图 4 所示。北京新能源汽车的市场占有率逐年升高,2021 年占比接近 25%(见图 5),是全国新能源汽车市场占有率的 1 倍。北京市的新能源汽车消费发展远远走在全国前列,率先完成了《新能源汽车产业发展规划(2021~2035 年)》中提到的"到 2025 年,新能源汽车新车销售量达到汽车新车销售总量 20%"的目标。

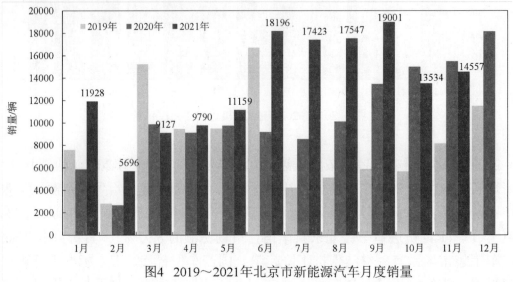

图4 2019~2021年北京市新能源汽车月度销量

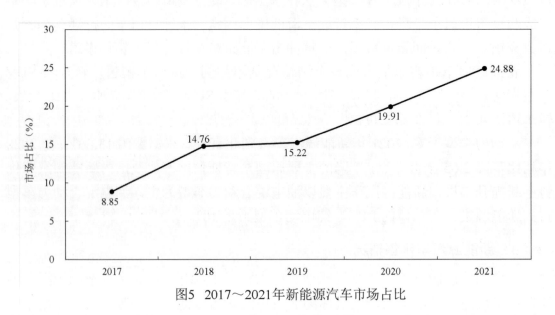

图5 2017~2021年新能源汽车市场占比

2021年比亚迪、北汽新能源、特斯拉仍占据北京新能源汽车销售排行的前三名（见图6），比亚迪的市场领先地位凸显。北京市混合动力车型市场是丰田和本田的天下，基本占据了99%的混合动力车型的市场份额，依靠这一优势排在北京市新能源汽车销售的第四位和第五位。广汽传祺以稳定的表现继续排名第六。造车新势力蔚来、小鹏、理想继续保持在前10位，分别位列第七位、第八位、第九位，2020年热销的威马在2021年则表现不佳，跌出了前10位。大众汽车在2021年陆续推出一系列新能源车型后，在北京市汽车市场有了显著的增长，也是唯一进入北京市纯电动汽车销售排行前10位的传统合资品牌。大众汽车在新能源汽车产品上的发力，让我们看到了传统汽车厂商在新能源汽车市场上的发展潜力。从销售品牌及车型上看，北京市消费者对高质量新能源汽车消费需求不断增加，大航程、高智能、全新设计车型越来越得到消费者的喜欢，而一些在国内热销的小型电动车、低端电动车在北京市汽车市场的需求则越来越少。

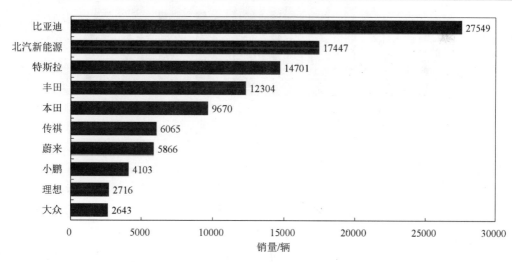

图6 2021年北京市新能源汽车品牌销售排行

### 4．商用车销售情况

2021年1～11月份，北京市商用车累计交易6.65万辆，同比增长2.75%，好于同期全国商用车同比下降5.3%的市场表现，但与2019年同期相比仍下降28.3%。从单月销售趋势来看，北京的销售趋势与全国基本保持一致，2021年3月份销量达到峰值1.1万辆（见图7），以后销量逐月下降，与全国趋势不同的是，9月、

10月全国商用车销量开始回升，而北京市商用车销量与往年销售趋势不同，受北京市疫情管控影响继续下滑。预计 2021 年北京商用车销售累计 7.2 万辆左右，与 2020 年基本持平或略有下降。

随着 2020 年年初北京市进一步限制商用车通行范围，加强对皮卡、微型货车销售的管控，商用车市场份额下降明显，2021 年继续受相关政策影响，北京市商用车市场份额继续保持在 11.18%，与 2020 年基本持平。 2019~2021 年北京市商用车月度销量市场占有率见图 8。

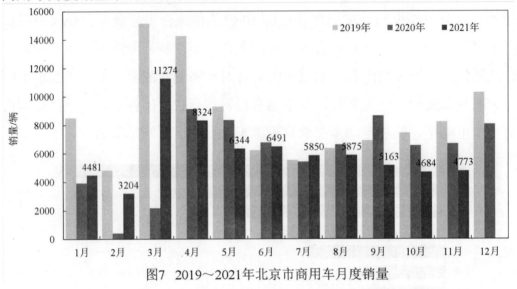

图7 2019~2021年北京市商用车月度销量

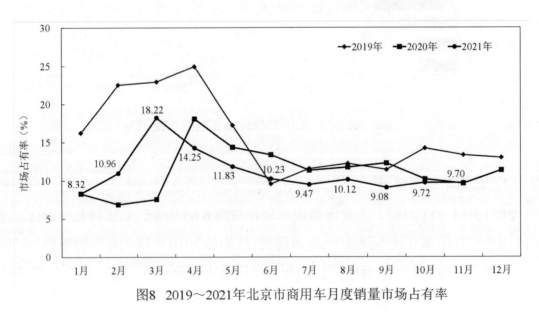

图8 2019~2021年北京市商用车月度销量市场占有率

2021年北京商用车销售以专用车型为主，占到北京商用车销售的48%，货车占到32%，商用客车占到20%；受北京市限制皮卡政策的影响，2020年北京市皮卡销售大幅下降，2021年北京市皮卡销售依然低迷，2021年1~10月份累计销售不足2000辆，占商用车销售市场份额只有3.19%，与2019年几万辆的销量相比差额巨大。北京市电动商用车市场依然以政府主导为主，2021年电动商用车占北京市商用车市场比例为6.36%，与2020年基本持平。

### 5. 二手车市场情况

2021年1~11月份，北京市累计成交过户二手车61.7万辆次，同比2020年的55.47万辆次累计增长11.23%，低于全国增幅15.15个百分点。2019~2021年北京市二手车月度销量如图9所示。二手车过户量超过新车销量的3.8%，新旧车交易比例为1∶1.038。2021年全年预计成交过户二手车67万辆次，同比略有增长。

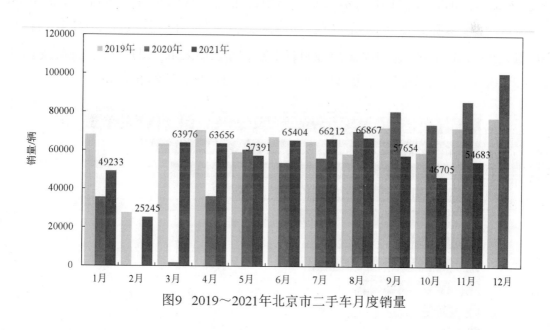

图9 2019~2021年北京市二手车月度销量

2021年1~11月份北京市二手车过户外迁率为44.7%，与2020年相比下降10.21个百分点。2021年受疫情及北京市二手车价格上涨因素影响，北京市二手车外迁率下降明显，但仍为国内二手车交易最为活跃的城市，外迁率远高于其他省市（见图10）。

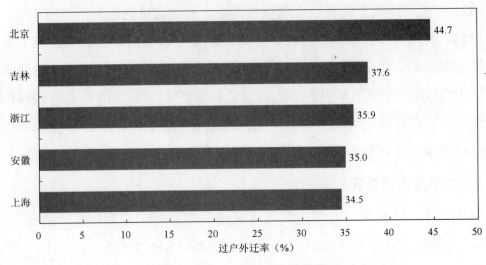

图10 2021年二手车过户外迁率TOP5

从迁入地来看，2021年山东成为北京市二手车外迁的主要地区，占比为16.3%，内蒙古、辽宁紧随其后（见图11）。新疆占比连续两年快速增长，2021年占比为10.3%，成为北京市外迁车辆的第四目的地。河北作为北京的近邻，受环保政策影响，2020年外迁到河北的比例只占1.6%，2021年上升到5.1%。

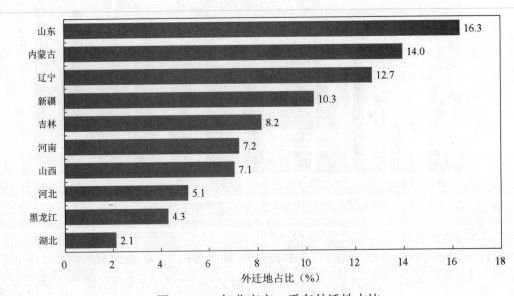

图11 2021年北京市二手车外迁地占比

## 二、2022年北京市汽车市场展望

展望2022年，我国汽车市场的发展仍然面临着诸多有利因素和不利因素的影响。有利因素包括国内宏观经济持续稳定恢复；疫情防控持续向好，国内疫情平稳；芯片供应逐渐恢复，新能源汽车国际竞争力持续提升等。同时，我国宏观经济仍存在下行压力，国内、国际疫情形势不断变化，疫情的不确定性仍是最大风险，加之大宗商品价格上涨、中美关系等内外不利因素的影响犹在，将影响2022年汽车市场的最终走势。

除此之外，影响北京市汽车市场的因素，还有主要的奥运因素。2022年是北京市奥运之年，2022年2月4日至2月20日，3月4日至3月13日将在北京市举办第24届冬奥会及冬残奥会。历届奥运会都会对举办国及举办城市的经济社会发展带来巨大的推动作用，2008年在北京市举办的第29届夏季奥运会就推动了北京市经济的快速发展。但此次北京冬奥会与其不同，在全球疫情风险不断变化的大形势下，北京市在冬奥会和冬残奥会期间及举办前后必然会采取一系列的防控措施，最大限度地降低境外疫情输入传播风险，切实保障所有参赛人员及主办城市人民的健康，确保比赛安全顺利进行。北京市的疫情防控措施从2021年第四季度就开始逐步加强，限制北京市与疫情风险地区之间的人员往来，在降低疫情传播风险的同时也必然会降低经济活力。从2021年第四季度北京市汽车市场走势可以看出，往年年底的销售高峰并没有出现，反而呈现下降趋势。因此，2022年北京市第一季度虽然将举办冬奥会，但在疫情防控的大背景下，北京市第一季度汽车销售必然呈现同比下降趋势，2022年总体将走出一波低开高走的销售行情。

北京市作为汽车限行、限购城市，实行限行、限购政策即将进入第12年，对北京2022年汽车市场影响最大的还是总量调控政策。2021年北京市实行了新的《北京市小客车数量调控暂行规定》和《〈北京市小客车数量调控暂行规定〉实施细则》。从政策调整的四个方面来看，都对2021年北京市汽车市场产生了重大影响，这些影响在2022年将继续延续。

2021年增加以"无车家庭"为单位摇号和积分排序的指标配置方式。优先解决"无车家庭"刚需群体的需求，从而使购车指标的实际转化率明显提高。从2021年的销售表现来看，2021年6月、7月北京市汽车消费需求增长明显，主要的因素就是5月、6月购车指标投放后的指标快速转化。而此次指标配置次数由6次改为 3 次，5 月份配置新能源指标，6 月、12 月配置普通指标的方式改变，对 2021 年北京市汽车市场造成较大影响，尤其是对新能源汽车销售。全年 6 万个新能源汽车指标 5 月 28 日一次性配置，造成 2021 年北京市新能源汽车集中在 6~9 月释放。此次配置时间的调整进一步加剧了北京市新车销售各月的不均衡性。2022 年上半年北京市将迎来销售空档期，尤其是新能源汽车；下半年，尤其是往年销售淡季的 6~8 月反而成为新的销售旺季。对于新能源汽车企业在产品投放上如果不能抓住 2022 年这一黄金销售期，基本也就意味着失去大部分北京市场需求。北京市的指标投放模式对所有汽车厂家及流通企业都是一个头疼的问题，全年销售总是在"冰火两重天"里煎熬。

2021 年北京市个人名下第二辆及以上在本市登记的小客车有序退出政策，即"一人一标"政策的实施，对新、旧车短期消费需求的促进作用基本释放完毕。2022 年此项政策将主要表现为对北京市二手车行业经营模式的冲击及对北京二手车市场的影响。2021 年二手车行业经营企业在受新冠肺炎疫情影响经营困难仍未解除的情况下，收购及销售二手车的方式和手段受到极限制约，经营陷入困境。受经营指标紧缺影响，北京市二手车经营企业的商品车库存周期平均增加一周的时间；用于经营指标的单车成本平均增加了 2000~3000 元，经营成本的增加带动销售价格的提升，也抑制了北京市二手车外迁的空间。2022 年如政府相关政策不能出台，将极大地限制北京市二手车市场的发展。

北京市作为一线城市，汽车消费需求十分充足，但在限购政策下无法满足大部分购车消费需求，部分消费需求转而通过其他方式释放，如租借车牌、外地车牌购车、购买商用车等；2020 年以来北京市加大了对相关行为的管控和限制，如 2019 年加大打击车牌买卖租借行为，2020 年加强皮卡等轻型货车限行措施，2021 年实施外地车牌进京新政，加强外地车在京使用的管控。在相应消费需求释放途径被锁死后，2020 年北京市摩托车消费异军突起，2020 年普通摩托车较 2019 年增加 10.7 万辆，增长率达 71.8%。2021 年摩托车越发受到年轻人的喜爱，在家用汽车消费受到限制的大环境下，原本小众的摩托车消费突然快速增长，摩托车的快速增加已经受到政府关注，2021 年加强了有关摩托车违法行驶的治理力度。2022 年如果摩托车继续快速增长，尤其是摩托车驾驶人员不能守规驾驶，造成太大的社会影响，可能会加快政府出台相关治理措施，北京市摩托车市场很难持续快速发展。

除限制性因素外，2022年也有一些积极因素对北京市汽车市场发展起到促进作用。当前我国正构建以国内大循环为主体、国内外双循环相互促进的新发展格局。为提振城市经济、促进内循环，北京市明确提出，要在2035年率先建设成为具有全球影响力的国际消费中心城市。为激活消费、促进经济增长，北京市政府有关部门正积极调研北京市汽车进出口消费市场及研究相关发展政策。2022年为刺激消费会继续推出聚焦汽车、家电、家居等大宗商品消费，餐饮、文化娱乐等新兴消费热点的促消费活动，全面推动北京市消费提质升级。汽车消费仍是北京市消费升级中的重中之重，作为国际消费中心城市，进口车销售、平行进口车业务、二手车出口业务都将是关注重点。随着相关政策出台，这两年受环保标准及全球疫情影响下滑严重的北京市进口车及平行进口车市场将出现好转。在平行进口车车型陆续通关以及进口车进口资源逐步丰富的背景下，2022年下半年北京市进口车销售将出现稳步恢复。

2021年年底北京老旧机动车淘汰更新补贴政策即将到期，从淘汰黄标车到淘汰国三标准老旧机动车，北京市推出的相关补贴政策都促进了老旧机动车的快速更新，从而为汽车市场的稳定发展起到了巨大作用。2022年北京市新的淘汰更新补贴政策还在研究之中，新政策一旦推出，有可能会涉及北京国四标准的老旧车，政策出台必然会加快北京国四标准老旧机动车的淘汰更新。同时有关部门也在研究对外迁车辆销售企业的补贴政策，从而进一步促进2022年北京市新旧车交易量的提升。

2022年《北京市二手小客车交易周转指标管理办法》将有望出台。全国限购的7个地区中已经有广州、杭州、天津、海南、深圳发布并实施了二手车交易周转指标管理办法（上海因有郊区牌照号段不需要），现在只剩北京市还未出台相应政策。从2020年年底开始北京市已经研究了一年多，相关政策迟迟未能出台，已制约了北京市二手车行业以及汽车整体消费市场的健康发展。相关政策的出台会对北京市二手车交易全面利好，将从根本上解决现有二手车经营企业的指标瓶颈，大大降低经销商用于租用汽车指标的经营成本，有利于大型二手车经营企业的做大做强。对于有近670万辆汽车保有量的北京市来说，2022年北京市二手车交易有可能会出现爆发式增长。

2022年北京市新能源汽车受政策及促消费双引擎引导仍会处于快速上升期。虽然2022年新增新能源汽车指标6万个不会增加，但会有越来越多的新能源汽车消费者进入更新阶段,从而推动新能源汽车销售整体快速增长。新能源汽车对传统能源汽车的冲击越发明显,不管是产品本身还是销售模式,同时造车新势力在产品数量及市场规模扩大后也在审视其现有的营销模式,新旧企业都在互相借鉴和转变。

2022年在各因素的综合作用下,北京市整体汽车市场有望呈现平稳恢复性的上升趋势,市场走势将呈现前低后高,增长主要在下半年。其中,进口车市场份额及销售量都会有所提升,新能源汽车将继续保持快速增长,但增长幅度会有所下降。商用车销售在现行政策下市场份额会继续下降,销量保持基本稳定。2022年最大的利好因素就是《北京市二手小客车交易周转指标管理办法》能够出台,在此政策推动下有可能带动北京市二手车交易规模迅速扩大,从而带动北京市汽车市场走出连续两年的低迷态势。2022年是北京奥运之年,也是新冠肺炎疫情暴发的第三个年头,如何保障北京市经济稳定发展是政府面临的难题,北京市如何更好地解决城市交通管理与促消费、促经济之间的矛盾将是未来一年的重点。

(作者:郭咏)

# 2021 年上海市乘用车市场分析及 2022 年预测

## 一、2021 年上海市区域市场分析

### 1. 2021 年上海市经济情况

2021 年，上海市深入学习贯彻习近平总书记考察上海重要讲话和在浦东开发开放 30 周年庆祝大会上的重要讲话精神，以推动高质量发展、创造高品质生活、实现高效能治理为目标导向，狠抓重大战略、重大政策、重大项目和重点民生工作落实落地，全力做好"十四五"规划开局工作。2021 年前三季度，上海市经济持续稳定恢复，主要经济指标保持在合理区间，呈现稳中加固、稳中有进、稳中向好的态势，经济发展韧性进一步增强。

2021 年前三季度，上海市地区生产总值为 30866.73 亿元，按可比价格计算，比 2020 年同期增长 9.8%，两年平均增长 4.6%。第一产业增加值为 53.06 亿元，同比下降 4.7%，两年平均下降 11.6%；第二产业增加值为 7947.64 亿元，同比增长 13.1%，两年平均增长 4.8%；第三产业增加值为 22866.03 亿元，同比增长 8.7%，两年平均增长 4.6%。第三产业增加值占全市生产总值的比重为 74.1%，与 2020 年同期持平。

上海市固定资产投资稳定增长，固定资产投资比 2020 年同期增长 9.4%，两年平均增长 9.8%，房地产市场运行总体平稳，房地产开发投资同比增长 9.4%，两年平均增长 9.7%；市场消费持续改善，全市社会消费品零售总额为 13279.18 亿元，比 2020 年同期增长 19.6%，两年平均增长 6.8%；货物进出口增长较快，全市货物进出口总额为 29236.45 亿元，比 2020 年同期增长 15.4%。其中，进口 18174.03 亿元，比 2020 年同期增长 19.1%；出口 11062.42 亿元，比 2020 年同期增长 9.9%。

居民收入持续增加，上海市居民人均可支配收入58907元，比2020年同期增长8.8%，两年平均增长6.1%；居民消费价格温和上涨，全市居民消费价格比2020年同期上涨0.9%，涨幅比上半年提高0.2个百分点。

**2. 2021年上海市乘用车市场情况**

（1）上海市乘用车保有情况　根据上海市交通管理部门公布的统计数据，截至2020年年底，上海市乘用车保有量达552万辆（含上海注册及长期在沪外省市号牌小客车），其中，长期在沪外省市号牌小客车为155万辆，本地注册的小客车保有量为397万辆（见图1）。由于外牌保有量出现明显下降，上海市保有量增长趋势明显放缓，2020年上海市乘用车保有量增加12万辆，远低于2019年同期增量29万辆。

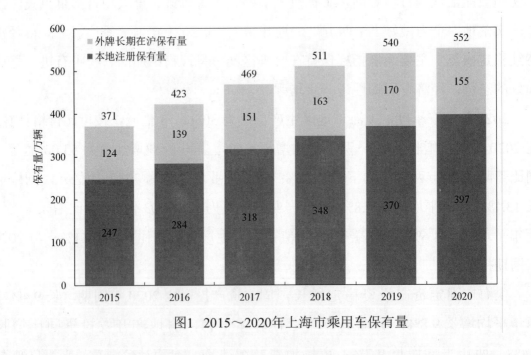

图1　2015~2020年上海市乘用车保有量

在2020年上海市乘用车保有量12万辆增量中，沪牌的增量为27万辆，同期外牌的增量为-15万辆，出现明显下降，总保有量中外牌占比为28.1%，占比下降明显（见图2）。

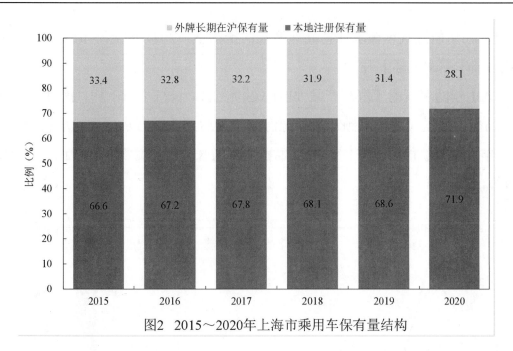

图2 2015~2020年上海市乘用车保有量结构

（2）上海市乘用车需求情况　2021年上海市乘用车市场需求出现大幅增长，全年总体市场需求（上险量）预计为72.9万辆（见图3），同比增速12.0%；其中本地注册乘用车需求量预计为58.6万辆，同比增速预计为20.1%，占上海市总需求的比例为80%。

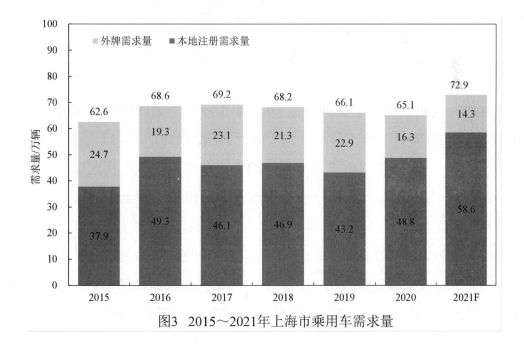

图3 2015~2021年上海市乘用车需求量

1) 在新能源汽车需求保持高速增长的推动下，2021年上海市乘用车市场本地注册新车需求大幅上升。

2021年随着新能源汽车产品性能的逐渐完善、价格不断下探，我国新能源汽车市场出现爆发式增长，预计新能源汽车销量达到292万辆，同比增长156%。2021年上海市新能源汽车需求也出现了大幅增长，预计达到24.4万辆，同比增长91%（见图4）。

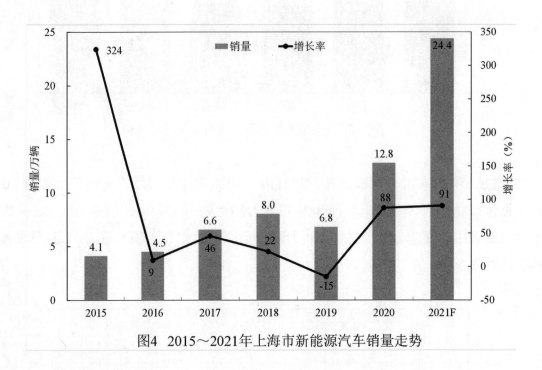

图4 2015~2021年上海市新能源汽车销量走势

外牌限行政策调整进一步助推了2021年上海市新能源汽车销量的大涨。由于2020年10月24日上海市调整外牌车限行措施：自2020年11月2日起，工作日7时至20时，悬挂外省市机动车号牌的小客车禁止在城市快速道路上通行；2021年"五一"小长假后的第一个工作日起，工作日7时至10时、16时至19时，内环内禁止悬挂外省市机动车号牌的小客车通行。政策出台之后，在工作日出行高峰时间段，外牌在内环内的地面道路、城市快速路都无法通行。2019年年底上海市外牌车保有量达到170万辆，其中有市区通行需求的车辆在市区传统能源牌照额度受限的情况下，部分车辆提前换车转为购买新能源汽车，进一步推动了上海市 2021 年新能源汽车销量的增长，上海市新能源汽车市场渗透率预计从 2020 年的 19.7%快速提高到 33.5%，远高于全国新能源汽车平均渗透率 14.0%。

由于 2015 年以来上海市销售的新能源汽车陆续进入更新期，2021 年上海市新能源汽车更新需求出现 1 万～2 万辆的小幅上扬。

2）实际用于购买新车的市区传统能源牌照额度与 2020 年相比基本持平。

由于 2020 年上海市在原有年度计划基础上新增 4 万个非营业性客车额度，2020 年上海市区牌照额度（不含新能源汽车）投放数量达到 19.9 万个，比 2019 年的牌照额度多 6.6 万个，2021 年非营业性客车额度恢复为正常的 15.6 万个（见图 5）。

虽然 2020 年牌照额度大幅上升，但由于从拿到牌照到实现购买的周期比较长，2020 年实际使用新增的市区传统能源牌照购买的新车增量比牌照增量要小，部分新增牌照额度延迟到 2021 年实现新车销量，2021 年实际用于购买新车的市区传统能源牌照额度与 2020 年基本持平。

图5　2015～2021年上海市客车额度情况

2021 年全年市区私车牌照的投标人次为 273.4 万，比 2020 年市区私车牌照的投标人次 176.6 万大幅上升 55%，导致全年平均中标率大幅下降，从 2020 年的 9.8%下降到 4.9%（见图 6）。

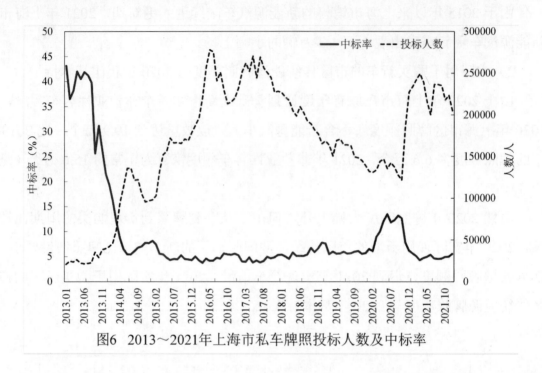

图6　2013～2021年上海市私车牌照投标人数及中标率

3）由于外牌的通行时间、区域被大大压缩，使用非常不便，2021 年上海外牌的新车需求量以存量更新为主，且随着外牌的保有量持续下降，外牌的新车需求预计将下降到 14.3 万辆，同比下降 12.3%。

（3）上海市乘用车需求结构

1）上海市 2400 多万常住人口，按预计的 552 万人实际在沪使用小客车计算，2020 年年底保有量水平已达到 230 辆/千人，上海市汽车市场逐步迈向成熟，豪华型、进口车比例都明显高于全国平均水平，市场高端化特征比较明显。

2021 年 1～11 月份上海市的车型档次结构中，豪华型的比例已经达到 28.5%（见图 7），为全国最高，远高于全国豪华型的平均比例 15.8%。

2021 年 1～11 月份上海市进口车比例为 8.6%（见图 8），仅低于北京市，明显高于全国的进口车比例 4.6%。

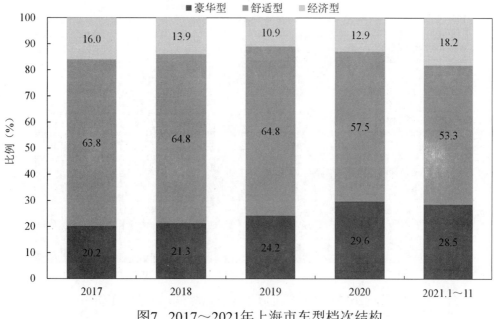

图7 2017~2021年上海市车型档次结构

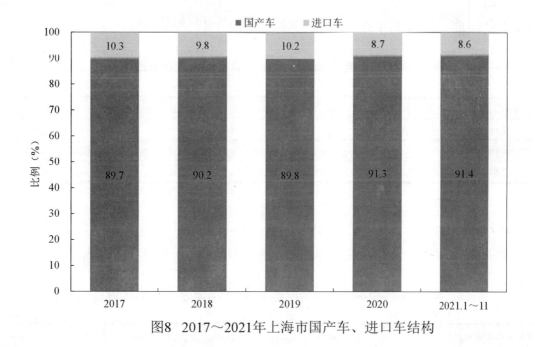

图8 2017~2021年上海市国产车、进口车结构

2）由于上海市每年发放的传统能源客车牌照数量有限、外牌通行政策不断收紧，推动了新能源汽车需求快速上升，2021年1~11月份上海市新能源汽车渗透率全国最高，达到32.6%（见图9），远高于全国13.1%的渗透率。

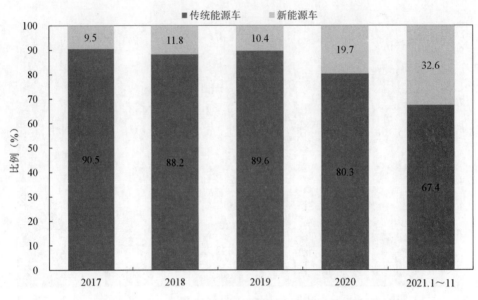

图9　2017～2021年上海市传统能源车、新能源车结构

2021年1～11月份上海市新能源汽车销量中,前五品牌占比达到65.2%,品牌集中度较高,明显高于全国前五品牌比例51.1%(见表1)。

表1　上海市及全国新能源汽车销量前五名品牌及占比情况

(单位:%)

| 上海市前五名品牌 | Tesla | BYD | Roewe | NIO | SVW-VW | 前五品牌合计 |
| --- | --- | --- | --- | --- | --- | --- |
| 品牌比例 | 19.8 | 16.9 | 14.1 | 7.3 | 7.0 | 65.2 |
| 全国前五名品牌 | BYD | Wuling | Tesla | ORA | GAC AION | 前五品牌合计 |
| 品牌比例 | 17.7 | 14.2 | 10.3 | 4.5 | 4.3 | 51.1 |

2021年1～11月份特斯拉Model Y、Model 3合计销量占上海市新能源汽车总销量的19.8%,远高于其在全国的占比,需求偏高端化(见表2)。

表2　上海市及全国新能源汽车销量前五名车型及占比情况

(单位:%)

| 上海前五名车型 | Model Y | Model 3 | BYD Han | Roewe RX5 | Roewe Ei5 | 前五车型合计 |
| --- | --- | --- | --- | --- | --- | --- |
| 车型比例 | 10.1 | 9.7 | 5.4 | 5.3 | 4.1 | 34.5 |
| 全国前五名车型 | 宏光mini | Model Y | Model 3 | BYD Qin Plus | BYD Han | 前五车型合计 |
| 车型比例 | 14.1 | 5.4 | 5.0 | 4.4 | 3.9 | 32.8 |

## 二、2022年上海市区域市场预测

### 1. 2022年上海市经济态势

中央经济工作会议于2021年12月8日至10日在北京市举行，会议研判了我国经济发展面临需求收缩、供给冲击、预期转弱三重压力，2022年经济下行压力更大，国家提出了"稳字当头""稳中求进"的总思路。

上海市按照中央经济工作会议"稳字当头、稳中求进"的要求，努力以自身发展的确定性有效对冲外部环境的不确定性。一方面努力稳住经济基本盘，重点保持好消费和投资的稳定、外资外贸外企的稳定、产业链供应链的稳定、核心支柱产业的稳定、重要经济动能的稳定；另一方面要用好宏观政策窗口期，积极推出有利于经济稳定的政策，狠抓政策落实见效，最大程度释放政策红利，最大限度挖掘增长潜能。

上海市将通过加快培育壮大发展新动能，着力强化"新赛道"布局，强化"终端带动"。加强对新技术、新业态、新模式的前瞻研判，积极抢占数字经济赛道，全面推动城市数字化转型。高度重视终端产品具有的技术迭代主导权、行业标准定义权、价值格局分配权，加快发展直接面向个人消费者、家喻户晓的新终端产品，加大新能源智能网联汽车研发攻关力度。

上海市具有国家战略、改革开放、综合实力等方面优势，上海市经济持续恢复发展的基本态势不会改变、支持高质量发展的资源要素条件不会改变。

### 2. 2022年上海市乘用车市场影响因素及总量预测

预计2022年我国新能源汽车市场需求仍将保持高速增长，新能源汽车市场渗透率达到20%以上。新能源汽车渗透率的进一步提升是2022年上海市乘用车新车需求保持增长的主要推动力量。由于使用受限，2022年存量保有的外牌换车购买新能源汽车的需求仍将存在，但与2021年相比将下降。总体上，2022年上海市新能源汽车市场新车需求将保持小幅增长，预计为28.5万辆（见表3）。2022年上海市区传统能源汽车牌照额度发放规模预计为15.6万个（见表4），与2021年持平。

表3  2015~2022年上海市新能源汽车市场新车需求量

（单位：万辆）

| 年份 | 2015年 | 2016年 | 2017年 | 2018年 | 2019年 | 2020年 | 2021年F | 2022年F |
|---|---|---|---|---|---|---|---|---|
| 新能源新车需求 | 4.1 | 4.5 | 6.6 | 8.0 | 6.8 | 12.8 | 24.4 | 28.5 |

表4 2015~2022年上海市传统能源汽车牌照发放量

(单位：万个)

| 年份 | 2015年 | 2016年 | 2017年 | 2018年 | 2019年 | 2020年 | 2021年F | 2022年F |
|---|---|---|---|---|---|---|---|---|
| 市区传统能源汽车牌照数量 | 10.4 | 14.6 | 15.2 | 15.7 | 13.3 | 19.9 | 15.6 | 15.6 |

以市郊出行为主的外牌车辆仍将存在，规模逐步下降，2022年外牌车辆更新需求带来的外牌新车需求将继续下降，预计比2021年低1万~2万个。

综合以上因素，预计2022年上海市乘用车销量（上险量）将达到75.8万辆，同比增长4.0%（见图10），其中上海市注册销量预计为63.5万辆，同比增长8.4%。

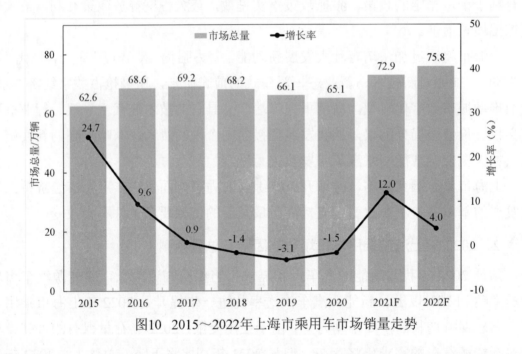

图10 2015~2022年上海市乘用车市场销量走势

（作者：俞滨）

# 2021年陕西省乘用车市场分析及2022年展望

## 一、陕西省乘用车市场概况

### 1. 陕西省基本情况

陕西省是中华民族及华夏文化的重要发祥地之一，位于西北内陆腹地，东邻山西、河南，西连宁夏、甘肃，南抵四川、重庆、湖北，北接内蒙古，横跨黄河和长江两大流域中部，因秦岭—淮河一线而横跨北方与南方，是中华人民共和国大地原点和中国科学院国家授时中心所在地。土地总面积20.58万$km^2$，占全国总面积的2.16%。

2020年第七次全国人口普查时陕西省常住人口3953万人，比2010年第六次全国人口普查时增加了220万人，占全国总人口的2.8%，是西部第二、西北第一人口大省；城镇化率62.7%，略低于全国平均水平。陕西省是我国五大重要科教高地之一，西安是我国高等院校和科研院所聚集的城市之一，普通高校在校学生人数居全国前五位。在西部尤其是西北地区，陕西省具备一定的人才吸引优势。近年来，西安户籍新政不断升级，2018～2020年，西安市迁入人口接近150万人，其中学历落户和人才引进占总迁入人口的65%以上。落户人才总体上学历、素质相对较高，人才"西"引效果明显。

自1996年以来，陕西省经济增速始终快于全国增速（见图1）。2020年陕西省GDP总量达到2.6万亿元，占全国的2.58%，经济规模居西部第二、西北第一。从产业结构来看，陕西省第二产业比重较大。2020年三产比例为8.7∶43.4∶47.9，第二产业占比仅次于山西和福建，主导产业包括能源化工、装备制造、食品、有色、计算机通信、非金属矿物制品等，工业类型偏重、资源能源行业占比高。陕西省居民购买力偏低，2020年人均GDP为66292元，低于全国平均水平。

图1 2010~2020年陕西省与全国GDP增长率

陕西省地区经济发展不平衡，西安一枝独秀。陕西省中部关中平原包含西安、咸阳、宝鸡、渭南、铜川五市，人口规模相对较大，以装备制造业、金属加工为主，资金相对充裕，经济活跃度高。北部陕北高原包含延安、榆林两市，经济以煤炭、能源化工为主，榆林市人均GDP全省最高，有一定的购买力。南部秦巴山区包含汉中、安康、商洛三市，人口规模小，以绿色循环产业为主，经济总量和人均GDP较低。2020年西安常住人口1296万人，占全省总人口的32.8%；城镇化率79.2%，居全省首位；GDP超过1万亿元，占全省总量的38.3%，第三产业占比最高；人均GDP为79181元，仅次于榆林居全省第二。除西安外，陕西省其他城市均为二产占比最高。

2. 陕西省乘用车市场特征

陕西省是我国西部第二、西北第一的乘用车市场。自2012年起，随着经济增速逐年放缓，陕西省乘用车需求增速低于全国平均水平（见图2）。2018~2019年，受汽车下乡政策退出影响，陕西省增速回落幅度低于全国。2020年陕西省乘用车需求59.1万辆，占全国总需求的3.0%，略高于GDP及人口占比，排名全国第 12 位。保有量 605 万辆，占全国总保有量的 2.9%，排名全国第 12 位；千人保有量 156 辆，高于全国平均水平 146 辆，排名全国第 10 位。根据乘用车发展阶段理论，千人保有量在 100~250 辆是普及后期，该阶段乘用车需求增速和增长弹性都在快速下降。

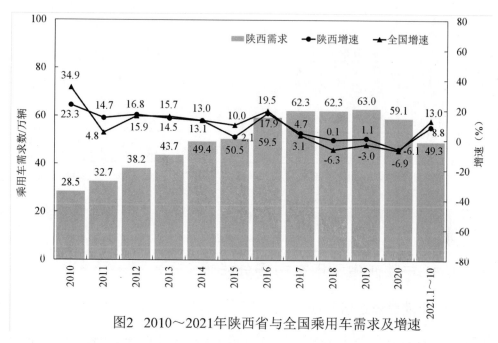

图 2  2010～2021 年陕西省与全国乘用车需求及增速

（注：2010～2015 年需求为注册口径，2016～2021 年需求为保险数，均含进口车数据）

陕西省乘用车市场地区分化明显。分城市来看，2020 年西安乘用车需求达到 33.2 万辆，占全省需求的 56.2%，占比较 2019 年有所减低；榆林、咸阳、渭南、宝鸡、汉中为第二梯队，需求超过 3 万辆；其他城市需求规模小。2020 年，西安千人保有量达到 291 辆（见图 3），已接近复数保有期；榆林千人保有量为 185 辆；其他城市则相对较低，这些城市未来仍具有一定的发展潜力。从城乡来看，西安、榆林、咸阳等省内较大市场，其城区首购需求已接近饱和，再购需求弹性大；而广大的县乡地区及其他发展阶段较低的城市，乘用车首购需求潜力依然较大。

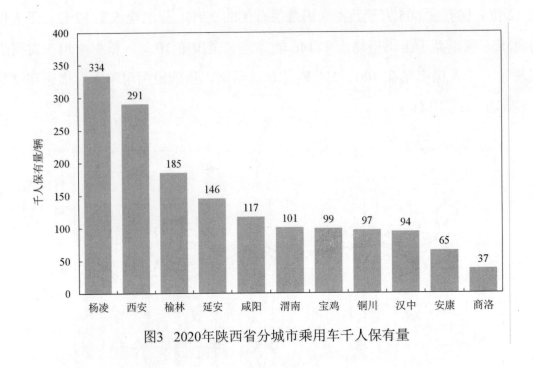

图3 2020年陕西省分城市乘用车千人保有量

## 二、2021年陕西省乘用车市场分析

### 1. 2021年陕西省经济发展

2021年陕西省经济增长较慢，前三季度GDP累计增速7.0%，在西部诸省中仅略快于青海省，低于全国平均水平2.8个百分点。两年平均增长4.1%，低于全国2.9个百分点。三产结构5.8∶46.9∶47.3，其中第三产业GDP增长8.4%，两年平均增长4.9%；第二产业GDP增长5.7%，两年平均增长3.2%；第一产业GDP增长5.5%，两年平均增长3.9%，第二产业增长最慢。

固定资产投资出现负增长，2021年1～9月份累计下降3.1%，在西部仅高于青海、贵州、西藏。2021年以来，陕西省委省政府持续加大高质量项目建设力度，着力推动产业转型升级，全省投资结构持续改善优化，工业技改投资、高技术产业投资、民间投资均保持较快增长，高质量发展取得积极进展。但在基础设施投资后劲不足、新冠肺炎疫情汛情、"能耗双控"等多重因素影响下，全省投资增速较慢（见表1）。

表 1　陕西省 2021 年 1~9 月份固定资产投资增速

| 指标名称 | 1~9月增速（%） |
| --- | --- |
| 固定资产投资（不含农户） | -3.1 |
| 其中：第一产业 | 3.1 |
| 第二产业 | 2.2 |
| 第三产业 | -5.5 |
| *工业 | 2.4 |
| *工业技术改造投资 | 23.3 |
| *制造业投资 | 1.6 |
| *基础设施 | -12.2 |
| *交通固定资产投资 | -47.0 |
| *国有控股 | -11.8 |
| *民间投资 | 7.5 |
| *房地产开发投资 | 4.7 |

在产业升级转型、"能耗双控"的压力下，陕西省工业生产减慢。2021年前三季度，工业增加值累计增速7.2%，低于全国平均水平4.6个百分点，在西部诸省中排名最后。其中，非能源工业增速快于能源工业增速，装备制造业、高技术产业增速较大，计算机、通信和其他电子设备制造业增速较高。而采矿业、消费品制造业、汽车制造业增速相对较低。

2019年以来，陕西省社会消费品零售总额（简称消费）增速持续低于全国均值。2021年前三季度，陕西省消费累计增长12.0%，低于全国均值4.4个百分点。其中餐饮增速快于商品零售增速；受2020年同期低基数的影响，前三季度休闲娱乐、日用品、文化办公等消费增速较快，生活性消费增速相对较低。

陕西省外贸经过2019~2020年两年的调整，2021年恢复高速增长，前三季度进出口累计增速35.7%，高于全国平均水平2.8个百分点。其中进口总额累计增速28.1%，低于全国平均水平4.6个百分点；出口总额累计增速43.3%，高于全国平均水平10.3个百分点，贸易顺差32.8亿美元，同比增长14.4倍。陕西省经济对外依存度低，出口依存度不到9%，贸易顺差占GDP比重仅为1%，外贸的变动对整体经济影响不大。

## 2. 2021年陕西省乘用车市场表现

2021年，陕西省乘用车市场表现低于全国总体。1~10月份，陕西省乘用车需求量49.3万辆，占全国市场的2.9%；同比增速8.8%，低于全国平均增速4.2个百分点。分月度来看，自3月份起，陕西省乘用车需求增速均低于全国平均水平，但走势与全国基本一致（见图4）。2月份受2020年新冠肺炎疫情造成的低基数影响，需求同比大幅提升。3月后，增速大幅回落维持在零增长上下。8月份后，陕西省与全国同步进入负增长，且跌幅大于全国均值。陕西省需求增速放缓，主要因为陕西经济正处于升级转型中，在产业升级、能耗双控压力下，经济增长减慢，从而影响到乘用车需求。

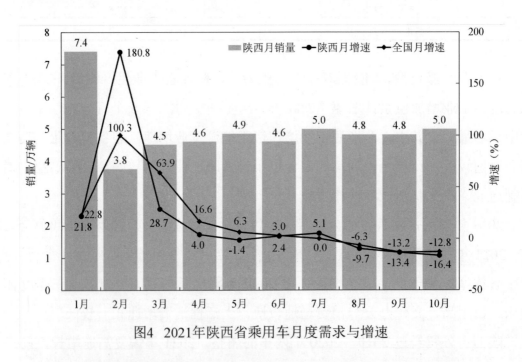

图4 2021年陕西省乘用车月度需求与增速

（注：以上需求数据为保险数，含进口车保险数据；2月增速太高，标记为示意）

从乘用车级别来看，陕西省乘用车需求也处于升级之中，A级车份额在2016年达到高峰后逐年回落，B级车份额在2017年后迅速扩大（见图5）。

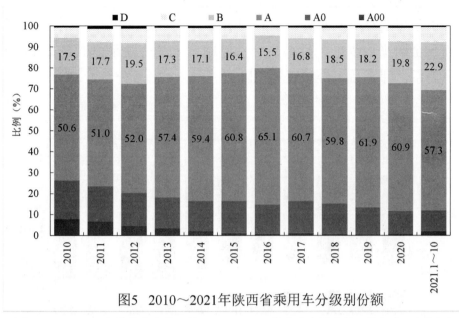

图5  2010～2021年陕西省乘用车分级别份额

（注：2010～2015年需求为注册口径，2016～2021年需求为保险数，均含进口车数据）

从乘用车类型看，2020年后，SUV替代轿车占据陕西省乘用车市场的主体地位，MPV份额稳中有增但规模较小（见图6）。2021年1～10月份SUV增长势头放缓，份额略有下降，但仍占据绝对地位。近年来SUV产品不断丰富，购买门槛不断降低，用户对SUV的偏好实现更加容易。且90～00后逐渐成为购车主体，其需求个性化、用途多样化、追求外观等需求，有助于SUV份额的提升。

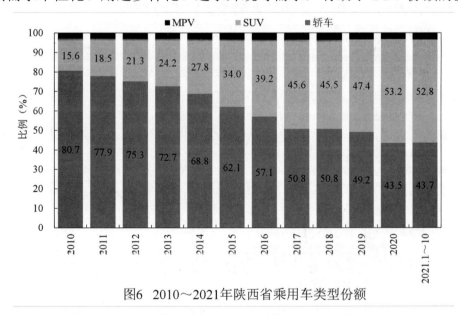

图6  2010～2021年陕西省乘用车类型份额

（注：2010～2015年需求为注册口径，2016～2021年需求为保险数，均含进口车数据）

从乘用车车系看,陕西省自主品牌占据主体地位且份额大幅提升(见图7),占比远高于全国平均水平。日系品牌份额逐年上升,欧系份额自2017年以来波动不前,美系、韩系品牌份额逐年下降。

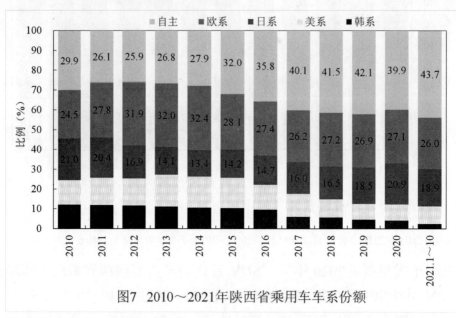

图7 2010~2021年陕西省乘用车车系份额

(注:2010~2015年需求为注册口径,2016~2021年需求为保险数,均含进口车数据)

从区域看,西安继续引领陕西省乘用车市场,2021年1~10月份西安乘用车需求累计28.1万辆(见图8),占陕西省全省需求的56.9%。

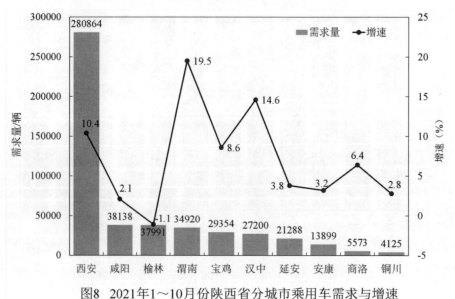

图8 2021年1~10月份陕西省分城市乘用车需求与增速

(注:以上需求数据为保险数,含进口车保险数据)

市场集中度进一步提高,西安同比增长10.4%,高于全省平均水平。渭南、和汉中同比增速较高,均超过10%;宝鸡同比增长8.6%,相对较高;咸阳、延安、商洛由于旅游在经济中占比较大,在新冠肺炎疫情情况下,旅游受到较大冲击,从而影响到乘用车需求;榆林受2020年基数较高影响增速较低。

### 三、2022年陕西省乘用车市场展望

#### 1. 2022年陕西省经济展望

2022年,陕西省经济增长仍面临较大的压力。产业转型升级、"能耗双控"是影响经济增长的主要因素。陕西省工业占比大,采矿业、石油化工、金属加工等高耗能、高污染行业占比大(见图9),节能减排的任务较重。

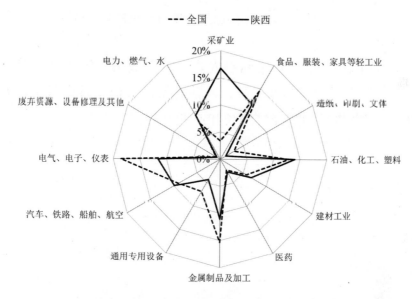

图9 2020年全国及陕西省工业分行业结构

分城市看,除省会西安外,其他城市均以二产为主。西安工业产业转型升级较为成功,主导产业以设备制造和电子、电气仪器为主,单位能耗逐年下降;延安、榆林以采矿和石化能源为主,汉中和商洛的金属加工业占比较大,咸阳和安康以轻工业、采矿、石化/建材工业为主,铜川已划为资源枯竭城市,除西安外,其他城市产业升级、节能减排的压力均较大(见图10)。

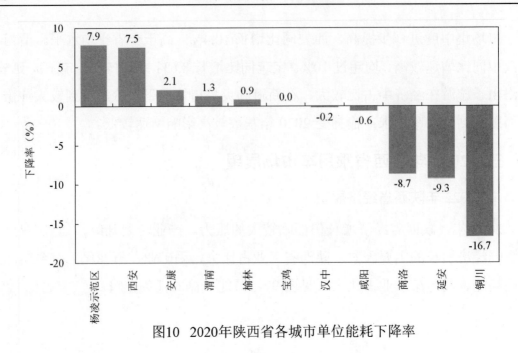

图10　2020年陕西省各城市单位能耗下降率

尽管陕西省自2017年开始实施"人才引进"战略，但从全省看，陕西省仍属于劳动力流出省份，除省会西安外，其他各市净人口呈减少状态，人口总量在减少（见图11），必将影响到经济增长和产业升级。

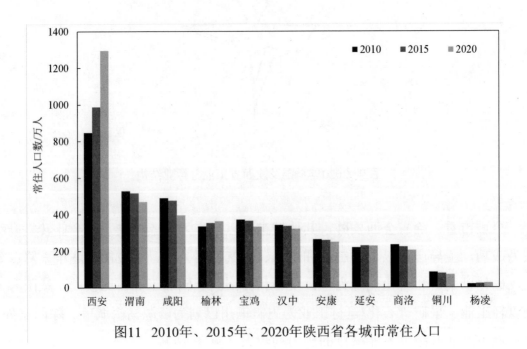

图11　2010年、2015年、2020年陕西省各城市常住人口

## 2. 2022年陕西省乘用车市场需求预测

2022年,在产业转型升级、"能耗双控"大环境下,陕西省经济增长不容乐观,乘用车增长的基础不强;除省会西安外,其他城市的人口净减少也会进一步削弱乘用车需求的动力;而且,陕西省旅游占比较大,尤其是商洛、宝鸡、咸阳等城市旅游经济中的占比更为突出,在新冠肺炎疫情影响下,旅游行业将难以回暖,也会影响相关行业的乘用车需求。

结合乘用车发展阶段理论及陕西省省内经济发展状况,预计2022年陕西省乘用车需求为62万辆,同比增长1.6%(见图12),增速较2021年减少1.6个百分点。

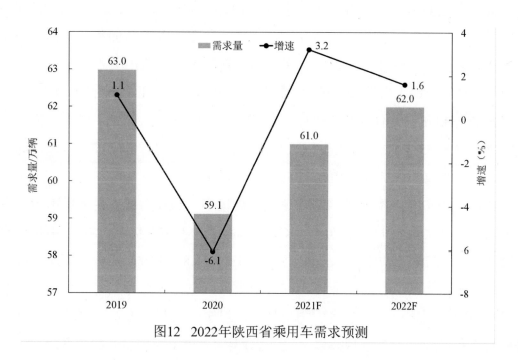

图12 2022年陕西省乘用车需求预测

(作者:王泽伟)

# 2021年贵州省乘用车市场分析及2022年展望

## 一、贵州省乘用车市场概况

### 1.贵州省基本情况

贵州省地处中国西南内陆地区腹地。北接四川和重庆，东毗湖南、南邻广西、西连云南。全省总面积为17.62万平方公里，约占全国陆地面积的1.84%。境内地势西高东低，自中部向北、东、南三面倾斜，素有"八山一水一分田"之说，其中92.5%的面积为山地和丘陵；它是世界知名山地旅游目的地和山地旅游大省。

2020年贵州省常住人口3858万人，占全国总人口的2.73%，居全国第17位；城镇化率仅为53.2%，远低于全国平均水平，居第27位。贵州省户籍人口远高于常住人口，是重要的劳动力流出省份。

2011~2020年，贵州省经济增速快、规模小、购买力低。经济增速始终保持在全国前3名（见图1）。2020年，GDP总量达到17827亿元，占全国的1.75%，居第20位。从产业结构看，三产比例为14.2∶34.8∶50.9，第一产业比重高于全国平均水平，而第二、三产业比重则低于全国；电力、热力生产和供应业，酒、饮料和精制茶制造业，非金属矿物制品业，煤炭开采和洗选业，烟草制品业等是贵州省优势产业，占全省规模以上工业总产值的51.1%（见图2）。贵州省居民购买力较低，人均GDP为46267元，远低于全国平均水平，居第28位。2020年11月23日，贵州省政府宣布全省最后9个贫困县退出贫困县序列，标志着66个贫困县全部脱贫摘帽。贵州省是全国首个国家级大数据综合试验区。

贵州省交通格局的改善，助力其经济发展。2014年之后，贵广高铁、沪昆高铁以及渝贵铁路陆续开通，大大拉近了贵州和珠三角、长三角之间的距离。2015年，贵州率先实现"县县通高速"，成为西部地区首个也是到目前为止唯一一个实现该目标的省份。

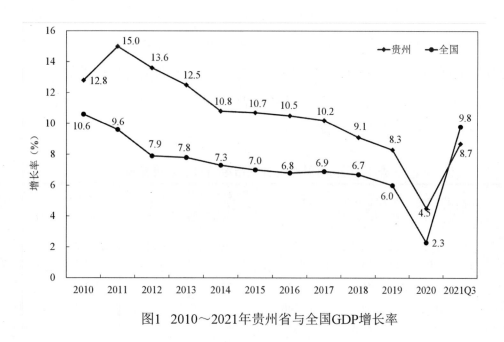

图1 2010~2021年贵州省与全国GDP增长率

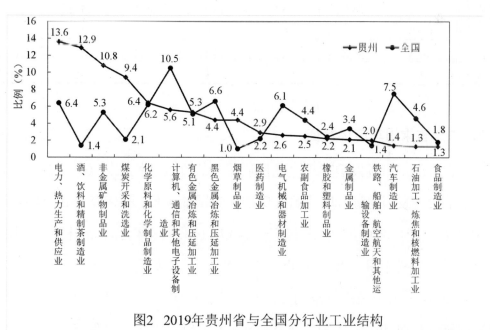

图2 2019年贵州省与全国分行业工业结构

贵州省共有6个地级市、3个自治州，区域分化明显。省会贵阳占据头部地位，在经济总量、第三产业比重、购买力、城市化率等方面大幅领先于其他市州，人口规模居全省第三。贵阳由于气候凉爽且电力充沛，抓住了互联网时代崛起的机遇，目前，数字经济规模占 GDP 比重高达 36.8%，成为经济发展新动能。遵义人口规模、城市化率、经济总量、二产比重、购买力均居全省第二，省内综合实力较强；依托白酒产业尤其是高端白酒恢复火爆，坐拥茅台集团的遵义迎来高速发展期。毕节人口规模最大、一产比重最高，城市化率和购买力省内最低。其他市州人口规模、经济总量、购买力等较低，一产比重普遍较高（见表1）。

表1 2020年贵州省各城市经济社会发展指标

| 城市 | 常住人口/万人 | 城市化率（%） | GDP/亿元 | 一产占比（%） | 二产占比（%） | 三产占比（%） | 人均GDP/元 |
| --- | --- | --- | --- | --- | --- | --- | --- |
| 贵阳 | 598.7 | 77.0 | 4312 | 4.1 | 36.0 | 59.9 | 72017 |
| 遵义 | 660.7 | 55.0 | 3720 | 13.2 | 43.4 | 43.4 | 56307 |
| 毕节 | 690.0 | 46.0 | 2020 | 24.1 | 26.4 | 49.5 | 29283 |
| 六盘水 | 303.2 | 54.0 | 1340 | 12.7 | 44.8 | 42.5 | 44189 |
| 铜仁 | 329.8 | 52.0 | 1328 | 21.8 | 25.0 | 53.2 | 40255 |
| 安顺 | 247.1 | 54.0 | 967 | 18.2 | 30.3 | 51.5 | 39129 |
| 黔南 | 349.4 | 54.0 | 1595 | 16.0 | 35.3 | 48.7 | 45656 |
| 黔西南 | 301.5 | 50.0 | 1353 | 18.4 | 34.2 | 47.4 | 44887 |
| 黔东南 | 375.9 | 51.0 | 1192 | 20.5 | 21.7 | 57.8 | 31672 |

## 2. 贵州省乘用车市场特征

贵州省乘用车市场发展呈现"先快后慢"的阶段性特征。2011～2017年，贵州省乘用车市场发展迅速，增速始终保持在全国前5位；需求量亦由13.1万辆提升至61.4万辆，排名由第26位上升至第17位。2018年起，贵州省车市增速慢于全国，需求规模下滑。2020年贵州省乘用车需求跌至44.7万辆（见图3），排名跌至第20位，占全国总需求的2.25%，高于GDP占比，但低于人口占比，表明购买意愿较强但购买力较弱。保有量436.5万辆，占全国总保有量的2.0%，排名全国第20位；千人保有量为113.1辆，比全国平均水平低41.6辆/千人，排名全国第28位。根据乘用车发展阶段理论，千人保有量在150辆以下仍处于第二高速期，该阶段乘用车需求增速相对下降，但仍然有较快的增长。

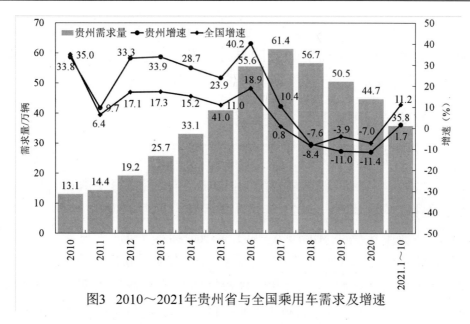

图3 2010~2021年贵州省与全国乘用车需求及增速

（注：2010~2015年需求为注册口径，2016~2021年需求为保险数，均含进口车数据）

贵州省内乘用车市场区域分化明显。从需求来看，2020年，贵阳需求15.9万辆，占全省35.5%，远高于其人口规模和经济总量占比，具有明显的头部特征；遵义作为第二梯队，需求7.8万辆，占全省17.3%，其他市州需求不足4万辆。从发展阶段来看，2019年，仅贵阳的千人保有量达到232辆，超过全国平均水平，未来市场需求潜力下降；遵义、安顺千人保有量超过或达到100辆，其余市州千人保有量不足100辆，均远低于全国平均水平，仍处于需求快速提升的发展阶段（见图4）。

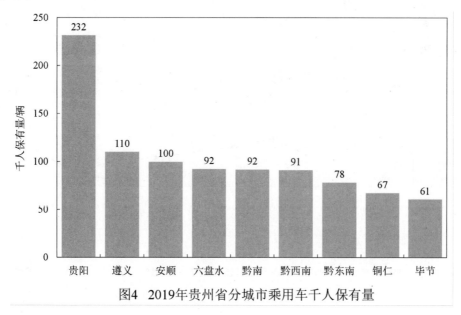

图4 2019年贵州省分城市乘用车千人保有量

2011年7月11日,贵阳市政府出台《贵阳市小客车号牌管理暂行规定》,实施限购政策;2019年9月10日,贵阳市人民政府决定废止政府规章《贵阳市小客车号牌管理暂行规定》,宣告正式取消摇号买车政策。

## 二、2021年贵州省乘用车市场分析

### 1. 2021年贵州省经济发展

贵州省经济发展对投资依赖度高,自2018年投资增速下滑后,经济增速在惯性支撑下维持2年高增长,2021年贵州省经济发展开始慢于全国。2021年前3季度GDP累计增速8.7%(见图1),低于全国平均水平1.2个百分点,居全国第19位。工业增加值累计增速11.7%,低于全国平均水平0.1个百分点,居全国第12位。2020年新冠肺炎疫情过后,恢复较好的是旅游业、以酱香白酒为主的特色轻工业和电子信息业等部分高技术产业,随着大宗商品价格上涨,2021年下半年煤电行业恢复较好,但受新冠肺炎疫情影响较大的传统服务业恢复仍不理想。

在大型传统基建"铁公机"完成骨干布局建设后,贵州省固定资产投资出现较大幅度下滑,从2018年以前长期处于全国增速前列滑落到2019年开始持续低于全国平均水平。2021年固定资产投资累计增速逐月下降,到三季度已经出现负增长的情况,1~9月份累计增长-9.4%,增速仅高于西藏,居全国第30位(见图5)。房地产投资下降,1~9月份累计增长-3.0%,位居全国第31位。民间投资意愿仍然不强,2021年9月,印发《贵州省中小企业信贷通设立方案》,重点支持贵州省"专精特新"中小企业解决融资难题。

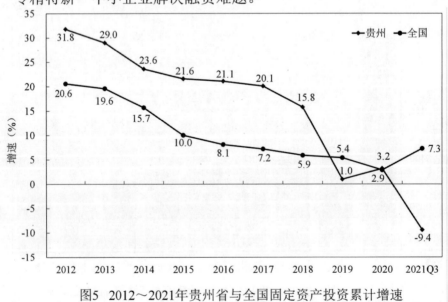

图5 2012~2021年贵州省与全国固定资产投资累计增速

2021年贵州省消费市场稳定恢复。社会消费品零售总额前三季度累计增长16.1%，低于全国平均水平0.3个百分点，排名全国第12位（见图6）。恢复较好的是旅游业，"五一""十一"两个黄金周全省旅游人次和收入均在全国前十。2020年受新冠肺炎疫情影响的一些聚集性刚性餐饮消费（如婚宴）释放，推动餐饮业高位运行。2021年前三季度，全省网上零售额同比增长快，高于社会消费品零售总额增速；限额以上单位通过公共网络实现的商品零售额增长19.4%。居民消费信心虽有所恢复，但总体还是略显不足。

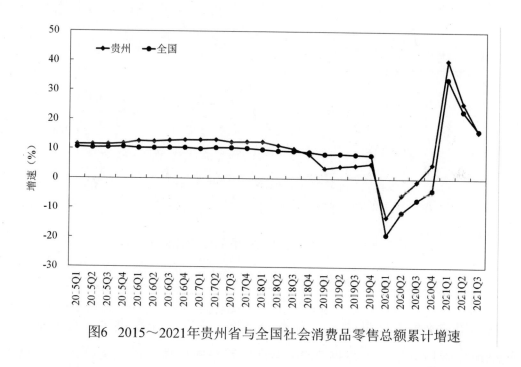

图6 2015～2021年贵州省与全国社会消费品零售总额累计增速

贵州省外贸依存度低，经济发展受国际环境影响小。2021年1～9月份，贵州省进出口总额累计71.6亿美元，居全国第27位；同比增速32.8%，较2020年上涨12.4个百分点，与全国平均水平相当，位居全国第22位。

**2. 2021年贵州省乘用车市场表现**

2021年，贵州省乘用车市场表现差于全国。2021年1～11月份，贵州省乘用车需求量39.4万辆，占全国市场的2.1%，排名继续下跌至第21位；同比增速-0.04%，低于全国平均增速8.3个百分点，位居全国第28位。

分月度来看，贵州省乘用车需求增速一直低于全国（见图7）。2021年1月份，流动人口提前返乡促进了车市需求释放；2月份起，车市表现基本符合季节性特征，但需求波动明显小于往年，侧面反映了受宏观环境影响，在就业压力加大、收入预期不看好的情况下，消费者更加谨慎，购车多为刚性需求。

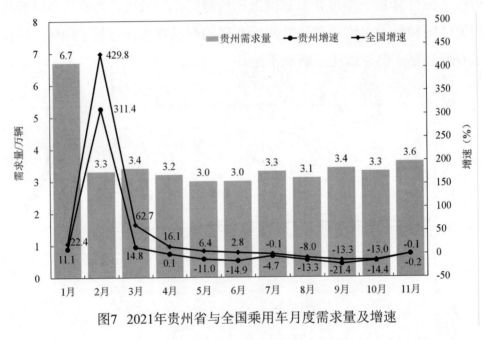

图7 2021年贵州省与全国乘用车月度需求量及增速

（注：以上需求数据为保险数，含进口车保险数据）

从乘用车类型看（见图8），随着经济增速变化、车型供给不断丰富，轿车份额呈现先降后升态势，占据2020年贵州省乘用车市场的半壁江山。贵州多山地，用户对SUV偏好较高，2017年之前，随着产品不断丰富、购买门槛不断降低，SUV份额逐年大幅提升，高于全国平均水平；2018年以来，随着宏观环境变化、新冠肺炎疫情等因素影响，用户消费更为理性，相比同级别轿车，SUV油耗大、使用成本高的特点抑制了需求的释放，份额下滑后稳定在45%左右。贵州消费购买力相对较低，微型客车型MPV产品上市后，低廉的价格满足了低收入群体的购车需求，份额在2016年前提升较快，后随着消费需求升级，市场规模逐步萎缩。

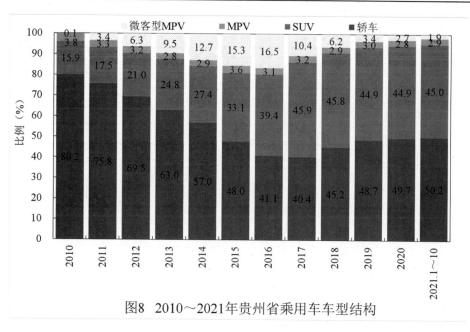

图8 2010~2021年贵州省乘用车车型结构

（注：2010~2015年需求为注册口径，2016~2018年需求为保险数，均含进口车数据）

从乘用车级别看，贵州省需求升级趋势明显。2017年起B级及以上级别车型份额逐年提升；以家用为主的A级车虽占据市场绝对主体地位，但份额波动下滑，而A0和A00级车型份额逐年下降（见图9）。2017年起，贵州省豪华车需求和市场份额稳步提升；2021年1~10月份，豪华车渗透率达到13.1%，低于全国平均水平（见图10）。

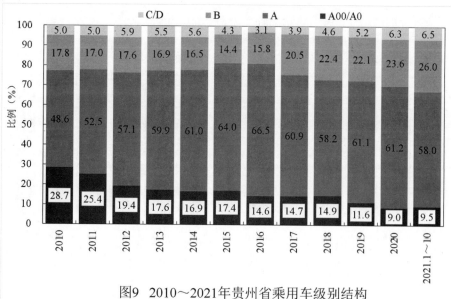

图9 2010~2021年贵州省乘用车级别结构

（注：2010~2015年需求为注册口径，2016~2018年需求为保险数，均含进口车数据）

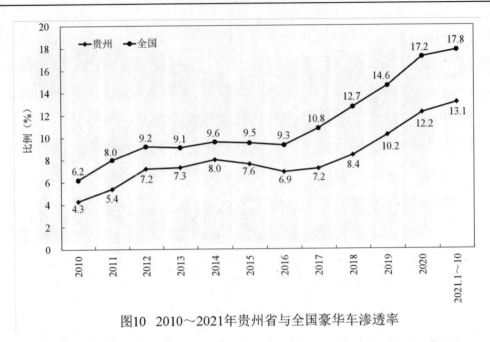

图10 2010~2021年贵州省与全国豪华车渗透率

（注：2010~2015年需求为注册口径，2016~2018年需求为保险数，均含进口车数据）

从乘用车车系看，贵州省用户对自主品牌偏好度高，占比远高于全国平均水平。但随着需求升级，2017年起自主品牌份额开始下滑，欧系和日系品牌份额逐年提升，美系、韩系品牌份额逐年下降。2021年1~10月份，各车系受芯片供给短缺影响程度不同，欧系和日系品牌份额再次下滑，自主品牌份额回升（见图11）。

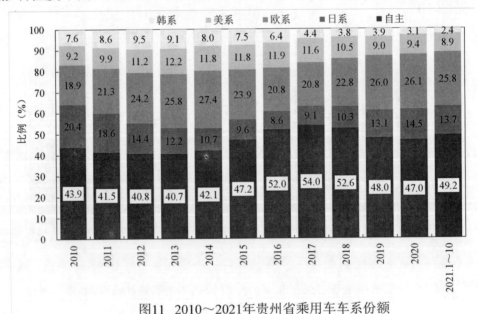

图11 2010~2021年贵州省乘用车车系份额

（注：2010~2015年需求为注册口径，2016~2018年需求为保险数，均含进口车数据）

2021年,在供给推动下,贵州省新能源需求大幅提升,1~10月份累计销售超过20000辆,增速远高于全国,但渗透率仍低于全国平均水平(见图12)。

图12 2015~2021年贵州省与全国新能源车需求及渗透率

(注:以上需求数据为保险数,含进口车保险数据)

从城市来看,贵州省内需求梯次性明显。2021年1~10月份,贵阳需求12.8万辆,领跑全省,占全省需求的35.8%;遵义需求5.9万辆,占全省需求的16.6%;其他7市州需求均在2万~3万辆之间,共占全省需求47.6%(见图13)。黔南、安顺、毕节、贵阳增速高于全省增速,遵义、黔西南的需求低于2020年同期。遵义市需求负增长主要受到2021年10月份当地本土新冠肺炎疫情反复的影响。

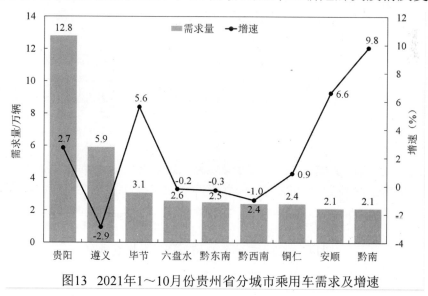

图13 2021年1~10月份贵州省分城市乘用车需求及增速

(注:以上需求数据为保险数,含进口车保险数据)

## 三、2022年贵州省乘用车市场展望

### 1. 2022年贵州省经济展望

2022年贵州省委省政府将贯彻落实总书记视察贵州时提出的"四新"要求，以新型工业化为抓手继续实施工业强省战略，将"强省会"和新型城镇化会作为重点投资领域拉动投资逐步回升，受新冠肺炎疫情影响的消费继续恢复。预计全省经济增速应该维持在8%左右，最主要的增长点仍然是旅游业、特色轻工业和高技术产业。目前贵州省实现"共同富裕"的主要抓手还是实施乡村振兴战略，继续巩固和稳定脱贫攻坚成果，避免出现大规模返贫。

"十四五"时期，贵阳将打造大数据创新策源地，积极推动人工智能、5G、物联网、区块链、量子信息等新兴技术的应用落地，摘掉"全国机房"的尴尬称号。遵义则将壮大白酒产业集群，以茅台为引领加速培育千亿市值企业，打造世界酱香型白酒企业舰队。

### 2. 2022年贵州省乘用车市场需求预测

结合乘用车发展阶段理论及省内经济发展状况，2022年贵州省乘用车需求预计将稳中有升达到46.1万辆，同比增长1.0%，增速较2021年下降1.2个百分点（见图14）。

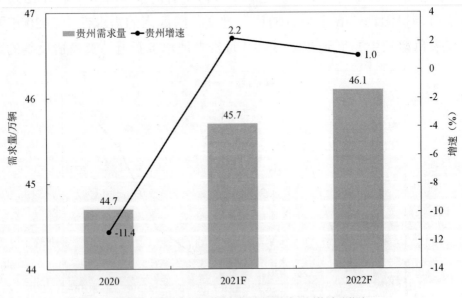

图14 2022年贵州省乘用车需求及增速预测

（作者：贾炜）

# 2021年浙江省乘用车市场分析及2022年展望

## 一、浙江省乘用车市场概况

### 1. 浙江省基本情况

浙江省地处我国东南沿海长江三角洲南翼，幅员10.55万$km^2$，占全国陆地总面积的1.1%，是全国面积较小的省份。浙江省海域辽阔，海岸线总长6486.24km，占全国的20.3%，居全国首位。浙江省属于长江经济带南翼，与安徽、江苏、上海共同构成的长江三角洲城市群，已成为国际六大世界级城市群之一。2020年年末常住人口6468万人，占全国总人口的4.6%；浙江省对人口吸引力强，常住人口中外来人口和劳动力人口比重都较高，劳动力资源丰富。

优越的自然地理环境和丰富的劳动力资源为浙江省成为全国经济体量大、发展水平高的省份奠定了基础。2020年浙江省GDP规模6.4万亿元，全国排名第4位；人均GDP为100620元，已达中高收入国家水平，排名第6位；居民人均可支配收入仅落后于北京、上海，排名第3位。浙江省是我国经济最具活力的省份之一，2020年，在册市场主体达803.2万个，企业282.0万家，其中，民营企业260万家，占企业总数的92.3%；在册个体工商户515.3万户。2020年新设企业50.3万家，其中，民营企业47.6万家，占全部新设企业的94.8%；新设个体工商户117.9万户。同时，新旧动能转换领先，2020年，数字经济核心产业增加值占GDP比重达10.9%，高于全国平均水平；规模以上工业中，人工智能、高技术、装备、高新技术、战略性新兴、节能环保等产业制造业增加值分别增长16.6%、15.6%、10.8%、9.7%、10.2%和8.7%，增速均高于规模以上工业，与上海、江苏、安徽、山东、福建、广东等东部沿海经济发达地区比较，主要指标增速均处于前列。

良好的经济基础为浙江省乘用车市场的发展奠定了坚实的基础。浙江省乘用车市场是全国七大百万级销量以上的市场之一，2020年乘用车上险数达到145万辆，排名第4位。在大需求规模的基础上，过去五年，浙江省乘用车市场依然保持平稳增长，2016~2020 年平均增速达到 1.8%，高于全国平均增速。同时，保有水平高，至 2020 年年底，乘用车保有量为 1530 万辆，占全国总保有量的 7.0%（见图 1）；千人保有量超过 200 辆，处于乘用车发展阶段的普及后期。

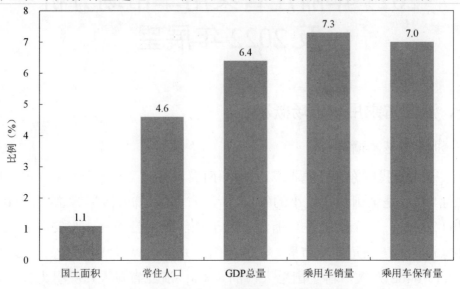

图 1 2020 年浙江省各项指标占全国总量的比例

### 2. 浙江省乘用车市场特征

由于区域要素禀赋、经济发展水平和消费观念等方面的差异，同其他地区相比，浙江省乘用车市场有其自身特征：

（1）发展阶段高，潜在增速低　浙江省千人保有量超过 200 辆/千人，在全国排名第一。根据乘用车发展阶段原理，千人保有量在 100 辆到 250 辆是普及后期，浙江省已处于该阶段，在该阶段，乘用车需求增速和增长弹性都在快速下降，因此，未来浙江省需求潜在增速将不断下滑。

（2）购买力依然是影响浙江乘用车市场需求的关键因素，同时人口因素和消费环境对浙江需求影响作用不断加大　处于发展阶段普及后期的浙江省汽车市场，消费人群已逐渐转换为以县及以下为主，而这部分人群购车大多是首购。同时，浙江省外来人口不断流入，外来消费者购车同样以首购为主。因此，以首购消费者为主要购车群体的浙江省乘用车市场，购买力依然是主要决定因素。购买力因素包含收入和支出两方面，其中收入端主要受宏观经济影响，浙江省经济发达，人均 GDP、人均可支配收入都处于全国领先水平，因而从收入端看，消费者购买力水平高，需求层次高。支出端主要受车价、促消费政策等因素影响，自 2020 年新冠肺炎疫情暴发以来，各地促消费政策频繁发布，一方面显著降低了购车成本、提高了购买力,另一方面政府主导的促消费政策也有利于乘用车消费氛围的形成。

人口因素和消费环境对需求影响日益增加。不断流入的大批外来人口,使浙江省乘用车市场需求规模不减。在消费环境方面,如交通环保压力等,杭州限购后,城市交通拥堵和空气质量都有所好转,未来伴随保有水平的不断提高,汽车限购政策也将持续优化,对汽车市场需求的影响也在不断变化。

## 二、2021年浙江省乘用车市场分析

2021年,在新冠肺炎疫情常态化影响下,全国乘用车需求增速从2020年低位回升,浙江省乘用车市场走势与全国市场一致,具体呈现以下特征。

### 1. 2021年浙江省乘用车市场表现

(1) 2021年浙江省乘用车需求增速创近5年来新高,与全国市场增速差距拉大 2021年1~11月份,浙江省乘用车市场需求从2020年低位回升,达到147.5万辆,与全国乘用车市场走势一致,同比增速16.6%,高于全国增速7.9个百分点,增速差距创近五年来新高(见图2)。

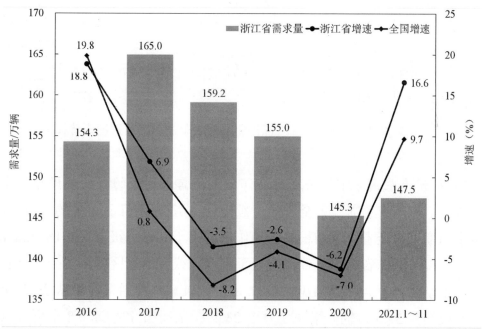

图2 2016~2021年浙江省与全国乘用车需求及增速
(注:数据来源于国家信息中心乘用车上险数)

（2）浙江省乘用车月度需求增速持续快于全国市场，且需求稳健　从月度走势来看，2021年浙江省月度需求增速基本都快于全国市场。2021年上半年，由于2020年同期基数较低，全国各地需求增速普遍大幅攀升，相对全国平均增速，浙江省增速更快；2021年下半年，受缺芯影响，全国需求增速下滑，浙江省增速也随之下滑，但降幅较小，因此增速依然领先于全国；2021年11月份全国市场增速走平，2021年年底需求旺季特征不明显，但浙江省增速小幅回升，年底需求旺季特征强于全国市场。浙江省乘用车市场"遇强则强，遇弱不弱"的需求特征反映其需求整体稳健（见图3）。

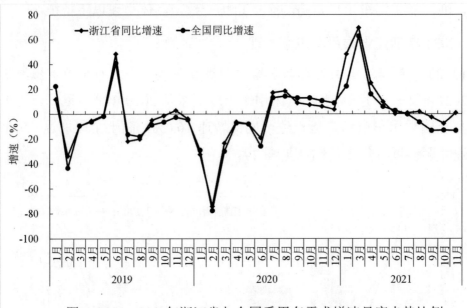

图3　2019~2021年浙江省与全国乘用车需求增速月度走势比例

（3）杭州市乘用车市场需求对浙江省市场需求增长的贡献度提升　作为浙江省的省会，杭州市场需求占全省的份额接近1/4，是浙江省最大的市场，因此，杭州市场的增长对全省需求增长的带动作用远高于其他地级市。2018~2020年，杭州市场表现与浙江省总体一致，均处于零增长或负增长区间，省会对全省乘用车销量的带动力并不强；2021年1~11月份，杭州市乘用车需求从2020年低位回升，实现销量38.9万辆，增速上升至23.4%，高于全省增速6.8个百分点，对全省需求增长的贡献度较往年大幅提升（见图4）。

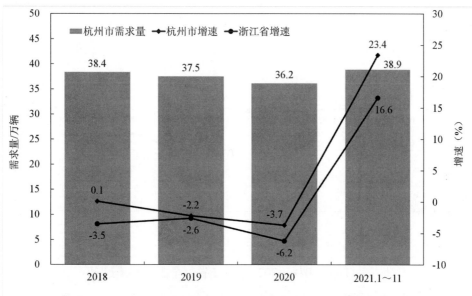

图4 2018~2021年杭州市与浙江省乘用车需求增速年度走势

### 2. 浙江省乘用车市场表现的原因分析

2021年浙江省乘用车市场表现主要受宏观经济、促消费政策、区域号牌政策等因素的影响,其中宏观经济是主要影响因素。

(1)宏观经济快速增长是支撑浙江省乘用车市场需求高增长的主要力量 2021年浙江省前三季度GDP增速为10.6%,高于全国GDP增速0.8个百分点,GDP两年复合增速为6.4%,高于全国GDP两年复合增速1.2个百分点,经济恢复更快、更稳固(见图5)。相较于内陆,作为出口制造业大省,浙江省受益于新冠肺炎疫情后国外需求的快速恢复,2021年前三季度出口增速接近20%,占全国出口比例接近15%;工业生产随之恢复,2021年前11个月规模以上工业增加值增速达到14%,高于全国3.9个百分点。相比于其他沿海省份,浙江省经济更具活力,高质量发展态势更加明显,2021年前3季度浙江省投资增速为13.1%,两年复合增速为8.6%,领跑沿海省份,其中,高新技术产业制造业投资同比增长35.6%,占制造业投资比重为61.5%,拉动全部投资增长3.5个百分点。出口、投资两驾马车的拉动下,浙江省经济快速增长,消费者购买力水平快速修复,消费信心和消费意愿提升,购车需求增加,乘用车市场销量快速增长。

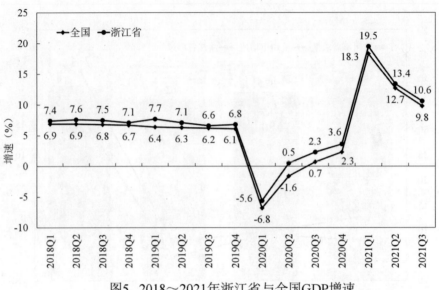

图5　2018~2021年浙江省与全国GDP增速

（2）促消费政策密集，进一步提升消费者购买力水平，利好浙江省乘用车需求释放　2021年，全国各省普遍延续2020年促消费模式，汽车行业多种促消费政策密集出台。对比其他省份，浙江省促消费政策更多，力度也更大。汽车促消费政策主要包括五种形式：新购补贴、地产车支持、以旧换新、老旧车淘汰补贴、汽车下乡等。其中，新购补贴是对汽车购买最直接的激励手段，浙江省促消费政策以新购补贴为主，2021年全省出台汽车新购补贴政策达57个，远高于全国平均水平的9个（见图6），对浙江省消费者购买力水平的拉升不容小觑，极大地促进了市场需求的释放。

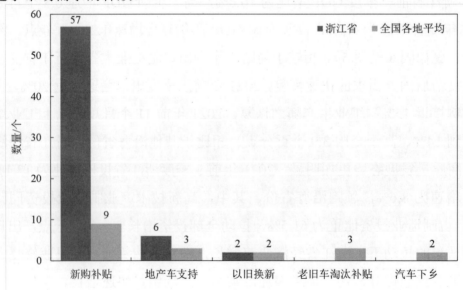

图6　2021年浙江省与全国各省平均汽车促销费政策数量

（3）杭州市区域号牌政策刺激杭州新能源车和区域号牌车销量高增长，支撑杭州乘用车市场需求高增长 2021年3月，杭州市区域号牌政策正式实施，外地牌照车辆行驶时间和行驶范围进一步受到限制，新能源车不受限行政策影响的路权优势在杭州凸显，利好杭州市场新能源车销量。2021年1~11月份，杭州市新能源车需求增速接近200%，远高于燃油车需求增速，对杭州市乘用车市场总体销量的支撑作用明显。

同时，区域号牌政策的实施对正在参与摇号或竞拍车牌的消费者也存在一定利好：一方面，区域号牌相对外地牌照存在路权优势；另一方面，区域号牌上牌便利。因此，具备申请区域号牌资格的消费者可以通过申请区域号牌先购买一辆车，待取得增量指标后再将区域号牌转换成正式的杭州市牌照。区域号牌政策带来的需求前移利好杭州市2021年传统燃油车销量，2021年1~11月份，杭州市燃油车需求增速1.4%，高于全国和浙江省总体（见图7）。

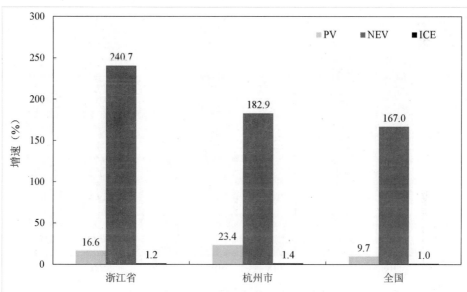

图7 2021年1~11月杭州市、浙江省及全国分燃料类型乘用车需求增速

## 三、2022年浙江省乘用车市场展望

2022年，浙江省乘用车市场变化趋势主要受三个方面因素的影响：新冠肺炎疫情情况、浙江省乘用车市场发展阶段、浙江省宏观经济。综合来看，2022年，若国内新冠肺炎疫情发展进一步转好，管控更加有效，浙江省乘用车市场需求有

望继续保持平稳增长,增速较2021年高位虽有回落,但仍有望高于全国,处于区域市场领先水平。

### 1. 2022年浙江省乘用车市场发展阶段

根据乘用车发展规律,千人保有量超过200辆的浙江省乘用车市场,已处于乘用车普及阶段的后期,对应的乘用车需求增速约为GDP增速的1倍左右。同时,不断涌入的外来人口,奠定了强大的需求基础,因此,只要宏观经济不出现大的问题,浙江省乘用车需求仍具有稳定的增长潜力。

### 2. 2022年浙江省宏观经济预测

宏观经济作为支撑浙江省乘用车需求的关键因素,2022年将保持稳中向好的态势,经济整体质量和效益将进一步改善,结构进一步优化,预计2022年浙江省GDP增速为6.6%,基本恢复到新冠肺炎疫情前正常年份水平(见图8)。

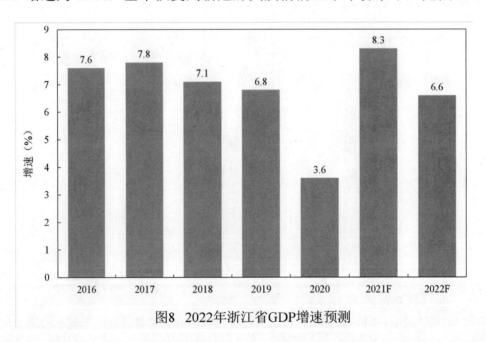

图8 2022年浙江省GDP增速预测

在投资方面,2022年浙江省投资将稳中有进,创新投入力度将进一步加大。项目投资、工业投资、工业技术改造投资将保持较快增长。高新技术产业投资、生态环保城市更新和水利设施投资、交通投资等重点领域投资力度较大。

在消费方面,预计2022年将逐步恢复到2019年水平,物价总体保持稳定,消费信心逐步增强,但与新冠肺炎疫情有关的交通运输、住宿和餐饮业、营利性服务业修复步伐依然慢于其他行业。

在进出口方面,影响进出口的主要因素仍是全球市场的稳定性。2022年,浙江省将多措并举帮助外贸企业应对出口风险挑战,加强出口企业指导工作,引导企业紧密跟踪全球需求变动周期和趋势,合理把握生产和订单交付节奏,避免盲目扩张产能,理性面对价格波动。重点围绕出口企业面临的突出困难和问题,研究出台更有针对性的政策举措,切实降低出口企业综合成本。同时,积极落实关于支持外贸企业出口转内销的政策措施,帮助外贸企业开拓国内市场。预计2022年浙江省进口将保持平稳,出口将高位适度回落。

**3. 2022年浙江省乘用车市场需求预测**

综合考虑2022年新冠肺炎疫情情况,浙江省乘用车发展阶段、宏观经济等因素,预计2022年浙江省乘用车市场需求依然保持正增长,同比增速5.7%,需求规模186.3万辆(见图9)。

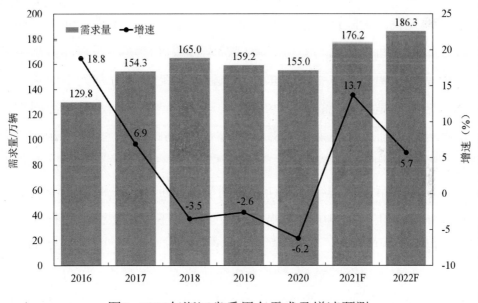

图9 2022年浙江省乘用车需求及增速预测

(作者:张飒)

# 2021年广东省乘用车市场分析及2022年展望

广东省经济发达，人均 GDP、人均可支配收入、汽车发展阶段均位居全国前列，研究其汽车市场发展规律对判断其他地区汽车市场发展路径、预测全国汽车市场发展潜力具有重要意义。广东省作为外贸大省和新经济发展较好的省份之一，汽车市场走势能够在一定程度上反映我国对外贸易形势和经济发展动向。

## 一、广东省乘用车市场概况

### 1. 广东省基本情况

广东省地处我国大陆最南部。东邻福建，北接江西、湖南，西接广西，南临南海，珠江口东西两侧分别与香港、澳门特别行政区接壤，西南部雷州半岛隔琼州海峡与海南省相望。广东省属于东亚季风区，从北向南分别为中亚热带、南亚热带和热带气候，是我国光、热和水资源最丰富的地区之一，且雨热同期，四季常青。广东省境内陆地面积为17.98万 $km^2$，其中岛屿面积为 $1592.7km^2$，海岸线总长度为 4114km，地理位置优越。广东省下辖 21 个地级市，其中，广州市是国家中心城市，深圳市为副省级市及计划单列市，深圳市、珠海市和汕头市为经济特区，广州市和湛江市为中国首批沿海开放城市。下分 122 个县级行政区，包括 65 个市辖区、20 个县级市、34 个县、3 个自治县。广东省是我国劳动力输入大省，人口净流入水平居全国首位。2020 年年末广东省常住人口为 12601.3 万人，占全国总人口的 8.9%。2020 年全国人口净流入最多的十大城市中深圳、广州、东莞、佛山四个城市位于广东省。

优越的地理位置和自然环境以及丰富的劳动力资源构筑了广东省经济发展的基础。2020 年，广东省 GDP 为 11.1 万亿元，比 2019 年增长 2.3%。其中，第一产业增加值为 4769.99 亿元，增长 3.8%，对地区生产总值增长的贡献率为 6.4%；第二产业增加值为 43450.17 亿元，增长 1.8%，对地区生产总值增长的贡献率为

33.7%；第三产业增加值为62540.78亿元，增长2.5%，对地区生产总值增长的贡献率为59.9%。三次产业结构比重为4.3∶39.2∶56.5。分区域看，珠三角核心区地区（广州市、深圳市、珠海市、佛山市、惠州市、东莞市、中山市、江门市和肇庆市）生产总值占全省比重为80.7%，东翼（汕头市、汕尾市、潮州市和揭阳市）、西翼（阳江市、湛江市和茂名市）、北部生态发展区（韶关市、河源市、梅州市、清远市和云浮市）分别占6.4%、7.1%、5.8%。

巨大的人口总量与经济总量是广东省汽车市场的有力支撑。人口总量大意味着广东省乘用车市场有较大的市场空间，市场规模大；经济总量大、人均收入高意味着广东省消费水平高，以此推动汽车消费不断升级。2021年1～11月份广东省乘用车上险数为210.4万辆，全国排名第1位。过去10年，广东省乘用车市场快速增长，2011～2021年平均增长率达到8.3%。2019年受经济下行影响，销量负增长，但跌幅低于全国；2020年受新冠肺炎疫情影响较大，销量下滑10.9%（见图1），跌幅大于全国；2021年随着新冠肺炎疫情防控常态化和经济恢复，乘用车市场逐步恢复，1～11月份同比增长12.2%。广东省乘用车保有水平高，至2020年年底，千人保有量超过173辆，已处于乘用车发展阶段的中后期。

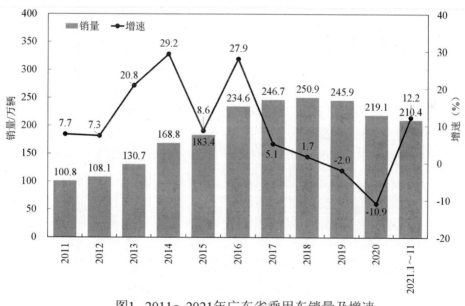

图1 2011～2021年广东省乘用车销量及增速

## 2. 广东省乘用车市场特征

汽车市场发展与经济发展水平呈紧密的正相关关系。经济发展水平高，促进汽车市场的快速发展；同时，汽车市场的快速发展也带动了经济的增长。广东省人均GDP、人均可支配收入和汽车千人保有量高，促使广东省汽车消费偏向中高端。在区域特征上，由于省内各城市经济发展水平、汽车市场发展阶段存在差异，各城市汽车需求特征差异明显。综合来看，广东省乘用车市场呈现以下特征：

（1）市场容量大，增长速度较快且发展阶段较高　一是市场容量大，广东省乘用车销量高，2021年1~11月份销量达210.4万辆，预计全年将达到240万辆左右。广东省汽车市场在2018年之前汽车销量逐年递增，2019年因经济原因市场波动，2020年因新冠肺炎疫情原因销量下滑，2021年随着经济回暖销量恢复增长。二是增长速度快且发展阶段较高。汽车千人保有量跟经济有密切关系，经济发展水平高相应汽车千人保有量高。2010~2015年，广东省的GDP从4.6万亿元增长至7.3万亿元，人均GDP从4.4万元增长至6.8万元（见图2），千人保有量由45.4辆增长到94.0辆（见图3）；2016年广东省GDP迈入8万亿元平台，人均GDP超过7.4万元，千人保有量超过100辆，至2020年人均GDP超过8万元，千人保有量达到173.0辆，未来依然处于较快的发展水平。

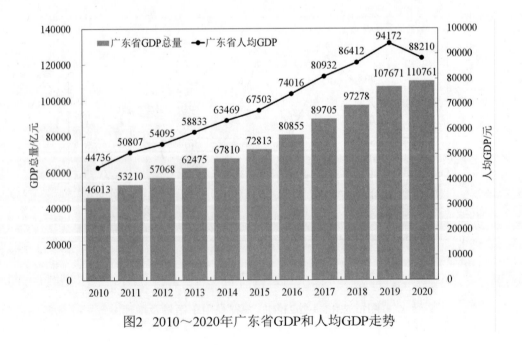

图2　2010~2020年广东省GDP和人均GDP走势

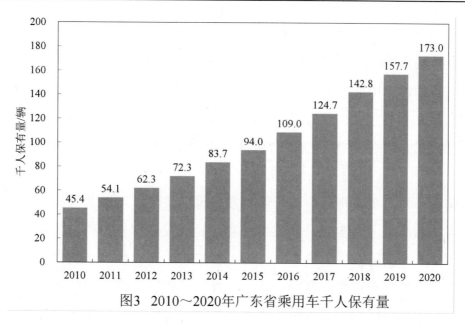

图3 2010~2020年广东省乘用车千人保有量

（2）需求档次高　广东省乘用车需求水平不断高端化。主要特征之一是豪华车渗透率高，2020年，广东省豪华车渗透率为19.5%，高于全国平均水平（17.2%），位列上海、北京、浙江、江苏、福建之后，居全国第六位。广东省豪华车渗透率在2011年前不足10%，主要源于经济发展水平不高，汽车普及率低；2012~2016年渗透率较为稳定，当时处于汽车快速普及阶段，豪华车需求有限；2017年后乘用车千人保有量超过100辆，市场需求不断升级，置换更新和增购需求带动了豪华车消费，豪华车渗透率稳步增长（见图4）。

图4 2010~2020年广东省豪华车渗透率

（3）品牌和车型多样化需求明显　从品牌的市场集中度看，销量前十位品牌的市场份额由2010年的64.2%下降至2015年的57.8%，2020年又回升至63.6%。从车身形式看，2010年轿车独大，占比76.4%；SUV仅占13.8%。2020年市场更加均衡，轿车占52.6%，SUV占43.1%。从车系看，自主品牌比重由2010年的21.9%上升到近年来的30%左右，合资品牌由2010年的80%下降到近年来的70%左右。

品牌和车型需求多样化，源于经济发展推动了生产和消费升级，进而促使供给端和需求端产生了新变化。从供给端看，经济发展带来的科技进步使得汽车产业上升到了一个新的发展阶段，一方面，智能化、网联化、电动化成为当下汽车产业发展的主要方向；另一方面，注重个性化、年轻化也是汽车研发的一个重要方向。汽车市场高额利润也吸引了更多投资者，进而市场竞争愈演愈烈，促使汽车厂家推出更加多元化、有竞争力的产品。此外，众多汽车企业，尤其是自主品牌加大了SUV产品的开发力度，有效刺激了SUV市场需求的释放。与此同时，消费者的爱国情怀、尝鲜心理的高涨也提升了对自主品牌的偏好。从需求端看，广东省作为经济大省，出口依赖度高，民营经济活跃，经济发展水平高，消费水平高。同时，广东省作为人口流入大省，人口层次多样，存在不同偏好和购买力的消费者，为多样化的市场需求奠定了基础。

（4）区域市场差异明显　首先，广东省汽车发展水平较高，但各城市间汽车发展阶段差异较大。广东省乘用车千人保有量超过200辆的城市有6个，其中东莞、中山、佛山等城市乘用车千人保有量已超过300辆，东莞市乘用车千人保有量更是达到373辆，处于汽车市场发展后期饱和阶段（见图5）。而粤南的湛江、茂名、云浮，粤北的韶关、河源、梅州、潮州、揭阳、汕尾等城市乘用车千人保有量都不足100辆，仍处于汽车普及前期，潜在增速高。

其次，各城市的销量差异大。2021年1~11月份，广东省汽车销量集中在广州、深圳、东莞、佛山这四个珠三角城市，市场份额高达66.1%。其中，广州市销量最高，占全省销量22%（见图6）；深圳、东莞、佛山分别占全省份额的18.8%、14.1%、11.2%。中山和惠州的份额占比5%左右，其他城市销量占比均不到5%，尤其汕尾、云浮、潮州的占比不足全省的1%。全省销量集中在广州、深圳、东莞、佛山，意味着这四大城市市场变化在一定程度上就代表着全省需求的变化，也意味着珠三角都市圈的发展会带动广东省汽车市场的发展。

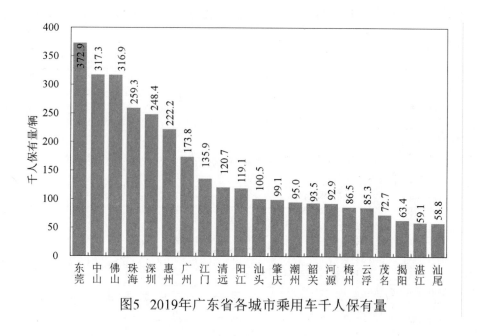

图5 2019年广东省各城市乘用车千人保有量

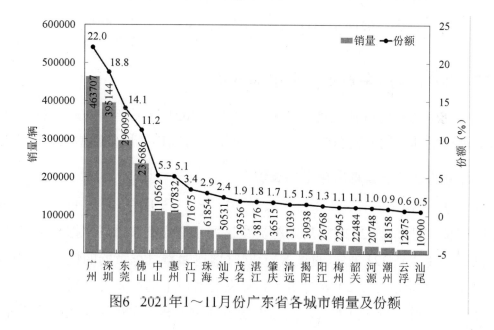

图6 2021年1～11月份广东省各城市销量及份额

最后，各城市的豪华车渗透率存在差异。豪华车渗透率达到20%的只有深圳、珠海、广州三个城市,其中,深圳市豪华车渗透率达到了30.8%(见图7),处于全国领先水平。此外,佛山、东莞、汕头的豪华车渗透率高于全国水平(17.5%),其他城市均低于全国水平。从豪华车渗透率来看,广东省的豪华车市场仍存在较大的增长空间。

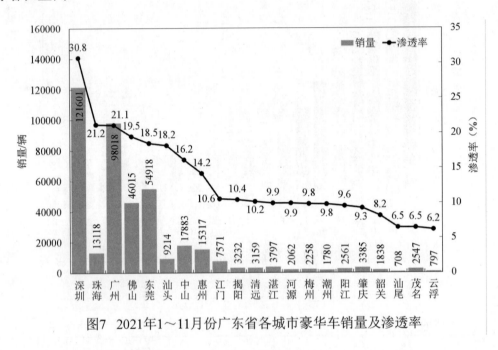

图7 2021年1~11月份广东省各城市豪华车销量及渗透率

## 二、2021年广东省乘用车市场分析

尽管受国内外新冠肺炎疫情影响,尤其是2021年下半年以来,芯片短缺造成车辆供给受到制约,但2021年广东省乘用车市场仍然恢复性增长,表现良好。

### 1. 2021年广东省乘用车市场表现

(1)广东省汽车市场恢复性增长 2021年1~5月份,广东省汽车市场以较快速度增长,2月份因2020年新冠肺炎疫情严重造成汽车市场停摆而销量基数较低,同比增速达到321.7%(见图8),同时增速随着汽车市场的恢复不断放缓。2021年6月份开始受2020年同期新冠肺炎疫情后市场恢复叠加政策刺激,增速维持高位的原因,同比负增长,又因市场芯片短缺和车型供给受到制约,需求得不到释放,2021年9月份负增长高达10个百分点。2021年1~11月份销量累计增长12.2%,分季度看,前三季度销量增速分别是79.8%、8.5%、-3.8%,呈"前高后低"态势。

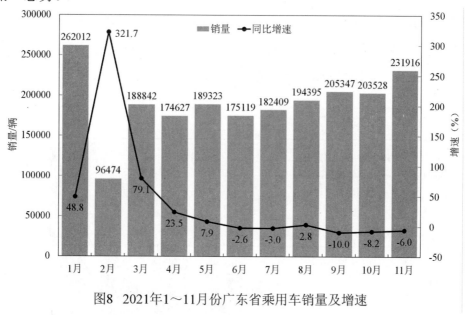

图8　2021年1～11月份广东省乘用车销量及增速

（2）广东省乘用车销量在全国份额继续增长　尽管受新冠肺炎疫情和供给制约，2021年广东省乘用车销量占全国市场份额仍旧继续增长。2021年1～11月份，广东省乘用车销量占全国份额为11.2%（见图9），较2020年全年提高0.2个百分点。2020年受新冠肺炎疫情的不利影响，广东省乘用车市场份额降至11%，2021年开始恢复增长。

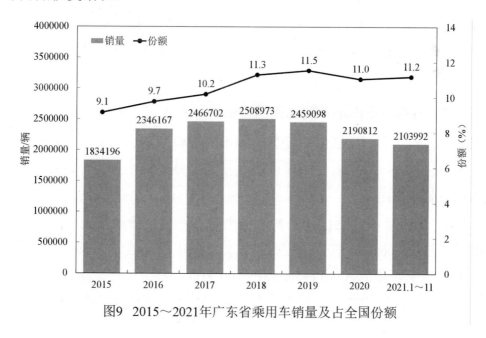

图9　2015～2021年广东省乘用车销量及占全国份额

（3）广东省新能源汽车销量增速快，渗透率高　广东省新能源汽车销量增长速度快，2015年以来年度平均增速高达138.2%，2021年1～11月份新能源汽车销量为33万辆（见图10）。广东省新能源汽车渗透率持续走高，2015年渗透率为0.5%，2021年渗透率增长至15.7%，新能源汽车渗透率从2017年开始远超全国水平。

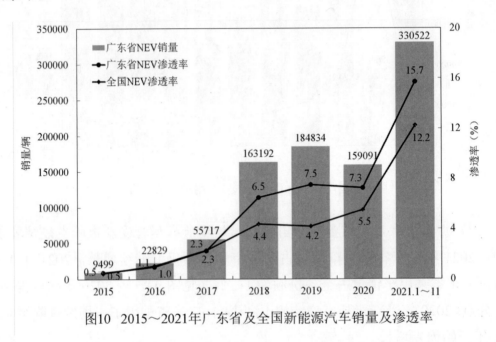

图10　2015～2021年广东省及全国新能源汽车销量及渗透率

（4）广东省豪华车销量增速也呈"前高后低"特征　豪华车销量一季度增长81.7%，二季度增速放缓至10.2%，三季度增速下降至-8.9%，2021年1～11月份累计增长8.9%。

2．广东省乘用车市场表现的原因分析

消费者、购买力、购买欲望是影响购车的三要素，这三要素又受经济和政策的深度影响。2021年广东省汽车市场表现良好主要受广东省经济基础雄厚和政策引领的双重刺激作用。

（1）广东省经济发达，社会发展水平高，汽车市场规模大　广东省城市化率2010年已达到66.2%，2020年达到74.2%，城市的高速发展吸引了大量人口流入，2010年以来新增流入人口年均超过100万人，其中广州、深圳是主要的人口流入城市。大量的新增流入人口为广东省乘用车市场提供了大量的潜在需求者。

2020年广东省常住人口更是达到了1.26亿人,巨大的人口规模直接决定了大规模的汽车市场。

(2) 广东省经济发展较快,购买力不断提高,为新增需求、置换更新需求提供了经济基础  广东省作为我国外贸第一大省,外贸对经济发展发挥重要作用。2020年,广东省进出口总体保持稳定,占全国总量的22%,东南亚国家联盟成为广东省第一大贸易伙伴,美国重回第三大贸易伙伴。2021年1~11月份,广东省进出口总额累计同比增长17.4%,外贸的快速增长为经济发展提供了坚实支撑。经济的快速发展又带动了居民收入的提高。2015年广东省居民人均可支配收入为27859元,2020年已增长至41029元,居民收入的提高促进了购买力和购买欲望的增长。

(3) 广东省出台大量刺激汽车消费政策  广东省及各城市出台了多项刺激汽车消费政策,激发了消费者的购买欲望。据不完全统计,2021年广东省级促进汽车消费政策近10条,包括以旧换新补贴、促消费活动、放宽广州和深圳限购限制等。其中以旧换新政策中报废旧车、购买新能源车补贴金额高达10000元/辆,推广车型多,实施时间长达半年,大大激发了消费者的购买欲望,预计拉动广东省汽车消费10万辆,置换率增长30%左右。放宽广州、深圳限购政策有效期至2022年年底,广州2021~2022年增加8万个节能车指标;深圳放宽购车社保限制,凭居住证即可购车。广州和深圳汽车销量占全省的40%,此放宽限购政策的实施将进一步推动汽车消费大幅释放。

(4) 新冠肺炎疫情激发了消费者的购买欲望  2021年5~6月份广东省新冠肺炎疫情暴发,年底又出现病例。新冠肺炎疫情影响了消费者的消费心态,希望通过私家车出行来减少新冠肺炎的感染概率,提高了消费者的购车欲望。大量无车用户增大了购买欲望,是影响全国包括广东省汽车市场销量增长的重要原因之一。同时,乘用车市场竞争加剧,大量车型竞相降价,也促进了许多用户的置换更新需求。

## 三、2022年广东省乘用车市场展望

### 1. 2022年广东省乘用车市场影响因素分析

新冠肺炎疫情是2022年广东省乘用车市场表现最核心的影响因素,具体体现在以下三个方面:新冠肺炎疫情发展、新冠肺炎疫情影响的芯片供给、新冠肺

炎疫情后的经济发展。

（1）新冠肺炎疫情发展　根据目前的新冠肺炎疫情发展情况，预计2022年一季度疫情防控形势虽总体向好，但防控压力还是非常大，尤其涉及春节返乡，全国人口流动加大，相应带来的防疫压力增加。广东省2021年年底出现新冠肺炎疫情，防控并未松懈，汽车市场的表现也会受到一定影响。

（2）新冠肺炎疫情影响的芯片供给　2021年下半年开始，因全球芯片封测地马来西亚遭受新冠肺炎疫情冲击致工厂停工停产，芯片短缺导致汽车市场供给不足，出现严重的供不应求现象。随着新冠肺炎疫情影响削弱，2021年年底芯片供给逐步恢复，芯片的影响在不断走弱，汽车市场也在不断恢复。但全球芯片供给不能在短时间内完全恢复，预计2022年第二季度全球芯片供给才能恢复常态。

（3）新冠肺炎疫情后的经济发展　不利的影响有两个方面：一是新冠肺炎疫情对经济的抑制作用，2021年经济没有完全恢复，相应地对2021年收入的影响会在2022年的购车决策上体现；二是2022年人口流动继续受到影响，广东省作为劳动力输入大省，新冠肺炎疫情影响劳动力流入的总量，外来人员的减少则直接导致外地牌照乘用车的销量减少，进而影响整体乘用车销量。有利的影响则表现为广东省正推进广州、深圳、珠江口西岸三大都市圈市场规则、基础设施、公共服务、产业平台、生态保护等全方位对接，实现深度融合、共建共享，推动珠三角核心区优化发展、环珠三角城市"融湾"发展、粤港澳大湾区建设发展。基础设施的迅速完善，投资的不断深化，贸易的自由化和人员货物往来的便捷化，市场一体化的城市群的形成将大力促进经济的快速发展。2022年消费将全面复苏，直接拉动经济恢复性增长；投资也逐步向好，继续支撑经济增长，尤其是国家降低存款准备金率，必将推动2022年投资的大幅增长；2022年的外贸在全球新冠肺炎疫情没有完全消退的情况下将依然维持较高的增长水平。广东省良好的经济结构和产业结构也将有利于其经济恢复好于全国水平。总的来看，2022年广东省全年经济发展仍将有力地支撑汽车市场恢复性增长。

**2. 2022年广东省乘用车市场预判**

新冠肺炎疫情冲击、乘用车供给制约是2021年广东省汽车市场低迷的主要原因。总体来看，2022年，在新冠肺炎疫情逐步受到控制、芯片供应逐步恢复、广东省经济良好恢复的背景下,乘用车市场将迎来新的增长势头,广东省乘用车销量约 252 万辆。

(作者:顾晓翠)

# 2021 年河南省乘用车市场回顾及 2022 年预测

2021 年,河南省经济发展呈现出较强的韧性,取得了主要经济指标两年平均增速保持增长、同比增速与全国差距整体缩小的成绩。展望 2022 年,预计全省经济将呈企稳回升、总体向好的态势,预期经济增长 7%。乘用车市场增幅将保持全国平均水平,预计增长 6%。

## 一、2021 年河南省经济情况及乘用车市场回顾

### 1. 2021 年河南省经济发展情况回顾

2021 年前三季度,河南省生产总值增速低于全国平均水平 2.7 个百分点,在五个经济大省和中部六省中均处末位,经济增长恢复势头相对偏弱。2021 年前三季度部分地区 GDP 总量和增速对比见图 1。

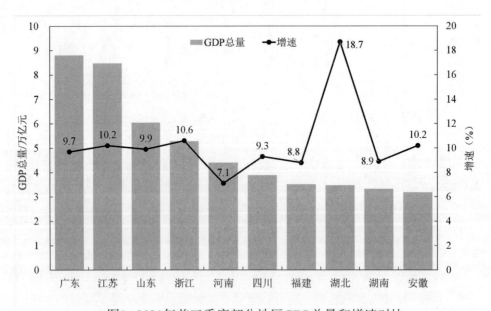

图1 2021年前三季度部分地区GDP总量和增速对比

2021年河南省统筹推进疫情防控、防汛救灾、灾后重建和经济社会发展，攻坚克难，砥砺奋进。通过发放消费券、报废车主购车补贴等促进消费政策，有力地促进了消费及市场信心。主要经济指标增速从2021年上半年与全国平均水平差距较大到逐步收窄，虽有波动，但势头仍向好，展现出较强的韧性后劲。

2021年前三季度全省规模以上工业增加值、固定资产投资、社会消费品零售总额同比分别增长7.9%、5.1%、11.1%，与全国差距较上半年分别缩小1.5个百分点、2.6个百分点、0.6个百分点，整体差距在收窄。自2005年河南地区生产总值迈上万亿元台阶后，用5年迈上2万亿元台阶，再用3个3年接连"进阶"，相继迈上3万亿元、4万亿元、5万亿元台阶，预计2021年接近6万亿元。近两年，河南经济基数先"前低后高"，又"前高后低"，对经济平稳复苏造成影响。2021年6月以来，河南牵住产业"牛鼻子"，以重点突破带动全局整体跃升，经济呈现出"V"形反转的走势。

2021年是河南发展历程中极为关键、极不平凡的一年。但河南经济发展呈现出较强的韧性，在巨大困难挑战中实现了主要经济指标两年平均增速保持增长、同比增速与全国差距整体缩小的成绩。

### 2. 2021年河南省乘用车市场回顾

（1）2021年河南省乘用车市场分析　从数据上来看，河南省乘用车注册数2021年为136万辆，同比增长3%（见图2），增长幅度低于全国市场3个百分点。

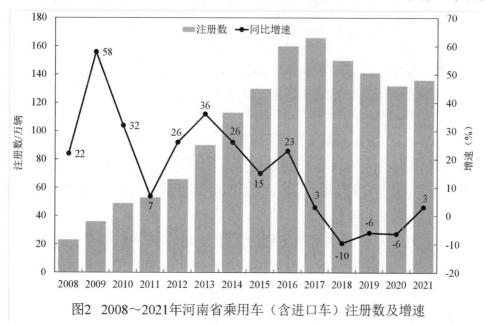

图2　2008～2021年河南省乘用车（含进口车）注册数及增速

2021年河南省乘用车月度销量呈现前高后低的走势。2021年上半年销量超强增长的首要原因是2020年的低基数效应,其次是新能源汽车的增长贡献度不断加大。同时,2021年7月20日,郑州、许昌、鹤壁、新乡等多地遭受特大暴雨,大量汽车受损报废,郑州等地出台了鼓励报废车主购置新车的补贴政策,河南省政府办公厅在9月印发了《关于切实做好灾后促消费工作的通知》,《通知》明确支持汽车报废更新,对因水灾报废的车辆,在2021年12月31日前取得《报废机动车回收证明》和《机动车注销证明书》,同时在省内购置新车并取得机动车销售统一发票、在原车注销地完成注册登记上牌手续的,按照原报废车辆行驶年限给予消费者差异化补贴。

2021年下半年,因8月、11月郑州再次出现新冠肺炎疫情,加上2020年下半年销量的高基数,汽车销量呈下降态势。全年销量达136万辆,同比增幅仅3%。2021年河南省乘用车分月销量及同比增速见图3。

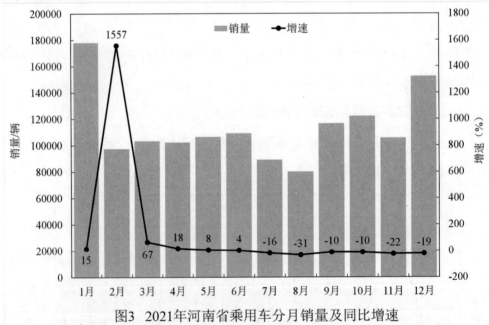

图3 2021年河南省乘用车分月销量及同比增速

郑州作为河南的头部市场,新车销量占比超过河南省的1/3,常住人口超千万人,350万辆的汽车保有量,将为中长期释放以置换为主的新车增量空间,其经济体量及人口规模都远超省内其他城市。

2021年7月,郑州遭遇千年不遇的暴雨,40多万辆汽车遭受水淹,外加政府出台报废车辆购车补贴政策,为置换新车提供了强有力的支持。豫北区域的洛阳、濮阳、焦作、济源等四线城市增幅在河南省内均处于较高态势,周口、南阳能够同比增长得益于其人口较多。济源2020年在省内降幅位居第一,2021年实现了触底反弹,同比增速在全省排名第一(见图4)。

2021年河南省最畅销的十大汽车品牌中,德系2家、自主品牌6家、日系1家、美系1家,上汽大众、一汽大众、吉利、五菱、长安排在前五位(见图5)。南北大众承包冠亚军,但是大众系整体销量同比下降10%。排名前10的自主品牌除哈弗外,均有较大增长,其中五菱增速最快,2021年1～11月份累计销量增长127%。比亚迪得益于新能源车型的增速,表现较为抢眼,销量同比增长84%。

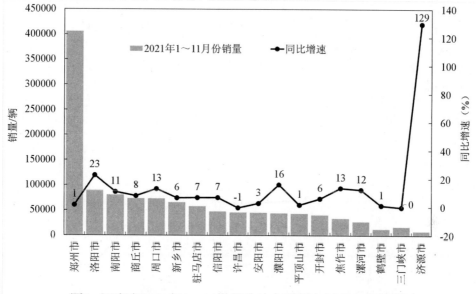

图4 河南省2021年1～11月份分地市乘用车销量与同比增速

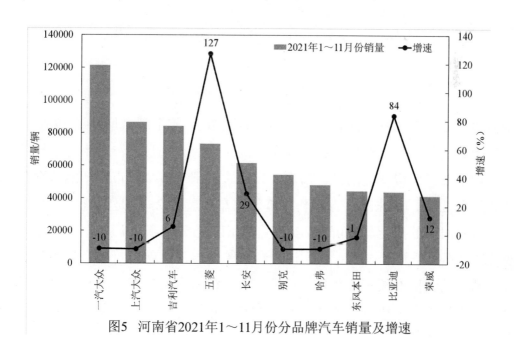

图5 河南省2021年1～11月份分品牌汽车销量及增速

（2）分系别销量排名分析　2021年，自主品牌在河南省内份额处于绝对性优势，整体份额高达48%，较2020年同期增加8个百分点，抢占其他系别份额（见图6）。自主品牌是唯一实现销量正增长的细分品牌，2021年1～11月份销量增幅为28%，而合资品牌则都呈现同比下降趋势。2021年经历了芯片危机、后疫情时代的车市低迷、新能源强势崛起等冲击，德系、日系受限于有限的芯片资源，而自主品牌的芯片部分自给，芯片资源聚焦，因此迎来了市场的爆发。

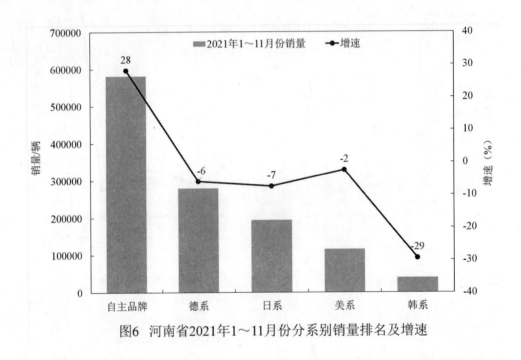

图6　河南省2021年1～11月份分系别销量排名及增速

（3）新能源汽车发展分析　2021年，河南省新能源汽车上牌量约23万辆，销量占比从2020年的0.7%增长到17%，同比2020年上牌量增加了188%。

河南省新能源汽车跑赢全国大盘，市场表现令人瞩目，渗透率更是超过了全国的平均水平。值得一提的是，洛阳、焦作、濮阳等多个城市的新能源汽车市场渗透率达到25%，意味着，每销售100辆汽车中就有25辆是新能源汽车，足见中原消费者对其的接受与认可度。2021年河南省各地市新能源汽车销量排名及增速见图7。不同于北京、上海、广州、深圳等城市，河南省对于号牌并不设限，因此，销量的大幅增长才更真实地反映出中原消费者对于新能源汽车的接受度越来越高，市场正在加速进入新能源汽车的普及期。

近年来，河南省在推动充电桩建设方面投入力度也在加大，使得相应的配套设施更为完善，使用起来更为便捷。2021年11月，河南省政府办公厅印发《河南省加快新能源汽车产业发展实施方案》，提出到2025年，全省新能源汽车年产量超过30万辆；除应急车辆外，全省公交车、巡游出租车和城市建成区的载货汽车、市政环卫车辆基本使用新能源汽车；全省建成集中式充换电站2000座以上、各类充电桩15万个以上。

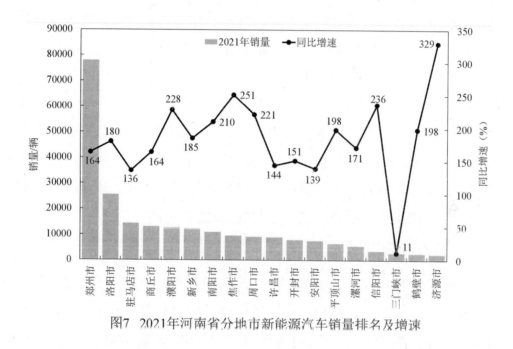

图7 2021年河南省分地市新能源汽车销量排名及增速

同时，河南新能源汽车热销背后也是河南省的人口红利以及拥有巨大存量的低速车市场（因法规）升级等多重因素共同推动的结果。与此同时，历来是"得河南者得天下"，各主机厂对河南的重视与投入也促进和加速了新能源汽车在河南的发展。

## 二、2022年河南省经济走势和乘用车市场预测

### 1. 2022年河南省经济走势预测

展望2022年，全球经济存在较大不确定性，国内经济也面临较大挑战，宏观环境依旧复杂严峻，预计2022年河南省经济将呈企稳回升、总体向好的态势，预期经济增长7%。

(1) 有利因素　2022年新发展格局下,服务河南省"两个确保"大局的必然选择,推动县域经济"成高原",实施"一主两副"(一主郑州,两副洛阳、南阳)+四个示范区的省域发展战略。河南县域经济高质量发展一项极为关键的改革,就是放权赋能改革和财政体制改革。河南省2022年将持续朝着打造高水平现代化平台体系,对产业载体进行一次系统性重构,加快打造竞争力强、产出效率特别高、发展后劲特别足、辐射带动力特别大、更加适配新发展格局的高能级产业平台。随着全面推进乡村振兴战略的开启,河南省作为农业大省,在迈向现代农业强省,走出全面推进乡村振兴河南路径的新阶段。

(2) 不利因素　首先,2021年河南省罕见的特大洪涝灾害给经济带来了较大影响,2022年着力进行灾后重建;其次,新冠肺炎疫情侵扰肆虐,对经济的冲击与重创将持续;第三,河南省经济大而不强、大而不优、大而不新,仍处于产业结构调整和发展动力接续转换的关键期与攻坚期;第四,河南省资源性产业较多,受环保政策的影响也较大;第五,河南省产业层次不高,税收含量较低,具有较大的民生支出压力,财政收支矛盾将在2022年更加突出。

### 2. 2022年河南省乘用车市场预测

河南省作为全国第三人口大省,人口红利仍会继续释放,千人保有量仍处于全国较低水平,人口规模带来的汽车消费仍将是乘用车增长的主要支撑。数据显示,2020年河南省全省常住总人口为9936万人,在全国人口排行中居第三位,常住人口一直维持稳步增长,人口规模的优势既是生产力也是消费力。政府根据当地实际情况发展朝气蓬勃的实体经济,增加当地人员的收入,为当地消费者购车创造条件。

此外,为加快新能源汽车产业发展,2021年11月,河南省人民政府办公厅发布了《河南省加快新能源汽车产业发展实施方案》。方案指出,到2025年,全省新能源汽车年产量超过30万辆,力争达到50万辆,燃料电池汽车示范运营总量力争突破1万辆,建成千亿级郑开新能源汽车产业集群。全省建成集中式充(换)电站2000座以上、各类充电桩15万个以上。建成并投入使用各类加氢站100座以上,实现重点应用区域全覆盖。这将有利带动新能源汽车销量的持续增长。

2022年河南省将持续推进县域经济"成高原",加快县域经济高质量发展,将有助于经济恢复增长。从行业宏观层面来看，宏观经济将持续稳定恢复，疫情防控持续向好，芯片供应逐渐恢复，仍将促进乘用车市场的增长，2022年乘用车销量将继续增长。

根据对上述影响乘用车发展的各种因素的综合分析预测，2022年，河南省乘用车需求量预计约为145万辆，同比增长6%。

（作者：朱灿锋　王彦彦）

# 2021年江苏省乘用车市场回顾及2022年预测

2021年正值中国共产党百年华诞，是实施"十四五"规划开局之年，在党中央的坚强领导下，各级政府出台一系列有利政策，推进各行各业不断深化改革和转型升级，《新能源汽车产业发展规划（2021~2035年）》的颁布实施，为我国汽车产业的结构调整和绿色低碳发展指明方向。当前我省汽车市场总体向好，在稳增长、促消费方面发挥了重要作用。

## 一、江苏省乘用车销量增幅高于全国平均水平

根据新车首次交强险数据统计（下同），2021年1~9月份江苏省乘用车销售124.4万辆，同比增长15%（见表1）；与2019年同期相比增长3.5%，均高于全国市场平均值6个点以上，其中连云港、淮安、南通三市增长率较高。

表1 2021年1~9月份江苏省各地乘用车销量及增速

| 项目 | 南京 | 无锡 | 徐州 | 常州 | 苏州 | 南通 | 连云港 |
|---|---|---|---|---|---|---|---|
| 2020年1~9月份销量/辆 | 167100 | 120863 | 80815 | 75400 | 255450 | 94894 | 35842 |
| 2021年1~9月份销量/辆 | 178855 | 144527 | 95473 | 89091 | 285837 | 114392 | 45342 |
| 同比增速（%） | 10.6 | 19.6 | 18.1 | 18.2 | 11.9 | 20.6 | 26.5 |
| 项目 | 淮安 | 盐城 | 扬州 | 镇江 | 泰州 | 宿迁 | 全省 |
| 2020年1~9月份销量/辆 | 40512 | 55093 | 42793 | 33641 | 43831 | 40939 | 1081773 |
| 2021年1~9月份销量/辆 | 51049 | 57543 | 46762 | 40000 | 49134 | 45890 | 1243895 |
| 同比增速（%） | 26 | 4.5 | 9.3 | 18.9 | 12.1 | 12.1 | 15 |

注：数据来源于新车交强险数据。

## 1. 受疫情和芯片短缺影响,江苏省各地月份销量有较大起伏

2021年上半年江苏省各地汽车市场逐渐转暖,7月、8月份受扬州、南京两地德尔塔新冠肺炎疫情影响,叠加芯片短缺,造成全面车源紧张,全省销量大幅下降;9月份销量有所增长。2021年1~9月份江苏省各地乘用车销量及环比增速见表2。

表2  2021年1~9月份江苏省各地乘用车销量及环比增速

| 时间 | 南京 | 无锡 | 徐州 | 常州 | 苏州 | 南通 | 连云港 |
|---|---|---|---|---|---|---|---|
| 1月销量/辆 | 26859 | 18929 | 14281 | 12277 | 39062 | 15567 | 6784 |
| 2月销量/辆 | 15129 | 11405 | 10602 | 7321 | 20465 | 13499 | 5313 |
| 环比增速(%) | -43.7 | -39.7 | -25.8 | -40.4 | -47.6 | -13.3 | -21.7 |
| 3月销量/辆 | 22755 | 17784 | 10374 | 11242 | 35146 | 13056 | 5069 |
| 环比增速(%) | 50.4 | 55.9 | -2.2 | 53.6 | 71.7 | -3.3 | -4.6 |
| 4月销量/辆 | 20362 | 16357 | 10080 | 9941 | 31803 | 12036 | 4802 |
| 环比增速(%) | -10.5 | -8.0 | -2.8 | -11.6 | -9.5 | -7.8 | -5.3 |
| 5月销量/辆 | 19992 | 17248 | 10916 | 10318 | 32780 | 12964 | 5085 |
| 环比增速(%) | -1.8 | 5.4 | 8.3 | 3.8 | 3.1 | 7.7 | 5.9 |
| 6月销量/辆 | 21115 | 17210 | 10106 | 10438 | 32987 | 12773 | 4753 |
| 环比增速(%) | 5.6 | -0.2 | -7.4 | 1.2 | 0.6 | -1.5 | -6.5 |
| 7月销量/辆 | 17812 | 14611 | 9927 | 9268 | 29049 | 12176 | 4624 |
| 环比增速(%) | -15.6 | -15.1 | -1.8 | -11.2 | -11.9 | -4.7 | -2.7 |
| 8月销量/辆 | 14600 | 14720 | 9564 | 9016 | 31101 | 11354 | 4356 |
| 环比增速(%) | -18.0 | 0.7 | -3.7 | -2.7 | 7.1 | -6.8 | -5.8 |
| 9月销量/辆 | 20221 | 16263 | 9623 | 9270 | 33444 | 10967 | 4556 |
| 环比增速(%) | 38.5 | 10.5 | 0.6 | 2.8 | 7.0 | -3.4 | 4.6 |
| 时间 | 淮安 | 盐城 | 扬州 | 镇江 | 泰州 | 宿迁 | 全省 |
| 1月销量/辆 | 7851 | 8778 | 7224 | 5419 | 7402 | 7089 | 177522 |
| 2月销量/辆 | 5788 | 6637 | 4660 | 3236 | 5001 | 5963 | 115029 |
| 环比增速(%) | -26.3 | -24.4 | -35.5 | -40.3 | -32.4 | -15.9 | -35.2 |
| 3月销量/辆 | 6226 | 6750 | 6846 | 4915 | 5996 | 5275 | 151434 |
| 环比增速(%) | 7.6 | 1.7 | 46.9 | 51.9 | 19.9 | -11.5 | 31.6 |
| 4月销量/辆 | 5717 | 5956 | 5507 | 4332 | 5494 | 4680 | 137067 |
| 环比增速(%) | -8.2 | -11.8 | -19.6 | -11.9 | -8.4 | -11.3 | -9.5 |
| 5月销量/辆 | 5672 | 5968 | 5684 | 4781 | 5460 | 4697 | 141565 |
| 环比增速(%) | -0.8 | 0.2 | 3.2 | 10.4 | -0.6 | 0.4 | 3.3 |

(续)

| 时间 | 淮安 | 盐城 | 扬州 | 镇江 | 泰州 | 宿迁 | 全省 |
|---|---|---|---|---|---|---|---|
| 6月销量/辆 | 5060 | 6266 | 5858 | 4746 | 5313 | 4570 | 141195 |
| 环比增速（%） | -10.8 | 5.0 | 3.1 | -0.7 | -2.7 | -2.8 | -0.3 |
| 7月销量/辆 | 5012 | 5759 | 5541 | 4030 | 4983 | 4606 | 97467 |
| 环比增速（%） | -0.9 | -8.1 | -5.4 | -15.1 | -6.2 | 0.8 | -9.8 |
| 8月销量/辆 | 4470 | 5551 | 204 | 4518 | 4194 | 4252 | 117900 |
| 环比增速（%） | -10.8 | -3.6 | -96.3 | 12.1 | -15.8 | -7.7 | -7.5 |
| 9月销量/辆 | 5253 | 5878 | 5238 | 4023 | 5291 | 4758 | 134785 |
| 环比增速（%） | 17.5 | 5.9 | 2467.6 | 11.0 | 26.2 | 11.9 | 14.3 |

注：数据来源于新车交强险数据。

### 2. 豪华品牌优势凸显，自主品牌汽车销量增长较快

2021年前三季度，江苏省乘用车销量TOP20品牌中，自主品牌数量最多，有7个，德系有5个，日系有5个，美系有2个，韩系有1个（见表3）；TOP20销量合计占全省销量的79.3%，品牌集中度较高。2021年前9个月，宝马品牌有4个月为全省销量冠军，奔驰品牌有单月为销量冠军，豪华品牌优势凸显。特斯拉、比亚迪在9月份销量首次进入前10，新能源汽车品牌销量爆发。

表3 2021年1~9月份江苏省乘用车销量TOP20品牌

| 排名 | 品牌 | 1月 | 2月 | 3月 | 4月 | 5月 | 6月 | 7月 | 8月 | 9月 | 1~9月份 | 1~9月份同比增速（%） |
|---|---|---|---|---|---|---|---|---|---|---|---|---|
| 1 | 上汽大众 | 13326 | 9179 | 9386 | 8621 | 8717 | 8771 | 7625 | 8055 | 9987 | 83667 | 12.6 |
| 2 | 宝马汽车 | 11246 | 6248 | 9749 | 8986 | 9303 | 9807 | 7783 | 7975 | 7277 | 78374 | 20.5 |
| 3 | 奔驰汽车 | 11492 | 6036 | 9427 | 9834 | 8765 | 8054 | 6425 | 5588 | 5714 | 71335 | 1.9 |
| 4 | 大众奥迪 | 10912 | 5915 | 9177 | 8710 | 8523 | 8774 | 7294 | 7348 | 4367 | 71020 | 8.7 |
| 5 | 通用五菱 | 8782 | 7665 | 9458 | 7363 | 7177 | 6830 | 7001 | 5926 | 6750 | 66952 | 45.4 |
| 6 | 通用别克 | 10364 | 7050 | 8042 | 7483 | 7935 | 7953 | 5932 | 5418 | 6298 | 66475 | 0.4 |
| 7 | 吉利（含领克） | 9180 | 6688 | 7099 | 6501 | 6984 | 7271 | 7304 | 6877 | 7722 | 65626 | 29.2 |

(续)

| 排名 | 品牌 | 1月 | 2月 | 3月 | 4月 | 5月 | 6月 | 7月 | 8月 | 9月 | 1~9月份 | 1~9月份同比增速（%） |
|---|---|---|---|---|---|---|---|---|---|---|---|---|
| 8 | 东风日产 | 8590 | 5057 | 6601 | 5535 | 5757 | 6206 | 6366 | 5854 | 5895 | 55861 | -3.3 |
| 9 | 一汽大众 | 9703 | 6368 | 8964 | 6395 | 6727 | 5613 | 3630 | 3829 | 4229 | 55458 | -17.6 |
| 10 | 长安汽车 | 7411 | 4792 | 5492 | 5317 | 5753 | 5185 | 5157 | 3974 | 4958 | 48039 | 31.1 |
| 11 | 广汽丰田 | 5565 | 3076 | 4658 | 4832 | 4821 | 5377 | 4802 | 4621 | 3883 | 41635 | 7.9 |
| 12 | 一汽丰田 | 5081 | 3978 | 5244 | 4630 | 4826 | 4515 | 4796 | 4531 | 3922 | 41523 | 6.3 |
| 13 | 长城（含WEY） | 6309 | 3782 | 5026 | 4533 | 4270 | 4089 | 4266 | 4308 | 4751 | 41334 | 45.5 |
| 14 | 东风本田 | 6157 | 3528 | 5157 | 5055 | 4511 | 3963 | 3624 | 2412 | 4239 | 38646 | 3.5 |
| 15 | 广汽本田 | 4392 | 2993 | 4267 | 4016 | 4439 | 3665 | 3367 | 3087 | 4198 | 34424 | 3.3 |
| 16 | 上汽乘用车 | 4572 | 2997 | 3356 | 2978 | 3609 | 3574 | 3595 | 2976 | 3791 | 31448 | 25.2 |
| 17 | 北京现代 | 4851 | 3033 | 2563 | 2516 | 2927 | 2655 | 2902 | 2470 | 2720 | 26637 | -10.8 |
| 18 | 比亚迪 | 2065 | 1224 | 1667 | 2186 | 2539 | 3094 | 3505 | 3864 | 4791 | 24935 | 171.7 |
| 19 | 凯迪拉克 | 2710 | 1893 | 2905 | 2457 | 2519 | 2676 | 2232 | 2137 | 2715 | 22244 | 22.2 |
| 20 | 奇瑞汽车 | 3018 | 1806 | 2172 | 2015 | 2359 | 2255 | 2223 | 2297 | 2709 | 20854 | 60.0 |

2021年前三季度，江苏省销量过万辆的车型有28个，其中，舒适型以上豪华品牌10款，紧凑型7款，SUV5款，纯电动汽车2款。舒适型、豪华品牌车型成为增换购主流。

**3．新能源汽车销量大幅增长**

2021年前三季度，江苏省纯电新能源乘用车销售11.3万辆，占乘用车总销量的9.1%；苏南五市销量占全省64.4%；江苏省9月份乘用车销量占全国销量的

15.2%。

2021年前三季度,江苏省新能源汽车销量 TOP20 品牌占新能源乘用车销量的 98.2%;销量 TOP20 车型占新能源乘用车销量的 81.9%。新势力汽车企业领先,传统汽车企业追赶脚步加快。2021年1~9月份江苏省新能源乘用车 TOP20 品牌和 TOP20 车型见表4。

表4  2021年1~9月份江苏省新能源乘用车 TOP20 品牌和 TOP20 车型

| 排名 | 品牌 | 销量 | 排名 | 车型 | 销量 |
| --- | --- | --- | --- | --- | --- |
| 1 | 五菱宝骏 | 23272 | 1 | 宏光 MINI | 22723 |
| 2 | 特斯拉 | 17888 | 2 | 特斯拉 Model3 | 10420 |
| 3 | 比亚迪 | 10958 | 3 | 特斯拉 ModelY | 7425 |
| 4 | 欧拉 | 9145 | 4 | 欧拉 R1 | 5110 |
| 5 | 蔚来 | 8214 | 5 | 比亚迪汉 | 4591 |
| 6 | 小鹏 | 5102 | 6 | 比亚迪秦 PLUS | 3930 |
| 7 | 荣威&R | 5026 | 7 | 小鹏 P7 | 3684 |
| 8 | 奇瑞 | 4558 | 8 | 荣成 Clever | 3658 |
| 9 | 广汽新能源 | 3472 | 9 | 蔚来 ES6 | 3564 |
| 10 | 北汽新能源 | 3392 | 10 | 奇瑞 EQ1 | 3425 |
| 11 | 理想 | 3383 | 11 | 理想 ONE | 3383 |
| 12 | 零跑 | 3204 | 12 | 零跑 T03 | 3132 |
| 13 | 哪吒 | 2937 | 13 | 蔚来 EC6 | 3105 |
| 14 | 威马 | 2302 | 14 | 欧拉好猫 | 2650 |
| 15 | 别克 | 2025 | 15 | 哪吒 V | 2384 |
| 16 | 大众 ID | 1718 | 16 | 别克 Velite | 2013 |
| 17 | 吉利几何 | 1513 | 17 | 北汽新能源 EU5 | 1934 |
| 18 | 东风新能源 | 1237 | 18 | 威马 EX5 | 1931 |
| 19 | 江淮 | 984 | 19 | 广汽 AionS | 1881 |
| 20 | 奔驰&腾势 | 929 | 20 | 蔚来 ES8 | 1545 |

## 二、2022年江苏省乘用车市场预测

**1. 全国新冠肺炎疫情将得到有效遏制,缺芯、限电将有所缓解,江苏省乘用车销量将继续保持微增长态势**

2020年下半年以来,汽车促消费政策频出,市场消费需求得到较大释放。2021

年，缺芯、限电等因素作用下，众多汽车品牌库存水平从高位降至不足，部分汽车企业甚至采取缺陷交付方式努力缩短客户的等待周期，10月份以来多数品牌汽车供应量有所恢复。虽然社会经济和汽车市场面临诸多不确定因素，但基于2021年乘用车销量不高的表现，预计2022年江苏省乘用车销量能够实现5%的小幅增长。

### 2. 增换购市场的扩大将进一步提升豪华品牌和国潮车型销量

根据江苏省经济运行数据显示，2021年前三季度，江苏省生产总值、项目投资、金融存贷款和居民收入均保持增长态势，其中居民收入同比增长10.9%，两年平均增长7.4%。江苏省作为率先实现全面小康的经济发达省份，居民收入的进一步增长加速了家用汽车换购进程，同时新冠肺炎疫情和年轻群体也利好家庭增购汽车现象，豪华品牌、大型SUV、个性国潮、商旅车型的增长将更加明显。

### 3. "双碳"政策和"新三包"法规实施将进一步推动新能源汽车销量增长

新能源汽车经过多年市场培育和政策引导，2021年迎来暴发式增长。在我国全面贯彻新发展理念，实现碳达峰、碳中和目标的政策指引下，选择绿色低碳交通出行已经深入人心。2021年修订颁布的《家用汽车产品修理、更换、退货责任规定》（简称"新三包"）将于2022年1月1日实行，增加了对新能源汽车产品的三包条款。这些政策的出台实施，将进一步推进新能源汽车市场的发展，预计2022年江苏省新能源乘用车销量占比将由目前的10%升至15%。特斯拉、蔚来、小鹏、理想继续领跑新能源汽车市场，五菱、比亚迪、吉利、大众等传统汽车企业的新能源车型市场占有率快速上升，江苏省生产的荣威R（上汽非凡）、高合（华人运通）、极狐（北汽）、天美（创维）、吉麦等新能源汽车品牌逐步上量。

### 4. 汽车市场格局变化，引起产销合作方式的思辨和经销商集团间整合

当前，汽车市场进入存量竞争时期，原主流品牌市场占有率比例大幅下降，二、三线品牌逐步淘汰，部分汽车经销商面临销售额和售后产值大幅下降的困境。据中国汽车流通协会2021年上半年调查数据显示，全国30%的汽车经销商仍处于亏损状态。截至2021年上半年，江苏省在商务系统备案的汽车经销商有2300家，2021年有100多家经销商关店，新增经销商多是新能源和奔驰、宝马、雷克萨斯品牌。江苏省10个以上4S店的经销商集团近40家，其中9家列入全国百强经销商集团。具有国有资产背景的经销商集团充分发挥资金和资源优势收购、

控股小型或单体经销商，中升、永达、美东等跨区域大型经销商集团加强对江苏省市场的拓展。据不完全统计，2020年以来，江苏省近50家4S店发生并购转让或管理方转移，相当一部分经销商仍然面临品牌抉择和营收失衡问题，在经销商整合中"以大并小""国进民退"的现象仍将持续进行。

（作者：徐士刚）

# 2021年安徽省乘用车市场分析及2022年预测

2021年,受新冠肺炎疫情和芯片短缺等多重因素影响,汽车产业链供需矛盾增加,造成汽车市场运行波动。据中国汽车工业协会数据显示,2021年1~11月份,全国汽车产销量分别为2317.2万辆和2348.9万辆,同比分别增长3.5%和4.5%,增幅比2021年1~10月份继续回落1.9个百分点。新能源汽车市场需求依旧旺盛,产销继续创新高,累计产量已超过300万辆,销量接近300万辆,2021年1~11月累计销量渗透率提升至12.7%。

## 一、2021年安徽省经济情况及乘用车市场回顾

### 1. 2021年安徽省经济发展情况回顾

从2021年前三季度数据看,安徽省表现较突出。2021年前三季度,安徽全省GDP接近3.2万亿元,名义增速15.2%(见图1),超过全国的13.9%,增量为4206.7亿元。

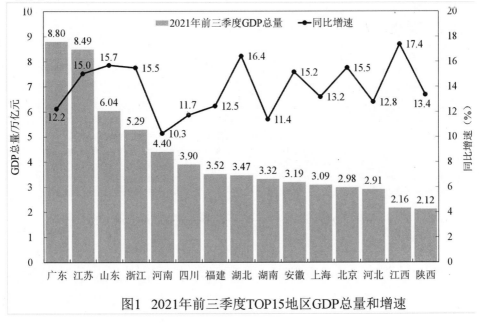

图1 2021年前三季度TOP15地区GDP总量和增速

2021年前三季度，合肥市的GDP为8207亿元（见图2），过千亿的增量，继续在全省处于霸主地位。长三角一体化的红利，给合肥市带来了更多机会，同时，以科大讯飞、京东方、蔚来汽车等为代表的高科技企业引领着合肥市的高速发展。综合性国家科技中心的红利加持，各种国家实验室、国家级大科学装置相继落户合肥，未来可期，潜力无限。

2021年前三季度，芜湖市表现优异，GDP为3187亿元，实际增长率更是领跑全省，高达13.6%，是除省会外增量最多的城市，接近500亿元的增量，明显高出其他城市，安徽省第二城的位置更加稳固了。和合肥市一样，芜湖市对长三角一体化政策的利用也很到位，重点发展战略新兴产业。国家芜湖机器人产业园等产业聚集地建设得不错，承接了上海等核心城市的产业，互补发展。

安徽省的大部分城市2021年前三季度GDP都集中在千亿元到两千亿元之间，千亿元以上城市群有8个，安庆市领跑这个段位，但增量不及马鞍山市。马鞍山市和滁州市有些类似，靠近南京市，坐享"徽京"红利。不及千亿元的城市有四个（见图2）。

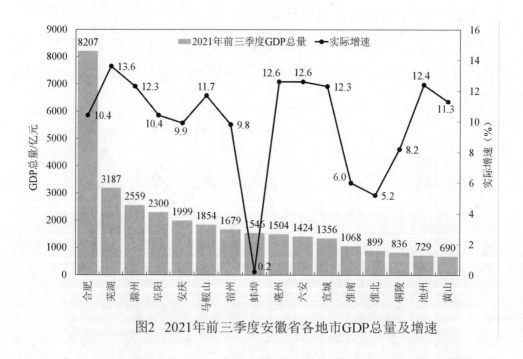

图2 2021年前三季度安徽省各地市GDP总量及增速

GDP进入全国前10位自然不是安徽省的终点，相比之前的突飞猛进，如今每进一步都会困难重重，前面9省均是我国经济大省，综合实力深厚。安徽省如何把握创新发展的引擎,借好长三角一体化的东风是未来10年发展的关键。

### 2. 2021年安徽省乘用车市场回顾

2021年前三季度,安徽省的上险口径乘用车销量是56万辆,同比增长13.16%,预计全年71万辆,增幅约5.69%。2021年1~10月份,乘用车销量同比增长12.91%,2020年上半年受新冠肺炎疫情影响,导致低基数,2021年上半年月均增速较快;而2020年下半年,在国家疫情防控方面取得成效下,市场快速恢复,导致基数较高,叠加2021年下半年受芯片短缺影响,2021年下半年安徽乘用车市场销量增速同比有所减缓(见图3)。

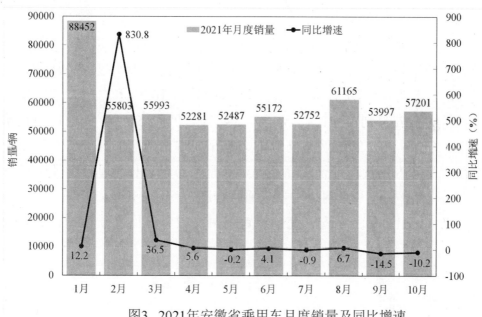

图3 2021年安徽省乘用车月度销量及同比增速

合肥市作为安徽省的头部市场,其体量及人口规模都远超省内其他城市,汽车保有量为260万辆,新车销量占比超过全省30%,常住人口为936.99万人,将为中长期释放以置换为主的新车增量空间。同时,安徽省集全省之力发展合肥市,特别是合肥市GDP破万亿元后,将聚集越来越多的人口,对周边城市的销量形成了虹吸效应。从百人汽车保有量数据看,阜阳、六安、蚌埠、马鞍山等汽车百人保有量增加较快(见图4),新车增量空间逐步提升,未来几年市场购买力有望进一步提升。

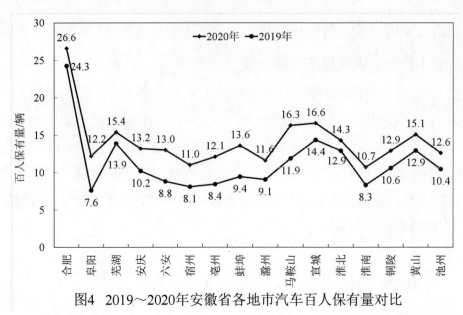

图4 2019~2020年安徽省各地市汽车百人保有量对比

乘用车销量集中在省会城市合肥,各地市差异也较为明显。2021年,合肥市销量最高,占全省销量约31%,阜阳、芜湖分别占10.2%和7.6%,安庆、宿州、亳州、蚌埠、六安分别占5.7%、5.6%、5.4%、5.2%、5.1%。其他城市销量占比均不到5%(见图5)。皖北区域的阜阳、宿州,皖南地区的芜湖、马鞍山及安庆等城市在安徽省内销量均处于较高姿态,其整体市场总体量基数并不大。从各地市4S店及厂商授权的二级网络数量来看,合肥市占比21.8%,阜阳、芜湖分别为9.8%和7.4%(见图6)。六安、亳州经销商网络数量占比高于宿州,销量却少于宿州。

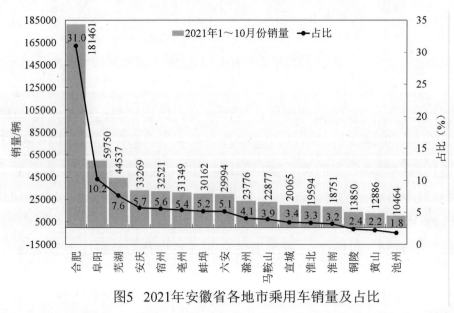

图5 2021年安徽省各地市乘用车销量及占比

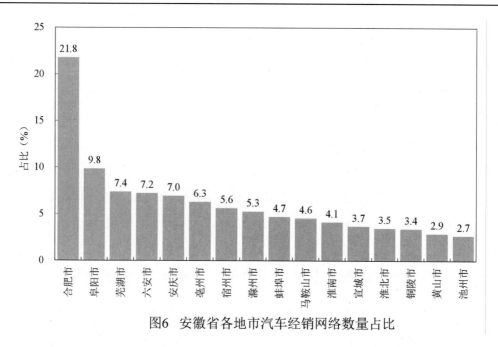

图6 安徽省各地市汽车经销网络数量占比

从销量和品牌经销商网络占比来看，2021年自主品牌无论是在产品力竞争上还是销量上，都已不输合资品牌。2021年安徽省TOP15品牌经销商网络占比见图7。安徽省最畅销的十大汽车品牌中，自主品牌4家，德系5家、美系1家，吉利、上汽大众、别克、奇瑞、一汽大众排在前五。在销量排名前20的厂商中，销量增速前3名均为自主品牌，比亚迪以106.9%的增速夺冠，五菱以106.4%的增速拿下银牌，排在第三位的为奇瑞汽车53.4%（见图8）。

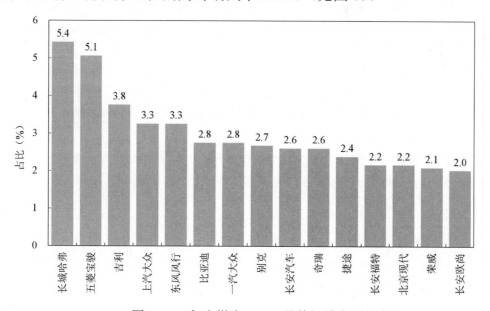

图7 2021年安徽省TOP15品牌经销商网络占比

在2021年全球芯片短缺、原材料上涨等多重压力下，国内自主汽车品牌已经承受住整体行业下行的考验，产品与技术方面的提升，也让中国汽车的价值一步步深入进更多的消费者心里。大众系整体增长乏力，销量跌幅已经领跌整个汽车市场，份额开始缩减，日系品牌凭借双车战略的持续改进，将在未来继续收割其他合资品牌份额，整体增速基本正向增长。

在豪华车市场整体向好之下，德系三强奔驰、宝马、奥迪是细分市场增长的核心动力。其中，宝马无论是销量还是增速，均高于奔驰、奥迪这两位劲敌，是消费者增购换购的主力选择。奔驰从2021年5月份开始出现了连月下滑，原因是受芯片供应不足的影响比宝马严重。值得注意的是红旗品牌，在第二梯队中销量最高，增速超过80%，整体排名位居第四位，成为第二梯队的领头羊。

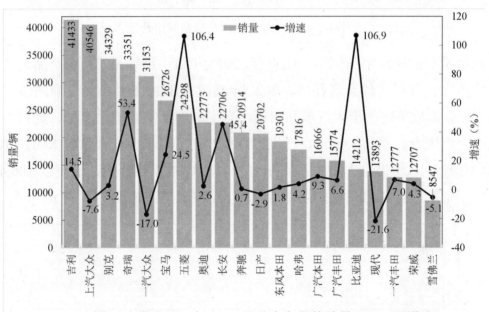

图8 安徽省2021年1～10月份汽车品牌销量TOP20及增速

安徽省新能源汽车销量迅猛增长（见图9），与诸多因素有关。一是汽车厂商看中安徽省的市场潜力，纷纷加速其布局，目前，合肥市已形成较为完整的新能源汽车产业链，相继实施了江淮大众新能源汽车、蔚来、长安汽车二期等新能源汽车相关产业项目，聚集了江淮、大众（安徽）、蔚来汽车、安凯、长安、奇瑞（巢湖）、国轩高科、比亚迪等一批新能源汽车企业，以及巨一电机等上下游企业120余家，形成了涵盖整车、关键零部件（电池、电机、电控）、应用（公交、分时租赁）、配套（充换电基础设施、电池回收）全产业链条协同发展的局面。

二是新能源车型增多、技术进步带来动力电池等成本下降、国家各项鼓励政策的作用。此外，还与消费者更加愿意接受和使用新能源汽车有关。

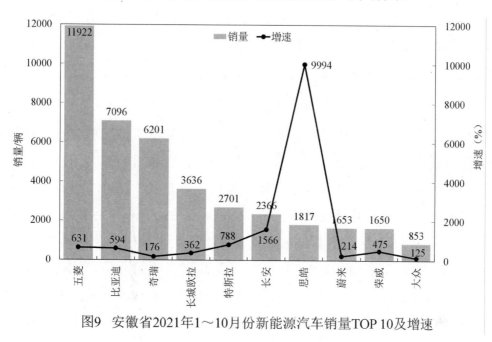

图9　安徽省2021年1~10月份新能源汽车销量TOP 10及增速

## 二、2022年安徽省汽车市场预测

### 1. 2022年全国汽车市场环境分析

2021年10月，国际货币基金组织（IMF）发布的《世界经济展望》。将2021年全球增速预测值小幅调整至5.9%。世界银行预计2022年中国GDP增速回落至5.4%。总体看，世界经济仍处于恢复阶段。2021年因为低基数的因素而经济增速较强。2022年国内车市有经济增速回归因素的压力。

2021年，中央经济工作会议明确要坚持新发展理念，加快构建新发展格局，全面深化改革开放，坚持创新驱动发展，推动高质量发展，坚持以供给侧结构性改革为主线，统筹疫情防控和经济社会发展，统筹社会发展和安全，继续做好"六稳""六保"工作。

全国汽车行业将立足新发展阶段，坚持新发展理念，构建新发展格局，推动和助力高质量发展。坚持以满足人民对美好生活的向往为导向，提供更加高品质、高体验的产品和服务。

2022年，国内汽车市场有一定利好因素支撑。随着宏观经济、芯片供应、刚需拉动新车效应、新能源车继续发力等各种因素和条件的改善,增长潜力是较好的。电动化、网联化、智能化将持续给汽车市场带来增强。乡村振兴战略的实施,房价管控、双减政策的出台,从长远看有利于促进汽车消费。有利于中高端换购需求改善和农村汽车增购的进一步释放。综合分析看,在克服 GDP 下行压力后,2022 年乘用车市场预计增速稳中有升,约在 5%左右水平。

### 2. 2022 年安徽省经济发展趋势

2020 年 8 月 20 日,习近平总书记在安徽省合肥市主持召开"扎实推进长三角一体化发展座谈会",开启了长三角一体化发展的新阶段和"加速度"。安徽省作为长三角的成员,在推进长三角一体化发展走深走实中紧扣"一体化"和"高质量"两个关键词,展现"安徽作为",发挥"安徽力量",取得阶段性成效。

从 2021 年前三季度经济数据来看,安徽省表现可圈可点,名义增速 15.2%,跑赢全国的 13.88%,增量 4206.7 亿元,更是高居全国第六位,比排在第一梯队的河南、四川两省还略多。预计全年安徽省 GDP 总量有望突破 4 万亿元大关。安徽能级之变前所未有,经济由"总量居中、人均靠后"迈向"总量靠前、人均居中",跨上了经济发展的新台阶。

安徽省区位优势明显,具有连接沪苏浙、辐射中西部"两个扇面"的功能。安徽省强化合肥综合性国家科学中心和创新城市建设。建成大科学装置 7 个,新建 5 个,形成国内领先的大科学装置集群。做大做强省重大新兴产业基地,组建十大新兴产业综合性产业中心,国家级战略性新兴产业集群达到 6 个以上,形成一批千亿乃至万亿级产业。

在"双碳"驱动和电动智能化科技迭代升级的大背景下,新能源汽车已进入产业链加速发展期。安徽省深入谋划一批强链补链项目,吸引一批优质上下游企业转移聚集。上海张江和合肥两大综合性国家科学中心"两心共创",开展长三角产业链补链固链强链行动,牵头成立长三角人工智能产业链联盟,共建长三角地区汽车及新能源汽车产业集群。蔚来汽车总部已落户合肥市,德国大众汽车入股江淮汽车已扩股至 75%,奇瑞汽车新能源汽车产销量再创新高,安徽省正着力把合肥市打造成世界新能源汽车之都。

### 3. 2022 年安徽省乘用车市场影响因素及销量预测

2021 年,新冠变异株奥密克戎冲击波席卷全球市场,全球新冠肺炎疫情防控局势再添变数。芯片短缺的影响仍存在不确定性。截至2021年11月,因芯片短缺,已造成全球汽车市场减产1009.7万辆,预计全年减产1126.3万辆。其中,我国市场减产198.1万辆,占总减产的19.6%。以上这两项主要不利因素,不容置疑会波及2022年全球汽车市场。

在党中央领导和决策部署下,统筹疫情防控和社会经济发展,坚持稳中求进工作总基调,扎实做好"六稳""六保"工作,使我国2021年全年GDP增长保持在8%左右。安徽省社会经济的发展,在融入长三角后,驶入了"快车道",全年全省国民经济总值首超4万亿元。城镇居民人均可支配收入接近全国平均水平,农村居民人均可支配收入超过全国平均水平,社会消费品零售总额达到3万亿元左右,居民收入和实际消费水平差距逐步缩小,中等收入群体比例超过40%。随着收入的增加和基本公共服务均等水平的提高,居民生活品质迈上新台阶。为进一步繁荣安徽省汽车市场,促进汽车消费注入了利好,提供了可能。

安徽省有一个别具特色的汽车促销平台,由地方政府主办,安徽省汽车经销商商会承办的"安徽国际汽车展览会",每年"五一""国庆"黄金周举办车展,既是展览会,又是展销会。加上每月举办的惠民车展以及地市车展,搭建了汽车生产者、经销者和消费者,近距离沟通、交流、选择、交易的平台,促进了汽车消费提质增量。2011~2021年安徽省乘用车销量及增速见图10。

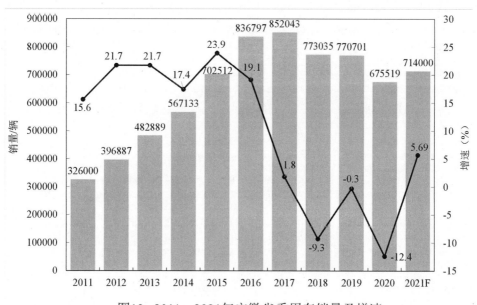

图10 2011~2021年安徽省乘用车销量及增速

总体来看,在 2021 年年初低基数的影响、疫情逐步受到控制、安徽省经济运营良好、缺芯问题好转的情况下,2022 年安徽省乘用车销量有望达到 75 万辆。

(作者:韩震)

# 2021年重庆市汽车市场分析及2022年预测

2021年前三季度，面对复杂严峻的国内外环境，在以习近平同志为核心的党中央坚强领导下，全国各地区各部门认真贯彻落实党中央、国务院决策部署，科学统筹疫情防控和经济社会发展，强化宏观政策跨周期调节，有效应对疫情、汛情等多重考验，国民经济持续恢复发展，主要宏观经济指标总体处于合理区间，就业形势基本稳定，居民收入继续增加，国际收支保持平衡，经济结构调整优化，质量效益稳步提升，社会大局和谐稳定。根据中国汽车工业协会数据，2021年前三季度，我国汽车销量为1862.3万辆，累计增速为8.7%，其中，乘用车销量为1486.2万辆，累计增速为11%。

## 一、2021年重庆市汽车市场分析

### 1. 2021年重庆市经济情况

2021年，重庆市深入贯彻习近平总书记对重庆的重要指示要求和党中央决策部署，准确把握新发展阶段，深入践行新发展理念，积极融入新发展格局，着力推动高质量发展，持续巩固疫情防控和经济社会发展成果，各项工作取得明显成效。全市经济运行质量效益稳步提升，发展韧性持续显现，高质量发展势头良好。

根据地区生产总值统一核算结果，2021年前三季度，全市实现地区生产总值19951.89亿元，同比增长9.9%，两年平均增长6.2%（两年平均增速是指以2019年相应同期数为基数，采用几何平均的方法计算的增速，下同）。其中，第一产业实现增加值1332.42亿元，同比增长8.3%，两年平均增长6.1%；第二产业实现增加值7888.34亿元，同比增长9.7%，两年平均增长6.8%；第三产业实现增加值10731.13亿元，同比增长10.3%，两年平均增长5.7%。

全市规模以上工业增加值同比增长14.2%，两年平均增长9.2%，比2021年上半年回落0.4个百分点。支柱产业平稳增长，汽车摩托车、电子两大产业增加值同比分别增长16.4%和21.5%，其中，汽车产业同比增长17.7%，摩托车产业同比增长11.2%；装备、材料和消费品产业同比分别增长21.4%、11.3%和10.5%。

全市实现社会消费品零售总额10302.06亿元，同比增长23.7%，两年平均增长10.0%，比2021年上半年提高0.2个百分点；其中，全市限额以上汽车类企业零售额873.98亿元，增长20.4%，占全市社会消费品零售总额的8.5%，低于全国汽车类增速。按经营地分，城镇消费品零售额为8844.65亿元，同比增长23.0%，两年平均增长9.5%；乡村消费品零售额为1457.41亿元，同比增长28.2%，两年平均增长13.1%。按消费类型分，商品零售8775.73亿元，同比增长21.6%，两年平均增长9.4%；餐饮收入1526.33亿元，同比增长37.2%，两年平均增长13.4%。

全市居民消费价格同比持平，八大类商品"五升三降"，衣着、居住、生活用品及服务、交通和通信、教育文化和娱乐价格分别上涨1.9%、0.1%、0.6%、4.2%、1.5%，食品烟酒、医疗保健、其他用品和服务类价格分别下降2.6%、0.2%、3.3%。

全体居民人均可支配收入26133元，同比增长11.0%，两年平均增长8.7%，比2021年上半年回落0.2个百分点。

总体来看，2021年前三季度重庆市经济延续了年初以来稳定恢复的发展态势，发展韧性持续显现。同时也要看到，当前全球疫情反复、大宗商品市场价格高涨，外部不稳定、不确定因素较多；国内经济恢复不均衡，产业链、供应链保持稳定困难较大，巩固恢复发展态势仍需努力。

### 2．2021年重庆市汽车市场情况

根据重庆市交通管理部门公布的统计数据，截至2021年9月份，重庆市乘用车保有量达478.6万辆，比2020年同期增长11.8%；其中，新能源汽车保有量为9.4万辆，比2020年同期增长74.2%。与2019年同期相比，保有量继续呈较快增长趋势，新增汽车83.6万辆，新增乘用车85.7万辆（见图1）。

重庆市乘用车销量2021年连续7个月同比正增长，主要集中在上半年。2021年1~9月份，重庆市乘用车销量为34.1万辆，累计增速14.6%；新能源乘用车销售4.0万辆，累计增速229.4%。从2020年下半年开始，重庆市新能源乘用车销售从对公向对私转变，更多新能源汽车被个人用户认可和购买。2021年四季度，芯片短缺问题预计比三季度有所缓解，终端消费需求或将持续延迟，预计重庆市2021年全年实现乘用车销量46.8万辆左右，累计增速7%~8%。

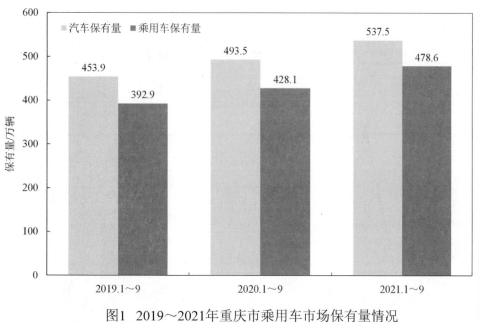

图1 2019～2021年重庆市乘用车市场保有量情况

（注：数据来源于重庆市汽车商业协会）

2021年前三季度，分系别看，占比变化不大（见图2）。因新能源汽车销量的快速增长，带动自主品牌同比增速28%；其次是长安福特销量的回升，美系品牌同比增速23.9%；另外，韩系品牌因起亚系列汽车销量下滑。

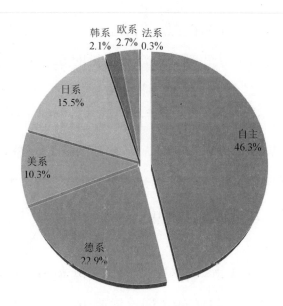

图2 2021年1～9月份重庆市乘用车市场分系别占比情况

（注：数据来源于重庆市汽车商业协会）

2021年前三季度，重庆市新能源汽车累计销量为4万辆，比2020年同期的1.2万辆，累计增速229.4%，占重庆市乘用车销量的11.7%（见图3）。

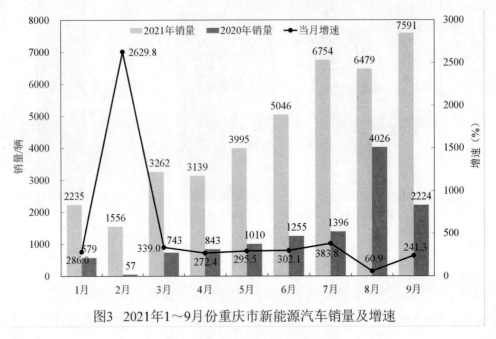

图3　2021年1～9月份重庆市新能源汽车销量及增速

（注：数据来源于重庆市汽车商业协会）

2021年前三季度，重庆市新能源汽车销量达2000辆以上的共计6个厂家（见图4），6家的累计销量占重庆市新能源汽车销量的62%，其中，同比累计增速最大的奇瑞达2739.4%，紧随其后是吉利1476.9%排到第二位，第三位五菱汽车1426.6%，比亚迪增速虽排第四位，为1390.4%，但从销售总量上，比亚迪以绝对优势8823辆，远超奇瑞、吉利和五菱，是特斯拉和长安总量之和。比亚迪之所以销量总量第一、增速TOP4，得益于它王朝系列的三款车型——秦PLUS DM-i、宋PLUS DM-i、汉EV挺进销量TOP10，三款车型2021年1～9月份累计销量占重庆市新能源汽车总销量的21.5%。

2021年前三季度，重庆市二手车交易量累计实现56万辆，同比增速27.3%，其中市内直接转移登记量为45万辆，同比增速36.4%（见图5）。

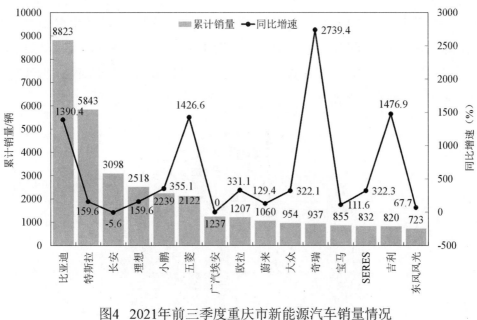

图4　2021年前三季度重庆市新能源汽车销量情况

（注：数据来源于重庆市汽车商业协会）

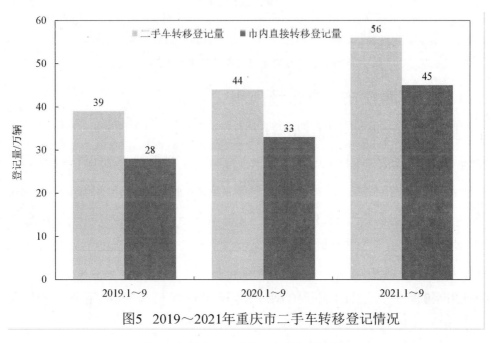

图5　2019～2021年重庆市二手车转移登记情况

（注：数据来源于重庆市汽车商业协会）

从二手车交易车辆属性上看，轿车类占比54.7%，与往年相比变化不大；从使用年限划分，3年以内二手车占比10.0%，3～6年占比50.0%，7～10年占比

35.0%，10年以上占比5.0%（见图6）。与前两年相比，因为二手车交易量的增长，3~10年的二手车交易明显增加，由前两年的59%增长至85%，3年以内年限的二手车辆比例由37.4%减少至10%。二手车交易量的活跃度由对公向对私转变，更多更新换代的消费需求进入二手车终端市场。

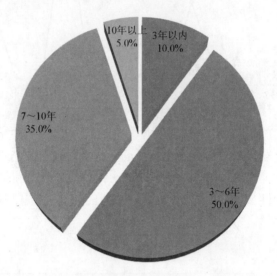

图6  2021年前三季度重庆市二手车使用年限比例

（注：数据来源于重庆市汽车商业协会）

## 二、2022年重庆市汽车市场预测

### 1. 2022年我国汽车市场环境分析

2021年前三季度我国国内生产总值为823131亿元，按可比价格计算，同比增长9.8%，两年平均增长5.2%，比上半年的两年平均增速回落0.1个百分点。分季度看，一季度同比增长18.3%，两年平均增长5.0%；二季度同比增长7.9%，两年平均增长5.5%；三季度同比增长4.9%，两年平均增长4.9%。分产业看，第一产业增加值为51430亿元，同比增长7.4%，两年平均增长4.8%；第二产业增加值为320940亿元，同比增长10.6%，两年平均增长5.7%；第三产业增加值为450761亿元，同比增长9.5%，两年平均增长4.9%。

2021年以来，稳健的货币政策保持灵活精准、合理适度、稳字当头，保持流动性合理充裕，增强信贷总量增长的平稳性。从2021年三季度的数据看，当前金融运行总体平稳，金融总量平稳增长，货币供应量和社会融资规模的增速同名义经济增速基本匹配，宏观杠杆率保持稳定。2021年四季度，银行体系流动性供求将继续保持基本平衡，不会出现大的波动。适时适度投放不同期限流动性，熨平短期波动，同时，结构性货币政策工具的实施在增加流动性总量方面也将发挥一定的作用，保持住流动性合理充裕。

2021年我国汽车消费市场总体呈现稳步恢复态势，但恢复不均衡、基础不稳固。2021年5月，国内已经面临输入性通货膨胀、外币资产缩水、汇率升高等多重压力，宏观经济预期仍在下行通道，美联储加息导致全球股市一直处于下跌状态，全球经济面临更剧烈的通胀和物价上涨，对生产资料有强烈需求的汽车产业面临挑战，对物价上涨传导消费市场终端亦是机遇与挑战。2021年7月下旬以来，国内新冠肺炎疫情多点散发，对消费市场又带来新的影响。2021年8月以来，受马来西亚、日本等地疫情反扑等因素影响，汽车芯片全球供应不足，各个品牌制造商交付能力下降。为稳住大宗消费，促进新车消费和扩大二手车消费，商务部于2021年9月15日下发《关于进一步做好当前商务领域促消费重点工作的通知》（商消费函[2021]491号），但在通知之后，未有具体细则和省市联动方案落地，实效甚微。

国家信息中心有关数据显示，因为极端天气、疫情反复、限电限产等突发冲击事件频现，逆周期调节尚未起效，2021年三季度经济表现不如预期。2021年第四季度，受疫情反弹风险、原材料价格短期内难以改善和行业政策未有放松迹象等因素影响，四季度经济下行压力较大。全年GDP增速预测在8.5%左右，社会消费品零售额增速预计在12.5%左右。

由于2021年宏观经济持续下行，消费者因疫情反复、生活资料上涨、现车资源不足等因素影响购车信心，如果没有利好行业政策出台，2022年预计乘用车销量将增长乏力。

**2．2022年重庆市经济发展趋势**

2022年，重庆市将统筹疫情防控和经济社会发展，统筹发展和安全，深入推动成渝地区双城经济圈建设，奋力谱写高质量发展、高品质生活新篇章。汽车产业是重庆市重要的支柱产业，重庆市将抓住、用好全球汽车产业大变革机遇，坚持高端化、智能化、新能源化方向不动摇，持续提升产业链、供应链现代化水平，不断提高核心竞争力和品牌影响力，加快推动汽车产业高质量发展。

培育建设国际消费中心城市，是重庆贯彻落实习近平总书记殷殷嘱托的务实行动,是构建以国内大循环为主体、国内国际双循环相互促进的新发展格局的具体举措,是推动高质量发展、创造高品质生活的重要抓手。重庆市在前期已出台实施意见和方案等相关工作基础上,推出支持商业载体示范创建、龙头企业引进培育、特色品牌发展、电子商务发展、会展经济发展、文化旅游扩容提质、国际物流分拨中心培育、加大企业减税降费力度等配套政策,进一步强化建设国际消费中心城市的政策支撑。

重庆市将强化落实《汽车产业高质量发展"十四五"规划》,全面落实关于成渝地区双城经济圈建设的重大战略部署,把握新发展阶段、树立新发展理念、构建新发展格局,以注重需求侧管理推动产品升级换代为抓手,深入实施发展新能源汽车的国家战略,打造全国一流的新能源汽车和智网联汽车应用场景,将做大总量与提升品质并行推进,乘用领先与商用筑底同步谋划,着力突破汽车核心配套,推动重庆市汽车产业加快转型升级高质量发展。

### 3. 2022年重庆市乘用车市场影响因素及总量预测

2022年重庆市乘用车新车销量预计将在更新换代和新增新能源汽车购买的推动下小幅提升,但受短期内半导体芯片短缺、原材料成本上升、交车延迟、消费者信心不足等因素影响,在重庆市汽车行业政策无明显变化的情况下,重庆市乘用车市场销量很难有大幅增速。而新能源汽车的销量增量,目前较难在乘用车新车总量上带来明显的变化。

2022年重庆市乘用车销量保守预计在48万辆左右,增幅在5%以内(见表1)。

表1 2015~2022年重庆市乘用车销量及预测

(单位:万辆)

| 年份 | 2015年 | 2016年 | 2017年 | 2018年 | 2019年 | 2020年 | 2021年(预计) | 2022年(预计) |
|---|---|---|---|---|---|---|---|---|
| 乘用车销量 | 43.3 | 47.7 | 49.6 | 48.8 | 45.9 | 43.8 | 46.8 | 48 |

(作者:陈学勤)

# 2021 年我国进口车市场分析及 2022 年展望

## 一、2021 年我国进口汽车市场特点

1. 进口量个位数增长，呈现"前高后低"走势：2021 年 1~11 月份，全国累计进口汽车（含底盘）87.9 万辆，同比累计增长 7.1%；上半年进口汽车恢复迅速，同比增长 53.4%，之后受芯片供给影响，7~11 月份累计进口量大幅下降 27.4%

2021 年，受新冠肺炎疫情、全球经济减速和汽车芯片供给不足等因素的影响，进口汽车业呈现"前高后低"走势，进口汽车市场总量仍有所增长。2021 年 1~11 月份，全国累计进口汽车（含底盘）87.9 万辆，同比增长 7.1%（见图 1），由 2020 年的下滑转为增长。

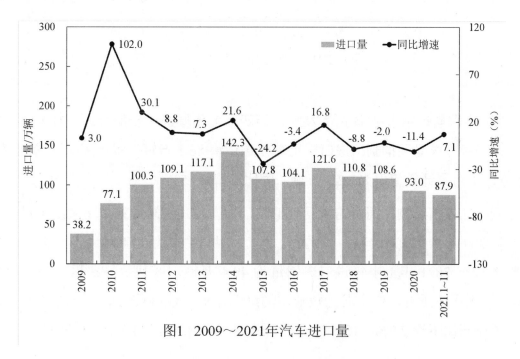

图1 2009~2021 年汽车进口量

（注：数据来源于中国进口汽车市场数据库，下同）

从月度走势来看，2021年上半年进口汽车市场恢复迅速，进口量同比增长53.4%，第一、二季度分别增长21.1%和91.9%；但从下半年开始，汽车芯片短缺潮影响凸显，7~11月份累计进口量大幅下降27.4%。2019~2021年分月度海关进口量见图2。

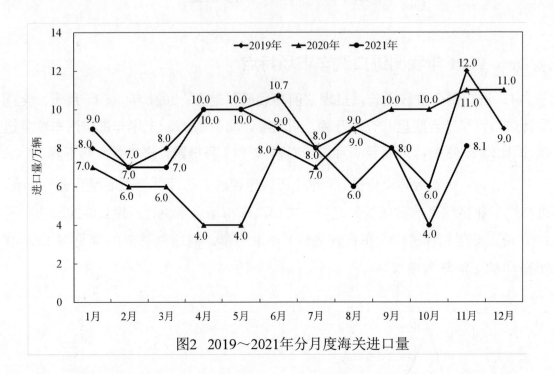

图2 2019~2021年分月度海关进口量

2．终端累计销售小幅下滑2.2%，但四季度降幅进一步加大：2021年1~11月份，消费需求受到抑制，进口乘用车终端销售86.1万辆，累计同比下滑2.2%，但10~11月累计销售仅为12.2万辆，同比下降33.5%。

受全球疫情影响，消费需求受到抑制，加上芯片短缺导致市场供给不足，加剧了消费端不振。2021年1~11月份，进口乘用车终端销售86.1万辆，累计同比下滑2.2%。2021年上半年进口车销量为49.4万辆，低基数导致累计同比增长14.4%；到了三季度，汽车芯片短缺制约终端需求，进口乘用车终端销售24.5万辆，累计同比下滑7.7%；10~11月份降幅进一步加大至33.5%（见图3）。

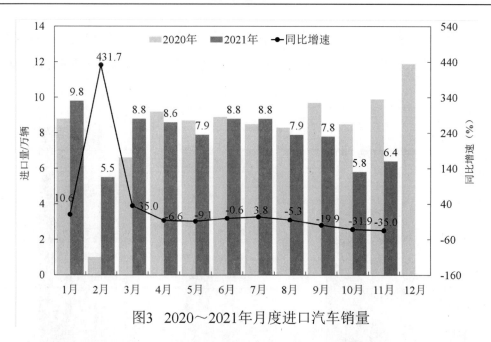

图3　2020~2021年月度进口汽车销量

**3. 汽车行业库存和进口汽车经销商库存系数处于合理水平以下：2021年11月行业库存系数1.35个月，库存水平位于警戒线以下。进口汽车经销商库存系数为1.07个月，库存短缺较严重**

中国汽车流通协会发布的经销商库存调研显示，2021年11月份汽车经销商综合库存系数为1.35（见图4）。自下半年芯片短缺加剧以来，经销商库存持续下行，最低的9月份库存系数不到1.3。

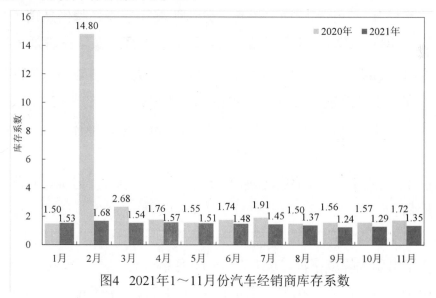

图4　2021年1~11月份汽车经销商库存系数

（注：数据来源于中国汽车流通协会经销商调研）

高端豪华和进口品牌库存尤其短缺，虽然2021年9～11月份库存系数有所抬升，但11月库存系数仅为1.07（见图5），处于供给严重制约销售的局面。

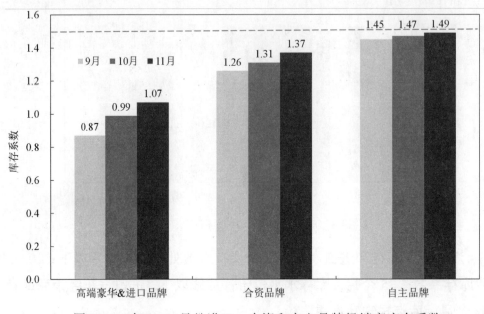

图5　2021年9～11月份进口、合资和自主品牌经销商库存系数

（注：数据来源于中国汽车流通协会）

4．品牌分化明显，豪华品牌快速反弹：2021年1～11月份，前10大品牌集中度进一步提升，7个品牌逆势增长，分化明显；豪华品牌仍是销售主力，占销售总量的80.8%，豪华、超豪华品牌均实现增长，而非豪华品牌则大幅下滑

2021年1～11月份，进口车品牌集中度进一步提升，排名前10品牌共销售80.1万辆，在乘用车总销量中占比达91.0%，相较2020年的88.5%提升了2.5个百分点。排名前10品牌总销量同比增长3.0%，超过进口整体市场增速5.2个百分点。

排名前10品牌中，奥迪的增长速度最快，销量达到7.4万辆，同比大幅增长52.1%。此外，奔驰、宝马、路虎和沃尔沃的同比增速达到二位数。排名第一的雷克萨斯出现小幅下滑，跑输进口车整体市场表现。由于平行进口汽车政策影响，丰田连续2年出现大幅度下滑，2021年1～11月销量为2.4万辆，同比下滑63.6%。进口大众由于仅有一款主力车型，销量也下滑28.7%（见图6）。

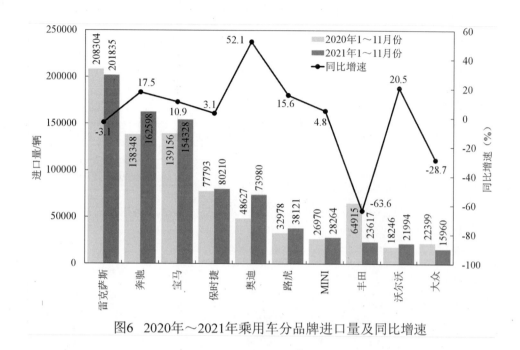

图6  2020年~2021年乘用车分品牌进口量及同比增速

2021年1~11月份,豪华品牌仍是销售主力,占销售总量的80.8%,份额远高于非豪华品牌。同时,豪华品牌实现8.9%的增长,而非豪华品牌大幅下降52.0%。2021年11月,非豪华、豪华品牌和超豪华品牌均出现下滑,非豪华品牌大幅下滑59.2%。

**5. 三大车型销量走势出现分化,仍以轿车和SUV为主**:从车型结构看,2021年1~11月,SUV占比52.6%,销售45.3万辆,同比下滑6.8%;轿车在总销量中占比44.1%,销售38.0万辆,逆势上涨5.7%;MPV占比3.2%,销售2.8万辆,同比下滑20.8%,在三大车型中降幅最大

2021年1~11月份,三大车型销量走势出现分化,SUV和MPV同比下滑,而轿车同比增长5.7%。SUV占比52.6%,仍为主力车型,但份额减少2个百分点。轿车份额达到44.1%,提升将近3个百分点。2020~2021年乘用车分车型进口量见图7。

2021年1~11月份,销量前10名车型中,轿车占据三席,分别为雷克萨斯-ES、奔驰-S级和宝马-7系,其中ES销量大幅领先于其他车型(见表1)。SUV

占六席，奔驰-GLE 车型位居 SUV 首位，同比增长 44.0%，是前 10 大车型中销量增长最快车型。从前 10 大车型的品牌分布来看，雷克萨斯占据三席，分别为 ES、RX 和 NX；奔驰两席，分别为 GLE 和 S 级；宝马两席，分别为 X5 和 7 系；丰田-埃尔法是进入前 10 的唯一非豪华车型。

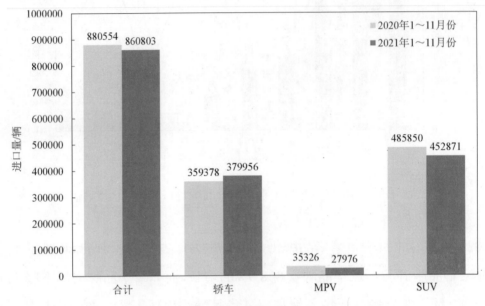

图7 2020~2021年乘用车分车型进口量

表1 2021 年 1~11 月分车型进口量排名

| 排名 | 车型 | 销量/辆 |
| --- | --- | --- |
| 1 | 雷克萨斯-ES | 95116 |
| 2 | 奔驰-GLE 级 | 48191 |
| 3 | 宝马-X5 | 46838 |
| 4 | 雷克萨斯-RX | 45648 |
| 5 | 雷克萨斯-NX | 35399 |
| 6 | 保时捷-Macan | 27042 |
| 7 | 保时捷-Cayenne | 25301 |
| 8 | 奔驰-S 级 | 21774 |
| 9 | 丰田-埃尔法 | 21118 |
| 10 | 宝马-7 系 | 20828 |

**6. 1.5~3.0L 是进口车核心排量区间，其中 1.5~2.0L 仍是第一大排量区间：进口车排量结构向 1.5~3.0L 排量区间聚拢，份额超过 89.0%，比 2020 年增长 6.6 个百分点；1.5~2.0L 排量区间以 49.9% 的份额稳居第一大排量区间，提高 5.2 个百分点**

2021 年 1~11 月份，排量结构呈现出向 1.5~3.0L 排量区间聚拢趋势，该区间份额为 89.0%。其中，1.5~2.0L 排量区间以 49.9% 的份额稳居第一大排量区间，较 2020 年提升了 5.2 个百分点。2.0~2.5L 占比达到 12.9%，相比 2020 年同期提升了 3 个百分点。受国产新能源持续热销影响，进口纯电新能源车销量较 2020 年同期有所下滑，1.0L 以下排量份额较 2020 年下降了 0.4 个百分点。

**7. 前 10 大市场有 6 个出现增长，均为销售规模靠前的 6 个地区，分别为广东、浙江、江苏、上海、北京和山东，上海以 11.4% 的增速位居增长最快市场。后四位中，辽宁降幅最大，达到 33.3%**

2021 年 1~11 月份，进口汽车全国销售前三的省份仍然是广东、浙江、江苏。广东以绝对优势位列全国销售榜首，共销售进口汽车 14.5 万辆（见图 8），占比 16.8%。前 10 大市场有 6 个出现同比增长，均为销售规模靠前的六个地区。

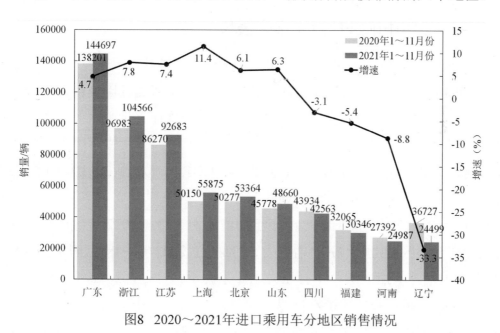

图8 2020~2021年进口乘用车分地区销售情况

8. 新能源乘用车销量增长三成以上，插电混合车型成为主力：2021年1～11月份进口新能源乘用车销量为3.1万辆，同比增长34.2%。增长动力来源于插电混合车型，同比增长124%，成为进口新能源汽车的主力车型

中国进口汽车市场数据库显示，2021年1～11月份进口新能源汽车销售3.1万辆，同比增长34.2%（见表2）。增长动力来源于插电混合车型，同比增长124%，成为进口新能源汽车的主力车型。

从新能源汽车类型来看，2021年1～11月份插电混合车型表现明显好于纯电动车型。插电混合车型同比增长124%，占比提升到67.7%。2021年1～11月份纯电动车型销售仅9867辆，同比下滑27%，占据32.3%的市场份额。

表2 2020年和2021年进口新能源汽车销量、增速与占比

| 车型 | 2020年1～11月份进口量/辆 | 2021年1～11月份进口量/辆 | 同比增速（%） | 2020年占比（%） | 2021年占比（%） |
| --- | --- | --- | --- | --- | --- |
| BEV | 13520 | 9867 | -27.0 | 59.5 | 32.3 |
| PHEV | 9219 | 20653 | 124.0 | 40.5 | 67.7 |
| NEV 总计 | 22739 | 30520 | 34.2 | — | — |

## 二、2022年中国进口汽车市场展望

回顾2021年，全球经济强劲复苏，全球经济总量基本已修复至2019年年底的水平，这得益于各国大力度疫情应对措施。2022年随着各国疫苗接种率的提升和经济内生性动能的修复，全球经济增长扩张态势预计将延续。但考虑到新冠肺炎疫情局部反复、刺激政策边际退出以及供应链瓶颈修复缓慢等因素，整体经济增速或将较2021年有所放缓。预计全球实际GDP增速将由2021年的5.7%小幅放缓至4.5%，逐步向趋势增长水平回归。

2021年中国经济增长8.1%，两年年均增速为5.1%。2022年国内经济要保持经济运行在合理区间，预计GDP增速为5.3%左右。2022年中国经济增速相比2021年8%左右的增速有所放缓，下行压力主要来源于：一是，2021年房地产调控政策冲击延伸，房地产投资可能滑向纵深调整；二是，海外对中国出口的拉动效应可能弱化后，中国经济更多转向内循环为主，但国内消费潜力释放仍存挑战；三是，绿色转型和技术攻坚撬动下，制造业投资成为高质量发展的关键增量来源，但其"高歌猛进"的条件尚不够成熟。

2022年国内宏观政策转向稳健中性，"稳货币、宽财政"。预计2022年货币政策将保持中性，保持对经济的适度支持更多需要靠财政政策发力。

从汽车行业整体来看，"十四五"期间，宏观经济的复苏、中低收入群体经济状况好转、国家政策层面政策支持等方面都将促进中国汽车市场的良好发展。预计2022年汽车总销量为2750万辆，同比增长5.4%。到2025年，中国汽车市场有望达到3000万辆左右。

2022年汽车市场的关键是芯片供给和补库存。2021年的芯片短缺由供需错配和突发特殊因素等原因导致，由于芯片投资扩产力度加大，行业普遍预期芯片短缺的问题在2022年会明显缓解。2021年汽车行业库存和进口汽车经销商库存系数处于合理水平以下。2021年11月行业库存系数为1.35个月，库存水平位于警戒线以下。进口汽车经销商库存系数为1.07个月，库存短缺较严重。因此随着芯片供应的恢复，回补库存将是2022年汽车市场，特别是进口汽车增长的重要动力。根据测算，预计2021年年底进口汽车行业库存（包括主机厂和经销商的合计库存）为2.77个月，进口汽车市场正常年份2017~2018年的行业库存为3.5个月左右，因此回补库存将会有5万辆左右的空间。

从车型供给来看，2022年新车型导入不少，而进口车主力细分市场C级SUV将开启国产化之路，宝马X5加长版将在2022年国产，2021年1~11月份宝马X5的销量将近5万辆，因此对进口汽车市场未来的规模有较大影响。

综上所述，除芯片供给恢复、库存回补的正向支撑外，宏观经济下行压力较大、新产品导入有限、重磅车型国产化等因素对进口车市场均有负向影响。值得关注的是，国际环境复杂多变，新冠肺炎疫情的发展，芯片恢复供给进度仍存在不确定性。因此，展望2022年进口汽车市场，预计销量将呈现个位数增长，供给先行，需求跟进，整体销售承压。

（作者：国机汽车股份有限公司 王存）

# 2021 年中国汽车出口市场分析及 2022 年展望

## 一、2021 年汽车出口概况

2021 年对于我国汽车产业来说，注定是不平凡的一年。在新冠肺炎疫情扰动全球经济的不利因素下，我国汽车整车出口摆脱近年来徘徊震荡的局面，延续了 2021 年第四季度高位运行的走势，创下出口新纪录。据海关统计，2021 年 1~10 月份，整车（不含低值电动载人汽车，下同）出口 160.91 万辆，同比增长 119.7%（见图 1），出口金额 277.07 亿美元，同比增长 128.5%。其中，乘用车出口 121.57 万辆，同比增长 134.9%，出口金额 180.84 亿美元，同比增长 171.2%；商用车出口 39.33 万辆，同比增长 83.1%，出口金额 96.23 亿美元，同比增长 76.3%。预计 2021 年全年整车出口在 200 万辆左右，同比增长 109%。

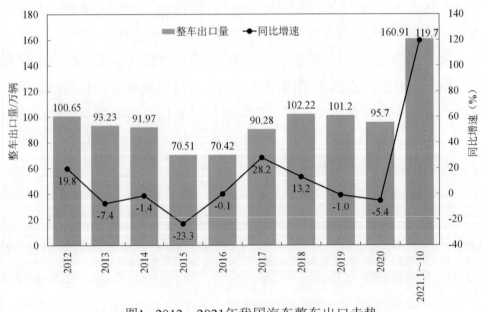

图1　2012~2021 年我国汽车整车出口走势

（注：数据来源于海关数据，下同）

受芯片短缺、物流成本激增、原材料价格上涨等影响，2021 年 1～10 月份整车出口呈现震荡上行走势。2021 年 1～6 月份出口稳步攀升，6 月、8 月、10 月接连刷新单月出口纪录，为历史同期所罕见。由于 2021 年 7～8 月份出现供应链短缺问题，产能下滑，导致 9 月份出口有所回落（见表 1）。考虑到历年第四季度出口均处于高位，预计将进一步巩固全年出口翻番的目标。

表 1　2021 年 1～10 月份我国汽车整车出口数量及出口金额

| 时间 | 2021 年出口量/辆 | 同比增速（%） | 2021 年出口金额/万美元 | 同比增速（%） |
|---|---|---|---|---|
| 1 月 | 131300 | 51.7 | 199665.7 | 54.5 |
| 2 月 | 129739 | 167.6 | 215969.7 | 202.7 |
| 3 月 | 138968 | 102.2 | 211902.8 | 128.6 |
| 4 月 | 145460 | 74.6 | 257928.1 | 89.0 |
| 5 月 | 162430 | 186.3 | 275379.6 | 129.7 |
| 6 月 | 182712 | 204.0 | 304687.6 | 149.9 |
| 7 月 | 163641 | 143.1 | 291407.2 | 130.1 |
| 8 月 | 194469 | 166.5 | 367641.5 | 190.8 |
| 9 月 | 158889 | 85.7 | 275750.6 | 93.8 |
| 10 月 | 202184 | 96.8 | 373010.7 | 155.7 |

## 二、2021 年汽车出口主要特点

### 1. 出口产品结构相对均衡，商用车增幅弱于乘用车

我国整车出口产品结构略有调整。分车型看，2021 年 1～10 月份，乘用车出口量仍然超过商用车，占整车出口总量的 75.6%，与 2020 年同期相比，增幅近 5 个百分点。9 座及以下小客车为第一大出口车型，共出口 44.70 万辆，同比增长 113.15%（见表 2），占乘用车出口总量的 36.8%；小轿车位居第二，共出口 41.91 万辆，同比增长 91.0%，占乘用车出口总量的 34.5%；以上两类车型出口量占整车出口总量的 53.8%。

表 2　2021 年 1～10 月份我国整车出口结构分布

| 车型 | | 出口数量/辆 | 同比增速（%） | 出口金额/万美元 | 同比增速（%） |
|---|---|---|---|---|---|
| 乘用车 | 小轿车 | 419076 | 90.96 | 389498.96 | 93.61 |
| | 四驱 SUV | 25304 | 276.04 | 42891.36 | 234.75 |
| | 9 座及以下小客车 | 447017 | 113.15 | 568653.86 | 123.39 |
| | 其他乘用车 | 324336 | 297.03 | 807322.84 | 306.98 |
| | 乘用车合计 | 1215733 | 134.88 | 1808367.03 | 171.15 |

（续）

| 车型 | | 出口数量/辆 | 同比增速（%） | 出口金额/万美元 | 同比增速（%） |
|---|---|---|---|---|---|
| 商用车 | 10座及以上客车 | 31578 | -7.97 | 147731.13 | -10.9 |
| | 其中：轻型客车 | 20119 | 2.64 | 22558.39 | 1.02 |
| | 货车 | 297864 | 107.92 | 482909.23 | 135.71 |
| | 其他商用车 | 63881 | 71.31 | 331683.77 | 89.28 |
| | 商用车合计 | 393323 | 83.06 | 962324.14 | 76.28 |
| 汽车合计 | | 1609056 | 119.68 | 2770691.16 | 128.45 |

## 2. 新能源汽车出口异军突起

2021年1~10月份，我国新能源汽车出口33.87万辆，同比增长320.4%，出口额87.05亿美元，同比增长255.97%（见表3）。其中，纯电动乘用车出口占比最大，为282453辆，占新能源汽车出口总量的83.4%，出口额68.43亿美元，占新能源汽车出口总额的78.6%。

表3　2021年1~10月份新能源汽车出口情况

| 车　型 | 出口数量/辆 | 同比增速（%） | 出口金额/万美元 | 同比增速（%） |
|---|---|---|---|---|
| 新能源载人、载货及客车 | 338673 | 320.42 | 870540.78 | 255.97 |
| 混合动力载人车辆 | 6829 | 363.30 | 8327.64 | 94.77 |
| 插电式混合动力载人车辆 | 35082 | 78.35 | 118023.83 | 47.91 |
| 纯电动载人车辆 | 282453 | 476.79 | 684297.86 | 592.18 |
| 其他类型发动机载人车辆 | 5817 | 0.92 | 603.14 | 57.04 |
| 其他能源载货汽车 | 6776 | 169.53 | 19524.33 | 192.96 |
| 混动客车 | 200 | 212.50 | 4201.96 | 555.70 |
| 纯电动客车 | 1516 | -27.81 | 35562.02 | -34.06 |

## 3. 出口市场亮点纷呈，欧洲、大洋洲增速明显

2021年1~10月份，智利为我国整车第一大出口市场，出口13.25万辆，同比增长321.02%；沙特阿拉伯位居第二，出口9.90万辆，同比增长34.39%；俄罗斯位居第三，出口8.46万辆，同比增长250.38%；澳大利亚列第四位，出口7.49万辆，同比增长197.16%；比利时列第五位，出口7.00万辆，同比增幅高达857.03%

(见表4)。出口前20大市场中,有12个国家的出口量增幅超过100%。在出口额排序中,比利时以19.57亿美元居首,同比增幅突破1000%,主要出口车型为纯电动乘用车,占比高达80.1%。

表4 2021年1~10月份我国汽车整车出口市场分布

| 排序 | 国别 | 出口额/万美元 | 金额占比(%) | 金额同比增速(%) | 出口数量/辆 | 数量占比(%) | 数量同比增速(%) |
|---|---|---|---|---|---|---|---|
| 1 | 智利 | 124357.79 | 5.18 | 253.87 | 132452 | 9.41 | 321.02 |
| 2 | 沙特阿拉伯 | 135000.45 | 5.62 | 15.21 | 98985 | 7.03 | 34.39 |
| 3 | 俄罗斯 | 137242.57 | 5.72 | 225.79 | 84614 | 6.01 | 250.38 |
| 4 | 澳大利亚 | 131127.48 | 5.46 | 289.74 | 74935 | 5.32 | 197.16 |
| 5 | 比利时 | 195652.38 | 8.15 | 1009.14 | 70007 | 4.97 | 857.03 |
| 6 | 埃及 | 51133.79 | 2.13 | 87.64 | 67629 | 4.80 | 70.69 |
| 7 | 墨西哥 | 56549.00 | 2.36 | 80.12 | 58147 | 4.13 | 133.83 |
| 8 | 英国 | 160229.78 | 6.68 | 351.01 | 56462 | 4.01 | 213.85 |
| 9 | 秘鲁 | 48182.01 | 2.01 | 190.31 | 46424 | 3.30 | 158.62 |
| 10 | 越南 | 90074.90 | 3.75 | 188.48 | 44731 | 3.18 | 92.62 |
| 11 | 美国 | 82172.46 | 3.42 | 46.09 | 37619 | 2.67 | 36.21 |
| 12 | 菲律宾 | 72745.74 | 3.03 | 66.45 | 36098 | 2.56 | 67.24 |
| 13 | 巴西 | 47793.10 | 1.99 | 142.47 | 35377 | 2.51 | 120.89 |
| 14 | 巴基斯坦 | 37886.70 | 1.58 | 403.53 | 33984 | 2.41 | 494.96 |
| 15 | 厄瓜多尔 | 32379.75 | 1.35 | 169.35 | 33107 | 2.35 | 171.90 |
| 16 | 马来西亚 | 31527.01 | 1.31 | 60.12 | 31583 | 2.24 | 95.42 |
| 17 | 南非 | 29166.24 | 1.22 | 114.95 | 23046 | 1.64 | 159.82 |
| 18 | 德国 | 92927.37 | 3.87 | 328.44 | 22531 | 1.60 | 199.14 |
| 19 | 尼日利亚 | 39260.21 | 1.64 | 148.09 | 12557 | 0.89 | 59.17 |
| 20 | 挪威 | 39175.23 | 1.63 | 54.68 | 9826 | 0.70 | 73.36 |

**4. 自主品牌普遍高速增长,巩固出口主流地位**

我国整车出口仍以自主品牌为主,企业出口普遍大幅增长。根据中国汽车工业协会统计的整车企业出口数据(见表5),2021年1~10月份,排名前十位的出口企业分别为上汽集团(44.82万辆)、奇瑞(21.31万辆)、特斯拉(14.20万辆)、长安(13.64万辆)、东风(11.72万辆)、长城(11.20万辆)、吉利(8.60

万辆)、北汽 (7.04 万辆)、江淮 (6.08 万辆)、重汽 (4.73 万辆),合计出口量占出口总量的 90.0%,集中度进一步增强。上汽、奇瑞、长安、东风、长城、江淮、一汽等企业出口同比增长均在 100% 以上,而大庆沃尔沃、华晨、宇通、中通、北汽瑞翔等则出现不同程度下滑。值得注意的是,随着本土化带来的规模扩大和成本摊薄,中国已经成为特斯拉全球最大的出口基地。特斯拉上海超级工厂除承担中国市场的交付工作外,还出口 Model 3、Model Y 车型至日韩、澳大利亚、欧洲等地。

表5  2021年1~10月份我国主要汽车企业出口情况

| 序号 | 企业名称 | 出口数量/辆 | 同比增速(%) |
|---|---|---|---|
| 1 | 上海汽车集团股份有限公司 | 448241 | 106.15 |
| 2 | 奇瑞汽车股份有限公司 | 213081 | 146.25 |
| 3 | 特斯拉(上海)有限公司 | 142015 | — |
| 4 | 中国长安汽车集团有限公司 | 136441 | 107.52 |
| 5 | 东风汽车集团有限公司 | 117192 | 146.14 |
| 6 | 长城汽车股份有限公司 | 112020 | 114.35 |
| 7 | 浙江吉利控股集团有限公司 | 86041 | 75.53 |
| 8 | 北京汽车集团有限公司 | 70448 | 66.19 |
| 9 | 安徽江淮汽车集团有限公司 | 60780 | 113.13 |
| 10 | 中国重型汽车集团有限公司 | 47267 | 83.78 |
| 11 | 大庆沃尔沃汽车制造有限公司 | 31804 | -10.56 |
| 12 | 中国第一汽车集团有限公司 | 18978 | 109.49 |
| 13 | 华晨宝马汽车有限公司 | 18161 | — |
| 14 | 陕西汽车集团有限责任公司 | 15858 | 78.06 |
| 15 | 广州汽车工业集团有限公司 | 14952 | 38.52 |
| 16 | 比亚迪股份有限公司 | 13990 | 220.43 |
| 17 | 厦门金龙汽车集团股份有限公司 | 13949 | 3.37 |
| 18 | 华晨汽车集团控股有限公司 | 8783 | -21.25 |
| 19 | 河北中兴汽车制造有限公司 | 3641 | 31.11 |
| 20 | 宇通客车股份有限公司 | 2948 | -0.30 |
| 21 | 山东唐骏欧铃汽车制造有限公司 | 2581 | 42.91 |
| 22 | 徐州徐工汽车制造有限公司 | 2539 | 179.32 |
| 23 | 福建新龙马汽车股份有限公司 | 1743 | 66.48 |
| 24 | 东南(福建)汽车工业有限公司 | 1654 | 24.64 |
| 25 | 贵航青年莲花汽车有限公司 | 1456 | 155.89 |

（续）

| 序号 | 企业名称 | 出口数量/辆 | 同比增速（%） |
|---|---|---|---|
| 26 | 深圳市宝能汽车有限公司 | 1366 | — |
| 27 | 成都大运汽车集团有限公司 | 1252 | 185.19 |
| 28 | 中通客车股份有限公司 | 1243 | -32.74 |
| 29 | 北汽瑞翔汽车有限公司 | 808 | -51.59 |
| 30 | 现代商用汽车（中国）有限公司 | 640 | 39.43 |

注：数据来源于中国汽车工业协会。

### 5. 传统汽车生产基地出口优势明显

2021年1~10月份，上海市、山东省、浙江省列整车出口前三位，出口额分别为72.28亿美元、32.42亿美元和21.14亿美元（见表6）。排名前十位的省、自治区、直辖市中，仅四川省前10月出口额累计微幅下跌，其他省份均不同程度增长。其中辽宁省增幅最大，出口额和出口量同比增幅达768.3%和269.5%。前十位省、自治区、直辖市合计出口140.21万辆，出口额216.84亿美元，占整车出口总量的81.9%，出口总额的78.1%。

表6 2021年1~10月份我国省、自治区、直辖市整车出口前十排名

| 序号 | 省、自治区、直辖市 | 出口金额/万美元 | 出口数量/辆 | 金额同比（%） | 数量同比（%） |
|---|---|---|---|---|---|
| 1 | 上海市 | 722826.20 | 396311 | 270.82 | 162.25 |
| 2 | 山东省 | 324206.76 | 153095 | 128.55 | 112.45 |
| 3 | 浙江省 | 211444.51 | 133014 | 87.74 | 69.35 |
| 4 | 安徽省 | 198552.38 | 198995 | 180.44 | 168.07 |
| 5 | 重庆市 | 157179.00 | 164429 | 128.52 | 122.76 |
| 6 | 河北省 | 149208.76 | 145834 | 154.39 | 84.65 |
| 7 | 四川省 | 107440.88 | 37472 | -0.49 | 14.78 |
| 8 | 辽宁省 | 103463.37 | 23518 | 768.31 | 269.49 |
| 9 | 江苏省 | 99443.04 | 68338 | 62.78 | 37.62 |
| 10 | 广西壮族自治区 | 94649.49 | 81125 | 223.50 | 165.23 |
|  | 合计 | 2168414.39 | 1402131 | 152.77 | 116.38 |

### 6. 电动化大势已至，未来增长空间可期

2021年1~10月份，全球新能源汽车合计销量484.68万辆（见表7），同比

增长127.9%。销量排名前20位品牌中,自主品牌汽车企业占据9席,比2020年增加2席,合计占比为30.9%,比2020年同期增加9个百分点。比亚迪、上汽、长城、广汽、蔚来均是连年上榜。2021年1~10月份,国内新能源汽车渗透率已达13%,其中10月单月渗透率为18.8%,呈现高速爆发的态势。在此背景下,有望提前实现"至2025年新能源汽车销量渗透率20%"的中期发展目标。

2021年远非如常,但电动汽车(纯电动和插电式混合动力)销量已箭在弦上。EV Volumes预测2021年全球电动汽车销量将接近640万辆,同比增长98%,届时全球电动汽车保有量将达到1640万辆。

表7 2021年1~10月份全球电动汽车品牌销量榜

| 品牌 | 2021年1~10月份销量/辆 | 市场份额(%) |
| --- | --- | --- |
| 特斯拉 | 676655 | 14.0 |
| 比亚迪 | 409933 | 8.5 |
| 上汽通用五菱 | 349362 | 7.2 |
| 大众 | 278746 | 5.8 |
| 宝马 | 220619 | 4.6 |
| 上汽 | 180234 | 3.7 |
| 梅赛德斯 | 178512 | 3.7 |
| 沃尔沃 | 150248 | 3.1 |
| 奥迪 | 137951 | 2.8 |
| 起亚 | 124609 | 2.6 |
| 现代 | 122996 | 2.5 |
| 雷诺 | 102478 | 2.1 |
| 标致 | 99318 | 2.0 |
| 丰田 | 99224 | 2.0 |
| 长城 | 98708 | 2.0 |
| 广汽 | 93196 | 1.9 |
| 福特 | 87562 | 1.8 |
| 长安 | 76349 | 1.6 |
| 蔚来 | 72711 | 1.5 |
| 小鹏 | 66929 | 1.4 |
| 其他 | 1220437 | 25.2 |
| 共计 | 4846777 | 100 |

注:数据来源于EV Volumes。

### 7. 自主品牌进入国际化新阶段

2021年1~10月份，奇瑞集团克服国内汽车芯片短缺加剧的困难，累计出口新车212959辆，成为首个年出口突破20万辆的中国乘用车品牌。奇瑞目前在俄罗斯的市场占有率达2.5%，销量排名第8；在巴西，奇瑞已连续3个月占据巴西销量前10榜单，市场份额达2.3%，超越了日产和雪佛兰，创造了新的销售纪录。

2021年以来，比亚迪、红旗、名爵、上汽大通、小鹏等先后在欧洲市场推出全新电动车型，长城将从2022年开始在欧洲交付新车，蔚来宣布正式登陆挪威市场。2020年收购通用汽车在印度和泰国的工厂后，2021年8月，长城汽车和梅赛德斯—奔驰股份公司就收购巴西伊拉塞马波利斯工厂正式签署协议，此举将加速长城汽车在南美市场的发展及战略落地，进一步推动长城汽车向全球化科技出行公司转型。近几年头部主机厂的海外布局速度明显加快，反映出我国汽车在技术方面的积累和产品设计方面的爆发。

## 三、2021年汽车出口问题分析

### 1. 经济复苏动力减弱，全球供需失衡加剧

国际货币基金组织于2021年7月27日发布的《世界经济展望》显示，2021年全球经济增长预期维持在6%。全球经济正面临复苏动力减弱，财富分配的阶层、代际和性别不平等加剧等挑战。未来，全球经济能否顺利走出低谷并持续恢复，成为当下各方关注的焦点。

据中国社会科学院世界经济与政治研究所监测：2021年10月，中国外部经济环境检查（CEEM）综合PMI为57.1，处于枯荣线上方，相较于9月下跌0.1个点，为连续第四个月回落。重点国家和地区PMI均处于枯荣线上方，市场情绪总体偏乐观（见图2）。

当前全球经济供需失衡状况有所加剧。新冠肺炎疫情仍在多国反复，对生产恢复和全球供应链协同带来不利影响，仍将对大宗商品价格和通胀水平造成扰动。同时，美联储加息节奏或随着美国通胀走高和经济出现过热迹象而加快，对全球金融市场的冲击也逐步体现，大宗商品价格和金融市场波动风险加剧（见图3）。

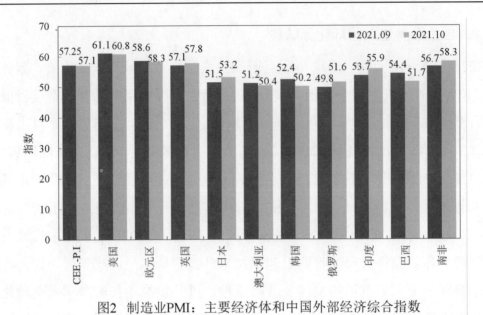

图2 制造业PMI：主要经济体和中国外部经济综合指数

（注：数据来源于CEIC，世界经济预测与政策模拟实验室）

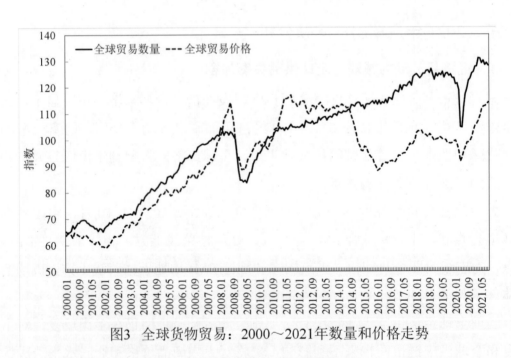

图3 全球货物贸易：2000～2021年数量和价格走势

（注：数据来源于荷兰经济政策研究局）

## 2. 芯片成最大制约因素，新车产销双双下滑

由于芯片供应紧张和其他供应链瓶颈，汽车产量和经销商库存受到了极大影响。欧洲汽车制造商协会（ACEA）公布的数据显示，欧洲2021年10月份新车

注册量同比下降 29.3%至 798693 辆，2021 年前 10 个月累计销量仅比 2020 年同期增长 2.7%。尽管供应面临限制，但是电动汽车的销量出现了强劲增长。截至 2021 年第三季度末，欧洲电动汽车累计注册量达到 1578719 辆，同比提升 105%，市场份额为 17.2%。其中纯电动汽车累计注册量为 801025 辆，同比提升 91%，市场份额为 8.7%。

由于不少工厂继续减产甚至停产，2021 年 10 月份，美国轻型车销量仅为 110 万辆，同比下滑 22.5%，预计年末销量难以抬头。德国汽车管理局（KBA）发布的数据显示，2021 年 10 月份，德国新车销量同比下降 35%至 178683 辆。2021 年前 10 个月，德国新车销量下降了 5.2%至 220 万辆。受日本汽车产业零部件供应严重不足与芯片短缺等因素影响，2021 年 10 月份，日本国内新车销量同比下降 31%至 27.93 万辆，降至历史同期最低。

据公安部统计，2021 年上半年，我国新注册登记汽车 1414 万辆，与 2020 年同期相比增加 372.5 万辆，增长 35.76%。新注册登记新能源汽车 110.3 万辆，同比增加 77.4 万辆，增长 234.92%，创历史新高。新能源汽车新注册登记量占汽车新注册登记量的 7.80%。截至 2021 年 6 月底，国内汽车保有量达 2.92 亿辆，其中新能源汽车保有量为 603 万辆，占汽车总量的 2.06%。

### 3. 产品结构升级明显，同质化竞争仍待破解

近几年时间，自主品牌产品已经实现了脱胎换骨的结构升级，产品力和价格定位发生了明显提升。主动砍掉低价格、低产品力的车型，推出更多高价值、高性能和高价格的车型，实现了产品线的全面升级，也为品牌价值注入了新的活力。可以说，自主品牌整体向上，已是不争的事实。

当前，汽车市场的年轻化趋势已势不可挡，消费者对车辆外观、空间和个性化都有很高的期待。自主品牌推出新车型的速度也是日新月异，令人应接不暇。不可否认的是，以汽车为代表的同一类产品，具有很多同质化的元素，但"弱水三千"，消费者往往"只取一瓢"。为了博取市场的青睐，品牌之间的竞争也是异常惨烈。相似的元素被巧妙复制，雷同的设计让人难分伯仲，低价竞争无异于饮鸩止渴。需要强调的是，模仿只是企业在发展之初的手段，在达到一定的积累之后，惟有创新才能够实现质的飞跃。

差异化是同质化竞争中取胜的核心，品牌要做到差异化，不可"闭门造车"，

以免走上猎奇、怪异的歧途。而要对市场和消费者进行前期调研，与竞争对手展开对比和分析，从而挖掘出既符合市场需求，同时拥有竞品所没有的独特属性。从定位、产品、服务等多个维度打上自我的独特标签，才是品牌突围之道。

### 4. 病毒变异加剧航运紧张，高运价抬高成本压力

自全球新冠肺炎疫情暴发以来，海运集装箱运价已飙升了3~4倍。2021年四季度，集装箱运费有所回调，然而出口需求依然旺盛，船舶运力供给仍偏紧，全球港口拥堵情况仍未得到明显缓解。近期东南亚多个船公司在运费上涨、运力短缺的情况下，也开始征收拥堵附加费、旺季附加费、缺柜费等附加费用。美线航运也因舱位紧张而大面积停航。新毒株奥密克戎的出现已经引起全球高度警惕，目前已有多个国家不同程度地收紧了防疫措施，航运紧张局面恐将进一步加剧。

联合国贸易和发展会议发表的《2021海运述评》称，运输成本受到了结构性因素的影响，包括港口基础设施质量、贸易便利化环境和航运连通性。如果目前集装箱运费飙升的情况持续下去，将推高进口和消费价格。到2023年，全球进口商品价格将增长11%，消费者物价指数则将上升1.5%。该报告认为，以美国和欧元区为例，集装箱运费上涨10%可能导致工业生产累计收缩1%，从而影响全球经济复苏前景。

### 5. 原材料价格持续上涨，产业链协同能力不足

2021年以来，国内新能源汽车产销逆势增长，对动力电池的需求攀升，并将需求向上传导；多家动力电池企业为满足主机厂对动力电池的需求，满负荷生产，致原材料供应进一步趋紧；国内锂电池原材料大部分依靠进口，一方面遭遇航运涨价及运力紧张双重挤压，另一方面主要进口来源地原材料价格日益走高。叠加执行"双碳"减排措施的影响，使整个动力电池行业的成本压力陡增。

金属原材料价格的上涨，主要体现在钢板、铝材涨价对汽车零部件制造企业的成本压力。一方面，要通过工艺上的改进，不断精化、细化，推进节材降耗；另一方面，技术创新能够极大地缩短产业链，减少对资源型原材料的依存度，延长产品使用寿命，是应对的根本之策。

全球经济回暖、货币环境宽松是原材料价格上涨的主要推动力，对实体经济的影响在于成本、价格和资金周转等方面，从中长期来看，原材料价格上行态势或已成型，短期内难以大幅回调。因此，对大宗原材料价格进行监测预警，建立

产业链上下游的风险协同机制显得尤为重要。

### 6. 发挥新能源汽车先发优势，全价值链要素短板仍需补齐

经济全球化促使跨国公司在全球寻找"成本洼地"，推动供应链日益分散化。但新冠肺炎疫情的冲击暴露出全球供应链的断裂风险，现有国际分工方式存在其固有的脆弱性，供应链的稳定性和安全性引起关注。相比于传统汽车，新能源汽车价值链进一步细化和延伸，涉及环节更多，创造技术与商业模式发展机遇的同时，也悄然改变着竞争格局。

在电子电气架构与软件算法、中央计算芯片、功率半导体等核心"卡脖子"价值环节，国内主机厂与供应商积累薄弱，目前仍处在跟随阶段。电池、电机、电控作为电动汽车核心零部件，其供应商集中度过高，二、三级供应商生存压力倍增。虽然在部分核心产品上有一定的技术积累，并获得了市场规模优势，但从国际市场发展趋势看，新能源汽车窗口期在未来两年内即将关闭，补链强链任务依然艰巨。

## 四、2022年汽车出口形势展望

目前，我国汽车出口与我国汽车产业同步，处在由大到强的转变过程中，发展模式由性价比引领，转向以技术、价值带来的愉悦、满足消费者更高追求为目标。提升自主品牌价值和影响力，扩大我国汽车在全球市场份额，实现由汽车大国向汽车强国的转变，是"十四五"时期中国汽车工业发展的应有之义。

### 1. 经济增速回落，滞胀情绪升温

经济合作与发展组织（OECD）于2021年11月初发布的经济展望预计，2021年全球经济增速为5.6%，在2022年和2023年放缓至4.5%和3.2%。该组织2021年9月时预计，2021年和2022年两年的全球经济增速分别为5.7%和4.5%。OECD指出，全球经济前景面临的主要风险是当前的通胀飙升比预期的持续时间更长，且上升幅度更大。2021年10月，国际货币基金组织（IMF）预计2021年全球经济增速为5.9%，较7月预测值下调0.1个百分点；2022年则为4.9%。在新毒株奥密克戎出现后，IMF表示可能进一步下调预期，不仅考虑到新冠肺炎疫情的反复，目前全球供应链阻塞、劳动力短缺、通胀加剧，疫苗接种不平等问题等尚未得到解决。

### 2. 自主品牌在国际市场上迎来高光时刻

我国汽车工业经过了数十年的筚路蓝缕、披荆斩棘，自主品牌从以市场换技术到以技术造市场，从借鉴追赶到创新引领，终于迎来了高光时刻。在品牌战略方面，我国汽车企业纷纷推出高端豪华品牌，上行进攻高端市场；在产品规划方面，自主品牌以质促量，不断下放前沿车辆技术，持续提升产品力。在全球首发车、概念车、新能源车三项具有重要代表意义的数据上，我国汽车企业展现出了前所未有的优势。

### 3. 新能源车先发优势促迅速走强

根据海关数据整理，2021年1~10月份，我国新能源汽车出口33.87万辆，同比增长320.4%，出口额87.05亿美元，同比增长256.0%。其中，纯电动乘用车出口占比最大，为282453辆，占新能源汽车出口总量的83.4%，出口额68.43亿美元，占新能源汽车出口总额的78.6%。出口新能源汽车数量与金额占比分别达到整车出口的21.05%与31.42%。

在经过数年的技术积累和市场开发后，中国品牌则不断创新上行，持续丰富产品线，以全新的品牌和产品抢占市场；跨国汽车企业则谋定而动，精确定位产品区间，推出新能源系列车型。以纯电驱动为主流，插电式及增程式混合动力与燃料电池动力为辅助的"三驾马车"将成为我国乃至全球汽车产业转型升级的驱动力。

### 4. 智能网联产业链逐渐成型

作为新能源汽车发展的2.0阶段，我国智能网联汽车发展迅猛，产业链不断完善，5G技术、移动互联、人工智能、大数据、云计算等前沿科技的深度融合。整车企业纷纷推出了装载固态激光雷达、超高清摄像头、毫米波雷达、长距超声波传感器等智能网联装备的车型；包括智能座舱、智能汽车操作系统、自动驾驶解决方案、视觉交互、人脸识别、语音人工智能、实景抬头显示、智能穿戴设备互联等前沿车辆技术开始量产装车。自动驾驶车辆的落地上路，标志着围绕自动驾驶的智能网联产业链正在逐渐形成，智能网联产品已然进入了全面发展的新阶段，新的变革时代将再次拉开帷幕。国内智能网联技术发展对出口如虎添翼，新技术与可接受的价值提升为用户带来全新的更加愉悦的体验感，成为中国汽车出口的比较优势。

## 5. 预计 2022 年整车出口增长 15%以上

回顾 2021 年，自主品牌出口的快速增长主要归因于以下三个方面：一是全球车市逐渐回暖；二是汽车走出去从"体力输出"转向"智力输出"，自主品牌竞争力不断增强；三是新能源汽车出口带动作用明显。展望 2022 年，智能网联将更为深刻地改变汽车产业生态，电动化为双碳目标赋能的实践将更为成熟。从汽车"走出去"到"走进去"，产品差异化优势、海外市场培育、全球化深度布局等要素缺一不可。在年出口量翻番之后，中国汽车工业站上新的起点，惟有以产品力引爆品牌力，以大胸襟谋划大市场，才是可持续发展的核心要义。综合研判，商用车因受商业景气度影响增速趋缓，乘用车将引领整车出口持续上行，纯电动载人汽车出口占乘用车比重将达到 30%，2022 年整车出口有望稳步踏上增长 15%的台阶。

（作者：陈菁晶　孙晓红）

# 2021年二手车市场分析及2022年预测

  2021年是后疫情时期汽车市场全面恢复的一年。初期很多专家预测2021年汽车消费有可能会拷贝2003年"非典"疫情后的运行轨迹，以出行安全为主要驱动因素的报复性消费，拉动汽车市场的高增长。但遗憾的是2003年汽车市场行情没有再现。据中国汽车工业协会统计的数据，2021年1~11月份全国新车销售2348.9万辆，同比增长4.5%。其实，2021年也可以用多事之秋来形容。从年初到年尾连绵不断的散发新冠肺炎疫情，多地水灾以及芯片短缺造成的供给与市场需求的失衡等不利因素，都对汽车市场产生巨大影响。从2021年月度汽车销售数据看，除了第一季度的超高增长缘于2020年同期的低基数外，进入下半年，汽车消费处于下降区间，8月份以后情况更加严峻。

  理论上，二手车市场面临的不利因素与新车市场是一样的，其运行轨迹也应与新车市场相似。事实上，乘用车终端销售市场的增长率曲线确实是有些相近，但二手车市场增长幅度要比乘用车市场高出很多。据中国汽车流通协会统计，2021年1~11月份全国共交易二手车1596.7万辆，这个数据已经超过了2020年总量，与2020年同期相比增长26.7%（见图1），与2019年同期相比增长20.6%；2021年前11个月交易额累计10155亿元，与2020年同期相比增长22.1%。2021年是二手车市场取得突破的一年，二手车交易量在徘徊两年之后首次闯过1500万辆大关，交易额也实现了1万亿元的突破。

  应理性看待2021年二手车市场超过20%的增长率这一数据。我国二手车市场已经进入了高速增长周期，年增长率一般会保持10%以上。按照这个思路，2020年理论上应有10%左右的正增长，但却由于突发情况将节奏打破了，2020年二手车交易量出现4%的下滑。因此，2021年20%以上的增长不是市场的突然爆发，而是对2020年增长缺口的回补。

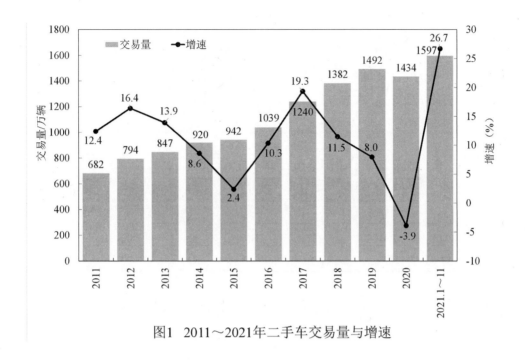

图1 2011~2021年二手车交易量与增速

## 一、二手车市场运行特征

### 1. 二手车市场增长呈前高后低

2021年的汽车市场是经历了全国范围的新冠肺炎疫情爆发后，全面恢复的第一年。回顾2020年的二手车市场，四个季度可分别描述为停滞、复苏、增长和加快增长期，2020年交易量特点为2月份是停滞，3~6月份复苏，基数较小，但随着市场的全面复苏，下半年的二手车交易量保持了较高水平。2020年可比基数的变化，决定了2021年二手车市场增速的变化。2021年二手车月度交易量与同比增速见图2。

值得一提的是，2021年10月、11月二手车交易量同比增速出现的负值，主要是2020年基数变化导致，二手车市场交易活跃度还在。当然，由于芯片短缺造成的部分新车品种供应不足，这种情况向二手车市场传递，造成了市场供给与需求的下降。应该说芯片短缺问题同样也在一定程度上影响了二手车市场，影响机理是：新车供给不足→二手车需求增长→销售价格上涨→用户惜售→收车价格上升→二手车零售价格进一步提高。

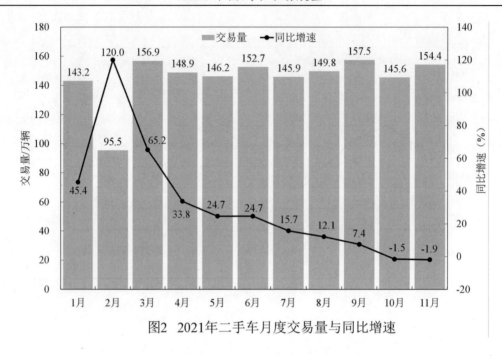

图2 2021年二手车月度交易量与同比增速

## 2. SUV领衔所有车型普涨

据中国汽车流通协会统计数据，2021年1～11月份乘用车共交易1268.3万辆，与2020年同期相比，增长了29.7%，高于整体市场3个百分点，二手乘用车占交易总量的79.4%，比2020年同期多出了2个百分点，二手乘用车占比继续提高。在乘用车中，轿车共交易962.1万辆，同比增长27.5%，轿车占市场总量的60.2%，比2020年增长了0.5个百分点；MPV交易92万辆，同比增长25.5%，占交易总量的5.8%，占比与2020年持平；SUV交易177.6万辆，同比大涨48.1%，占交易总量的11.1%，与2020年相比份额提高了1.6个百分点（见表1）；微型客车共交易36.6万辆，同比增长21.62%，占交易总量的2.3%，与2020年相比微降0.1个百分点。商用车交易253.2万辆，同比下滑达到11.5%，商用车占总交易量的比例为15.9%，比2020年同期下降了2.1个百分点。

表1 2020年和2021年1～11月份各车型占总交易量的份额

（单位：%）

| 车型分类 | 乘用车 | | | | 商用车 | | 其他车 | 农用车 | 挂车 | 摩托车 |
|---|---|---|---|---|---|---|---|---|---|---|
| | 轿车 | MPV | SUV | 微型客车 | 货车 | 客车 | | | | |
| 2020年 | 59.7 | 5.8 | 9.5 | 2.4 | 9.3 | 8.7 | 2 | 0.3 | 0.8 | 1.5 |
| 2021年 | 60.3 | 5.8 | 11.1 | 2.3 | 8.3 | 7.5 | 2 | 0.3 | 0.8 | 1.6 |

### 3. 各区域市场均有明显增长

2021年1~11月份，交易量排名前10的省市均有明显增长。其中7个省市交易量增长率超过了20%，分别为湖北104.1%，也第一次进入交易前10省市；山东增长40.3%，河南增长30.8%，浙江增长29.3%，河北增长28.1%，江苏增长23.2%，辽宁增长20.4%（见图3）。另外3个省市交易增长率也在两位数或接近两位数。湖北出现超高增长的主要原因是2020年新冠肺炎疫情导致的低基数。

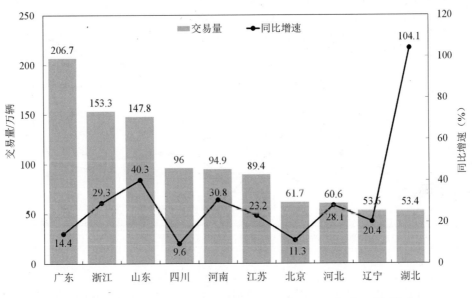

图3 2021年1~11月份排名前10的地区交易量与同比增速

### 4. 受缺芯影响，2021年下半年二手车交易价格攀升

2021年二手车平均交易价格比2020年同期有所提高，2021年1~11月份，二手车平均交易价格为63601元，比2020年同期提高了2021元。其中轿车平均交易价格为5.69万元，比2020年同期下降了0.12万元；MPV平均价格为6.85万元，增长0.16万元；SUV平均价格为13.24万元，增幅最大，达到了1.02万元。

从各月平均交易价格的变动情况看，2021年1~4月份，二手车平均交易价格稳中有降（见图4），市场正常运行。但2021年5月份以后，特别是下半年，汽车生产商的芯片短缺矛盾愈发突出，很多车型不能按时交付。在新车销售市场一些高端车型市场出现供应短缺,终端销售价格出现了多年未出现过的上扬。加装、加价、等待时间过程等因素使得很多消费转向了二手车。需求的突然暴增,使得二手车销售价格上涨,随之车主开始惜售,收购价格上扬。一些4S店打出了按照新车原价收购同品牌二手车。甚至有二手车商反映,2020年卖出去的二手车,2021年原价收回来,还能有利润。但是随着芯片短缺问题的解决,二手车交易价格上涨问题自然会得到消除。

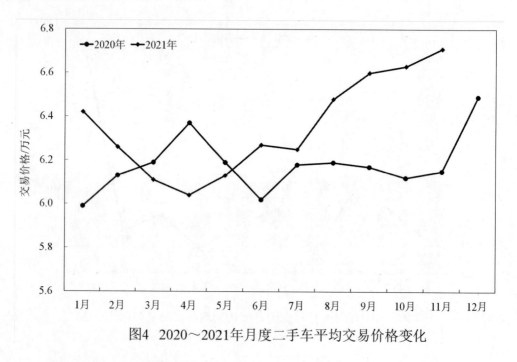

图4 2020~2021年月度二手车平均交易价格变化

### 5. 超高价位车比例提高

数据显示,2021年二手车价位结构也有一定的变化。2019年前,平均交易价格在8万元以下的二手车比例逐年减少,高价位车比例随之逐年提升。但2020年受新冠肺炎疫情影响,代步需求提升,与大趋势略有不同。2021年15万元以上车型比例有所提高,占比与2020年相比,提高了1.19个百分点(见图5)。从表面上看,高价位车的占比仅提高了1个百分点,但30万元以上车型一辆要比3万元以下的价值高出10位以上。由此也与前述由于缺芯,部分豪华车需求转向了二手车相吻合,同时也推高了豪华二手车价格。

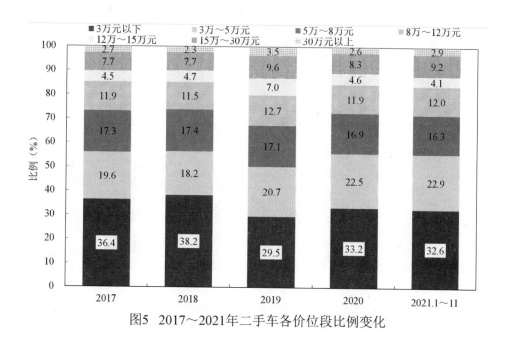

图5 2017~2021年二手车各价位段比例变化

### 6. 低龄车比例呈下降趋势，高龄车份额不断提高

据统计，2021年使用年限在3年以内的准新车共交易368.9万辆，同比增长20.7%。准新车的比例为总交易量的23.1%，相比2020年同期下降了0.8个百分点，准新车比例继续下降；使用年限在3~6年的"中年"车龄的车辆共交易583.3万辆，同比增长36.6%，占总交易量的36.5%，占比与2020年同期相比下降了1.3个百分点，份额也再次下降；7~10年车龄的车辆共交易385.4万辆，同比增长25.1%，占总量的24.1%，占比与2020年同期相比基本持平，只微降了0.1个百分点；10年以上的老旧车共交易259万辆，同比增长45.9%，占总交易量的16.2%（见图6），这一比例也比2020年同期又增加了2.1个百分点。数据反映出车龄在6年以下车龄的二手车比例呈现逐年下降的态势，与5年前相比，下降了11.5个百分点；而车龄在7~10年以及10年以上的比例明显提升，特别是10年以上车二手车比5年前提高了一倍以上。这说明我国汽车保有的平均车龄在提升，理论上二手车平均车龄提高，平均交易价格下降，但由于受芯片短缺影响，二手车平均交易价格不降反升。

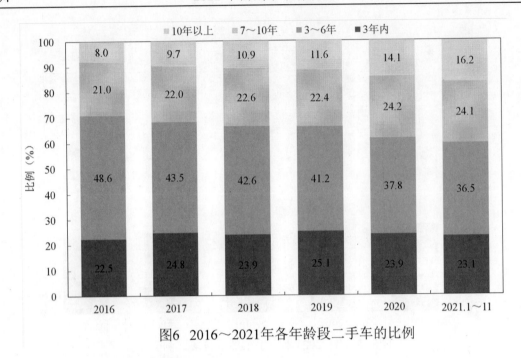

图6 2016~2021年各年龄段二手车的比例

### 7. 跨区域流通基本稳定

2021年1~11月份二手车异地交易总量为435.3万辆，比2020年同期增加了90.8万辆，占总交易量的比例为27.3%，比例与2020年同期持平。从各月转籍的情况看，除一季度外，其他各月差异不大。说明随着全面取消二手车限迁政策的深入实施，二手车跨区域交易基本稳定（见图7）。

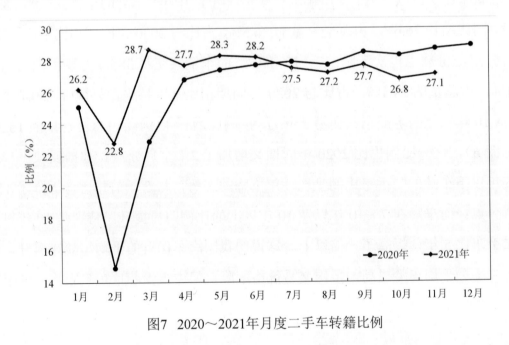

图7 2020~2021年月度二手车转籍比例

## 二、2021年二手车市场参与主体的表现

我国二手车市场发展近30年，二手车市场从自发形成到快速发展，数量上具备了一定规模，2021年交易量突破1750万辆已成定局。然而从质量上还没有实现突破，还远没有达到成熟期市场阶段。信息不对称、经营不规范等问题依旧存在，相当比例的消费者对二手车不信任。但随着经营主体的不断成长，整体二手车市场的信任度不断提升。

### 1. 二手车市场行业结构在向成熟市场过渡中

二手车整体市场在低层次徘徊的主要原因是整个市场还远未成熟，交易主体结构仍不太合理。2020年二手车交易中（2021年数据未汇总出来，暂时以2020年数据进行分析），个人交易占51.3%，二手车经纪、经销占39.3%，新车经销商仅占9.4%。与发达国家相比，存在明显差异（见图8）。当然，数据中有相当通过二手车经销商交易的车辆由于是通过个人"背车"的形式实现的，被误认为是个人交易，由于这个数量不好估计，无法精确划定真正个人交易以及通过车商交易的比例。总体来说，市场结构明显不够合理。但是有一个好的趋势是，新车经销商二手车经营数据占比在逐年提高，个人交易比例不断减小，车商渠道占比在提高中。

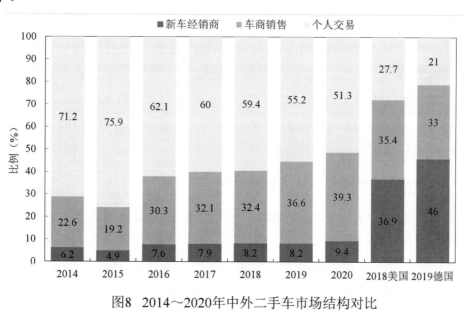

图8 2014~2020年中外二手车市场结构对比

（注：由于发达国家各经营主体市场结构各年只有细微变化，本文引用的是能够掌握到的最近数据）

### 2. 车商群体小、散、弱在改变的路上

据中国汽车流通协会对二手车经销商 2021 年营商环境调查显示，年销售量在 100 辆以下的企业占 66.3%，人员规模小于 3 人的占 55.8%。从企业性质上看，个体工商户占 47.5%，这个数据表明，二手车经营主体中，夫妻店还比较普遍，几乎占到总经营主体的一半，但这一比例有了明显下降，下降幅度达 10.2 个百分点；企业性质为经销公司的占 40.6%，比 2020 年提高了 12.1 个百分点。这份调查报告数据表明，二手车经营主体向企业化转型已经开始。

另据企查查报告，截至 2021 年 9 月，全国有 56 万家经营范围中含有"二手车"的企业处于在业、存续、迁入、迁出，其中 22%的企业成立时间在 1 年以内。由于二手车经营门槛相对较低，且二手车市场具有较大的成长空间，每年会吸引大量的创业青年进入这个行业。可以说，二手车市场是一个充分竞争的市场，截至目前，还没有独角兽企业出现。

### 3. 二手车经营者已经准备向经销企业转型

个体户、夫妻店向企业转型可以从三个纬度来证实：第一个纬度是车况信息公开情况，据中国汽车流通协会发布的"2021 车商营商环境调查报告"显示，2021 年车商提供检测报告或第三方认证的比例从 2015 年的 14.5%提高到了 2021 年的 51.9%；第二个纬度是提供售后质保的比例从 2015 年的 23.3%提高到了 2021 年的 37.5%；第三个纬度是经营规模，员工人数超过 10 人的车商比例从 2015 年的 7%提升到了 2021 年的 14.7%。这份调查报告还显示，二手车经营者开始有意愿或已经开始向经销企业转型。已经完成转型的车商占受访者的 39.8%，准备转型的占 19.5%。随着二手车市场的发展和二手车利好政策的推出，传统的夫妻档、个体经营模式开始向企业化经营模式转化。

### 4. 二手车交易市场主导地位开始弱化

近年来，二手车交易市场承担起了二手车交易主渠道的作用，估算有 80%以上的二手车是在交易市场完成的。这一点从中国汽车流通协会所做的"2021 车商营商环境调查报告"中得到证实。这份报告显示，2021 年 80%车商的经营场所设在交易市场；13.7%的车商会在交易市场设摊位的同时，也在市场外开办有独立展厅；6.3%的车商没有进入交易市场。根据"二手车交易市场百强排行榜"数据显示，2020 年交易市场百强合计交易量为 591 万辆，比 2019 年减少了 34 万辆；

年交易规模超过10万辆的交易市场个数从15家下降到了13家。二手车交易市场的集中度在下降，主要原因有两个：一是2020年5月份开始实施的二手车经销增值税减按0.5征收政策的实施，部分经销公司自己独立办理二手车业务，以交易市场"开票"依赖度下降；二是2020年一季度的新冠肺炎疫情，相当比例的交易市场经营秩序受到干扰。但从总体情况看，二手车交易市场集中度逐年提高的势头出现拐点。

### 5. 新车经销商开始在二手车业务上发力

据"2021年中国汽车经销商集团百强排行榜"数据显示，新车经销商在二手车增值税减征等一系列利好政策鼓舞下开始布局二手车业务。2020年百强集团二手车交易达到了135万辆，主营业务收入中二手车经营占比达到了5.9%。随着利好二手车交易的各项系列政策的逐步落地，新车经销商的二手车业务会取得突破性发展，成为二手车市场中的主力军。因为我国汽车市场已经发展到了存量市场阶段，二手车交易成为保持汽车市场可持续发展的主要驱动力。对于授权4S店来说，二手车置换率的高低决定了其经营业绩的好坏。加之4S店本来就是二手车源的发生地，比专业二手车商有着天然的优势，没有理由二手车业务开展不好。

### 6. 电商平台头部企业找到自己的发展路径

二手车电商平台经过市场竞争，优胜劣汰后开始摸索出各自的发展路径。C2C模式基本上画上了休止符，C2B目前还剩下一家，B2B线上线下结合的企业平稳发展，B2C模式成为头部两大企业的核心业务。2019年7月份，瓜子正式推出"全国购开放平台"，瓜子开始向平台模式转型，向普通车商开放，利用线上集客能力，将客源导流车商，成为车商经营的服务平台。这项业务在2021年基本定型，并在全力推进中。

优信在经历现金流危机后，将优信拍、优信金融、事故车拍卖等子业务全部剥离，只保留了二手车全国购业务，也就是B2C业务，从而实现了业务收缩和聚焦。优信的业务模式更偏重于建线下仓，来实现对交付的掌控力。电商平台无论是哪种模式，最终都回归到了一个路径，就是线上集客、线下交付模式。亦或通过提供流量入口，为实体交易赋能的模式。

### 7. 二手车金融渗透率不断提高

2021年是二手车各类服务机构快速发展的一年。二手车消费金融已经相对成熟，也是各大银行和非银行金融机构争夺的主战场，金融产品相对比较成熟。以平安银行、中信银行等商业银行，以及易鑫金融等为代表的二手车金融机构，全面进入二手车交易环节，也尝试向市场提供库存金融、订单金融等各类金融产品，以满足二手车市场快速增长的需求。根据罗兰贝格测算，2020年我国二手车金融渗透率已达30%，相较2019年上升2%。从结构上看，二手车贷款（含信用卡融资）占总融资笔数约78%，融资租赁占比约22%。预计到2023年，二手车金融渗透率可达38%。到2025年，预计二手车金融渗透率可达48%。

### 8. 二手车认证与信息服务进入快速增长期

中国汽车流通协会自2014年推出了二手车"行"认证品牌得到了全行业的积极响应，也受到了市场的追捧。2021年，根据市场发展的需要，"行"认证进行了全新改造，改版后的"行"认证将致力于打造二手车交易中对车况描述的"普通话"，在电商、交易市场、二手车售卖等更多的应用场景下使用国家标准，让广大消费者在购车前掌握车辆技术状况，为净化二手车交易环境起到了重要作用。在"行"认证引领下，品牌认证开始盛行，跨城市的、连锁化的专业二手车鉴定评估企业开始出现，如查博士、维真验车、精真估、中车检、车300、车透明等二手车鉴定评估企业已经具备一定的实力。他们的服务囊括了交易环节车况查验、为金融机构核定价格等项服务。

## 三、2022年二手车市场展望

在2021年度二手车专文中笔者预测2021年二手车交易量将会超过1600万辆，增长率将会超过10%。从2021年前11个月交易量情况看，这个预测目标已经实现，全年预计交易量会突破1750万辆，增长率超过20%。展望2022年，在二手车利好政策助力、汽车保有量积累、二手车交易环境逐渐优化等有利因素下，2022年二手车市场仍将呈正向增长态势，预计交易规模突破1900万辆，乐观估计会冲击2000万辆大关。

### 1. 二手车政策越来越有利于便利交易

2021年3月两会政府工作报告中提出了"取消二手车交易的不合理限制"，向行业释放出中央政府将全面解除对二手车交易所有体制机制上的障碍，为经营主体松绑的决心。2021年公安部率先推出的"二手车交易跨省通办""机动车档案电子化"举措,将对二手车交易,特别是跨省市交易效率大幅度提升、交易成本的下降将会在2022年充分显现。我们有理由相信,2022年将会是一个政策大年。笔者在之前的专文中反复提到,制约二手车市场健康发展的政策性障碍有三个,一是限迁,二是税收不合理,三是二手车无商品属性问题。

第一,取消二手车限迁还留下了小尾巴。2016年3月25日国务院发布了《关于促进二手车便利交易的若干意见》(国办发〔2016〕13号),以及2018年专门针对各地取消二手车限迁的大督察,除三个规定区域外,全国基本上已经消除了对二手车迁入的限制。应该说,第一个障碍取消了大半。但由于2020年7月全国实施燃油车国Ⅵ排放标准,对于大气污染重点防治区域的珠三角、长三角、京津冀地区形成了新的限迁,对这些区域的二手车市场活力产生了一定影响。如果这三个区域能够对二手车迁入调低一档的话,不但对交易量占据全国4成的京津冀、长三角、珠三角国Ⅵ限迁即将得到解决,还将会进一步提高全国的二手车交易活跃度产生巨大作用。

第二,税收调整后,实际效应未能充分显现。随着2020年5月1日开始实施二手车经销减按0.5%征收增值税政策,应该说由于税收不公给二手车市场发展带来的障碍基本消除。但从实际情况看,税收政策给行业带来的改变还不是很明显。这主要是因为经销企业收购车辆是C2B,收车来历凭证只能通过交易市场获得,税收调整对经营方式基本上没有发生大的变化,大部分经营者仍然沿用过去的"背户"方式做经营,除非企业有经营数据并表的需求。能够让减税政策发挥能效还需要其他的配套政策。这个配套政策就是解决二手车商品属性问题。

第三,二手车商品属性问题亟待解决。行业企盼的《机动车登记管理规定》已经正式发布了,但其中未涉及经销企业问题。但2020年07月21日《国务院办公厅关于进一步优化营商环境更好服务市场主体的实施意见》(国办发〔2020〕24号)文件中提到了"简化二手车经销企业购入机动车交易登记手续",二手车商品属性问题或许能够得到解决。也可能会在新的文件中予以明确。笔者认为,赋予二手车商品属性是必然,应该会在2022年见到相关政策出台。一旦解决了二手车商品属性问题,不但能够降低交易成本,简化交易手续,还可以形成政策闭环,促进减税政策发挥出应有效应,促进二手车经营主体向规模化、规范化方向转变。

## 2. 2022年二手车市场开局可能遇到些许麻烦

二手车市场从2021年第四季度开始出现了负增长，虽然12月份的数据还没有出来，但估计极有可能仍然保持小幅下降的态势。另外，二手车经理人指数显示，从2021年9月份指数逐月下调，11月、12月连续2个月在荣枯值以下，且12月份下降得比较明显，经理人指数只有43.8（见图9），也传递出二手车市场活跃度下降的信号。因此，往年第四季度二手车交易量冲高的情形可能会有所改变，2022年1月、2月份的市场行情也可能会比较清淡。

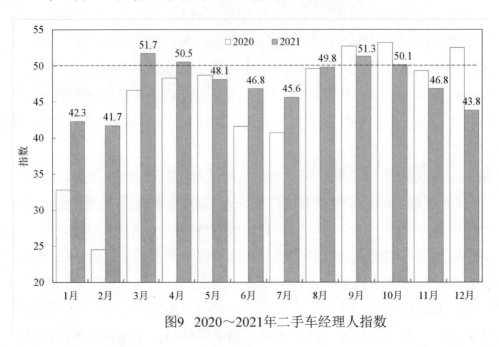

图9 2020~2021年二手车经理人指数

## 3. 汽车保有量的蓄水池还在持续加大

相关数据表明，美国2020年年末汽车保有量为2.87亿辆，这个数据基本上每年变化不大。而就是这2.87亿辆汽车保有，释放出4000万辆二手车交易量。

据国家统计局发布的2020年度国民经济统计公报数据显示，2020年年末，全国汽车保有量为2.73亿辆（除去三轮汽车和低速货车748万辆）。另外，根据公安部发布的数据，从保有量看，我国的汽车保有量与美国几乎相当，仅差1400万辆，但二手车交易量却有巨大的差距。这说明一方面，我国二手车市场潜力远远没有释放；另一方面我国汽车保有量还在不断积累，预计将于2021年年末超过美国，成为全球第一大汽车保有国。这么高的保有量，将为二手车市场在"十四五"期间保持快速增长奠定了坚实的基础。

### 4. 二手车市场开始走向前台

在说我国二手车市场落后时,一般用二手车交易量与新车的比例来说明,我国二手车交易量是新车销量的1/3,而发达国家是2~3倍。但这个比例已经在动态调整之中。近年二手车交易量与新车销量的比例在快速提升之中,已经从2016年的37.1%提高到了2021年的68.0%(见图10),这一趋势在未来的几年中会一直保持下去。业内专家公认的存量市场阶段已经到来,二手车市场健康发展是盘活存量、拉去增量的重要推手,二手车市场已经开始走向前台。

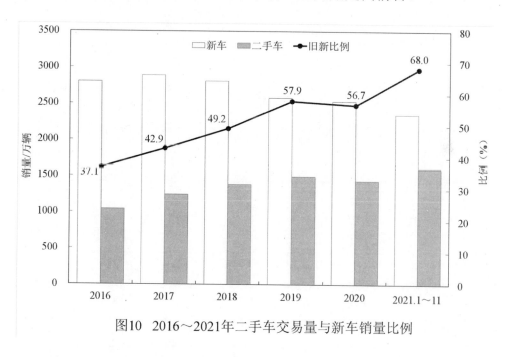

图10 2016~2021年二手车交易量与新车销量比例

### 5. 2021年预计市场增速会在10%以上

对二手车市场产生影响的因素有很多,归纳起来有以下三方面的因素:第一是宏观经济因素。2022年中国经济发展稳字当头,很多权威机构预测GDP增长将会在5.5%左右,这是支撑汽车市场稳定增长的最重要的因素。特别是2020年脱贫攻坚战的胜利,农村汽车消费将会快速启动,广大农村地区的汽车消费需求低价位车无疑是首选,这将为二手车市场在县乡地区发力提供了坚实的基础。

第二是新车市场。中国汽车工业协会预测乘用车市场在2022年会有5.4%的增长。中国汽车流通协会在2021年11月份召开的行业年会上,1000余名业内人士中超过 50%的人认为 2022 年我国汽车市场将实现 5%以内的增长。

第三是政策环境。政策环境在不断向好，对二手车市场发展有利。特别是二手车商品属性政策能够落地的话，将会对二手车市场产生巨大的推动作用。同时，二手车限迁在三个重点区域如果能实现突破，将会对二手车市场活跃度产生一定程度的提升。当然，多点散发新冠肺炎疫情的袭扰可能会对区域二手车市场产生负面影响。

综上，二手车市场发展的有利因素在不断增多，中长期保持持续较快增长是大概率事件。预计 2022 年二手车市场增长率将继续超过 10%，全年交易量应该会在 1900 万辆以上。

（作者：罗磊）

# 市场调研篇

# 上汽大众产品市场调研报告

## 一、2021年上汽大众市场总体表现

汽车市场自2018年出现首次负增长之后,在这四年间又先后经历了中美贸易摩擦、新冠肺炎疫情暴发以及最近的芯片供应短缺等因素,可谓是雪上加霜,传统汽车企业及汽油车市场均不同程度受到冲击。而另一方面由于新能源汽车市场的蓬勃发展,"新势力"汽车品牌的异军突起,为整体市场贡献了增量,使得2021年1~11月份总体市场维持了5.9%的正增长,其中,纯电动汽车市场增速更是达到了惊人的170%。上汽大众的传统汽油车同样也受到了较大冲击,但是凭借2021年3款ID系列电动车的上市,销售同比下滑的速度有所放缓,2021年1~11月份累计同比下降6.4%,总销量131.7万辆。其中,大众品牌凭借深厚的实力和品牌底蕴,共实现销量121.1万辆,仍稳居全国汽车企业中单一品牌销量第一名;斯柯达品牌年度销量为10.6万辆(见图1)。

图1 2010~2021年11月份上汽大众销量及同比增长率

大众品牌传统汽油车总体下滑5.5%,实现销量115.7万辆。虽然销量总体降

低,但在芯片供应短缺及产能不足的背景下,新款 Tiguan L、Tiguan X、Passat、Teramont 以及 Teramont X 的上市,使汽油车总体销售相比 2020 年基本恢复稳定;新能源车型方面,大众品牌凭借三款新 MEB 平台的纯电动车 ID.4 X、ID.6 X 和 ID.3 的上市,实现了 2.9 万辆的净增量,同比增长 118%。

## 二、ID.4 X

ID.4 X 是上汽大众的首款 MEB 平台下的纯电动车,于 2021 年 3 月 25 日上市。ID.4 X 的上市有着划时代的意义,代表着上汽大众正式进军纯电动车市场。它的最新纯电动设计语言与大众品牌传统汽油车相比有了颠覆性的突破,综合补贴后售价为 199888～272888 元。

外观方面,ID.4 X 前脸进气格栅采用了全封闭式的设计,突出了纯电动车的定位。前照灯采用了 IQ.LIGHT 设计语言,11 颗 LED 发光单元能够根据车辆速度和改变照射模式,并配合灯语设计,在驾驶者接近时,照明模块"张开"眼睛并迎接车主,科技感和仪式感满满。贯穿式的灯带配合发光 logo 和日行灯,成为大众 MEB 平台纯电动车的新标识(见图 2)。

图 2　ID.4 X 外观

车身侧面,由于 MEB 平台纯电动特有的排布模式,车辆呈现出短前后悬视觉效果,显得车身修长且饱满。从尺寸来看,ID.4 X 的长、宽、高分别为 4612mm、1852mm、1640mm,2765mm 的轴距,实车看起来更显大。20in(508mm)双色低风阻轮毂在这样的车身比例下,显得协调中充满了动感。而半隐藏式门把手,也彰显着纯电动车型的身份。

ID.4 X 内饰首先映入眼帘的是 5.3in(134.62mm)液晶显示屏+12in(304.8mm)中控悬浮屏的搭配,再加上怀挡的突破设计,凸显了全新仪表板的造型风格(见

图3)。方向盘及中控台区域的按键触控操作，全视野玻璃天顶都是未来感设计的典型。而车点亮开动起来后更让人怦然心动，车辆搭载了 MOS4.0 智能车载系统，并实现了 L2+级智能驾驶系统，但最大的亮点莫过于 ID. Light 和 AR-HUD。ID. Light 会在导航指示转弯、变道时以流动式的灯语进行提示，并且在电话和语音控制等环节以不同颜色的灯语传递信息；AR-HUD 相比普通抬头显示效果清晰度更高，信息也更加丰富，其结合了近场和远场两种信息显示方式，可将指示标记直接虚拟投射在眼前的道路上，科技感爆棚。

图3　ID.4 X 内饰

通过 ID.4 X 早期购买者的研究报告发现，用户购买 ID.4 X 主要源于对大众品牌的认可，有质量的保证，同时也被亮眼的外观设计所吸引（见图4）。最高 555km 的续航里程对消费者来说摆脱了里程焦虑。此外，ID.4 X 兼具了汽油车的驾驶体验和纯电动车的安静氛围，舒适性上表现更优。

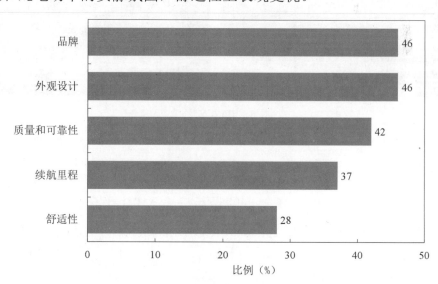

图4　购买ID.4X的原因TOP5

ID.4 X 对于上汽大众意义非凡,这是上汽大众正式进入纯电动汽车市场的标志。在如今新势力和自主品牌主导的新能源汽车市场,上汽大众作为传统汽车企业的先锋,带着扎实的品牌历史沉淀,为这个新市场发展注入了稳健的力量。

## 三、ID.6 X

ID.6 X 是上汽大众上市的第二辆 MEB 平台纯电动 SUV,于 2021 年 6 月 17 日问世,售价为 23.98 万~27.88 万元。有别于 ID.4 X,ID.6 X 是一辆大型 SUV,采用了三排 6 座和 7 座设计。

外观方面,ID.6 X 使用了更大的前脸格栅,并使用网状镶嵌镀铬的装饰,使得 ID.6 X 显得更有品质感和大气(见图 5)。ID.6 X 的长、宽、高分别为 4876mm、1848 mm、1680mm,轴距为 2965mm。相比 ID.4 X 长度增加了 264mm,高度增加了 40mm,轴距增加了 200mm,为三排的布局提供了保障。

ID.6 X 提供了 6 座和 7 座两种座位布局,同时也有单电机和双电机的选择,给用户提供了多种搭配的可能。在实际使用中,第三排座椅可以完全放倒,和后备厢联通形成非常可观的储物空间,第二排的座椅则设计为可以前后移动,使内部空间灵活可变,非常实用。

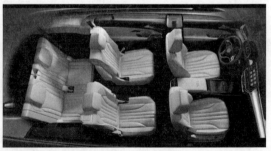

图 5 ID.6 X 外观及内饰

## 四、ID.3

ID.3 是上汽大众在 2021 年上市的最后一款 MEB 平台纯电动车型。新车于 2021 年 10 月 22 日面世。ID.3 是一款纯电动两厢轿车,并且在中国地区唯此一款特别的车型,售价区间为 15.98 万~17.38 万元,上汽大众为推出这样一款主打灵巧实用且充满科技感的纯电动车型,从售价上来看,可谓是诚意满满。

从外形上看，ID.3 采用两厢设计，整体轮廓圆润，视觉效果呆萌。与此同时，新车在细节处加入了充满科技感的元素，比如矩阵式大灯、贯穿式灯带、点阵式 C 柱等，营造出了较强的未来感（见图 6）。值得一提的是轮毂，ID.3 虽然只是一辆紧凑型轿车，但轴距达到了 2765mm，媲美 B 级轿车，同时轮毂尺寸达到了 20in（508mm），搭配"风火轮"的造型，拥有极高的辨识度。

内饰上，ID.3 传承了 ID 系列的布局和设计，值得一提的是，ID.3 拥有独特的纯白色仪表盘、方向盘和座椅装饰，这一设计非常迎合现代年轻人，尤其是女性消费者的青睐。并且高科技配置也一样不少，AR-HUD 同样能够在 ID.3 上装配。小巧的车身也让操控更加灵活，方向盘最大圈数为惊人的 3.5 圈，其灵活的转弯半径是行业内的车所无法企及的。对于一辆两厢紧凑型轿车而言，550km 续航也已经是天花板般存在。

图 6　ID.3 外观及内饰

上汽大众在推出 ID 系列产品的同时，在上海、成都、杭州等一线城市率先打造了 ID. Store X 的零售新业态，这些展厅都建设在人流密集的市区商业中心内，同时结合新颖的展厅设计概念、声光影的变换，未来科技感满满（见图 7）。

图 7　ID. Store X 设计

同时对于消费者而言，购车也不再是传统的去 4S 店选车，上汽大众超级 APP 为用户提供了网上下定、预约看车和试驾等新零售业态模式。

## 五、新帕萨特

2021 年 8 月 26 日，上汽大众帕萨特新款上市，虽然这次被外界誉为 2022 款帕萨特的"小改型"却也是充满诚意，让人眼前一亮。帕萨特推出了"两种态度，一个世界"的理念，打造了两款不同前脸的造型（见图 8）。

图 8　新帕萨特的双前脸设计

外观方面，一款全新的"星空脸"造型问世，采用了更激进、前卫的设计，以银河星空为设计理念，点状造型元素运用参数化方式排布，给人以焕然一新的感觉。下格栅底部的镀铬饰条与两边 C 型饰条，视觉上贯穿在一起，很有质感。而"标准版"的横格栅设计也做了更新，采用点阵式镀铬，显得更加运动和高档。

内饰的很多细节也注入了新的元素，全液晶的仪表盘，配合中控屏和抬头显示 HUD，三屏联动，导航指示更清晰。全新三辐式方向盘，搭配高光黑触摸按键。后排航空睡眠头枕，侧翼可调节，有头等舱般的舒适体验。

"双脸战略"是上汽大众在传统汽油车设计上寻求的突破，为了迎合不同消费者对于不同风格上的需求，这也是上汽大众全面 To C 战略的一个缩影。

## 六、总结与展望

2021 年可谓是上汽大众"All in 电动化"的一年。上汽大众投资 170 亿元的 MEB 工厂正式启动，一年内三款 ID.系列车型相继上市，ID. Store X 的网点建设以及创新营销模式的开启。上汽大众带来的是全面进军纯电动汽车市场的决心，是实现全面 To C 战略的转变。

世界上有很多的汽车品牌,但是有且仅有一个品牌叫大众,从成立之初,大众就是为普通大众造车。所以,大众品牌造车是为了普通大众,不是奢侈品,而为了实现广大人民群众对美好生活的向往。

有别于新势力造车企业,上汽大众仍然传承了安全、诚实、可靠的品牌内涵,尤其对于纯电动车的核心——电池安全上,上汽大众采用了 338 项电池包的安全检测,电池的抗衰减能力是这个行业里做得非常好的。真实用户也纷纷表示,上汽大众 ID.系列承诺的续航里程是实打实的,并没有行业内其他车型惯有的"水分"。所以对于上汽大众汽车而言,它是消费者的朋友,移动出行的伙伴,而且更是一个可靠的、值得信赖的、真性情的、真实的,且还要有点智商的好伙伴。这也是大众品牌定义的 ID.家族,以及上汽大众定义的"好车"的标准。

2022 年,随着上汽奥迪的加入,上汽大众将进一步拓宽视野,正式进入豪华车市场。首先上市的将是 Audi A7L 和 Q5-etron(见图 9),年底还会迎来 Audi Q6 的上市,并且上汽奥迪将会直接切换到全新的直达用户的零售模式,通过科技化城市展厅和在线尊享服务等方式,让用户体验全新的奥迪尊贵服务理念。

图 9　Audi A7L 和 Q5-etron

上汽大众以"创造价值,负责任,创新进取,可持续"为企业价值观,长期的经营磨炼出丰富的行业经验和远见卓识。敢于变革,勇于创新,不畏艰难,不断迈进,突破在当下,未来亦可期。

(作者:张曙)

# 2021年一汽-大众（大众品牌）产品调查报告

2021年对我国乘用车市场而言又是极不平凡的一年。在2020年新冠肺炎疫情重创下，市场经历了深度下跌和强势恢复。进入2021年，从需求端看，市场已回归到常规季节走势和历史规律，但从供给端看，芯片的大面积短缺又扰乱了市场恢复进程。面对纷繁复杂的市场环境和芯片问题的巨大困扰，大众品牌凭借在乘用车市场多年的积淀，奋力坚守阵地，竭尽所能为客户提供满意的产品，在新能源车市场进入高速增长阶段的关键时期，推出MEB产品，实现燃油车和新能源车并举，顺应中国乘用车市场发展趋势。

2021年对于一汽-大众（大众品牌）来说，亦是不平凡的一年，三十而立、再启新局、深耕基础、守正创新，是踏入新能源车领域的重要节点，也是产品布局再次丰富和拓展的关键一年。这一年，一汽-大众（大众品牌）持续以用户为中心，以全面创新驱动为主线，不断满足用户对于品质化出行的美好期待（见图1）。

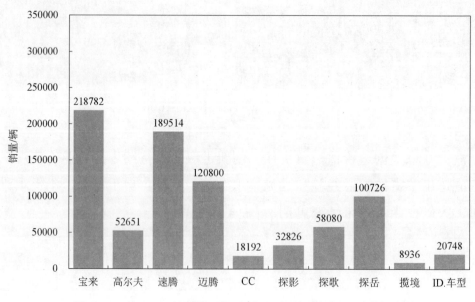

图1　2021年1～10月份一汽-大众（大众品牌）分车型销量

## 一、再续传奇——高尔夫

近十年来，我国的两厢车市场经历了从迅速发展到持续下滑的过程，这种趋势在 2021 年仍在延续。2014 年是个转折点，随着 SUV 车型逐渐走热及两厢车现有产品的逐渐老化和部分车型的停产，两厢车市场渐渐萎缩（见图2）。

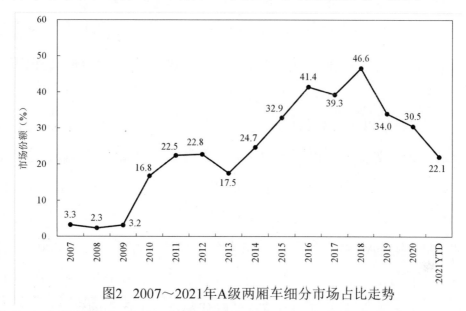

图2 2007～2021年A级两厢车细分市场占比走势

作为大众最经典车型以及符号般的象征，2009 年高尔夫 4 被引入中国，到如今已经进化到第 8 代。高尔夫凭借其品牌影响力、多年积累的口碑以及高保值率在这个细分市场保持着绝对的统治地位。2013 年高尔夫 7 上市，迅速夺取了市场份额，并于 2014 年起连续 7 年稳居细分市场销量第一的宝座（见图3）。

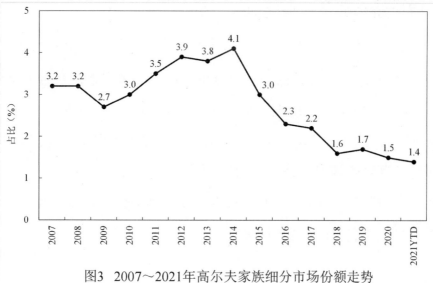

图3 2007～2021年高尔夫家族细分市场份额走势

2020年,第8代高尔夫上市,一汽-大众赋予了其全新的基因——数字化,命名其为"全新数字高尔夫"。数字化是第8代高尔夫的关键特点,它也是基于数字化理念的大众MQB Evo平台上诞生的第一款车型。全新数字高尔夫搭载了大众全新数字化座舱,实现了历代高尔夫车型中最极致的视觉提升和数字增强技术上的进步。全新数字高尔夫搭载了最新Travel Assist巡航辅助系统,实现了L2+级自动驾驶辅助。从智慧座舱到智能互联,再到智能驾驶,其每一处细节,无不体现出全新数字高尔夫就是数字化时代的产物。

自1974年诞生以来,高尔夫既是技术革新和性能至上的传奇缔造者,同时还是粉丝赛车改装等多元文化聚合的icon,吸引了一大批敢于创新、追随信仰的年轻人。2021年9月,全新一代高尔夫GTI正式上市,较低的车重、扎实的底盘和强劲的动力,以及充满运动激情的外形和内饰设计,使得高尔夫GTI被消费者起了个"小钢炮"的绰号。如今,高尔夫全球累计销量更是接近4000万辆,这个成功的车型已经远远超过了一款产品应有的定义,形成了其底蕴深厚的粉丝文化。一代又一代的高尔夫为每一个特定的时代都留下了深刻的先进技术烙印。在产品力不断提升的支撑下,"高尔夫文化"才得以持续。2021年全新数字高尔夫又一次凭实力圈粉。

## 二、家用轿车典范——宝来

宝来作为中国汽车市场的家用轿车典范,一直深耕A级家用轿车细分市场,全新宝来MQB自上市以来,深受客户认可,取得不俗表现,携手宝来传奇不断实现销量新高。2021年1~10月份累计销量达217185辆(见图4),即使受到了散发新冠肺炎疫情的袭扰及芯片问题的冲击,依然实现了销量排名细分市场TOP4,充分体现了市场对宝来车型的认可。

2022年,宝来产品将迎来中期改款,实现产品的全面升级,为更多用户提供新的驾乘感受,期待宝来实现再次突破。

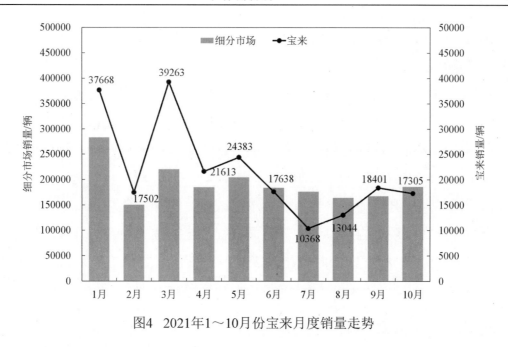

图4 2021年1~10月份宝来月度销量走势

## 三、有口皆碑——速腾

自2006年入华至今,速腾书写了一代代传奇。作为A+级细分市场的标杆车型,速腾的表现一直可圈可点。2021年速腾先后推出了30周年纪念版车型及2021款车型,2021款速腾价格重新定位,入门版车型配置更是全面升级。2021年1~10月份实现累计销售189514辆(见图5)。

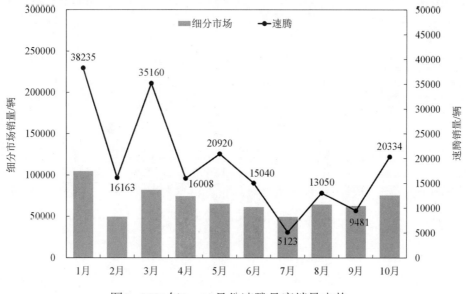

图5 2021年1~10月份速腾月度销量走势

2022年，速腾即将迎来改款车型，全面践行价值价格战略，夯实其A+级三厢车细分市场标杆地位。在外观上，全新速腾采用"浩瀚星际"的设计理念，将极具科幻感的星际奥妙与德国式工业设计浪漫完美融合，前卫动感且富有未来品质格调；在内饰上，全新速腾采用了大众全新的半悬浮式内饰设计语言，同时拥有三种内饰风格可选，满足新生代用户的个性化需求；在动力上，将搭载中国区首次采用的1.5T EVO第二代发动机，匹配经典的DSG双离合变速箱，在保障动力输出的同时，提升燃油经济性，兼顾节能减排，更加绿色环保。

全新速腾在外观、内饰、动力等方面进行了全方位的焕新与升级，将再次刷新A+级轿车市场的标杆，同时也将为350万速腾用户带来更高品质、更高价值的全新体验。

## 四、B级三厢车标杆——迈腾

迈腾在2019年12月中期改款上市后，通过造型优化、科技创新及产品配置升级大幅提升了产品竞争力，始终立于国内B级车市场的标杆地位。

随着2021年丰田凯美瑞、大众帕萨特、本田雅阁的中期改款，B级三厢车市场竞争日趋激烈，加之芯片短缺的影响，2021年1～10月份迈腾家族实现累计销量127664辆（见图6）。

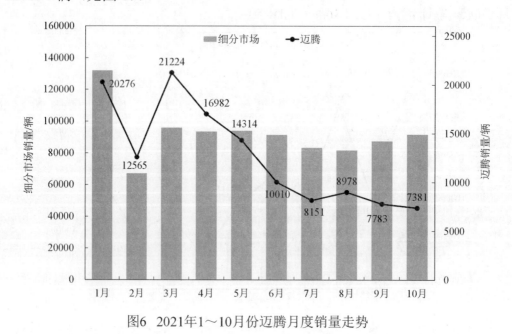

图6 2021年1～10月份迈腾月度销量走势

2021 年 7 月，在一汽-大众成立 30 周年之际，迈腾推出 30 周年纪念版车型。2022 年迈腾将推出第二次改款车型，这次改款车型将基于用户需求，从设计和装备方面进行大幅提升，为客户带来更好的驾乘感受。

## 五、颜值革新——CC 家族

兼具轿车的理性与跑车的感性，将优雅与动感两种风格的完美结合，作为一汽-大众的旗舰车型，CC 自 2010 年第一代产品在国内上市，就深受年轻消费者的青睐。CC 以德系血统、同级前卫造型、豪华设计元素、高品质和安全等品牌优势产品力，在国内市场打下了品牌竞争坚实的基础。

新 CC 作为最美大众车，拥有超强识别度的高颜值，采用大众最新的家族式前脸设计语言，特别是贯穿整个中网的日间行车灯，以及大众全新 R-line 设计元素，引领潮流兼具豪华，完美诠释高级轿跑车定位。自 2020 年年底上市近一年，新 CC 成功捍卫了其细分市场地位。搭载 2.0T 高功率发动机的中高端车型以其显著产品性价比，成为新 CC 绝对的销量主力，在带给用户最美颜值体验的同时，进一步增强了跑车澎湃动力的驾驶体验。

CC 猎装车是在 CC 基础上打造的一款兼具动感和实用的衍生车，继承新 CC 高颜值，融合全新灵感设计，完美实现造型突破，拥有超大后排及行李箱空间，体现了一汽-大众对国内汽车市场个性多元用车场景的深度洞察，满足了用户个性、独特和品位等需求。

新 CC 家族，在 B 级三厢车中高端市场形成产品集团优势，在设计、科技及智能网联方面升级强化，顺应用户年轻化和细分多样化趋势，为优质客户提供丰富选择，以市场和客户为导向，增强了品牌影响力。

## 六、逆势突破——探影

探影作为一汽-大众践行品牌年轻化战略的"生力军"，是一汽-大众小型 SUV 市场的"开拓者"，代表着大众全新时代的"风向标"。2021 年在全行业都饱受"缺芯"影响下，探影依然表现不俗，2021 年 1～10 月份实现累计销量 32826 辆（见图 7）。

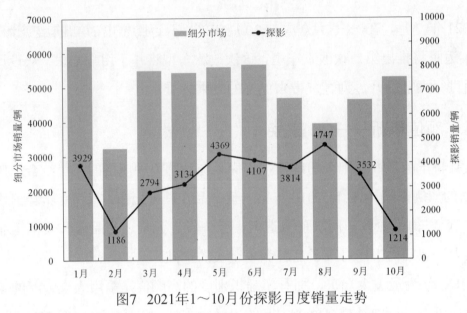

图7　2021年1～10月份探影月度销量走势

2022年探影所在细分市场将迎来两款重磅日系车型的换代，探影将面临巨大挑战，期待探影可以乘风破浪，实现自身价值。

## 七、重塑竞争——探歌

作为一汽-大众首款引入国内的SUV车型，探歌在细分市场一直有着不俗的表现。2021年探歌推出了30周年纪念版车型，限量8000辆的纪念版车型在B柱增加了30周年专属徽标，内饰方面在座椅上也加入了专属徽标，以显示出其独特的身份。此外全速自适应巡航、Pre-Crash预碰撞保护系统等也成为标配，性价比大幅提升。2021年1～10月份实现累计销量58080辆（见图8）。

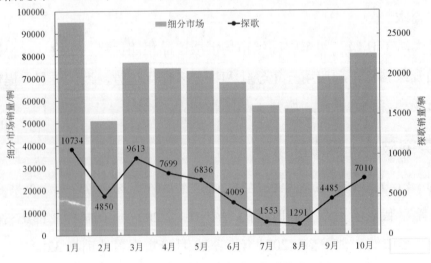

图8　2021年1～10月份探歌月度销量走势

2022年探歌将迎来中期改款，改款后探歌将延续时尚精致的造型风格，前部和尾部贯穿式氛围灯增加科技感，以家族式设计语言提高辨识度，增加氛围灯和镀铬等品质感细节元素增加精致感；内饰总体风格减少边界感，去汽车化，更是将用户所接触的范围全部升级为软包覆，为用户营造极简舒适的驾驶空间。探歌将继续以精致和时尚领跑A级主流SUV设计潮流，为消费者带来更多惊艳的体验。

## 八、突出重围——探岳家族

探岳自2018年10月上市以来，凭借出色的产品力迅速赢得市场认可，至今累计销售达45万辆，探岳也由一款车型扩展为一个家族，含探岳、探岳X、探岳GTE。A级SUV细分市场竞争一直十分激烈，每一款竞品都有非常强的产品竞争力，但探岳仍凭借出色的产品力赢得了消费者的认可。

为回馈广大消费者，2021年推出探岳3周年限量版车型、30周年纪念版以及全新年型，装备升级，产品竞争力不断提升，通过丰富的产品组合，更好地满足用户需求。

探岳3周年限量版采取一系列产品动作回馈消费者，增加全新液晶数字仪表、CNS3.0数字车载导航系统、RVC泊车后视影像系统等装备。本次特殊车型的推出，从设计到装备都进行了一系列升级，旨在为消费者提供更好的产品。

## 九、全新全能SUV——揽境

国人对大车、SUV车型的热爱从未消减，在三胎政策的影响下消费者对中大型SUV的需求度越来越高（见图9）。2021年6月，一汽-大众进一步完善SUV领域的产品矩阵，弥补中大型SUV细分市场空白，推出全新全能旗舰SUV揽境。揽境提供2.0T标准功率、2.0T高功率以及2.5T V6三种动力组合共6款车型，全系均提供6座和7座两种版本，官方指导价格区间为29.99万～39.99万元。作为大众旗下尺寸最大的国产SUV，5152mm的长度甚至已经超过C级车尺寸，宽度更是超过2000mm。

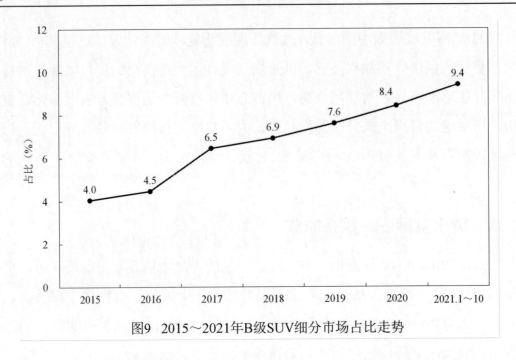

图9 2015～2021年B级SUV细分市场占比走势

作为大众品牌全新的旗舰SUV，揽境在外观、空间、性能上均有出色表现。

在外观层面，揽境采用了大众品牌最新锐的SUV设计语言，霸气又不失优雅。5152mm的修长车身，以及短前悬长后悬的设计，勾勒出稳重的车身姿态，D柱的溜背设计，加之大众品牌扰流板，也为整车增添了时尚运动的气息。尾灯借鉴奥迪Q8设计理念，采用全LED贯穿式设计，与前贯穿式日行灯相互呼应，加上发光LOGO，使揽境在夜晚的辨识度非常高。

在内饰上，揽境打造了一个与众不同的全触控数字化座舱。在同级别车型中首创的云端悬浮式中控台设计，配合中控屏和液晶仪表板的连屏设计，以及全触控式按键，打造全数字座舱。30色可调的透光氛围灯在不同驾驶模式下可自动切换颜色，配合12个扬声器的Harman Kardon音响系统，让用户实现从触觉、视觉到听觉的全面享受。

揽境基于大众MQB41B平台打造，5152mm的车长和2980mm的轴距使其成为目前大众全球最大的SUV。前排头部横向空间达104mm，肩部空间1523mm，肘部空间1648mm，极具空间优越性。揽境的尺寸优势不仅体现在前排，二排、三排的腿部及头部等空间设计同样充裕，二排净值空间达1775mm。揽境全系可选6座和7座两种版本，6座版本配备高端电动二排座椅，二排座椅之间230mm的中央通道使进出第三排从容方便。7座版本格局多变，在保证后排空间舒适的同时，通过第二、三排座椅的随需放倒，即可获得进深超过 2m 的"纯平"平面，并扩展出高达 2451L 的超大后备厢空间。

在动力层面，揽境采用了大众全球最新动力系统，最高配采用 2.5T V6 发动机，配备全球首款 DQ501 变速箱和第六代博格华纳-瀚德四驱系统，提供多种驾驶模式选择，满足现代家庭对全场景舒适的驾控需求。揽境采用 DCC 动态底盘控制系统，可实时采集车轮与车身的相对位置等信息，计算出当前行驶的工况，实现悬架 15 种不同程度的软硬调整变化。揽境是大众全球首款采用 MQB41B 平台+MQB EVO 先进智能电气架构的 SUV，整车配备了更多、更智能的驾驶辅助系统，带来更为迅捷的交互响应速度。IQ.Light 智能大灯技术让灯光更智慧，当用户在驾车转弯时，随动转向会根据方向盘转动角度和车速，调整近光灯水平照射范围，增大转弯视野；会车时智能切换远光灯照射范围，保证对向车辆驾驶员不炫目；雾灯升级为全天候灯，集成在大灯总成中，在恶劣天气下保证行车安全。揽境还集成了大众品牌先进的 IQ.DRIVE 技术，通过碰撞安全、驾驶辅助和泊车相关等技术，为用户提供智能化移动出行解决方案。

## 十、MEB 首秀——ID.4 CROZZ

2021 年，ID.4 CROZZ 在市场的期待声中如约而至，作为 MEB 平台首款高端纯电 SUV，ID.4 CROZZ 开启了一汽-大众电动时代的新篇章，成为一汽-大众品牌向上的攀登者。MEB 是专为纯电动汽车打造的全球规模最大的量产平台，规模剑指千万辆级别，是大众品牌全面转型之作。ID.4 CROZZ 拥有高度前瞻性革新设计、人性直观的智领科技、超高电池安全性以及全维安全防护体系、高品质的舒适驾控及可靠续航，确保使用无忧，体现了大众集团在中国市场上实现电动化战略转型的雄心。采用全新 E3 电子电气架构，基于强大的 ICAS 运算能力及千兆以太网的数据传输速率，铸就更为强大的车机系统，达成车辆与数字世界的无缝连接。

### 1. 革新设计

大众品牌借变革之机创造了颠覆性的全新设计语言。简约，让美变得立体而生动。简洁而富有律动的线条是 ID.4 的主旋律。智能交互式 LED 大灯与极具辨识度的外饰氛围灯组合，配上发光 LOGO，让 ID.4 独具魅力。黑色车顶，银色车顶装饰，银色包围和车顶行李架、21in 轮毂都彰显出色的外观，宽敞的全景天幕提供了宽广的天空视野。得益于 MEB 平台的全新布置，实现 ID.4 CROZZ 极致的长轴距和短前悬，最大限度地实现乘员舱空间极致利用，MEB 在空间上从不妥协，将舒适愉悦的驾乘体验升级到一个新的级别。

### 2. 智领科技

在 E3 全新电子电气架构支持下，ID.4 CROZZ 拥有全新的数字驾驶舱，将为用户带来全新的智能化装备和超前的科技感受。AR HUD 增强现实抬头显示功能，直观地将驾驶辅助及导航指引信息显示在现实路面上，将驾驶员和车辆之间的互动提升到新的高度，大幅提升科技感和安全性。ID.Light 智能灯光系统，通过仪表板与前风挡之前的智能灯带的灯光及颜色变换，实现车辆和驾驶员的智能交互，赋予用户全新的体验。ID.Welcome 智能迎宾系统欢迎主人的到来。在智能驾驶方面，搭载 IQ.Drive L2+高级辅助驾驶系统，依托于先进的雷达和摄像监控系统，可实现 0~160km/h 范围内的全速域、全旅程覆盖。

### 3. 全维安全

ID.4 CROZZ 为用户带来极致安全系统和高标准电池系统，保证整车超高的安全性。严格按照最新 C-NCAP 2021 五星及"中保研" C-IASI Good 标准进行碰撞试验设计研发，保证所有碰撞工况下乘员舱的完整性。采用最新一代宁德时代电池包，提前考虑消费者可能遇到的各种工况，进行 197 项严苛检验，远超国标 179 项，全方位守护电池安全。

### 4. 舒适驾控

ID.4 CROZZ 传承德系驾控，后桥搭载 5 连杆式独立悬挂，由德国国际顶级大师团队进行精准底盘调校，进一步加强整车的操控性能，保证驾驶的舒适性。同时，动力总成和车身之间采用双级隔震系统设计，有效地降低电机高频振动对整车舒适性的影响，平缓舒适过坑、优雅稳定变道。

### 5. 可靠续航

ID.4 CROZZ 搭载 85kW·h 大容量电池系统，配合高效 BMS 能量管理系统，可实现 550km NEDC 续航里程，给客户带给更真续航和更安心无虞的使用体验。

凭借 83 年造车经验、严格的德系制造工艺、ID.家族的超级电动基因和智能化造车理念，ID.4 CROZZ 将让更多人体验到前瞻的智能科技和卓越的德系品质，成为大众品牌的转型力作,重新定义纯电动汽车的选择标准,全面满足广大消费者的多元化需求。ID.4 CROZZ上市后销量快速爬坡,当前已在百家争鸣的新能源车市场占据一定的市场空间(见图10),未来将继续为新能源车用户带来更好的体验。

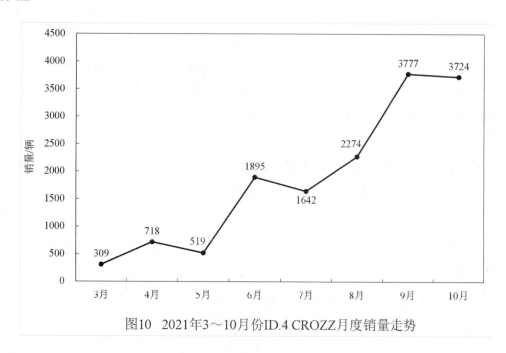

图10　2021年3～10月份ID.4 CROZZ月度销量走势

## 十一、MEB 旗舰 SUV——ID.6 CROZZ

ID.6 CROZZ 是一汽-大众继 ID.4 CROZZ 之后推出的又一电动旗舰车型,是大众集团电动化战略的又一重要一步。大尺寸 SUV 作为 SUV 市场新蓝海,ID.6 CROZZ(见图11)的上市开创了纯电大尺寸 SUV 的新市场。

图 11　ID.6 CROZZ

大尺寸、高端、智能、纯电 SUV 等是 ID.6 CROZZ 四项重要产品标签。

该款车型基于 ID.ROOMZZ 概念车型开发，ROOM 代表的意思即 6~7 座灵活空间布局，拥有 2965mm 超长轴距满足一家人多种出行需求，为需要大空间、多座位的家庭提供更多选择。

ID.6 CROZZ 通过 MEB 纯电平台技术加持，拥有两驱和四驱多种动力方式进行选择，四驱零百加速时间可以达到 6s 级别，在满足实用性的同时还可以体验加速的驾驶快感。除此之外，该款车型依然延续大众品牌优秀的驾控基因，采用两档动能回收，加速更加平顺迅捷。采用 E3 电子电气架构系统，集成千兆以太网和域控制器，未来也将定期进行 OTA 更新。

严谨是大众品牌对消费者的坚持。搭载 84.8kW·h 高密度电池和先进的 BMS 能量管理系统，ID.6 CROZZ 可以进行高效能量回收，实现 565km 续航里程，所见即所得的精准续航能力让消费者安心使用。除此之外，ID.6 CROZZ 也拥有大众品牌一如既往的安全高品质，达到 CNCAP 5 星和 C-IASI GOOD 标准。各种超国标的试验标准都被应用到了该款产品上，大众品牌用"水深火热"多种试验测试条件打造超一流安全产品。

ID.6 CROZZ 拥有优秀的智能驾舱技术，L2+Travel Assist 2.0 辅助驾驶可以实现一键式轻松操作，通过电容式方向盘可进行操作驾驶监控。AR-HUD、ID.Light 和多种炫酷氛围灯光调节实现三屏一带的智能驾舱。

作为一款中大型 7 座 SUV，ID.6 CROZZ 拥有多种座椅布局方式，用户在日常通勤、家庭出游、搬家货运时都可以进行灵活使用。MEB 平台短悬长轴的设计，用最优的空间布局方式最大化利用车内空间，并且完全没有牺牲产品的操控性。作为一款大尺寸 SUV，ID.6 CROZZ 转弯半径可以与高尔夫相近。

新能源车市场的帷幕刚刚拉开，ID.6 CROZZ 将在 2022 年继续为消费者提供优秀的出行解决方案。

汽车行业已进入智能电动化时代，一汽-大众（大众品牌）将顺应行业发展的浪潮，完成从 PQ（1.0）、MQB（2.0）、MQB 37W（2.5）向 E3（3.0）架构转型升级的进化革命，全面满足客户对自动驾驶和车联网功能的需求，一汽-大众（大众品牌）有信心以丰富的产品矩阵在新一轮市场变革中继续引领中国车市新发展浪潮。

（作者：李艳双）

# 2021 年上汽通用汽车产品市场调研报告

## 一、上汽通用汽车 2021 年总体市场表现

2021 年年初，因国际新冠肺炎疫情反复、消费电子需求攀升、全球汽车企业需求上升等因素影响，汽车芯片的供应进入紧张状态。同时，日本瑞萨工厂火灾、美国得州暴雪、东南亚新冠肺炎疫情加剧等突发事件使得芯片供应持续恶化，对国内外汽车行业产生了重大影响。导致国内乘用车市场单月批发量从 2021 年二季度起出现负增长。2021 年乘用车行业全年销量预计仅勉强高于 2020 年。基于中国汽车工业协会发布的数据，2021 年 1~10 月份乘用车销量为 1611.1 万辆，比 2020 年同期上涨 4.7%。其中，轿车销量同比上升 8.57%，SUV 销量同比上升 9.54%，MPV 销量同比上升 6.34%，交叉型乘用车销量同比上升 3.02%。

受"缺芯"影响，上汽通用汽车在 2021 年 1-10 月份国内批发总销量为 946759 辆（见图 1），比 2020 年同期有所下滑，总销量位列乘用车行业第五位（见图 2）。

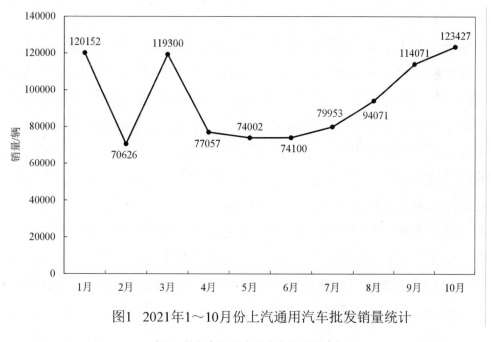

图1　2021年1~10月份上汽通用汽车批发销量统计

（注：数据来源于中国汽车工业协会）

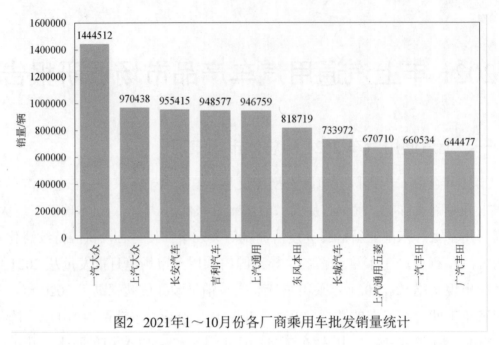

图2 2021年1～10月份各厂商乘用车批发销量统计

（注：数据来源于中国汽车工业协会）

2021年是"十四五"规划开局之年，也是上汽通用汽车按下电动化和智能网联化发展"加速键"的一年。在电动化、智能化的浪潮下，上汽通用汽车正式发布全新公司标志，标志着企业高质量发展新征程的开启，也彰显上汽通用汽车以全面焕新的形象拥抱变化、与时代共振的决心。

在电动化方面，上汽通用汽车目前已布局混合动力、插电式混合动力和纯电动等多样化新能源技术型谱，以及轿车、SUV、MPV等主流车身形式的产品型谱。作为通用汽车全面电气化的基石，Ultium平台整合了通用汽车26年的电气化经验和前瞻技术优势，将为我国市场带来灵活、智能、安全的电动化解决方案。上汽通用汽车奥特能超级工厂在上海浦东新区金桥正式投产，作为上汽通用汽车新能源战略发展的重要里程碑，奥特能超级工厂的投产，意味着上汽通用汽车新能源核心部件的本土化制造能力迈上了新的台阶。

在智能化方面，上汽通用汽车以多模交互的智能座舱为打造目标，推出更符合消费者需求、互联互通的技术。为保证系统功能快速演进和迭代更新，通用汽车全新一代VIP智能电子架构应运而生。作为连接和控制车辆几乎所有功能的强大技术中枢，VIP智能电子架构具有高速网络数据传输能力、整车级OTA更新功能、航空级网络安全以及无限可持续拓展潜力。它打通了"云、管、端"，为软件定义汽车及汽车智能化提供了有力支持。到 2025 年之前，上汽通用汽车旗下三大品牌所有新车型都将应用这一全新的电子架构，基于该架构的产品和技术将持续为消费者带来更迅捷、安全、智能的出行新体验。同时，在 Super Cruise 超级智能驾驶系统已搭载于我国量产车型的基础上，2021 年，增强型 Super Cruise 超级智能驾驶系统将在凯迪拉克车型上首发，增加指令变道等更多辅助功能，进一步提升用户使用体验。

## 二、别克品牌 2021 年各车型市场表现

别克品牌始终致力于以优质的产品和服务，满足消费者的多样化、个性化需求，实现品牌价值与消费者价值的同频共振。立足于全新升级的体系实力，别克在品牌、产品、科技、服务等各方面发力，迎来新一轮"全面向上"。别克品牌在 2021 年 1～10 月份总销量为 620979 辆，英朗月均销量为 2.2 万辆，GL8 月均销量为 1.3 万辆（见图 3）。别克品牌荣获 J.D. Power "2021 年中国新车质量研究（IQS）"多项第一。别克 GL8、别克昂科旗及别克昂科拉 GX 分别获得所在细分市场第一名。此外，在前不久公布的 2021 中国汽车产品魅力指数研究（APEAL）中，别克 GL8 家族还包揽了大型 MPV 细分市场的第一名和第二名。未来，别克将继续践行"心静思远 智行千里"的品牌理念，不断创新超越，为消费者带来更加卓越的用车体验。

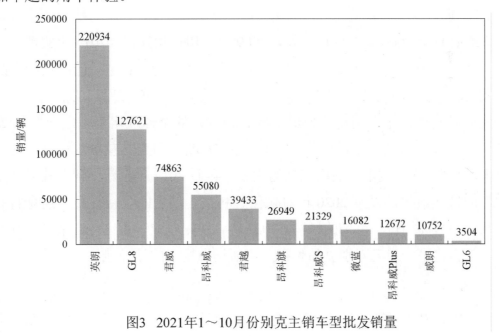

图3　2021年1～10月份别克主销车型批发销量

## 1. 紧凑级轿车

紧凑级轿车一直是我国最大的细分市场。2021年，全新高档中级轿车别克威朗Pro和威朗Pro GS正式上市，共推出3款威朗Pro车型和2款威朗Pro GS车型，售价为12.99万～15.89万元。作为别克汇聚全球优势资源打造的新一代战略车型，新车由通用全球设计与整车开发工程团队倾力打造，通过对别克"雕塑美学"DNA的全新演绎，将潮流外观与舒适空间完美统一，并率先搭载第八代Ecotec全新1.5T发动机、双10.25in联屏以及最新迭代的eConnect 3.0智能互联科技，实现同级领先的高效动力和智慧交互，为Z世代年轻人带来"无处不乐"的出行新体验。

别克英朗作为别克品牌的中流砥柱，拥有优雅动感的造型设计、先进高效的驱动系统、领先的安全防护以及同级领先的互联技术，这些深受消费者喜爱的因素为别克英朗积累了人气与口碑，使其常年稳居轿车销量排行榜前10。2021年1～10月份，别克英朗累计销售220934辆，一直是别克品牌和上汽通用汽车的"销量担当"。

## 2. 中高级轿车

在中高级轿车市场中，别克君越和君威通过运动与商务的不同定位，满足不同消费者的需求。2021年1～10月份，别克君越销量为39433辆，别克君威销量为14569辆。

别克君越于2006年在国内首发，2009年经历首次换代，2016年实现第二次换代，并于2019年3月推出第三代中期改款车型。别克君越凭借出众的产品实力以及突破中高级车型定义的豪华品质，已赢得超过120万用户的信赖。

别克君威车系作为别克品牌最重要、最成功的全球战略车型之一，从2002年第一款君威为国产高档轿车奠下基石，到2008年别克君威华丽转身，揭开别克"全球平台 欧美技术"战略转型的大幕，再到2017年全新一代君威"九年磨一剑"的换代新生，以及2020年对颜值、科技、动力的焕新提升，别克君威一直引领着中型高档轿车市场的风潮。2021年，别克君威车系也将迎来第150万位车主，这也将进一步巩固别克品牌在主流轿车市场中的领导地位。

## 3. SUV产品

近年来，SUV产品广受消费者的喜爱，销量占比逐年上升。别克SUV家族目前已全面覆盖中大型、中型、紧凑型、小型 SUV 细分市场。2021 年 1～10 月份，别克 SUV 全系累计销售 121673 辆。

2021 年 6 月，全新中型 SUV 别克昂科威 Plus 正式上市。别克昂科威 Plus 基于通用汽车中型豪华 SUV 架构打造，拥有同级领先的 2833mm 超长轴距，并提供 5 座、7 座两种高效布局，为用户带来了宽大的乘员空间与充裕的储物空间。新车引入基于第二代高清流媒体内后视镜、高清液晶仪表盘、HUD 平视系统以及 10in 中控触摸屏等创新多屏互联功能，打造出领先同级的智能座舱。在动力方面，昂科威 Plus 搭载由第八代 Ecotec 2.0T 可变缸涡轮增压发动机、9 速 HYDRA-MATIC 智能变速器以及 48V 轻混动力系统组成的全新一代智能驱动系统，可实现最大功率 174kW、峰值转矩 350N·m。值得一提的是，昂科威 Plus 搭载了通用汽车全新一代 VIP 智能电子架构，不仅使各子系统运行效率得到提升，并且支持整车级别 OTA 更新，让车辆常用常新，树立起中型 SUV 新标杆实力。

### 4. MPV 产品

作为国内 MPV 市场的开拓者和细分市场引领者，别克 GL8 历经 22 年发展五代产品进化，以一个车型定义一个市场，赢得近 150 万用户的青睐与口碑。别克 GL8 艾维亚、GL8 ES 陆尊和 GL8 陆上公务舱三大系列组成的 GL8 家族矩阵，为用户带来更豪华、更舒适、更智能的 MPV 新体验的同时，也持续巩固别克 GL8 在国内 MPV 市场的竞争优势。2021 年 1～10 月份，别克 GL8 家族累计销售 127621 辆，在"缺芯"的大形势下，销量同比上涨 8%。

2022 款别克 GL8 ES 陆尊、GL8 艾维亚全系搭载 48V 轻混动力系统，静音、智联等进一步升级。搭载由第八代 Ecotec 2.0T 可变缸涡轮增压发动机、9 速 HYDRA-MATIC 智能变速器及 48V 轻混动力系统组成的全新一代智能驱动系统。其中 2.0T 可变缸涡轮增压发动机荟萃 Tripower 可变气门管理、35MPa 高压直喷系统、ATM 主动热管理等多项核心技术及众多领先静音技术，可在"四缸高性能""四缸经济""两缸超经济"3 种模式间智能切换。由 48V 电机、48V 电池、辅助电源模块和混合动力控制单元组成的轻混系统，能够实现制动能量回收、敏捷启停、电动助力、电动怠速、智能充电等电气化功能。在 48V 轻混技术的助力下，别克 GL8 艾维亚起步更轻快、更安静、更平顺，驾乘品质更佳。同级唯一的

9速智能变速器则具有更宽的速比范围和绵密合理的齿比分布，配合ETRS电子排挡，响应更敏捷，动力输出平稳顺畅。

别克GL8旗舰概念车在2021年的广州车展全球首发亮相。别克GL8旗舰概念车由上汽通用汽车泛亚汽车技术中心主导研发，凝聚了别克品牌20多年来在大型豪华MPV市场的深厚积累和用户洞察，将别克MPV豪华舒适出行体验推向崭新高度。作为一款接近量产的概念车，其不仅是对别克全新MPV前瞻设计和领先科技的预演，也预告了别克品牌将继续向上开拓更高端、更豪华的MPV全新细分市场。别克GL8旗舰概念车，以智能科技赋能，为富有东方意蕴的别克MPV美学赋予现代化、数字化的表达。磅礴卓然的气韵、沉浸式的智能感官体验，将前瞻科技、人文艺术与尊贵享受深度融合，打造出互联、宁静、洁净的IQC智能移动出行空间。

### 5. 新能源产品

别克"微蓝"家族2021年前10个月累计销售16082辆。2022款新别克微蓝6智能纯电轿车基于新能源车型平台正向研发，搭载全新升级的别克eMotion智能电驱科技，CLTC工况续航里程大幅提升至518km。新车采用更具冲击力的全新动感设计、最新迭代的别克eConnect智能互联科技，拥有别克新能源产品一贯的高安全性、高可靠性，将为消费者带来"真续航""真安全""真品质""真智能"的高品质智能纯电出行体验。

## 三、雪佛兰品牌2021年各车型市场表现

2021年是雪佛兰品牌创立的第110年。110年前，当第一辆雪佛兰汽车在底特律诞生时，雪佛兰就开始了驶往全球各个角落的征途。110年以来，雪佛兰全球累计销售超过2.53亿辆，遍布世界140多个国家和地区，在2/3的陆地道路上都能看到雪佛兰汽车飞驰的身影，成为名副其实的全球主流汽车品牌。2005年，雪佛兰登陆我国市场，致力于打造最具运动与探索精神的主流合资品牌，为消费者带来强悍可靠和富有驾驶乐趣的产品，至今已赢得740万我国车主的青睐。

雪佛兰品牌2021年1~10月份总销量为139258辆，受"缺芯"影响，销量下滑明显（见图4）。

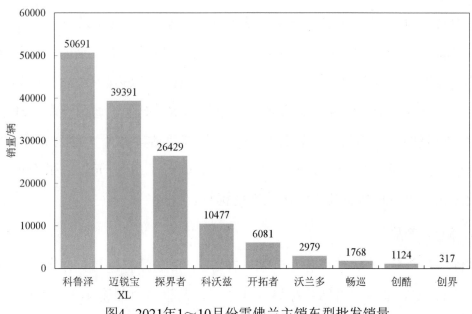

图4 2021年1~10月份雪佛兰主销车型批发销量

### 1. 紧凑型轿车

多年来，雪佛兰品牌在紧凑级轿车市场有亮眼的销量和市场占有率。雪佛兰科鲁泽是集合通用汽车全球优势资源打造的全新紧凑级轿车，是一款专为年轻消费者打造的时尚运动座驾，具有独特的运动气质和杰出的运动表现。科鲁泽自上市以来一直是雪佛兰品牌的销量担当，但是在"缺芯"的影响下，产品供给严重不足，科鲁泽2021年1~10月份累计销量减半，仅为50691辆。科沃兹也在"缺芯"的影响下出现了供不应求的情况，1~10月份累计销量仅10477辆。

### 2. 中高级轿车

自2012年进入国内市场以来，雪佛兰迈锐宝家族凭借领先的科技实力和坚实的产品品质，稳居中高级轿车细分市场主流地位，赢得超过86万消费者的青睐。2021年，迈锐宝XL车型销量表现亮眼，1~10月份累计销量为39391，同比上升17%。

随着2022款新车上市，迈锐宝XL将以强劲的性能、先进的互联科技以及丰富的人性化舒适科技配置为国内消费者提供高品质、多样化的产品体验。2022款迈锐宝XL售价为16.49万~21.99万元。新款迈锐宝XL新增星光灰、电光红两款车色，并将丰富的人性化科技配置扩展到更多车型上，将后视镜电动折叠功能、带倒车轨迹引导线的高清数字倒车影像系统覆盖到除入门款以外的其他所有车型上，以满足消费者智能化、高品质的用车体验。凭借与生俱来的运动基因和探索精神，雪佛兰创造了众多经典与传奇，并将驾驶乐趣与强悍可靠打造为鲜明的产品特质。作为雪佛兰中高级旗舰轿车，迈锐宝XL诞生于通用汽车全球中高级车平台，搭载领先动力科技，以优异的运动性能著称。在不久前公布的2021浙赛圈速榜中，迈锐宝XL 550T车型以1′54″168刷新了20万元以内量产车最快圈速纪录，成为该级别名副其实的运动性能标杆。

### 3. SUV产品

雪佛兰是全球SUV车型的开创者，在SUV市场颇有建树。作为通用汽车全球最畅销的SUV车型，雪佛兰探界者全球累计销量至今已逾413万辆。自2017年全球同步引入国内市场以来，雪佛兰探界者成为我国消费者心中值得信赖的产品。2021年1~10月份，探界者累计销量为26429辆。

2022款探界者售价为16.99万~23.99万元。作为雪佛兰SUV家族中的明星车型，探界者具有强悍可靠的产品特质和极富驾驶乐趣的操控表现。得益于通用汽车领先的驱动科技与电气化技术，2022款探界者550T RS系列车型在雪佛兰2T9动力系统的基础上，全系升级标配48V轻混动力系统，带来更高效、更敏捷、更平顺、更富乐趣的驾驶体验。雪佛兰2T9动力系统由第八代Ecotec 2.0T智能变缸涡轮发动机与9速HYDRAMATIC手自一体变速器组成，其中发动机采用通用汽车全球首创的Tripower三段式智能变缸科技，以及35MPa高压燃油直喷科技、ATM智能热管理系统、DVVT双可变气门正时系统、无级可变排量机油泵等多项全球领先技术，最大额定功率达174kW/5000rpm（rpm表示r/min，下同），最大转矩为350N·m/1500~4000rpm；与之匹配的9速HYDRAMATIC手自一体变速器，拥有7.6∶1的宽泛齿比范围和细密的挡位分布，且在95km/h即可切入9挡，带来顺畅的换挡感受和灵敏的加速表现。在此基础上，2022款探界者550T RS系列车型全系升级配备48V轻混动力系统。根据车辆不同行驶状态，48V轻混动力系统通过敏捷启动、电动助力、智能充电、制动能量回收、电动怠速及智能停机6种工作状态，提升行驶品质与燃油经济性。当车辆启停时，48V电机快速带动发动机启动，在帮助降低油耗的同时，使车辆启动更加快速、平顺、安静；车辆加速行驶时，48V电机进行助力，有效降低发动机负荷，同时节约能耗；车辆平稳行驶时，48V电机进入智能充电模式，车辆减速行驶时，48V电机则启动制动能量回收模式，为后续的高效工作储备能量；在车辆行驶速度接近于零的工况下，发动机处于断油状态，由48V电机替代发动机，进一步降低能耗。在48V轻混技术的加持下，2022款探界者百公里加速最快可达7.9s，百公里综合油耗（WLTC工况）低至7.01L。配合扎实的底盘系统与强大的智能四驱系统，新探界者不仅能提供高效的动力表现，还将以更富乐趣的驾控体验满足消费者对操控性能的更高追求。此外，新车还将提供更高档的科技配置，满足消费者对出行品质的更高需求。

### 4. 新能源产品

2021年，雪佛兰纯电畅巡米奇太空限量版问世。作为雪佛兰在我国的首款纯电城际轿跑，畅巡自上市以来凭借时尚动感的造型设计、先进的纯电驱动科技、智能互联科技和稳定可靠的安全科技赢得良好的市场口碑，其410km的真续航里程更是广受消费者信赖。同为具有创新性和想象力的两大品牌，雪佛兰和迪士尼联手打造纯电畅巡米奇太空限量版新车，将为追求潮流个性和品质生活的年轻消费者提供更富乐趣的用车体验。

## 四、凯迪拉克品牌2021年各车型市场表现

2021年是凯迪拉克进入我国的第18个年头，凯迪拉克以"创新科技"带动技术和服务升级，快速拓展产品型谱，加快提升渠道运营和服务体系建设，以鲜明的风格获得我国消费者和市场的认可，实现品牌销量的稳步攀升，站稳二线豪华品牌领头羊地位。

凯迪拉克2021年1～10月份累计批发销量为186522辆，同比上升4.7%。在ICE领域，"3+3"的新美式豪华产品阵容覆盖豪华车各细分市场（见图5）。同时，2021年还是凯迪拉克新能源汽车的开局之年，首款纯电车型LYRIQ推出，此举意味着凯迪拉克品牌正式掀开豪华智能纯电时代的全新篇章。

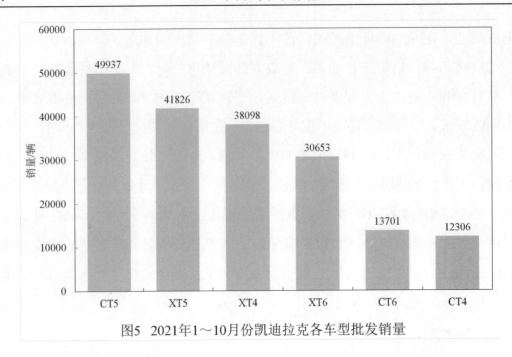

图5 2021年1～10月份凯迪拉克各车型批发销量

### 1. 豪华轿车

CT4、CT5、CT6组成的凯迪拉克"新美式豪华后驱轿车家族"凭借"操控更自如""姿态更优雅"和"乘坐更舒适"的核心竞争力,全面展现凯迪拉克在轿车各主流细分市场独树一帜的差异化产品实力。

CT4在上市一年多以来,深受年轻用户的青睐和追捧,销量和口碑均稳步提升。2021年年初,随着全新豪华型车型的上市,凯迪拉克CT4将以更丰富和更完善的产品系列,满足消费者多样化的用车需求,为新时代消费群体带来质感非凡的潮流驾趣新体验。2021年,CT4也凭借"真有颜"的造型设计、"真有料"的座舱布局、"真驾趣"的后驱驾控、"真智趣"的智能科技以及超越期待的22项高价值标准配置,一举斩获"2021SCA新浪年度车B级轿车"殊荣。

CT5作为品牌的销量担当,2021年1～10月份累计批发销量为49937辆,同比上升52%。作为凯迪拉克豪华后驱家族的重磅产品,CT5充分展现了品牌打造豪华后驱轿车的深厚底蕴和创新格调。全系搭载全新2.0T可变缸涡轮增压发动机,CT5能够爆发出最大功率174kW、峰值转矩350N·m的澎湃动力,百公里加速仅需7.3s,全面超越同级车型。

CT6作为大型豪华轿车市场的奢享与科技标杆,全系搭载全新2.0T可变缸涡轮增压发动机、10速手自一体变速器、11种复合材料宇航级轻量化车身、MRC

主动电磁感应悬挂、ARS 主动式后轮转向系统以及尊享舒适的豪华驾乘感受，成为凯迪拉克全系车型中搭载最多业内前瞻科技的集大成者。2021 年 1~10 月份累计批发销量为 13701 辆。

## 2. 豪华 SUV

凯迪拉克由 XT4、XT5、XT6 组成的"新美式豪华 SUV 产品矩阵"广受消费者的热捧。

新美式风尚运动 SUV 凯迪拉克 XT4 以"悦己而燃"的车型主张，成为最受女性用户欢迎的凯迪拉克车型，2021 年 1~10 月份累计批发销量为 38098 辆。XT5 作为凯迪拉克品牌的明星畅销车型之一，以独到的巧思设计，宽适灵动的空间，从容高效的操控、丰富全面的科技配置和全能守护的安全系统，为追求品质出行的新摩登家庭带来"新美式豪华"的智趣生活和驾乘体验，2021 年 1~10 月份累计批发销量为 41826 辆。XT6 凭借 3 排 6 座大空间获得市场认可，2021 年 1~10 月份累计批发销量为 30653 辆。

凯迪拉克新美式豪华座驾的出色产品实力，也获得了众多主流媒体和权威机构的认可。凯迪拉克 XT6 连续两年荣登美国公路安全保险协会（简称 IIHS）颁布的"顶级安全评级+（TOP Safety Pick+）"车型。

## 3. 新能源产品

随着奥特能超级工厂的投产，首款基于奥特能电动车平台打造的凯迪拉克豪华智能纯电 SUV——LYRIQ 开启预售，并在 2022 年正式上市。在开始预售的短短 1h 内，订单超过 1000 辆。

LYRIQ 作为凯迪拉克智能纯电转型的开山之作，凭借生来更强的纯电基因，以兼具先锋豪华、生动智能、安心无忧的产品实力，吸引一群和它一样大胆突破、敢于闪耀自我光芒的时代精英。国内量产版 LYRIQ 长 5003mm、宽 1978mm、高 1635mm，轴距为 3094mm，车身尺寸达到中大型 SUV 级别。LYRIQ 的外观将极大程度地保留概念车的设计元素，车身简洁、姿态优雅，呈现出更具动感的视觉效果。基于奥特能电动车平台，LYRIQ 的车内空间更为宽敞，结合 3m 以上的超长轴距，为用户带来了豪华、舒适的空间体验。LYRIQ 的 CLTC 工况续航里程可超过 650km，并支持全生命周期快充，充电 10min 即可续航 96km。奥特能电动车平台兼容了通用汽车前沿的智能化和网联化技术。LYRIQ 将全系标配 33in 环幕式超视网膜屏,此外还将配备 Super Cruise 超级智能驾驶辅助系统。截至 2021 年 6 月,凯迪拉克搭载 Super Cruise 系统的车型在北美已实现了累计 1100 万 km 安全驾驶的纪录。

未来,凯迪拉克品牌也将继续优化产品竞争力,打造风范服务差异化体验,深化"新美式豪华"品牌标签,稳步迈入后百万辆时代的风范新征程。

## 五、2021 年上汽通用汽车市场总结及 2022 年展望

2021 年,汽车行业"缺芯"影响严重,1~10 月份上汽通用国内批发销量为 95.7 万辆,位列第五,零售销量为 107.4 万辆,位列第三。

根据国家信息中心预测,2022 年我国经济将增长 5.4%,年均增速为 5.2%;在疫情防控和外部环境稳定向好的情况下,继续向疫情前的正常水平修复。全球多个机构对 2022 年国内经济形势均给出了相似的判断。乘用车市场批发销量中性预测 2300 万辆,同比增长 14% 左右,零售销量中性预测 2280 万辆,同比增长 9% 左右。传统燃油车增长有限,但新能源汽车预计增长率较高,预计增长超 50%。

作为我国汽车行业的领军企业之一,上汽通用汽车成立 24 年来,始终在时代的浪潮中破浪前行。当前,汽车行业百年未有之大变革已经到来,新科技、新理念、新边界被不断突破,产业形态、消费理念、商业模式在加速迭代。面对前所未有的挑战,上汽通用汽车已做好全面准备。到 2025 年,上汽通用汽车将基于奥特能电动车平台推出 10 款以上国产新能源车型,覆盖旗下三大品牌以及多个品类和细分市场。未来,上汽通用汽车将继续创新整合全球优势资源,结合自身对我国消费者需求和本土市场环境的洞察和把握,不断将前沿智能出行科技同步引入我国,加速推进企业电动化布局,为消费者带来"更智能、更安全、更性能"的电动化驾乘体验。

(作者:邱嘉柔)

# 2021年广汽本田产品市场调研报告

## 一、2021年广汽本田整体市场表现

2021年，全球新冠肺炎疫情反复，供应链上、中、下游均遭受挫折，国内宏观经济下行，对我国整体乘用车销量造成了一定的负面影响。但在大环境稳字当头的调控之下，各主机厂、经销商、零部件供应商等同心协力打破困境，保证车源；因此乘用车市场虽然增速放缓，但依旧呈现出勃勃生机。新能源汽车成为2021年汽车市场中最为亮眼的部分，到11月份为止，新能源汽车渗透率已经攀升至17.3%。

23年来，广汽本田以逐梦姿态不断给予用户超越期待的喜悦，收获850万忠实用户的信赖与支持。2021年，凭借有口皆碑的品质制造、领先行业的技术和专业贴心的服务，广汽本田实力加冕J.D. Power 2021年中国汽车主流车品牌四项No.1大满贯，包括：销售满意度研究$^{SM}$（SSI）、售后服务满意度研究$^{SM}$（CSI）、新车质量研究$^{SM}$（IQS）和经销商满意度研究$^{SM}$（DAS），专业口碑印证企业实力。车型方面，全新雅阁（NEW ACCORD）上市即圈粉，首周订单量便强势突破15000辆；飞度（FIT）王者归来，重登A0轿车级别销量王座；广州车展上全新奥德赛（ODYSSEY）焕新首秀，高端家用MPV首选座驾的全方位魅力引来无数围观；型格（INTEGRA）传承Honda传奇性能血脉，以多元高价值引领年轻风潮，同频新世代无限渴望。顺应电动化、智能化趋势，广汽本田积极打造"混合动力、插电式混合动力、纯电动"的全矩阵电动化布局，推出e:N系列首款纯电动车型——e:NP1，为用户带来独具Honda魅力的"动""智""美"的三大全新价值体验。

2021年，广汽本田11月份销量为77709辆，1~11月份累计销量为701864辆（见表1）。作为电动化战略的重要力量，锐·混动联盟至今累计收获超30万车主的喜爱，2021年1~11月份累计销量为102828辆，其中11月份实现销量10595辆，以稳健之姿向电动化事业的新篇章迈进。

表1  2021年广汽本田分车型销量情况

| 车型 | 2020年11月份销量/辆 | 2021年11月份销量/辆 | 同比增速(%) | 2020年1~11月份累计销量/辆 | 2021年1~11月份累计销量/辆 | 同比增速(%) |
|---|---|---|---|---|---|---|
| 雅阁 | 24162 | 25049 | 3.7 | 191221 | 180841 | -5.4 |
| 飞度 | 10825 | 10286 | -5.0 | 54453 | 87089 | 59.9 |
| 奥德赛 | 4861 | 537 | -89.0 | 37180 | 39830 | 7.1 |
| 凌派 | 10202 | 4574 | -55.2 | 104570 | 41859 | -60.0 |
| 缤智 | 15749 | 17875 | 13.5 | 135732 | 155799 | 14.8 |
| 冠道 | 5661 | 1645 | -70.9 | 49664 | 34732 | -30.1 |
| 皓影 | 13389 | 16919 | 26.4 | 135847 | 152165 | 12.0 |
| 讴歌 | 908 | 376 | -58.6 | 9987 | 5476 | -45.2 |
| VE-1 | 557 | 129 | -76.8 | 1773 | 2213 | 24.8 |
| 绎乐 | 0 | 319 | — | 0 | 1860 | — |
| 合计 | 86319 | 77709 | -10.0 | 722824 | 701864 | -2.9 |

## 二、2021年广汽本田细分市场产品的表现

### 1. 雅阁（ACCORD）的市场表现

进入中国市场22载，雅阁（ACCORD）持续刷新中高级车新基准，国内累计销量超280万辆。2021年1~11月份，雅阁（ACCORD）销量达180841辆，在细分市场内名列前茅。

2021年10月，全新雅阁（NEW ACCORD）超感而来（见图1），以智能网联+智能安全+智能动力三大王牌智能技术组成智能体系，极大地提升了先进感与科技感，深得年轻人喜爱，自上市以来订单突破60000辆，11月份销量更是达到25049辆，创下第十代雅阁（ACCORD）上市以来单月销量的最高纪录。

图1  全新雅阁（NEW ACCORD）锐·混动

### 2. 型格（INTEGRA）

多元高价值引领年轻风潮，同频新世代无限渴望。作为广汽本田全新战略中级车，型格（INTEGRA）于 2021 年 11 月 3 日开启预售，并于广州车展与公众"见面"（见图 2）。传承 Honda 传奇性能血脉，型格（INTEGRA）采用型酷简锐设计，犀利的车身线条配备 18in（457.2mm）切削轮毂，加上幻夜系列，营造出极强的视觉冲击力；精致简洁的内饰配备 12 Bose 高性能音响、卡片式钥匙，满足年轻人对格调、高品质出行的诉求；除了全系搭载 240TURBO 高功率发动机，型格（INTEGRA）特别配备 MT 手动挡，满足年轻人对纯粹运动操控的追求。

图 2　型格（INTEGRA）

### 3. 皓影（BREEZE）的市场表现

始于颜值，忠于内在，皓影（BREEZE）作为广汽本田首款拥有"锐·T动、锐·混动、锐·混动 e+"三大动力系统的车型，2021 年 1~11 月份累计销量 152165 辆，同比增长 12%；上市两周年累计销量即突破 30 万辆，以本色实力占据中级 SUV 市场前列。其中，作为广汽本田首款 Honda 品牌的新能源车型，皓影（BREEZE）锐·混动 e+于 2021 年 10 月 18 日正式上市（见图 3），以超能魅力进一步助推皓影（BREEZE）品牌销量增长。

图 3　皓影（BREEZE）锐·混动 e+

#### 4. 第四代飞度（FIT）的市场表现

作为 Honda 精神代表作，飞度（FIT）一直是年轻人的"超跑"信仰。诞生 20 周年，全球圈粉 800 万，国内忠实用户超 130 万。第四代飞度（FIT）（见图 4）凭借满足年轻人多元扩列乐趣的产品实力，2021 年 11 月份销量为 10286 辆，2021 年 1～11 月份累计销量为 87089 辆，同比增长 59.9%，重新登顶 A0 级轿车市场，傲视群雄。

图 4　第四代飞度（FIT）

#### 5. 新缤智（NEW VEZEL）的市场表现

作为 Honda 全球热销 SUV，缤智（VEZEL）系列车型在全球 8 年售出近 450 万辆，国内持续热销。2021 年，缤智（VEZEL）2021 年 1～11 月份累计销量为 155799 辆，同比增长 14.8%。站在百万新起点，缤智（VEZEL）持续稳固其在小型 SUV 市场的高价值风向标地位，以精享生活魅力满足年轻人对品质都市生活的追求。

为庆祝缤智（VEZEL）7年收获100万"智粉"，广汽本田推出限量5000辆的2022款缤智幻夜·先锋版（见图5），新车配备更具动感的全新包围套件以及熏黑光纤尾灯，还新增了同级罕有的等离子空气净化器，为消费者带来富有Stylish时尚质感的高价值都市生活。

图5　缤智（VEZEL）1.5LCVT 幻夜·先锋版

### 6. 新凌派（NEW CRIDER）的市场表现

深耕中国市场8年，凌派（CRIDER）品牌凭借着对中国人的深刻理解，打破市场级别认知，凭借越级的产品价值，收获了近百万车主的认可与信赖。2021年9月28日，新凌派（NEW CRIDER）焕新，以"轻·致"理念进化出精致、干练的外观，并带来更运动的幻夜版（见图6），同时升级车内款待体验，凭借Honda CONNECT 3.0智导互联系统和第三代i-MMD双电机混动系统，实现智能、运动魅力双提升，为年轻人带来智趣出行新体验。

图6　新凌派（NEW CRIDER）锐·混动

## 7. 奥德赛（ODYSSEY）锐·混动的市场表现

作为锐·混动联盟首款实现100%混合动力销售的车型，奥德赛（ODYSSEY）锐·混动上市至今累计销量突破10万辆。得益于锐·混动的加持，奥德赛（ODYSSEY）品牌2021年1～11月份累计销量39830辆，同比增长7.1%，深受精英家庭用户的喜爱。广州车展上亮相的全新奥德赛（ODYSSEY）（见图7），更在家用MPV属性的基础上实现了高端进阶，全新外观设计让车型整体更显时尚大气；搭载最新Honda CONNECT 3.0智导互联系统以满足用户的高端享受需求；另外还搭载Honda SENSING安全超感系统，让家庭出行更安心便捷。同时，全新奥德赛（ODYSSEY）继续搭载技术成熟的第三代i-MMD混动系统，以"i-MMD+MPV"的高价值组合，完美融合驾驶乐趣与乘坐舒适性，持续引领高端家用MPV市场，成为年轻精英家庭高端家用MPV的第一选择。

图7 全新奥德赛（ODYSSEY）

## 8. 电动化产品的市场表现

电动化势在必行，广汽本田积极推动电动化战略，至今已完成"混合动力、插电式混合动力、纯电动"的全矩阵电动化布局。

作为广汽本田旗下e:N系列首款纯电动车型，e:NP1（见图8）凝聚Honda深厚电动技术积淀，为用户带来独具Honda魅力的"动""智""美"的三大全新价值体验。"动"基于中小型EV开发的e:N Architecture F架构，"智"基于e:N OS全栈智控生态系统，美"即为e:NP1采用的全新设计语言"e:N Design"。e:NP1

将于 2022 年上半年上市，将会是广汽本田电动化阵营的重要力量，成为提速电动化战略的最强主力军。

图 8　e:NP1

此外，为满足不同用户的期待，在 e:NP1 正式上市之前，广汽本田已不负众望推出了皓影（BREEZE）超能锐·混动，满足用户的超享·驾趣以及超远·里程的需求，保证用户无后顾之忧地享受驾驶本身；并推出焕新升级的纯电车型 VE-1 TA，让用户享受驾驶一辆更有"智趣"，更"懂"自己的车；此外还有首款纯电动轿车 EA6 绎乐，满足不同客户群体的需求。

### 9. 广汽 Acura 的市场表现

自广汽 Acura 成立以来，便潜心深耕中国市场，通过营销创新与产品焕新双驱动，不断拉近品牌与消费者的距离。

针对年轻用户的智能化需求，广汽 Acura 在 CDX 原有车型的基础上，2021 年 4 月推出了 CDX 尊享智能安全版和 CDX 尊享·A-Spec 智能安全运动款，新版本通过搭载 Acura Watch 前瞻未来智能安全系统，带来更卓越丰富的智能体验，让用户在体验极致驾驭乐趣的同时，也能得到更高的安全保障。随之，广汽 Acura 在 7 月份推出 CDX 畅享 PLUS 版（见图 9），新车基于原版车型——CDX 畅享版，以外观、内饰、配置的焕新升级，精确满足消费者不断进化的购车需求，带来更出色的驾乘体验。

图 9　CDX 城市印象款

作为广汽 Acura 旗下另一款明星车型，RDX 也在不断丰富产品矩阵为用户带去惊喜。2021 年 9 月，广汽 Acura 正式带来 RDX 钛金暗夜限量版（见图 10），赋予该车型史上最先进的机械迭代；同时以独享专属的外观、内饰设计，加之更多科技配置的加持，在拥有专属限量定制感的同时，进一步升级了尊享豪华的极致体验。

图 10　RDX

除了产品焕新，2021 年以来，依托"以用户为中心"的营销战略，广汽 Acura 在新产品焕新的同时，继续以一系列卓有成效的营销活动为品牌"升温"，全面提升着用户专属感与优越感。其中包括借助车展打造的"车主日"IP，"宠粉季"活动、车主圆梦赛道体验日、跨界手工皮具设计制造等，均体现了广汽 Acura 的丰厚底蕴与品牌格调，以及对用户的关怀和诚意。

## 三、总结与展望

2021年是汽车市场"变"的一年。在"变"的大环境下,广汽本田洞悉趋势锐意创新,不断进化引领潮流,推出多款超越期待的高价值车型。未来,广汽本田将依旧积极拥抱趋势,以变驭变。以高价值产品为基础,以用户口碑为势能,持续精进产品品质与价值服务,为用户智造悦享移动生活的无限可能,让梦走得更远。

(作者:毛玉晶)

# 2021年东风日产产品市场调研报告

## 一、2021年我国乘用车市场回顾

2021年我国乘用车整车市场实现回升，1~11月份销量相较于2020年同期增加7万辆，微涨约0.4%（见图1）。从增长分解上看，增长源自豪华品牌和自主品牌，合资品牌受外部环境和行业因素的叠加影响而销量式微；其中，自主品牌和豪华品牌分别增加2万辆和21万辆，合资品牌下降16万辆。

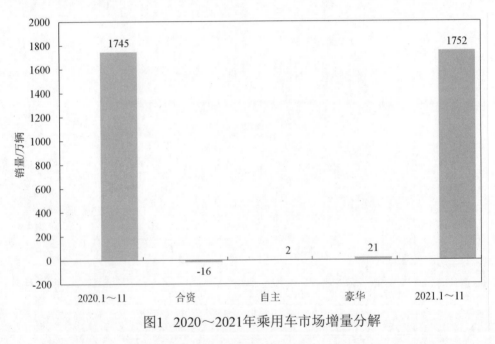

图1  2020~2021年乘用车市场增量分解

（注：资料来源于全国乘用车市场信息联席会）

从2018年到2021年间，合资品牌的销量受各因素影响而持续下滑，自主品牌在2021年实现销量平稳维持，而豪华品牌继续连续多年的强劲正增长，2021年1~11月份同期涨幅达9%（见图2）。年度变化背后，反映着我国汽车消费市场的需求多样化趋势，尤其是对品牌的偏好性和接受度正在悄然发生迁移；同时，间接折射出我国汽车市场上日益加剧的竞争态势仍在延续，尤其是在新能源车市场的快速生长和特斯拉等汽车厂商的扩张下，外加外部环境及行业各类不可控因素的叠加影响，消费选择呈现裂变分化趋势。

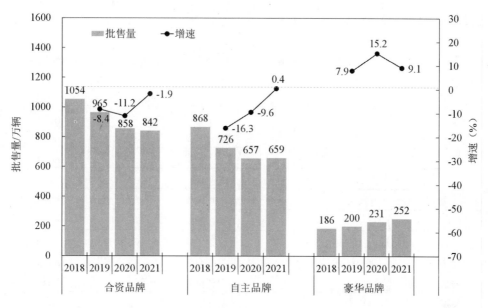

图2　2018年1～11月份至2021年1～11月份乘用车批售量及增速

(注：资料来源于全国乘用车市场信息联席会)

对于新能源车市场，始于2020年3月的持续增长势头进一步加强，在2021年下半年更是取得新能源车型渗透率的突破，部分月份实现新车占比20%以上。在双积分政策的不断加严和极具竞争力的跨品类新产品持续推出的影响下，既可满足消费者出行需求，又能充分利用国家新能源汽车政策利好的车型大受市场欢迎。整体市场在强劲的私人购买驱动下，价格带由低到高继续呈现"两头大"的结构，但新能源车市场需求和解决方案愈发多样化（见表1）。其中，A00级代步类产品（宏光MINI EV、长城欧拉）以及高价格带上的特斯拉Model 3、新势力强竞争力产品（蔚来、理想、小鹏等）表现尤为突出；同时，理想、比亚迪等企业的插电式混合动力系列产品也凭借领先产品竞争力和使用经济性取得市场突破，中短期内纯电产品与插电式混合动力产品重现了4∶1的销量结构。合资品牌所推出的新能源产品（如大众ID系列），单车仍未能进入前30榜单，合资品牌如何维持其市场地位并实现新能源车市场突破仍待观察。

表 1  2021 年新能源车月均销量前 30 的车型

| 排名 | 品牌 | 企业 | 2021 年月均销量/辆 |
| --- | --- | --- | --- |
| 1 | 宏光 MINI | 上汽通用五菱 | 33704 |
| 2 | Model 3 | 特斯拉中国 | 22060 |
| 3 | Model Y | 特斯拉中国 | 14507 |
| 4 | 秦 PLUS DM-i | 比亚迪 | 8761 |
| 5 | 汉 EV | 比亚迪 | 6990 |
| 6 | 理想 ONE | 理想汽车 | 6946 |
| 7 | 秦 PLUS EV | 比亚迪 | 6144 |
| 8 | eQ 电动车 | 奇瑞汽车 | 6078 |
| 9 | 奔奔 | 长安汽车 | 6003 |
| 10 | 宋 DM | 比亚迪 | 5853 |
| 11 | AION S | 广汽乘用车 | 5710 |
| 12 | 欧拉黑猫 | 长城汽车 | 5040 |
| 13 | 科莱威 CLEVER | 上汽乘用车 | 4990 |
| 14 | 小鹏 P7 | 小鹏汽车 | 4828 |
| 15 | 哪吒 V | 合众新能源 | 4033 |
| 16 | 欧拉好猫 | 长城汽车 | 3659 |
| 17 | 唐 | 比亚迪 | 3587 |
| 18 | 埃安 Y | 广汽乘用车 | 3511 |
| 19 | 蔚来 ES6 | 蔚来汽车 | 3321 |
| 20 | 雷丁芒果 | 四川汽车 | 3262 |
| 21 | 零跑 T03 | 零跑汽车 | 3147 |
| 22 | 元 EV | 比亚迪 | 2984 |
| 23 | 比亚迪 e2 | 比亚迪 | 2797 |
| 24 | 思皓 E10X | 江淮汽车 | 2781 |
| 25 | 蔚来 EC6 | 蔚来汽车 | 2467 |
| 26 | 比亚迪汉 DM | 比亚迪 | 2461 |
| 27 | 风神 E70 | 东风乘用车 | 2437 |
| 28 | 小鹏 G3 | 小鹏汽车 | 2383 |
| 29 | 比亚迪宋 EV | 比亚迪 | 2299 |
| 30 | 荣威 Ei5 | 上汽乘用车 | 2135 |

注：资料来源于全国乘用车市场信息联席会。

新能源车市场的快速发展和多样态势，正是行业政策与消费市场间良好联动的结果：既代表着消费者逐渐认可新能源产品带来的用车便利性和经济友好性，消费逐渐理性；同时，由新品牌、新品类所带来的新出行体验，也被更大范围的消费群体所接受，助推我国成为全球领先的智能网联汽车市场领导者，消费者愿意为能够提供出色产品体验和功能溢价、更有综合竞争力的新能源品牌和产品买单（见图3）。后续，在行业既有相关方，以及如小米、小牛等第三轮跨界造车方的加入下，我国新能源车市场更加充满想象空间。

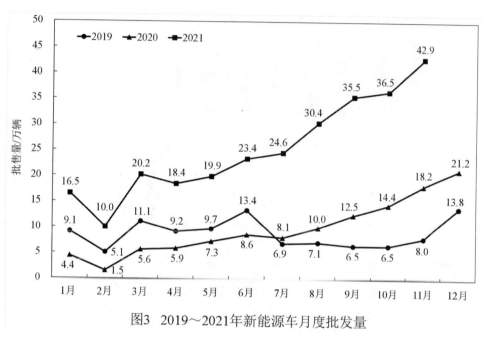

图3 2019～2021年新能源车月度批发量

（注：资料来源于全国乘用车市场信息联席会）

## 二、2021年合资品牌乘用车市场回顾

根据主要合资乘用车厂商的销量情况（见图4），总体来看，合资乘用车厂商仍由日系和德系品牌领先，但普遍出现销量下滑，仅丰田旗下两家合资厂商实现逆势增长，且涨幅均在5%左右；东风日产进军合资销量前二，上海通用和一汽大众与之销量相当，但2021年同比下滑幅度较大，达30%。转看丰田，其一改过往相对保守和缓慢的产品战略，自2017年TNGA全新架构在我国正式量产开始，正式开启了对我国汽车市场的大幅扩张战略，通过极佳的品牌口碑和车型产品，不断取得市场份额突破，持续放大出品牌力与产品力之间互补反哺的良性互动所带来的增长红利。在未来我国汽车市场的存量竞争中，传统车型尤其需要品牌力与产品力之间的良好互动才可能实现健康可持续的经营发展；而如何在新能源车市场上利用甚至实现这样的传统优势，仍是未来各合资品牌的关键挑战。

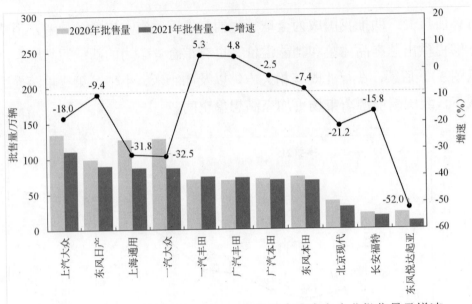

图4 2020年1~11月份至2021年1~11月份合资汽车企业批售量及增速

（注：资料来源于全国乘用车市场信息联席会）

同时，从车型级别上看，虽然合资品牌总量下降，但消费升级趋势依旧。从2018年至2021年，合资品牌A0级三厢轿车占比持续减少，而B级三厢轿车占比持续增加，A级中型SUV仍牢牢占据第一，但B级中大型SUV随产品愈发丰富实现增长（见图5）。

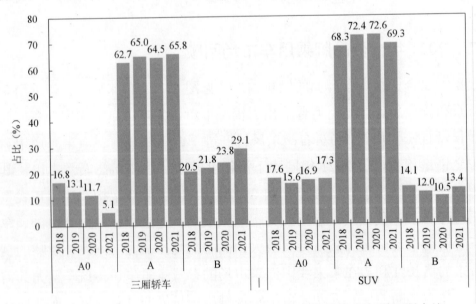

图5 2018年1~11月份至2021年1~11月份合资品牌分车型级别占比

（注：资料来源于全国乘用车市场信息联席会）

## 三、2021年东风日产市场表现及细分市场研究

### 1. 2021年东风日产整体市场表现

东风日产2021年1~11月份累计销量为90万辆，较2020年同期销量有所下降，但在合资非豪华品牌中，东风日产市场占有率继续提升，由2020年的11.6%微增至11.8%，产品线整体表现稳健。

虽受全球供应链及新冠肺炎疫情反复的影响，但东风日产2021年还是按照既有产品计划完成了核心车型的升级换代以及日产"智行科技"的迭代扩展：首先，合资A级明星SUV，也是公司核心重磅车型——奇骏完成生涯换代，作为日产全新CMF-CD平台首款车在2021年7月投入市场。虽因动力总成饱受争议，但依然凭借其集日产科技创新之大成和饱含诚意的产品力获得一定市场声量和地位。除平台和车型本身外，日产智行科技，如三高清连屏的CYCLE 2020智能网联系统，体验远超同级别合资核心竞品；优化升级的ProPILOT"超智驾"自动辅助驾驶技术在核心车型上实现搭载；1.5L VC-Turbo 300"超变擎"可变压缩比涡轮增压发动机也丰富了东风日产节能动力的产品阵营。其次，日产全新融合式创新动力总成——e-POWER也于2021年11月上市，首先搭载于公司销量和口碑支柱的家用紧凑型轿车轩逸上，目前市场反馈良好，未来可期。最后，在售车型中，如日产劲客等，也通过生涯小改款提升了产品竞争力。

未来，东风日产将继续以日产"智行科技"为核心，不断推出契合我国消费者需求的出行科技产品，为打造备受消费者喜爱和信赖的"技术日产"品牌而不断努力。尤其值得期待的，自然是全新CMF-EV平台下，作为日产智行旗舰的纯电动SUV ARIYA车型，即将快速投入市场，加入到国内新能源车市场大浪潮之中。

在具体车型方面，天籁、轩逸、奇骏、逍客依然是东风日产产品线中的"C位"，是销量、收益和品牌认知度的主要贡献者（见图6）。其中，旗舰车型天籁尤其表现突出，销量增长近40%，打响日产品牌向上的关键一枪；车型方面充分挖掘了车型的历史口碑，以及由日产"智行科技"加持所带来的新亮点，给广大消费者带来了强劲动力、高效节油、先进智能网联的全新舒适驾控体验，在合资B级车竞争中锐意进取。同时，2019年全新换代的轩逸系列表现同样抢眼，其产品与定位很好地契合了我国消费者对入门级合资家用车的需求，又通过良好的车

型家族差异化,最大化满足了广大消费者对于合资三厢轿车的期待,成为 A 级"舒适家轿"的首选;尤其全新 14 代轩逸甚至取得销量逆势微增,相信后续在全新动力总成 e-POWER 的加持之下,家轿领先者地位可期。在 SUV 方面,全新奇骏换代后市场表现仍待观察。逍客虽已在市场上征战多年,但凭借出色的产品力和车型口碑,市场地位依旧坚实,且下一代逍客作为 CMF-CD 平台的下一款车型,也亟待与消费者见面。

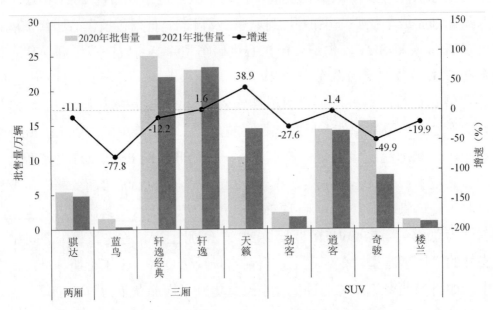

图 6  2020 年 1~11 月份至 2021 年 1~11 月份东风日产车型批售量及增速

(注:资料来源于全国乘用车市场信息联席会)

### 2. 2021 年东风日产重点车型表现

(1)天籁  全新天籁于 2018 年年底换代推出(见图 7),一改过往中庸商务的车型形象,以兼顾舒适与动感的全新设计、兼顾动力和油耗的可变压缩比涡轮增压发动机导入,搭载全新日产"智行科技",为消费者打造了一辆全新的科技旗舰轿车。2021 年,天籁车型取得了逆势上涨。同时,随着车型生涯的推进,小改款的天籁也很快会以全新的设计与大家见面,此次改款设计,更是日产品牌车型首次由纯我国本土团队主导和完成企划与落地的,相信这款专注和立足于我国汽车市场并由我国汽车市场消费需求所主导打造的产品,一定会帮助车型继续在合资 B 级轿车的竞争中不断突破。

图 7　全新天籁外观

（2）全新奇骏　日产奇骏自面世以来，各代车型均有进入中国汽车市场，尤其是 2014 年诞生的第二代车型，既延续了初代车型探险越野基因和全域适用功能性的同时，又紧随消费趋势向着家用多功能产品全面进化，帮助品牌在该细分市场上实现突破，成为销量、品牌和营收的重要支柱。

2021 年，奇骏在征战 7 年后迎来了全新换代。全新奇骏（见图 8）秉承日产"All-Best-in-ONE"的开发理念，基于全新的 CMF-CD 平台打造，甚至不计成本投入、近乎偏执地希望把各种全新科技和产品理念变为现实。不仅在车辆安全、排放等基础素质上取得突破，更在设计与造型上独领风潮，将日产多年沉淀的安全科技、舒适科技、智能科技发挥得淋漓尽致。当然，全新品类的诞生难免伴随着质疑，是否真正满足甚至超越消费者期待才是产品成败的关键。虽遭受着由动力总成而带来的争议，但相信车型本身过硬的产品素质也将捕获与之匹配的市场反馈。

图 8　全新奇骏

（3）e-POWER 轩逸　众所周知，日系车型一直以细致而极限的技术创新和产品体验闻名市场，在行业电气化的大背景下，各领头企业均推出极具代表性的动力总成技术。而 e-POWER，即是日产前所未有的融合性创新动力技术：自2016年在日本上市以来，迅速取得市场成功，并在多个细分区隔打破了长期由丰田独霸的头名地位。e-POWER 轩逸（见图9）则是日产为我国市场带来的又一重磅献礼：为中国主流合资品牌家用车的冠军车型赋予全新的动力总成技术体验，为消费者带来平顺静谧迅捷的100%纯电驾乘体验和最大化燃油经济性，实现媲美市场领先车型的混动油耗表现。在畅享电气化智能体验的同时，无需承担补能和里程焦虑。

图9　全新 e-POWER 轩逸

同时，这样的产品打造也绝非合资企业照搬全球方案的传统做法，e-POWER 专门针对我国消费者驾乘习惯和行车路况场景进行了重新开发和优化，意在提供最适合我国市场和消费习惯的产品和技术。这样的努力，也很好地诠释了东风日产对我国消费者的需求洞察和与时俱进：毕竟在各大宏观背景之下，汽车企业真正面对的还是一个又一个具体的消费者。如何切实地让每一个消费者满意，才是产品变更背后的要义。e-POWER 将不止于作为品牌明星车型上的动力选项，更加以家族化导入的形式，不断迭代以匹配多样化的消费者需求，带来各种各样矩阵式的 e-POWER 及衍生产品。未来，东风日产也会紧随趋势，更加深入地洞察汽车市场，不断满足甚至超越我国消费者对于出行产品的期待。

## 四、2022年东风日产市场展望

2021年，是我国"十四五"规划的开局之年，更是行业发展战略和未来远景越发明晰的一年：东风日产见证了后疫情时期我国汽车消费市场的蓬勃生机，也经历着车规芯片供应短缺等各类行业因素带来的影响，更是看到了在碳达峰、碳中和大目标下新时代的行业格局和不断进击的新能源汽车发展空间。越来越多不同于传统汽车的全新产品正在取得市场突破，更是让每一个参与者都不禁重新审视和畅想未来出行，并庆幸可以参与其中。

这一年，传统汽车消费水涨船高式的普惠型红利继续减少，而裂变为更加多元化、智能化的产品需求和市场竞争愈发明显。"万物尽头是造车"的规律依旧，更多的跨行业入局者和新生品牌希望通过新科技和新商业参与变革。在一片不确定性中，东风日产更加坚信变化才是唯一的不变。越来越多的厂商和从业者不再仅仅观望或者等待，而是更多地积极拥抱和参与。新变革不仅来自跨背景跨行业的参与者，也来自传统厂商不断尝试和孵化出的新品牌和新产品。市场竞争空前激烈，消费空间却也空前开放。

面向 2022 年，汽车市场消费多样化和理性化趋势预计将会延续，各品牌电气化和智能化技术升级将加快步入市场考验阶段，新能源汽车产品后续增长动力尤其充分，由于产能释放预计整体销量大概率会微增。随着内外部环境和参与者变化，消费结构、科技水平和行业规则变革将继续，为未来汽车市场注入更多的可能性。在此汽车行业面临巨大变革背景下，唯有牢牢抓住我国消费者对汽车产品和出行服务的核心需求，洞察消费者需求变化趋势，明辨善行，才能让汽车企业在新时代继续健康、可持续的发展经营。

（作者：张健锋）

# 2021年神龙汽车市场调查报告

2021年是神龙公司"十四五"中期事业计划"元+"计划的培元之年,围绕产品更中国、营销更精准、服务更信赖、运营更高效四大支柱,实现2021年经营规模达到10万辆, 自由现金流为正的年度目标,公司总经理要求进一步发扬三种精神(向死而生、艰苦奋斗、行胜于言),贯彻三种思维(危机思维、协同思维、创新思维),坚持三种导向(客户导向、问题导向、业绩导向),充分利用"七颗龙珠"(双品牌、金融、租赁、二手车、阳光工匠、五心守护行动等)的自我修复能力全面提升品牌力、商品力、服务力、金融力、营销力,打赢神龙事业复兴的生死一战,持续为客户创造价值,促进神龙事业稳步健康发展。

一年以来,虽然历经疫情、洪水、缺芯等各种艰难险阻,但神龙公司上下团结一心,咬紧目标不放松,打赢了保供之战、营销之战。2021年8月23日,神龙公司累计销量同比增长75%,达到50277辆,超2020年全年销量。2021年1~11月份累计销售整车86553辆,同比增长97%,达成并超越年度KPI挑战的销量目标,10万辆目标已毫无悬念,市场占有率将由2020年的0.27%上升到0.55%,实现了销量和市场占有率的双倍增(见图1)。

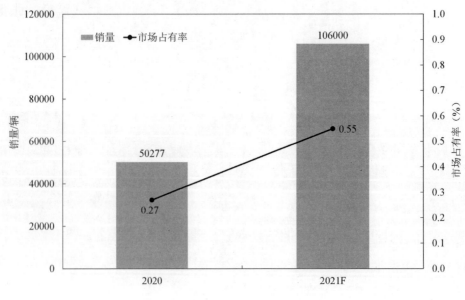

图1 2020~2021年神龙汽车销量及市场占有率

# 一、四款重磅新车同年投放，确保销量目标顺利达成

全新标致 4008、全新标致 5008、全球战略车型雪铁龙凡尔赛 C5X、东风雪铁龙全新 C3-XR 四款重磅全新产品（见图 2），外加标致 508L 2022 款车型在同一年度内隆重上市，这在神龙公司历史上也是非常少有的。四款全新产品无论是颜值还是性价比都显示出了足够的诚意，深受用户喜爱与认可，也引起了媒体的高度关注。

全新 4008　　　　全新 5008　　　　凡尔赛 C5X　　　　全新 C3-XR

图 2　神龙公司 2021 年投放的全新产品

### 1. 东风标致全新 4008、东风标致全新 5008

2021 年 3 月 22 日，东风标致全新 4008 和 5008 焕新预售，预售价格分别为 16.97 万～23.37 万元和 18.77 万～26.37 万元。2021 年 4 月 19 日，东风标致在第 19 届上海车展正式发布新狮战略，举办"新法式 新标致"品牌焕新暨新法式 SUV 家族上市发布会，公布三款全新 4008、4008 PHEV 4WD、5008 车型上市价格和四保政策。东风标致展台获得央视新闻联播、湖北日报等重量级媒体的关注，众多汽车界媒体大咖，选车网管学军、AutoR 智驾钟师、网易汽车张齐、闫闯说车闫闯、虎哥说车于虎等到现场打卡。

### 2. 东风雪铁龙全新 C3-XR

2021 年 7 月 14 日，东风雪铁龙全新 C3-XR 上市。新车"增配不增价"，搭载 1.2THP 动力，内外饰配置全面升级，新增致慧数字液晶组合仪表、9in（228.6mm）触屏智能网联系统、导航、倒车影像等智能科技配置，有摩登橙、枫丹红、白色三种车身颜色，售价 11.39 万元，同时公布多项购车优惠政策。

### 3. 东风雪铁龙凡尔赛 C5X

2021 年 4 月 12 日，雪铁龙全新车型凡尔赛 C5X 在上海与全球同步首秀。东

风雪铁龙揭秘该款车型的设计理念和产品亮点,并公布中文名字"凡尔赛",正式拉开在中国市场的上市序幕。这是雪铁龙秉持"以人为本"的品牌定位、"大胆创新"的设计理念打造的一款引领潮流、重塑 B 级新标准的新势座驾,是雪铁龙最新中高级车的巅峰之作。

2021 年 6 月 7 日,凡尔赛 C5X 在神龙公司成都工厂量产下线,成都工厂作为凡尔赛 C5X 全球唯一生产基地,实现"中国造、全球销",是对中国制造、中国品质的最大认可,也是神龙公司响应"一带一路"倡议,深度融入世界经济的体现。

2021 年 6 月 16 日,凡尔赛 C5X 正式开启线上盲订活动,在盲订小程序线上可直接支付订金,活动首日收到订单 1817 辆,实力印证了凡尔赛 C5X 的超"凡"魅力。

2021 年 8 月 9 日,凡尔赛 C5X 正式开启预售,共四款级别配置选择,预售价格区间 14.37 万~18.67 万元。

2021 年 9 月 23 日,凡尔赛 C5X 正式上市。新车售价 14.37 万~18.67 万元,与预售价格完全一致。同步推出保值保价、金融置换等"超凡购买""超凡服务""超凡伙伴"三大超凡新体验政策,与预售定单客户和上市后前 10000 名客户分享共成长基金,并启动订单客户的车辆交付。

2021 年 10 月 19 日,2021 中国汽车安全大会暨中国车身大会公布"2021 中国十佳车身"评选结果。凭借扎实安全的新材料应用和先进制造工艺,东风雪铁龙凡尔赛 C5X 在 30 多款参评车型中脱颖而出,荣获"2021 中国十佳车身"荣誉。

## 二、以凡尔赛 C5X 上市为契机,开启了神龙公司营销转型的新模式

随着汽车行业数字化时代的到来,七成以上潜在购车者的客户旅程始于互联网,超过四成的购车者愿意直接对接主机厂而不是经销商。顺应数字化时代客户的需求,神龙公司以凡尔赛 C5X 上市为契机,开启了营销转型的新模式。

凡尔赛 C5X 的中文命名为车型热度和话题创造了很好的基础,一方面符合车型本身的配置/价格等优势,另一方面充分借势热点,快速形成高声量。凡尔赛 C5X 产品定位(不止于轿车)和 slogan(不定义 自发光)高度契合产品核心优势和目标人群购车期待(见图 3)。凡尔赛的四个版本名称(享不凡、领不凡、耀

不凡、势不凡）也采用用户共创的方式进行命名，直接与客户形成对接和互动。

图3　东风雪铁龙凡尔赛C5X产品定位

媒介投放充分结合目标人群触媒习惯，资源投放更加聚焦，极大地提升了沟通效率；在公关层面媒体舆论导向非常积极正面，进一步提升了客户好感度。

凡尔赛C5X订单100%通过东风雪铁龙小程序线上下定，预售期间的订单（大定）就达到了10255辆，上市后继续保持了商机线索和订单稳步增长的势头，日均线索达到1500个。以小程序为载体，持续开展用户运营活动，提升了用户黏度。

在线下服务方面，秉承"客户在哪里，服务就在哪里"的宗旨，开展空白市场送车上门的贴心服务，打消了客户购车顾虑。

随着雪铁龙C5X的成功运营和上市，2021年10月25日，东风标致也开启了数字化零售新时代。东风标致基于市场需求，在这一全新销售模式下推出了首个直售车型版本——2008 THE ONE，官方直售价9.97万元，以极具优势的产品竞争力，打入国内10万元级合资SUV车型市场。

## 三、大客户新能源领域持续发力

神龙公司大客户在新能源领域持续发力，在深耕电动车驾考车市场的基础上，实现网约车、出租车市场的突破。2021年1~10月份新能源汽车累计销售开票超过5500辆，全年预测实现销售开票8000辆以上，实现公司新能源双积分合规。

2021年1月20日，神龙公司在成都工厂举行800辆东风富康ES500新能源出租车集中交付成都城投能源集团仪式（见图4），标志着神龙新能源汽车正式进入成都市出租车市场。同日，首台东风富康e爱丽舍新能源驾校车在成都工厂下线，标志着公司新能源汽车产品在成都驾考、驾培行业的加速投放。2021年10月13日，神龙公司与T3出行的首批500辆东风富康ES500新能源汽车交付仪式在长沙举行，首次批量进入T3网约车市场，标志着神龙公司正式开启了新能源大客户市场的新篇章。

图4　神龙汽车大客户新能源汽车投放仪式

## 四、持续致力于"良心车、放心车、安全车"品质的打造和传播

神龙公司坚持利他主义和长期主义，为客户做好每一款产品，在汽车安全事业方面始终走在行业前列。围绕品牌内涵和硬核技术，精准、持续地实施营销动作，让更多客户能更便捷、更真切地体验我们的"良心车、放心车、安全车"。

在2021年10月26日举办的汽车技术研究研发中心C-NCAP十五周年庆典上，神龙汽车荣获C-NCAP十五周年"汽车安全启航奖"（见图5）。

图5　神龙汽车荣获C-NCAP十五周年"汽车安全启航奖"

2021年11月15日，2021 CCPC年度颁奖盛典暨冠军车型赛道嘉年华于上海市松江天马赛车场落下帷幕。经过公众站和专业站的激烈角逐，全新4008在32款热门量产车型中脱颖而出，将2021中国量产车性能大赛紧凑型SUV（15万元以上级）组别年度综合冠军收入囊中（见图6）。专业性、权威性、严格性是行业对中国量产车性能大赛（以下简称CCPC）的整体评价。作为国内唯一"以完全不改装的量产车型为比赛车辆"的专业赛事，CCPC旨在以严格的评判标准来向消费者充分展示参赛车辆的优劣点，给予量产汽车多维度的真实检验，为消费者提供客观、公正、真实可信的购车用车参考。东风标致全新4008凭借过硬的综合性能和百年大师级底盘调校，再次证明了一脉相承的冠军基因和神龙汽车对"良心车、放心车、安全车"的品质追求。

图6　全新标致4008获2021 CCPC紧凑型SUV（15万元以上级）组别年度综合冠军

## 五、深化五心守护，树立服务口碑

神龙公司致力于成为"让客户最信赖的汽车企业"，从2020年开始实施"五心守护行动"，通过"买车放心、用车安心、服务贴心、换车开心、一路同心"，来守护、陪伴客户用车全生命周期，真诚感恩600多万东风雪铁龙、东风标致车主的支持与信任。

为了进一步畅通与终端客户的沟通，神龙汽车进一步提升售后服务的质量与服务标准，在总经理服务热线的基础上，又在全网售后区域显著位置公示客户服务部部长陈随州的个人手机号，全网实施"五心守护"服务监督，为客户架起了"个人服务热线"，确保客户的服务需求能得到及时满意的解决（见图7）。

图 7　神龙公司客户服务部部长陈随州向全网公布个人手机号

"五心守护行动"实施以来,通过提供 6 年首任免费保养活动,实现 6 年首任车主累计返厂 28.37 万人,快速扭转返厂台次下滑趋势。七折特惠保养合同达 8.2 万份,锁定未来 5 次客户返厂,创服务产品销售纪录。启动客户关爱基金,进行争议问题先行赔付,免费上门取送车。开展"五一高速公路客户关爱服务""国庆出行客户关爱活动",不限品牌,为超过 25000 名车主提供舒适畅达的出行体验,提供免费服务及赠送关爱礼品,受到车主们一致好评。累计召开 320 多场客户座谈会,面对面倾听客户心声,从心出发,让服务有温度。持续提升维修质量和服务满意度,一次维修合格率东风雪铁龙达到 98.9%,东风标致达到 98.5%,"总经理热线服务"2h 回复客户满意率 100%。立足基础,超越客户期待,实现更多客户,更多信赖。

(作者:李锦泉)

# 2021 年奇瑞主销产品市场调研报告

## 一、奇瑞汽车整体市场表现

2021 年，全球新冠肺炎疫情反复，国内外形势复杂多变，但我国经济总体表现出较好的复苏态势，经济高质量发展和结构转型升级取得了新成效。2021 年汽车行业受芯片短缺影响，乘用车产销承压，行业销量低于年初市场预期。截至 2021 年 11 月份，我国狭义乘用车市场销量为 1713 万辆，同比 2020 年增长 3.1%，同比 2019 年下滑 4.8%（国内狭义乘用车批发数据，奇瑞口径），国内市场规模逐渐修复，但还未及疫情前市场水平，同时存量竞争态势愈发明显，市场竞争趋于白热化。

在这样严峻的市场形势下，奇瑞汽车关注客户价值主张，践行客户价值体验，紧跟市场需求，持续优化产品结构，不断提升产品竞争力，先后推出瑞虎 8 鲲鹏版、瑞虎 5x 超级英雄版、瑞虎 7 PLUS、艾瑞泽 5 PLUS 艾粉版等新车，借助社会化传播矩阵、出圈跨界借势、内容高度聚焦、形式创新多元、平台协同共振等一系列创新营销模式，2021 年 1~11 月份共销售 57.5 万辆新车，同比增长 50.6%（见图 1）。

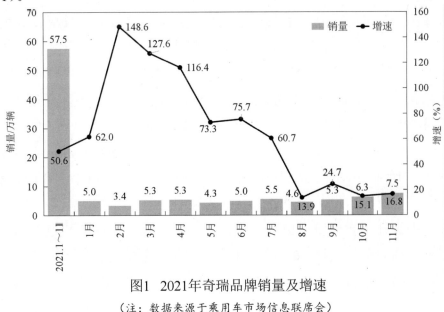

图1 2021年奇瑞品牌销量及增速

（注：数据来源于乘用车市场信息联席会）

## 二、重点产品介绍

### 1. 瑞虎 8 鲲鹏版

瑞虎 8 鲲鹏版于 2021 年 7 月 17 日正式上市（见图 2），新车搭载 2.0T+7DCT、1.6T+7DCT、1.5T+6MT/6DCT 动力，共推出 9 款配置车型，长×宽×高为 4700mm×1860mm×1746mm，轴距为 2710mm，售价区间为 9.99 万～14.49 万元，支持五座、七座两种座椅布局，瑞虎 8 鲲鹏版基于奇瑞 T1X 平台打造，是奇瑞重要的 SUV 产品。

图 2　瑞虎 8 鲲鹏版

瑞虎 8 鲲鹏版采用全新 LIFE IN MOTION 生动设计理念，采用全新点状矩阵式镀铬格栅，进一步提升前脸整体档次感和精致感，显露出瑞虎系列旗舰级 SUV 身份。搭配全 LED 灯组，星云 LED 日间行车灯、前雾灯、转向灯采用同级别独有的流水式灯效，并加持 IHC 智能远近光切换等科技配置，完美兼容设计感和功能性。侧面线条采用虎踞式 H.D.S 灵性动感水流车身，车身线条由三条主线勾勒而成，营造出十足的力量感和大气稳重的视觉效果。尾部采用瑞虎家族史经典设计，尾灯的设计，灵感来源于东方文化的精髓之一，即我国古代建筑木质窗格中的回纹式造型，寓意着祥和瑞气，更寓意着福气绵延。贯穿式尾灯设计，让瑞虎 8 鲲鹏版的尾部，不仅醒目而且更美观、大气，双边双排气，彰显性能身份。

作为同级别车独有 5+2 座超大舒享空间的 SUV 车型，新车不仅拥有 4700mm×1860mm×1746mm 超大车身、2710mm 超长轴距带来的越级空间，还通过第二排座椅 260mm 的前后滑动距离以及 0～127°座椅调节角度，打造出 12 种灵活多变空间；采用基于亚洲用户全新设计的零重力贴身舒享皮座椅，配备 4 向调节航空舒压头枕，为头部和腰部带来更强支撑力，加上前排座椅加热和电动调节功能、双温区双独立高效自动空调、6 项 NVH 声学优化、无级变色音律氛围灯以及全车 360°豪华皮质包覆、D 型皮质包覆多功能方向盘，打造出越级舒适静谧的乘坐空间。

在智能科技方面,瑞虎8鲲鹏版亦具备引领主流的领先实力。其搭载由7in智联多功能全屏液晶仪表、12.3in智慧中枢悬浮全面屏、8in液晶空调与座椅触控屏组成的三连屏,内置雄狮智云系统,可以实现AI增强型自然语音交互、AI智云管家、AI智云互联远程车辆控制等功能,并配备感应式智能防夹记忆电动尾门、超大智能防夹全景天窗、第三代PEPS无钥匙进入系统及一键启动系统、双模EPS电子助力转向模式、手机无线充电等丰富的科技配置,为用户带来便捷人性的驾乘体验。

瑞虎8鲲鹏版新增鲲鹏2.0T GDI超级动力,该动力系统基于奇瑞24年发动机正向研发能力和先进完善的产品研发验证体系,由1000余人组成的动力总成研发团队历时48个月打造而成,代表着我国自主品牌核心研发技术的顶尖水平。其采用全面升级的第Ⅱ代"i-HEC"智效燃烧系统、超级瞬态响应动力系统,以及奇瑞独创的全新一代智能热管理系统、全维集成超低降摩擦技术、我国自主品牌率先应用的全过程NVH开发体系等多项领先技术,最大功率可达187kW,峰值转矩达到390N·m。在这一动力系统加持下,新车百公里加速仅需7.5s,油耗更低至7L/100km。

瑞虎8鲲鹏版受益于积极的产品调整及竞争力的提升,上市后取得不错的市场表现,助力瑞虎8系列销量快速提升,2021年11月份销量突破2万辆(见图3),成为奇瑞汽车下半年销量增长的强劲动力。

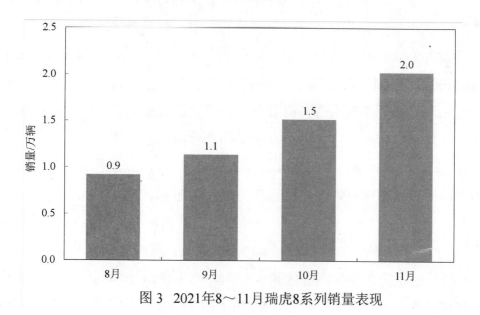

图3　2021年8～11月瑞虎8系列销量表现

(注:数据来源于乘用车市场信息联席会)

## 2. 瑞虎 5x

瑞虎 5x 超级英雄版于 2021 年 8 月 20 日上市（见图 4），新车搭载 1.5L+5MT/CVT 动力，共推出 4 款车型，长×宽×高为 4358mm×1830mm× 1670mm，轴距为 2630mm，售价区间为 7.89 万～10.09 万元。

图 4　瑞虎 5x 超级英雄版

瑞虎 5x 超级英雄版通过内外饰的全面进化，打造符合时下消费者审美的全新视觉体验。精致的星空钻石前格栅，通过点阵式镀铬颗粒装饰，将 logo 环抱其中，呈现出众星捧月般的震撼视觉效果。亮黑材质的格栅边框让前脸轮廓进一步向外延伸，通过这种活力与质感并重的静态设计，彰显富有张力和辨识度的动感前脸，极具现代感、科技感与高级感。悬浮式双色车身设计，潮酷吸睛，媲美豪华。17in 三色铝合金轮毂，造型犀利，轮辐采用亮银和亮黑相间的配色，打造不一样的视觉冲击。双层扰流板符合空气动力学，有效降低风阻的同时，让整车更具动感和辨识度。吸顶式行李架，兼顾美观度和实用性，家庭出行更加便利。

瑞虎 5x 超级英雄版对游艇式座舱设计进行了进一步的升级与优化。新增黑红双拼配色，配合更具动感的座椅造型、副仪表板及车门内护板质感纹理，与外观设计的变化相得益彰，营造出更富活力和动感的车厢氛围。

瑞虎 5x 超级英雄版全系搭载同级领先的雄狮智云 Lion 系统，倾力打造三屏交互的科技质感驾享座舱，开启"智感驾驭"新时代。

定位于顾家进取族的瑞虎 5x 超级英雄版，在驾驶体验以及乘员舒适性上也做了全面升级。在事业上拼搏进取的平凡人，更需要舒适的移动出行空间，2630mm 超长轴距带来领先同级的超大空间，驾乘舒适乐享其程。为了确保安静的车厢环境，瑞虎 5x 超级英雄版增加四车门下部密封条，可有效降低车内噪声，怠速车内噪声仅为38.6dBA，达到同级领先水平。除了增强密封效果外，新车还使用了更静音的佳通轮胎，进一步减少路面噪声传入车内。

奇瑞瑞虎5x超级英雄版以21项产品进阶，打造超越用户期待的产品体验。双色潮酷造型设计、领先同级的智能化体验、越级而立的同级最大空间，赋予这款潮酷智享SUV媲美同级标杆的竞争力，更为用户带来诚意十足的新选择，从而获得不错的市场反馈，销量保持稳步增长（见图5）。

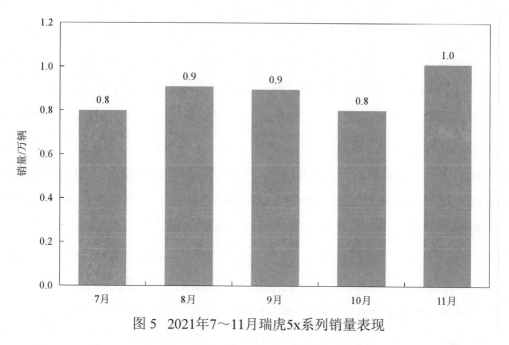

图5　2021年7～11月瑞虎5x系列销量表现

（注：数据来源于乘用车市场信息联席会）

### 3. 瑞虎7 PLUS

瑞虎7 PLUS于2021年9月27日上市（见图6），提供瑞虎7 PLUS和瑞虎7 PLUS鲲鹏版两个版本，瑞虎7 PLUS搭载1.5T+CVT/6MT动力，鲲鹏版搭载1.6T+7DCT动力，共推出8款车型，长×宽×高为4500mm×1842mm×1746mm，轴距为2670mm，售价区间为8.69万～12.39万元。

瑞虎7 PLUS，定位为"年轻派智趣SUV"，面向20～35岁追求休闲娱乐、享受生活的现代乐活族。瑞虎7 PLUS凭借全新的型格活力设计、同级超强的鲲鹏动力、越级的智能娱乐座舱三大核心优势，全面满足年轻消费者主流需求，带来"劲擎过人,声色诱人"的驾驭新体验。

瑞虎 7 PLUS 采用型格活力设计,前脸采用天使之翼星辰格栅,晶格矩阵式 LED 大灯及动态流水转向灯、T 型晶透式 LED 前雾灯,整体气质更加锐利。侧面以多腰线勾勒出富有流动与韵律感的车身,与 19in 运动轮毂相匹配,搭载行业首发的"节奏脉动式"炫光行李架,运动与时尚完美融合;尾部采用一体贯穿式 LED 尾灯设计,搭配机能渐层式尾翼+撞色设计,进一步增强了尾部的时尚感和运动感。

动力上,瑞虎 7 PLUS 搭载 1.5T 发动机,最大功率为 115kW,峰值转矩为 230N·m,热效率可达 37.1%,匹配 6MT 及 9CVT 变速器,传动效率可达 97%,加速平顺无顿挫感;瑞虎 7 PLUS 鲲鹏版搭载同级最强的 1.6T+7DCT 鲲鹏动力,最大功率为 145kW,最大转矩为 290N·m,百公里加速仅需 8.28s,百公里油耗仅为 6.6L。同时整车在舒适性方面对弹簧、减振器、悬架衬套等部件进行优化,使底盘质感更好,驾驶更舒适。除此之外,瑞虎 7 PLUS 还搭载了 360°全景影像、ACC/AEB、APA 全自动泊车等 18 项智能驾驶辅助系统,带来更好开、更好停、更安全的驾驶体验。

除了时尚颜值和超强动力,瑞虎 7 PLUS 还有炫酷的智能娱乐,全系标配 24.6in 超大智慧双联屏和雄狮智云 Lion 4.0 系统,同时搭载唱吧 APP,配合全系标配的 8 扬声器 SONY 豪华定制音响,"想唱就唱",打造私人专属 KTV。

瑞虎 7 PLUS 是一款能兼顾性能与舒适、高颜值又高智商的全能担当,将成为年轻人购车首选。瑞虎 7 PLUS 一经上市就获得市场认可,助力瑞虎 7 系列销量快速提升,2021 年 10~11 月份销量连续破万(见图 7)。

图 6 瑞虎 7 PLUS

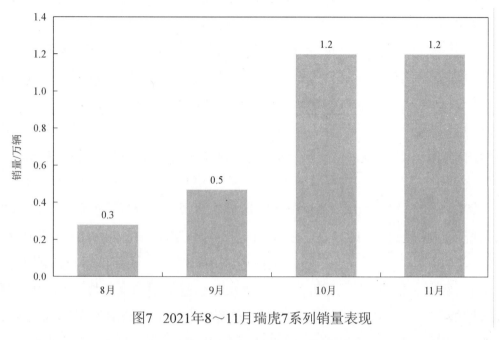

图7　2021年8～11月瑞虎7系列销量表现

（注：数据来源于乘用车市场信息联席会）

#### 4. 艾瑞泽 5 PLUS

艾瑞泽 5 PLUS 于 2020 年 12 月 18 日正式上市（见图 8），新车搭载 1.5L+MT/CVT、1.5T+5MT/CVT 动力，两种动力分别推出 8 款配置车型，长×宽×高为 4680mm×1825mm×1490mm，轴距为 2670mm，售价区间为 6.99 万～9.99 万元。

图 8　艾瑞泽 5 PLUS

艾瑞泽 5 PLUS 坚持"玩得酷，靠得住"理念，真正与年轻用户玩在一起，2021 年 6 月 21 日推出的"青空蓝""极光绿"两种全新潮酷外观颜色，是由百名车主活动现场共创，从自然中汲取灵感，在玩酷中追求向往的自然之色。考虑到年轻女性用户的喜好，2021年11月7日，在奇瑞汽车双十一"新潮国货，亿起狂欢"超级直播盛典狂欢夜上，艾瑞泽5 PLUS艾粉版正式上市，新车最大的亮点在于搭载全新潮酷粉色专属外观与内饰，视觉效果相当酷炫，符合目标受众人群的喜好，艾粉版车内使用了全新的让女性着迷的闺蜜动心配色，在进入车内那刻便拥有满满的温馨感。春暖时分舒心座椅、樱花舞质感中控饰板、高甜风中央扶手、粉色日出撞色门饰板的搭载及桃花运撞色缝线的应用让其颜值翻倍，专属感升级，轻松俘获少女心。

在智能辅助驾驶方面，艾瑞泽5 PLUS搭载的雄狮智驾系统涵盖了13项驾驶辅助系统，包括全速域ACC自适应巡航、LDW车道偏离预警&LKA车道保持、AEB自动紧急制动系统，FCW前方碰撞预警、BSD全天候高精盲点监测等功能，达到了L2级别智能驾驶，可满足0~150km/h车速范围的全速域自动驾驶辅助。同时博世最新一代ESP 9.3车身电子稳定系统、360°全景超清倒车影像等配置，也让驾驶更安全安心。艾瑞泽5 PLUS搭载的Lion雄狮3.0智云交互系统，拥有AI智云管家、AI增强型自然语音交互、AI智云互联远程车辆控制等技术，通过手机即可对车门、空调、天窗、车窗、后备厢进行远程控制，大大增强了用户的人机体验。AI智云管家可满足在线收听电台、新闻等各项需求。AI增强型自然语音交互支持46种方言，可通过语音控制生活服务、空调、音乐、电话、导航、天窗等7大类功能。艾瑞泽5 PLUS轴距为2670mm，车宽为1825mm，乘坐空间上更加宽敞舒适。加上立体包裹式沙发座椅、电子换挡、EPS电动助力转向、无线充电功能、一键升窗带防夹、锁车一键升窗等舒适配置，显著提升了用车生活的实用便捷性和舒适性。并针对轮胎、底盘结构和风噪声等多项NVH细节提升，为乘客带来图书馆级静谧的驾乘环境。而对于消费者最为关注的车内空气质量问题，艾瑞泽5 PLUS还配备了N95级防病菌空调滤芯、AQS空气质量管理系统、负离子空气净化、空气一键净化以及座舱自洁功能等，很好地保证了后疫情时代用户出行的健康安全。

艾瑞泽5 PLUS搭载1.5L和1.5T两种发动机，匹配9速CVT变速器和5MT变速器，1.5L发动机最大功率为85kW，峰值转矩为143N·m。1.5T发动机的最大功率为115kW，峰值转矩为230N·m，值得一提的是，1.5T+9CVT动力组合高效、敏捷、平顺，百公里加速只需9s，9速CVT变速器集成多项前沿技术，采用全新结构设计,传动效率达 97%,从根本上规避换挡冲击的问题,极具驾乘舒适性,可最佳匹配发动机工况,改善燃油经济性,同时 SPORT、ECO 等模式让用户进一步体验到驾驶乐趣。

艾瑞泽 5 PLUS 新颜色和艾粉版的火爆上市,不仅充分顺应了年轻用户的用车诉求,更是进一步诠释了艾瑞泽 5 PLUS 系列"玩得酷,靠得住"的品牌态度,同时也成为艾瑞泽"大单品"策略的全新成员,满足用户多元化、个性化的消费升级需求。从市场表现来看,艾瑞泽系列 2021 年月均销量接近 1 万辆(见图9)。

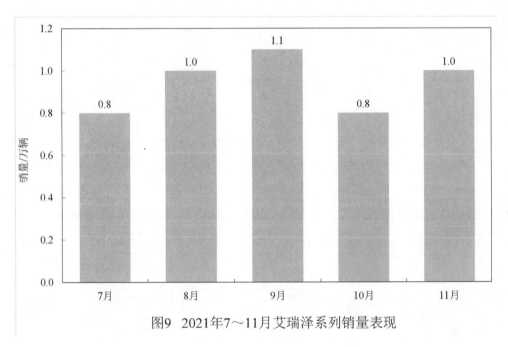

图9 2021年7~11月艾瑞泽系列销量表现

(注:数据来源于乘用车市场信息联席会)

## 三、结语

2022 年是我国迈向共同富裕时代的承启之年,长期资源配置将以公平正义为主线,持续深化"创新、协调、绿色、开放、共享"的新发展理念,积极构建双循环新发展格局,我国经济增速或呈现企稳回升的态势。从政策层面看,国家对于汽车消费依然持鼓励发展的态度,尤其是新能源汽车。通过出台优化汽车限购、鼓励农村汽车消费、加快老旧机动车的淘汰、促进二手车的流通、丰富汽车金融服务等一系列政策,进一步挖掘市场潜力,激发内生动力。芯片短缺问题预计在 2022 年有所缓解,这将推动汽车市场进入新一轮的复苏周期。2022 年奇瑞汽车将进一步拓圈细分市场，拓展新能源新赛道，满足用户多元化的需求。据悉，奇瑞 2022 年将投放多款精品好车，期待 2022 年奇瑞汽车能够取得更好的表现。

（作者：房冬冬）

# 2021年广汽传祺产品市场调研报告

## 一、2021年广汽传祺市场表现

2021年是极具挑战的一年。在宏观政策常态化、新冠肺炎疫情多点散发、芯片紧缺等因素影响下，乘用车市场供应乏力，消费复苏相对放缓。在"双碳""新四化"、国潮、年轻化的浪潮下，乘用车市场也发生了明显变革：新能源车销量逆势增长，全年终端市场渗透率超过10%；自主品牌通过新品牌和新产品不断高端上探；市场、品类、人群细分趋势愈演愈烈；用户运营前移，"共创"概念火热。

广汽传祺在2018~2020年调整期的基础上，持续完善产品结构，创新营销方式，推动品牌高质量发展。2021年，面对芯片供应短缺、电力供应紧张、原材料价格上涨、新冠肺炎疫情反复等多重外部风险的挑战，广汽传祺多措并举，在复杂严峻的形势下扛住了压力，实现了产销量的增长。2021年1~11月份，广汽传祺累计终端销量27.9万辆，超过2020年全年，同比增长16.4%，超过行业增速，整体表现稳中向好（见图1）。

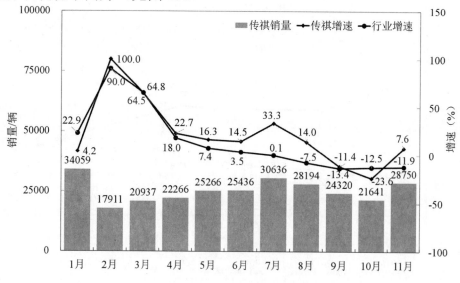

图1　2021年广汽传祺销量表现

（注：数据来源于中国汽车技术研究中心）

2021年也是广汽传祺品牌焕新元年。在2020年11月广州车展上,广汽传祺发布了"一祺智行,更美好"的全新品牌口号,以GPMA架构、钜浪动力、ADiGO智驾互联生态系统三大核心科技,为用户打造兼顾驾趣和智趣的出行体验。以全新品牌口号为引领,一个更年轻、更具活力的广汽传祺品牌焕新出发。2021年,广汽传祺推出了一系列强有力的产品,包括影豹、M6 PRO、M8四座版及福祉版、GS4 PLUS、全新第二代GS8等,全车型矩阵焕新升级,市场反响热烈,实现了广汽传祺品牌在运动轿车、豪华MPV、高端SUV等细分市场的强势突破,消费人群更加年轻,品牌形象持续向上。

## 二、广汽传祺产品策略

### 1. GS4家族

2021年,A级SUV销量超越A级轿车,成为乘用车市场份额最大的细分市场(见图2)。长城哈弗H6、长安CS75、吉利博越、上汽荣威RX5等头部自主SUV车型纷纷推出A/A+家族组合抢占市场。2021年6月,广汽传祺推出新车型GS4 PLUS,与GS4合力打造GS4家族,巩固A级SUV市场基盘,抢夺A+级SUV市场份额。

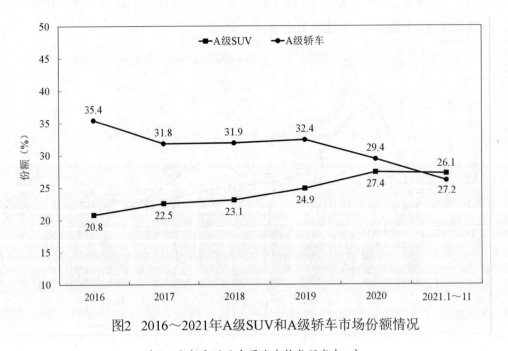

图2 2016~2021年A级SUV和A级轿车市场份额情况

(注:数据来源于中国汽车技术研究中心)

GS4 PLUS 售价区间为 12.68 万～14.98 万元，在外形、动力、操控、科技、空间、安全方面都具有强于同级的体验。GS4 PLUS 拥有震天翼和星之翼两款格栅设计（见图 3 和图 4），前大灯采用竖向分体式 LED 日间行车灯，整体呈"X"形，威严而霸气。在动力方面，GS4 PLUS 搭载广汽钜浪动力第三代 2.0T GDI 发动机，最大功率为 185 kW，最大扭矩为 390 N·m，拥有大动力、低油耗、低噪声等优点。整车尺寸优于竞品，并具备超大后备厢，后排座椅放倒后可放 16 个 20in 行李箱。GS4 PLUS 百公里制动距离为 35.17m，为同级别车型中最短，全系标配 4 气囊+2 侧气帘，配备三层智能空气净化，全面守护健康。

图 3　广汽传祺 GS4 PLUS 震天翼前脸

图 4　广汽传祺 GS4 PLUS 星之翼前脸

GS4 PLUS 是首款搭载广汽超感交互智能座舱的产品，依托全新一代 ADiGO 4.0 智驾互联生态系统和绿擎科技，基于"先知·共生"的设计理念，通过 AI、AR、大数据和 5G 互联，赋予座舱提前感知、主动服务、五感融合的能力，实现全场景、全过程的沉浸式智能交互体验。拥有 57 项同级别车型中最多功能和场景覆盖，为用户提供酷炫科技、音乐娱乐、安全驾驶、健康空气、亲自关怀五大功能包，涵盖手势切歌、疲劳缓解、分神提醒、抽烟通风、情绪音乐、粤语识别、祺妙相机、声音复刻等功能，并可通过 OTA 升级不断完善增加，确保车辆保持新鲜。

GS4 自上市以来备受消费者喜爱，成为销量破百万辆最快的自主品牌 SUV。2019 年，第二代 GS4 上市，以家用超值、高性价比等特点成为广汽传祺销量主担，稳固了广汽传祺 A 级市场基盘。2020 年，GS4 PHEV 及 GS4 COUPE 的推出，满足了消费者多元化的出行需求。2021 年，GS4 PLUS 加入 GS4 家族产品矩阵，主攻13万~15万元A+级SUV市场,以霸气的外形、高科技及高性能配置,助力广汽传祺提升销量,拓宽细分市场覆盖。

### 2. 全新第二代GS8

第一代GS8上市5年来,累计收获了22万车主的青睐,成为大七座SUV明星车型。时隔5年,广汽传祺全新第二代GS8焕新登场(见图5)。作为广汽GPMA架构首款中大型SUV,第二代GS8以其澎湃强劲的动力、卓越领先的科技配置、傲视霸气的豪华品味,满足用户对品味的诉求,继续实现我国汽车品牌向高端进阶的使命,用实力引领自主品牌中大型SUV向上突破。

图5 广汽传祺第二代GS8外观及内饰

第二代GS8兼具动力和科技等各方面优势。在动力方面,具备燃油和混动两套动力系统。燃油版搭载由高功率2.0T GDI发动机和爱信8AT变速器组成的黄金动力组合,峰值扭矩达400N·m,最大功率达185kW,性能强劲。混合动力版使用了丰田第四代THS混动系统,采用丰田全新E-FOUR电子四驱系统,搭载广汽全新一代钜浪动力产品2.0TM发动机,热效率达40%,百公里油耗为5.3L,百公里加速时间为6.9s,注重效率的同时兼顾性能。

在科技方面,第二代GS8搭载广汽ADiGO 4.0智驾生态系统,包括OMS超感交互智能座舱,覆盖寻车、准备、驾驶、停车、下车、离车六个阶段超过57项超感交互功能,全方位打造更安全、更便捷、更人性化的智能化用车体验。配备与奔驰S级同款DLP技术的AR-HUD增强型抬头显示系统,让驾驶员可以通过虚拟屏幕清楚地获得有关车辆行驶的信息。搭载ADAS智能驾驶辅助系统,包含L2+级智能驾驶辅助、540°全景影像、FAPA融合泊车等多种功能。第二代

GS8 还搭载了 AVDC（广汽自适应车辆动态控制系统）影子车手，通过对发动机、变速箱、底盘、电器等系统实行全领域动态集成控制，实现各子系统间信息互通，保证车辆以最佳方案动态运行，操控性与舒适性得到极大的提升，真正做到"人车合一"。

除此之外，第二代 GS8 在外观、内饰、尺寸、舒适、安全等方面都进行了升级（见表1）。预售首月订单破万辆，充分展现出市场对其的关注和认可。作为广汽 GPMA 架构下首款高端 SUV，全新第二代 GS8 坚持以用户体验为中心，与用户共创共享，持续为用户带来豪华、舒适、智能、安心的驾乘体验。

表1 广汽传祺第二代 GS8 的八大升级

| 升级项目 | 第一代 GS8 | 第二代 GS8 |
| --- | --- | --- |
| 外观升级 | — | 全新造型（格栅+大灯+轮毂+保险杠） |
| 内饰升级 | — | 全新内饰（中控布局+屏幕+座椅等） |
| 尺寸升级 | 中型 SUV（轴距为2800mm、长×宽×高为4835mm×1910mm×1785mm） | 中大型 SUV（轴距为2920mm、长×宽×高为4980mm×1950mm×1778mm） |
| 动力升级 | 2.0T+爱信 6AT | 2.0T+爱信 8AT<br>2.0T+丰田 THS-IV |
| 舒适升级 | — | 6座二排独立座椅+二排女王躺<br>三排座椅电动调节+超静谧 NVH |
| 智联升级 | ADiGO 2.0<br>12.3in 液晶仪表+10.1in 屏幕 | ADiGO 4.0<br>12.3in 液晶仪表+14.6in 屏幕+<br>AR-HUD+OMS 智能座舱 |
| 智驾升级 | L2 自动驾驶 | L2+自动驾驶+记忆泊车 AVP |
| 安全升级 | — | 中保研全优开发标准+2021版 CN-CAP 碰撞五星标准 |

### 3. 影豹

轿车市场占据整体汽车市场一半的销量份额，是汽车市场重要的组成部分，而 A 级轿车市场又是决胜的关键。历年以来，A 级轿车销量占据轿车市场份额过半（见图6），而 A 级轿车市场的头部席位几乎被合资品牌占据，自主品牌要在这个市场规模大、合资林立的 A 级轿车市场突围，产品除了要兼顾产品力和性价比以外，还需要有足够的产品调性。

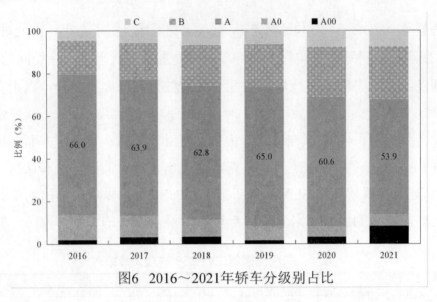

图6 2016~2021年轿车分级别占比

（注：数据来源于中国汽车技术研究中心）

影豹自 2021 年 6 月 18 日预售以来，凭借其吸睛的战机造型、优秀的机械素质和极具竞争力的价格，深受年轻消费者的追捧，成功地在运动型轿车市场中脱颖而出，销量持续攀升（见图 7），一举成为广汽传祺轿车产品线的销量担当，取得了预售盲订 9 天斩获订单 6900 辆、上市当月订单破 1.5 万辆的好成绩。影豹目前所取得的阶段性成功，离不开广汽传祺一直以来对年轻用户市场的探索和耕耘。三年来，广汽传祺品牌通过不断深挖年轻用户的喜好和诉求，让用户参与到影豹车型从产品研发到市场营销的全过程中来，用心打造了这款用户共创、深受年轻人喜爱的车型，这也恰恰符合了广汽传祺品牌要和 Z 世代同频共振的初衷。

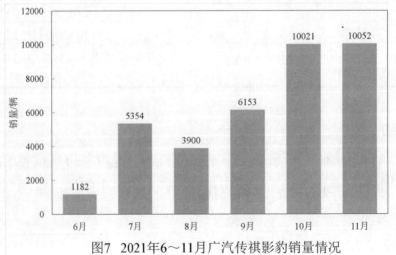

图7 2021年6~11月广汽传祺影豹销量情况

（注：数据来源于乘用车市场信息联席会）

影豹（见图 8）以其精准的产品定位和较强的产品力，切入目前仍在增长的运动型轿车市场，做到了以 10 万元左右的价格实现了运动属性和日常家用舒适性的兼顾。影豹是广汽传祺 GPMA 架构下的首款运动轿车，搭载了钜浪动力 1.5T 发动机，动力强劲，百公里加速时间 7s 以内，并把钜星底盘"韧、顺、稳"的底盘风格发挥得淋漓尽致。同时，独特的战机造型、ADiGO 智驾互联生态系统和越级的内饰空间等亮点，在各方面全面提升了影豹的产品竞争力。

未来，影豹将坚持以用户体验为中心的理念，一方面，继续深化用户运营，通过"用户共创"等改装活动让用户参与产品运营流程，强化影豹的"个性化"标签，在 2021 年广州车展亮相的"银河战机版"车型就是与轻友共创的成果展现。另一方面，广汽传祺将推出搭载广汽自研 GMC 2.0 混合动力系统的影豹混动版车型，开拓混动市场，兼顾更多元化的用户需求，真正做到"以用户为中心"的产品配置优化和产品力提升。

图 8　广汽传祺影豹外观及内饰

### 4．MPV

MPV 市场目前是广汽传祺重要的销量来源，2020 年 MPV 销量占全品牌销量的 25%，2021 年继续增长至 37%。广汽传祺旗下 M6、M8 两款车型均在 MPV 整体份额下滑的背景下，保持逆势增长，尤其是 M8，高端大师版也获得广泛的市场认可，助力自主品牌突破价格天花板，树立自主品牌中高端车型的标杆。

（1）**M8**　广汽传祺 M8 于 2017 年 12 月上市以来，经多年耕耘，成功成为 MPV 市场中自主品牌的标杆。我国 MPV 市场具有容量小、车型较少、A/B 级 MPV 价格段分化的特点。头部 B-MPV 市场原本主要由别克 GL8、本田奥德赛、本田艾力绅等合资品牌占据，但 M8 的成功上市及运营，打破了这一格局。截至目前，M8 是中高端 B 级 MPV 市场中，销量仅次于别克 GL8 的车型，稳居细分市场第 2 名，并在多个省市持续冲击别克 GL8 市场（见表 2）。

2020年M8大师版的成功上市，是M8系列的又一个里程碑。M8大师版不仅丰富了M8产品线，为客户提供了更高端、更多样的选择，也进一步突破了自主品牌燃油车型的价格天花板，并得到客户广泛认可，一车难求。此外，2021年M8四座版、福祉版上市，体现了广汽传祺在MPV领域的深耕精神，也体现了广汽传祺注重客户体验、践行社会责任的努力。M8的销量再创新高，各新增派系受到客户青睐，也进一步强化了广汽传祺深耕MPV领域的决心，未来将继续保持M8系列的丰富与革新。

M8系列，具备五大特点：威严大气外观、全维奢享座舱、贴心舒享科技、无界智联娱乐、舒适智能安全，是打动客户的核心价值，给予客户"至高无界，惬享豪华"的尊贵体验。

表2 2020~2021年B级MPV销量排行

| 2020年 | | 2021年1~11月份 | |
| --- | --- | --- | --- |
| 车型 | 销量/辆 | 车型 | 销量/辆 |
| 别克GL8 | 155958 | 别克GL8 | 140950 |
| 艾力绅 | 43102 | 传祺M8 | 59831 |
| 奥德赛 | 40255 | 艾力绅 | 48036 |
| 广汽传祺M8 | 33309 | 奥德赛 | 43282 |
| 奔驰V级 | 14574 | 威然 | 15527 |
| 威霆 | 11857 | 奔驰V级 | 14731 |
| 威然 | 11452 | 荣威iMAX8 | 13315 |
| 大通G10 | 9046 | 威霆 | 13103 |
| 大通G20 | 5861 | 风行CM7 | 8547 |
| 荣威iMAX8 | 3387 | 五菱征程 | 7079 |

注：数据来源于中国汽车技术研究中心。

(2) M6 M6于2019年1月正式上市，是广汽传祺的第二个主要MPV系列。秉承广汽传祺一以贯之、自上而下推出产品的思路，强化品牌运营，在M8销售初见成功的背景下，M6也取得了较好的发展。通过2年的运营，M6成功成为10万~15万元A-MPV车型中的标杆，超过别克GL6、吉利嘉际、比亚迪宋MAX等中外竞品。2021年5月，M6 PRO成功上市，极大地丰富了M6系列产品线，消费者可以轻松选择宜家、宜商或家商兼用的车型版本。

近几年MPV市场呈现明显的高价段B级MPV份额持续提升（见表3），低价段 A 级 MPV 份额持续下滑的分化态势，广汽传祺 M6 作为这一细分市场中逆势增长的销量贡献者，引领了 A-MPV 市场高端化的趋势。

表 3　2017~2021 年 MPV 占全国乘用车份额情况

（单位：%）

| 级别 | 2017 年 | 2018 年 | 2019 年 | 2020 年 | 2021 年 1~11 月份 |
| --- | --- | --- | --- | --- | --- |
| A 级 MPV | 7.0 | 5.8 | 4.7 | 3.7 | 3.3 |
| B 级 MPV | 1.2 | 1.4 | 1.5 | 1.8 | 2.2 |
| MPV 小计 | 8.1 | 7.3 | 6.2 | 5.5 | 5.5 |

注：数据来源于中国汽车技术研究中心。

M6 具备锋锐设计、魔术空间、安全科技、舒享座舱四大卖点，满足客户家庭使用多场景的需求。未来，M6（见表 4）也将如 M8 一样，不断改善产品，推出更贴合客户需求的新派生、新车型。

表 4　2019~2021 年广汽传祺 M6 与主要竞品销量对比情况

（单位：辆）

| 车型 | 2019 年 | 2020 年 | 2021 年 1~11 月份 |
| --- | --- | --- | --- |
| 广汽传祺 M6 | 33201 | 36531 | 42062 |
| 宋 MAX | 53772 | 26172 | 18002 |
| 嘉际 | 24547 | 29766 | 15046 |
| 别克 GL6 | 28839 | 11044 | 7457 |

注：数据来源于中国汽车技术研究中心。

## 三、广汽传祺市场展望

### 1. 广汽集团战略规划

广汽集团以"十四五"规划的"1615"战略为总纲，以 e-TIME 行动计划为指引，进一步夯实体系作战能力。通过 15 年时间的投入和积累，广汽集团科技能力实现叠加式提升，拥有 GPMA、GEP 两大平台架构和热效率世界领先水平的钜浪动力，掌握超级快充电池、高能量密度电池等电池核心技术，构筑了新一代车云一体化集中计算电子电气架构 EEA3.0，并启动氢燃料电池车示范运营，实现氢气发动机成功点火。

在技术进步的同时，广汽集团正在积极推进"双碳"目标的落地实施，在上海车展发布"GLASS 绿净计划"的基础上，于广州车展上发布了"绿净计划"碳中和目标，同时承诺将于 2050 年前（挑战 2045 年）实现产品全生命周期的碳中和。从研发、生产、消费者使用环节全链路思考，稳步落实"绿净计划"，确保实现碳中和目标。

在产品上，将进一步提高智能网联新能源车及节能汽车占比。"ICV+EV"和"ICV+XEV"两条路线同步发展，计划于 2025 年实现自主品牌新能源车销量占比 50%，2030 年全集团新能源车销量占比 50%；此外，还将加快推进包含氢能动力在内的替代燃料车型开发。在节能汽车方面，广汽传祺将启动全面混动化的战略。

### 2. 广汽传祺品牌发展

在广汽集团战略指引下，广汽传祺积极响应，快速行动，定下"混动化+智能化"双核驱动的发展战略，计划 2025 年实现全系车型混合动力化，2030 年实现混合动力销量占比超 60%，挑战 2045 年实现碳中和。

具体举措包括：第一，高起点打造"碳中和"工厂，引入绿电、超级光伏发电系统，以"零碳"为目标，实现全产业链的数字化、智能化、低碳化；第二，全面发力混合动力技术：以钜浪动力为依托，通过开放合作和自主研发，以丰田 THS 与广汽自研 GMC 两套混动系统双轨前进，打造我国品牌最强混动平台；第三，加速落地低碳产品：2021 年 10 月，全新第二代 GS8 开始预售，首月订单破万辆，搭载丰田全新 THS 系统的混合动力版本，占比超过 50%，市场反响热烈。另外，广汽传祺将陆续推进其他混合动力车型快速落地，尤其是真正能实现零碳终极目标的氢能动力产品。

### 3. 2022 年新产品

2021 年，广汽传祺克服了新冠肺炎疫情反复、芯片短缺的困难，迎难而上，广汽传祺影豹、M8、GS8 都实现强势突破。客户人群更加年轻，品牌形象持续向上，平均单车售价近 15 万元，领先自主品牌平均水平，超越众多合资品牌。

2022 年，广汽传祺将持续落实"金三角战略"，计划推出两款全新车型。第一款是在广州车展上发布的概念车 EMKOO（见图 9），并邀请用户参与到 EMKOO 的量产设计、功能开发和生活方式延展等方面，实现"用户共创"。

图 9　广汽传祺概念车 EMKOO

第二款是核心车型 M8 的换代产品，全新 M8 将在造型、内饰、产品细节以及智能网联等多方面进行全面提升，继续夯实我国高端 MPV 市场的领先地位。

（作者：简飚　刘玉华　黄怡青　李文珊　温朴涵）

# 2021年吉利汽车产品调研报告

2021年是挑战与机遇并存的一年,我国汽车市场在跌宕中前行。截至2021年11月份,我国乘用车市场累计销量为1819.7万辆,同比增长10.3%,基本回升至新冠肺炎疫情前同期水平。随着我国疫情的逐步控制和经济的快速复苏,我国乘用车市场在上半年呈现高增长状态。2021年下半年,尽管芯片短缺、限电限产、极端天气等制约因素仍将在短期内持续冲击汽车市场,但终端消费仍处于稳步修复阶段,需求侧仍将为汽车市场带来支撑。2021年,"新能源"和"个性化"两大市场成为主趋势,我国乘用车市场已然进入了新的赛道。

大浪淘沙始见金。吉利汽车坚持以消费者的需求为核心,凭借成熟的技术、可靠的质量、统一的品质和专业的服务,通过逐步梳理补充产品矩阵,从顶层逻辑规划统筹各子品牌的定位与发展,以未来的眼光全方位布局多样化能源、自动驾驶和智能化技术,成功地在激烈复杂的市场角逐中实现了逆势增长。2021年1~11月份吉利汽车累计批发销量达116.9万辆,同期增长0.3%,连续5年销量破百万辆(见图1),连续4年蝉联我国自主品牌销量冠军,并首次跃居我国乘用车市场销量第三(见表1)。

图1 2016~2021年吉利汽车销量及同比增速

(注:数据来源于乘用车市场信息联席会批发数据)

表1  2016~2021年吉利汽车的市场占有率和排名变化

（单位：万辆）

| 排名 | 2016年 | | 2018年 | | 2020年 | | 2021年1~11月份 | |
|---|---|---|---|---|---|---|---|---|
| 1 | 上汽大众 | 8.35 | 上汽大众 | 9.12 | 一汽大众 | 10.77 | 一汽大众 | 8.55 |
| 2 | 上汽通用 | 7.97 | 一汽大众 | 8.73 | 上汽大众 | 7.69 | 上汽通用 | 6.25 |
| 3 | 一汽大众 | 7.92 | 上汽通用 | 8.48 | 上汽通用 | 7.25 | 吉利汽车 | 6.24 |
| 4 | 上汽通用五菱 | 6.10 | 吉利汽车 | 6.30 | 吉利汽车 | 6.85 | 长安汽车 | 5.96 |
| 5 | 长安汽车 | 4.86 | 东风日产 | 5.64 | 东风日产 | 6.16 | 上汽大众 | 5.90 |
| 6 | 北京现代 | 4.85 | 上汽通用五菱 | 5.63 | 长安汽车 | 5.18 | 东风日产 | 5.23 |
| 7 | 东风日产 | 4.74 | 长城汽车 | 3.94 | 长城汽车 | 4.50 | 长城汽车 | 4.86 |
| 8 | 长城汽车 | 4.20 | 长安汽车 | 3.46 | 东风本田 | 4.37 | 上汽通用五菱 | 4.79 |
| 9 | 长安福特 | 3.95 | 北京现代 | 3.43 | 上汽通用五菱 | 4.10 | 奇瑞汽车 | 4.06 |
| 10 | 吉利汽车 | 3.31 | 东风本田 | 3.36 | 一汽丰田 | 4.01 | 一汽丰田 | 3.97 |

注：数据来源于乘用车市场信息联席会批发数据，含出口。

## 一、多品牌协同，共同助力科技吉利4.0持续向上

2021年，吉利汽车全面迈入了"4.0全面架构体系造车时代"，旗下吉利、领克、几何等品牌，协同全新纯电车品牌极氪的共同发力，突出大吉利品牌优势，形成完善的战略集群和产品矩阵，进一步深化科技吉利4.0战略，加速吉利汽车向高端化和智能化发展。

### 1. "中国星"引领吉利高端化突破

吉利品牌对旗下产品线进行了明确的定位与划分，分为以博系和帝豪系为代表的"中国风"精品系列，以缤瑞和缤越为代表的"中国潮"新潮系列，以及由星瑞、星越S和星越L组成的"中国星"高端系列（见图2），合理的产品矩阵能让吉利更好地满足每个用户的不同需求。其中，"中国星"全系使用CMA超级母体模块化架构进行产品制造，并集结了吉利汽车所有顶尖技术，代表了我国汽车品牌最高制造水平。在配置上，全系均可实现燃油车FOTA升级，"雷神智擎Hi·X"

智能混合动力平台也将在星系列车型首发搭载。在价格方面，星系列平均售价突破14万元，成功进入合资品牌的价格主战场，与合资品牌正面抗衡。吉利汽车全力推出"中国星"系列的目的是希望实现高端产品的大众化，让利给用户，成为用户能买到最好的中国车。截至2021年11月"中国星"家族累计销量成功突破18万辆（见图3）。

图2 吉利"中国星"系列

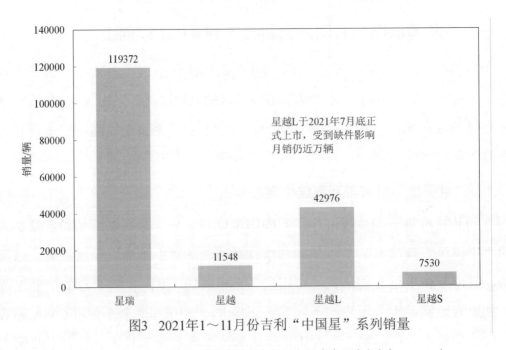

图3 2021年1~11月份吉利"中国星"系列销量

（注：数据来源于乘用车市场信息联席会批发数据）

"家轿颠覆者"星瑞自 2020 年 11 月上市后,成功帮助吉利汽车补齐重要的 A+轿车市场(见图 4),同时也凭借出色的综合产品力和优越的性价比得到了消费者的认可,取得了月均销量破万辆的亮眼成绩。通过对已购用户的调研了解到,星瑞完美契合用户对大气时尚、年轻科技和舒适品质等形象的需求,拥有很高的用户使用满意度和推荐度。尤其是采用全新家族式设计语言的外观,基于 CMA 架构凸显的高安全性和高质量,各类智能化和人性化的配置,沃尔沃 2.0T 发动机和舒适的空间等方面,都得到了消费者的高度认可(见图 5)。

图 4 星瑞外观和内饰

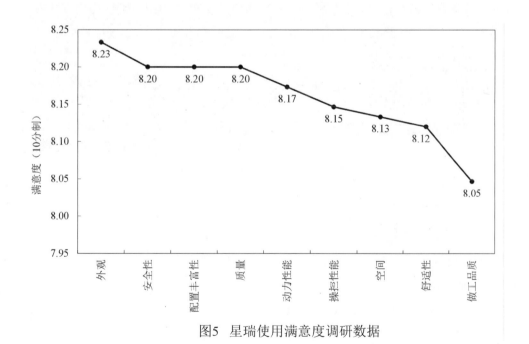

图5 星瑞使用满意度调研数据

星越 L 是吉利品牌在 2021 年推出的具有跨时代意义的旗舰 SUV,凭借豪华、智能、安全三大旗舰标准和硬实力,上市 30 天销量便成功破万辆,也是 12 万~18 万元级别大五座 SUV 市场中销量头部的自主品牌车型。星越 L 具备超越期待的豪华(见图 6),4770mm×1895mm×1689mm 的越级车身尺寸和 2845mm 的超长轴距,尽显空间优势,全新 4.0 设计语言、大面积麂皮面料和环保材质的使用、全景天窗、多屏互联和媲美一线豪华品牌的 NVH 性能,兼具内在与外在。星越 L 具备超越时间的智能,首搭吉利自研全新一代银河 OS 数字智能系统、搭载高通骁龙 8155 旗舰车规芯片、加持德州仪器 Jacinto7TDA4 智能驾驶芯片,承袭 CMA 全新智能可进化电子电气架构,搭载每季度推送的整车 FOTA 升级,真正拥有未来 5~10 年的智能拓展升级潜能。星越 L 具备超越想象的安全,24 个感知元器件组成全方位感知系统实现九大全域安全、EMA 紧急转向辅助系统实现紧急避让、79km/h 完美通过麋鹿测试,星越 L 全面承袭 CMA 超级母体全球顶级的安全基因。吉利品牌不仅坚持将消费者需求放在首位,也勇于承担中国自主品牌向上发展的时代使命,而星越 L 这款车型便是吉利突破合资品牌长期制定的 SUV 标准,满足了消费者品质和外观全方位的升级需求,当之无愧为 2021 年最重磅车型之一。

图 6 吉利星越 L 车型外观和内饰

### 2. 领克品牌向上之路不止

2021 年领克品牌也是在持续加强产品运动体验和性能属性的同时,兼顾了家用属性,品牌内在和产品矩阵进一步丰富,持续展现出强大的品牌向上张力。2021 年 1~11 月份,领克旗下 6 款车型(领克 09 于 2021 年 10 月底上市)累计销量为 194670 辆,同比增加 29.3%(见图 7),在品牌五周年之际交上了一份漂亮的成绩单。

图 7　2017～2021 年领克品牌销量及同比增速

（注：数据来源于乘用车市场信息联席会批发数据）

2021 年十分抓人眼球的新车型肯定少不了领克 02 Hatchback。领克 02 HB 是一款两驱掀背车型，起售价为 17.68 万元。相较于领克 02，02 HB 将离地间隙下调至 141mm，轮胎与轮眉间距进一步减小 35mm，轮胎增大至 680mm，使其整体比例更加接近赛车的宽体低趴姿态，大幅提升行驶时的稳定性，强化其低趴运动属性。动力总成也由原来的 2.0T T4 + 6AT 升级为 2.0T T5+ 8AT，最大输出功率达 187kW，峰值扭矩达 350N·m，6.2s 百 km 加速度和弹射起步也绝对能满足消费者对强劲动力和极致加速的追求。在外观上，02 HB 在原有高颜值的基础上，大胆采用极具张力激情的亮橙色增强视觉冲击性，黑色獠牙搭配垂直运动格栅丰富视觉层次感，专属熏黑尾标和熏黑处理的尾灯极具辨识度。在内饰上，拥有包裹性极强的运动型座椅、金属踏板、包覆 Alcantara 麂皮触感换挡杆材料，领克 02HB 持续强调运动属性，也用心为消费者提供实打实的品质（见图 8）。领克 02HB 对安全性也有周全的考量，主被动安全配置和 540°全景影像带底盘透视等功能均有配备。领克逆潮流推出领克 02 Hatchback，希望这款灵活便捷的两厢车满足用户对日常城市驾驶的基础需求。

图 8　领克 02HB 车型外观和内饰

此外,基于 SPA 架构打造的全新旗舰车型——领克 09（见图 9），终于在万众期待中重磅上市。领克 09 售价为 26.59 万～37.09 万元，首月订单便已破万辆，且高配车型订单接近 70%，表现令人惊喜。领克 09 定位中大型 SUV，拥有超大尺寸和 2984mm 超长轴距，外观采用最新的设计语言，内饰沿用领克家族设计风格，整车霸气与优雅兼备，科技与品质并存。在动力方面，领克 09 分为轻混动力（MHEV）和插电式混合动力（PHEV）两种动力模式，其中 MHEV 车型搭载 Drive-E T5 发动机，配合爱信 8AT 变速箱，最大输出功率为 187kW，峰值扭矩为 350N·m，百 km 加速成绩达到 8s，在 NEDC 工况下，百 km 油耗低至 8L；而 PHEV 版本则采用了 P1+P4 双电机策略，最大综合功率可达 317kW，峰值扭矩为 659N·m，百 km 加速时间仅为 5.6s，在 NEDC 工况下，满电百 km 油耗低至 1.7L，低电量下百 km 油耗为 6.9L，纯电续航里程为 80km。在安全方面，领克坚持以更严格的安全标准开发，辅以更严苛的安全测试要求，因此领克 09 不仅继承了 SPA 架构的优秀安全基因，具有极其出色的主被动安全配置，同时还在电池安全、环境安全和信息安全方面给予用户全域保护。在智能化方面，领克 09 搭配 Lynk Co-Pilot 能快速感知并分析复杂路况，升级后的全新智能数字座舱具有丰富的智能化应用和生态，LYNK OS 打破常规车机桌面的内容定式，实现可满足用户定制需求的虚拟车机助手。领克 09 以用户对更好生活的需求为灵感而打造，完全满足了用户在商务通勤、日常生活等不同场景中的多重身份需求，让出行体验真正成为一种享受。

图 9 领克 09 外观和内饰

**3. 极氪品牌成功切入高端纯电市场**

吉利汽车在新能源领域有深厚的技术积累和全面的战略布局。在主打"真续航"的大众纯电动品牌几何稳扎稳打,单月订单持续破万辆的时候,极氪品牌也通过首款车型——极氪 001 的预定开启,正式加入高端智能纯电汽车的行业竞争中。

极氪 001 定位豪华猎装轿跑,是基于 SEA 浩瀚架构打造的首款量产车型,售价为 28.1 万~36 万元。独特的猎装造型,50∶50 大气舒展的车身比例,3005mm 的超长轴距,搭配五档高度可调的全自动空气悬架系统,匹配同级最大的 22in 轮毂,极氪 001 恰到好处地融合了 SUV 的空间优势和轿车的优雅动感(见图 10)。极氪 001 主打高性能和豪华性,在消费者十分关注的续航和性能参数上表现出众。在配置上,也为消费者提供了 ZEEKR AD 全场景高度自动驾驶系统、鹰眼视觉融合感知系统、全新"骨骼识别"技术、智能语音交互、雅马哈高级音响、FACE ID、无框车门等多重豪华智能配置。除了产品本身,在销售端,极氪采用直营模式,以便更好地触达消费者,了解消费者真实的需求;在生态端,极氪也在积极自建全场景补能体系,推出了如线上社区、OTA 商城、极物生活等小程序,已实现产品全生命周期管理。同样值得注意的是,极氪品牌虽然是完全独立的品牌,采用轻资产和互联网式的运作模式,但也将充分整合利用吉利汽车在智能电动领域的资源,积极打造电动智能化赛道上的"第三种模式"。作为极氪的首款车型,极氪 001 在 2021 年 10 月开始交付,首个完整单月交付量达 2012 辆,平均订单金额达 33.5 万元,预计 2021 年的销量可达 7000~8000 辆。未来 3 年,极氪每年至少会推出两款产品,以满足不同细分市场的需求,品牌发展潜力令人期待。

图 10　极氪 001 外观和内饰

## 二、多项技术赋能，全面推进智能吉利 2025

我国汽车市场日新月异，科技实力与科技生态成为各大车企的核心竞争力，尤其在新能源领域，传统汽车企业和新势力企业共同发力，通过不断优化的技术升级和多样的汽车技术路径，全面推动整个行业的发展。而未来随着新能源汽车市场竞争的不断饱和，进入软件与数据定义汽车的新阶段，竞争重点必然会从电动化向智能化转变。吉利汽车坚持满足用户的体验需求，在着眼当下的同时，也紧紧把握未来智能化趋势发展，在 2021 年 10 月 31 日正式发布主题为"智能吉利 2025、九大龙湾行动"的吉利 2025 战略，加速构建在新能源、自动驾驶、智能座舱等核心技术领域的全栈自研生态体系，明确向智能出行科技型企业转型的决心。

### 1. 雷神动力开启吉利智能混合动力新时代

2021 年是新能源汽车市场快速崛起的一年。在纯电动技术路径得到市场认可的同时，油电混合动力、插电式混合动力、甲烷电池、氢燃料电池以及融合动力等多种能源动力技术也都在国家政策的鼓励支持下，展现出了多样的技术优势和潜在的市场需求，汽车动力多元化时代悄然来临。在此背景下，吉利汽车坚守技术自研的初心，并在 2021 年 10 月正式发布"雷神动力"全球动力科技品牌以及"雷神智擎 Hi·X"世界级模块化智能混动平台，正式开启吉利汽车动力 4.0 时代。雷神动力品牌定位全球高端，旨在提供全球领先的高效、智能动力解决方案，真正实现"中国动力、供应全球"的目标。雷神动力的产品矩阵由雷神智擎 Hi·X、高效传动、高效引擎和 E 驱组成。其中，核心产品"雷神智擎 Hi·X"混动系统包含 DHE20/DHE15 混合动力专用发动机和 DHT Pro/DHT 混动专用变速箱，支持

A0-C 级车型全覆盖，并且涵盖 FHEV、PHEV、REEV 等多种混动模式，同时雷神智擎 Hi·X 凭借 43.32%的热效率、全球最高 3 挡 DHTPro、40%以上节油率、全动力域 FOTA 等六大混动天花板技术实现领跑，在经济性、动力性、舒适性和智能化四大领域完成了全面升级。目前，雷神智擎 Hi·X 已在星越 L 上首发搭载，未来三年还将提供包括强混动力、长续航插电式混合动力和增程混合动力在内的多种动力组合，并将搭载在吉利、领克等品牌的 20 余款车型上。相信在雷神动力技术的强势助力下，吉利汽车必将持续为消费者带来更加极致的智能低碳出行体验。

### 2. 高端车机芯片实现突破

2021 年，经历过芯片短缺危机的我国汽车市场已经深刻认识到芯片自主可控的重要性。而吉利汽车早在几年前便前瞻性地开始布局汽车芯片技术，在 2020 年由旗下亿咖通科技与 Arm 中国共同出资成立了专注高性能汽车芯片研发的芯擎科技，并在 2021 年 11 月成功推出了自研芯片"龙鹰一号"，这也是全国首颗 7nm 车规级 SOC 芯片。与当下汽车市场常用的 28nm 制程技术相比，吉利汽车研发的"龙鹰一号"采用业界最先进的 7nm 制程，利用 SOC 多核异构封装技术，将 87 层电路和 88 亿个晶体管高度集成在仅有 83mm² 的芯片内，使门电路密度提高 3.3 倍，同等功率下性能提升 35%～40%，功耗降低 65%，可在算力、性能等方面直接对标高通 8155 芯片。该芯片将在 2022 年正式量产，并搭载在吉利、领克等品牌旗下的热门车型上。与此同时，吉利汽车也规划在 2024～2025 年，先后推出 5nm 制程的车载一体化超算平台芯片和高算力自动驾驶芯片，以满足未来 L3 级智能驾驶的算力需求。透过这颗小小的自研芯片可以看到，吉利汽车正在一步一个脚印地构建自身在智能化领域的核心竞争力。

## 三、全新销售模式落地，全球市场开拓加速

在全球去碳化大浪潮的推动下，各国政府相继颁发新能源汽车补贴政策和排放法规，进军海外市场成为自主新能源汽车企业的"第二条增长曲线"。吉利汽车放眼全球，在不同发展阶段选择不同的海外市场开拓战略，整合各方优质资源，已经逐渐将脚步跨出亚洲、走进欧洲、迈向中亚、奔往全球。截至 2021 年 11 月，吉利汽车海外市场出口量达 97883 辆，同比增长 61%，稳稳地打开了在全球市场的知名度和竞争力。

2017年吉利汽车收购宝腾汽车49.9%的股份,成为宝腾汽车的独家外资战略合作伙伴,成功打开了马来西亚市场,并以马来西亚为基地,不断开拓菲律宾、缅甸等东南亚市场。2020年,吉利汽车旗下"主打全球新高端"的领克品牌开始了进军高端国际市场的旅程,随着首家欧洲线下体验店在阿姆斯特丹正式开业,全新领克01全球版开启全球预售,"欧洲计划"正式落地。与国内市场专注"车辆的销售"不同,领克品牌在欧洲采用全新的商业模式,强调"更有效的车辆使用"和"分享":领克为欧洲用户提供订阅式短租、长租和直接购买车辆三种服务模式,改善用户的拥车体验,提升车辆的使用效率;同时,用户还可以与家人、朋友和邻居分享车辆的使用权,让领克车成为链接家庭、伙伴和社区的纽带,为更多人提供更理想的出行体验。截至2021年10月,领克已向欧洲付运超万辆整车,领克01的用户覆盖包括荷兰、瑞典、比利时、西班牙和法国等欧洲主要城市,超过2.7万用户成为领克欧洲"订阅制"的会员,品牌体验店也在荷兰阿姆斯特丹、瑞典斯德哥尔摩、比利时安特卫普三地成功建设,同时还规划在年底前开设4家新的欧洲体验店。可以说,领克用实际行动向构建"全球新高端品牌"和"持续改变出行方式"的目标,迈出了关键性的一步。

2021年,在欧洲市场表现亮眼的领克品牌持续践行全球化战略,推出了"亚太计划"。在亚太地区众多城市中,领克将首站选择了与品牌调性高度契合的科威特。欧洲市场用户倾向自由灵活、追求拥车效率的"订阅制"模式,而科威特城市化率高达100%,当地用户高度依赖私家车,领克品牌因地制宜,选择与当地知名的汽车销售集团Al Zayani合作,通过分销模式开拓市场。而最具全球化技术基因的领克01将作为首款车型进入该市场,并会提供Hyper和Hyper Pro两款车型,售价分别是18.95万元和20.64万元。同时,领克秉持"与用户共创"的理念,计划在科威特打造首个亚太市场的"Co:Club"官方车主俱乐部,围绕共创潮流生活方式的"Co:Talk"和共享商业资源的"Co:Partner"两大计划,构建创新化的用户生态体系。未来领克品牌将深化"欧洲计划"和"亚太计划",陆续进入阿联酋、巴林、沙特阿拉伯、卡塔尔、阿曼、以色列等中东国家,布局俄罗斯、马来西亚、澳大利亚、新西兰等市场,积极地为全球用户提供优质的产品和舒心的驾驶体验。

## 四、2022 年展望

回顾 2021 年,缺芯危机下产销两端受限的汽车企业发展出现分水岭,双碳政策下新能源汽车市场也乘势爆发。展望 2022 年,预计疫情趋缓后的乘用车市场将迎来需求释放,整体市场销量快速回暖,但竞争格局仍存在巨大变数。第一,新能源汽车市场预计保持高速增长态势,在 2022 年渗透率有望增长至 17.8%,但增长格局或进入新的阶段。2022 年 A00 级新能源汽车市场或逐渐完成渗透,市场体量趋于稳定,新的增量将由更大 A0 级及以上车格承接。同时,随着 30 万元以下新能源补贴的倒退、电池技术的提升和补能设施的完善、各大车企纷纷入场新能源,消费者对纯电汽车的接受度提升,高端纯电市场也将贡献主要增量。第二,2022 年自主品牌将维持在新能源汽车领域的领先优势,同时紧跟国家大力推动节能汽车的政策发展混合动力技术,在乘用车市场份额有望突破 50%,再创新高。预计 2022 年自主品牌的混合动力车型将首先在 15 万～20 万元的大众市场实现突破。第三,在消费升级趋势下,市场也将迎来更多中高端车型,围绕"智能座舱"和"自动驾驶"的智能化将成为新的品牌差异化标签。

面对复杂多变的环境,吉利汽车紧紧把握市场发展升级脉络,明确"智能吉利 2025 战略",怀揣与时俱进和破浪前行的决心,坚持从用户出发,以架构造车,用技术领跑,大踏步迈入全新的 2022 年。

(作者:费岑洁)

# 2021 年荣威及 MG 产品市场调查报告

## 一、2021 年乘用车市场概况

2021 年,因为国内的新冠肺炎疫情持续得到有效控制,我国经济继续回暖,上半年乘用车市场延续了 20 年以来的高速回暖趋势,市场持续恢复至疫情前水平。但进入 2021 年下半年,芯片短缺问题爆发,供给问题明显制约新车需求释放,整体交车周期普遍延长,部分细分市场受供给影响,成交价格一路走高;与此同时,2021 年下半年宏观经济运行偏弱,消费持续低迷,叠加河南暴雨等自然灾害、各地散发疫情等突发因素的持续作用,下半年乘用车市场需求也同步萎缩。供需双降局面下,2021 年下半年市场明显疲软,全年市场呈"高开低走"的整体走势。

截至 2021 年 11 月份,交强险累计销量 1881.9 万辆,同比 2020 年增长 9.7%。但从 2021 年三季度开始月度销量明显下滑,在传统的"金九银十"表现同比 2019 年和 2020 年都有所下滑(见图 1)。相较于传统车型,2021 年新能源车市场表现强劲,2021 年 1~11 月份整体市场同比增速达到 167.2%,月度渗透率逐步攀升,11 月份更是达到 20.9%,创历史新高(见图 2)。

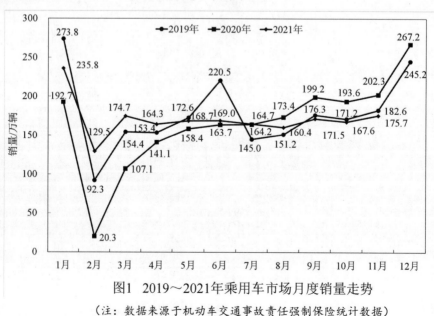

图1 2019~2021年乘用车市场月度销量走势

(注:数据来源于机动车交通事故责任强制保险统计数据)

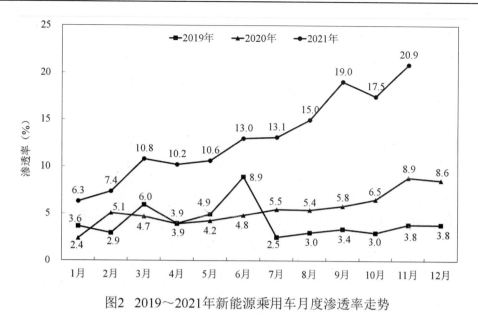

图2 2019～2021年新能源乘用车月度渗透率走势

（注：数据来源于机动车交通事故责任强制保险统计数据）

## 二、2021年上汽乘用车市场表现

2021年，上汽乘用车持续提升产品力、聚焦用户需求，推出了多款全新改款车型，进一步夯实终端销量。2021年1～11月份，上汽乘用车累计销量49万辆，同比增长26.2%，增速跑赢整体市场。其中新能源车累计销量10.4万辆（见图3），同比增长150.5%，在所有厂商中排名第5位。

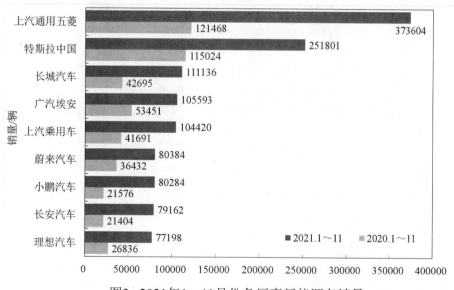

图3 2021年1～11月份各厂商新能源车销量

（注：数据来源于机动车交通事故责任强制保险统计数据）

从荣威、MG 的销量数据看,荣威品牌 2021 年 1～11 月份累计销量为 33.1 万辆,同比增长 10.7%(见图 4)。其中,在轿车市场,荣威 i5 销量持续稳定在自主品牌前五名,在 SUV 市场,全新 RX5 PLUS 自 2021 年 7 月上市以来,带动 RX5 系列产品销量稳步回升,2021 年 11 月份,全新 RX5 MAX 开启预售,在外观与内饰方面都做出了较大的改变和升级,后续销量值得期待。在 MPV 市场,iMAX8 的表现也非常优异,在中大型细分市场进入了前十名,为荣威品牌在中高端 MPV 市场占据了一席之地。

MG 品牌 2021 年 1～11 月份交强险累计销量为 14.6 万辆,同比大幅增长 66.5%。其中,新 MG5 自 2020 年年底上市以来,凭借外型炸街的"百万级超跑"设计、"8 秒破百的猎弯之王"动力操控等基因深受年轻消费者喜爱,打造了年轻人的"潮跑新品类",上市之初销量即破万辆,在自主品牌轿车市场中排名第七,并为 MG 品牌贡献了近 50%的销量。第三代 MG6 PRO 自 2021 年 8 月上市以来,以"赛道基因、运动王者"的标签,吸引了众多 90 后消费者,并带动了 MG6 系列产品从 2021 年 9 月份起连续三个月销量猛增。

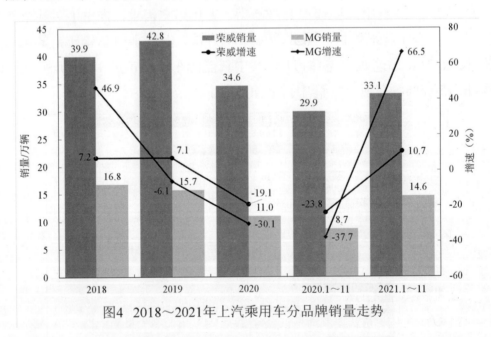

图 4  2018～2021 年上汽乘用车分品牌销量走势

(注:数据来源于机动车交通事故责任强制保险统计数据)

此外,MG 作为上汽乘用车海外出口的品牌担当,2021 年 1～11 月份累计出口批发量约 26.9 万辆,同比增长 65.9%,已超过 2020 年全年的批发量(见图 5)。

尽管2021年海外新冠肺炎疫情仍然严重,但是MG在海外的零售取得了良好的成绩,其中,MGZS在澳大利亚、智利、泰国等市场稳定在细分市场前列,以MG新能源产品出口为主的欧洲市场销量逐步攀升,在澳大利亚MG累计销量稳居前十。

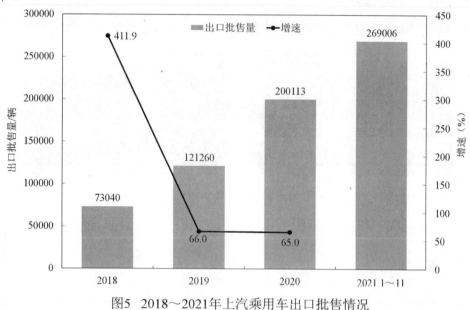

图5　2018～2021年上汽乘用车出口批售情况

（注：数据来源于全国乘用车市场信息联席会）

## 三、重点车型介绍

### 1. 全新荣威RX5 PLUS和RX5 ePLUS

2021年7月6日,新国潮智联网SUV全新荣威RX5 PLUS上市,售价区间为9.88万～13.48万元。2021年10月25日,再次推出全新RX5 ePLUS插电混合动力版车型,补贴后售价为15.28万～16.28万元。为回应新一代年轻消费者对汽车品质的更高要求,新车在动力系统、安全守护、国潮设计、科技品质方面实现了焕新升级,带来更多惊喜。

在设计方面,新车采用荣麟KIRIN星耀格栅、气动性能定风尾翼、19in星芒性能轮毂等设计,并增加"Performance"性能标识、"KIRIN"车型标识,年轻运用感满分。车内12.3in悬浮液晶仪表和14.1in四曲面中控大屏的双大屏组合,尽显科技品质感。新车还将搭载斑马智行维纳斯系统,不仅支持90s内连续对话,还新增学习强国小程序,打造新时代的智能舒适座舱（见图6）。

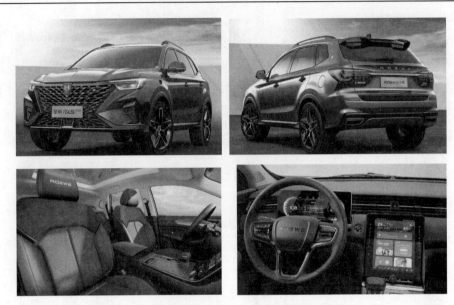

图 6　全新荣威 RX5 PLUS 外观及座舱

全新荣威 RX5 ePLUS 作为一款插电式混动车型，搭载 1.5TGI 缸内中置直喷涡轮增压发动机和第二代绿芯 100kW 高功率高效永磁同步电机，最大功率达 224kW，最大扭矩达 480N·m，动力输出媲美主流 3.0T 车型，0～100km/h 仅需 7.5s。再加上第二代 HCU 高效智能电控系统，新车在插电混动场景下，百公里综合油耗低至 1.6L；在纯电模式下，续航达到 52km。同时，新车配备高级驾驶辅助系统，有效减轻用户驾驶疲劳，为用户带来安全守护。

**2．全新荣威 RX5 MAX**

2021 年 11 月 19 日，全新荣威 RX5 MAX 正式开启预售。作为荣威国潮年轻化战略转型后的又一力作，全新 RX5 MAX 在外观和内饰方面都展现出较大改变与升级。在外观方面，全新荣威 RX5 MAX 最大的变化来自荣威全新家族化设计语言的应用。前脸被星海荣麟前格栅所贯通，搭配更简洁，也提升了车辆整体的强壮实力感，给人更进取和更雄壮的印象（见图 7）。

图 7　全新荣威 RX5 MAX 外观

在内饰方面，全新荣威 RX5 MAX 也是荣威首款基于驾驶场景的痛点需求而设计的智能座舱。智能座舱的视觉中心来自全新的一体式中控台，首次搭载的双12.3in 连屏，使用量产最强车规级芯片高通骁龙 8155、引入阿里"达摩院"人工智能学习平台，搭配全新的互联网汽车智行系统 3.0（洛神系统），尽显科技。中控位置的人机工程也经过深思熟虑，简洁明了的分区设计在降低误操作的同时能让驾驶员更加享受驾驶汽车的乐趣（见图 8）。此外，全新荣威 RX5 MAX 搭载BOSE 沉浸式立体声音响系统，高保真扬声器全面分布，配合 256 色随心逸彩交互式氛围灯，营造多感联动的沉浸式体验。

图 8　全新荣威 RX5 MAX 内饰

在性能方面，全新 RX5 MAX 1.5T 搭载"中国心"十佳发动机，配合 6AT 变速箱；2.0T 搭载中国最强 370N·m 发动机，装配"豪车同款"爱信 8AT 变速箱，更平顺、更省油。高级减振系统，在烂路、减速带也能如履平地。

在安全方面，采用高强度笼式安全车身，高强度钢占比超过 80%，A 柱、B 柱均采用强度最高的热成型钢，保障乘员舱的坚固。搭载 3 个毫米波雷达，6 个全高清摄像头和 12 个超声波雷达，打造更安全的辅助驾驶系统。采用视觉融合自动泊车，不管有线没线都能停车，并支持垂直位、斜列、侧方泊车。

### 3. 全新荣威 i5

2021 年 4 月，全新荣威 i5 上市，售价区间为 6.79 万～8.99 万元。全新荣威 i5 作为荣威家用轿车的第四代产品，凭借年轻新颖的造型、简约风尚的内饰，搭配高科技感智能安全辅助配置和极低的用车成本，综合性价比极高，吸引着大量初入社会的新青年以及年轻的新小家庭。

在外观方面，采用荣麟展翼格栅，整个车头以一根贯穿饰条将两侧龙眼大灯以及全新紫金狮标相连，凸出呈现数字参数化的整体美感，迎合当下年轻人对设计感的追求（见图 9）。

图 9　全新荣威 i5 外观

在内饰方面,采用 INS 风简约风尚的展翼式仪表台,搭载 12.3in 液晶仪表和科技感十足的 10.25in 中控悬浮大屏,再结合零重力超软美臀座椅,营造舒适的驾乘体验(见图 10)。

图 10　全新荣威 i5 内饰

在安全科技方面,360°影像搭配 360°视觉盲区辅助(前车启动提示、盲区警示、开门警示、后视监控),打造 720°智能环景影像系统,更有 L2 级别的智驾辅助功能(ACC、AEB、FCW、LDW、LDP、SAS、IHC)加持,使 i5 在安全上除了被动的安全配置(气囊、高强度钢),更有强大的主动安全系统。

在动力方面,蓝芯 1.5L 节能发动机搭配 8 速 CVT,打造超级油耗和丝滑加速感受,大幅度降低用车成本。

### 4. 第三代 MG6 领潮版和 MG6 PRO

2021 年 8 月 12 日,新款 MG6 和 MG6 PRO 一同上市,取消了手动挡,共推出 5 款车型,售价区间为 10.38 万~13.98 万元。

MG6 PRO 延续极致运动美学设计,新增气泡橙车身色,采用了无人机矩阵燃动格栅,机甲刀锋舱盖,撞色前后保饰条,分体式大灯,原厂黯黑猎风尾翼的 G-Force 2.0 空气动力套件,18in 黯黑刀锋轮毂和炫色卡钳,全新灰黄王者内饰搭配麂皮方向盘和彩色安全带。搭载双十佳高功动力组合,核心性能调优,超车峰值扭矩提升 20%。更有全新升级的互联网汽车维纳斯智能系统，算例提升 1.9 倍。搭配 12.3in 交互式全虚拟仪表，BOSE 品牌音响，可开关式排气声浪，完美诠释了其赛道基因，运动王者风范（见图 11）。

图 11　MG6 PRO 外观

### 5．MG ONE

MG ONE 基于名爵全新平台架构 SIGMA 打造，也是该平台的首款车型，共提供两款不同造型，分别是主打数智运动的α以及科技时尚的β。α于 12 月 2 日正式上市，共推出 3 款车型，售价区间为 10.78 万～12.98 万元；β预计将于 2022 年正式上市。

MG ONE 的双脸外观设计中，MG ONE-α车型前格栅内部采用了放射状造型的中网设计；而 MG ONE-β车型则在前格栅内部采用了大量横向线条设计，前格栅两侧还将配备灰色护板（见图 12）。

图 12　MG ONE 双脸外观

在内饰上，MG ONE 30in 环抱式三联大屏环绕驾驶者，采用颇具科技感的座舱设计，整个中控台布局简洁，物理按键以触摸式按键为主（见图13）。

图13　MG ONE 座舱

MG ONE 搭载全新一代斑马洛神智能座舱系统，采用行业顶级高通骁龙旗舰级 8155 芯片，行业顶级 7nm 制程技术，领先同级两个世代，平台运算速度达 360 万亿次/s，做到四大智胜体验：交互有界无限，体验极速流畅，渲染真实细腻，数据加速融合。洛神智能座舱系统是由上汽和阿里携手打造，具有由达摩引擎驱动的 AI 语义功能，可实现深度的智能语音交互，并且具备智能养成式 AI 语义。该系统还可实现自由跨屏交互、智能人机交互、深度语义识别、智能人机共驾等。此外，还配备高阶智能辅助驾驶、全场景无人智能泊车、无感蓝牙钥匙、雅马哈头枕音响、整车 FOTA 等。

在动力方面，MG ONE 搭载全新一代 MEGA TECH 1.5T 高功率发动机+全新一代 MEGA TECH CVT325 大扭矩无级变速器的黄金动力组合，基于全新 SIGMA 架构设计的运动底盘，能够实现精准的转向操控、稳定的车身姿态和柔和的冲击隔振。

## 四、2021年乘用车市场总结及2022年展望

2021 年乘用车市场虽然较 2020 年（低基数）有所增长，但是众多外部因素制约了下半年的市场增速，预计 2021 年全年市场总量较 2019 年仍保持下降态势。经历了严峻的 2020 年之后，上汽乘用车也在积极探寻全新的发展道路，在产品、

技术、营销以及用户体验等各个方面升级和创新，并在2021年取得了初步成效。

2022年将是充满挑战的一年。随着2021年12月初新型变异株奥密克戎的扩散，全球新冠肺炎疫情仍然存在诸多不确定因素，外部经济环境不容乐观；"芯荒"及原材料上涨的不利因素短期内无法得到有效缓解，企业供给压力仍将持续；2022年也是充满机遇的一年，2021年汽车市场由于供需不平衡积压的需求将持续释放；各地区仍将出台相关的地方性财政补贴政策刺激汽车市场消费；国内新冠肺炎疫情防控情况良好，居民就业及收入持续稳定，汽车市场消费环境整体平稳。预计2022年全年汽车消费呈现"V"走势，上半年受供给持续影响，同比将出现负增长，下半年供需稳定后汽车市场消费将迎来提振。上汽乘用车也将积极迎接挑战，把握机遇，在终端更贴近用户、了解用户，进一步升级服务；在开发端聚焦用户需求、不断升级技术，助力荣威和MG销量更上一层楼。

（作者：刘尔田 汤晓颖）

# 2021 年长安汽车产品市场调研报告

## 一、2021 年长安汽车整体市场表现

2021 年，汽车市场在经历连续三年下滑，进入后疫情时代的背景下，又遭遇缺芯以及原材料价格上涨带来的供应链危机，但我国汽车市场依旧展现了极强的韧性，据中国汽车工业协会数据显示，2021 年 1～11 月份，汽车产销累计完成 2317.2 万辆和 2348.9 万辆，分别同比增长 3.5%和 4.5%。

对于任何一家汽车企业来说，2021 年的成绩单含金量不可谓不重。长安汽车 2021 年 1～11 月份整体销量达 2122511 辆，同比增长 17.7%（见表 1）。其中，自主品牌销量 1631428 辆，同比增长 19.77%；自主乘用车销量 1126060 辆，同比增长 26.69%。

表 1　2021 年长安汽车销量情况

| 单位 | 2020 年 11 月销量/辆 | 2021 年 11 月销量/辆 | 同比增长（%） | 2020 年 1～11 月份累计销量/辆 | 2021 年 1～11 月份累计销量/辆 | 同比增速（%） |
|---|---|---|---|---|---|---|
| 重庆长安 | 83405 | 72098 | -13.6 | 639765 | 855033 | 33.7 |
| 河北长安 | 6703 | 6014 | -10.3 | 76709 | 88419 | 15.3 |
| 合肥长安 | 27784 | 18802 | -32.3 | 223718 | 245361 | 9.7 |
| 长安福特 | 28736 | 28943 | 0.7 | 222174 | 267807 | 20.5 |
| 长安马自达 | 13456 | 14676 | 9.1 | 123346 | 125470 | 1.72 |
| 其他 | 59442 | 47497 | -20.1 | 517335 | 540421 | 4.5 |
| 合计 | 219526 | 188030 | -14.4 | 1803047 | 2122511 | 17.7 |

长安汽车能够实现销量的逆势增长，背后离不开主力产品的持续热销。2021 年长安陆续推出了第二代 CS55PLUS、2022 款 CS75PLUS、2021 款长安逸动、UNI-K 等多款车型，每一款车型在细分市场中都是爆款。随着长安旗下多款车型导入了蓝鲸动力，再次夯实了各产品的竞争力与产品优势。例如，作为长安品牌的明星车系，长安 CS75 系列、CS55 系列继 2021 年 10 月份之后，11 月份再度实现月销双破 2 万辆；逸动系列 2021 年 1～11 月份累计销量达 160535 辆，同比增

长0.4%，继续保持"国民家轿领跑者"的标杆地位。

同时，2021年长安汽车自主品牌新能源产品市场表现也较为强劲，奔奔E-Star、逸动EV460两款产品2021年1～11月份销量达78451辆。逸动EV460在J.D.Power 2021中国新能源汽车产品魅力指数研究（NEV-APEAL）中位列紧凑型纯电动细分市场第一；奔奔E-Star在第八届青海湖（国际）电动汽车挑战赛中狂揽12项性能大奖，无愧"赛场小钢炮"称号。

## 二、2021年长安汽车细分市场产品表现

### 1. UNI-T

UNI-T是长安乘用车高端产品序列UNI（引力）的首款车型，定位于紧凑级SUV，由来自25个国家超过400名设计师组成的长安全球设计团队操刀设计。具有代表性的无边界前格栅、纯粹曲面车身、V型扰流板等，反映出超越时代的创作思想。UNI-T搭载蓝鲸NE1.5T高压直喷发动机，最大功率为132kW，在1250r/min即可输出高达300N·m的最大扭矩。同时，UNI-T拥有全新架构的优越驾乘基因，并由长安专家性能团队进行专属竞速调校，为用户带来游刃有余的操控体验。作为长安汽车高端产品，UNI-T在2021年1～11月份取得了78916辆的卓越成绩。2021年1～11月份UNI-T销量见图1。

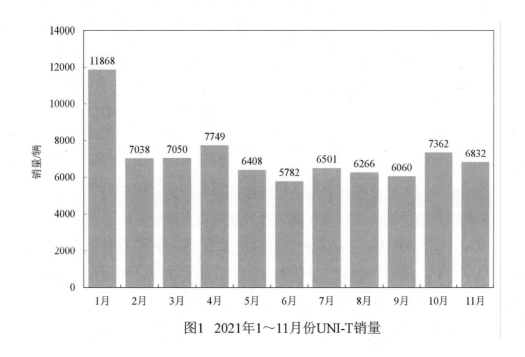

图1　2021年1～11月份UNI-T销量

UNI-T 运用最前沿的机器视觉技术，提供 AI 主动式服务，例如，中控屏在熄屏状态下，驾驶员的目光注视屏幕 1s，屏幕即可自动点亮；再比如，副驾接打电话，车辆会自动降低正在播放的多媒体音量，保证通话的清晰。除此之外，UNI-T 还能提供上车专属问候、分级疲劳驾驶提醒、抽烟监测自动换风、高速下道提醒等丰富的场景化主动服务功能，带来未来科技的极致体验。

2. UNI-K

UNI-K 是长安乘用车高端产品序列引力（UNI）的第二款车型，定位 5 座中型 SUV。自上市以来一直有着很高的热度，车型口碑与品质也经受住了市场检验，2021 年 1～11 月份销量 33937 辆，取得了超出预期的成绩。2021 年 1～11 月份 UNI-K 销量见图 2。

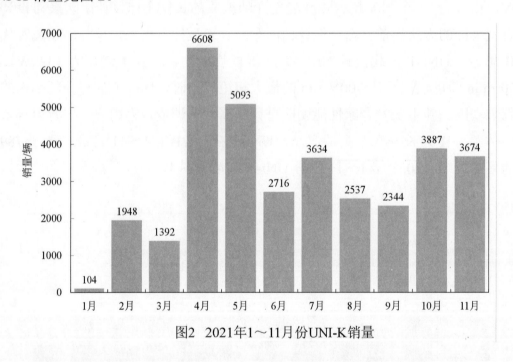

图2 2021年1～11月份UNI-K销量

安全高效：UNI-K 以马斯洛需求层次理论为指导思想，以"眼不离路"和"手不离方向盘"为设计目标，基于人因工程彻底重构座舱交互体验。采用 3+1 分层式屏幕布局，将各种场景下驾驶员最需要的核心信息全部呈现在主视区。采用全新语音交互系统，具备多轮对话、上下文识别、语义自学习等强大能力，让小安越用越聪明，核心场景 100%语音交互，深度融合爱奇艺、高德导航、QQ 音乐等 APP，菜单内所有操作都可通过语音实现，"所见即可说"。

极智交互：机器视觉再度进化，提供 AI 主动式服务，并可通过 FACE ID 实现座椅、后视镜联动，人脸启动发动机以及后排隔空手势交互等。

自动驾驶：搭载 IACC 集成式自适应巡航系统，实现 L2 级自动驾驶。可解放驾驶员双脚，减轻驾驶负担，路况好时可限时解放双手，自动跟车，提高用车安全性。兼容更高阶自动驾驶布局，未来可搭载 L3 等自动驾驶技术。

### 3. CS75 PLUS

CS75 PLUS 基于长安性能家族化理念深入打造，通过平台架构、动力系统的升级，综合考虑用户用车场景下各项性能的平衡，定位于 A+级 SUV，以超前的产品实力，满足用户未来的用车需求，2021 年 1～11 月份销量为 196513 辆。2021 年 1～11 月份 CS75 PLUS 销量见图 3。

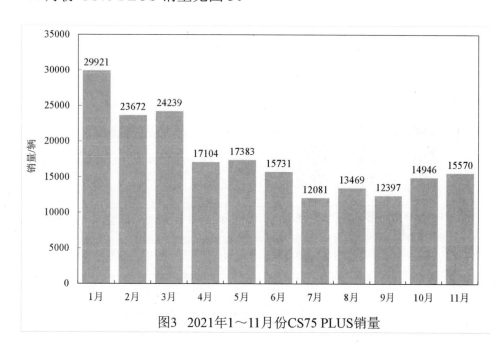

图3 2021年1～11月份CS75 PLUS销量

设计：CS75 PLUS 由来自 24 个国家，200 多名外籍设计师组成的欧洲设计团队操刀设计，采用了"御岳"的设计理念，有张力的前脸、动感的体态、搭配协调的色彩，让整个车充满了未来设计风格。

智慧：高配车型上搭载了长安汽车首发的 APA5.0，手机、蓝牙、钥匙等智能化的功能，更是全系 AT 车型标配"梧桐车联"智能系统，与腾讯合作，整合腾讯的生态资源，成为真正的智慧互联的汽车。

动力：搭载了经典动力组合"蓝鲸 1.5TGDI+爱信 6AT"与黄金动力组合"蓝鲸 2.0TGDI+爱信 8AT"，这两款发动机都曾获得过"中国心十佳发动机"的称号，变速器更是采用爱信最新一代变速器。

安全：CS75 PLUS 获得 C-NCAP 五星安全和中保研汽车技术研究试验中心碰撞 6 项优秀的优异成绩，搭载 6 安全气囊配上全车 38.3%高强度钢材，领先同级水平。

### 4．CS55 PLUS 蓝鲸版

CS55 PLUS 蓝鲸版是在长安汽车国际研发格局下，布局紧凑型 SUV 市场，为年轻人打造的又一款时尚个性 SUV，2021 年 1～11 月份销量为 73919 辆。2021 年 1～11 月份 CS55 PLUS 蓝鲸版销量见图 4。

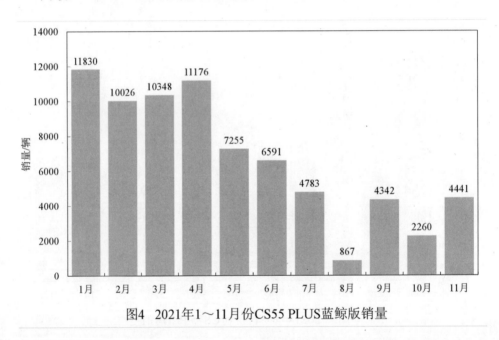

图4　2021年1～11月份CS55 PLUS蓝鲸版销量

型格设计：CS55 PLUS 蓝鲸版，以全新家族设计，激发熔岩爆发的视觉冲击。科技关怀中控布局，驾控之间热血喷涌；CS55 PLUS 蓝鲸版，兼具锋芒与声势，让瞩目型格更进一步。

蓝鲸动力：CS55 PLUS 蓝鲸版搭载蓝鲸 NE1.5T 高压直喷发动机，以多项全球首发及全球领先的技术，诠释"劲、静、净"领先研发理念。最大额定功率为 132kW，1250r/min 即可输出高达 300N·m 的最大扭矩，兼顾动力性与节能环保。

智能交互：CS55 PLUS 蓝鲸版搭载科大讯飞飞鱼 2.0 系统，系统操作更流畅。360°高清全景影像、360°行车记录仪，智能语音交互，智能陪伴每一次出行。

品质工艺：CS55 PLUS 蓝鲸版，来自于先进的智慧工厂，用智慧制造一流品质。历经涵盖主动与被动安全的一系列高标准的严苛测试，打造高标准的车辆品质。

安全防御：CS55 PLUS 蓝鲸版，配备高强度吸能式车身、6 安全气囊配置、TPMS 智能胎压监测等，以全面护航车身安全。

舒适驾乘：全系配备新风系统、PM0.1 过滤器、增强式四轮独立悬架系统，Nexteer 电子助力转向系统，CS55 PLUS 蓝鲸版，不惧路途颠簸，只管畅享前路。

### 5. 逸动 PLUS

逸动 PLUS，是品质家轿进化者，领衔当代家轿新风范，2021 年 1～11 月份销量为 140602 辆。2021 年 1～11 月份逸动 PLUS 销量见图 5。

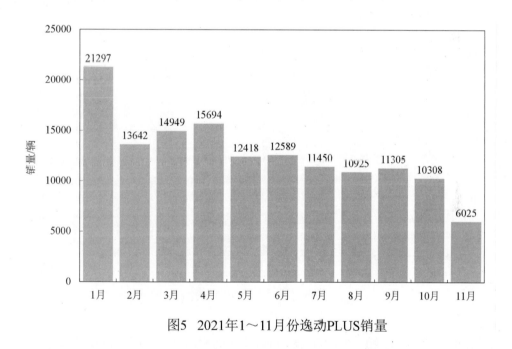

图5 2021年1～11月份逸动PLUS销量

新一代俊朗运动造型：焕新高颜值双造型前脸，搭配星瞳之眼 LED 灯组，集时尚、动感于一身；人性化关怀式中控布局、超纤零坐感座椅、星夜钢琴式按键、红黑双色内饰，碰撞出时尚动感的精致驾舱。

国际品质蓝鲸动力：搭载蓝鲸 NE1.4T 高压直喷发动机，百公里 5.9L 低油耗，每箱油多跑190km；满足国Ⅵ排放标准，省油又环保。

环抱式智慧轻奢驾舱：采用一体式双10.25in高清大屏、inCall智能交互系统、PAB预警辅助制动系统、停走式全速自适应巡航、360°环视行车记录仪，让生活更加自在随心。

智能健康管理系统：通过"选材生产管控体系"，严格把控气味及VOC，搭载"PM0.1滤净卫士+健康新风净化系统"及自干燥空调功能，为用户打造健康、环保、舒适的驾乘环境。

**6. 锐程CC蓝鲸版**

在保持空间、配置等优势的基础上，锐程CC蓝鲸版全面升级为蓝鲸动力组合，定义为一款"新动力宽适品质家轿"，2021年1～11月份销量为25654辆。2021年1～11月份锐程CC蓝鲸版销量见图6。

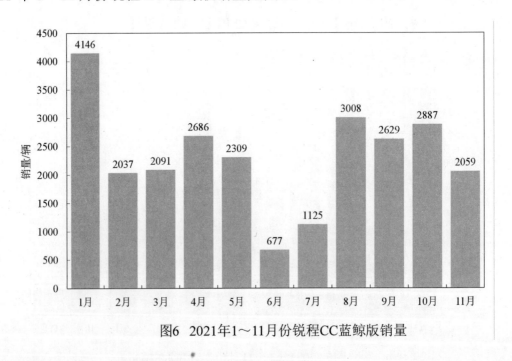

图6 2021年1～11月份锐程CC蓝鲸版销量

蓝鲸动力：搭载蓝鲸NE1.5T高压直喷发动机与蓝鲸7速湿式双离合变速器，实现强效动力、平顺与燃油经济性的全面提升。

宽绰空间：4800mm超长车身，配合2770mm超长轴距，带来卓越大气的空间感。

舒适驾乘：全系搭载增强式独立悬架，配以坐感极佳的超纤皮多功能座椅、玻璃全幕全景天窗以及健康空气净化系统。

智能科技：配备 ACC with Stop/Go、智能右侧盲区监测、360°全景影像、PAB 预警辅助制动系统、LDW 车道偏离预警等多项智能安全配置，以先进科技带来全面保护；搭载 in Call 3.0s 智能交互系统，创造出安全、有趣、贴心的智慧出行体验。

### 7. 欧尚 X5

欧尚 X5 是由长安欧尚汽车打造的一款紧凑型 SUV，定位超感•新运动 SUV。基于长安领先的 MPA 专属 SUV 平台打造，是一款全面链接年轻化的全新价值产品，2021 年 1~11 月份销量为 118517 辆。2021 年 1~11 月份欧尚 X5 销量见图 7。

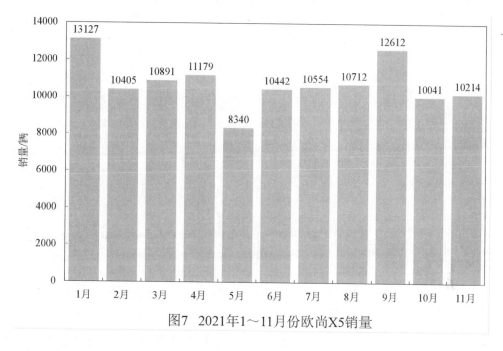

图7　2021年1~11月份欧尚X5销量

欧尚 X5 采用塑光动感造型，全新塑光设计美学，设计动感的车身型面，塑造最精彩的光影流动。同级罕有的低趴宽体车身，0.606 黄金比例身姿，静则流光归一，动则光感激越。2710mm 超长轴距，结合 1860mm 宽体车身，塑造矫健动感的扩张姿态；1∶2 紧致车窗占比；31°倾角车尾完美兼顾最优风阻与舒适乘坐。

搭载蓝鲸 NE1.5T 发动机，同级唯一双出口缸盖，集成排气歧管+双涡管电控涡轮增压，最大功率为 132kW，最大扭矩为 300N·m，拥有 180 匹强劲马力。匹配湿式 7DCT 自动变速箱,变速器实现 251ms 响应速度,综合传递效率高达 94.5%。

搭载 Onstyle3.0 智能生态系统,基于以人为本,细致关怀的开发理念,迎合现代年轻人对用车生活的需求与特征,带给他们快速、聪明、简便、愉悦的新体验,并随带 FOTA 整车自升级功能,让陪伴随时都有新意。

### 8. 逸动 EV460

逸动 EV460,是长安新一代纯电动轿车——智尚纯电先锋,是第一款采用全新家族化造型的新能源产品。2021 年 1~11 月份销量为 12417 辆。2021 年 1~11 月份逸动 EV460 销量见图 8。

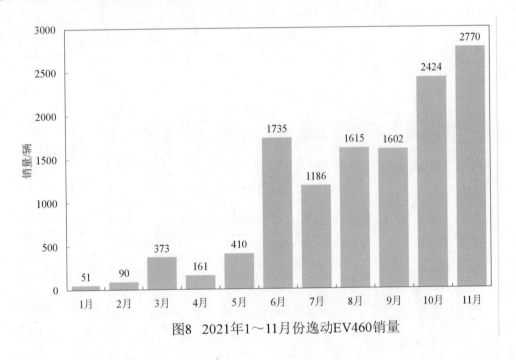

图8 2021年1～11月份逸动EV460销量

先进的新能源技术:先进的电驱三合一技术;搭载先进的动力电池热管理系统,确保电池内部温度均衡,实现动力电池常态保持最佳工作状态,打破气温对整车性能和续航里程的影响。

超长续航及超低能耗:NEDC 申报续航里程为 405km,确保出行无忧;理论最低百公里耗电仅 9.4 度,如果一度电按照 0.5 元来算,百公里仅 4.7 元。

超级快充出行无忧:30%~80% SOC 充电仅需 30min;0~80% SOC 充电仅需 50min;一个下午茶的时间,即可轻松补充爱车电量。

智能科技:全液晶仪表,LED 大灯,10in 大屏,多种驾驶模式,满足不同客户需求;同级别纯电动车中独有的多连杆后独立悬架。

### 9. 奔奔 E-Star

奔奔 E-Star 是长安新能源 E 家族第二款新车,定位"新 E 代超值电动车",在设计、品质、动力等方面均满足消费者的差异化需求,2021 年 1～11 月份销量为 66034 辆。2021 年 1～11 月份奔奔 E-Star 销量见图 9。

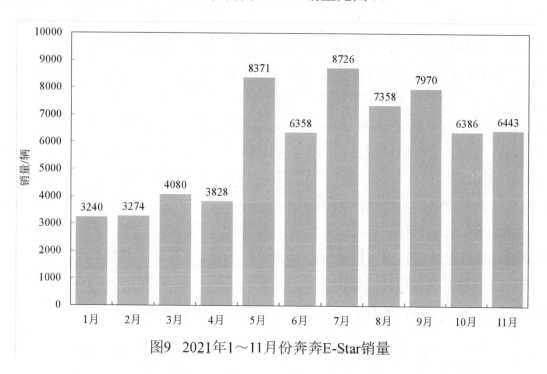

图9 2021年1～11月份奔奔E-Star销量

超高颜值:一体式逐浪前脸,虎鲨瞳式金钻前灯组;10.25in 一体式阔境天际高清液晶双联屏,酷感尽现;自复位旋钮电子换挡,细腻中见真章。

超凡品质:搭载"悦联"智慧互联系统、"小安你好"语音控制功能;航空品质电池、高铁品质电驱,EV-TEST 五星高分品质。

超强动力:搭载三合一集成电驱,峰值功率为 55kW,峰值扭矩为 170N•m。NEDC 工况续航里程为 301km。0～50km/h 实测加速仅需 4.7s,30min 30%～80% 直流快充系统。

超值保值:奔奔 E-Star 推出电芯终身质保政策(等效于 10 年 30 万 km),解决用户对电芯的后顾之忧。最低售价 5.98 万元成为"同级最保值电动车"。

## 三、长安汽车产品市场总结及展望

新一轮科技革命正在赋能汽车产业转型,"碳达峰""碳中和"目标和高质量发展的重要战略选择推动汽车产业加速向电动化、网联化、智能化迈进,预计未来五年我国汽车市场将保持温和增长态势。

长安汽车坚持"新四化"方向,坚定不移地向智能低碳出行科技公司转型。从趋势来看,这一转型是顺应时代潮流、推动品牌向上的战略举措,必须提速加码。随着第三次创业-创新创业战略的发布,以及更多富有竞争力的产品入列,长安汽车势必将在新一轮的战场中抢占一定的话语权。

2022年,全球新冠肺炎疫情仍有不确定性,世界经济复苏继续分化,我国面临的外部环境更加复杂,经济下行压力加大,芯片及锂电供应仍将处于紧张状态,保供压力或将不会有明显改善,汽车消费仍然是拉动内需的重要力量,预计汽车行业整体同比增速3.1%,规模在2670万辆左右,其中新能源汽车进入市场化阶段,同比增长28.6%,规模在450万辆。

2022年,长安汽车将重点聚焦UNI-K PHEV、UNI-V、第二代CS75 PLUS等新品,推出阿维塔高端智能电动车品牌E11、全新平台的首款纯电动车型C385等新能源产品,在数字化、智能化、科技化、生态化、节能化的路上迈出坚实的一步,强化效益管理,确保稳定增长,为用户创造更大价值。

(作者:蔡景平 金凌志)

# 长安马自达产品市场调查报告

2021年，受新冠肺炎疫情的持续影响，宏观经济在一季度大幅上升，二、三季度增速放缓。消费低迷、房地产增速放缓导致经济发展的不确定性依然存在。固定资产投资增速回落，居民消费下降趋势依然明显。2021年全年GDP预计增长8.0%。综合新冠肺炎疫情影响、国内外宏观经济的发展以及乘用车市场自身的发展特征，预计2021年，狭义乘用车市场累计实现新车销售2052.1万辆，同比增长8.3%。乘用车市场前高后低，从7月份开始持续负增长。在增速下滑的前提下，汽车企业的产品力和营销能力都备受考验，如何在市场低谷期，做好产品价值差异化、品牌营销差异化，是摆在每个汽车企业面前的课题。长安马自达和一汽马自达企业合并融合后，形成全方位的聚焦，可以进一步推动马自达品牌业务在中国市场实现长远、持续发展，提升企业运营效率。借助企业整合契机，长安马自达将通过营销体系整合、销售渠道整合、用户基盘整合，持续强化马自达品牌在中国市场的战略布局，优化业务结构，为中国消费者提供更加卓越的品牌体验。

长安马自达和一汽马自达企业合并重组，可以充分活用相关方积累的品牌资产，在快速增长且竞争激烈的中国市场推动马自达品牌业务的长远、持续发展；同时也是经销商持续、健康、良性发展的需要，将目前马自达品牌在中国的7款主销车型以及进口车型整合为同一销售渠道，为客户提供更加全面、便捷的购买渠道及产品选项；最后则是马自达品牌和长安马自达规模化发展的需要，通过合并，实现战略、渠道、产品的全方位聚焦。优化商业结构和运营体制，强化客户体验，夯实品牌未来成长的基础。

伴随马自达品牌在中国市场的整合，长安马自达也将迎来全新的使命：立足中国市场，服务中国用户，推动马自达品牌进入新时代。基于长安马自达和一汽马自达的融合，将锚定渠道、用户、服务三大领域持续发力，推进变革。马自达品牌的整合是320万用户心之所向的共同选择。面向未来，长安马自达将以始终如一的销售和售后服务，打造极致的用户体验。

## 一、2021年长安马自达市场总体表现

2021年长安马自达打造了运营客户端、经销商端和厂家端"三端一体"的营销数字化平台。智能制造领域,在基本完成自动化的基础上,基于自动化、信息化、数字化三个方向继续推进信息化和数字化。在数字管理领域,平台能力建设也是2021年数字化转型工作最重要的支撑,重点聚焦技术平台和数据能力,构建数据运营框架,提升数据管理应用能力。以上营销手段为长安马自达2021年的销量提交了一份满意的答卷。

## 二、Mazda CX-8的产品特征

随着市场变化、消费升级,消费者对中大型SUV已经从原来单纯地追求功能诉求向情感诉求所转变。在这一背景下,长安马自达为满足国内市场需求,向消费者投放了深刻诠释"新驾享主义"的战略级7座大SUV。2018年12月7日,长安马自达旗下的首款中大型7座旗舰SUV——Mazda CX-8(以下简称CX-8)于成都正式上市。

CX-8全系包括两款两驱车型、两款四驱车型,并提供六种外观颜色、两种内饰颜色供用户选择。CX-8以"魂动"美学,带来优雅观享;以匠心工艺,成就豪华奢享;以"创驰蓝天"科技,打造"人马一体"驾享;以前瞻安全呵护,营造五星安享。作为长安马自达首款7座旗舰SUV,CX-8响应追求卓越、与众不同的年轻中产家庭的拥车呼声,以惊艳绝伦的感官享受和独一无二的驾乘愉悦,宣告着国内7座SUV市场2.0时代的到来。CX-8的目标客户群体是受过高等教育、有一定的社会地位的卓越中产,他们自信从容、积极进取、乐于尝新且与众不同。生活中,他们追求品位、勇于挑战自我、懂得享受又富有家庭责任感。造车如艺,是马自达汽车设计、制造美学的终极追求。在设计师眼中,CX-8不仅是作为汽车的存在,而且是一件洋溢着生命力的艺术作品。通过深化以日本传统美学为底色的"魂动"设计哲学,CX-8被赋予了独具格调的雅致风范与动感身形(见图1)。

图1 CX-8外观

作为一款旗舰级大 7 座 SUV 车型，CX-8 车身舒展，长达 4955mm，车顶和侧面的流畅曲线对光影的控制出神入化，为稳健刚劲的整体造型更添丰盈灵动之美，犹如一匹精悍敏捷的猎豹，即使正凝神静立，也难掩跃动如生的神韵，时刻准备着向未知的征程发起挑战。犀利的前照灯组，配合强调水平延伸的银色饰条格栅，恢宏气魄呼之欲出；侧车窗边缘饰以镀铬，与金属切削般简洁的车顶行李架相得益彰，优雅刻画惊艳线条；尾部造型精致紧凑，贯联尾灯的水平金属饰条与前脸遥相呼应，凛然威风引人注目，令人一顾倾心、再顾难忘，其美感在时光的流转中历久弥新。

CX-8 的内饰设计堪称"低调的奢华"，每一处细节均蕴含匠心考量（见图 2）。深色的整体内饰天然自带典雅而温馨的感官效果，座椅选择专属 Nappa 真皮材质，触之所及均是柔滑质感，让就座堪比落入怀抱般舒适；采用非洲白木打造而成的装饰面板，以华丽无瑕的漆面工艺，让人赏心悦目；打开"MZD CONNECT 马自达悦联系统"，播放最爱的随行歌单，经过专属调校的 Bose®音响系统确保第一排到第三排的乘员均可享有清澈通透的悦耳乐声；车身内外针对 NVH 性能做出了最佳优化，使整车的静谧性进一步升级。

图 2　CX-8 内饰

凭着新一代 SKYACTIV-VEHICLE DYNAMICS 创驰蓝天的车辆动态控制技术，CX-8 将马自达对驾驭本质的核心追求——"人马一体"发挥到极致，带来非凡的愉悦驾享，当之无愧地成为伴随每一位追求卓越的"挑战者"开辟人生胜境的理想座驾（见图 3）。CX-8 搭载创驰蓝天 2.5L 发动机和 6AT 变速器，最终传动比经过优化仅为 4.957，确保轻快加速性能的同时提升燃油经济性；i-ACTIV AWD 马自达智能四驱系统能够精准检测时刻变化的路况，感知驾驶员意图，实现心随意动的自如操控；GVC 加速度矢量控制系统则通过驾驶者的方向盘操作调整发动机的驱动扭矩，综合控制车辆横方向和前后方向的加速度，并在高性能、轻量化的创驰蓝天车辆底盘的配合下，达到高超的行驶稳定性和优异的驾乘舒适性（见图4）。

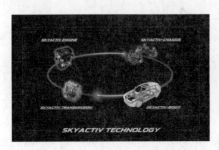 

图3　创驰蓝天技术　　　　图4　GVC 加速度矢量控制系统

CX-8 的前瞻安全性能时时刻刻提供忠实守护，为安享体验赋予五星级水准。在 2017 年度日本 JNCAP 汽车安全评估和预防安全性能评估中，CX-8 的主、被动安全测试成绩双双问鼎冠军，轻松超越同级别车型，尽显可靠实力。

CX-8 搭载 i-ACTIVSENSE 马自达智能安全辅助系统，囊括 360°全景摄像头、盲点监测、车道偏离警示、行人探测功能等一系列先进的主动安全技术，帮助驾驶者准确识别危险、避免碰撞与减轻损失，在确保出行安全的同时，让驾驭更加轻松。兼具轻量化、高强度与安全性的 SKYACTIV-BODY 创驰蓝天车身则是 CX-8 在被动安全方面的实力屏障，可以有效吸收与分散来自前方、侧方与后方的碰撞能量，抑制车舱变形，降低碰撞对乘员造成的伤害。

## 三、次世代 Mazda3 昂克赛拉的产品特征

次世代 Mazda3 昂克赛拉全系共 7 款车型，售价区间为 11.59 万～16.89 万元。新车拥有 1.5L、2.0L 两套"创驰蓝天"高压缩比发动机动力组合，同时提供 6 种外观颜色供消费者选择（见图5）。次世代 Mazda3 昂克赛拉的设计从推出第一代车型起就以大胆前卫、精细而充满跃动感的造型美赢得全球市场的高度评价。在"打破常规"的创新精神引领下，次世代 Mazda3 昂克赛拉依靠不断进化的"魂动"设计美学，创造出造型艺术与功能性的完美统一。

图 5 次世代 Mazda3 昂克赛拉外观

在外观方面，次世代 Mazda3 昂克赛拉采用魂动 2.0 设计语言。与此前完全追求前瞻的方向不同，新车在延续魂动设计的同时，还加入了更多日式减法美学和马自达经典元素，使其具备更多美感。仅从观感而言，次世代 Mazda3 昂克赛拉已经非常接近魁（KAI）概念车，极度简洁的车身设计和注重反曲型面的光影变化，是将它们联想到一起的关键所在。

从外观到内饰，次世代 Mazda3 昂克赛拉对中控台进行了重新设计，主驾驶座舱采取对称式布局，并且利用方向盘、3 眼仪表盘、空调出风口，逐渐向中央聚拢的造型设计，帮助驾驶员集中视线。新车在材质方面的升级也不输于造型革新程度，中控台侧面、中控地台，车门扳手枕以上的位置，都采用了手感细腻的皮质材料进行包裹，领先大部分同级车型的表现（见图 6）。

图 6 次世代 Mazda3 昂克赛拉内饰

在动力方面，次世代 Mazda3 昂克赛拉搭载了升级版创驰蓝天高压缩比汽油直喷发动机和 6 挡手自一体变速器。发动机最大功率 158hp（116.13kW），峰值扭矩 202 N·m。注重环保安全，全系对应全新国六排放标准的同时，发挥 13∶1 的超高压缩比自然吸气缸内直喷技术的优势，更通过全新凹顶活塞设计、燃料精混三段式高压直喷技术、分层燃烧控制技术等多项技术革新，实现了更为线性的动力输出,令各种场景的驾驶体验都能酣畅淋漓,人车无间。革新性地实现了三次分段式燃油喷射,配合全新的 PCM 发动机控制单元,优化了火花塞点火区域的燃料浓度,通过分层混合、局部稀薄燃烧技术,加快了燃烧速度,提高了扭矩和热效率。采用全新高压燃油泵及高扩散燃油喷射器,燃油喷射压力提高 1.3~3倍,在实现了优异燃油喷势的同时,减少了 40%燃料黏附液滴,显著提高了燃油经济性和排放环保性。

GVC 系统有效提高了车辆的操控性和稳定性,即使在雨雪天气、恶劣道路状况下也能发挥效果,同时在紧急避让时也可以保证车辆的稳定性。在所有驾驶场景下都能提供轮胎和路面紧密接触的"抓地感",从而大大提高驾乘者的安心感。而 GVC+就是在此基础上增加了横向力矩刹车功能,也是通过调节发动机的扭矩输出,让车辆过弯时尾部不会过度灵活,快速地摆正行驶轨迹。次世代 Mazda3 昂克赛拉搭载了最新的 GVC+加速度矢量控制系统,新增回正力矩强化控制功能,通过对单个车轮实施制动,可以延缓转向不足或转向过度的情况出现,帮助车身更稳定地过弯(见图 7)。

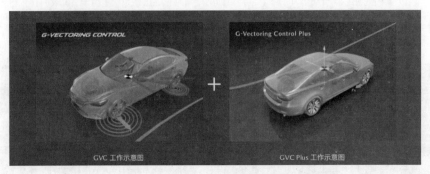

图 7 GVC+加速度矢量控制系统

安全的基本理念中,在人、车、道路与基础设施三大领域中,旨在缔造无事故、安全、汽车社会,致力于深化安全技术。Mazda 注重理解、信赖和尊重驾乘者,遵循以下理念研究开发安全技术。为了能够实现安全驾驶,认知、判断、操作各个环节都需谨慎对待。无论驾驶环境如何变化,通过主动安全技术实现正确的认知和判断,从而达成安全安心的驾驶。为了以防万一,马自达亦致力于研发并提供一系列预碰撞和被动安全技术,以防止和减轻因偶尔发生,不可避免的操作失误而造成的事故伤害(见图 8)。

图8 先进安全技术 i-ACTIVSENSE

## 四、Mazda CX-5 的产品特征

Mazda CX-5 全系共 8 款车型，拥有 2.0L、2.5L 两套"创驰蓝天"高压缩比发动机动力组合，同时提供 6 种外观颜色供消费者选择，售价区间为 16.98 万～24.58 万元。Mazda CX-5 是长安马自达征战国内紧凑型 SUV 市场的战略级车型。秉承"以人为本"的开发理念，Mazda CX-5 持续深化"驾乘愉悦"的造车理念，通过摄人心魄的"观感"、匠心非凡的"触感"、人马一体的"驾感"、驾乘无忧的"安心感"，将带给每一位用户前所未有的感官觉醒体验。

Mazda CX-5 的核心语言设定为 Refined toughness——精致完美的强悍感，力求专注于精悍且大气的外观姿态。从车身侧面看，一条贯穿头尾方向的犀利线条充分表现出车辆轻快加速前行的速度感。强烈的前行感和伫立姿态的车身，通过精雕细琢的深邃线条，在光影变幻中呈现出富有光泽且精悍的外观（见图9）。

图9 Mazda CX-5 外观

在内饰设计方面，Mazda CX-5 回归到马自达"以人为本"的设计布局，创造出让所有乘坐者都能感受到舒适与安全感的内部空间以及 SUV 特有的刚性感与精致剪裁所带来的匠心非凡的高质感（见图10）。

图 10　Mazda CX-5 内饰

以驾驶者为中心是马自达驾驶舱设计的独特传统。在第二代 CX-5 这里，驾驶舱布局依旧专注于驾驶者：以驾驶者为中心，方向盘和仪表的布置左右对称，旨在提高车辆与驾驶者的一体感。在苹果手机的设计理念中，充电口、耳机插口、声音出口的中心点均处于同一水平线，这种饱含和谐美学的设计在 Mazda CX-5 的内饰设计中也得到了体现：方向盘、仪表板装饰、左右出风口、门板装饰的中心点处于同一高度。如此布局，可以使驾驶者的精神高度集中，感受到恰到好处的"紧张感"。Mazda CX-5 的中控台造型比上一代车型的位置更高、更宽，和左右方的扶手一起支撑乘坐人员的臀部和腿部。当驾驶员就位时，会感到浑厚坚实的"包裹性"，增加其对驾驶的信心和安心感。

在人机交互领域，Mazda CX-5 继续搭载马自达研发的"HMI 人机交互系统"，包括一块 7in（177.8mm）中央高精度液晶显示屏。这是马自达首次搭载液晶和触屏面板相结合的光电学玻璃显示屏，能有效抑制光线反射，呈现清晰的画面。车载互联系统采用"MZD CONNECT 悦联系统"，能够轻松连接互联网与社交网络交流功能。驾驶者可通过中控台旋钮便捷操作"MZD CONNECT 悦联系统"。APP 热门应用软件、蓝牙音乐流媒体、语音控制系统、ECO 节能减排环保贡献统计信息、车辆功能设定、定期保养提醒、GPS 卫星导航+TMC 实时路况信息，均可通过系统操作在显示屏中一目了然。

### 五、Mazda CX-30 的产品特征

2020 年 5 月 28 日，长安马自达旗下全新 CX-30 正式上市，新车共推出 8 款车型，指导价区间为 12.99 万～17.19 万元。新车定位入门级紧凑型 SUV，具备轿跑车的身材和马自达魂动 2.0 设计语言，整体造型与海外版本车型没有差别。

新车动力上依旧采用创驰蓝天 SKYACTIV-G 2.0L 发动机，匹配 6 速手动及 6 速自动变速器。

在外观上，新车采用马自达最新的魂动 2.0 家族化语言设计，前脸盾形的进气格栅内部辅以黑色的中网修饰，品牌 logo 镶嵌其中，看上去很是精致。两侧的大灯与格栅相连接，鹰眼式的灯组设计看上去炯炯有神，内部采用了全 LED 光源，点亮后的视觉效果还是非常不错的。下方的雾灯改为日间行车灯/转向灯，扁平的进气口内部采用了黑色中网装饰，让新车看上去更加动感时尚。新车的线条相对流畅，A 柱位置比主流前驱车更靠后一点，让车头看上去更加修长，这将车身姿态修饰得更加舒展，腰线的设计相对简洁，让车身看上去更加光滑，多辐式的轮毂营造出一定的运动感，整体设计还是非常大气的。车身尺寸方面，新车的长×宽×高为 4395 mm×1797 mm×1545mm，轴距为 2653mm（见图 11）。

图 11　Mazda CX-30 外观

在内饰上，长安马自达 CX-30 采用了与 Mazda3 昂克赛拉近乎一致的设计，具备最新家族式设计元素，整体中控台布局偏向于驾驶员一侧，操作起来更为便捷。除此之外，仪表盘为三连环样式，中控液晶屏将集成马自达第二代悦联系统，多媒体控制按键和旋钮集成在挡把后端的位置，用起来也十分顺手（见图 12）。

图 12　Mazda CX-30 内饰

在配置上，新车配备了外后视镜电折叠/电加热、电动天窗 、智能雨量感应刮水器、真皮方向盘、智能互联系统、自适应巡航、车道偏离警示、电子驻车、自动驻车、双区独立空调 、后排空调出风口、盲点监测系统等功能。在动力上，马自达 CX-30 全系均搭载 2.0L 自然吸气发动机，最大功率 116kW，最大扭矩 200 N·m，并采用前置前驱布局，传动系统匹配 6 速手动和 6 速手自一体变速器。新车百公里油耗低至 5.6L，并完全满足国六 B 排放标准。

## 六、Mazda CX-30 EV 的产品特征

2021 年 9 月 26 日晚间，长安马自达旗下首款纯电动 SUV——Mazda CX-30 EV 正式上市，新车共推出 3 款车型，综合补贴后售价区间 15.98 万～20.18 万元。车型定位为纯电动小型 SUV。

Mazda CX-30 EV 外观设计基本延续自燃油版的 Mazda CX-30。前脸部分，新车柳叶形的大灯组配合镀铬装饰条，全新的进气格栅采用了封闭式设计，还加入了新的前唇、侧裙等包围，与燃油版有所不同。车身侧面，电动化后的 Mazda CX-30 EV 加高了车身厚度，黑色塑料轮眉下方加入了银色的装饰，尽管这是作为电动化的"必要牺牲"，但整车的视觉效果相比 Mazda CX-30 还是有失协调感。在车身尺寸方面，新车的长×宽×高为 4410 mm×1852 mm×1655mm，轴距为 2672mm。车尾部分，新车依旧保持了现款 Mazda CX-30 的整体设计，包括圆形的尾灯以及横置的 LED 尾灯等。同时，新车的后保险杠造型也与前脸相呼应，下方加入银色饰板，视觉效果更具辨识度（见图 13）。

图 13　Mazda CX-30 EV 外观

在内饰上，简约的中控设计是马自达一贯的风格。Mazda CX-30 EV 依旧采用指针式仪表盘并搭配三辐式多功能方向盘，被保留下来的物理按键配合悬浮式设计的中控多媒体显示屏，使得这款车在当下屏幕尺寸内卷的时代显得尤为克制（见图 14）。

图 14　Mazda CX-30 EV 内饰

在配置上，Mazda CX-30 EV 搭载一台最大功率 218 马力的电机，峰值扭矩 300 N·m。其三元锂电池电芯由宁德时代提供，电池包则由长安新能源生产，CLTC 续航 450km。

## 七、2022 年长安马自达市场展望

多年来，长安马自达坚持以用户为中心，积极践行"用户+"思维，创新粉丝营销，深耕价值营销，不断满足用户、粉丝对美好拥有车生活的追求和向往。2022 年是新长安马自达在中国市场发展的元年。站在马自达品牌下一个百年新的起点，新长安马自达将继续和热爱马自达的用户、粉丝悦马共行，开启马自达品牌在中国市场的全新征程。借助企业整合契机，长安马自达将通过营销体系整合、销售渠道整合、用户基盘整合，持续强化马自达品牌在中国市场的战略布局，优化业务结构，为中国消费者提供更加卓越的品牌体验。

面向 2023 年，基于长安马自达成熟的研发和生产体系，长安马自达将持续导入、焕新产品谱系，践行产品价值营销，迎合中国用户各年龄阶层的用车需求。借助整合后的强大体系能力，长安马自达将为所有马自达用户和粉丝提供始终如一的产品销售和售后服务体验，持续践行"全生命周期客户关怀"。

（作者：王超）

专题篇

# 传承行业精髓 聚焦创新融合 探求变迁发展

受宏观经济、行业政策、信息科技及汽车电动化、智能化、电商化，特别是新冠肺炎疫情等综合因素影响，面对汽车产品供给侧和市场消费侧诸多新变化，全国汽车有形市场遇到的挑战较以往更加严峻，破解痛点、转型创新、拓展突破更加紧迫，加强分析研判，着力战略发展，兼顾短期效益，发挥协会平台效能，增强提升应对能力，循序渐进持续调整显得更为重要。

## 一、2021年全国汽车有形市场运营特征分析

### 1. 全国重点汽车有形市场运营指标特征

2021年受新冠肺炎疫情、芯片缺损状况等因素影响，全国重点汽车有形市场的月均客流量、新车月均销量、二手车月均交易量、月均维修量等指标均呈现年初高开、逐月波浪式起伏的走势。在国内疫情防控总体平稳及车展、假日经济等利好因素促动下，汽车有形市场运营2021年下半年好于上半年，"银九金十"效果明显。

汽车有形市场集客优势显现。汽车有形市场分会《车市动态》信息显示，湖北、湖南、云南、重庆、北京等各区域有形市场借机发力活跃市场，积极开展线上、线下汽车展销推介主题活动，为经销商销售搭台唱戏。汽车有形市场分会数据显示，重点有形市场2021年7~10月份，月均客流量较上半年环比增长7.97%，剔除1月翘尾因素，月均增幅达17%，2021年9月、10月客流量环比分别增长11.96%和15.63%。重点有形市场维修量指标显示，2021年7~10月份，月均维修量较上半年增长7.42%，9~10月份环比分别增长12%和21.2%。

汽车有形市场新车销售增幅好于全国平均水平。中国汽车工业协会数据显示，2021年7~10月份，全国新车月均销量较上半年增幅-6.1%，9月、10月销量环比增长分别为14.9%和12.87%。汽车有形市场分会数据显示，2021年7~10月份，重点有形市场新车月均销量较上半年增长7.16%，增幅高于全国13.26个百分点，9月、10月实现11.2%和8.4%环比正增长，有形市场获客销售业绩提升，集客效

能作用明显。

重点汽车有形市场二手车交易虽然同比处于负增长，但其特有的人气特点和新旧车置换服务功能，促进二手车交易趋势向好，二手车成交过户辆次高于新车交易量，是汽车有形市场和汽车限购城市的特色。数据显示，重点有形市场 2021 年 8 月份二手车交易提前发力，环比增长 14.14%，高于全国 2.06%，同比降幅收窄 15.27 个百分点；2021 年 10 月份环比降幅低于全国 5.8 个百分点。

中国汽车工业协会、汽车流通协会及有形市场分会综合信息显示，2021 年前 10 个月，全国新车销量超过二手车交易量 45.4%，新旧车交易量比值为 1.45 : 1。与此相反，全国重点汽车有形市场二手车成交过户量超过新车交易量 41.11%，新旧车交易比例为 0.7 : 1。北京亚运村汽车交易市场信息数据显示，北京（汽车限购城市）2021 年前 10 个月二手车成交过户 562443 辆次，同比 2020 年同期 468864 辆次，累计同比增长 19.96%；北京二手车市场尽管受到周转指标政策尚未出台等多种因素困扰，二手车成交过户辆次仍然超过新车销量 545391 辆 3.13%。

## 2. 行业利好政策推动汽车有形市场特色项目提升发展

政策与市场双驱动，新能源汽车保持较快增速，成为汽车消费亮点和新增长点，有形市场创新拓展新能源汽车细分市场方兴未艾。

中央重磅定调支持新能源汽车加快发展。要挖掘国内市场潜力，支持新能源汽车加快发展。《节能与新能源汽车技术路线图》2.0 版本明确了我国发展新能源汽车各时间节点的量化指标（见表 1）。与 2016 年第一版技术路线图 1.0 相比，2020 年编制更新发布的技术路线图 2.0 对新能源汽车目标提出了更高的要求，即到 2035 年新能源汽车逐渐发展为主流产品，汽车产业实现电动化转型。2025 年新能源汽车销量要占到总销量 20% 左右；2030 年占 40% 左右；2035 年占 50% 以上。

表 1 我国发展新能源汽车各时间节点的量化指标

| 路线 2.0 | 时间节点 | 2025 年 | 2030 年 | 2035 年 |
| --- | --- | --- | --- | --- |
| | 新能源车占比（%） | 20 | 40 | 50 |
| 路线 1.0 | 时间节点 | 2020 年 | 2025 年 | 2030 年 |
| | 新能源车占比（%） | 7 | 15 | 40 |

新能源汽车超预期增长。中国汽车工业协会数据显示，新能源汽车市场总体

延续良好表现，2021年1～10月份，国内新能源汽车产销分别达到256.6万辆和254.2万辆，同比增长均为1.8倍，单月销量屡创新高。

新能源汽车市场发展前景广阔。中国汽车流通协会信息显示，预计到2021年年底，新能源汽车保有量将达到650万辆左右，其中纯电动汽车超过500万辆；预计"十四五"末新能源汽车保有量将达到2400万辆；到2035年新能源汽车用户将超过1.4亿，保有用户结构发生较大变化。

新能源汽车区域销量占比持续提升。北京亚运村汽车交易市场信息数据显示，北京（限购城市）2021年10月份新能源纯电动汽车销量13435辆，占当月新车上险数48210辆的27.87%；2021年1～10月份北京新车销量545391辆，较2020年同期479511辆累计同比增长13.74%；2021年1～10月份，北京新能源纯电动汽车销量102845辆，较2020年同期68650辆累计同比增长49.81%，占新车交易量的18.86%，其中，国产新能源纯电动汽车占乘用车销量21.77%，新能源进口车占进口车销量1.25%，新能源商用车占商用车销量12.51%。武汉汽车流通协会数据显示，武汉市（非限购汽车城市）2021年10月份新能源汽车3907辆，占当月乘用车上险数28310辆的13.80%；2021年1～10月份乘用车上险数292037辆，同比2020年增长23.13%，新能源汽车24961辆，占比8.55%。湖北省2021年1～10月份新能源汽车销量占比超过8%。重庆汽车商业协会数据显示，2021年1～10月份重庆（非限购城市）新能源汽车累计销售4.6万辆，比2020年同期1.5万辆增长204.5%，新能源汽车占狭义乘用车销量37.4万辆的12.3%；重庆新能源物流车销量大幅上涨，吉利商用车、北汽福田、东风系三家汽车企业新能源轻型货车销量占新能源轻型货车市场近七成比重。

汽车有形市场积极布局新能源汽车特色项目。汽车有形市场分会信息透露，2014年5月北京亚运村汽车交易市场在新能源汽车发展初期就建立了"五位一体"新能源汽车应用推广中心，吸引北京新能源汽车补贴目录品牌厂家入驻，与北汽合作建立新能源汽车科普展厅和入驻品牌销售专区，举办主题论坛，开展周末新能源汽车试乘试驾体验活动，为厂商和政府推广销售新能源汽车搭台唱戏，开创了新能源汽车市场营销的先河。

近年来，各汽车有形市场积极布局、拓展新能源汽车特色项目。北京亚运村汽车交易市场、北京五方天雅汽车服务园、深圳深业车城、重庆汽博中心、长沙大中南汽车市场、江西恒旺车城、山西汇众汽车家园等城市汽车有形市场都陆续引进了特斯拉、蔚来、小鹏、零跑、爱驰、合创、威马、哪吒、荣威、北汽、上汽等新能源汽车品牌授权专卖店、销售交付中心，汽车有形市场成为新能源汽车最佳体验、展示、销售的集约化平台。

平行进口车市场重启进行时，汽车有形市场又将成为平行进口车市场突破提升、规范发展的主战场。受国六 A、国六 B 环保排放标准实施等影响，平行进口车近几年经受了从门庭若市到门可罗雀的生死洗礼。据天津保税区国际汽车城、青岛国际汽车口岸管理公司信息了解到，平行进口车已重启在即，先期滞留天津港的 13000 辆符合环保标准的平行进口车已通关放行，入市平行进口车明显增多，经销商已出现回流现象。天津海关就目前存在的进速快、出关慢等问题正在进行提速专题研究。随着平行进口车通关逐步恢复常态和"新三包"规定深入落实，政府有关职能部门将势必总结汲取以往政策管理的缺失和不足，从法律、监管等多个层面进一步加强提升平行进口车售前、售中、售后等环节的规范性和健康性建设，让消费者买到放心车、称心车，期待平行进口车市场重现昔日辉煌。

## 二、汽车有形市场面临的困惑和挑战

汽车有形市场营销平台模式发展至今已近 30 年，其特有的"全特网"先天优势在我国汽车行业发展中做出了贡献。随着社会经济发展、网络科技进步、行业政策调整、现代消费变革，特别是汽车"四化"趋势强劲，汽车有形市场原有的功能资源优势发生了悄然变化，老问题与新问题叠加，汽车有形市场物业型经营模式及场地资源优势受到严峻挑战。

### 1. 增速放缓，竞争加剧

在高质量发展结构调整中，汽车市场已由中高增速转向中低速增长，同业竞争日益加剧。不同品牌间的份额之争、同品牌间的生死之战，倒逼企业控制、优化经营规模，在场地租金、人工成本等方面寻求高效率、低成本运营。

### 2. 汽车有形市场面临了解需求、服务需求、引导需求挑战

当前消费需求日益呈现个性化、服务化、娱乐化、融合化、健康化和绿色化，消费群体更加年轻化和知识化，对汽车有形市场如何顺应消费变革、调整平台功能，进一步提高对消费者的卷入度，提出了新课题和新挑战。

### 3. 新技术、新产品、新营销引领汽车消费和营销模式变革的挑战

传统汽车企业、造车新势力和科技公司共同参与开发智能网联、自动驾驶新领域，广泛应用大数据、云计算等前沿技术，让有形市场营销模式进入一个更加多元化的新阶段，迎接挑战、加快自身变革更具紧迫性与现实性。

### 4. 市场同质化，特色不明显，优势不突出，业绩不理想，商户不稳定，汽车有形市场面临模式结构调整、平台功能有待提升重塑的挑战

市场同质化主要体现在产品、服务、营销、业态等多个维度。首先是市场产品同质化，同一地区不同有形市场之间，有形市场内与有形市场外汽车营销主体间所售产品同质化严重，缺乏特色优势，难于满足目标客户群体个性化需求。其次，部分汽车有形市场为消费者提供的服务项目内容较少，形式较单一，满足消费者现代消费需求差距较大。再次，市场层面营销作为、力度较为薄弱，部分汽车有形市场主要以入驻经销商为主，单打独斗开展营销活动，在活动立意、传播范围、市场影响、实际收效等方面很难达到事半功倍的效果。有形市场在营销分析预判的基础上，整合业界包括跨界各方资源联合开展主题、专项营销有待加大投入，提升能力水平。

## 三、汽车有形市场创新融合、转型突破的若干思考

在汽车供给侧、消费侧及企业内外综合因素深刻变革的影响下，传统汽车有形市场在人气流量、场地出租率、交易量、交易额、利润率等方面遇到了严峻挑战。在当今消费变革、业态创新、产业升级市场竞争中，有形市场该干什么、能干什么？怎样找准难点、痛点，挖掘资源优势弥补短板，明确定位，调整结构，实现多业态融合发展创新突破是汽车有形市场和实体企业需要深刻反思并付诸行动的现实问题。

### 1. 坚持本色，坚定信心，在创新竞争中彰显有形市场的优势和魅力

在激烈的市场竞争中，只有充分认识优势，正视存在的劣势、不足和问题，才能在市场变迁中坚定信心、保持定力，捕捉政策和市场机遇，有效发挥有形市场的平台作用，在路径、方法等方面持续探索尝试创新，让汽车有形市场在更具温度的管理服务中焕发勃勃生机。

（1）汽车有形市场具有公共平台性　汽车行业任何一个新生事物在其发展

节点上，有形市场都是示范宣传推广、有效触达关键核心消费群体的最佳场所；作为集约化公共经营平台，有形市场携手汽车行业协会、汽车厂商及各方资源开展营销服务创新，在广度和深度上促进了相关细分市场的健康规范发展。

（2）"六个汇集"彰显汽车有形市场的魅力　作为公共营销平台，汽车有形市场具有"六个汇集"功能：汇集汽车主机厂家多种资源要素；汇集一、二级经销商实体；汇集新旧车交易、汽配维修、售后装饰等多元化汽车服务项目；汇集多种集客服务功能，为消费者提供一条龙需求服务；汇集线上线下、零售与批发业务销售；汇集融合多业态跨界资源。

（3）"全、特、网"仍是有形市场最具竞争力的功能优势　全：汽车有形市场经营品牌"全"；业务模式服务功能"全"，是汽车上、中、下游业务模式交汇互动互促，各项衍生服务扩展对接的集约化公共平台。特：汽车有形市场更具创新拓展差异化特色项目，整合开展特色营销和服务优势。网：运用新媒体等网络技术开展线上线下相互融合的平台营销，支撑有形市场特色项目的经营拓展。

**2. 多业态融合发展，调整优化板块结构，突出特色营销亮点，增强核心竞争力，提升存量资产效益，成为汽车有形市场实现创新突破的重要课题和实践抓手**

（1）汽车有形市场进入多业态融合发展的新阶段　汽车有形市场以盘活场地资源，满足消费者个性化、多元化需求，提高消费者愉悦感、认同感，提升客流和人气为目的，引进餐饮、购物、文娱、运动等多种跨界业态，建设以汽车为主题的城市商业综合体，形成多业态融合的网红打卡地。北京酷车小镇、深圳深业车城等汽车有形市场进行了积极探索、大胆实践和有益尝试，获得了预期市场效果。

（2）建立汽车有形市场内生互动、融合发展的平台机制，提升优质商户和市场效益稳定度　引进多种跨界业态形成商业综合体除了盘活市场闲置资源外，其主要目的是满足消费者多样化需求，增加客流人气；而发挥有形市场平台协调功能，运用专业技术手段，搭建市场内各业态项目相互交汇、互动互促、资源共享、利益均沾、合作发展的内部营销平台，其服务受益对象是消费者，更是市场内各业态商户，练好市场内外硬功，真正做到既能引进来、更要留得住。通过建立闭环内生融合机制，提升市场特色服务含金量，增强有形市场与市场内各业态商户的紧密依附度，彼此成为事业、命运、利益共同体。

（3）腾笼换鸟，调整结构，优化业态，提升发展　北京亚运村汽车交易市场按照北京市汽车市场现状，在保持新能源等新车优质资源的同时，调整结构，本着高端化、品牌化、规模化原则，缩减新车综合卖场面积，扩大二手车经营规模，引进"人人车"等二手车大客户，开展线上、线下O2O二手车交易。北京五方天雅汽车服务园腾笼换鸟，重新划分服务业务板块，进行全面升级，引进造车新势力等多个新能源汽车品牌店，增加新能源汽车专修和新能源汽车美容装饰，形成新能源汽车、新车城市展厅、二手车（互联网）实体卖场、汽车综合服务区、汽车用品商城、汽车零部件及商务办公五大功能区，园区创立的共享维修车间和钣喷中心等服务体系，实现多方共赢，节约了成本，提高了商家的经济效益。

（4）运用新媒体吸粉引流，首创彩绘涂鸦文创汽车市场，彰显时尚科技潮流　成都西部汽车城高新市场在筹建运营中，携手四川广播电视台旗下官方抖音号"四川观察"，联合多个成都本土百万级粉丝抖音汽车网红，打造西部汽车城抖音学院，开设抖音直播指导教学，为商家提供市场抖音直播平台与曝光平台，为商家引流、赋能。成都西部汽车城高新市场标新立异，将园区现代工业粗犷美学与街头涂鸦潮流创意有机结合，是全国首家彩绘涂鸦文创汽车市场。

（5）健全汽车服务体系，满足消费者车生活需求　长沙中南汽车世界、杭州汽车城、昆明凯旋利车博汇、重庆协信汽车公园、山东梁山华通汽车城等汽车有形市场注重建立完善新车、商用车、二手车、汽配、维修、精品生活等全链条式汽车服务体系。

（6）借助政府资源，打造区域汽车交易集散地　贵州经纬国际汽车城在当地政府"划行归市"的政策支持下，筑巢引凤，汇集130多家贵州黔东南州80%新旧车、汽贸商家入驻，成为区域最大汽车城。

（7）引领汽车个性化定制消费，打造汽车文化特色小镇　北京酷车小镇作为全国首个以汽车改装为亮点的专业技术性产业园区，从单一的改装店为主，升级为以汽车专业改装、汽车改装设计、汽车改装磨具设计、汽车改装定制为主的汽车文化产业链延伸的特色汽车文化产业小镇。"酷车国际文化节"及"中国汽车后市场产业发展国际论坛"是酷车小镇文化活动的主要载体和重要活动内容，其酷车、改装车、赛车等展览展示，专业改装车赛事、俱乐部泛娱乐赛事等文化活动异彩纷呈；汽车改装方案、汽车改装设计的知识产权维权法律解读，汽车改装立法的建言献策，国家政策的深度解读与行业前瞻性分析，为改装车市场从业者提供了交流分享平台。

### 3. 以创新视角拓展差异化特色项目

汽车有形市场最显著的资源优势是能够拓展差异化且具有提升潜能的特色经营项目，从特色项目专区入手，开展特色营销和服务，吸引不同细分市场的消费者，逐步扩展形成多元特色市场。特色细分市场小众化、窄覆盖，但潜能后劲不可小觑，小市场做到大份额，对拉动市场人气，增强集客能力，提升体验和服务品质，带动常规汽车产品销售具有现实意义。

（1）**坚持发力平行进口车细分市场** 发挥好主载体作用。汽车有形市场是开展平行进口业务的主要渠道载体，是汽车有形市场寻求突破创新经营的重要细分市场。平行进口车市场重启在即，汽车有形市场要未雨绸缪。

抓好资源及营销两个"合作对接"。首先，在产品资源获取上，与口岸开展对接合作；在节约资金及方便看车售车上，与口岸海关积极探讨协商，尝试将海关平行进口车保税库后移至汽车有形市场内。其次，在渠道销售上，围绕"好车、便宜车"市场卖点，针对买卖双方在交易环节存在的"诚信"痛点，联合金融服务方，运用"互联网+汽车"技术手段，与全国汽车有形市场平行进口车联盟会员进行线上线下紧密型共享对接，开展平行进口车 B2B 资源批发和 B2C 零售业务。

突出抓好与改装车细分市场的捆绑开发。个性化改装将成为今后平行进口车市场特点之一，新、奇、特仍将引领汽车消费新浪潮。

助力推动平行进口车"新三包"售后服务诚信体系建设。"实惠车"是平行进口车销售的卖点，"放心车"诚信建设既是平行进口车市场规范发展的瓶颈，也是开展市场营销的亮点，更是有形市场寻求发展的着力点。

（2）**坚持差异化、互联互动经营方针，拓展改装车细分市场** 第一，建立前店后厂改装车基地。将规范诚信、旗帜性品牌汽车改装厂引入有形市场，建立具有一定规模的私人订制车辆改装专区。第二，商户经营互依互促。入市车辆改装厂与市场内新车、二手车商户互动互促、共创共赢。第三，开展诚信共建。入市车辆改装厂与汽车有形市场共建产品质量售后"双保障"体系，推进有形市场诚信建设提升落地。第四，形成改装车市场特色，提升企业品牌含金量。汽车有形市场的改装车项目将增强新车及在用车客户黏度，满足消费者个性化服务需求，改进有形市场内外产品同质化现象，扩大经销商收入利润空间。第五，提升改装车市场运营专业化水平，扩大品牌文化影响力。汽车有形市场在改装车市场拓展中需要打好营销五张牌：专业特色旗帜牌、定制消费引领牌、诚信经营服务牌、品牌项目推广牌、商户联盟营销牌。北京酷车小镇在改装车运营专业化和提升品牌文化影响力等方面，为有形市场提供了学习借鉴的经验。

### 4. 深耕两个重点汽车细分市场

（1）持续创新升级，深耕新能源汽车市场　第一，营销服务模式升级。升级"五位一体"新能源汽车应用推广中心，进一步牵手造车新势力及传统汽车企业，建立具有一定规模的体验展示、信息发布、车辆交付中心。升级新能源汽车试乘试驾体验活动。汽车有形市场分会在北京举办的"首届新能源汽车试驾体验节"成为汽车有形市场体验营销的范例。第二，产品布局多元化。新能源汽车集群应努力涵盖乘用车、客车、专用车、油电混合动力等新能源车型。第三，着眼后补贴时代，跨界延伸业务链，扩展多样集客渠道，开展全生命周期客户服务，从后市场获取运营和增值服务收入。在动力电池寿命双周期中，可尝试采取两方面的举措：一是与新能源车厂家及蓄能电站联合，参与动力电池退役后梯次再利用工作；二是与报废解体厂联合，开展回收再利用工作。通过创先参与动力电池梯次再利用和回收再利用跨界行动，促进新能源汽车集客销售，并拉动新能源二手车市场交易。

（2）应对政策和市场变化，深耕二手车市场　全国二手车市场规模潜力巨大，困扰发展的政策仓箱可期，整体保持上行态势。扩展二手车交易圈，牵手上下游跨界资源，拓展多维度合作渠道，打造诚信体系，树立品牌形象，以需求为引导的各种模式创新及尝试方兴未艾，但二手车短板依旧，竞争亦日益激烈。

第一，把握趋势，用好政策，促进发展。二手车交易登记"跨省通办"新规将对全国二手车市场产生五方面影响。一是有利于提升全国二手车市场活跃度。二手车交易登记跨省通办，变"两次登记查验"为一次，减少两地往返，既方便消费者，又增加了经销商对交易渠道方式的选择，将进一步活跃全国二手车市场，促进异地流转交易提升。二是有利于二手车电商平台进一步发展。"跨省通办"方便消费者在车辆转入地直接办理交易登记手续，无需两地往返，将有利于瓜子、人人车等二手车平台利用大数据,运用大资金调配所需品牌车型前往收益更佳区域进行二手车异地交易。三是有利于异地经销商之间建立B2B长期稳定的资源合作关系。四是有利于提升二手车品牌经销商集中度。五是市场诚信及指标安全是影响政策实施效果的两大因素。北京等汽车限购城市二手车经销商(包括车主)出于对汽车指标安全性考虑,在一定时期内或将谨慎对待、探索试行"跨省通办"新规。

第二,牵手上下游跨界资源。置换销售主导北京等限购城市汽车市场,二手车市场是新车市场的发动机,要开展多维度扩展合作:在行业协会扶持下,与新车厂家和4S店商家进行前置合作;与汽车报废回收行业延伸联姻;与保险公司、金融机构、传播媒体跨界合作。拓展获客渠道和线索。拓展定向客户,开展线下精准营销活动,提高线上转化率。用诚信杠杆培养撬动消费者购车观念和行为。

**5. 高度关注、积极思考、主动筹划、把握汽车智能化时代汽车有形市场的切入点、着力点,融合创新,探索实践永远在路上**

随着汽车产业增速放缓,进入高质量发展通道,特别是受新冠肺炎疫情影响出现的严峻形势,要借助国家全链条促进汽车消费的政策机遇,充分挖掘汽车有形市场的优势,在创新应变中运用新思维、寻找新机遇,发挥全国汽车有形市场的平台作用,抱团取暖、渐进调整、循序转型,提升发展,实现新的突破。

(作者:颜景辉)

# 汽车行业数字化转型实践与展望

我国汽车行业正在开启新一轮的高质量发展期。在"量"上，2021年的汽车销量走出了前三年的连续下降期，触底反弹。在"质"上，2021年的汽车行业正在进入全面数字化转型的提速期。

## 一、2021年汽车行业数字化转型实践

汽车行业数字化转型是一个涉及面广、内涵丰富的大课题，本文将从汽车企业视角，重点围绕产品数字化、业务数字化、生态数字化三个层面，观察2021年汽车行业数字化转型的实践与趋势。

### 1. 产品数字化

汽车产品数字化，其核心是"软件定义汽车"。未来汽车只有三成的价值在于传统部件，七成在于电动化、自动化、网联化等数字化新功能和新技术，硬件成为共享资源，软件按需调用硬件。在乘用车市场信息联席会和安路勤公司联合发布的新四化指数中，2021年10月份的智能化指数为51.8，相比2020年同期微增0.3（主要受芯片供应影响）；网联化指数为37.1，相比2020年同期大幅增加6.8。汽车产品的数字化，已经成为迎合年轻一代"数字原住民"需求的必备技术。回顾2021年汽车产品数字化转型，主要呈现以下几个特点：

一是造车新势力成为产品数字化的领军势力。造车新势力，如特斯拉、蔚来、小鹏、理想等自身具备数字化基因，其互联网思维方式不同于传统汽车企业，起步产品就是新能源智能汽车，智能驾驶、智能网联、智能座舱是其产品的标志特征。在2021年发布的消费级的量产车中，L2级别成为标配，并具备升级L3的潜力；整车OTA支撑消费级产品可持续升级迭代，车内智能座舱的体验，尤其是联动触摸大屏优于传统汽车。此外，在电动化方面，续航普遍达到600km以上，甚至直逼1000km。以2021年3月上市的高合HiPhi X为例，其售价区间为57万～80万元，智能驾驶达到L3级，可在0～130km/h的全速域范围内实现起、停、转、行，配备基于车路协同的L4全自主代客泊车系统；采用HOA开放式电子电气架

构，标配 5G+V2X+千兆以太网以及具备自主学习功能的主动式智能出行伙伴 HiPhiGo。

二是电子电气架构进入 3.0 阶段。电子电气架构系统（E/E 系统）包括所有的电子的和电气的部件、互连结构（拓扑结构）以及其逻辑功能，电子电气架构的技术水平决定了汽车的智能化水平。在推进汽车产品数字化的过程中，基于建构平台、节约成本、降低车重的需求方向，电子电气平台从 1.0 阶段的分布式、2.0 阶段的域集中式，发展 3.0 阶段——中央集中式电子电气架构，采用中央超算+区域控制硬件架构，做到硬件和软件的深度集成。在 2021 年 11 月份的广州车展上，多个汽车企业发布了全新架构平台，展现出常用常新、算力大增、高速通信等新一代架构特点，如哪吒汽车的山海平台，广汽埃安的"星灵架构"，本田的 e:N OS 以及小鹏汽车的 X-EEA 3.0。

三是 OTA 升级到整车 OTA。OTA（Over-the-Air Technology）空中下载技术，是通过移动网络从远程服务器无线下载新的软件更新包对自身系统进行升级。2021 年小鹏汽车发布的 X-EEA 3.0 架构中，OTA 升级时间控制在 30min 内（目前在升级大版本时一般需要 90mim 左右），并且可以在升级期间不影响车辆使用，不必停车升级，车辆重新复位启动后即可完成升级。汽车 OTA 又分为 SOTA 和 FOTA 两种升级方式：SOTA（Software OTA）软件升级，是指那些离用户更近的应用程序 App、车载地图、人机交互界面等功能；FOTA（Firmware OTA）固件更新，用户可通过特定的刷新程序进行 FOTA 升级，影响的是动力系统、电池管理系统等。2021 年，蔚来汽车通过 FOTA 实现的更新已经涵盖三电系统、底盘悬架、辅助驾驶、车身和信息娱乐等。

## 2. 业务数字化

汽车企业业务的数字化贯穿研发、制造、供应链、营销、服务等全价值链。在数字化提升传统业务的同时，还带来了业务模式的创新运营。

一是数字化制造。根据 IFR（国际机器人联合会）统计数据显示，汽车制造行业机器人占工业机器人总销量近 30%，IFR 预测 2022 年全球汽车工业机器人需求将达到约 19.5 万台。随着智能制造的大力发展，汽车智能制造装备市场规模将进一步扩大。2021 年 10 月份，理想汽车利用北京现代第一工厂进行改扩建的智能工厂项目正式开工；2021 年 12 月份，一汽解放 J7 整车智能工厂正式在长春落成投产。整车制造的智能化改造升级步伐将在行业内全面展开。

二是数字化销售与营销。特斯拉的直营直销开创了数字经济时代汽车销售与营销的新模式，传统的4S店销售模式正在受到自身成本高、距离市区远等弊端的限制。我国传统汽车企业开始跟进O2O渠道模式的步伐，如今在大型商超看到各类电动汽车销售已经不足为奇。2021年广汽的新能源品牌埃安在全国各大重点城市建设了166家车城店和113家商超店，渠道终端店数量累计已达279家，持续打造"线上+线下、直营+经销、车城+商超"双轨模式，做到"一口价、低库存、高周转"。2021年4月20日开始，华为公司宣布赛力斯智选SF5入驻华为旗舰店，通过华为全国的零售渠道网络进行销售。在上海南京路的华为旗舰店内，可以看到一楼正厅摆放着3辆赛力斯展车，其标签是"HUAWEI HiCar"。无独有偶，万达将要成建制、大规模投入卖车行列。2021年11月份，万达汽车科技服务有限公司正式成立，将利用其遍布全国的优质商超渠道开展新车销售、充电、洗车等服务。2021年万达在汽车界的另一大新闻是，与一汽启动战略合作，双方将从服务生态、能源生态、会员生态等三大维度相互赋能，共建"红旗用户体验生态"。

新冠肺炎疫情之下，汽车营销数字化得到了加速发展。2021年，几乎所有的汽车品牌官网都完成了电商化改造。不仅可以浏览产品信息，更可以在线选车、在线预约试驾，甚至在线下单。2021年，大众汽车在电动车ID.系列进行了全面的数字化营销。对品牌经销商展厅进行了全新的品牌设计，在产品的营销和零售方面推进了数字化和年轻化，建立ID.粉丝社群，通过围绕ID.家族进行交互，大大简化了用户选择、预订与支付ID.车型的方式和流程。在数字化平台上ID.家族提供了一系列的增值服务，比如寻找充电网点、获得和ID.车型有关的其他信息。在2021年广州车展上，广汽本田展台上观众可以通过望远镜看到每辆汽车的外观及车型卖点，在展台体感墙下方设计4个人体感应器，站到指定位置，伸手点击红色区域就能控制视频播放，促进观众更加了解广汽本田。2021年8月份，宝马汽车的线上旗舰店全面升级，调动其全生态平台资源，通过贴近中国客户习惯的全新多场景运营，以数字化赋能产品和品牌体验，打造线上到线下无缝衔接的BMW客户旅程，意图将客户体验从单一4S店传统模式转变为全场景化品牌新体验，在宝马与客户之间创造更丰富的品牌联系，以数字应用驱动业务增长。

三是共享出行。2021年虽然没有新增有分量的共享出行平台，但是"滴滴"

下架一事引起了全社会对出行大数据的关注。2021年7月，26款"滴滴"系的App被下架，人们不禁要问："滴滴"为什么要有这么多App？答案是这些App覆盖C端的打车、用车、约车等功能以及B端的车辆管理、人员监控、地图信息等功能，可以收集和利用客户大数据、消费大数据、车辆大数据、驾驶行为大数据、金融大数据、道路大数据等。"滴滴"下架后，T3出行、曹操出行、美团打车、滴嗒出行等平台启动紧急措施抢占客源，目前"滴滴"还没恢复在各大手机应用市场上架，未来共享出行的格局有可能会发生重大变化。从"滴滴"事件中，业内看到了出行大数据的应用价值和安全的重要性。当前无论是国外汽车企业还是中国汽车企业，都表示向"出行服务提供商"转型，其背后的战略核心是出行大数据。在当前和未来的汽车生态圈中，占据核心生态位的是"用户"，而距离用户最近的是出行平台。通过拓展出行业务，汽车企业可以直接与终端客户建立联系，获取第一手最全面、最直接的出行大数据，所以汽车产业链的竞争将会出现"得出行者，得数据；得数据者，得生态"。

### 3. 生态数字化

汽车业内有一种说法"2021年或是汽车业全面数字化元年"，虽然这一观点还未得到普遍认可，但是从政府到企业，从业内到业外，对汽车数字化转型的参与程度越来越高，2021年汽车行业生态数字化在不同层面呈现出如下重要特点：

一是政府层面。从顶层设计加大对汽车行业数字化的规划与引领。2020年，国家层面出台了《新能源汽车产业发展规划》和《智能汽车创新发展战略》。2021年，浙江、广东、上海、四川、江苏、天津、山东、重庆、河北等省、自治区、直辖市级政府专门制定和出台了"十四五"阶段的新能源汽车和智能汽车的发展规划，如《河北省汽车制造业数字化转型行动计划（2021~2022）》《广东省发展汽车战略性支柱产业集群行动计划（2021~2025）》《浙江省新能源汽车产业"十四五"规划》等，引导汽车产品向数字化方向发展，推进汽车产业的数字化转型，统筹互联网科技、软件开发、基础核心电子部件、智慧基础设施等数字化产业向汽车领域集聚。

二是互联网公司与ICT企业。2021年最具轰动效应的跨界造车当数"小米与雷军"，小米拥有庞大的粉丝群体，在AOT和IOT领域拥有大量的生态链企业。小米此时进场造车，可以借助生态链企业赋能造车业务。"下一个最有可能跟手机相提并论的互联网入口,大概率就是汽车",这是为什么苹果、华为、小米、谷歌等互联网科技企业纷纷进军汽车产业的逻辑思维。在助力传统汽车企业数字化转型的业务中,不仅 ICT 企业是汽车产业数字化转型的助推者,汽车产业也是推动 ICT 企业转型升级的重要场景。华为使能汽车企业的名单中包括一汽集团、东风集团、本田汽车、宝马汽车、比亚迪汽车等著名汽车企业;阿里是吉利汽车和上汽集团多年的数字化转型合作伙伴,百度在 2021 年上海车展上发布了 Apollo 乐高式汽车智能化解决方案,包含"智驾、智舱、智图、智云"四大系列产品。

三是汽车企业搭建数字化生态联盟。2021 年 4 月份东风汽车集团发布了"十四五"战略规划,企业使命、价值观和定位都发生了转变,搭建"1+4 平台"(运营管理控制系统 MOCS、东风商用车完好率中心、东风出行大数据平台、联友科技网联汽车平台、南斗六星新能源监控平台等),带动公司数字化转型。2021 年 4 月份,长安汽车发布了"十四五"规划和 2030 愿景,描绘了企业加快迈向世界一流汽车品牌的路线蓝图,将重点放在数字化转型升级,携手华为、百度、腾讯、阿里巴巴、科大讯飞、Intel、NXP、中国移动等战略伙伴构建"天上一朵云,空中一张网,中间一平台,地上全场景"的全新商业模式。2021 年 6 月份,长城汽车发布 2025 战略,意图建立"产品+软件+服务"的全新商业模式,推动价值链向后端转移,打通汽车消费全生命周期的价值链条,并已经与腾讯、阿里、百度、中国电信、中国联通、中国移动、华为和高通等企业合作建立了数字化生态联盟。

## 二、2022 年汽车行业数字化转型展望

展望 2022 年,汽车行业数字化转型将继续提速,预计数字化变革将在产品、业务、生态等各个层面向纵深发展:

一是在产品数字化方面,新能源汽车将是数字化的主力军。预计 2022 年中国新能源汽车销量为 500 万辆,在乘用车市场的渗透率将超过 20%。各大汽车企业的产品研发重点将放在新能源汽车上(传统燃油车平台基本都是最后一代了),智能化、网联化等产品数字化技术将向专属电动化平台倾斜,更多数字化技术将出现在新能源产品中,智能座舱、智能驾驶、无感 OTA 将更加普及,客户的数字化出行体验将全面升级。

二是在业务数字化方面,大规模定制化(Mass Customization)将是各大车企的推进重点,将牵动研发、制造、供应链、销售、营销等环节的全面业务数字化

转型升级。随着新能源专属平台的数字化技术日渐成熟,在供给侧,汽车的平台化和模块化程度会越来越高;在需求侧,客户对汽车的个性化定制会越来越倾向于软件而非硬件。寻求在汽车竞争中的汽车企业们会将竞争优势建立在适应客户的个性化需求,而且要保持大规模生产的低成本、高效率、高质量。此外,新技术的应用重点将放在营销与服务,AR和VR技术的应用将更加普及,品牌与产品体验互动化,有效提升销售能力与营销能力。UBI(Usage-Based insurance 基于驾驶行为定价的车险)将逐渐进入保险主流,市场潜力巨大,特别是传统车险不愿触及的新能源汽车将为UBI发展提供成长空间。

三是在生态数字化方面,汽车企业将更加主动地牵头搭建数字化生态圈,更多市场主体将投入到汽车行业数字化转型实践中。汽车企业越来越重视"用户运营",将实践以创造客户价值为目标延伸产业链,构建人、车、生活的新生态。2021年成为元宇宙元年,元宇宙是融合信息革命、互联网革命、人工智能革命以及VR、AR、MR等虚拟现实技术革命的成果而诞生的一个全新数字世界,是数字化的另一种呈现形式,将为汽车行业数字化转型提供更广阔的场景。

展望2022年,随着全球经济快速进入数字经济时代,汽车行业的商业模式将产生颠覆性的变革。汽车的核心价值从硬件向软件转移,汽车企业与用户间的关系将从"一次性交易与服务"转变为"用户运营"的可持续价值共创合作关系。汽车行业正在成为新一代数字技术的集大成者,不仅是数字化的需求方,而且是数字化的供给方,将产生海量的具有经济价值的工业大数据和消费大数据,推动数字化产业升级发展,为壮大数字经济带来新动能。

(作者:穆天宇)

# 物流精细化发展对商用车销售的影响

本文讨论物流精细化发展对商用车销售的影响。既然是和车有关，所以这里所指的物流仅限于运输。先把各行各业逐步需要的特种定制商用车这个问题放在一边，着重探讨行业发展到现在，从业人员和角色的变化，业务逻辑的变化，对于商用车销售的机会。

## 一、赚货的钱和赚车的钱，是两个角色，两种方式

围绕着运输行业，从业者众多。你也做运输，他也做运输，但是仔细进行分析和分类，实际不是那么回事。赚钱的方式不同，使用的资源不同。

有靠货赚钱的，包括各种三方公司、专线公司等，利润来自于掌握货源、转卖货源、装载匹配能力、路由规划以及调配车辆的能力等。比如车货总重限额49t，装载体积需要在规范之内的情况下，搭配装载货物的品类不同，收入是不同的。不同流向的淡旺季车价不同，各地的工厂企业和农业经济，在不同季节的出货量也在波动，回程车资源也不同，掌握这些历史信息和资源，和上游签订招标合同，合同期内做好货和车的匹配，赚取利润。

有靠车赚钱的，俗称"养车的"，包括各种挂靠公司、车队、司机等，利润来自于车辆的使用效率，以及各种车辆使用成本的节约。挂靠公司利润来自于挂靠的车辆数量。车队和司机，谋求的是运输价格，刨去运输成本和覆盖了车辆的贷款后，剩下的就是投资回报和个人收入了。而这一部分，可以说是刚性成本。当回报太低甚至没有回报的时候，投资车辆的行为就会减少。当个人收入远低于预期的时候，司机就会转行。个体司机对于每个月能拿到手的钱，是有心理价位的，是会和其他服务性行业进行比较的。这也是为什么不同流向的车价有淡旺季的差异。一个方向出货少了，造成运费便宜的话，在另外一个方向，司机就要把这个价格补回去。

这两者有一定的交集，有货的人会养少量的车。但是在大多数情况下，有货的人没有车，有车的人没有货，是行业常态。这两者的成本和利润加在一起，决

定了真正货主的运输成本。那么在降低成本的过程中,是两方面的能力提升,成本下降。

## 二、以快递业务为例来区分养货的和养车的区别

以快递业的运输成本为例,过去几年,单票快递的运输成本降低了30%以上,总结一下,主要靠以下几个方法:

一是去除赚取信息差的黄牛物流公司。二是快递业定制车辆,包括轻量化车型和大方量车厢。同样发车车次的情况下,可运输的快递件量大大提升,其中挂箱的设计至关重要。三是路由的调整,价格政策激励,使得单边发车占比下降,车辆往返增加后使用效率提升。通常单边的车价比往返车价要贵10%~30%,控制网络发货的平衡,使得成本下降。以上是从货的角度出发,考虑的各个盈利点。四是各项集采和直供,包括车辆、油品、轮胎、保险等,以此来降低成本。五是延长快递运输车辆投资人的回报周期和利润率。比如,有些快递公司是全款买车,那是在车辆上不求任何投资回报的。以上是从车的角度出发考虑的盈利点。过去几年,司机的工资实际是没有什么下降的。两者的紧密结合,才是利益最大化的方案。快递行业几年的高速发展,价格战的激烈,成本控制的高度内卷,使得各个公司都必须在这两方面下大功夫,才能在市场中存活下来。快递业的牵引车月行驶里程普遍是高于2万km的,远超出市场其他行业每月12000km左右的数据。

但是在其他行业中,过去几年,各个车货匹配平台的出现,信息化系统的应用,主要的重点还是缩减货主和养车人之间的信息差。当信息差带来的收益被缩减到一定程度,黄牛的数量和层级缩减了以后,运价的再下降,是降在了司机收入上面。笔者预测,规模化的运力公司或者运力管理公司将会出现,通过路由规划提升月有效行驶公里数,通过整合司机个体,一起共享集采、安全管理和油耗管理,进而降低成本。

## 三、养车的利润应该怎么算

养车到底赚多少钱,要看账是怎么算的。通常,个体司机的算法是:每个月利润=收入-(还贷款+加油费+过路费+杂费)。这个利润达到一定的金额,就认为是赚钱了,保险、轮胎、维保等成本,是打包在个人劳动收入利润里面一起考虑的。很显然,在这个公式里面,没有考虑车辆的使用寿命、车辆的残值等因素。

还贷期间不等同于折旧期间,更不等同于车辆使用寿命。以快递使用的车辆为例,已经有国产品牌的运营里程数达到了 180 万 km,使用年限超过了 7 年。这辆车的收益,是远远超过了当初购车时候的盈利预测的。即使当初在贷款期间,这辆车的运营利润一分也没有,还贷后带来的收益也是非常可观的。而这台车所得的高额利润,实际来源于货主的运费成本。所以,把每一个车当作一个投资项目好好算一下的话,利润的结果和个体司机的感知是不一样的。

## 四、重新算账,把出钱的、出力的、管理的投入回报进行拆分,各取最优方案

规模化运力公司或者运力管理公司,应该把资产的投资回报率、资产的运营利润率和个体的劳务收入做拆分,分别运营和分配收益。第一,对于资产的投资回报,除了降低购车时候的成本,包括首付和资金利息,还要考虑延长还款期限、增加车辆寿命,即可使用里程和增加二手车价值。第二,对于资产的运营利润率,要考虑根据场景配置合适的装备,往专业化车辆发展,或者通用化方向发展,提高货物的装载率,成为货主更愿意使用的车辆,提高出勤率和月行驶里程。另外需要有配货团队,为车找货,减少返程空驶,优化运营过程中的各项成本。第三,对于司机的劳务收入要有底线,设计合理的多劳多得方案和标准的安全管理方案,降低事故率。

总之,运力公司,是养车的公司,是在稳定运力的基础上获得收益,这个收益来自于管理的运力成本效益高出市场平均水平的部分。目前有很多运力平台,还是纯粹从货的基础出发的业务逻辑,没有形成稳定运力。在这样的情况下,司机和车主没有很强的黏性,不会跟随去采购车辆和后市场产品。

## 五、司机需要的是带货卖车+单边货匹配返程+相对稳定合理的路由设计+定点售后服务

在商用车销售中,带货卖车的概念已经深入人心,尤其是和很多平台的合作。那么甄别这些平台的货源是否稳定和持续,是否因为和平台的合作,相关车辆的行驶里程和运营利润率比平常提升了,这是很关键的。否则会出现"管生不管养"的状态,给车辆金融造成一堆坏账。

建议和真正靠谱的运力公司或者运力管理公司合作,甚至自己成为一个运力

管理公司。这样的公司需要有很强的对接货源能力、调度能力、车辆管理能力，以及庞大的自有稳定运力池。

目标不是单纯的卖车，而是成就每一辆被管理的车辆。导入自己开发的单边货源，相互合作配成往返或者多边线路，提升相应的稳定运力的效率。同时配套售后服务打包方案和二手车处理方案等，降低车辆的运营成本。目前，中通智运已经和一些主机厂、经销商展开合作，利用中通遍布全国的网点资源及业务开发能力，为经销商销售的商用车匹配需要的货源，设计车辆合理的路由，靠提升效率增加司机的收入，同时搭配中通已经集中的各项后市场资源进行运营支持，使得中通网点、经销商和司机三方都获益。

总之，专业的人做专业的事。专业的人之间要加强合作，要对结果负责。这个结果，就是每个细项都要好于市场平均水平，如效率、油耗、轮胎使用寿命、事故率等。随之而来的，是司机收入水平也要高于市场的平均水平。

（作者：郭蕾）

# 重型货车市场发展趋势研究

近年来,重型货车行业销量持续保持高位。重型货车因其生产资料的属性,受宏观经济、政策法规、市场环境、用户组织化等多重因素影响,与经济发展密切相关。

## 一、2020年重型货车市场回顾

根据新车上险数据统计,2020年重型货车销量为128.4万辆,同比增长33.3%。其中牵引车76.1万辆,同比增长42.7%;重型载货车12.5万辆,同比增长38%;重型工程车23.3万辆,同比增长8%;重型专用车16.5万辆,同比增长33.5%(见图1)。

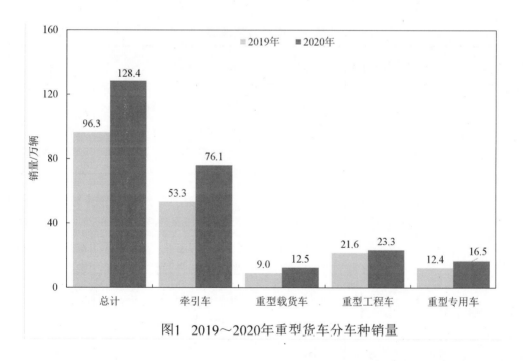

图1 2019~2020年重型货车分车种销量

2020年,重型货车市场受新冠肺炎疫情冲击,经第一季度销量大幅下滑后迅速反弹(见图2)。分车种看,牵引车、重型专用车、重型载货车增长较快。主要受到"蓝天保卫战"政策收官、国三排放标准车辆淘汰、治超加严和单车运力下降等因素影响(见表1)。

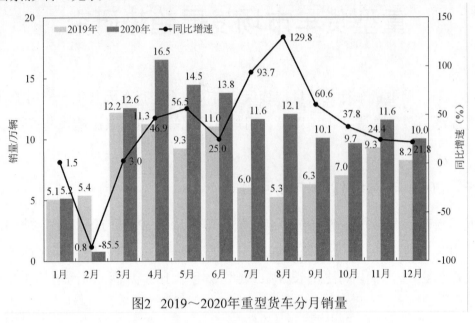

图2 2019~2020年重型货车分月销量

表1 相关政策梳理

| 政策名称 | 发布机构 | 时间 | 主要内容 | 备注 |
| --- | --- | --- | --- | --- |
| 《京津冀及周边地区、汾渭平原2020~2021年秋冬季大气污染综合治理攻坚行动方案》 | 生态环境部 | 2020年11月 | 全面完成《打赢蓝天保卫战三年行动计划》,加快推进柴油货车治理。加快淘汰老旧柴油货车 | 国三排放标准柴油货车淘汰,鼓励使用新能源车辆 |
| 《打赢蓝天保卫战三年行动计划》 | 国务院 | 2018年7月 | 蓝天保卫战三年行动计划,计划从行业、污染源及重点区域三个方面进行拓展 | 鼓励铁路运输,加速国三排放标准柴油货车淘汰,重型货车销量有保障 |
| 《关于加快推进京津冀及周边地区、汾渭平原国三及以下排放标准营运柴油货车淘汰工作的通知》 | 交通运输部、生态环境部、财政部、商务部、公安部 | 2020年 | 地方各级人民政府迅速落实柴油货车淘汰工作。积极推广使用新能源车辆和达到国六排放标准的柴油货车 | 国三排放标准柴油货车淘汰,鼓励使用新能源及达到国六排放标准车辆 |

（续）

| 政策名称 | 发布机构 | 时间 | 主要内容 | 备注 |
|---|---|---|---|---|
| 《全国安全生产专项整治三年行动计划》 | 国务院 | 2020年4月 | 2个专题：重点解决思想认识不足、安全发展理念不牢、抓落实上有很大差距、安全生产责任和管理制度不落实等突出问题；9个专项：主要聚焦风险高、隐患多、事故易发多发的行业领域，包括煤矿、非煤矿山、危险化学品、消防、道路运输、民航铁路等交通运输、工业园区、城市建设、危险废物等 | 治超加严 |

## 二、2021年重型货车市场概述

根据2021年新车上险数据，2021年1~10月份重型货车累计销量为103.6万辆，同比增长-3.0%。其中牵引车58.8万辆，同比增长-7.3%；重型载货车10.1万辆，同比增长-0.2%；重型工程车19.8万辆，同比增长0.3%；重型专用车14.9万辆，同比增长10.1%（见图3）。

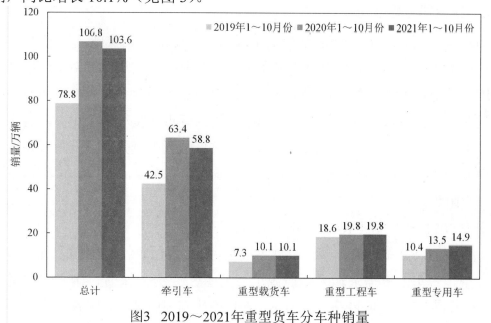

图3 2019~2021年重型货车分车种销量

2021年,受国六排放标准切换、治超等因素影响,全年重型货车销量呈现前高后低态势(见图4)。

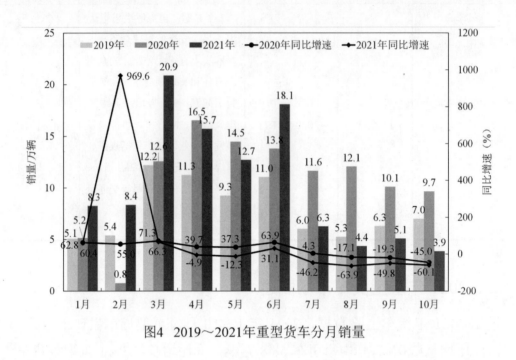

图4 2019~2021年重型货车分月销量

2021年政策发布密集,直接或间接影响重型货车市场的政策因素众多。

### 1．国六排放标准切换

2021年7月1日起,柴油重型货车国六排放标准正式实施(见表2)。经实地走访重型货车用户,部分用户选择在标准实施前提前购买国五新车,用户主观认为国六重型货车刚推向市场,保有量低,担心在经济性和可靠性方面不如国五重型货车,并且国六重型货车相对近似配置的国五重型货车定价更高,这也直接增加了用户购车成本。此外,部分经销商提前将国五车辆开票或上户(各地方政策不同),在标准实施后销售,形成一部分国五车辆库存,对国六重型货车销售产生一定阻力。

根据2021年1月至10月的新车上险数据,国六新车销量占重型货车累计销量的17%左右。分车种看,国六重型工程车占比约为11%,相比其他车种略低,部分重型工程车购置需求转为新能源车(见图5)。分月来看,国六车渗透率自2021年7月份开始快速攀升,2021年10月份达到50.1%(见图6)。

表2　重型货车实施国六排放标准时间表（最晚）

| 车型 | 燃气车 | 燃气车 | 重型柴油车 | 重型柴油车 |
|---|---|---|---|---|
| 排放标准 | 国六 a | 国六 b | 国六 a | 国六 b |
| 时间 | 2019.7.1 | 2021.1.1 | 2021.7.1 | 2023.7.1 |

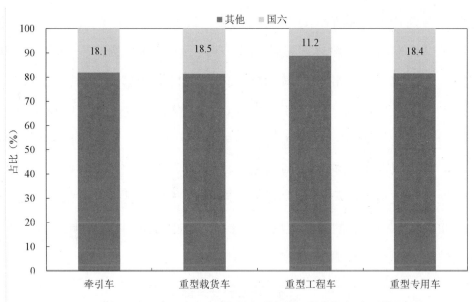

图5　2021年1～10月份分车种国六重型货车渗透情况

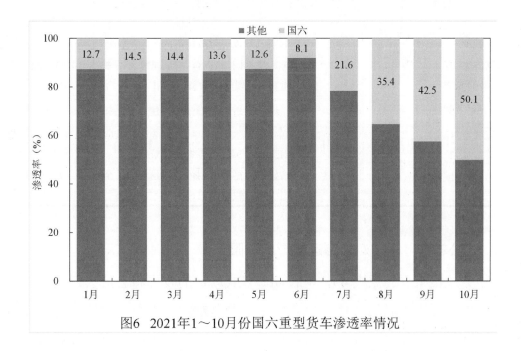

图6　2021年1～10月份国六重型货车渗透率情况

## 2. 国三车辆持续淘汰

2021年11月7日,中共中央、国务院发布《关于深入打好污染防治攻坚战的意见》(以下简称《意见》),《意见》要求,深入实施清洁柴油车(机)行动,全国基本淘汰国三及以下排放标准汽车,有序推广清洁能源车辆。

此外,国四排放标准车辆逐步纳入淘汰。2021年11月,山东省生态环境委员会印发了《山东省新一轮"四减四增"三年行动方案(2021~2023)》(以下简称《方案》),提出了新一轮"四减四增"的主要目标和重点任务(见表3)。《方案》明确大力发展新能源产业,加快水路、铁路设施建设,加大中重型营运柴油货车淘汰力度,到2021年10月底前,力争全部淘汰国三及以下排放标准的营运柴油货车,并将国四车辆纳入了淘汰范围。

在各地环保政策不断升级、大力推进新能源产业发展的大背景下,国三车辆将迎来全面淘汰,国四车辆淘汰速度进一步加快,新能源重型货车技术日渐成熟,有望对重型货车销量形成有效支撑。

表3 相关政策梳理

| 政策名称 | 发布机构 | 时间 | 主要内容 | 备注 |
| --- | --- | --- | --- | --- |
| 《山东省新一轮"四减四增"三年行动方案(2021~2023)》 | 山东省生态环境委员会 | 2021年11月 | 到2021年10月底前,力争全部淘汰国三及以下排放标准的营运柴油货车。根据国家部署,有序推进国四中重型营运柴油货车淘汰工作 | 国三车辆将迎来全面淘汰,国四车辆淘汰速度进一步加快 |
| 《关于深入打好污染防治攻坚战的意见》 | 中共中央、国务院 | 2021年11月 | 深入推进碳达峰行动。建立$CO_2$排放总量控制制度。在保障能源安全的前提下,实施可再生能源替代行动。构建资源循环利用体系。建设完善全国碳排放权交易市场 | 环保政策趋严,加速国三、国四及以下排放标准车辆淘汰,支撑新能源重型货车销量 |

## 3. "公转铁"短期对公路运输影响有限

从相关政策来看(见表4),中长期,多式联运的发展将分流公路货运量,长途运输需求将逐步由联运替代,预计公路车辆总量因此下滑。短期内,铁路运输预计优先替代一部分公路运输,如煤炭、矿石等大宗货物,目前点对点的运输多依赖于公路运输，预计 2022 年，铁路运输替代公路运输对重型货车销量影响有限（见图 7、图 8）。

表 4 相关政策梳理

| 政策名称 | 发布机构 | 时间 | 主要内容 |
|---|---|---|---|
| 《推进运输结构调整三年行动计划（2018~2020 年）》 | 国务院 | 2018 年 10 月 | 以深化交通运输供给侧结构性改革为主线，以京津冀及周边地区、长三角地区、汾渭平原等区域为主战场，以推进大宗货物运输"公转铁、公转水"为主攻方向 |
| 《交通强国建设纲要》 | 国务院 | 2019 年 9 月 | 优化运输结构，加快推进港口集疏运铁路、物流园区及大型工矿企业铁路专用线等"公转铁"重点项目建设，推进大宗货物及中长距离货物运输向铁路和水运有序转移。推动铁水、公铁、公水、空陆等联运发展，推广跨方式快速换装转运标准化设施设备，形成统一的多式联运标准和规则 |
| 《内河航运发展纲要》 | 交通运输部 | 2020 年 6 月 | 发展经济高效的江海联运和多式联运。完善江海直达运输发展相关政策和技术标准，形成江海直达、江海联运有机衔接的江海运输物流体系，提高江海运输服务水平。加强信息资源共享，加快技术标准和服务规则统一，大力发展以港口为枢纽、"一单制"为核心的多式联运 |

图 7 2016~2020 年公路、铁路货运周转量

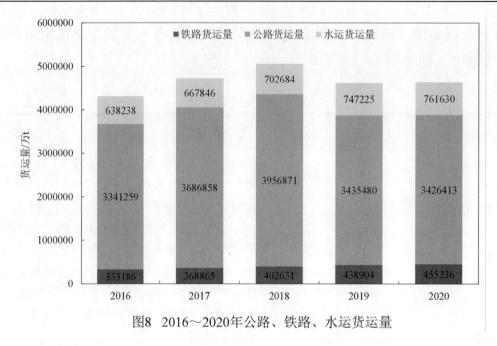

图8 2016~2020年公路、铁路、水运货运量

### 4. 超载治理

自2016年7月起,货运市场迎来超载治理。2016年7月,工业和信息化部、国家质量监督检验检疫总局、国家标准化管理委员会发布了《汽车、挂车及汽车列车外廓尺寸、轴荷及质量限值》(GB 1589—2016),规定了新的货车标准。2016年8月,交通运输部发布了《关于进一步做好货车非法改装和超限超载治理工作的意见》《车辆运输车治理工作方案》《超限运输车辆行驶公路管理规定》等一系列政策(见表5),货运市场进一步走向规范化、标准化。

重型货车市场目前以个体或小微型车队居多,议价能力弱,且运输货物多为按t结算,重型货车用户为提升单趟收入,频频出现超载现象,在一系列治超政策发布初期保持观望态度。随着治超相关政策不断发布,治超力度加大,重型货车单车运力较治超前下降,根据对2020年新购用户抽样情况来看,重型工程车受治超影响较大,其次为牵引车。

表5 相关政策法规梳理

| 政策法规 | 发布机构 | 时间 | 主要内容 |
| --- | --- | --- | --- |
| 《汽车、挂车及汽车列车外廓尺寸、轴荷及质量限值》(GB 1589—2016) | 工业和信息化部、国家质量监督检验检疫总局、国家标准化管理委员会 | 2016年7月 | 规定新的货车标准 |

（续）

| 政策法规 | 发布机构 | 时间 | 主要内容 |
|---|---|---|---|
| 《关于进一步做好货车非法改装和超限超载治理工作的意见》 | 交通运输部 | 2016年8月 | 强调统一执法标准,加强道路联合执法;严格实施"一超四罚";强化货运企业安全生产主体责任 |
| 《车辆运输车治理工作方案》 | 交通运输部 | 2016年8月 | 自9月21日起,严禁"双排车"进入高速公路 |
| 《超限运输车辆行驶公路管理规定》 | 交通运输部 | 2016年8月 | 以GB 1589—2016统一超限认定标准,规定处罚标准,并优化大件运输许可流程 |
| 《关于开展大型客货车驾驶人职业教育的通知》 | 交通运输部、公安部 | 2017年1月 | 构建货车司机职业教育体系,提高行业准入标准 |
| 《关于对严重违法失信超限超载运输车辆相关责任主体实施联合惩戒的合作备忘录》 | 国家发展和改革委员会、中国人民银行、交通运输部等36部门 | 2017年3月 | 惩戒对象包括货运源头单位、道路运输企业;方式包括限制市场准入、行政许可、限制融资消费 |
| 《关于贯彻实施〈超限运输车辆行驶公路管理规定〉的通知》 | 交通运输部 | 2017年5月 | 严格落实超限认定标准,加强货源监管、称重检测管理;规范处罚自由裁量权 |
| 《关于治理车辆超限超载联合执法常态化制度化工作的实施意见（试行）》 | 交通运输部、公安部 | 2017年11月 | 明确GB 1589—2016为各部门治超的统一标准,对路政、交警、运政提出明确的"十不准"纪律要求 |

## 三、2022年重型货车市场展望

宏观来看，公路货运量逐年缓慢提升，公路运输仍处于主导地位，稳定支撑重型货车需求。经济总量增速开始逐年放缓，强调高质量发展。此外，在国三、国四排放标准车辆淘汰更新和新基建、环保政策升级等因素的综合影响下，预计2022年重型货车销量低于2021年全年销量。2021年国六排放升级导致的重型货车需求被提前透支，预计国五库存车辆消化等情况在2022年第一季度基本得到改善，同时政策的不断发布也增加了重型货车行业的不确认性，重型货车需求有望在2022年第二季度开始逐步回升。

2022年，随着商用车放开股比限制及相关政策的密集发布，重型货车行业面临着巨大的挑战，但同时也蕴含着机遇，国产重型货车产品将逐步走向高端化、电动化。

### 1. 重型货车高端化

重型货车市场车队用户占比缓慢上升，车队用户相比个体用户对一次性购车成本承受力高。随着互联网的发展，公路运输数字化程度提升，平台用户不断涌现，逐步整合社会零散运力，有效降低重型货车用户返程空载率，与此同时，也对重型货车产品在综合运营能力方面提出更高的期望。

通过对2020年购买国产新车的用户抽样调查，牵引车用户年龄在40岁以上占比约50%，重型载货车、重型工程车用户年龄在30~40岁占比最大，90后重型货车用户占比上升缓慢，短期内重型货车驾驶员紧缺、年龄偏大等因素促使车队用户在购车时不再单纯考虑一次性购车金额，而是倾向于选择舒适性（AMT、大马力等）、安全性（防碰撞、液缓等）、可靠性更高的产品，同时对售后服务、定制化服务等方面关注度提升。此外，随着90后用户占比的上升，也带来了多元化的购车需求。

国六排放标准、《机动车运行安全技术条件》（GB 7258—2017）、《营运货车安全技术条件　第1部分：载货汽车》（JT/T 1178.1—2018）等法规的强制实施均带来重型货车成本持续上涨，这也驱动着重型货车产品主动升级。

通过与5G、云计算等新技术的逐步融合，重型货车智能化程度也在升级，多家重型货车企业在自动驾驶领域均有布局。自动驾驶重型货车有望在封闭、低速的场景下优先落地，如港口、物流园、矿场等。

### 2. 重型货车电动化

目前我国重型货车电动化率较低，根据2021年1月至10月的新车上险数据统计，2021年前10月累计销售新能源重型货车占比不足0.5%（见图9）。随着国三、国四排放标准车辆置换，以及政策对新能源产业的强力驱动，预计新能源重型货车销量将稳步提升。目前纯电动重型货车技术相对成熟，但因其一次性购置成本高、续航里程短，综合效率低于燃油重型货车，用户接受度低，而换电模式能有效弥补这些不足，预计换电重型货车将在未来重型货车市场有一定地位。燃料电池重型货车具有零排放、续航能力强等优点，更适用于重型货车运输工况，但目前受技术、成本等条件限制，短期内无法大规模商业化。

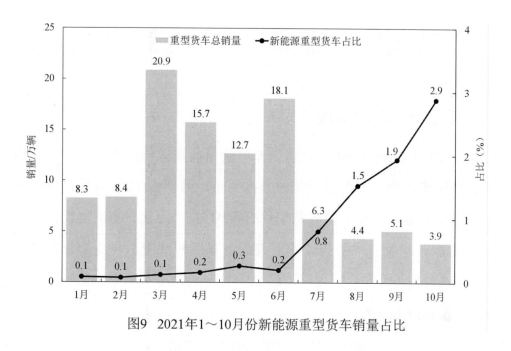

图9 2021年1～10月份新能源重型货车销量占比

（作者：张薇）

# 我国新能源货车发展趋势简析

## 一、新能源货车发展现状

我国自2010年开始发展新能源汽车,到目前我国新能源汽车产业发展已取得了巨大的进步,据公安部最新统计数据显示,截至2021年年底,新能源汽车保有量达784万辆,其中新能源货车保有量约为37万辆,占新能源汽车总量的4.7%。随着政府政策的推动和技术的进步,我国新能源货车市场正在健康稳步地发展。

### 1. 政策支持力度大

我国已连续六年成为全球最大的新能源汽车市场,这一成绩的取得与国家和地方的政策支持密不可分。在宏观政策层面,国务院在2018年所发布的《打赢蓝天保卫战三年行动计划》推动了城市物流电动化的快速发展,而在2020年所发布的《新能源汽车产业发展规划(2021~2035年)》对公共领域内的新能源货车发展起到了促进作用,同时在2021年所发布的《2030碳达峰行动方案》对新能源货车的快速发展奠定了基础。而在地方政府层面,多数一线及新一线城市对新能源货车在路权、停车和运营补贴等层面进行支持,为货车新能源化的落地提供了有力的支持。

### 2. 市场趋势向好

近六年来,虽然我国宏观经济增速放缓,但受到超载治理、国三淘汰、国六升级等政策的影响,我国传统燃油货车行业处于持续增长状态。2021年,在新冠肺炎疫情和国六切换的影响下,燃油货车的销量为367.6万辆,总体销量下滑了9%(见图1)。

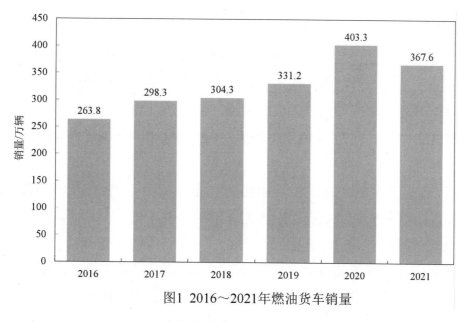

图1　2016～2021年燃油货车销量

（注：数据来源于上险量数据整理）

而在新能源货车市场，补贴的逐步退坡和行业劣币驱逐良币的现象，导致自2017年之后新能源货车销量逐步下降。但是随着物流市场的理性回归和国家及地方政策对公共领域电动化和新能源重型货车的支持刺激，新能源货车销量在2021年快速回升至2017年的水平（见图2）。

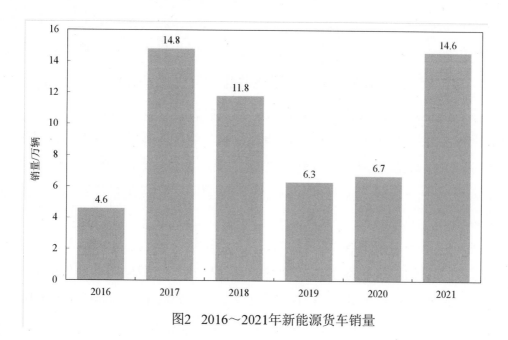

图2　2016～2021年新能源货车销量

（注：数据来源于上险量数据整理）

### 3. 核心三电技术和产业链日趋成熟

随着财政补贴技术要求的前期刺激和乘用车及客车电池技术发展的不断迭代，新能源货车的动力电池产业不仅在技术上已基本形成以磷酸铁锂为主的体系，而且在安全、能量密度、低温适用性和循环寿命等性能上逐年实现提升。在产业链上也形成了宁德时代为寡头，比亚迪、中航锂电和国轩高科紧随其后的以国内厂商为主的格局。

同时，随着新能源货车的发展由轻微型货车逐渐向中重型货车的市场进行发展和延伸，新能源货车的电机功率段也逐渐对标发动机的全马力段进行开发完善。而随着企业对降本提效和轻量化的不断追求，驱动电机控制器也实现了从分箱控制到物理集成再到功能集成的发展路径。并且，在产业链方面，由于主机厂对价格和性能的综合性需求，在驱动电机和其控制器方面也逐步形成以国内企业占据绝对市场份额的格局。

## 二、新能源货车发展趋势

随着我国新能源货车技术的持续发展，越来越多的使用场景逐步在尝试着应用新能源货车，从最开始的城市物流领域微型、轻型货车的新能源化应用，逐步扩展到更多的使用场景，如环卫领域、城建物流领域、港口运输领域以及矿山运输领域等，新能源货车发展前景正在被认可，同时伴随国家对交通运输结构绿色化的发展战略推进，将给中重型货车新能源化发展提供更广阔的舞台。

### 1. 城市物流和环卫领域电动化已成趋势，但成本等问题会成为发展瓶颈

城市物流配送是指服务于城区及近郊的货物配送活动，在经济合理区域内，根据客户的要求对物品进行加工、包装、分割、组配等作业，并按时送达指定地点的物流活动。城市物流配送使用的车辆主要以微型、轻型货车和VAN类货车（微型客车、中型客车、轻型客车）为主，主要应用特点是日均运营里程基本在200km以内。

环卫车是用于城市市容整理、清洁的专用车辆。分为运输类和作业类两大类别，运输类主要为垃圾转运车，车辆种类有挂桶式自装卸垃圾车、勾壁式车厢可卸垃圾车、压缩式垃圾车和密封自卸式垃圾车等，平均车速为50～60km/h，日均运营里程为150km以内；作业类主要以清洁功能为主的车辆，车辆种类有清洗车、

扫路车、洗扫车、洒水车、吸污车和吸粪车等，平均车速在50~60km/h，日均运营里程在150km以内。

通过以上的场景解析，目前的新能源技术程度基本可以满足其电动化需求。并且，从国家层面出台的如《打赢蓝天保卫战三年行动计划》《新能源汽车产业发展规划（2021~2035年）》和《推动公共领域车辆电动化行动计划》等一系列政策要求来看，均展示出了顶层设计对这两个领域的新能源化的坚定信心。

但是，目前这两个领域的新能源产品仍存在价格偏高的问题，这将会影响其进一步的推广。以物流领域的4.5t纯电动轻型货车为例，新能源汽车的产品价格由2015年相对燃油车价格的3倍左右降至2020年1.5倍左右的水平，这对于新能源向中小型B端用户和C端用户推广还是存在一些困难。而在环卫领域，也存在类似的问题，这也制约新能源环卫车向三、四线城市的下沉推广。

因此，未来通过技术优化和规模化推广两个手段在保障产品性能和品质的前提下，降低整车产品成本将会是提高新能源货车在物流领域和环卫领域普及率的关键。

### 2. 交通运输结构的调整和双碳目标的推进，将加快新能源重型货车的发展

基于当前新能源技术的发展，可实现新能源商业化运营的重型货车领域，主要集中在里程和运行范围可控的场景里。例如，城市内部运行的渣土和混凝土转运、港口内进行集装箱倒运、钢铁等大宗货物的转场短倒运输和矿山场内原材料和废渣的转运等。这些场景，运行里程可控可支撑电动化的技术落地，运行范围可控可支撑基础配套设施统筹建设，并且这些场景所对应的客户也以企业为主，购买力相对较强，因此可作为新能源重型货车发展的重要突破口。

国家也通过政策的层层递进逐步推动新能源重型货车的发展进程。2019年9月，国务院发布的《交通强国建设纲要》为中重型纯电动物流车辆带来发展契机。《交通强国建设纲要》要求在2035年，我国要实现"全球123快货物流圈"（国内1天送达，周边国家2天送达，全球主要城市3天送达）的发展目标。同时，为了实现如此高的运输效率，《交通强国建设纲要》进一步要求要大力推动多式联运的发展，让铁路、水运和航运承接更多的干线货物运输，而让道路货运发挥"门到门"优势来承接更多中短途运输。并且，交通部在第三批多试联运示范申报条件中要求，多试联运示范路线中的公路里程最长不得超过150km。这更大地

刺激了大宗货物倒短市场的发展，为纯电动牵引车和重载物流车提供了更为广阔的发展前景。

## 三、总结

随着更多细分市场的扩展，越来越多的应用场景被新能源货车开发，新能源货车产品呈现多样化的发展趋势，各家产品"百家争鸣"、齐齐发力，推动着新能源货车行业的发展。在车辆技术方面，平台化和集成化等水平还有待于进一步提高，尤其是三电系统的一些核心关键技术还有很大的提升空间，如锂电池保证在安全的前提下如何实现快速充电仍是行业内需要攻克的难题。而智能化技术的应用为物流企业老板和货车司机带来了更聪明、更安全、更高效的新能源货车，也符合当下的降本增效的大背景要求。总的来说，基于上述分析，新能源货车发展虽在不同细分区域存在节奏不均衡的态势，但是整体发展趋势向好。

（作者：魏彦璋）

# 越野车市场的发展与机遇

回顾 2021 年我国乘用车市场，有一些趋势值得去剖析和讨论，其中之一就是汽车新品类正在以前所未有的速度推出。所谓汽车新品类，是指那些在造型风格、产品功能和用户定位上具备创新点的车型，它的定义具有广泛性，如在造型风格上创新的吉利极氪 001，在功能上创新的百变智能空间小鹏 P5、运动街车影豹，在用户定位上创新的女性专属品牌欧拉等。而这些创新产品中，还有一类是以长城坦克 300、哈弗大狗、长城炮为代表的 SUV 和皮卡，它们极大地扩展了市场对越野想象的边界，成功地改变了过去供给单调的状态，将日益增长的越野需求激发起来，预示着未来将有一个快速发展的新蓝海诞生。汽车企业如何在这个相对小众的市场找到机会，开辟新战场、寻找新增量，值得去思考和探索。

## 一、越野车市场的边界在扩大

越野车在一般公众当中的认知是北京吉普 212、丰田陆地巡洋舰、丰田普拉多、Jeep 牧马人这样造型方正硬派可以应对复杂路况的车型。而从市场发展的情况来看，随着技术进步、需求延伸，经过多年演化，越野车的类型正变得丰富而广泛。根据车体结构、四驱形式、差速锁数量等客观指标，可以把越野车产品大致分为以下三类：

第一类采用非承载车身和分时四驱，配备分动箱和差速锁，由于拥有机械式的四驱结构，可靠性高、脱困能力强，典型的应用场景是极限越野如岩石攀爬、上陡坡、沙漠脱困等，对应的产品如丰田 FJ 酷路泽、铃木吉姆尼、Jeep 牧马人、北京 40，这一类车型可以称之为"纯越野"。

第二类采用非承载车身，把纯机械传动的分时四驱换成了更加智能的全时四驱，为了保持优秀的越野能力，或采用带锁止功能的托森式中央差速器，或采用开放式差速器+前中后三把差速锁，如丰田普拉多、丰田陆地巡洋舰、奔驰 G、路虎卫士、悍马等，这类车型往往价格高昂，不过分强调极限越野能力，在轻松应对绝大多数非铺装路面的同时,更重视提升公路驾驶的舒适性。也有一部分车型采用承载式车身+全时四驱+2～3把锁,如吉普大切诺基、三菱帕杰罗、大众途锐等,它们则更强调日常使用的舒适性。值得一提的是,近几年有不少越野产品完成了从非承载车身到承载车身的切换,如路虎第五代发现、第四代揽胜、新一代路虎卫士等,目的也是为了在越野和舒适两个方向上寻找新平衡。以上两种全时四驱+差速锁的产品,可以统称为"多路况",它们的出现是为了迎合越野车购买者对舒适性要求的不断提升,毕竟绝大多数人不会频繁地去挑战极限路况。

第三类采用承载车身和全时四驱,大多配备多片离合器式中央差速器,不配差速锁,但一般后差速器会提供限滑功能,如保时捷卡宴、宝马X5、沃尔沃XC60、斯巴鲁森林人、大众途观L等,这些车型都市属性更强,往往会同时为用户提供两驱和四驱的选择,四驱只有高配或顶配才提供,这种越野能力相对更弱的产品可以称之为"轻越野"。与此同时,近两年部分产品在承载车身和适时四驱的基础上,也在做一些创新的尝试,即通过增加后桥差速锁进一步提升都市型SUV的通过性,增加大众对越野的想象空间,也可以划归为"轻越野"的范畴。目前这样的产品还比较少,虽然只有起亚索兰托、吉普自由光和哈弗大狗三款车型,但已经引起了业内的广泛关注和讨论,特别是继自由光之后的哈弗大狗,其介于都市和越野之间"四分之三刻度"的品牌定位和传播效应已成为经典案例,为行业内思考越野市场的细分、新的蓝海产生提供了引子和样本。

基于以上分析,可以定义一个更为广泛的越野概念,它包含了纯越野、多路况和轻越野三类产品。

## 二、供需推动下越野车市场正在重拾升势

回顾过去10年越野车市场的发展情况,基本可以分为以下三个阶段:第一阶段从2009年到2015年,年复合增长率为34%,为高速增长期;第二阶段从2016年到2018年,年复合增长率为1.2%,为平台期;第三阶段重拾升势,2019年和2020年同比增长率分别达到了7.9%和4%,发展速度远超乘用车市场,似乎预示着新一轮增长的到来(见图1)。

图1 2009~2020年广义越野车销量变化

（注：广义越野车指上文提到的纯越野、多路况和轻越野车型的总计，不含进口车，下同。数据来源于国家信息中心国产销量数据库，不含进口车，下同）

如果从更广泛的视角观察越野车市场，2020年四驱SUV的销量恢复速度更快、幅度更大（见图2、表1）。

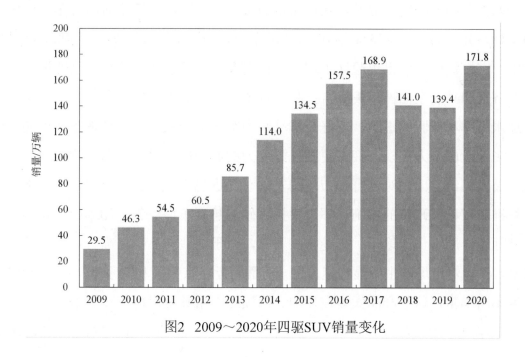

图2 2009~2020年四驱SUV销量变化

表 1　2010～2020 年越野车、四驱 SUV 及乘用车市场年度同比增速变化

（单位：%）

| 车型 | 2010年 | 2011年 | 2012年 | 2013年 | 2014年 | 2015年 | 2016年 | 2017年 | 2018年 | 2019年 | 2020年 |
|---|---|---|---|---|---|---|---|---|---|---|---|
| 越野车 | 123.0 | 36.5 | 13.7 | 26.7 | 20.6 | 10.2 | 3.0 | 3.6 | -2.7 | 7.9 | 4.0 |
| 四驱SUV | 56.7 | 17.7 | 11.0 | 41.8 | 33.0 | 18.0 | 17.1 | 7.2 | -6.5 | -1.1 | 23.3 |
| 乘用车 | 31.6 | 7.6 | 9.9 | 21.0 | 13.5 | 10.7 | 18.2 | 2.4 | -6.0 | -7.5 | -6.8 |

越野车和四驱车市场销量的再次增长，主要是时代发展下需求推动的结果。过去 20 年，我国乘用车市场已经完成了从无到有、从有到多和从多到好的过渡，当今用户普遍更追求美的、与众不同的、情感共鸣的车型，且随着收入和休闲时间的增加，对于户外旅行、游玩的喜好不断提升。根据国家信息中心 2021 年乘用车新车购买者调查结果，目前用户对四驱的偏好率达到 27%，而实现率只有 11%，应该说有很大的市场红利还没有兑现。此外，随着保有水平的提高，用户对越野车和四驱车的偏好明显提升，数据显示当保有 1 辆车时，用户对越野车和四驱车的偏好率分别为 2% 和 25%，当保有 3 辆车时，偏好率提升至 7% 和 44%。国家信息中心定性调研的结果也验证了这一点：消费者在购买第一辆车时，普遍考虑的是经济性和功能全面性，偏好自主和合资紧凑级产品多一些，而第二辆、第三辆则追求品牌和体验的进阶，偏好豪华品牌中级车多一些，一旦再换车或增购，就会更多地考虑个人需求，拥有更强越野能力的产品就会进入到购买视线里。

而在供给方面，对越野车市场的发展有促进也有阻碍。一方面，随着国六排放标准和双积分政策的实施，不少大排量硬派越野车型停售，如丰田普拉多、丰田陆地巡洋舰、日产途乐、三菱帕杰罗等，由于这些产品销量高且短时间没有替代品，停售对市场产生明显拖累。另一方面，近年来大众和欧系豪华品牌的 SUV 阵营不断丰富，这些产品大多在顶配、次顶配上搭载全时四驱和限滑差速器，丰富了轻越野车的产品选择，给市场带来了新活力。此外，随着 2021 年长城坦克

300 和长城炮的成功，纯越野车市场也迎来了久违的高增长，从侧面可以看出，长久以来供给的缺失已经对需求形成了明显制约，正是看到了这一点，越来越多的企业正在考虑加入越野车阵营，预计未来供给将逐渐跟上需求增长的步伐，对市场的制约作用显著下降。

### 三、越野车市场正在酝酿结构性机会

从分价位销量来看，2021 年 20 万元以下越野车市场在长城坦克 300 低配车型和北京 40 的带动下明显增长，20 万～30 万元市场略有增长，30 万～40 万元、40 万元以上市场均不同程度地下滑，背后除了中大型的大排量车型停产外，还受欧系 SUV 销量下滑拖累（见图3）。

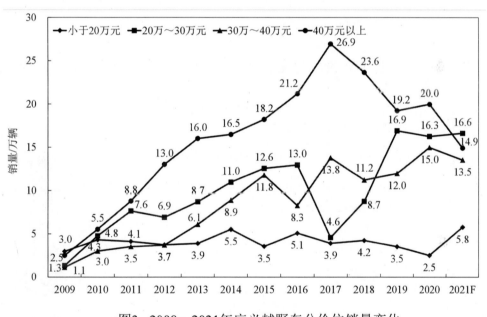

图3 2009～2021年广义越野车分价位销量变化

如果仅考虑越野能力更强的纯越野和多路况车型，则 20 万元以下、20 万～30 万元市场的增长更加明显，这种增长实际上是凭借长城坦克 300 一己之力引爆了长久以来被压抑的市场，而 40 万元以上市场下滑更加明显，供需不匹配的状态更加凸显（见图4）。

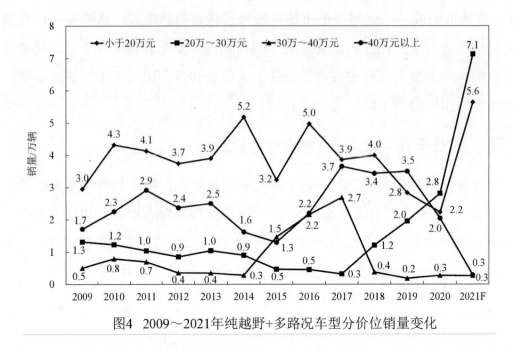

图4 2009~2021年纯越野+多路况车型分价位销量变化

此外,随着纯电SUV投放速度的加快,电四驱SUV的销量爆发式增长(见图5)。

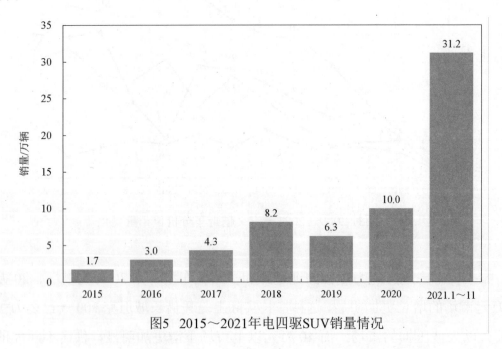

图5 2015~2021年电四驱SUV销量情况

同时,近年来多个新势力和领先品牌加快推出电动越野车产品,如特斯拉Cybertruck、Rivian R1T、福特F150闪电、悍马EV等纯电皮卡,奔驰G级、路虎揽胜、吉普牧马人等越野 SUV 电动版，都将在未来 2～3 年上市销售。电动越野车的兴起有以下三方面原因：一是企业将其作为突破高端电动化市场的新路径；二是电动化能够解决越野高油耗、高排放的问题，规避政策制约；三是四驱+电机扭矩高的特点能够为越野赋能，而其在补能和应对恶劣环境方面的劣势，在限定场景下可以规避，一旦智能化和可玩性得到极大提升则具备成功的条件。在这样的背景下，电动越野车成为国内众多品牌关注的焦点，多家企业已经官方发布了明确进军电越野领域的规划，未来这个赛道也将变得拥挤。

围绕越野车市场新热点的涌现，汽车市场正迎来新的发展机遇，对于汽车企业来说，在常规市场进入平台期、竞争极为激烈、亟待寻找新的增长点的当下，争夺越野车市场的入场券就变得更有必要。

## 四、把握越野车市场机会的关键是理解需求

未来越野车市场的总量和结构如何演变？汽车企业的机会在哪里？回答这些问题，一方面要从国际规律中寻找答案：根据成熟市场越野车的发展历程，普及程度与三个指标强相关，分别是人均收入、国土面积和铺装道路的覆盖率，需要利用国际比较的手段来寻找不同类型国家的普及规律，对照我国的地域特点进行测算；另一方面要考虑政策的影响：如排放标准、油耗限值、双积分等方面的约束力对越野车的普及有什么直接或间接的影响；而最重要的主导力量还是需求，随着供需演化，当前和未来越野车的需求层次究竟会有几种？未来不同层次的需求规模有多大？需求释放的节奏是什么？只有解决了这些关键问题才有可能真正把握越野车市场的结构性机会。

从需求出发进一步思考，越野车市场的需求相比传统车更加复杂，主要体现在三方面：一是人更复杂，越野车用户层级不同，圈子里有非常鲜明的鄙视链，从金字塔顶端的越野极客，到不断尝试和进阶的越野爱好者，再到初入圈子的小白和向往者，他们都有着不同的特征、处境和生活方式。二是车辆使用场景复杂，不同程度的越野，日常使用状态、使用地点、挑战路况、体验频率和出行行为都不一样。越野极客只对激发肾上腺素的极限挑战感兴趣，需要车辆具备强人的越野能力，可以牺牲舒适性和一些花哨的功能；而初级的越野爱好者只是在一些相对简单的路段进行试练，他们需要的是车辆能提供针对性的越野功能，更多兼顾舒适性和实用性；而越野向往者只是有诗和远方的想象，极少会有具体行动，他

们关心更多的是城市路况的经济性和舒适性。三是，相比乘用车，越野车传递出的情感更复杂，它与人类追求自由、探索和征服自然的原始欲望相契合，在需求层次体系里属于更高阶的"与众不同"和"自我实现"，超越了生理、安全这些基础需求，因此在公众认知中，越野车是小部分成功人士的专属，意味着高端、门槛，而且已经形成了一种调性、文化、精神甚至是信仰，进入越野圈子的用户对情绪上的沟通和共鸣要求很高，远超过常规乘用车。这么复杂的需求，想要精准识别和洞察，进而寻找机会，对企业产品规划、定义、传播部门的能力提出了更高的要求。

## 五、用好"场景"工具寻找成功路径

有没有好的方法助力我们更好地理解越野车用户，进而把握市场机会。个人认为"场景"视角是有效的解决方案。第一，正如前文所说，这是一批独特的人，他们的情感世界和行为方式更复杂，需要从人生经历、社会处境、现实生活状态出发寻找深层次的属性，场景在识别和理解人时的作用就能充分发挥出来，比方说小时候对性格形成产生影响的故事和场景有哪些、现实工作和家庭生活场景是什么样的、追求和向往的场景是什么等；第二，除了常规城市通勤，这批人户外用车的场景极大丰富，在实际洞察过程中，要重点了解他们越野体验的地点是哪、路况如何、出行频率和行为是怎样的，进而划分出不同的越野层次；第三，在功能体验和沟通服务层面，他们需要什么、体验要做到何种尺度，也更需要通过场景来细致挖掘和刻画，例如在何时、何地、何种人车状态下完成哪些具体行为，目的是什么，感受如何，希望达到何种体验状态，只有到了这个尺度才能指导产品功能定义。

一旦把上述基于场景的用户洞察做扎实，就能根据越野车用户的不同层次和用车需求进行用户细分，并形成鲜活的、可触摸到的形象。进一步，结合未来购车群体在价值观、社会阶层、其他社会学特征譬如年龄、职业类型等方面的演化，达到可以从人群的角度实现市场规模和发展潜力的预判，结合宏观分析为汽车企业选择靶心用户、设定产品概念和功能卖点提供坚实的依据。

结语：

随着多元化时代的到来和户外出行需求的增长，笔者判断越野车市场边界扩大、规模不断提升的态势将延续。对于汽车企业来说，对该市场发展总量、结构和需求进行全方位深度研究的必要性越来越大,笔者也将凭借机构优势,强化对国际规律、外部环境、用户需求等方面的研究,助力企业规划和市场部门在越野车市场中寻找新蓝海,在竞争中抢占先机。

(作者:张桐山 张晓聪)

# 跨界车定义与分类标准体系研究

近两年"跨界车"概念频出，大众 ID.3、领克 05、大众途观 X、大众威然、广汽埃安 AION Y、高合 Hiphi X、吉利极氪 001、东风雪铁龙凡尔赛 C5 X 等一系列非常规车型上市，呈现出一片繁荣的景象。这些车型风格多样、形态各异，若均以"跨界"这个概念去界定，不足以对其品类和需求进行有效区分，因此行业内一直在探索对跨界车进行有效分类的方法，以便让各项研究的开展更有针对性。为了解决这个问题，本文将结合跨界车的发展历程、公众视角、产品特点等多个维度，尝试更好地理解跨界车，并对跨界车进行定义和区分。

## 一、如何理解跨界车

从相关文献来看，对跨界车的定义普遍是"Crossover""源自轿车化的 SUV，逐渐发展成为轿车、SUV、MPV 和皮卡等车型的任意交叉组合，集轿车的舒适性和时尚外观、SUV 的通过性和 MPV 的自由空间组合于一身""跨界车最大的特点就是无法被归类为任何一种汽车形式，它不被归属于轿车、SUV 或 MPV，却囊括这些车种的优点于一身"。囊括多种车型的优点、实现多种功能的满足是跨界车的根本目的和价值。而功能的实现依托于造型的设计，所以也有学者从符号学的角度出发，把握跨界车的语义特征，进行跨界车的设计。

其次，从国际上跨界车的起源来理解跨界车。回溯汽车百年演变史，在汽车发展早期，轿车、跑车、皮卡、旅行车、越野车之间的界限分明，不易混淆，随后在 20 世纪 60 年代演变产生了 SUV，可以视作越野车和轿车的跨界。比如 1963 年的 Jeep Wagoneer，最重要的三个特点是先进的四轮驱动、新颖的外观、豪华的内饰以及宽敞舒适的空间，实现了从军事用车到狩猎、滑雪、野外探险等民用全地形多功能车型的转变，也成为后续大切诺基、指挥官等一系列 SUV 的原型。随着时间的推移，SUV 快速成为主流，发展成为了基础车型。

20 世纪 70 年代之后，跨界车有了更多发展。从国际历史上的跨界车来看，最典型的有两大类。第一类是"抬高底盘、四轮驱动的轿车、旅行车"，比如 1979

年的 AMC Eagle（见图 1），希望在旅行车基础上获得更好通过性，更好地满足用户的旅行需求，所以基于旅行车抬高了底盘，增加了四轮驱动形式，既行驶矫健又具有较好的通过能力，同时具有较低油耗的优势，各方面能力较为均衡。再如 2004 年逍客概念车（见图 2）也是主打"Crossover 跨界车"概念，日产欧洲设计中心总监 Stephane Schwarz 曾经说过"这辆车融合了不同的主题和概念，模糊了界限，至于它到底是紧凑级 SUV 还是轿车？答案是'都是'"。2007 年基于逍客概念车的第一代逍客（见图 3）上市，跨界的设计思路让逍客底盘看起来像 SUV，而上部分车身更贴近两厢掀背车，这也使逍客拥有了 0.35 的风阻系数。

图 1　AMC Eagle

图 2　逍客概念车

图 3　第一代逍客

第二类则是 coupe 型 SUV，典型代表是 2008 年上市的宝马 X6（见图 4）。它在外形设计和动力操控上，将跑车的运动能力和 SUV 的多功能相融合，搭载世界最先进的稳定控制系统，让其具有类似轿车化的操控；4.4L 双涡轮增压 V8 发动机配合全轮驱动系统，百公里加速时间仅为 5.4s；同时具有 SUV 高挑的车身、较大的离地间隙。这些特点非常好地满足了用户对性能以及个性化、多样化的需求，使得其取得了很好的表现，第一代宝马 X6 全球销量达到了 26 万辆，且百万元的价格始终坚挺，自此掀起了一轮基于 SUV 衍生的轿跑风潮。

图 4　宝马 X6

除此之外，通过大量消费者和专家的调研，探寻公众对跨界车的认知。大家认为跨界车看起来与轿车、SUV、MPV 都不一样，其中"溜背"是辨别区分非常重要的特点，带来更加个性、动感、流畅的造型，如宝马 X4、宝马 X6、本田歌诗图、吉利星越、本田思域等因具有溜背特点，被大家认知为跨界车。此外，功能上结合轿车操控和 SUV 通过性、MPV 空间灵活性也是跨界车的价值体现，如马自达 CX-4 比 SUV 小，操控性更好，同时相比两厢车的离地间隙提升；而另外一款典型的跨界车本田杰德，则是在两厢的基础上增加了 MPV 的灵活空间。

综上，结合文献、跨界车的起源、专家和用户视角，对跨界车有两点认识：第一，跨界是基于基础车型衍生而来，目前的基础车型主要有三厢车、两厢车、SUV、MPV、旅行车、跑车、皮卡、越野车 8 种，但基础车型也是会随时代发展变化的，过去的跨界车会变为现在的基础车型，现在的跨界车在未来也可能成为基础车型。第二，跨界是由人们越来越复杂多元的需求而驱动，或是越来越高、越来越多的功能需求驱动，或是同质化、审美疲劳下的设计创新驱动。无论是哪种目的，跨界的实现最后都依托于并体现于造型形态的变化。比如以上提到的 AMC Eagle 目的是在旅行车基础上获得更好通过性，所以通过提升离地间隙实现；近年上市的高合 Hiphi X 设计初衷是为了打造极致舒适的后排空间，以及降低风阻和电耗，设计出来的车很长，CP 点前移前风挡倾角大，尾部具有溜背特点。

## 二、如何确定跨界的"界"

既然形态是识别、定义跨界车最重要的指标，那我们将选用外显的、容易理解的形态指标作为区分跨界车的方式。如同描述人的体型有身高、腰围、胸围、臂长、肩宽等一系列参数，刻画一辆车也有很多参数，包括车长、车高、车宽、轴距、离地间隙等绝对数值，轴长比、高长比、宽高比等比例数值，以及车顶曲线（又可以细化为各种倾角、流线线型的设计）参数（见图 5）。

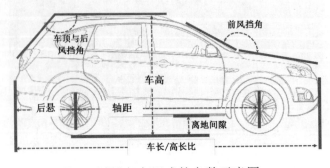

图 5　刻画车身形式的参数示意图

为了找到能够很好区分不同基础车身形式的"外显指标",笔者进行了大量指标参数的实证分析,一方面,基于上万个版型的参数"大数据"分析;另一方面,利用"车脸识别"技术获取主流车型的车顶曲线相关角度参数,在此基础上,分析各个基础车型相关参数分布的规律。

以离地间隙为例,从历史变化看,SUV(含越野车)、轿车的离地间隙均呈现下降趋势,SUV离地间隙均值由之前的200mm降低到现在的185mm,而轿车由之前的140mm降低到现在的130mm(见图6)。

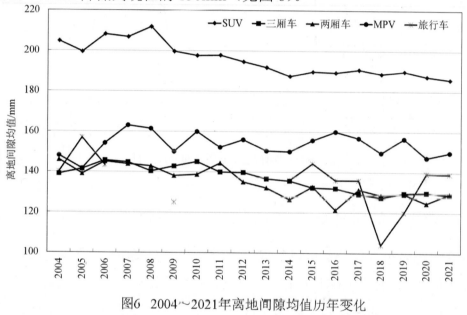

图6 2004~2021年离地间隙均值历年变化

从在售车型看,90%的SUV离地间隙大于155mm;90%的三厢车、两厢车、旅行车的离地间隙小于155mm(见图7)。可以看出,离地间隙155mm是一条分水岭,一般高于此界限的是SUV和部分MPV。需要注意的是,这个界限值具有一定的模糊性,对于MPV离地间隙的界限值可以增大到170mm,另外,某些车型很难通过单一指标确定其车身形式,需要结合不同参数、专家判断、用户感知等综合判断。

其他参数经过同样分析,笔者发现,除离地间隙外,后悬长度、车高、车长、高长比、前后风挡角度、是否具有溜背特点、是否有D柱也是区分不同基础车型的关键指标。确定了这些参数的边界标准就得到了跨界车的"量尺",就可以定义出在这些界限以外的车型,即为跨界车,最终得到市场上 100 多款跨界车型。

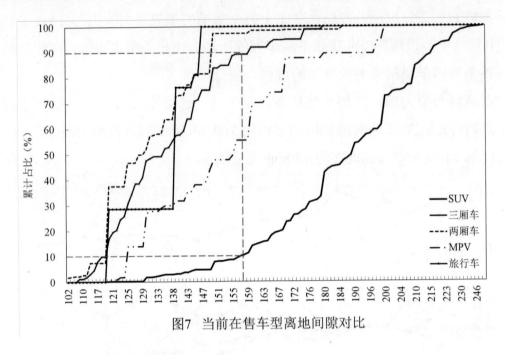

图7 当前在售车型离地间隙对比

## 三、跨界车如何分类

对这些跨界车合理分类可以从以上关键指标的交叉组合出发,但参数过多,首先要"降维",其中的离地间隙、后悬长度主要用于区分车辆底盘,车高、车长、高长比、车顶曲线参数主要用于区分车身,这样可以把以上参数体系降维为"底盘"+"车身"两大维度。通过车型底盘与车身、车身与车身的交叉组合,对目前市场的跨界车进行细分,得到若干跨界形式,如轿跑 SUV、两厢化 SUV、MPV 化 SUV、高底盘旅行车、猎跑旅行车、多种车型交叉形态等。其中多种车型交叉形态是近两年产生的新形态,比如高合 HiphiX、极氪 001 等车型,具有轿车、SUV、MPV、旅行车等至少 3 种车型元素。

除了以上外显的形态维度外,还有一些功能维度也是区分不同车型的重要指标,比如越野车、城市 SUV 之间除了造型的方正、硬朗程度存在差异外,车体结构、驱动形式、是否存在差速锁也是非常重要的区分特征。类似的功能在车型之间也可以跨界,例如,轻越野则是功能跨界而来,哈弗大狗是其典型代表,体态和造型与越野车接近,而在舒适性、越野性、油耗等功能方面介于城市 SUV

和纯越野车之间,能够满足城市路况、泥泞坑洼路况、初级越野路况的使用,从这个意义上来说,轻越野就是都市型和纯越野型之间的跨界。

以上通过车体参数和功能的不同,对跨界类型进行了有效区分,进而根据用户认知可以确定其最主要、更突出的车身属性,帮助汽车企业选择竞品、理解用户需求、制定营销策略。例如轻越野的主类属性属于 SUV,是 SUV 的跨界;高底盘旅行车、猎跑旅行车属于旅行车的跨界;轿跑 SUV、两厢化 SUV、MPV 化 SUV 等。分类完成后,就可以去研究目标用户群、发现用户的需求并完成更细致的卖点和功能定义,甚至可以通过用户推算未来市场的发展潜力,为后续一系列深入研究奠定了基础。

## 四、结语

在当前消费时代下,需求更加多样化、个性化,通过跨界实现创新正变得越来越重要。尤其对于新能源市场,由于动力形式的变化带来设计的差异,更容易实现跨界,且新能源用户更尝鲜追新,因而跨界也成为新能源车型创新、吸引用户的重要手段。未来供给端跨界形式也会更加丰富,将继续补足跨界类型矩阵,笔者也会持续追踪、不断完善跨界车的定义标准体系,从而助力汽车市场跨界产品的定义和开发。

(作者:张晓聪 管晓静)

# 购车农民工消费行为研究

农民工群体是一个接近 3 亿的庞大群体。据国家统计局监测，2020 年全国农民工总量达 28560 万人。长期以来，他们更多是作为生产者出现在大众视野里，而作为消费者的一面被普遍忽视。这个群体由于流动性强、复杂性高，其消费特点与一般的城市居民及农村留守群体均有差异。尤其是近年来，农民工的消费已经进入汽车领域，相当一部分人在流入地或流出地已经买车。他们作为农民工群体中塔尖的一部分，其消费行为和特点对当前和未来汽车市场均有启发意义。

根据国家统计局定义，农民工指户籍仍在农村，年内在本地从事非农产业或外出从业 6 个月及以上的劳动者。新生代农民工：主要指 80 后和 90 后的农村劳动力，也叫"第二代农民工"。本文中"购车农民工"指在调查时点已经购买乘用车的农民工。

## 一、购车农民工：站在农民工金字塔塔尖的人

通过国家信息中心抽样调查数据与国家统计局监测数据对比发现，购车农民工有以下几个特点：更年轻，新生代农民工占比更高，40 岁以下的占比超过 80%，超出总体 33 个百分点；学历更高，高中及以上的占比超过 90%，大专及以上占比超过 45%，而农民工总体以初中及以下学历为主，超过七成；第三产业从业比重更高，超过七成。而农民工总体从业以二产和三产为主，三产从业 51.5%。

此外，购车农民工相对总体而言稳定性较强。从整体来看，农民工的流动性强，外出农民工务工地点更换频繁。农民工在一个地方一般不会停留太久，绝大多数都会在 4 年内就会更换。但调查显示，购车农民工在工作地的打工年限长，已经相对稳定。他们在一个地点或职业从业至少 5 年以上，甚至 10 年、20 年。可见，他们是一群已经初步立足，具备了较高素质和较高竞争力的，站在农民工金字塔塔尖的人。

## 二、影响购车农民工消费的主要因素

### 1. 新生代

新生代农民工的持续增长,给农民工群体带来了巨大的变化。在消费方面,主要有以下几个变化:

第一,新生代农民工具有较高的消费能力和消费意愿。他们较第一代农民工收入更高,消费也更高。新生代农民工受教育程度比较高,从学校毕业后直接进城打工,他们对农业、农村、农民等并不熟悉。同时,他们又渴望融入城市,享受现代城市的文明。与老一代农民工打工以生存型动因为主不同,他们更是生活型动因驱动,希望改变自己的生活,寻找自我发展空间。

第二,新生代农民工有更高的当下消费倾向,储蓄倾向弱。他们更认同城市的生活方式,个人消费支出快速增加,不再为攒钱而使自己变成"苦行僧",出现了"娇子农民工""月光族"等现象。贷款消费、超前消费开始出现。

第三,新生代农民工更注重在流入地的消费,而非汇款回老家。他们的工作期望、与农村家庭的经济联系等方面都与第一代农民工迥然不同。第一代农民工多数是为了赚钱养家而与家庭分离,而新生代农民工对工作和生活的态度发生了很大变化,他们既要赚钱,也需要家庭团聚。他们更倾向于把爱人、孩子带在身边。如果有可能,更愿意孩子在城市上学。因此农民工家庭消费越来越趋近于城市家庭消费。

### 2. 新就业

就业领域的变化刷新了公众对于农民工的认知。此前,国家统计局北京调查总队在北京市范围开展了农民工市民化进程动态监测调查,发布的报告中提到:"就业集中于劳动密集型行业,从事信息传输、软件和信息技术服务业的新生代农民工占比大幅提高。"由于"码农"职业被统计进农民工范畴,引起了网友的热议,还因此上了热搜。

总之,与之前提到农民工就想到建筑、家政等不同,新一代的农民工就业领域涉及城市生活的方方面面。比如,IT行业的初级技术人员、商场和超市的服务员、美容美发师、健身教练等,三产就业让农民工接触本地居民的机会更多,他们也因此更加在意通过消费的趋同来达到与城市居民的融合。在消费上,主要有以下几个方面的影响:

(1)新就业带来消费能力和消费意愿的提升 近些年来,农民工收入水平不断提升,尤其是外出农民工月均收入已经突破4000元(见表1),年均收入超过50000元，以每户有两个劳动力计算，家庭年收入已经超过购车临界点。收入总量的增加直接带来消费的增加。

表1 农民工收入变化情况

| 年份 | 农民工月均收入/元 | 外出农民工月均收入/元 | 农民工收入增速（%） |
|---|---|---|---|
| 2015年 | 3072 | 3359 | 7.2 |
| 2016年 | 3275 | 3572 | 6.6 |
| 2017年 | 3485 | 3805 | 6.5 |
| 2018年 | 3721 | 4107 | 6.8 |
| 2019年 | 3962 | 4427 | 6.5 |
| 2020年 | 4072 | 4549 | 2.8 |

注：数据来源于国家统计局。

（2）新就业带来的是收入稳定性增强、保障增加　购车农民工在城市和职业的选择上已经相对稳定，保障水平也不断提高。一些人员，比如生产线的技术人员、设备维修人员等，有一定的行业门槛和不可替代性，因此增强了对收入持久性的预期。持久收入决定持久消费，流动相对稳定之后产生大件消费的需求。相关研究表明，户主的职业对家庭消费选择有重大影响。职业稳定与消费呈正相关（见表2），机关企事业单位、专业技术人员收入稳定，这些职业的消费支出也居于前两位；不稳定的农林牧渔以及无固定职业的收入居于末位，消费水平也居于末位。第三产业的生产运输人员、商业服务人员与周期更长、风险更大的建筑业从业人员相比，虽然收入略低，但相对来说消费支出较高。职业的稳定不但使消费者的收入有了保障，而且会使其消费观念更加现代化。

表2 职业与收入消费的关系

| 主要职业 | 人均收入排序 | 主要职业 | 人均总支出排序 |
|---|---|---|---|
| 国家机关/企事业单位 | 1 | 国家机关/企事业单位 | 1 |
| 办事人员和有关人员 | 2 | 办事人员和有关人员 | 2 |
| 专业技术人员 | 3 | 专业技术人员 | 3 |
| 建筑业从业人员 | 4 | 商业/服务业人员 | 4 |
| 生产/运输及有关人员 | 5 | 其他不便分类 | 5 |
| 商业/服务业人员 | 6 | 生产/运输及有关人员 | 6 |
| 其他不便分类 | 7 | 建筑业从业人员 | 7 |
| 农/林/牧/渔/水利业 | 8 | 无固定职业 | 8 |
| 无固定职业 | 9 | 农/林/牧/渔/水利业 | 9 |

注：数据来源于清华大学、国家卫计委。

（3）新就业带来闲暇时间的增加　新的就业方式下，农民工的生活方式也发生了改变。他们不再像生产线工人一样，在每天12h的超长劳动时间下，每周7天聚集在一个厂区大院里，无暇外出。购车农民工大部分有了更加固定的休息时间，周末双休、单休或一个月固定休息几天，给休闲活动和出行带来需求。

## 三、购车农民工消费的基本特征

研究表明，消费不单要满足基本的功能性需求，同时也要满足社会和文化性需求。尤其农民工的消费，并非完全经济学意义上的追求效用最大化的过程，同时也与其身份构建、生活方式探索、情感认同等密切相关。总的来看，呈现两大特点：

罗伯特·弗兰克将商品分为"地位性"和"非地位性"。所谓地位性消费品，是指与他人具有强烈对比性的、看得见的、能够彰显消费者地位的商品。由于农民工所处的独特环境以及独特的身份，其消费的地位寻求性动机明显。在购车农民工的走访和座谈中发现，大部分农民工对自己的身份认知不明晰，认为自己既不是"农村人"也不是"城市人"，而是"生活在城市的农村人"。他们一方面认为自己超越了父母和留守家乡的同龄人，同时也认为与朝夕相处的城市人尚有差距。他们希望通过与城市居民趋同消费实现新生活的融入，同时也实现与农村留守者的区隔，通过商品或服务获得身份的认同。这种地位寻求更多通过相对外显的服装、子女教育、住房、汽车等来体现。

北京一位受访者的职业是个人资产配置顾问。为了在形象上与客户更加接近，更好地开展工作，她每年买衣服的费用高达8000元。武汉的一对夫妻，承包了单位的食堂，工作相对稳定，孩子也在当地上学。他们给孩子报了很多课外班：英语、画画、跳舞、乐高……每年大部分的收入都花在了孩子身上。

在基本生活需要上实用消费、理性消费、节约消费。农民工的生活相对简单，一般消费会货比三家，实体消费会专门等待打折，网络消费会选择淘宝、拼多多等，也会使用"一淘"等APP实现优惠和返点。他们喜欢物美价廉的产品，尽量用更加经济的手段提高生活品质。汽车消费也是偏好皮实、耐用、能装、省油的车型，一车多用。

在地位性商品上受城市居民的示范性影响，呈现模仿性消费的特点。消费数量高的商品能够带来模仿与跟进。比如汽车，他们会认为大家都认可、口碑好的车才是好车。保有量大、身边的参照群体都开、在路上经常见到等就成了关键性的指标。比如一位到北京20年的受访者,以收废品为生,儿子毕业后也来了北京,开了家理发店。当他想买一辆车的时候,他观察了身边的邻居,得出了"老家的开自主,城市的开合资"这样一个结论,在北京当地居民的推荐下,购买了一辆日产奇骏。

他们不断打拼,想方设法通过开店、多份工作等增加收入,尽量压缩平时的开支,精打细算。但是一旦涉及地位消费的物品,会集中全家之力,购买自己能力范围内最好的产品。比如珠海的一位女性受访者,丈夫常年在外地从事建筑工程工作,自己平时在商场卖高档电器,下班后经营自己的服装店,吃穿用度非常简单。但已经在当地买房、买车、不遗余力将子女送入大学。

鉴于以上特点,农民工群体购车会更多参考城市中常见的车型和品牌。要求外观大气、体面。同时也比城市居民更加重视空间,对价格和使用费用更加敏感,他们希望一辆车能满足他们所有的需求,既要有面子,也要实用,一车多用,物超所值。合资品牌轿车与自主品牌SUV当前最受他们青睐。

## 四、新情况带来的思考

从全社会来看,购车农民工属于低收入群体,其收入水平与城镇居民相比仍有很大差距。而且他们所在的企业规模偏小,抗风险能力弱,更容易受到经济下行、疫情等情况的冲击。国家统计局监测数据显示,2020年农民工总量几年来首次下降,外出农民工减少,尤其是跨省流动的农民工。据统计,2020年全国农民工总量比2019年减少517万人,下降1.8%。其中,外出农民工比2019年减少466万人,下降2.7%。在外出农民工中,跨省流动农民工为7052万人,比2019年减少456万人,下降6.1%;在省内就业的外出农民工为9907万人,比2019年减少10万人,与2019年基本持平。

基于此,在消费方面有三点值得注意。第一,外出农民工减少、流动距离缩小,将使得农民工消费支出有所降低(见表3);第二,就业风险预期增加,农民工消费的跨时选择上将更注重未来消费而非当下的消费,收入的不确定性将削弱消费能力;第三,从长期来看,农民工回流将使得他们面临的消费参照群体发生变化,在消费结构上降低地位性和符号性消费的比重。在这种情况下,汽车的消费势必也会发生变化。他们的汽车需求和偏好将如何变化,还有待进一步的跟踪和研究。

表 3 流动范围与消费支出

| 流动范围 | 家庭人均收入排序 | 人均总支出排序 |
| --- | --- | --- |
| 跨省流动 | 1 | 1 |
| 省内跨市 | 2 | 2 |
| 市内跨县 | 3 | 3 |
| 未流动 | 4 | 4 |

注：数据来源于清华大学、国家卫计委。

（作者：张文评）

# 附录

# 附录 A  与汽车行业相关的统计数据

表 A-1  主要宏观经济指标（绝对额）

| 指　　标 | 2013 年 | 2014 年 | 2015年 | 2016年 | 2017年 | 2018 年 | 2019 年 | 2020 年 |
|---|---|---|---|---|---|---|---|---|
| 国内生产总值（GDP）/亿元 | 592963.2 | 643563.1 | 688858.2 | 746395.1 | 832035.9 | 919281.1 | 986515.2 | 1015986.2 |
| 全社会固定资产投资/亿元 | 329318 | 373637 | 405928 | 434364 | 461284 | 488499 | 513608 | 527270 |
| 社会消费品零售总额/亿元 | 242842.8 | 271896.1 | 300931 | 332316.3 | 366261.6 | 380986.9 | 408017.2 | 391980.6 |
| 出口总额/亿美元 | 22090.0 | 23422.9 | 22734.7 | 20976.3 | 22633.5 | 24866.8 | 24994.8 | 25899.5 |
| 进口总额/亿美元 | 19499.9 | 19592.4 | 16795.6 | 15879.3 | 18437.9 | 21357.3 | 20784.1 | 20659.6 |
| 财政收入/亿元 | 129209.6 | 140370.0 | 152269.2 | 159605.0 | 172592.8 | 183359.8 | 190390.1 | 182913.9 |
| 财政支出/亿元 | 140212.1 | 151785.6 | 175877.8 | 187755.2 | 203085.5 | 220904.1 | 238858.4 | 245679.0 |
| 城镇家庭人均可支配收入/元 | 26955.1 | 28843.9 | 31194.8 | 33616.2 | 36396.2 | 39250.8 | 42358.8 | 43833.8 |
| 农村家庭人均年纯收入/元 | 8895.9 | 10488.9 | 11421.7 | 12363.4 | 13432.4 | 14617.0 | 16020.7 | 17131.5 |
| 全国零售物价总指数（上年=100） | 101.4 | 101.0 | 100.1 | 100.7 | 101.1 | 101.9 | 102.0 | 101.4 |
| 居民消费价格指数（上年＝100） | 102.6 | 102.0 | 101.4 | 102.0 | 101.6 | 102.1 | 102.9 | 102.5 |

表 A-2  主要宏观经济指标（增长率）

| 指　　标 | 2013 年 | 2014 年 | 2015 年 | 2016 年 | 2017 年 | 2018 年 | 2019 年 | 2020 年 |
|---|---|---|---|---|---|---|---|---|
| 国内生产总值（GDP）增长率（%） | 14.3 | 8.5 | 7.0 | 8.4 | 11.5 | 10.5 | 7.3 | 3.0 |
| 全社会固定资产投资增长率（%） | -12.1 | 13.5 | 8.6 | 7.0 | 6.2 | 5.9 | 5.1 | 2.7 |
| 社会消费品零售总额增长率（%） | 15.5 | 12.0 | 10.7 | 10.4 | 10.2 | 4.0 | 7.1 | -3.9 |
| 出口总额增长率（%） | 7.8 | 6.0 | -2.9 | -7.7 | 7.9 | 9.9 | 0.5 | 3.6 |
| 进口总额增长率（%） | 7.2 | 0.5 | -14.3 | -5.5 | 16.1 | 15.8 | -2.7 | -0.6 |
| 财政收入增长率（%） | 10.2 | 8.6 | 8.5 | 4.8 | 8.1 | 6.2 | 3.8 | -3.9 |
| 财政支出增长率（%） | 11.3 | 8.3 | 15.9 | 6.8 | 8.2 | 8.8 | 8.1 | 2.9 |
| 城镇家庭人均可支配收入（现价）增长率（%） | 9.7 | 7.0 | 8.2 | 7.8 | 8.3 | 7.8 | 7.9 | 3.5 |
| 农村家庭人均年纯收入（现价）增长率（%） | 12.4 | 17.9 | 8.9 | 8.2 | 8.6 | 8.8 | 9.6 | 6.9 |
| 全国零售物价总指数（上年＝100）增长率（%） | -0.6 | -0.4 | -0.9 | 0.6 | 0.4 | 0.8 | 0.1 | -0.6 |
| 居民消费价格指数（上年＝100）增长率（%） | 0.0 | -0.6 | -0.6 | 0.6 | -0.4 | 0.5 | 0.8 | -0.4 |

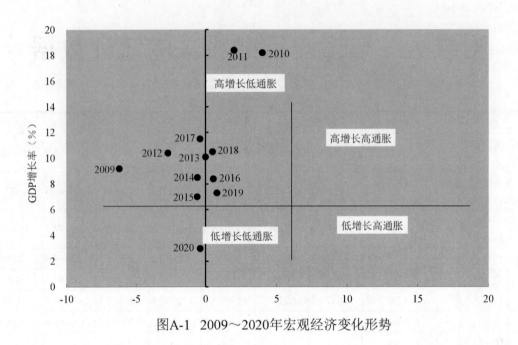

图A-1 2009~2020年宏观经济变化形势

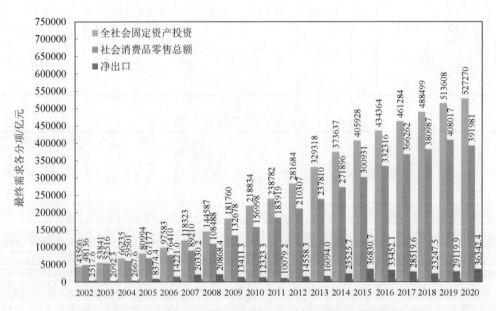

图A-2 2002~2020年社会消费品最终需求变动情况

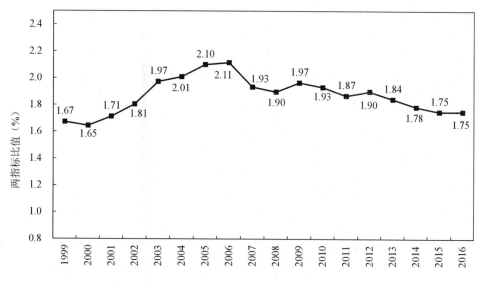

图A-3 1999~2016年城乡居民储蓄存款年末余额与社会消费品零售总额比值图

表 A-3 现价国内生产总值

| 年份 | 国民总收入/亿元 | 国内生产总值/亿元 | 各产业国内生产总值/亿元 | | | | | 人均国内生产总值/元 |
|---|---|---|---|---|---|---|---|---|
| | | | 第一产业 | 第二产业 | 第二产业细分 | | 第三产业 | |
| | | | | | 工业 | 建筑业 | | |
| 2003 | 136576.3 | 137422.0 | 16970.2 | 62695.8 | 55362.2 | 7510.8 | 57756.0 | 10666 |
| 2004 | 161415.4 | 161840.2 | 20904.3 | 74285.0 | 65774.9 | 8720.5 | 66650.9 | 12487 |
| 2005 | 185998.9 | 187318.9 | 21806.7 | 88082.2 | 77958.3 | 10400.5 | 77430.0 | 14368 |
| 2006 | 219028.5 | 219438.5 | 23317.0 | 104359.2 | 92235.8 | 12450.1 | 91762.2 | 16738 |
| 2007 | 270704.0 | 270092.3 | 27674.1 | 126630.5 | 111690.8 | 15348.0 | 115787.7 | 20494 |
| 2008 | 321229.5 | 319244.6 | 32464.1 | 149952.9 | 131724.0 | 18807.6 | 136827.5 | 24100 |
| 2009 | 347934.9 | 348517.7 | 33583.8 | 160168.8 | 138092.6 | 22681.5 | 154765.1 | 26180 |
| 2010 | 410354.1 | 412119.3 | 38430.8 | 191626.5 | 165123.1 | 27259.3 | 182061.9 | 30808 |
| 2011 | 483392.8 | 487940.2 | 44781.5 | 227035.1 | 195139.1 | 32926.5 | 216123.6 | 36277 |
| 2012 | 537329.0 | 538580.0 | 49084.6 | 244639.1 | 208901.4 | 36896.1 | 244856.2 | 39771 |
| 2013 | 588141.2 | 592963.2 | 53028.1 | 261951.6 | 222333.2 | 40896.8 | 277983.5 | 43497 |
| 2014 | 644380.2 | 643563.1 | 55626.3 | 277282.8 | 233197.4 | 45401.7 | 310654.0 | 46912 |
| 2015 | 685571.2 | 688858.2 | 57774.6 | 281338.9 | 234968.9 | 47761.3 | 349744.7 | 49922 |
| 2016 | 742694.1 | 746395.1 | 60139.2 | 295427.8 | 245406.4 | 51498.9 | 390828.1 | 53783 |
| 2017 | 830945.7 | 832035.9 | 62099.5 | 331580.5 | 275119.3 | 57905.6 | 438355.9 | 59592 |
| 2018 | 915243.5 | 919281.1 | 64745.2 | 364835.2 | 301089.3 | 65493.0 | 489700.8 | 65534 |
| 2019 | 983751.2 | 986515.2 | 70473.6 | 380670.6 | 311858.7 | 70648.1 | 535371.0 | 70328 |
| 2020 | 1008782.5 | 1015986.2 | 77754.1 | 384255.3 | 313071.1 | 72995.7 | 553976.8 | 72000 |

表 A-4 国内生产总值 GDP 增长率（不变价）

| 年份 | 国内生产总值增长率（%） | 各产业国内生产总值增长率（%） | | | | | 人均 GDP 增长率（%） |
| --- | --- | --- | --- | --- | --- | --- | --- |
| | | 第一产业 | 第二产业 | 第二产业细分 | | 第三产业 | |
| | | | | 工业 | 建筑业 | | |
| 2003 | 10.0 | 2.4 | 12.7 | 12.8 | 12.1 | 9.5 | 9.4 |
| 2004 | 10.1 | 6.1 | 11.1 | 11.6 | 8.2 | 10.1 | 9.5 |
| 2005 | 11.4 | 5.1 | 12.1 | 11.6 | 16.0 | 12.4 | 10.7 |
| 2006 | 12.7 | 4.8 | 13.5 | 12.9 | 17.2 | 14.1 | 12.1 |
| 2007 | 14.2 | 3.5 | 15.1 | 14.9 | 16.2 | 16.1 | 13.6 |
| 2008 | 9.7 | 5.2 | 9.8 | 10.0 | 9.5 | 10.5 | 9.1 |
| 2009 | 9.4 | 4.0 | 10.3 | 9.1 | 18.9 | 9.6 | 8.9 |
| 2010 | 10.6 | 4.3 | 12.7 | 12.6 | 13.8 | 9.7 | 10.1 |
| 2011 | 9.6 | 4.2 | 10.7 | 10.9 | 9.7 | 9.5 | 9.0 |
| 2012 | 7.9 | 4.5 | 8.4 | 8.1 | 9.8 | 8.0 | 7.1 |
| 2013 | 7.8 | 3.8 | 8.0 | 7.7 | 9.7 | 8.3 | 7.1 |
| 2014 | 7.4 | 4.1 | 7.2 | 6.7 | 9.6 | 8.3 | 6.8 |
| 2015 | 7.0 | 3.9 | 5.9 | 5.7 | 7.3 | 8.8 | 6.4 |
| 2016 | 6.8 | 3.3 | 6.0 | 5.7 | 7.7 | 8.1 | 6.2 |
| 2017 | 6.9 | 4.0 | 5.9 | 6.2 | 3.9 | 8.3 | 6.3 |
| 2018 | 6.7 | 3.5 | 5.8 | 6.1 | 4.8 | 8.0 | 6.3 |
| 2019 | 6.0 | 3.1 | 4.9 | 4.8 | 5.2 | 7.2 | 6.0 |
| 2020 | 2.3 | 3.0 | 2.6 | 2.4 | 3.5 | 2.1 | 1.7 |

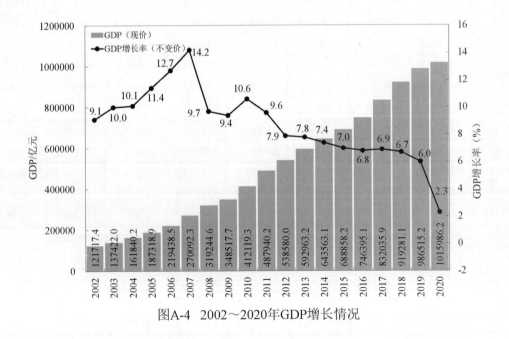

图 A-4 2002~2020 年 GDP 增长情况

附 录

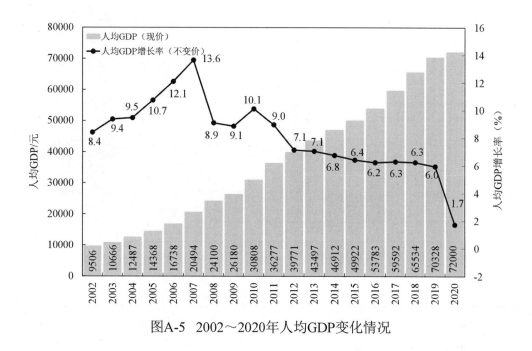

图A-5 2002~2020年人均GDP变化情况

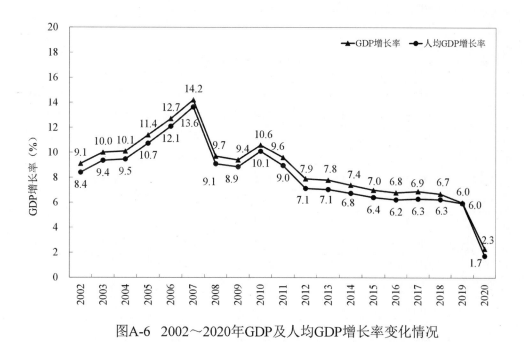

图A-6 2002~2020年GDP及人均GDP增长率变化情况

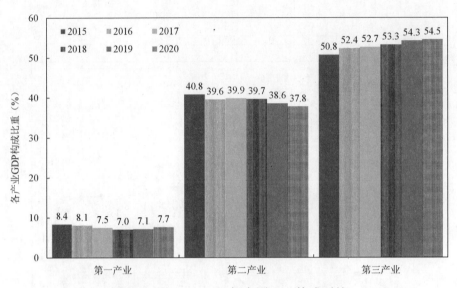

图A-7 2015~2020年全国GDP构成对比

表 A-5 现价国内生产总值（GDP）构成

| 年份 | 国内生产总值占比（%） | 各产业国内生产总值占比（%） | | | | |
|---|---|---|---|---|---|---|
| | | 第一产业 | 第二产业 | 第二产业细分 | | 第三产业 |
| | | | | 工业 | 建筑业 | |
| 2002 | 100.0 | 13.3 | 44.5 | 39.3 | 5.3 | 42.2 |
| 2003 | 100.0 | 12.3 | 45.6 | 40.3 | 5.5 | 42.0 |
| 2004 | 100.0 | 12.9 | 45.9 | 40.6 | 5.4 | 41.2 |
| 2005 | 100.0 | 11.6 | 47.0 | 41.6 | 5.6 | 41.3 |
| 2006 | 100.0 | 10.6 | 47.6 | 42.0 | 5.7 | 41.8 |
| 2007 | 100.0 | 10.2 | 46.9 | 41.4 | 5.7 | 42.9 |
| 2008 | 100.0 | 10.2 | 47.0 | 41.3 | 5.9 | 42.9 |
| 2009 | 100.0 | 9.6 | 46.0 | 39.6 | 6.5 | 44.4 |
| 2010 | 100.0 | 9.3 | 46.5 | 40.1 | 6.6 | 44.2 |
| 2011 | 100.0 | 9.2 | 46.5 | 40.0 | 6.7 | 44.3 |
| 2012 | 100.0 | 9.1 | 45.4 | 38.8 | 6.9 | 45.5 |
| 2013 | 100.0 | 8.9 | 44.2 | 37.5 | 6.9 | 46.9 |
| 2014 | 100.0 | 8.6 | 43.1 | 36.2 | 7.1 | 48.3 |
| 2015 | 100.0 | 8.4 | 40.8 | 34.1 | 6.9 | 50.8 |
| 2016 | 100.0 | 8.1 | 39.6 | 32.9 | 6.9 | 52.4 |
| 2017 | 100.0 | 7.5 | 39.9 | 33.1 | 7.0 | 52.7 |
| 2018 | 100.0 | 7.0 | 39.7 | 32.8 | 7.1 | 53.3 |
| 2019 | 100.0 | 7.1 | 38.6 | 31.6 | 7.2 | 54.3 |
| 2020 | 100.0 | 7.7 | 37.8 | 30.8 | 7.2 | 54.5 |

表 A-6　各地区国内生产总值（现价）

（单位：亿元）

| 地区 | 2011年 | 2012年 | 2013年 | 2014年 | 2015年 | 2016年 | 2017年 | 2018年 | 2019年 | 2020年 |
|---|---|---|---|---|---|---|---|---|---|---|
| 北京 | 16251.9 | 17879.4 | 19500.6 | 21330.8 | 23014.6 | 25669.1 | 28014.9 | 30320.0 | 35371.3 | 36102.6 |
| 天津 | 11307.3 | 12893.9 | 14370.2 | 15726.9 | 16538.2 | 17885.4 | 18549.2 | 18809.6 | 14104.3 | 14083.7 |
| 河北 | 24515.8 | 26575.0 | 28301.4 | 29421.2 | 29806.1 | 32070.5 | 34016.3 | 36010.3 | 35104.5 | 36206.9 |
| 山西 | 11237.6 | 12112.8 | 12602.2 | 12761.5 | 12766.5 | 13050.4 | 15528.4 | 16818.1 | 17026.7 | 17651.9 |
| 内蒙古 | 14359.9 | 15880.6 | 16832.4 | 17770.2 | 17831.5 | 18128.1 | 16096.2 | 17289.2 | 17212.5 | 17359.8 |
| 辽宁 | 22226.7 | 24846.4 | 27077.7 | 28626.6 | 28669.0 | 22246.9 | 23409.2 | 25315.4 | 24909.5 | 25115.0 |
| 吉林 | 10568.8 | 11939.2 | 12981.5 | 13803.1 | 14063.1 | 14776.8 | 14944.5 | 15074.6 | 11726.8 | 12311.3 |
| 黑龙江 | 12582.0 | 13691.6 | 14382.9 | 15039.4 | 15083.7 | 15386.1 | 15902.7 | 16361.6 | 13612.7 | 13698.5 |
| 上海 | 19195.7 | 20181.7 | 21602.1 | 23567.7 | 25123.5 | 28178.7 | 30633.0 | 32679.9 | 38155.3 | 38700.6 |
| 江苏 | 49110.3 | 54058.2 | 59161.8 | 65088.3 | 70116.4 | 77388.3 | 85869.8 | 92595.4 | 99631.5 | 102719.0 |
| 浙江 | 32318.9 | 34665.3 | 37568.5 | 40173.0 | 42886.5 | 47251.4 | 51768.3 | 56197.2 | 62351.7 | 64613.3 |
| 安徽 | 15300.7 | 17212.1 | 19038.9 | 20848.8 | 22005.6 | 24407.6 | 27018.0 | 30006.8 | 37114.0 | 38680.6 |
| 福建 | 17560.2 | 19701.8 | 21759.6 | 24055.8 | 25979.8 | 28810.6 | 32182.1 | 35804.0 | 42395.0 | 43903.9 |
| 江西 | 11702.8 | 12948.9 | 14338.5 | 15714.6 | 16723.8 | 18499.0 | 20006.3 | 21984.8 | 24757.5 | 25691.5 |
| 山东 | 45361.9 | 50013.2 | 54684.3 | 59426.6 | 63002.3 | 68024.5 | 72634.2 | 76469.7 | 71067.5 | 73129.0 |
| 河南 | 26931.0 | 29599.3 | 32155.9 | 34938.2 | 37002.2 | 40471.8 | 44552.8 | 48055.9 | 54259.2 | 54997.1 |
| 湖北 | 19632.3 | 22250.5 | 24668.5 | 27379.2 | 29550.2 | 32665.4 | 35478.1 | 39366.6 | 45828.3 | 43443.5 |
| 湖南 | 19669.6 | 22154.2 | 24501.7 | 27037.3 | 28902.2 | 31551.4 | 33903.0 | 36425.8 | 39752.1 | 41781.5 |
| 广东 | 53210.3 | 57067.9 | 62164.0 | 67809.9 | 72812.6 | 80854.9 | 89705.2 | 97277.8 | 107671.1 | 110760.9 |
| 广西 | 11720.9 | 13035.1 | 14378.0 | 15672.9 | 16803.1 | 18317.6 | 18523.3 | 20352.5 | 21237.1 | 22156.7 |
| 海南 | 2522.7 | 2855.5 | 3146.5 | 3500.7 | 3702.8 | 4053.2 | 4462.5 | 4832.1 | 5308.9 | 5532.4 |
| 重庆 | 10011.4 | 11409.6 | 12656.7 | 14262.6 | 15717.3 | 17740.6 | 19424.7 | 20363.2 | 23605.8 | 25002.8 |
| 四川 | 21026.7 | 23872.8 | 26260.8 | 28536.7 | 30053.1 | 32934.5 | 36980.2 | 40678.1 | 46615.8 | 48598.8 |
| 贵州 | 5701.8 | 6852.2 | 8006.8 | 9266.4 | 10502.6 | 11776.7 | 13540.8 | 14806.5 | 16769.3 | 17826.6 |
| 云南 | 8893.1 | 10309.5 | 11720.9 | 12814.6 | 13619.2 | 14788.4 | 16376.3 | 17881.1 | 23223.8 | 24521.9 |
| 西藏 | 605.8 | 701.0 | 807.7 | 920.8 | 1026.4 | 1151.4 | 1310.9 | 1477.6 | 1697.8 | 1902.7 |
| 陕西 | 12512.3 | 14453.7 | 16045.2 | 17689.9 | 18021.9 | 19399.6 | 21898.8 | 24438.3 | 25793.2 | 26181.9 |
| 甘肃 | 5020.4 | 5650.2 | 6268.0 | 6836.8 | 6790.3 | 7200.4 | 7459.9 | 8246.1 | 8718.3 | 9016.7 |
| 青海 | 1670.4 | 1893.5 | 2101.1 | 2303.3 | 2417.1 | 2572.5 | 2624.8 | 2865.2 | 2966.0 | 3005.9 |
| 宁夏 | 2102.2 | 2341.3 | 2565.1 | 2752.1 | 2911.8 | 3168.6 | 3443.6 | 3705.2 | 3748.5 | 3920.6 |
| 新疆 | 6610.1 | 7505.3 | 8360.2 | 9273.5 | 9324.8 | 9649.7 | 10882.0 | 12199.1 | 13597.1 | 13797.6 |

## 表 A-7 各地区国内生产总值占全国比例

(单位：%)

| 地区 | 2011年 | 2012年 | 2013年 | 2014年 | 2015年 | 2016年 | 2017年 | 2018年 | 2019年 | 2020年 |
|---|---|---|---|---|---|---|---|---|---|---|
| 北京 | 3.12 | 3.10 | 3.10 | 3.12 | 3.36 | 3.29 | 3.31 | 3.31 | 3.59 | 3.57 |
| 天津 | 2.17 | 2.24 | 2.28 | 2.30 | 2.41 | 2.29 | 2.19 | 2.06 | 1.43 | 1.39 |
| 河北 | 4.70 | 4.61 | 4.49 | 4.30 | 4.35 | 4.11 | 4.02 | 3.94 | 3.56 | 3.58 |
| 山西 | 2.16 | 2.10 | 2.00 | 1.86 | 1.86 | 1.67 | 1.83 | 1.84 | 1.73 | 1.74 |
| 内蒙古 | 2.75 | 2.75 | 2.67 | 2.60 | 2.60 | 2.32 | 1.90 | 1.89 | 1.75 | 1.71 |
| 辽宁 | 4.26 | 4.31 | 4.30 | 4.18 | 4.18 | 2.85 | 2.76 | 2.77 | 2.53 | 2.48 |
| 吉林 | 2.03 | 2.07 | 2.06 | 2.02 | 2.05 | 1.89 | 1.76 | 1.65 | 1.19 | 1.22 |
| 黑龙江 | 2.41 | 2.37 | 2.28 | 2.20 | 2.20 | 1.97 | 1.88 | 1.79 | 1.38 | 1.35 |
| 上海 | 3.68 | 3.50 | 3.43 | 3.44 | 3.66 | 3.61 | 3.62 | 3.57 | 3.87 | 3.82 |
| 江苏 | 9.42 | 9.38 | 9.39 | 9.51 | 10.23 | 9.92 | 10.14 | 10.12 | 10.11 | 10.15 |
| 浙江 | 6.20 | 6.01 | 5.96 | 5.87 | 6.26 | 6.06 | 6.11 | 6.14 | 6.33 | 6.38 |
| 安徽 | 2.93 | 2.99 | 3.02 | 3.05 | 3.21 | 3.13 | 3.19 | 3.28 | 3.77 | 3.82 |
| 福建 | 3.37 | 3.42 | 3.45 | 3.52 | 3.79 | 3.69 | 3.80 | 3.91 | 4.30 | 4.34 |
| 江西 | 2.24 | 2.25 | 2.28 | 2.30 | 2.44 | 2.37 | 2.36 | 2.40 | 2.51 | 2.54 |
| 山东 | 8.70 | 8.67 | 8.68 | 8.68 | 9.19 | 8.72 | 8.57 | 8.36 | 7.21 | 7.22 |
| 河南 | 5.16 | 5.13 | 5.10 | 5.11 | 5.40 | 5.19 | 5.26 | 5.25 | 5.51 | 5.43 |
| 湖北 | 3.77 | 3.86 | 3.92 | 4.00 | 4.31 | 4.19 | 4.19 | 4.30 | 4.65 | 4.29 |
| 湖南 | 3.77 | 3.84 | 3.89 | 3.95 | 4.22 | 4.04 | 4.00 | 3.98 | 4.03 | 4.13 |
| 广东 | 10.20 | 9.90 | 9.87 | 9.91 | 10.62 | 10.37 | 10.59 | 10.63 | 10.93 | 10.94 |
| 广西 | 2.25 | 2.26 | 2.28 | 2.29 | 2.45 | 2.35 | 2.19 | 2.23 | 2.16 | 2.19 |
| 海南 | 0.48 | 0.50 | 0.50 | 0.51 | 0.54 | 0.52 | 0.53 | 0.53 | 0.54 | 0.55 |
| 重庆 | 1.92 | 1.98 | 2.01 | 2.08 | 2.29 | 2.27 | 2.29 | 2.23 | 2.40 | 2.47 |
| 四川 | 4.03 | 4.14 | 4.17 | 4.17 | 4.38 | 4.22 | 4.37 | 4.45 | 4.73 | 4.80 |
| 贵州 | 1.09 | 1.19 | 1.27 | 1.35 | 1.53 | 1.51 | 1.60 | 1.62 | 1.70 | 1.76 |
| 云南 | 1.71 | 1.79 | 1.86 | 1.87 | 1.99 | 1.90 | 1.93 | 1.95 | 2.36 | 2.42 |
| 西藏 | 0.12 | 0.12 | 0.13 | 0.13 | 0.15 | 0.15 | 0.15 | 0.16 | 0.17 | 0.19 |
| 陕西 | 2.40 | 2.51 | 2.55 | 2.58 | 2.63 | 2.49 | 2.59 | 2.67 | 2.62 | 2.59 |
| 甘肃 | 0.96 | 0.98 | 0.99 | 1.00 | 0.99 | 0.92 | 0.88 | 0.90 | 0.88 | 0.89 |
| 青海 | 0.32 | 0.33 | 0.33 | 0.34 | 0.35 | 0.33 | 0.31 | 0.31 | 0.30 | 0.30 |
| 宁夏 | 0.40 | 0.41 | 0.41 | 0.40 | 0.42 | 0.41 | 0.41 | 0.41 | 0.38 | 0.39 |
| 新疆 | 1.27 | 1.30 | 1.33 | 1.36 | 1.36 | 1.24 | 1.28 | 1.33 | 1.38 | 1.36 |
| 合计 | 100 | 100 | 100 | 100 | 100 | 100 | 100 | 100 | 100 | 100 |

表 A-8  各地区国内生产总值增长率

(单位：%)

| 地区 | 2012年 | 2013年 | 2014年 | 2015年 | 2016年 | 2017年 | 2018年 | 2019年 | 2020年 |
|---|---|---|---|---|---|---|---|---|---|
| 北京 | 7.7 | 7.7 | 12.6 | 7.9 | 11.5 | 9.1 | 8.2 | 16.7 | 2.1 |
| 天津 | 13.8 | 12.5 | 16.4 | 5.2 | 8.1 | -3.7 | 1.4 | -25.0 | -0.2 |
| 河北 | 9.6 | 8.2 | 10.6 | 1.3 | 7.6 | 6.1 | 5.9 | -2.5 | 3.1 |
| 山西 | 10.1 | 8.9 | 11.1 | 0.0 | 2.2 | 19.0 | 8.3 | 1.2 | 3.7 |
| 内蒙古 | 11.5 | 9.0 | 15.1 | 0.3 | 1.7 | -11.2 | 7.4 | -0.4 | 0.9 |
| 辽宁 | 9.5 | 8.7 | 13.5 | 0.1 | -22.4 | 5.2 | 8.1 | -1.6 | 0.8 |
| 吉林 | 12.0 | 8.3 | 13.7 | 1.9 | 5.1 | 1.1 | 0.9 | -22.2 | 5.0 |
| 黑龙江 | 10.0 | 8.0 | 10.6 | 0.3 | 2.0 | 3.4 | 2.9 | -16.8 | 0.6 |
| 上海 | 7.5 | 7.7 | 9.5 | 6.6 | 12.2 | 8.7 | 6.7 | 16.8 | 1.4 |
| 江苏 | 10.1 | 9.6 | 13.7 | 7.7 | 10.4 | 11.0 | 7.8 | 7.6 | 3.1 |
| 浙江 | 8.0 | 8.2 | 11.1 | 6.8 | 10.2 | 9.6 | 8.6 | 11.0 | 3.6 |
| 安徽 | 12.1 | 10.4 | 15.4 | 5.5 | 10.9 | 10.7 | 11.1 | 23.7 | 4.2 |
| 福建 | 11.4 | 11.0 | 14.3 | 8.0 | 10.9 | 11.7 | 11.3 | 18.4 | 3.6 |
| 江西 | 11.0 | 10.1 | 16.1 | 6.4 | 10.6 | 8.1 | 9.9 | 12.6 | 3.8 |
| 山东 | 9.8 | 9.6 | 11.5 | 6.0 | 8.0 | 6.8 | 5.3 | -7.1 | 2.9 |
| 河南 | 10.1 | 9.0 | 11.4 | 5.9 | 9.4 | 10.1 | 7.9 | 12.9 | 1.4 |
| 湖北 | 11.3 | 10.1 | 16.0 | 7.9 | 10.5 | 8.6 | 11.0 | 16.4 | -5.2 |
| 湖南 | 11.3 | 10.1 | 16.0 | 6.9 | 9.2 | 7.5 | 7.4 | 9.1 | 5.1 |
| 广东 | 8.2 | 8.5 | 11.3 | 7.4 | 11.0 | 10.9 | 8.4 | 10.7 | 2.9 |
| 广西 | 11.3 | 10.2 | 14.1 | 7.2 | 9.0 | 1.1 | 9.9 | 4.3 | 4.3 |
| 海南 | 9.1 | 9.9 | 15.8 | 5.8 | 9.5 | 10.1 | 8.3 | 9.9 | 4.2 |
| 重庆 | 13.6 | 12.3 | 18.9 | 10.2 | 12.9 | 9.5 | 4.8 | 15.9 | 5.9 |
| 四川 | 12.6 | 10.0 | 14.9 | 5.3 | 9.6 | 12.3 | 10.0 | 14.6 | 4.3 |
| 贵州 | 13.6 | 12.5 | 18.6 | 13.3 | 12.1 | 15.0 | 9.3 | 13.3 | 6.3 |
| 云南 | 13.0 | 12.1 | 14.6 | 6.3 | 8.6 | 10.7 | 9.2 | 29.9 | 5.6 |
| 西藏 | 11.8 | 12.1 | 15.1 | 11.5 | 12.2 | 13.9 | 12.7 | 14.9 | 12.1 |
| 陕西 | 12.9 | 11.0 | 17.3 | 1.9 | 7.6 | 12.9 | 11.6 | 5.5 | 1.5 |
| 甘肃 | 12.6 | 10.8 | 13.8 | -0.7 | 6.0 | 3.6 | 10.5 | 5.7 | 3.4 |
| 青海 | 12.3 | 10.8 | 15.8 | 4.9 | 6.4 | 2.0 | 9.2 | 3.5 | 1.4 |
| 宁夏 | 11.5 | 9.8 | 16.8 | 5.8 | 8.8 | 8.7 | 7.6 | 1.2 | 4.6 |
| 新疆 | 12.0 | 11.0 | 14.4 | 0.6 | 3.5 | 12.8 | 12.1 | 11.5 | 1.5 |

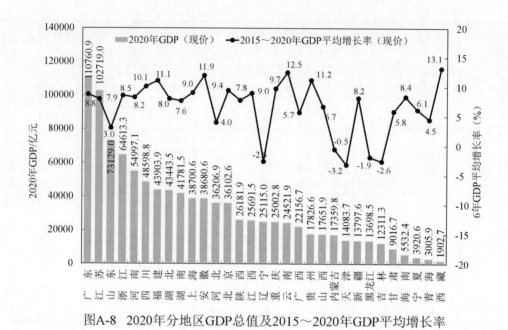

图A-8　2020年分地区GDP总值及2015~2020年GDP平均增长率

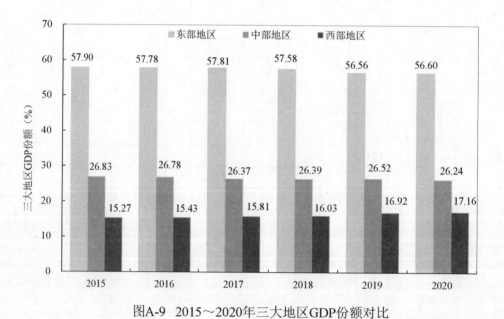

图A-9　2015~2020年三大地区GDP份额对比

### 表 A-9　全部国有及规模以上非国有工业企业总产值（当年价）

| 企业分类 | 项目 | 2015年 | 2016年 | 2017年 | 2018年 | 2019年 | 2020年 |
|---|---|---|---|---|---|---|---|
| 国有及国有控股工业企业 | 企业单位数/个 | 19273 | 19022 | 19022 | 19250 | 20683 | 22072 |
| | 工业总产值/亿元 | — | — | — | — | — | — |
| | 工业增加值/亿元 | — | — | — | — | — | — |
| 私营工业企业 | 企业单位数/个 | 216506 | 214309 | 215138 | 235424 | 243640 | 286430 |
| | 工业总产值/亿元 | — | — | — | — | — | — |
| | 工业增加值/亿元 | — | — | — | — | — | — |
| "三资"工业企业 | 企业单位数/个 | 52758 | 49554 | 47458 | 47736 | 43588 | 43026 |
| | 工业总产值/亿元 | — | — | — | — | — | — |
| | 工业增加值/亿元 | — | — | — | — | — | — |

### 表 A-10　历年各种经济类型固定资产投资

（单位：亿元）

| 年份 | 合计 | 国有经济 | 集体经济 | 个体经济 | 其他经济 |
|---|---|---|---|---|---|
| 2007 | 137323.9 | 38706.3 | 4637.4 | 6058.7 | 87921.5 |
| 2008 | 157421.4 | 48704.9 | 6297.3 | 7190.8 | 95228.4 |
| 2009 | 224598.8 | 69692.5 | 8483.0 | 8891.7 | 137531.6 |
| 2010 | 278121.9 | 83316.5 | 10041.9 | 9506.7 | 175256.8 |
| 2011 | 311485.1 | 82494.8 | 10245.1 | 10483.2 | 208262.0 |
| 2012 | 374694.7 | 96220.2 | 11973.7 | 11588.7 | 254912.1 |
| 2013 | 446294.1 | 109849.9 | 13312.4 | 12420.1 | 310711.7 |
| 2014 | 512020.7 | 125005.2 | 15188.9 | 12602.5 | 359224.1 |
| 2015 | 561999.9 | 139711.3 | 15447.8 | 12439.3 | 394401.5 |
| 2016 | 606465.7 | 129038.5 | 8928.5 | 12110.5 | 495988.2 |
| 2017 | 641238.4 | 139073.3 | 7678.5 | 11804 | 482682.6 |
| 2018 | 488499 | — | — | — | — |
| 2019 | 513608 | — | — | — | — |
| 2020 | 527270 | — | — | — | — |

注：根据经济普查、投资统计制度方法改革以及统计执法检查、统计督察等因素，对2003年以来的全社会固定资产投资总量及增速，固定资产投资(不含农户)总量及增速，民间投资总量及增速，第一、二、三产投资总量及增速进行了修订。本表只对2018年（含）后的固定资产投资合计数据进行修订。

表 A-11　2011~2020 年各地区工业产值占地区国内生产总值的比例

| 地 区 | 2011年 | 2012年 | 2013年 | 2014年 | 2015年 | 2016年 | 2017年 | 2019年 | 2020年 |
|---|---|---|---|---|---|---|---|---|---|
| 全 国 | 39.9 | 38.7 | 37.4 | 36.3 | 34.3 | 33.3 | 33.9 | 32.1 | 31.0 |
| 北 京 | 18.8 | 18.4 | 18.0 | 17.6 | 16.1 | 15.7 | 15.3 | 12.0 | 11.7 |
| 天 津 | 48.0 | 47.5 | 46.3 | 45.0 | 42.2 | 38.0 | 37.0 | 31.2 | 29.7 |
| 河 北 | 48.0 | 47.1 | 46.4 | 45.3 | 42.4 | 41.7 | 40.4 | 32.8 | 31.9 |
| 山 西 | 53.0 | 49.7 | 46.1 | 42.9 | 34.1 | 31.8 | 37.2 | 38.6 | 38.1 |
| 内蒙古 | 49.5 | 48.7 | 47.0 | 44.5 | 43.4 | 39.9 | 31.7 | 32.0 | 32.0 |
| 辽 宁 | 48.1 | 46.7 | 45.2 | 44.2 | 39.3 | 30.6 | 31.2 | 32.8 | 31.6 |
| 吉 林 | 46.5 | 46.8 | 46.4 | 46.5 | 43.5 | 41.1 | 40.5 | 28.5 | 28.4 |
| 黑龙江 | 41.6 | 38.3 | 35.2 | 31.8 | 26.9 | 23.7 | 21.0 | 24.2 | 23.0 |
| 上 海 | 37.6 | 35.2 | 32.7 | 31.2 | 28.5 | 26.8 | 27.4 | 25.3 | 25.0 |
| 江 苏 | 45.4 | 44.2 | 42.7 | 41.4 | 39.9 | 39.4 | 39.6 | 38.0 | 36.7 |
| 浙 江 | 45.4 | 44.2 | 41.9 | 41.7 | 40.1 | 39.5 | 37.6 | 36.6 | 35.1 |
| 安 徽 | 46.2 | 46.6 | 46.2 | 45.4 | 42.1 | 41.3 | 40.4 | 30.9 | 30.1 |
| 福 建 | 43.7 | 43.4 | 43.2 | 43.3 | 41.6 | 40.6 | 39.4 | 38.1 | 35.9 |
| 江 西 | 46.2 | 45.0 | 44.8 | 43.6 | 41.4 | 39.0 | 38.9 | 36.2 | 34.8 |
| 山 东 | 46.9 | 45.6 | 43.9 | 42.6 | 41.1 | 40.6 | 39.5 | 32.3 | 31.6 |
| 河 南 | 51.8 | 50.7 | 46.4 | 45.2 | 42.8 | 42.1 | 41.4 | 33.9 | 32.3 |
| 湖 北 | 43.5 | 43.8 | 40.9 | 40.2 | 39.0 | 38.4 | 36.8 | 35.1 | 32.8 |
| 湖 南 | 41.3 | 41.2 | 40.6 | 39.8 | 37.9 | 35.9 | 35.0 | 29.3 | 29.6 |
| 广 东 | 46.3 | 45.2 | 43.0 | 43.0 | 41.6 | 40.4 | 39.3 | 36.6 | 35.1 |
| 广 西 | 41.4 | 40.5 | 38.8 | 38.7 | 37.8 | 37.2 | 31.4 | 24.9 | 23.6 |
| 海 南 | 18.8 | 18.3 | 14.9 | 14.7 | 13.1 | 11.9 | 11.8 | 11.1 | 9.7 |
| 重 庆 | 46.9 | 43.7 | 36.2 | 36.3 | 35.4 | 34.9 | 33.9 | 28.2 | 28.0 |
| 四 川 | 45.1 | 44.2 | 43.7 | 41.5 | 36.7 | 33.6 | 31.3 | 28.7 | 27.6 |
| 贵 州 | 32.1 | 32.4 | 33.2 | 33.9 | 31.6 | 31.6 | 31.5 | 27.1 | 25.8 |
| 云 南 | 33.7 | 33.5 | 31.8 | 30.4 | 28.3 | 26.3 | 25.0 | 22.8 | 22.3 |
| 西 藏 | 8.0 | 7.9 | 7.5 | 7.2 | 6.8 | 7.5 | 7.8 | 7.8 | 7.6 |
| 陕 西 | 46.8 | 47.4 | 46.3 | 45.2 | 40.8 | 39.2 | 39.7 | 37.3 | 33.8 |
| 甘 肃 | 38.3 | 36.6 | 34.0 | 33.1 | 26.2 | 24.4 | 23.6 | 26.6 | 25.4 |
| 青 海 | 48.6 | 47.3 | 43.0 | 41.4 | 37.0 | 35.1 | 29.6 | 27.6 | 26.1 |
| 宁 夏 | 38.9 | 37.5 | 36.2 | 35.4 | 33.6 | 33.3 | 31.8 | 33.9 | 32.7 |
| 新 疆 | 40.8 | 38.0 | 34.6 | 34.3 | 29.4 | 27.7 | 29.9 | 28.4 | 26.3 |

注：本表"全国"指不含港、澳、台地区的大陆各省、自治区、直辖市。以下各表的"全国"同此注。

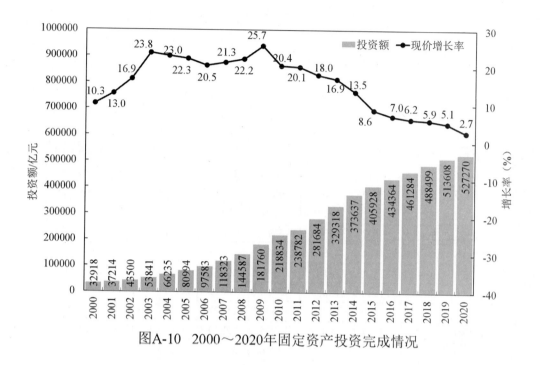

图A-10 2000～2020年固定资产投资完成情况

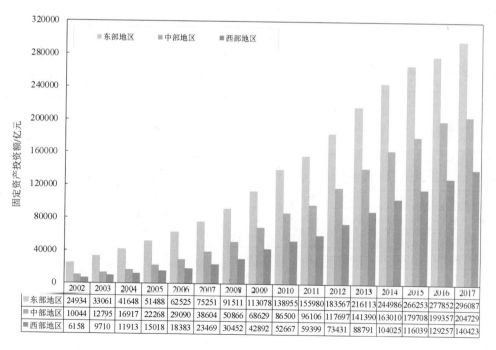

图A-11 2002～2017年三大地区固定资产投资变化图

表 A-12　各地区全社会固定资产投资（现价）

（单位：亿元）

| 地区 | 2008年 | 2009年 | 2010年 | 2011年 | 2012年 | 2013年 | 2014年 | 2015年 | 2016年 | 2017年 |
|---|---|---|---|---|---|---|---|---|---|---|
| 全国合计 | 172828.4 | 224598.8 | 278121.9 | 311485.1 | 374694.7 | 446294.1 | 512020.7 | 561999.8 | 606465.7 | 641238.4 |
| 北京 | 3814.7 | 4616.9 | 5403.0 | 5578.9 | 6112.4 | 6847.1 | 6924.2 | 7496.0 | 7943.89 | 8370.4 |
| 天津 | 3389.8 | 4738.2 | 6278.1 | 7067.7 | 7934.8 | 9130.2 | 10518.0 | 11832.0 | 12779.39 | 11288.9 |
| 河北 | 8866.6 | 12269.8 | 15083.4 | 16389.3 | 19661.3 | 23194.2 | 26671.9 | 29448.3 | 31750.02 | 33406.8 |
| 山西 | 3531.2 | 4943.2 | 6063.2 | 7073.1 | 8863.3 | 11031.9 | 12354.5 | 14074.2 | 14197.98 | 6040.5 |
| 内蒙古 | 5475.4 | 7336.8 | 8926.5 | 10365.2 | 11875.7 | 14217.4 | 17591.8 | 13702.2 | 15080.01 | 14013.2 |
| 辽宁 | 10019.1 | 12292.5 | 16043.0 | 17726.3 | 21836.3 | 25107.7 | 24730.8 | 17917.9 | 6692.25 | 6676.7 |
| 吉林 | 5038.9 | 6411.6 | 7870.4 | 7441.7 | 9511.5 | 9979.3 | 11339.6 | 12705.3 | 13923.20 | 13283.9 |
| 黑龙江 | 3656.0 | 5028.8 | 6812.6 | 7475.8 | 9694.7 | 11453.1 | 9829.0 | 10182.9 | 10648.35 | 11292.0 |
| 上海 | 4823.1 | 5043.8 | 5108.9 | 4962.1 | 5117.6 | 5647.8 | 6016.4 | 6352.7 | 6755.88 | 7246.6 |
| 江苏 | 15300.6 | 18949.9 | 23184.3 | 26692.6 | 30854.2 | 36373.3 | 41938.6 | 46246.9 | 49663.21 | 53277.0 |
| 浙江 | 9323.0 | 10742.3 | 12376.0 | 14185.3 | 17649.4 | 20782.1 | 24262.8 | 27323.3 | 30276.07 | 31696.0 |
| 安徽 | 6747.0 | 8990.7 | 11542.9 | 12455.7 | 15425.8 | 18621.9 | 21875.6 | 24386.0 | 27033.38 | 29275.1 |
| 福建 | 5207.7 | 6231.2 | 8199.1 | 9910.6 | 12439.6 | 15327.4 | 18177.9 | 21301.4 | 23237.35 | 26416.3 |
| 江西 | 4745.4 | 6643.1 | 8772.3 | 9087.6 | 10774.2 | 12850.3 | 15079.3 | 17388.1 | 19694.21 | 22085.3 |
| 山东 | 15435.9 | 19034.5 | 23280.5 | 26749.7 | 31256.0 | 36789.1 | 42495.5 | 48312.4 | 53322.94 | 55202.7 |
| 河南 | 10490.6 | 13704.5 | 16585.9 | 17769.0 | 21450.0 | 26087.5 | 30782.2 | 35660.3 | 40415.09 | 44496.9 |
| 湖北 | 5647.0 | 7866.9 | 10262.7 | 12557.3 | 15578.3 | 19307.3 | 22915.3 | 26563.9 | 30011.65 | 32282.4 |
| 湖南 | 5534.0 | 7703.4 | 9663.6 | 11880.9 | 14523.2 | 17841.4 | 21242.9 | 25045.1 | 28353.33 | 31959.2 |
| 广东 | 10868.7 | 12933.1 | 15623.7 | 17069.2 | 18751.5 | 22308.4 | 26293.9 | 30343.0 | 33303.64 | 37761.7 |
| 广西 | 3756.4 | 5237.2 | 7057.6 | 7990.7 | 9808.6 | 11907.7 | 13843.2 | 16227.8 | 18236.78 | 20499.1 |
| 海南 | 705.4 | 988.3 | 1317.0 | 1657.2 | 2145.4 | 2697.9 | 3112.2 | 3451.2 | 3890.45 | 4244.4 |
| 重庆 | 3979.6 | 5214.3 | 6688.9 | 7473.4 | 8736.2 | 10435.2 | 12285.4 | 14353.2 | 16048.10 | 17537.0 |
| 四川 | 7127.8 | 11371.9 | 13116.7 | 14222.2 | 17040.0 | 20326.1 | 23318.6 | 25525.9 | 28811.95 | 31902.1 |
| 贵州 | 1864.5 | 2412.0 | 3104.9 | 4235.9 | 5717.8 | 7373.6 | 9025.8 | 10945.5 | 13204.00 | 15503.9 |
| 云南 | 3435.9 | 4526.4 | 5528.7 | 6191.0 | 7831.1 | 9968.3 | 11498.5 | 13500.6 | 16119.40 | 18936.0 |
| 西藏 | 309.9 | 378.3 | 462.7 | 516.3 | 670.5 | 876.0 | 1069.2 | 1295.7 | 1596.05 | 1975.6 |
| 陕西 | 4614.4 | 6246.9 | 7963.7 | 9431.1 | 12044.5 | 14884.1 | 17191.9 | 18582.2 | 20825.25 | 23819.4 |
| 甘肃 | 1712.8 | 2363.0 | 3158.3 | 3965.8 | 5145.0 | 6527.9 | 7884.1 | 8754.2 | 9663.99 | 5827.8 |
| 青海 | 583.2 | 798.2 | 1016.9 | 1435.6 | 1883.4 | 2361.1 | 2861.2 | 3210.6 | 3528.05 | 3883.6 |
| 宁夏 | 828.9 | 1075.9 | 1444.2 | 1644.7 | 2096.9 | 2651.1 | 3173.8 | 3505.4 | 3794.25 | 3728.4 |
| 新疆 | 2260.0 | 2725.5 | 3423.2 | 4632.1 | 6158.8 | 7732.3 | 9447.7 | 10813.0 | 10287.53 | 12089.1 |
| 不分地区 | 3734.9 | 5779.7 | 6759.1 | 5651.3 | 6106.4 | 5655.4 | 6268.4 | 5552.4 | 5378.02 | 5220.3 |

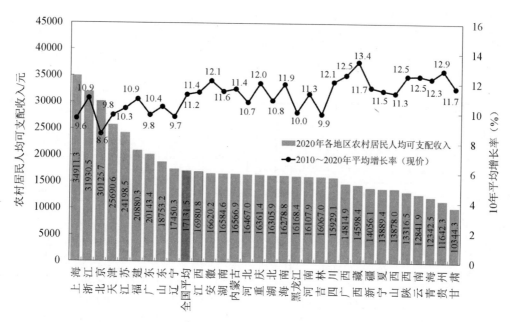

图A-12 2020年各地区农村居民人均可支配收入

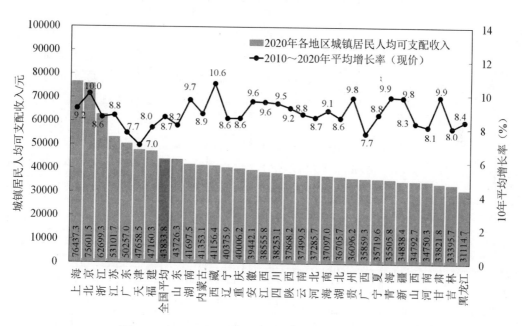

图A-13 2020年各地区城镇居民人均可支配收入

表 A-13　各地区固定资产投资占全国的比例（全国＝100%）

（单位：%）

| 地区 | 2007年 | 2008年 | 2009年 | 2010年 | 2011年 | 2012年 | 2013年 | 2014年 | 2015年 | 2016年 | 2017年 |
|---|---|---|---|---|---|---|---|---|---|---|---|
| 北京 | 2.85 | 2.21 | 2.06 | 1.94 | 1.79 | 1.63 | 1.53 | 1.35 | 1.33 | 1.31 | 1.31 |
| 天津 | 1.71 | 1.96 | 2.11 | 2.26 | 2.27 | 2.12 | 2.05 | 2.05 | 2.11 | 2.11 | 1.76 |
| 河北 | 5.01 | 5.13 | 5.46 | 5.42 | 5.26 | 5.25 | 5.20 | 5.21 | 5.24 | 5.24 | 5.21 |
| 山西 | 2.08 | 2.04 | 2.20 | 2.18 | 2.27 | 2.37 | 2.47 | 2.41 | 2.50 | 2.34 | 0.94 |
| 内蒙古 | 3.18 | 3.17 | 3.27 | 3.21 | 3.33 | 3.17 | 3.19 | 3.44 | 2.44 | 2.49 | 2.19 |
| 辽宁 | 5.41 | 5.80 | 5.47 | 5.77 | 5.69 | 5.83 | 5.63 | 4.83 | 3.19 | 1.10 | 1.04 |
| 吉林 | 2.66 | 2.92 | 2.85 | 2.83 | 2.39 | 2.54 | 2.24 | 2.21 | 2.26 | 2.30 | 2.07 |
| 黑龙江 | 2.06 | 2.12 | 2.24 | 2.45 | 2.40 | 2.59 | 2.57 | 1.92 | 1.81 | 1.76 | 1.76 |
| 上海 | 3.22 | 2.79 | 2.25 | 1.84 | 1.59 | 1.37 | 1.27 | 1.18 | 1.13 | 1.11 | 1.13 |
| 江苏 | 8.93 | 8.85 | 8.44 | 8.34 | 8.57 | 8.23 | 8.15 | 8.19 | 8.23 | 8.19 | 8.31 |
| 浙江 | 6.13 | 5.39 | 4.78 | 4.45 | 4.55 | 4.71 | 4.66 | 4.74 | 4.86 | 4.99 | 4.94 |
| 安徽 | 3.70 | 3.90 | 4.00 | 4.15 | 4.00 | 4.12 | 4.17 | 4.27 | 4.34 | 4.46 | 4.57 |
| 福建 | 3.12 | 3.01 | 2.77 | 2.95 | 3.18 | 3.32 | 3.43 | 3.55 | 3.79 | 3.83 | 4.12 |
| 江西 | 2.40 | 2.75 | 2.96 | 3.15 | 2.92 | 2.88 | 2.88 | 2.95 | 3.09 | 3.25 | 3.44 |
| 山东 | 9.13 | 8.93 | 8.47 | 8.37 | 8.59 | 8.34 | 8.24 | 8.30 | 8.60 | 8.79 | 8.61 |
| 河南 | 5.83 | 6.07 | 6.10 | 5.96 | 5.70 | 5.72 | 5.85 | 6.01 | 6.35 | 6.66 | 6.94 |
| 湖北 | 3.15 | 3.27 | 3.50 | 3.69 | 4.03 | 4.16 | 4.33 | 4.48 | 4.73 | 4.95 | 5.03 |
| 湖南 | 3.03 | 3.20 | 3.43 | 3.47 | 3.81 | 3.88 | 4.00 | 4.15 | 4.46 | 4.68 | 4.98 |
| 广东 | 6.77 | 6.29 | 5.76 | 5.62 | 5.48 | 5.00 | 5.00 | 5.14 | 5.40 | 5.49 | 5.89 |
| 广西 | 2.14 | 2.17 | 2.33 | 2.54 | 2.57 | 2.62 | 2.67 | 2.70 | 2.89 | 3.01 | 3.20 |
| 海南 | 0.37 | 0.41 | 0.44 | 0.47 | 0.53 | 0.57 | 0.60 | 0.61 | 0.61 | 0.64 | 0.66 |
| 重庆 | 2.28 | 2.30 | 2.32 | 2.41 | 2.40 | 2.33 | 2.34 | 2.40 | 2.55 | 2.65 | 2.73 |
| 四川 | 4.11 | 4.12 | 5.06 | 4.72 | 4.57 | 4.55 | 4.55 | 4.55 | 4.54 | 4.75 | 4.98 |
| 贵州 | 1.08 | 1.08 | 1.07 | 1.12 | 1.36 | 1.53 | 1.65 | 1.76 | 1.95 | 2.18 | 2.42 |
| 云南 | 2.01 | 1.99 | 2.02 | 1.99 | 1.99 | 2.09 | 2.23 | 2.25 | 2.40 | 2.66 | 2.95 |
| 西藏 | 0.20 | 0.18 | 0.17 | 0.17 | 0.17 | 0.18 | 0.20 | 0.21 | 0.23 | 0.26 | 0.31 |
| 陕西 | 2.49 | 2.67 | 2.78 | 2.86 | 3.03 | 3.21 | 3.34 | 3.36 | 3.31 | 3.43 | 3.71 |
| 甘肃 | 0.95 | 0.99 | 1.05 | 1.14 | 1.27 | 1.37 | 1.46 | 1.54 | 1.56 | 1.59 | 0.91 |
| 青海 | 0.35 | 0.34 | 0.36 | 0.37 | 0.46 | 0.50 | 0.53 | 0.56 | 0.57 | 0.58 | 0.61 |
| 宁夏 | 0.44 | 0.48 | 0.48 | 0.52 | 0.53 | 0.56 | 0.59 | 0.62 | 0.62 | 0.63 | 0.58 |
| 新疆 | 1.35 | 1.31 | 1.21 | 1.23 | 1.49 | 1.64 | 1.73 | 1.85 | 1.92 | 1.70 | 1.89 |
| 不分地区 | 1.84 | 2.16 | 2.57 | 2.43 | 1.81 | 1.63 | 1.27 | 1.22 | 0.99 | 0.89 | 0.81 |

注：2018年后不公布数据了。

表 A-14　2020年分地区货物进出口总额（按收发货人所在地分）

（单位：亿美元）

| 地　区 | 进出口 | 出口 | 进口 |
|---|---|---|---|
| 全　国　合　计 | 46559.1 | 25899.5 | 20659.6 |
| 北　京 | 3364.8 | 671.5 | 2693.3 |
| 天　津 | 1063.2 | 443.5 | 619.7 |
| 河　北 | 644.7 | 364.5 | 280.2 |
| 山　西 | 218.4 | 126.8 | 91.6 |
| 内蒙古 | 152.2 | 50.4 | 101.8 |
| 辽　宁 | 948.3 | 383.3 | 565.0 |
| 吉　林 | 185.3 | 42.1 | 143.2 |
| 黑龙江 | 222.3 | 51.9 | 170.4 |
| 上　海 | 5038.3 | 1980.4 | 3057.9 |
| 江　苏 | 6428.3 | 3961.3 | 2467.1 |
| 浙　江 | 4885.4 | 3631.1 | 1254.3 |
| 安　徽 | 787.0 | 455.8 | 331.3 |
| 福　建 | 2035.8 | 1223.8 | 812.0 |
| 江　西 | 580.3 | 420.6 | 159.7 |
| 山　东 | 3202.1 | 1889.2 | 1312.9 |
| 河　南 | 972.7 | 593.0 | 379.7 |
| 湖　北 | 622.5 | 390.6 | 231.8 |
| 湖　南 | 706.8 | 478.2 | 228.6 |
| 广　东 | 10240.2 | 6282.6 | 3957.7 |
| 广　西 | 704.1 | 391.8 | 312.4 |
| 海　南 | 135.9 | 40.2 | 95.6 |
| 重　庆 | 941.8 | 605.3 | 336.6 |
| 四　川 | 1169.0 | 672.4 | 496.6 |
| 贵　州 | 79.1 | 62.3 | 16.8 |
| 云　南 | 391.3 | 221.4 | 169.9 |
| 西　藏 | 3.1 | 1.9 | 1.2 |
| 陕　西 | 546.0 | 278.9 | 267.1 |
| 甘　肃 | 55.3 | 12.4 | 42.9 |
| 青　海 | 3.3 | 1.8 | 1.5 |
| 宁　夏 | 17.8 | 12.5 | 5.3 |
| 新　疆 | 213.7 | 158.3 | 55.4 |

## 表 A-15 各季度各层次货币供应量

| 年份 | 季 度 | 广义货币供应量 M2 季末余额/亿元 | 广义货币供应量 M2 同比增长率（%） | 狭义货币供应量 M1 季末余额/亿元 | 狭义货币供应量 M1 同比增长率（%） | 流通中的现金 M0 季末余额/亿元 | 流通中的现金 M0 同比增长率（%） |
|---|---|---|---|---|---|---|---|
| 2014 | 第1季度 | 1275332.78 | 23.12 | 337210.52 | 8.46 | 61949.81 | 11.70 |
| | 第2季度 | 1333375.36 | 26.46 | 356082.855 | 13.58 | 58604.26 | 8.40 |
| | 第3季度 | 1359824.06 | 26.22 | 364416.9 | 16.68 | 61022.97 | 8.02 |
| | 第4季度 | 1392278.11 | 25.83 | 400953.44 | 18.89 | 63216.57 | 7.95 |
| 2015 | 第1季度 | 1275332.78 | 9.88 | 337210.52 | 2.91 | 61949.81 | 6.21 |
| | 第2季度 | 1333375.36 | 10.23 | 356082.86 | 4.27 | 58604.26 | 2.90 |
| | 第3季度 | 1359824.06 | 13.13 | 364416.9 | 11.37 | 61022.97 | 3.70 |
| | 第4季度 | 1392278.11 | 13.34 | 400953.44 | 15.20 | 63216.58 | 4.91 |
| 2016 | 第1季度 | 1275332.78 | 0.00 | 411581.31 | 22.05 | 64651.21 | 4.36 |
| | 第2季度 | 1490491.83 | 11.78 | 443634.7 | 24.59 | 62818.89 | 7.19 |
| | 第3季度 | 1516360.5 | 11.51 | 454340.25 | 24.68 | 65068.62 | 6.63 |
| | 第4季度 | 1550066.67 | 11.33 | 486557.24 | 21.35 | 68303.87 | 8.05 |
| 2017 | 第1季度 | 1599609.57 | 25.43 | 488770.09 | 18.75 | 68605.05 | 6.12 |
| | 第2季度 | 1631282.53 | 9.45 | 510228.17 | 15.01 | 66977.68 | 6.62 |
| | 第3季度 | 1655662.07 | 9.19 | 517863.04 | 13.98 | 69748.54 | 7.19 |
| | 第4季度 | 1676768.54 | 8.17 | 543790.15 | 11.76 | 70645.6 | 3.43 |
| 2018 | 第1季度 | 1739859.48 | 8.77 | 523540.07 | 7.11 | 72692.63 | 5.96 |
| | 第2季度 | 1770178.37 | 8.51 | 543944.71 | 6.61 | 69589.33 | 3.90 |
| | 第3季度 | 1801665.58 | 8.82 | 538574.08 | 4.00 | 71254.26 | 2.16 |
| | 第4季度 | 1826744.22 | 8.94 | 551685.91 | 1.45 | 73208.40 | 3.63 |
| 2019 | 第1季度 | 1889412.14 | 8.60 | 547575.54 | 4.59 | 74941.58 | 3.09 |
| | 第2季度 | 1921360.19 | 8.54 | 567696.18 | 4.37 | 72580.96 | 4.30 |
| | 第3季度 | 1952250.49 | 8.36 | 557137.95 | 3.45 | 74129.75 | 4.04 |
| | 第4季度 | 1986488.82 | 8.74 | 576009.15 | 4.41 | 77189.47 | 5.44 |
| 2020 | 第1季度 | 2080923.41 | 10.14 | 575050.29 | 5.02 | 83022.21 | 10.78 |
| | 第2季度 | 2134948.66 | 11.12 | 604317.97 | 6.45 | 79459.41 | 9.48 |
| | 第3季度 | 2164084.80 | 10.85 | 602312.12 | 8.11 | 82370.87 | 11.12 |
| | 第4季度 | 2186795.89 | 10.08 | 625580.99 | 8.61 | 84314.53 | 9.23 |
| 2021 | 第1季度 | 2276488.45 | 9.40 | 616113.17 | 7.14 | 86543.64 | 4.24 |
| | 第2季度 | 2317788.36 | 8.56 | 637479.36 | 5.49 | 84346.97 | 6.15 |
| | 第3季度 | 2342829.70 | 8.26 | 624645.68 | 3.71 | 86867.09 | 5.46 |
| | 第4季度 | 2382899.56 | 8.97 | 647443.35 | 3.49 | 90825.15 | 7.72 |

注：1. 自2011年10月起，货币供应量包括住房公积金中心存款和非存款类金融机构在存款类金融机构的存款。

2. 2014年起数据来源于中国人民银行调查统计司网站。

表 A-16　各地区农村居民家庭年人均可支配收入

（单位：元）

| 地区 | 2011年 | 2012年 | 2013年 | 2014年 | 2015年 | 2016年 | 2017年 | 2018年 | 2019年 | 2020年 |
|---|---|---|---|---|---|---|---|---|---|---|
| 全国平均 | 6977.3 | 7916.6 | 9429.6 | 10488.9 | 11421.7 | 12363.4 | 13432.4 | 14617.0 | 16020.7 | 17131.5 |
| 北京 | 14735.7 | 16475.7 | 17101.2 | 18867.3 | 20568.7 | 22309.5 | 24240.5 | 26490.3 | 28928.4 | 30125.7 |
| 天津 | 12321.2 | 14025.5 | 15352.6 | 17014.2 | 18481.6 | 20075.6 | 21753.7 | 23065.2 | 24804.1 | 25690.6 |
| 河北 | 7119.7 | 8081.4 | 9187.7 | 10186.1 | 11050.5 | 11919.4 | 12880.9 | 14030.9 | 15373.1 | 16467.0 |
| 山西 | 5601.4 | 6356.6 | 7949.5 | 8809.4 | 9453.9 | 10082.5 | 10787.5 | 11750.0 | 12902.4 | 13878.0 |
| 内蒙古 | 6641.6 | 7611.3 | 8984.9 | 9976.3 | 10775.9 | 11609.0 | 12584.3 | 13802.6 | 15282.8 | 16566.9 |
| 辽宁 | 8296.5 | 9383.7 | 10161.2 | 11191.5 | 12056.9 | 12880.7 | 13746.8 | 14656.3 | 16108.3 | 17450.3 |
| 吉林 | 7510.0 | 8598.2 | 9780.7 | 10780.1 | 11326.2 | 12122.9 | 12950.4 | 13748.2 | 14936.0 | 16067.0 |
| 黑龙江 | 7590.7 | 8603.9 | 9369.0 | 10453.2 | 11095.2 | 11831.9 | 12664.8 | 13803.7 | 14982.1 | 16168.4 |
| 上海 | 16053.8 | 17803.7 | 19208.3 | 21191.6 | 23205.2 | 25520.4 | 27825.0 | 30374.7 | 33195.2 | 34911.3 |
| 江苏 | 10805.0 | 12202.0 | 13521.3 | 14958.4 | 16256.7 | 17605.6 | 19158.0 | 20845.1 | 22675.4 | 24198.5 |
| 浙江 | 13070.7 | 14551.9 | 17493.9 | 19373.3 | 21125.0 | 22866.1 | 24955.8 | 27302.4 | 29875.8 | 31930.5 |
| 安徽 | 6232.2 | 7160.5 | 8850.0 | 9916.4 | 10820.7 | 11720.5 | 12758.2 | 13996.0 | 15416.0 | 16620.2 |
| 福建 | 8778.6 | 9967.2 | 11404.9 | 12650.2 | 13792.7 | 14999.2 | 16334.8 | 17821.2 | 19568.4 | 20880.3 |
| 江西 | 6891.6 | 7829.4 | 9088.8 | 10116.6 | 11139.1 | 12137.7 | 13241.8 | 14459.9 | 15796.3 | 16980.8 |
| 山东 | 8342.1 | 9446.5 | 10686.9 | 11882.3 | 12930.4 | 13954.1 | 15117.5 | 16297.0 | 17775.5 | 18753.2 |
| 河南 | 6604.0 | 7524.9 | 8969.1 | 9966.1 | 10852.9 | 11696.7 | 12719.2 | 13830.7 | 15163.7 | 16107.9 |
| 湖北 | 6897.9 | 7851.7 | 9691.8 | 10849.1 | 11843.9 | 12725.0 | 13812.1 | 14977.8 | 16390.9 | 16305.9 |
| 湖南 | 6567.1 | 7440.2 | 9028.6 | 10060.2 | 10992.5 | 11930.4 | 12935.8 | 14092.5 | 15394.8 | 16584.6 |
| 广东 | 9371.7 | 10542.8 | 11067.8 | 12245.6 | 13360.4 | 14512.2 | 15779.7 | 17167.7 | 18818.4 | 20143.4 |
| 广西 | 5231.3 | 6007.6 | 7793.1 | 8683.2 | 9466.6 | 10359.5 | 11325.5 | 12434.8 | 13675.7 | 14814.9 |
| 海南 | 6446.0 | 7408.0 | 8801.7 | 9912.6 | 10857.6 | 11842.9 | 12901.8 | 13988.9 | 15113.1 | 16278.8 |
| 重庆 | 6480.4 | 7383.3 | 8492.6 | 9489.8 | 10504.7 | 11548.8 | 12637.9 | 13781.2 | 15133.3 | 16361.4 |
| 四川 | 6128.6 | 7001.4 | 8380.7 | 9347.7 | 10247.0 | 11203.1 | 12226.9 | 13331.4 | 14670.0 | 15929.1 |
| 贵州 | 4145.4 | 4753.0 | 5897.8 | 6671.2 | 7386.9 | 8090.3 | 8869.1 | 9716.1 | 10756.3 | 11642.3 |
| 云南 | 4722.0 | 5416.5 | 6723.6 | 7456.1 | 8242.1 | 9019.8 | 9862.2 | 10767.9 | 11902.4 | 12841.9 |
| 西藏 | 4904.3 | 5719.4 | 6553.4 | 7359.2 | 8243.7 | 9093.8 | 10330.2 | 11449.8 | 12951.0 | 14598.4 |
| 陕西 | 5027.9 | 5762.5 | 7092.2 | 7932.2 | 8688.9 | 9396.4 | 10264.5 | 11212.8 | 12325.7 | 13316.5 |
| 甘肃 | 3909.4 | 4506.7 | 5588.8 | 6276.6 | 6936.2 | 7456.9 | 8076.1 | 8804.1 | 9628.9 | 10344.3 |
| 青海 | 4608.5 | 5364.4 | 6461.6 | 7282.7 | 7933.4 | 8664.4 | 9462.3 | 10393.3 | 11499.4 | 12342.5 |
| 宁夏 | 5410.0 | 6180.3 | 7598.7 | 8410.0 | 9118.7 | 9851.6 | 10737.9 | 11707.6 | 12858.4 | 13889.4 |
| 新疆 | 5442.2 | 6393.7 | 7846.6 | 8723.8 | 9425.1 | 10183.2 | 11045.3 | 11974.5 | 13121.7 | 14056.1 |

表 A-17 各地区城镇居民家庭年人均可支配收入

(单位：元)

| 地区 | 2011年 | 2012年 | 2013年 | 2014年 | 2015年 | 2016年 | 2017年 | 2018年 | 2019年 | 2020年 |
|---|---|---|---|---|---|---|---|---|---|---|
| 全国平均 | 21809.8 | 24564.7 | 26955.1 | 28843.9 | 31194.8 | 33616.2 | 36396.2 | 39250.8 | 42358.8 | 43833.8 |
| 北京 | 32903.0 | 36468.8 | 40321.0 | 48531.8 | 52859.2 | 57275.3 | 62406.3 | 67989.9 | 73848.5 | 75601.5 |
| 天津 | 26920.9 | 29626.4 | 32293.6 | 31506.0 | 34101.3 | 37109.6 | 40277.5 | 42976.3 | 46118.9 | 47658.5 |
| 河北 | 18292.2 | 20543.4 | 22580.4 | 24141.3 | 26152.2 | 28249.4 | 30547.8 | 32977.2 | 35737.7 | 37285.7 |
| 山西 | 18123.9 | 20411.7 | 22455.6 | 24069.4 | 25827.7 | 27352.3 | 29131.8 | 31034.8 | 33262.4 | 34792.7 |
| 内蒙古 | 20407.6 | 23150.3 | 25496.7 | 28349.6 | 30594.1 | 32974.9 | 35670.0 | 38304.7 | 40782.5 | 41353.1 |
| 辽宁 | 20466.8 | 23222.7 | 25578.2 | 29081.7 | 31125.7 | 32876.1 | 34993.4 | 37341.9 | 39777.2 | 40375.9 |
| 吉林 | 17796.6 | 20208.0 | 22274.6 | 23217.8 | 24900.9 | 26530.4 | 28318.7 | 30171.9 | 32299.2 | 33395.7 |
| 黑龙江 | 15696.2 | 17759.8 | 19597.0 | 22609.0 | 24202.6 | 25736.4 | 27446.0 | 29191.3 | 30944.6 | 31114.7 |
| 上海 | 36230.5 | 40188.3 | 43851.4 | 48841.4 | 52961.9 | 57691.7 | 62595.7 | 68033.6 | 73615.3 | 76437.3 |
| 江苏 | 26340.7 | 29677.0 | 32537.5 | 34346.3 | 37173.5 | 40151.6 | 43621.8 | 47200.0 | 51056.1 | 53101.7 |
| 浙江 | 30970.7 | 34550.3 | 37850.8 | 40392.7 | 43714.5 | 47237.2 | 51260.7 | 55574.3 | 60182.3 | 62699.3 |
| 安徽 | 18606.1 | 21024.2 | 23114.2 | 24838.5 | 26935.8 | 29156.0 | 31640.3 | 34393.1 | 37540.0 | 39442.1 |
| 福建 | 24907.4 | 28055.2 | 30816.4 | 30722.4 | 33275.3 | 36014.3 | 39001.4 | 42121.3 | 45620.5 | 47160.3 |
| 江西 | 17494.9 | 19860.4 | 21872.7 | 24309.4 | 26500.1 | 28673.6 | 31198.1 | 33819.4 | 36545.9 | 38555.8 |
| 山东 | 22791.8 | 25755.2 | 28264.1 | 29221.9 | 31545.3 | 34012.1 | 36789.4 | 39549.4 | 42329.2 | 43726.3 |
| 河南 | 18194.8 | 20442.6 | 22398.0 | 23672.1 | 25575.6 | 27232.9 | 29557.9 | 31874.2 | 34201.0 | 34750.3 |
| 湖北 | 18373.9 | 20839.6 | 22906.4 | 24852.3 | 27051.5 | 29385.8 | 31889.4 | 34454.6 | 37601.4 | 36705.7 |
| 湖南 | 18844.1 | 21318.8 | 23414.0 | 26570.2 | 28838.1 | 31283.9 | 33947.9 | 36698.3 | 39841.9 | 41697.5 |
| 广东 | 26897.5 | 30226.7 | 33090.1 | 32148.1 | 34757.2 | 37684.3 | 40975.1 | 44341.0 | 48117.6 | 50257.0 |
| 广西 | 18854.1 | 21242.8 | 23305.4 | 24669.0 | 26415.9 | 28324.4 | 30502.1 | 32436.1 | 34744.9 | 35859.3 |
| 海南 | 18369.0 | 20917.7 | 22928.9 | 24486.5 | 26356.4 | 28453.5 | 30817.4 | 33348.7 | 36016.7 | 37097.0 |
| 重庆 | 20249.7 | 22968.1 | 25216.1 | 25147.2 | 27238.8 | 29610.0 | 32193.2 | 34889.3 | 37938.6 | 40006.2 |
| 四川 | 17899.1 | 20307.0 | 22367.6 | 24234.4 | 26205.3 | 28335.3 | 30726.9 | 33215.9 | 36153.7 | 38253.1 |
| 贵州 | 16495.0 | 18700.5 | 20667.1 | 22548.2 | 24579.6 | 26742.6 | 29079.8 | 31591.9 | 34404.2 | 36096.2 |
| 云南 | 18575.6 | 21074.5 | 23235.5 | 24299.0 | 26373.2 | 28610.6 | 30995.9 | 33487.9 | 36237.7 | 37499.5 |
| 西藏 | 16195.6 | 18028.3 | 20023.4 | 22015.8 | 25456.6 | 27802.4 | 30671.1 | 33797.4 | 37410.0 | 41156.4 |
| 陕西 | 18245.2 | 20733.9 | 22858.0 | 24365.8 | 26420.2 | 28440.1 | 30810.3 | 33319.3 | 36098.2 | 37868.2 |
| 甘肃 | 14988.7 | 17156.9 | 18964.8 | 21803.9 | 23767.1 | 25693.5 | 27763.4 | 29957.0 | 32323.4 | 33821.8 |
| 青海 | 15603.3 | 17566.3 | 19498.5 | 22306.1 | 24542.3 | 26757.4 | 29168.9 | 31514.5 | 33830.3 | 35505.8 |
| 宁夏 | 17578.9 | 19831.4 | 21833.3 | 23284.6 | 25186.0 | 27153.0 | 29472.3 | 31895.2 | 34328.5 | 35719.6 |
| 新疆 | 15513.6 | 17920.7 | 19873.8 | 23214.0 | 26274.7 | 28463.4 | 30774.8 | 32763.5 | 34663.7 | 34838.4 |

表 A-18　2020 年年底各地区分等级公路里程

（单位：km）

| 地区 | 公路里程 | 等级公路 | 其中 | | | 等外公路 |
| --- | --- | --- | --- | --- | --- | --- |
| | | | 高速 | 一级 | 二级 | |
| 全国总计 | 5198120 | 4944489 | 160980 | 123101 | 418300 | 253632 |
| 北　京 | 22264 | 22264 | 1173 | 1369 | 3996 | — |
| 天　津 | 16411 | 16411 | 1325 | 1425 | 2815 | — |
| 河　北 | 204737 | 204549 | 7809 | 7175 | 22152 | 188 |
| 山　西 | 144323 | 143226 | 5745 | 2877 | 16011 | 1097 |
| 内蒙古 | 210217 | 205313 | 6985 | 8785 | 19912 | 4903 |
| 辽　宁 | 130899 | 124548 | 4331 | 4255 | 18608 | 6352 |
| 吉　林 | 107848 | 103670 | 4306 | 2222 | 9770 | 4178 |
| 黑龙江 | 168119 | 144868 | 4512 | 3140 | 12583 | 23250 |
| 上　海 | 12917 | 12917 | 845 | 470 | 3792 | — |
| 江　苏 | 158101 | 158101 | 4925 | 15819 | 24252 | |
| 浙　江 | 123080 | 123080 | 5096 | 7760 | 10680 | |
| 安　徽 | 236483 | 236424 | 4904 | 5773 | 13188 | 59 |
| 福　建 | 110118 | 95316 | 5635 | 1481 | 11459 | 14802 |
| 江　西 | 210641 | 205122 | 6234 | 3070 | 12320 | 5520 |
| 山　东 | 286814 | 286590 | 7473 | 12251 | 26579 | 224 |
| 河　南 | 270271 | 254004 | 7100 | 4501 | 28602 | 16267 |
| 湖　北 | 289612 | 282705 | 7230 | 7060 | 24625 | 6907 |
| 湖　南 | 241138 | 229192 | 6951 | 2723 | 15749 | 11946 |
| 广　东 | 221873 | 221651 | 10488 | 12021 | 19636 | 222 |
| 广　西 | 131642 | 124235 | 6803 | 1743 | 14682 | 7408 |
| 海　南 | 40163 | 39972 | 1254 | 494 | 1945 | 192 |
| 重　庆 | 180796 | 164865 | 3402 | 1047 | 9439 | 15931 |
| 四　川 | 394371 | 379260 | 8140 | 4252 | 17045 | 15111 |
| 贵　州 | 206693 | 183245 | 7607 | 1438 | 10283 | 23448 |
| 云　南 | 292479 | 272273 | 8406 | 1649 | 13021 | 20206 |
| 西　藏 | 118238 | 98677 | 106 | 582 | 1060 | 19561 |
| 陕　西 | 180660 | 167476 | 6171 | 2114 | 10037 | 13184 |
| 甘　肃 | 155957 | 151596 | 5072 | 951 | 10872 | 4361 |
| 青　海 | 85131 | 73639 | 3451 | 618 | 9035 | 11492 |
| 宁　夏 | 36901 | 36874 | 1946 | 1954 | 4155 | 27 |
| 新　疆 | 209220 | 182425 | 5555 | 2085 | 19997 | 26795 |

表 A-19 历年货运量及货物周转量

| 年份 | 货运量/万 t | | 公路比例(%) | 货物周转量/亿 t·km | | 公路比例(%) |
|---|---|---|---|---|---|---|
| | 全社会 | 公路 | | 全社会 | 公路 | |
| 2003 | 1564492 | 1159957 | 74.14 | 53859 | 7099.5 | 13.18 |
| 2004 | 1706412 | 1244990 | 72.96 | 69445 | 7840.9 | 11.29 |
| 2005 | 1862066 | 1341778 | 72.06 | 80258 | 8693.2 | 10.83 |
| 2006 | 2037060 | 1466347 | 71.98 | 88840 | 9754.2 | 10.98 |
| 2007 | 2275822 | 1639432 | 72.04 | 101419 | 11354.7 | 11.20 |
| 2008 | 2585937 | 1916759 | 74.12 | 110300 | 32868.2 | 29.80 |
| 2009 | 2825222 | 2127834 | 75.32 | 122133 | 37188.8 | 30.45 |
| 2010 | 3241807 | 2448052 | 75.52 | 141837 | 43389.7 | 30.59 |
| 2011 | 3696961 | 2820100 | 76.28 | 159324 | 51374.7 | 32.25 |
| 2012 | 4100436 | 3188475 | 77.76 | 173804 | 59534.9 | 34.25 |
| 2013 | 4098900 | 3076648 | 75.06 | 168014 | 55738.1 | 33.17 |
| 2014 | 4167296 | 3113334 | 74.71 | 181668 | 56846.9 | 31.29 |
| 2015 | 4175886 | 3150019 | 75.43 | 178356 | 57955.7 | 32.49 |
| 2016 | 4386763 | 3341259 | 76.17 | 186629 | 61080.1 | 32.73 |
| 2017 | 4804850 | 3686858 | 76.73 | 197373 | 66771.5 | 33.83 |
| 2018 | 5152732 | 3956871 | 76.79 | 204686 | 71249.2 | 34.81 |
| 2019 | 4713624 | 3435480 | 72.88 | 199394 | 59636.4 | 29.91 |
| 2020 | 4729579 | 3426413 | 72.45 | 202211 | 60171.8 | 29.76 |

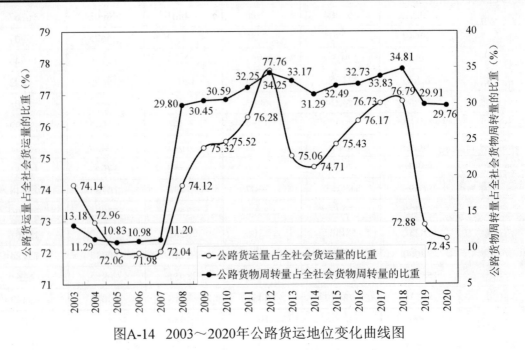

图 A-14 2003~2020年公路货运地位变化曲线图

图A-15 2003~2020年公路客运地位变化曲线图

表 A-20　历年客运量及客运周转量

| 年份 | 客运量/万人 | | 公路比例（%） | 客运周转量/亿人·km | | 公路比例（%） |
|---|---|---|---|---|---|---|
| | 全社会 | 公路 | | 全社会 | 公路 | |
| 2003 | 1587497 | 1464335 | 92.24 | 13810.5 | 7695.6 | 55.72 |
| 2004 | 1767453 | 1624526 | 91.91 | 16309.1 | 8748.4 | 53.64 |
| 2005 | 1847018 | 1697381 | 91.90 | 17466.7 | 9292.1 | 53.20 |
| 2006 | 2024158 | 1860487 | 91.91 | 19197.2 | 10130.8 | 52.77 |
| 2007 | 2227761 | 2050680 | 92.05 | 21592.6 | 11506.8 | 53.29 |
| 2008 | 2867892 | 2682114 | 93.52 | 23196.7 | 12476.1 | 53.78 |
| 2009 | 2976898 | 2779081 | 93.35 | 24834.9 | 13511.4 | 54.40 |
| 2010 | 3269508 | 3052738 | 93.37 | 27894.3 | 15020.8 | 53.85 |
| 2011 | 3526319 | 3286220 | 93.19 | 30984.0 | 16760.2 | 54.09 |
| 2012 | 3804035 | 3557010 | 93.51 | 33383.1 | 18467.5 | 55.32 |
| 2013 | 2122992 | 1853463 | 87.30 | 27571.7 | 11250.9 | 40.81 |
| 2014 | 2032218 | 1736270 | 85.44 | 28647.1 | 10996.8 | 38.39 |
| 2015 | 1943271 | 1619097 | 83.32 | 30058.9 | 10742.7 | 35.74 |
| 2016 | 1900194 | 1542759 | 81.19 | 31258.5 | 10228.7 | 32.72 |
| 2017 | 1848620 | 1456784 | 78.80 | 32812.8 | 9765.2 | 29.76 |
| 2018 | 1793820 | 1367170 | 76.22 | 34218.2 | 9279.7 | 27.12 |
| 2019 | 1760436 | 1301173 | 73.91 | 35349.2 | 8857.1 | 25.06 |
| 2020 | 966540 | 689425 | 71.33 | 19251.5 | 4641.0 | 24.11 |

### 表 A-21 各地区公路货运量

(单位：万 t)

| 地区 | 2011年 | 2012年 | 2013年 | 2014年 | 2015年 | 2016年 | 2017年 | 2018年 | 2019年 | 2020年 |
|---|---|---|---|---|---|---|---|---|---|---|
| 全国合计 | 2820100 | 3188475 | 3076648 | 3332838 | 3150019 | 3341259 | 3686858 | 3956871 | 3435480 | 3426413 |
| 北京 | 23276 | 24925 | 24651 | 25416 | 19044 | 19972 | 19374 | 20278 | 22325 | 21789 |
| 天津 | 23505 | 27735 | 28206 | 31130 | 30551 | 32841 | 34720 | 34711 | 31250 | 32261 |
| 河北 | 166680 | 195530 | 172492 | 185286 | 175637 | 189822 | 207340 | 226334 | 211461 | 211942 |
| 山西 | 65201 | 73150 | 82834 | 88491 | 91240 | 102200 | 114880 | 126214 | 100847 | 98206 |
| 内蒙古 | 103651 | 125260 | 97058 | 126704 | 119500 | 130613 | 147483 | 160018 | 110874 | 109002 |
| 辽宁 | 151773 | 174355 | 172923 | 189174 | 172140 | 177371 | 184273 | 189737 | 144556 | 138569 |
| 吉林 | 39308 | 47130 | 38063 | 41830 | 38708 | 40777 | 44728 | 46520 | 37217 | 38274 |
| 黑龙江 | 44420 | 47465 | 45288 | 47173 | 44200 | 42897 | 44127 | 42943 | 37623 | 35521 |
| 上海 | 42685 | 42911 | 43877 | 42848 | 40627 | 39055 | 39743 | 39595 | 50656 | 46051 |
| 江苏 | 140803 | 153698 | 103709 | 114449 | 113351 | 117166 | 128915 | 139251 | 164578 | 174624 |
| 浙江 | 108654 | 113393 | 107186 | 117070 | 122547 | 133999 | 151920 | 166533 | 177683 | 189582 |
| 安徽 | 219467 | 259461 | 284534 | 315223 | 230649 | 244526 | 280471 | 283817 | 235269 | 243529 |
| 福建 | 52558 | 59431 | 69876 | 82573 | 79802 | 85770 | 95599 | 96576 | 87317 | 91137 |
| 江西 | 98358 | 113703 | 121279 | 137782 | 115436 | 122872 | 138074 | 157646 | 135554 | 141899 |
| 山东 | 279380 | 296754 | 227746 | 230018 | 227934 | 249752 | 288052 | 312807 | 266124 | 267230 |
| 河南 | 220122 | 251772 | 162040 | 179680 | 172431 | 184255 | 207066 | 235183 | 190883 | 193632 |
| 湖北 | 82741 | 97136 | 100945 | 116279 | 115801 | 122656 | 147711 | 163145 | 143549 | 114346 |
| 湖南 | 144241 | 166670 | 156269 | 172613 | 172248 | 178968 | 198806 | 204389 | 165096 | 176442 |
| 广东 | 166567 | 189034 | 261273 | 257136 | 255995 | 272826 | 288904 | 304743 | 239744 | 231170 |
| 广西 | 113549 | 135112 | 124677 | 134330 | 119194 | 128247 | 139602 | 153389 | 142751 | 145323 |
| 海南 | 15095 | 16600 | 10290 | 11015 | 11279 | 10879 | 11223 | 12052 | 6770 | 6853 |
| 重庆 | 82818 | 71272 | 71842 | 81206 | 86931 | 89390 | 95019 | 107064 | 89965 | 99679 |
| 四川 | 139771 | 158396 | 151689 | 142132 | 138622 | 146046 | 158190 | 173324 | 162668 | 157598 |
| 贵州 | 36684 | 44892 | 65100 | 78017 | 77341 | 82237 | 89298 | 95354 | 76205 | 79412 |
| 云南 | 54186 | 63239 | 98675 | 103161 | 101993 | 109487 | 124064 | 135321 | 117145 | 115620 |
| 西藏 | 979 | 1042 | 1778 | 1871 | 2077 | 1906 | 2148 | 2363 | 3969 | 4039 |
| 陕西 | 90419 | 104593 | 105566 | 119343 | 107731 | 113363 | 123721 | 130823 | 109801 | 116057 |
| 甘肃 | 28790 | 39517 | 45072 | 50781 | 52281 | 54761 | 60117 | 64271 | 58228 | 61272 |
| 青海 | 8952 | 9700 | 9588 | 11030 | 13233 | 14047 | 14871 | 15685 | 11722 | 10835 |
| 宁夏 | 29016 | 32646 | 32502 | 34318 | 36995 | 37421 | 31659 | 31757 | 34360 | 34216 |
| 新疆 | 46451 | 51954 | 59620 | 64758 | 64505 | 65139 | 74760 | 85029 | 69290 | 40305 |

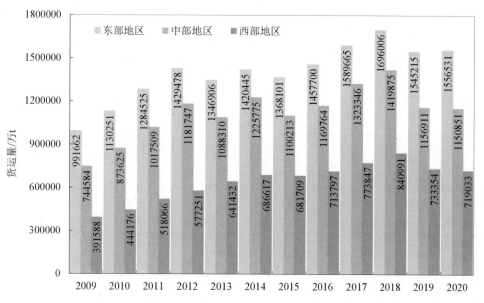

图A-16 2009～2020年三大地区公路货运量变化曲线图

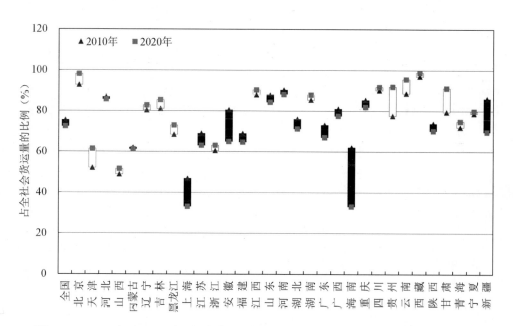

图A-17 2010年和2020年公路货运量占本地区全社会货运量的比例变化情况

表 A-22　各地区公路货运量占本地区全社会货运量的比例

(单位：%)

| 地区 | 2011年 | 2012年 | 2013年 | 2014年 | 2015年 | 2016年 | 2017年 | 2018年 | 2019年 | 2020年 |
|---|---|---|---|---|---|---|---|---|---|---|
| 全国平均 | 76.28 | 77.78 | 75.06 | 75.97 | 75.43 | 76.17 | 76.73 | 76.79 | 72.88 | 72.45 |
| 北京 | 94.37 | 95.27 | 95.74 | 95.73 | 94.85 | 96.32 | 96.34 | 97.15 | 97.88 | 98.14 |
| 天津 | 53.91 | 60.27 | 62.36 | 62.57 | 62.63 | 65.02 | 67.03 | 66.47 | 62.38 | 61.43 |
| 河北 | 87.82 | 89.23 | 87.11 | 88.25 | 88.69 | 90.14 | 90.60 | 90.78 | 87.22 | 85.69 |
| 山西 | 48.50 | 50.59 | 53.08 | 53.66 | 56.4 | 61.17 | 60.62 | 59.68 | 52.47 | 51.62 |
| 内蒙古 | 61.58 | 65.95 | 59.06 | 66.04 | 68.24 | 69.95 | 69.14 | 68.82 | 58.83 | 61.21 |
| 辽宁 | 82.05 | 84.32 | 83.59 | 85.16 | 85.21 | 85.66 | 85.26 | 84.95 | 81.10 | 82.81 |
| 吉林 | 82.84 | 85.99 | 84.94 | 86.58 | 89.33 | 90.50 | 89.63 | 89.19 | 86.16 | 85.34 |
| 黑龙江 | 70.27 | 72.76 | 74.13 | 78.34 | 81.13 | 80.08 | 78.24 | 77.81 | 74.54 | 72.99 |
| 上海 | 45.92 | 45.63 | 52.05 | 47.62 | 44.70 | 44.22 | 41.04 | 37.01 | 41.82 | 33.17 |
| 江苏 | 69.52 | 69.86 | 57.05 | 58.35 | 56.96 | 57.98 | 58.46 | 59.72 | 62.64 | 63.12 |
| 浙江 | 58.30 | 59.12 | 56.81 | 60.27 | 60.90 | 62.16 | 62.65 | 61.89 | 61.48 | 63.14 |
| 安徽 | 81.76 | 83.04 | 71.78 | 72.58 | 66.71 | 67.07 | 69.52 | 69.77 | 63.89 | 65.03 |
| 福建 | 69.90 | 70.46 | 72.28 | 73.89 | 71.87 | 71.27 | 72.30 | 70.52 | 64.96 | 64.77 |
| 江西 | 87.94 | 89.39 | 89.72 | 90.72 | 88.56 | 88.96 | 89.40 | 90.45 | 89.80 | 90.30 |
| 山东 | 87.74 | 88.95 | 86.23 | 86.98 | 87.05 | 87.51 | 88.09 | 88.36 | 85.98 | 84.29 |
| 河南 | 91.33 | 92.52 | 87.67 | 89.48 | 89.41 | 89.41 | 89.98 | 90.50 | 87.15 | 88.04 |
| 湖北 | 77.39 | 79.01 | 77.06 | 77.13 | 75.24 | 75.5 | 78.52 | 79.85 | 76.30 | 71.28 |
| 湖南 | 85.59 | 87.24 | 84.68 | 85.01 | 86.25 | 86.66 | 88.14 | 88.88 | 87.01 | 87.84 |
| 广东 | 74.23 | 73.82 | 74.86 | 74.86 | 75.46 | 74.37 | 73.63 | 73.19 | 66.89 | 67.09 |
| 广西 | 83.41 | 83.74 | 82.49 | 82.4 | 79.61 | 79.78 | 79.94 | 80.45 | 77.99 | 77.53 |
| 海南 | 60.10 | 61.76 | 59.39 | 46.61 | 50.61 | 49.94 | 52.56 | 54.68 | 36.69 | 33.15 |
| 重庆 | 85.58 | 82.42 | 82.35 | 83.39 | 83.72 | 82.79 | 82.24 | 83.32 | 79.64 | 81.91 |
| 四川 | 89.99 | 90.85 | 90.42 | 89.37 | 89.67 | 90.73 | 91.48 | 92.50 | 91.76 | 91.68 |
| 贵州 | 81.72 | 85.26 | 89.54 | 91.06 | 91.48 | 91.86 | 92.78 | 93.00 | 91.37 | 91.86 |
| 云南 | 90.06 | 92.00 | 94.58 | 95.04 | 94.78 | 94.79 | 95.95 | 96.20 | 95.45 | 95.51 |
| 西藏 | 95.27 | 92.49 | 96.10 | 97.74 | 97.74 | 96.71 | 97.50 | 97.12 | 98.62 | 98.73 |
| 陕西 | 74.78 | 76.50 | 74.56 | 76.01 | 76.46 | 76.06 | 75.87 | 75.51 | 70.95 | 70.23 |
| 甘肃 | 81.63 | 86.22 | 87.58 | 88.72 | 89.75 | 90.27 | 90.81 | 91.31 | 91.54 | 91.13 |
| 青海 | 71.13 | 71.94 | 71.70 | 75.35 | 82.90 | 83.21 | 82.97 | 82.97 | 77.85 | 74.84 |
| 宁夏 | 78.71 | 79.40 | 79.44 | 83.08 | 86.79 | 86.50 | 82.91 | 81.60 | 80.83 | 79.85 |
| 新疆 | 87.23 | 88.37 | 89.11 | 89.73 | 91.27 | 90.52 | 88.58 | 87.21 | 82.07 | 69.72 |

表 A-23　各地区公路货物周转量

（单位：亿 t·km）

| 地区 | 2011年 | 2012年 | 2013年 | 2014年 | 2015年 | 2016年 | 2017年 | 2018年 | 2019年 | 2020年 |
|---|---|---|---|---|---|---|---|---|---|---|
| 全国合计 | 51374.7 | 59534.9 | 55738.1 | 61016.6 | 57955.7 | 61080.1 | 66771.5 | 71249.2 | 59636.4 | 60171.9 |
| 北京 | 132.3 | 139.8 | 156.2 | 165.2 | 156.4 | 161.3 | 159.2 | 167.4 | 275.7 | 265.7 |
| 天津 | 266.7 | 318.2 | 313.7 | 349.0 | 345.2 | 372.5 | 398.0 | 404.1 | 599.4 | 640.1 |
| 河北 | 5219.3 | 6133.5 | 6577.9 | 7019.6 | 6821.5 | 7294.6 | 7899.3 | 8550.2 | 8027.2 | 8103.3 |
| 山西 | 1047.1 | 1202.2 | 1278.6 | 1363.2 | 1374.8 | 1452.1 | 1758.7 | 1907.8 | 2691.6 | 2785.0 |
| 内蒙古 | 2737.6 | 3299.8 | 1872.7 | 2103.5 | 2240.0 | 2423.6 | 2764.5 | 2985.6 | 1954.5 | 1888.8 |
| 辽宁 | 2328.5 | 2675.4 | 2792.0 | 3074.9 | 2850.7 | 2936.8 | 3058.6 | 3152.3 | 2662.5 | 2548.3 |
| 吉林 | 816.0 | 974.1 | 1100.0 | 1190.8 | 1051.2 | 1084.8 | 1151.6 | 1189.2 | 1262.8 | 1294.8 |
| 黑龙江 | 843.5 | 929.0 | 972.9 | 1008.5 | 929.3 | 904.8 | 913.5 | 810.7 | 795.2 | 694.0 |
| 上海 | 283.8 | 288.2 | 352.4 | 300.8 | 289.6 | 282.0 | 297.9 | 299.3 | 839.2 | 684.6 |
| 江苏 | 1315.3 | 1452.4 | 1790.4 | 1978.5 | 2073.0 | 2140.3 | 2377.9 | 2544.4 | 3234.8 | 3524.5 |
| 浙江 | 1434.8 | 1525.6 | 1322.1 | 1419.4 | 1513.9 | 1626.8 | 1821.2 | 1964.1 | 2082.1 | 2210.0 |
| 安徽 | 6123.2 | 7266.8 | 6544.0 | 7392.4 | 4721.9 | 4915.7 | 5179.7 | 5451.6 | 3267.6 | 3412.2 |
| 福建 | 659.5 | 771.1 | 821.4 | 974.8 | 1020.3 | 1094.7 | 1214.1 | 1289.5 | 962.5 | 1021.7 |
| 江西 | 2066.8 | 2559.8 | 2829.0 | 3073.3 | 3022.7 | 3147.5 | 3433.0 | 3759.9 | 3040.3 | 3247.1 |
| 山东 | 6624.4 | 7059.2 | 5494.8 | 5711.4 | 5877.0 | 6071.4 | 6650.2 | 6859.7 | 6746.2 | 6784.4 |
| 河南 | 5949.0 | 6863.0 | 4488.0 | 4822.4 | 4542.7 | 4838.5 | 5341.7 | 5893.9 | 5299.8 | 5572.6 |
| 湖北 | 1277.7 | 1565.4 | 2046.3 | 2340.6 | 2380.6 | 2506.9 | 2741.9 | 2955.5 | 2268.1 | 1639.9 |
| 湖南 | 1878.6 | 2392.5 | 2329.5 | 2578.9 | 2553.5 | 2686.6 | 2990.6 | 3114.9 | 1316.7 | 1350.6 |
| 广东 | 2150.0 | 2434.9 | 3003.4 | 3113.8 | 3108.8 | 3381.9 | 3636.9 | 3890.3 | 2564.0 | 2524.2 |
| 广西 | 1494.0 | 1878.3 | 1857.2 | 2068.5 | 2122.6 | 2248.5 | 2456.7 | 2683.1 | 1470.9 | 1486.9 |
| 海南 | 97.1 | 109.4 | 75.4 | 81.5 | 78.7 | 76.1 | 78.6 | 84.6 | 40.8 | 41.3 |
| 重庆 | 779.8 | 731.9 | 695.9 | 797.8 | 851.2 | 935.4 | 1069.0 | 1152.8 | 952.6 | 1055.5 |
| 四川 | 1139.1 | 1325.2 | 1273.1 | 1510.5 | 1480.6 | 1565.3 | 1676.8 | 1815.0 | 1527.6 | 1617.7 |
| 贵州 | 350.1 | 464.6 | 610.6 | 776.9 | 782.5 | 873.2 | 1008.6 | 1146.5 | 548.5 | 609.8 |
| 云南 | 617.3 | 702.5 | 922.0 | 1002.3 | 1077.9 | 1173.0 | 1360.4 | 1489.2 | 1015.2 | 1101.5 |
| 西藏 | 27.1 | 27.9 | 81.5 | 86.0 | 96.1 | 94.5 | 105.8 | 116.8 | 114.5 | 116.7 |
| 陕西 | 1469.7 | 1744.6 | 1685.0 | 1917.5 | 1826.8 | 1925.8 | 2118.2 | 2301.4 | 1731.4 | 1831.1 |
| 甘肃 | 647.4 | 894.6 | 811.2 | 992.6 | 912.1 | 949.6 | 1048.9 | 1119.0 | 979.6 | 1020.3 |
| 青海 | 258.0 | 281.0 | 202.8 | 234.4 | 222.1 | 236.0 | 253.4 | 275.7 | 126.3 | 124.6 |
| 宁夏 | 608.1 | 700.1 | 509.4 | 530.5 | 571.8 | 577.6 | 500.2 | 398.2 | 437.4 | 483.7 |
| 新疆 | 732.9 | 823.8 | 928.5 | 1037.3 | 1060.5 | 1102.2 | 1306.7 | 1476.7 | 801.8 | 491.1 |

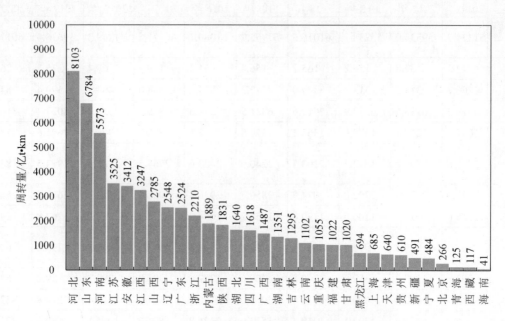

图A-18 2020年各地区公路货物周转量

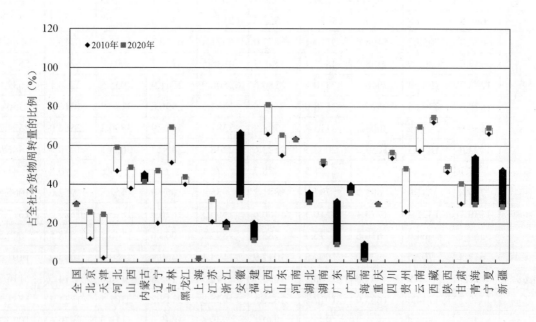

图A-19 2010年和2020年公路货物周转量占全社会货物周转量的比例变化情况

表 A-24 公路货物周转量占全社会货物周转量的比例（分地区）

（单位：%）

| 地区 | 2011年 | 2012年 | 2013年 | 2014年 | 2015年 | 2016年 | 2017年 | 2018年 | 2019年 | 2020年 |
|---|---|---|---|---|---|---|---|---|---|---|
| 全国平均 | 32.3 | 34.3 | 33.2 | 32.8 | 32.5 | 32.7 | 33.8 | 34.8 | 29.9 | 29.8 |
| 北 京 | 13.2 | 14.0 | 14.9 | 15.9 | 17.4 | 19.5 | 16.6 | 16.2 | 25.3 | 25.7 |
| 天 津 | 2.6 | 4.1 | 10.1 | 9.7 | 13.7 | 16.2 | 18.3 | 18.0 | 22.5 | 24.6 |
| 河 北 | 54.2 | 57.8 | 56.4 | 55.3 | 56.8 | 59.2 | 59.0 | 61.6 | 59.2 | 59.0 |
| 山 西 | 34.2 | 36.0 | 35.6 | 36.7 | 40.0 | 40.7 | 42.0 | 42.5 | 49.2 | 48.8 |
| 内蒙古 | 50.5 | 56.2 | 42.0 | 47.1 | 53.5 | 55.8 | 53.7 | 53.4 | 41.7 | 41.4 |
| 辽 宁 | 22.4 | 23.1 | 23.3 | 25.1 | 24.3 | 24.2 | 24.0 | 29.6 | 29.8 | 47.0 |
| 吉 林 | 56.2 | 61.0 | 65.4 | 69.9 | 73.8 | 73.4 | 70.4 | 69.8 | 70.0 | 69.4 |
| 黑龙江 | 42.9 | 46.4 | 50.4 | 55.7 | 60.1 | 59.0 | 55.1 | 50.6 | 49.2 | 43.8 |
| 上 海 | 1.4 | 1.4 | 2.5 | 1.6 | 1.5 | 1.5 | 1.2 | 1.1 | 2.8 | 2.1 |
| 江 苏 | 18.9 | 18.4 | 18.0 | 19.0 | 25.1 | 28.0 | 26.3 | 28.4 | 32.5 | 32.3 |
| 浙 江 | 16.6 | 16.6 | 14.8 | 14.9 | 15.3 | 16.6 | 18.0 | 17.0 | 16.8 | 17.9 |
| 安 徽 | 72.5 | 74.0 | 53.1 | 54.8 | 45.4 | 45.1 | 45.3 | 46.2 | 31.9 | 33.3 |
| 福 建 | 19.4 | 19.9 | 20.9 | 20.4 | 18.7 | 18.0 | 17.9 | 16.9 | 11.6 | 11.3 |
| 江 西 | 69.2 | 74.6 | 77.7 | 80.3 | 80.5 | 80.8 | 81.4 | 83.0 | 78.8 | 81.0 |
| 山 东 | 52.2 | 63.7 | 67.1 | 69.2 | 69.8 | 68.3 | 68.4 | 68.2 | 66.4 | 65.4 |
| 河 南 | 69.7 | 72.3 | 61.8 | 65.2 | 65.4 | 65.5 | 64.9 | 65.6 | 61.2 | 63.1 |
| 湖 北 | 33.6 | 35.3 | 43.1 | 42.5 | 42.0 | 42.3 | 43.2 | 44.3 | 37.0 | 31.0 |
| 湖 南 | 55.7 | 60.2 | 60.8 | 62.3 | 65.6 | 66.2 | 69.5 | 71.0 | 50.8 | 51.9 |
| 广 东 | 31.1 | 25.5 | 32.5 | 21.0 | 20.9 | 15.5 | 13.0 | 13.7 | 9.4 | 9.3 |
| 广 西 | 43.0 | 45.7 | 48.2 | 50.6 | 52.3 | 52.8 | 53.3 | 53.8 | 36.9 | 35.7 |
| 海 南 | 7.1 | 7.1 | 12.1 | 5.5 | 6.7 | 7.2 | 9.1 | 9.7 | 2.5 | 1.1 |
| 重 庆 | 30.8 | 27.6 | 30.3 | 30.7 | 31.4 | 31.5 | 31.7 | 32.0 | 26.4 | 29.9 |
| 四 川 | 56.5 | 59.2 | 56.6 | 61.3 | 62.0 | 62.5 | 62.2 | 61.6 | 56.3 | 56.5 |
| 贵 州 | 33.0 | 39.6 | 47.2 | 53.9 | 56.7 | 58.9 | 60.9 | 63.8 | 44.4 | 48.2 |
| 云 南 | 60.3 | 62.5 | 67.7 | 69.3 | 71.9 | 73.3 | 74.5 | 75.5 | 65.4 | 69.7 |
| 西 藏 | 67.7 | 60.4 | 78.8 | 77.9 | 80.3 | 75.8 | 77.6 | 77.9 | 74.1 | 74.6 |
| 陕 西 | 52.0 | 54.7 | 52.7 | 54.5 | 56.0 | 55.9 | 56.3 | 57.2 | 49.7 | 49.5 |
| 甘 肃 | 31.8 | 38.0 | 34.3 | 39.5 | 41.0 | 43.8 | 43.0 | 42.9 | 39.2 | 40.5 |
| 青 海 | 53.1 | 53.3 | 44.9 | 46.2 | 49.9 | 49.6 | 48.8 | 50.0 | 31.7 | 30.0 |
| 宁 夏 | 65.2 | 65.7 | 58.4 | 63.4 | 70.0 | 70.4 | 66.4 | 63.4 | 67.2 | 69.3 |
| 新 疆 | 49.7 | 51.0 | 51.7 | 55.2 | 59.8 | 61.1 | 60.0 | 59.5 | 41.2 | 28.7 |

表 A-25　2009～2020 年年末全国民用汽车保有量

（单位：万辆）

| 年份 | 全社会民用汽车保有量① | | | 营运汽车保有量② | | | 私人汽车保有量 | | |
|---|---|---|---|---|---|---|---|---|---|
| | 合计 | 载客汽车③ | 载货汽车 | 合计 | 载客汽车 | 载货汽车 | 合计 | 载客汽车 | 普通载货汽车 |
| 2009 | 6280.61 | 4845.09 | 1368.6 | 1087.35 | 180.79 | 906.56 | 4574.91 | 3808.33 | 753.40 |
| 2010 | 7801.83 | 6124.30 | 1597.55 | 1132.32 | 83.13 | 1050.19 | 5938.71 | 4989.5 | 931.52 |
| 2011 | 9356.32 | 7478.37 | 1787.99 | 1263.75 | 84.34 | 1179.41 | 7326.79 | 6237.46 | 1067.43 |
| 2012 | 10933.09 | 8943.01 | 1894.75 | 1339.89 | 86.71 | 1253.19 | 8838.60 | 7637.87 | 1175.63 |
| 2013 | 12670.14 | 10561.78 | 2010.62 | 1504.73 | 85.26 | 1419.48 | 10501.68 | 9198.23 | 1275.49 |
| 2014 | 14598.11 | 12326.70 | 2125.46 | 1537.93 | 84.58 | 1453.36 | 12339.36 | 10945.39 | 1352.78 |
| 2015 | 16284.45 | 14095.88 | 2065.62 | 1473.12 | 83.93 | 1389.19 | 14099.10 | 12737.23 | 1330.65 |
| 2016 | 18574.54 | 16278.24 | 2171.89 | 1435.77 | 84.00 | 1351.77 | 16330.22 | 14896.27 | 1401.16 |
| 2017 | 20906.67 | 18469.54 | 2338.85 | 1450.22 | 81.61 | 1368.62 | 18515.11 | 17001.51 | 1478.40 |
| 2018 | 23231.23 | 20555.40 | 2567.82 | 1435.48 | 79.66 | 1355.82 | 20574.93 | 18930.29 | 1605.10 |
| 2019 | 25376.38 | 22474.27 | 2782.84 | 1165.49 | 77.67 | 1087.82 | 22508.99 | 20710.58 | 1753.66 |
| 2020 | 27340.92 | 24166.18 | 3042.64 | 1171.54 | 61.26 | 1110.28 | 24291.19 | 22333.81 | 1907.28 |

① 汽车保有量分为载客汽车、载货汽车及其他汽车，此表中其他汽车省略。

② 营运汽车保有量1999年以前仅为公路部门营运汽车保有量，1999年以后为全国营运汽车保有量。公路部门营运汽车总计中含公路部门直属企业营运汽车。

③ 小轿车包括在载客汽车中。

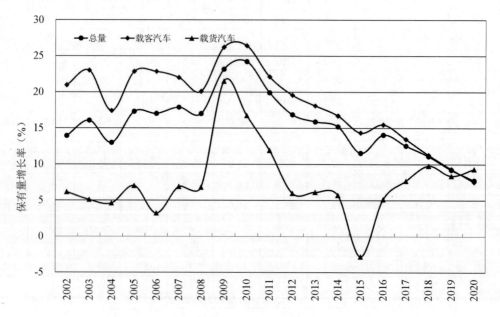

图A-20　2002～2020年全社会民用汽车保有量增长情况

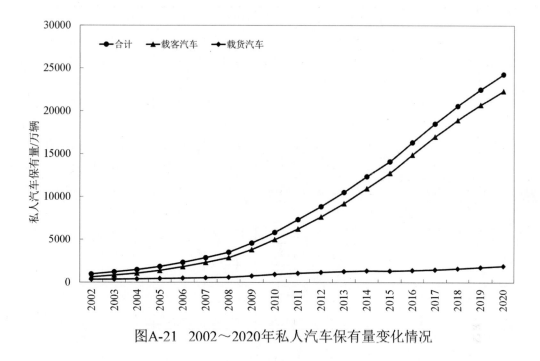

图A-21 2002~2020年私人汽车保有量变化情况

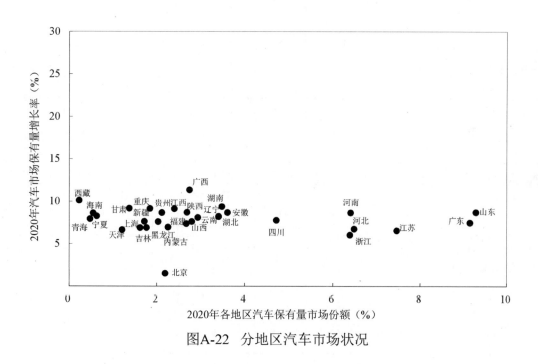

图A-22 分地区汽车市场状况

表 A-26  各地区历年民用汽车保有量

（单位：万辆）

| 地 区 | 2011年 | 2012年 | 2013年 | 2014年 | 2015年 | 2016年 | 2017年 | 2018年 | 2019年 | 2020年 |
|---|---|---|---|---|---|---|---|---|---|---|
| 北 京 | 470.5 | 493.6 | 517.1 | 530.8 | 533.8 | 547.4 | 563.1 | 574.0 | 590.3 | 599.3 |
| 天 津 | 190.8 | 221.1 | 261.6 | 274.1 | 273.6 | 273.7 | 287.7 | 298.7 | 308.9 | 329.4 |
| 河 北 | 607.2 | 728.5 | 816.3 | 930.1 | 1075.0 | 1245.9 | 1387.2 | 1530.0 | 1647.9 | 1747.3 |
| 山 西 | 295.3 | 330.0 | 378.3 | 424.4 | 469.0 | 526.4 | 592.0 | 652.1 | 710.5 | 764.7 |
| 内蒙古 | 233.2 | 266.1 | 306.9 | 342.1 | 373.6 | 418.5 | 480.2 | 531.9 | 576.7 | 616.9 |
| 辽 宁 | 356.8 | 414.9 | 457.1 | 520.0 | 582.5 | 659.4 | 727.1 | 796.4 | 861.1 | 931.6 |
| 吉 林 | 183.0 | 209.5 | 248.4 | 284.6 | 313.7 | 352.9 | 387.2 | 421.9 | 451.1 | 482.2 |
| 黑龙江 | 231.1 | 259.9 | 289.8 | 322.8 | 351.8 | 394.2 | 435.3 | 477.4 | 516.1 | 555.3 |
| 上 海 | 194.8 | 212.7 | 234.9 | 255.0 | 282.2 | 322.9 | 361.0 | 393.4 | 413.8 | 442.3 |
| 江 苏 | 675.2 | 802.2 | 944.4 | 1095.5 | 1240.9 | 1427.9 | 1612.8 | 1776.6 | 1912.7 | 2038.0 |
| 浙 江 | 656.8 | 773.6 | 902.0 | 1012.1 | 1120.6 | 1257.4 | 1395.8 | 1533.0 | 1661.3 | 1773.4 |
| 安 徽 | 258.6 | 303.1 | 358.7 | 422.5 | 498.7 | 600.8 | 708.9 | 814.2 | 907.8 | 986.5 |
| 福 建 | 239.9 | 283.9 | 333.0 | 386.6 | 435.4 | 493.6 | 557.0 | 622.8 | 680.3 | 730.5 |
| 江 西 | 171.6 | 201.6 | 246.8 | 287.7 | 338.9 | 399.3 | 465.9 | 537.6 | 601.2 | 656.0 |
| 山 东 | 851.1 | 1027.2 | 1199.7 | 1350.3 | 1510.8 | 1723.3 | 1929.6 | 2128.3 | 2333.7 | 2537.1 |
| 河 南 | 501.3 | 582.0 | 700.7 | 969.3 | 952.0 | 1104.5 | 1274.5 | 1449.7 | 1612.1 | 1751.6 |
| 湖 北 | 249.5 | 293.6 | 354.4 | 422.2 | 498.6 | 588.7 | 679.8 | 772.4 | 861.1 | 932.0 |
| 湖 南 | 258.2 | 308.1 | 366.7 | 434.5 | 507.9 | 595.8 | 683.2 | 781.0 | 870.6 | 952.2 |
| 广 东 | 910.9 | 1037.4 | 1177.4 | 1331.8 | 1471.4 | 1674.6 | 1894.2 | 2116.3 | 2326.4 | 2500.4 |
| 广 西 | 187.8 | 227.4 | 276.3 | 316.5 | 363.8 | 424.9 | 502.1 | 588.4 | 673.9 | 750.4 |
| 海 南 | 47.8 | 55.5 | 64.8 | 75.1 | 83.3 | 96.3 | 113.2 | 126.9 | 137.2 | 149.1 |
| 重 庆 | 129.7 | 159.4 | 192.8 | 237.0 | 278.6 | 327.5 | 370.5 | 419.1 | 461.6 | 503.8 |
| 四 川 | 422.2 | 493.2 | 573.0 | 666.9 | 767.1 | 880.3 | 990.3 | 1098.2 | 1196.9 | 1289.9 |
| 贵 州 | 136.4 | 164.4 | 201.0 | 244.7 | 292.6 | 348.7 | 414.0 | 479.0 | 532.1 | 578.3 |
| 云 南 | 280.0 | 328.5 | 374.0 | 429.7 | 484.2 | 552.1 | 622.7 | 677.5 | 742.1 | 802.1 |
| 西 藏 | 19.9 | 22.8 | 26.7 | 29.5 | 33.2 | 37.5 | 40.9 | 51.4 | 55.9 | 61.5 |
| 陕 西 | 236.4 | 284.6 | 336.1 | 384.9 | 438.1 | 491.2 | 549.5 | 616.8 | 676.0 | 734.7 |
| 甘 肃 | 105.6 | 129.1 | 156.4 | 185.3 | 239.4 | 277.3 | 287.5 | 315.1 | 343.3 | 374.8 |
| 青 海 | 39.9 | 49.1 | 58.8 | 68.8 | 78.2 | 88.7 | 99.6 | 109.9 | 119.6 | 129.1 |
| 宁 夏 | 53.4 | 66.4 | 79.2 | 91.1 | 100.9 | 115.3 | 130.9 | 144.8 | 157.9 | 171.0 |
| 新 疆 | 161.7 | 203.8 | 237.0 | 272.2 | 294.5 | 327.1 | 363.2 | 396.7 | 436.1 | 469.4 |
| 全国合计 | 9356.3 | 10933.1 | 12670.1 | 14598.1 | 16284.5 | 18574.5 | 20906.7 | 23231.2 | 25376.4 | 27340.9 |

表 A-27　各地区民用货车保有量

（单位：万辆）

| 地区 | 2011年 | 2012年 | 2013年 | 2014年 | 2015年 | 2016年 | 2017年 | 2018年 | 2019年 | 2020年 |
|---|---|---|---|---|---|---|---|---|---|---|
| 北京 | 21.49 | 23.70 | 25.71 | 28.91 | 30.59 | 33.01 | 36.67 | 39.99 | 47.59 | 51.60 |
| 天津 | 21.34 | 22.19 | 24.34 | 27.09 | 27.63 | 29.47 | 31.94 | 33.56 | 35.66 | 37.32 |
| 河北 | 137.15 | 153.42 | 150.01 | 143.54 | 146.64 | 163.32 | 174.34 | 193.37 | 211.00 | 227.35 |
| 山西 | 61.27 | 56.78 | 58.29 | 59.11 | 57.18 | 59.51 | 63.94 | 70.25 | 76.40 | 83.37 |
| 内蒙古 | 54.52 | 47.72 | 49.96 | 51.17 | 49.23 | 51.42 | 55.97 | 61.00 | 66.47 | 72.61 |
| 辽宁 | 76.85 | 82.22 | 73.51 | 80.04 | 82.66 | 87.12 | 90.19 | 94.12 | 99.20 | 108.36 |
| 吉林 | 36.98 | 36.99 | 40.23 | 42.22 | 41.00 | 41.91 | 41.29 | 44.57 | 46.92 | 50.63 |
| 黑龙江 | 55.27 | 55.86 | 58.14 | 61.77 | 60.31 | 61.37 | 61.07 | 64.74 | 68.39 | 74.07 |
| 上海 | 24.83 | 20.73 | 20.14 | 19.56 | 19.49 | 21.86 | 30.81 | 32.87 | 33.07 | 31.79 |
| 江苏 | 82.39 | 89.29 | 96.79 | 97.17 | 90.39 | 94.17 | 105.65 | 116.24 | 126.02 | 140.00 |
| 浙江 | 97.00 | 105.02 | 112.36 | 111.56 | 104.00 | 112.87 | 124.53 | 136.78 | 147.47 | 161.41 |
| 安徽 | 74.51 | 74.23 | 79.94 | 86.15 | 87.56 | 91.86 | 99.79 | 111.87 | 121.52 | 132.64 |
| 福建 | 51.77 | 57.49 | 62.36 | 66.48 | 65.50 | 64.43 | 68.35 | 74.77 | 79.32 | 85.47 |
| 江西 | 46.76 | 47.01 | 54.56 | 58.40 | 59.96 | 60.33 | 65.13 | 73.19 | 79.42 | 85.38 |
| 山东 | 149.06 | 159.88 | 176.22 | 175.39 | 165.06 | 186.74 | 210.72 | 236.85 | 263.04 | 295.58 |
| 河南 | 106.35 | 109.61 | 120.78 | 165.63 | 129.72 | 132.91 | 144.63 | 162.22 | 176.85 | 190.05 |
| 湖北 | 59.72 | 62.69 | 68.62 | 72.73 | 70.16 | 69.71 | 74.32 | 84.35 | 93.48 | 101.19 |
| 湖南 | 54.92 | 58.17 | 61.17 | 66.40 | 67.40 | 68.37 | 66.92 | 74.67 | 81.77 | 89.53 |
| 广东 | 159.92 | 169.86 | 178.89 | 181.81 | 174.9 | 183.02 | 196 | 217.91 | 237.50 | 259.49 |
| 广西 | 42.90 | 49.20 | 55.74 | 57.22 | 58.71 | 62.12 | 68.45 | 75.88 | 83.21 | 93.31 |
| 海南 | 10.17 | 11.12 | 12.14 | 13.02 | 12.66 | 13.35 | 14.32 | 15.67 | 16.95 | 18.62 |
| 重庆 | 28.34 | 31.56 | 34.44 | 36.94 | 37.42 | 38.86 | 40.26 | 44.29 | 43.33 | 50.56 |
| 四川 | 77.49 | 83.77 | 87.99 | 91.02 | 89.57 | 91.86 | 95.97 | 105.21 | 114.25 | 126.23 |
| 贵州 | 34.23 | 36.72 | 41.5 | 47.77 | 50.33 | 52.40 | 56.49 | 62.13 | 66.06 | 71.63 |
| 云南 | 71.66 | 77.88 | 78.46 | 80.94 | 81.72 | 86.63 | 94.43 | 94.63 | 105.52 | 117.40 |
| 西藏 | 7.42 | 8.33 | 9.80 | 10.96 | 12.05 | 13.18 | 13.98 | 16.33 | 18.48 | 19.84 |
| 陕西 | 41.74 | 45.54 | 47.88 | 49.86 | 51.42 | 51.87 | 56.04 | 62.61 | 63.33 | 69.34 |
| 甘肃 | 31.00 | 35.42 | 39.89 | 43.79 | 45.39 | 48.65 | 51.86 | 55.54 | 59.21 | 64.52 |
| 青海 | 10.62 | 11.77 | 12.79 | 13.82 | 14.24 | 14.94 | 16.17 | 17.54 | 19.04 | 21.15 |
| 宁夏 | 16.51 | 19.41 | 22.35 | 24.45 | 24.11 | 26.09 | 28.39 | 30.62 | 33.34 | 36.61 |
| 新疆 | 43.79 | 51.18 | 55.61 | 60.55 | 58.64 | 58.55 | 60.24 | 64.05 | 69.02 | 75.58 |
| 全国合计 | 1787.99 | 1894.75 | 2010.62 | 2125.46 | 2065.62 | 2171.89 | 2338.85 | 2567.82 | 2782.84 | 3042.64 |

表 A-28　各地区民用客车保有量

(单位：万辆)

| 地区 | 2011年 | 2012年 | 2013年 | 2014年 | 2015年 | 2016年 | 2017年 | 2018年 | 2019年 | 2020年 |
|---|---|---|---|---|---|---|---|---|---|---|
| 北京 | 444.16 | 464.86 | 486.14 | 496.92 | 498.13 | 509.39 | 520.83 | 527.96 | 536.66 | 541.16 |
| 天津 | 167.85 | 197.30 | 235.56 | 245.4 | 244.22 | 242.50 | 253.99 | 263.27 | 271.27 | 289.94 |
| 河北 | 463.41 | 568.13 | 660.24 | 780.56 | 923.33 | 1077.06 | 1207.34 | 1330.39 | 1429.81 | 1511.94 |
| 山西 | 231.62 | 270.80 | 317.56 | 362.84 | 409.41 | 464.57 | 525.67 | 579.32 | 631.24 | 678.02 |
| 内蒙古 | 176.10 | 215.94 | 254.46 | 288.62 | 322.04 | 364.68 | 421.72 | 468.21 | 507.31 | 541.00 |
| 辽宁 | 276.16 | 328.63 | 379.92 | 436.52 | 496.09 | 568.46 | 633.15 | 698.36 | 757.81 | 818.90 |
| 吉林 | 144.54 | 170.94 | 206.55 | 240.74 | 271.03 | 309.27 | 344.06 | 375.39 | 402.10 | 429.29 |
| 黑龙江 | 173.37 | 201.42 | 228.94 | 258.34 | 288.69 | 330.13 | 371.57 | 409.87 | 444.77 | 478.15 |
| 上海 | 163.91 | 185.71 | 207.99 | 228.58 | 256.26 | 293.85 | 328.17 | 358.37 | 378.50 | 408.14 |
| 江苏 | 586.59 | 706.27 | 840.53 | 991.13 | 1143.57 | 1326.73 | 1499.72 | 1652.10 | 1777.89 | 1887.90 |
| 浙江 | 555.58 | 664.08 | 785.00 | 895.99 | 1012.46 | 1140.31 | 1266.84 | 1391.32 | 1508.30 | 1605.96 |
| 安徽 | 181.33 | 225.98 | 275.84 | 333.37 | 408.16 | 505.88 | 605.79 | 698.45 | 781.86 | 848.95 |
| 福建 | 186.30 | 224.45 | 268.59 | 318.06 | 367.79 | 427.11 | 486.46 | 545.63 | 598.34 | 642.07 |
| 江西 | 122.93 | 152.73 | 190.11 | 227.02 | 276.48 | 336.39 | 398.10 | 461.45 | 518.60 | 567.14 |
| 山东 | 696.07 | 860.89 | 1016.85 | 1168.25 | 1339.12 | 1529.79 | 1711.66 | 1883.47 | 2061.35 | 2230.50 |
| 河南 | 390.20 | 467.49 | 574.84 | 750.08 | 817.06 | 966.58 | 1124.7 | 1281.65 | 1428.48 | 1553.96 |
| 湖北 | 186.72 | 227.76 | 282.29 | 345.84 | 424.70 | 515.17 | 601.48 | 683.57 | 762.34 | 824.93 |
| 湖南 | 201.44 | 247.99 | 303.54 | 365.66 | 437.81 | 524.72 | 613.37 | 703.07 | 785.14 | 858.48 |
| 广东 | 745.35 | 861.60 | 992.39 | 1144.18 | 1290.57 | 1485.65 | 1691.96 | 1891.30 | 2080.96 | 2231.96 |
| 广西 | 142.58 | 175.77 | 217.94 | 256.99 | 302.56 | 360.24 | 431.16 | 509.85 | 587.41 | 653.60 |
| 海南 | 37.11 | 43.75 | 52.10 | 61.52 | 70.07 | 82.34 | 98.22 | 110.54 | 119.56 | 130.43 |
| 重庆 | 99.31 | 125.42 | 156.54 | 198.38 | 239.43 | 286.85 | 328.42 | 372.88 | 416.17 | 450.98 |
| 四川 | 341.48 | 406.08 | 481.5 | 572.33 | 673.91 | 785.3 | 890.61 | 988.77 | 1077.97 | 1158.40 |
| 贵州 | 101.14 | 126.47 | 158.03 | 195.17 | 240.35 | 294.26 | 355.32 | 414.49 | 463.59 | 504.02 |
| 云南 | 206.70 | 248.76 | 293.55 | 346.66 | 400.17 | 462.96 | 525.58 | 580.12 | 633.44 | 681.18 |
| 西藏 | 12.26 | 14.16 | 16.75 | 18.3 | 20.88 | 24.03 | 26.60 | 34.31 | 36.90 | 41.15 |
| 陕西 | 191.55 | 235.61 | 284.52 | 331.64 | 383.03 | 435.7 | 489.63 | 549.94 | 608.01 | 660.34 |
| 甘肃 | 73.3 | 92.32 | 114.92 | 139.91 | 167.55 | 202.09 | 233.73 | 257.52 | 281.89 | 307.80 |
| 青海 | 28.60 | 36.65 | 45.28 | 54.26 | 63.16 | 72.9 | 82.56 | 91.42 | 99.58 | 106.85 |
| 宁夏 | 35.93 | 45.94 | 55.78 | 65.55 | 75.77 | 88.21 | 101.5 | 113.07 | 123.40 | 133.07 |
| 新疆 | 114.79 | 149.08 | 177.52 | 207.89 | 232.10 | 265.1 | 299.62 | 329.34 | 363.61 | 389.99 |
| 全国合计 | 7478.37 | 8943.01 | 10561.78 | 12326.70 | 14095.88 | 16278.24 | 18469.54 | 20555.40 | 22474.27 | 24166.18 |

表 A-29　2020 年各地区私人汽车保有量

（单位：万辆）

| 地 区 | 汽车总计 | 载客汽车 | 载货汽车 | 其他汽车 |
|---|---|---|---|---|
| 全　国 | 24291.19 | 22333.81 | 1907.28 | 50.10 |
| 北　京 | 507.07 | 478.03 | 27.18 | 1.86 |
| 天　津 | 279.67 | 259.80 | 19.12 | 0.74 |
| 河　北 | 1606.46 | 1444.38 | 158.60 | 3.48 |
| 山　西 | 687.57 | 637.54 | 48.69 | 1.34 |
| 内蒙古 | 568.74 | 513.39 | 53.90 | 1.45 |
| 辽　宁 | 819.24 | 757.66 | 60.10 | 1.49 |
| 吉　林 | 435.75 | 399.50 | 35.43 | 0.81 |
| 黑龙江 | 501.76 | 447.35 | 53.49 | 0.92 |
| 上　海 | 347.59 | 346.68 | 0.64 | 0.27 |
| 江　苏 | 1742.05 | 1675.71 | 62.89 | 3.44 |
| 浙　江 | 1559.34 | 1460.84 | 96.93 | 1.57 |
| 安　徽 | 869.01 | 798.55 | 68.46 | 1.99 |
| 福　建 | 631.86 | 576.87 | 54.14 | 0.85 |
| 江　西 | 588.56 | 538.88 | 48.59 | 1.10 |
| 山　东 | 2267.94 | 2085.22 | 177.57 | 5.16 |
| 河　南 | 1602.37 | 1478.80 | 120.02 | 3.55 |
| 湖　北 | 840.09 | 770.61 | 67.22 | 2.26 |
| 湖　南 | 885.85 | 810.82 | 72.94 | 2.09 |
| 广　东 | 2191.41 | 2045.72 | 142.68 | 3.02 |
| 广　西 | 687.05 | 618.94 | 66.53 | 1.57 |
| 海　南 | 129.25 | 115.93 | 13.32 | — |
| 重　庆 | 441.54 | 414.05 | 26.75 | 0.74 |
| 四　川 | 1139.26 | 1059.58 | 77.55 | 2.12 |
| 贵　州 | 532.13 | 472.29 | 58.58 | 1.26 |
| 云　南 | 739.57 | 637.50 | 100.31 | 1.76 |
| 西　藏 | 52.59 | 35.74 | 16.77 | 0.08 |
| 陕　西 | 663.98 | 614.01 | 48.16 | 1.81 |
| 甘　肃 | 319.66 | 273.35 | 45.30 | 1.01 |
| 青　海 | 108.41 | 92.86 | 15.08 | 0.47 |
| 宁　夏 | 155.08 | 124.84 | 29.57 | 0.67 |
| 新　疆 | 390.33 | 348.37 | 40.76 | 1.20 |

### 表 A-30 历年汽车产量

(单位：辆)

| 年份 | 汽车产量合计 | 其中 | | | | | |
|---|---|---|---|---|---|---|---|
| | | 载货汽车 | 越野汽车 | 其中：轻型越野汽车 | 客车 | 轿车 | 汽车底盘 |
| 1987 | 472538 | 299356 | 27781 | 27351 | 20461 | 20865 | 92260 |
| 1988 | 646951 | 364000 | 36384 | 35978 | 50922 | 36798 | 136234 |
| 1989 | 586935 | 342835 | 48934 | 48291 | 47639 | 28820 | 103896 |
| 1990 | 509242 | 269098 | 44719 | 44348 | 23148 | 42409 | 90574 |
| 1991 | 708820 | 361310 | 54018 | 53371 | 42756 | 81055 | 122873 |
| 1992 | 1061721 | 460274 | 63373 | 61747 | 84551 | 162725 | 199162 |
| 1993 | 1296778 | 623184 | 59257 | 57057 | 142774 | 229697 | 171769 |
| 1994 | 1353368 | 613152 | 72111 | 70317 | 193006 | 250333 | 169106 |
| 1995 | 1452697 | 571751 | 91766 | 89765 | 247430 | 325461 | 162713 |
| 1996 | 1474905 | 537673 | 77587 | 73233 | 267236 | 391099 | 167651 |
| 1997 | 1582628 | 465098 | 59328 | 56547 | 317948 | 487695 | 178644 |
| 1998 | 1629182 | 573766 | 43608 | 38423 | 431947 | 507861 | 206325 |
| 1999 | 1831596 | 581990 | 36944 | 33602 | 418272 | 566105 | 229113 |
| 2000 | 2068186 | 668831 | 41624 | 35508 | 671831 | 607455 | 252063 |
| 2001 | 2341528 | 803076 | 41260 | 33247 | 834927 | 703525 | 317946 |
| 2002 | 3253655 | 1092546 | 43543 | 34232 | 1068347 | 1092762 | 425601 |
| 2003 | 4443522 | 1228181 | 86089 | 78622 | 1177476 | 2037865 | 381116 |
| 2004 | 5070452 | 1514869 | 79600 | 72245 | 1243022 | 2312561 | 398351 |
| 2005 | 5707688 | 1509893 | — | — | 1430073 | 2767722 | 381183 |
| 2006 | 7279726 | 1752973 | — | — | 1657259 | 3869494 | 442201 |
| 2007 | 8883122 | 2157335 | — | — | 1927433 | 4797688 | 558673 |
| 2008 | 9345101 | 2270207 | — | — | 2037540 | 5037334 | 530271 |
| 2009 | 13790994 | 3049170 | — | — | 3270630 | 7471194 | 596657 |
| 2010 | 18264667 | 3920363 | — | — | 4768414 | 9575890 | 791635 |
| 2011 | 18418876 | 2898046 | — | — | 4746156 | 10137517 | 637157 |
| 2012 | 19271808 | 2802110 | — | — | 2691613 | 13257833 | 520252 |
| 2013 | 22116825 | 3468501 | — | — | 6547552 | 12100772 | 581944 |
| 2014 | 23722890 | 3195901 | — | — | 8045937 | 12481052 | 553563 |
| 2015 | 24503326 | 2491337 | — | — | 9968838 | 11630895 | 412256 |
| 2016 | 28118800 | 2405300 | — | — | 491700 | 12111300 | — |
| 2017 | 29015434 | 2587741 | — | — | 479664 | 11937820 | — |
| 2018 | 27809196 | 2794127 | — | — | 453963 | 11465782 | — |
| 2019 | 25750650 | 2724763 | — | — | 442207 | 10214669 | — |
| 2020 | 25225242 | 3164576 | — | — | 434653 | 9789120 | — |

注：本表不含改装车产量；轿车产量已包含切诺基 BJ2021。

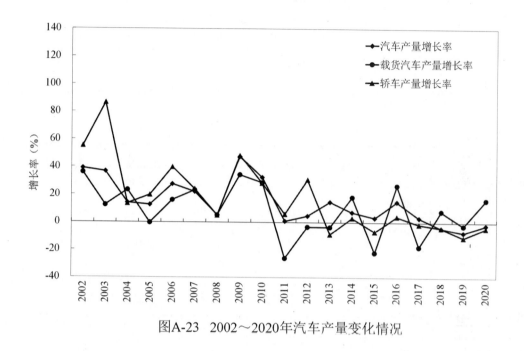

图A-23 2002~2020年汽车产量变化情况

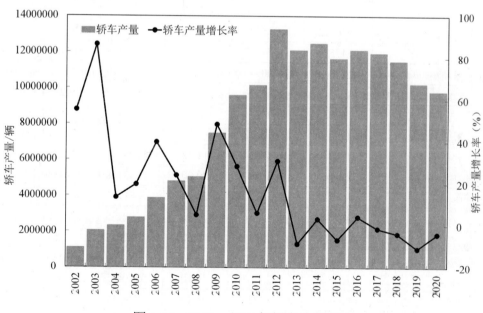

图A-24 2002~2020年轿车生产情况

表 A-31　2020 年全国汽车产销分类构成

| 车　型 | | 产　量 | | | 销　量 | | |
|---|---|---|---|---|---|---|---|
| | | 2020 年/辆 | 2019 年/辆 | 同比增速（%） | 2020 年/辆 | 2019 年/辆 | 同比增速（%） |
| 汽车总计 | | 25225242 | 25750650 | -2.00 | 25311069 | 25796931 | -1.90 |
| 乘用车合计 | | 19994081 | 21389833 | -6.50 | 20177731 | 21472091 | -6.00 |
| 其中 1 | 基本型乘用车（轿车） | 9189120 | 10214669 | -10.00 | 9275048 | 10290338 | -9.90 |
| | 多用途乘用车（MPV） | 1011344 | 1380689 | -26.80 | 1054026 | 1383684 | -23.80 |
| | 运动型多功能乘用车（SUV） | 9398405 | 9392457 | 0.10 | 9460622 | 9398531 | 0.70 |
| | 交叉型乘用车 | 395212 | 402018 | -1.70 | 388035 | 399538 | -2.90 |
| 其中 2 | 排量≤1.0L | 181830 | 416300 | -56.30 | 214236 | 446957 | -52.10 |
| | 1.0L<排量≤1.6L | 12476696 | 13943894 | -10.50 | 12609695 | 13987676 | -9.90 |
| | 1.6L<排量≤2.0L | 5815836 | 5585634 | 4.10 | 5828909 | 5623536 | 3.70 |
| | 2.0L<排量≤2.5L | 410825 | 406046 | 1.20 | 412889 | 421637 | -2.10 |
| | 2.5L<排量≤3.0L | 99976 | 96771 | 3.30 | 93242 | 95510 | -2.40 |
| | 3.0L<排量≤4.0L | 18406 | 35544 | -48.20 | 19201 | 35680 | -46.20 |
| | 排量>4.0L | 0 | 20 | -100.00 | 3 | 16 | -81.30 |
| | 纯电动 | 990512 | 905624 | 9.40 | 999556 | 861079 | 16.10 |
| 其中 3 | 手动挡 | 4347520 | 5673152 | -23.40 | 4401426 | 5641207 | -22.00 |
| | 自动挡 | 14173244 | 14200945 | -0.20 | 14284570 | 14317920 | -0.20 |
| | 其他挡 | 1473317 | 1515736 | -2.80 | 1491735 | 1512964 | -1.40 |
| 其中 4 | 柴油汽车 | 62858 | 84791 | -25.90 | 60389 | 85230 | -29.10 |
| | 汽油汽车 | 18436443 | 19962228 | -7.60 | 18621620 | 20074313 | -7.20 |
| | 其他燃料汽车 | 1494780 | 1342814 | 11.32 | 1495722 | 1312548 | 13.96 |
| 商用车合计 | | 5231161 | 4360817 | 20.00 | 5133338 | 4324840 | 18.70 |
| 其中 1 | 柴油汽车 | 3569822 | 2869700 | 24.40 | 3481193 | 2835409 | 22.80 |
| | 汽油汽车 | 1407588 | 1253306 | 12.30 | 1399496 | 1257761 | 11.30 |
| | 其他燃料汽车 | 253751 | 237811 | 6.70 | 252649 | 231670 | 9.06 |
| 其中 2 | 客车 | 434653 | 442207 | -1.70 | 430110 | 444367 | -3.20 |
| | 货车 | 3164576 | 2724763 | 16.10 | 3140465 | 2720281 | 15.50 |
| | 半挂牵引车 | 850573 | 581227 | 46.30 | 834917 | 564920 | 47.80 |
| | 客车非完整车辆 | 18072 | 30169 | -40.10 | 18081 | 30315 | -40.40 |
| | 货车非完整车辆 | 763287 | 582451 | 31.10 | 709765 | 564957 | 25.60 |

表 A-32　历年低速货车产销情况

（单位：辆）

| 年份 | 产销量 | 低速货车合计 | 低速货车 | 三轮汽车 |
|---|---|---|---|---|
| 2013 | 产量 | 2904377 | 405145 | 2499232 |
|  | 销量 | 2897926 | 402564 | 2495362 |
| 2014 | 产量 | 2926147 | 423729 | 2502418 |
|  | 销量 | 2923534 | 422645 | 2500889 |
| 2015 | 产量 | 3023503 | 432381 | 2591122 |
|  | 销量 | 3010985 | 428088 | 2582897 |
| 2016 | 产量 | 2991734 | 373202 | 2618532 |
|  | 销量 | 2990730 | 373587 | 2617143 |
| 2017 | 产量 | — | — | 2383588 |
|  | 销量 | — | — | 2383697 |
| 2018 | 产量 | — | — | 1778502 |
|  | 销量 | — | — | 1778502 |
| 2019 | 产量 | — | — | 1264488 |
|  | 销量 | — | — | 1261029 |
| 2020 | 产量 | — | — | 1344713 |
|  | 销量 | — | — | 1338647 |

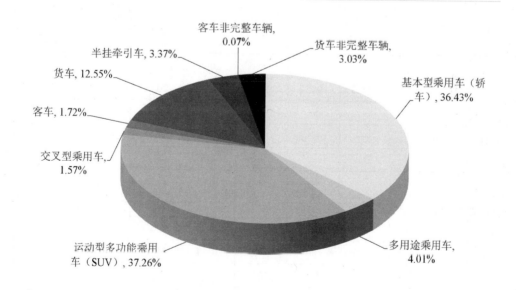

图 A-25　2020年分车型产量构成情况

表 A-33  能源生产总量及其构成

| 能源构成 | | 2012年 | 2013年 | 2014年 | 2015年 | 2016年 | 2017年 | 2018年 |
|---|---|---|---|---|---|---|---|---|
| 能源生产总量/万 t | | 351041 | 358784 | 361866 | 362000 | 346000 | 358500 | 377000 |
| 原油/万 t | 进口 | 27103 | 28174 | 30837 | 33549 | 38101 | 41957 | 46189 |
| | 出口 | 243 | 162 | 60 | 286 | 294 | 486 | 263 |
| 成品油/万 t | 进口 | 3982 | 3959 | 3000 | 2990 | 2784 | 2964 | 3348 |
| | 出口 | 2429 | 2851 | 2967 | 3615 | 4831 | 5216 | 5860 |
| 原油产量/万 t | | 20748 | 20992 | 21143 | 21456 | 19771 | 19151 | 18911 |

注：2021《汽车工业年鉴》未更新数据。

表 A-34  2011～2018年分车型汽车进口数量

（单位：辆）

| 品　种 | 2011年 | 2012年 | 2013年 | 2014年 | 2015年 | 2016年 | 2017年 | 2018年 |
|---|---|---|---|---|---|---|---|---|
| 总计（含底盘品种） | 1038622 | 1132031 | 1195040 | 1425846 | 1100867 | 1076904 | 1246515 | 1134681 |
| 一、乘用车 | 1011871 | 1108730 | 1179979 | 1411561 | 1091386 | 1062509 | 1228346 | 1115151 |
| 1. 大客车（30座以上） | — | 2526 | 2386 | 1031 | 899 | 737 | 1073 | 5 |
| 2. 中型客车（10～30座） | 5196 | 5196 | | | | | | 378 |
| 3. 旅行车（9座以下） | 162911 | 179508 | 230915 | 344179 | 264340 | 206190 | 224796 | 181027 |
| 4. 其他机动小客车 | — | 25868 | 20282 | 8822 | — | — | — | — |
| 5. 越野车 | 430886 | 456362 | 505343 | 588921 | 471750 | 465739 | 528361 | 448400 |
| 6. 轿车 | 410270 | 446992 | 423439 | 469639 | 352460 | 377373 | 447740 | 485724 |
| 7. 机坪客车 | — | — | — | 66 | — | — | — | — |
| 二、载货汽车 | 19453 | 19452 | 11197 | 11501 | 7062 | 11549 | 15459 | 14315 |
| 柴油：总重<5 t | | | | 83 | 104 | | | |
| 5 t≤总重<14 t | | | | 102 | 108 | | | |
| 14 t≤总重<20 t | | | | 146 | 135 | | | |
| 总重≥20 t | | | | 1812 | 1138 | | | |
| 汽油：总重<5 t | | | | 7374 | 3295 | | | |
| 总重≥5 t | | | | 40 | 96 | | | |
| 未列名货车 | | | | 1944 | 2186 | | | |
| 三、专用车 | — | 235 | 224 | 298 | 211 | 179 | 170 | 232 |
| 四、底盘 | 1888 | 1088 | 1254 | 1455 | 2208 | 1937 | 1467 | 1665 |

注：2021《汽车工业年鉴》未更新数据。

表 A-35 历年汽车进口数量及金额

| 年份 | 汽车进口数量/辆 | | | 进口金额合计/万美元 | 汽车配件金额/万美元 |
|---|---|---|---|---|---|
| | 总量 | 其中 | | | |
| | | 载货汽车 | 轿车 | | |
| 2007 | 314130 | 7980 | 139867 | 2676775 | 1421523.8 |
| 2008 | 409769 | 10171 | 154521 | 3222993 | 1268125 |
| 2009 | 420696 | 8201 | 164837 | 3419834 | 1457311 |
| 2010 | 813345 | 14977 | 343653 | 5818595 | 2116655 |
| 2011 | 1038622 | 19453 | 410270 | 6527468 | 2218233.4 |
| 2012 | 1132031 | 19452 | 446992 | 7992432 | 2572334 |
| 2013 | 1195040 | 11197 | 423439 | 8422289 | 2836174 |
| 2014 | 1425846 | 11501 | 469639 | 10040689 | 3213662 |
| 2015 | 1100867 | 7062 | 352460 | 7884149 | 2740113 |
| 2016 | 1076904 | 11542 | 377373 | 8130206.4 | 3635713.2 |
| 2017 | 1246515 | 15459 | 447740 | 8983901.7 | 3882149.0 |
| 2018 | 1134681 | 14315 | 485724 | 5051430 | — |

注：1.本表数据来源于《汽车工业年鉴》，《汽车工业年鉴》上无2021年数据。
　　2.本表将进口汽车散件归入进口整车中、车身归入零部件中。

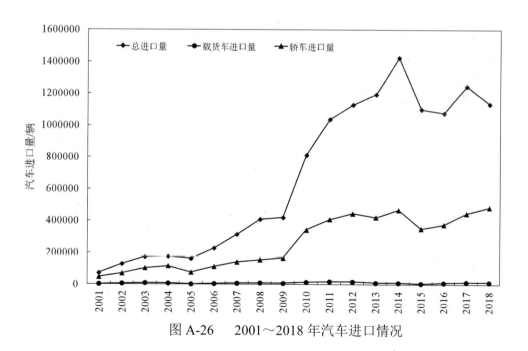

图 A-26　2001～2018 年汽车进口情况

表 A-36　主要国家历年汽车产量及品种构成

| 国别 | 年份 | 总产量/万辆 | 乘用车产量/万辆 | 占总产量（%） | 商用车产量/万辆 | 占总产量（%） |
|---|---|---|---|---|---|---|
| 美国 | 2020 | 880.2 | 613.4 | 69.7 | 266.8 | 30.3 |
| | 2019 | 1088.5 | 746.0 | 68.5 | 342.5 | 31.5 |
| | 2018 | 1218 | 802.6 | 65.9 | 415.4 | 34.1 |
| | 2017 | 1119 | 803.4 | 71.8 | 315.6 | 28.2 |
| | 2016 | 1219.8 | 915.6 | 75.1 | 304.2 | 24.9 |
| | 2015 | 1207.5 | 927.3 | 76.8 | 280.2 | 23.2 |
| | 2014 | 1166.0 | 869.5 | 74.6 | 296.5 | 25.4 |
| 日本 | 2020 | 806.8 | 696.0 | 86.3 | 110.8 | 13.7 |
| | 2019 | 968.4 | 832.9 | 86.0 | 135.5 | 14.0 |
| | 2018 | 920.4 | 835.8 | 90.8 | 84.6 | 9.2 |
| | 2017 | 969.4 | 834.8 | 86.1 | 134.6 | 13.9 |
| | 2016 | 920.5 | 787.4 | 85.5 | 133.1 | 14.5 |
| | 2015 | 927.7 | 783.0 | 84.4 | 144.7 | 15.6 |
| | 2014 | 900.8 | 762.8 | 84.7 | 138.0 | 15.3 |
| 德国 | 2020 | 390.6 | 351.5 | 90.0 | 39.1 | 10.0 |
| | 2019 | 515.2 | 466.4 | 90.5 | 48.8 | 9.5 |
| | 2018 | 574.7 | 512.0 | 89.1 | 62.7 | 10.9 |
| | 2017 | 564.6 | 564.6 | 100.0 | — | — |
| | 2016 | 606.3 | 574.7 | 94.8 | 31.6 | 5.2 |
| | 2015 | 603.3 | 573.9 | 95.1 | 29.4 | 4.9 |
| | 2014 | 592.9 | 562.4 | 94.9 | 30.5 | 5.1 |
| 英国 | 2020 | 98.6 | 92.1 | 93.4 | 6.5 | 6.6 |
| | 2019 | 137.9 | 130.3 | 94.5 | 7.6 | 5.5 |
| | 2018 | 181.7 | 151.9 | 83.6 | 29.8 | 16.4 |
| | 2017 | 174.9 | 167.1 | 95.5 | 7.8 | 4.5 |
| | 2016 | 181.7 | 172.3 | 94.8 | 9.4 | 5.2 |
| | 2015 | 168.4 | 158.3 | 94.0 | 10.1 | 6.0 |
| | 2014 | 160.7 | 153.5 | 95.5 | 7.2 | 4.5 |
| 法国 | 2020 | 133.9 | 92.8 | 69.3 | 41.2 | 30.8 |
| | 2019 | 217.7 | 159.6 | 73.3 | 58.1 | 26.7 |
| | 2018 | 209.0 | 176.3 | 84.4 | 32.7 | 15.6 |
| | 2017 | 222.7 | 174.8 | 78.5 | 47.9 | 21.5 |
| | 2016 | 208.2 | 162.6 | 78.1 | 45.6 | 21.9 |
| | 2015 | 197.2 | 155.5 | 78.9 | 41.7 | 21.1 |
| | 2014 | — | — | — | — | — |

（续）

| 国别 | 年份 | 总产量/万辆 | 乘用车 | | 商用车 | |
|---|---|---|---|---|---|---|
| | | | 产量/万辆 | 占总产量（%） | 产量/万辆 | 占总产量（%） |
| 意大利 | 2020 | 77.7 | 45.2 | 58.2 | 32.5 | 41.8 |
| | 2019 | 91.5 | 54.2 | 59.2 | 37.3 | 40.8 |
| | 2018 | 106.0 | 67.1 | 63.3 | 38.9 | 36.7 |
| | 2017 | 114.2 | 74.3 | 65.1 | 39.9 | 34.9 |
| | 2016 | 101.4 | 71.3 | 70.3 | 30.1 | 29.7 |
| | 2015 | 101.4 | 66.3 | 65.4 | 35.1 | 34.6 |
| | 2014 | 54.5 | 32.5 | 59.6 | 22.0 | 40.4 |
| 加拿大 | 2020 | 137.7 | 136.2 | 98.9 | 1.5 | 1.0 |
| | 2019 | 192.2 | 180.5 | 93.9 | 11.7 | 6.1 |
| | 2018 | 202.6 | 193.2 | 95.4 | 9.4 | 4.6 |
| | 2017 | 219.4 | 217.6 | 99.2 | 1.8 | 0.8 |
| | 2016 | 236.9 | 235.6 | 99.5 | 1.3 | 0.5 |
| | 2015 | 228.3 | 226.9 | 99.4 | 1.4 | 0.6 |
| | 2014 | 231.2 | 227.6 | 98.4 | 3.6 | 1.6 |

注：资料来源于《FOURIN世界汽车统计年鉴》，与世界汽车组织（OICA）相关统计数据有所不同，仅供参考。加拿大未发布2020年轻型商用车数据，仅为中大型商用车数值。

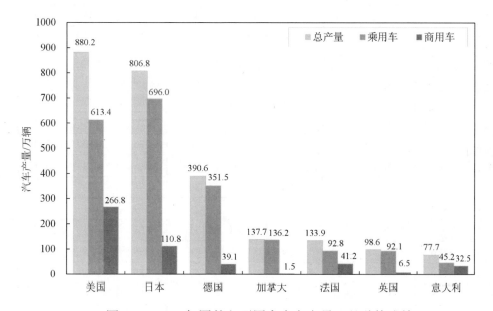

图A-27 2020年国外主要国家汽车产量及品种构成情况

### 表 A-37　1989～2020 年国外主要国家商用车产量

（单位：千辆）

| 年份 | 美国 | 日本 | 法国 | 西班牙 | 巴西 | 德国 | 意大利 | 英国 | 俄罗斯 | 瑞典 |
|---|---|---|---|---|---|---|---|---|---|---|
| 1989 | 4025 | 3973 | 511 | 407 | 282 | 288 | 249 | 327 | 844 | 82 |
| 1990 | 3703 | 3539 | 474 | 320 | 251 | 292 | 231 | 257 | 929 | 61 |
| 1991 | 3444 | 3484 | 423 | 305 | 255 | 356 | 245 | 217 | 807 | 75 |
| 1992 | 4119 | 3069 | 438 | 331 | 276 | 330 | 209 | 248 | 518 | 63 |
| 1993 | 4917 | 2734 | 319 | 262 | 291 | 237 | 150 | 193 | 650 | 58 |
| 1994 | 5649 | 2753 | 383 | 321 | 334 | 262 | 194 | 228 | 254 | 82 |
| 1995 | 5635 | 2585 | 424 | 375 | 333 | 307 | 245 | 233 | 192 | 102 |
| 1996 | 5749 | 2482 | 443 | 471 | 346 | 303 | 227 | 238 | 179 | 96 |
| 1997 | 6196 | 2484 | 479 | 552 | 392 | 345 | 254 | 238 | — | 115 |
| 1998 | 6452 | 1994 | 351 | 609 | 329 | 379 | 290 | 227 | 188 | 133 |
| 1999 | 5648 | 2585 | 424 | 375 | 333 | 307 | 245 | 233 | 192 | — |
| 2000 | 7235 | 1781 | 418 | 667 | 322 | 395 | 316 | 185 | — | — |
| 2001 | 6293 | 1053 | 395 | 614 | 215 | 248 | 265 | 181 | 170 | 113 |
| 2002 | 7227 | 948 | 367 | 585 | 194 | 346 | 303 | 191 | — | 35 |
| 2003 | 7535 | 1747 | 365 | 166 | 275 | 361 | 292 | 189 | — | 117 |
| 2004 | 7759 | 1792 | 439 | 609 | 454 | 378 | 309 | 209 | 275 | 140 |
| 2005 | 7606 | 1783 | 401 | 654 | 506 | 407 | 313 | 206 | 286 | 145 |
| 2006 | 6843 | 1728 | 446 | 699 | 519 | 421 | 319 | 206 | 325 | 134 |
| 2007 | 6857 | 1651 | 465 | 694 | 548 | 504 | 373 | 215 | 376 | 162 |
| 2008 | 4929 | 1648 | 423 | 599 | 659 | 514 | 315 | 203 | 321 | — |
| 2009 | 3495 | 1072 | 239 | 358 | 584 | 245 | 182 | 91 | 125 | 87 |
| 2010 | 4985 | 1319 | 272 | 474 | 792 | 355 | 262 | 123 | 196 | 147 |
| 2011 | 5661 | 1240 | 330 | 533 | 868 | 439 | 305 | 115 | 251 | 154 |
| 2012 | 6245 | 1411 | 239 | 454 | 719 | 261 | 275 | 112 | 263 | — |
| 2013 | 2707 | 1440 | 280 | 443.6 | 908.1 | 278.4 | 269.8 | 87.2 | 256.1 | — |
| 2014 | 2965 | 1380 | — | 500 | 823 | 305 | 220 | 72 | 174 | — |
| 2015 | 2802 | 1447 | 417 | 530 | 410 | 294 | 351 | 101 | 161 | — |
| 2016 | 3042 | 1331 | 456 | 505 | 299 | 316 | 301 | 94 | 117 | — |
| 2017 | 3156 | 1346 | 479 | 529 | 326 | — | 399 | 78 | 123 | — |
| 2018 | 4154 | 846 | 327 | 497 | 359 | 627 | 389 | 298 | 132 | — |
| 2019 | 3385 | 1355 | 581 | 603 | 503 | 488 | 373 | 76 | 197 | 168 |
| 2020 | 2668 | 1108 | 412 | 476 | 413 | 391 | 325 | 65 | 175 | 132 |

注：资料来源于《FOURIN 世界汽车统计年鉴》，与世界汽车组织（OICA）相关统计数据有所不同，仅供参考。2020 年瑞典数据仅为中大型商用车数值。

# 附录 B  国家信息中心汽车研究与咨询业务简介

国家信息中心（简称 SIC）于 1986 年开始从事汽车市场研究与咨询工作，至今已有 37 年的历史，目前这项工作由国家信息中心信息化和产业发展部负责。

## 一、主体业务

国家信息中心汽车研究与咨询业务主要分为三大板块。

### 1. 产业研究板块

聚焦汽车产业链、汽车新四化和汽车产品与技术三个研究方向。

（1）**汽车产业链研究**  聚焦产业链上下游的关键环节进行研究，包括但不限于汽车产业零部件供应模式与配套关系，汽车新零售，汽车出口前景与机会，二手车市场发展前景与经营模式等方面开展研究。针对汽车产业出现的重大问题开展研究，如汽车产业兼并重组研究、合资企业可持续发展研究、股比放开、汽车社会等，同时还开展了地方汽车产业规划方面的研究。

（2）**汽车新四化研究**  重点方向和领域：新能源汽车、智能汽车、车联网及汽车共享。

自 2013 年起，SIC 全面系统地开展了对新能源汽车的研究，包括 BEV、PHEV、FCEV，对新能源汽车的产业发展状况，企业、产品与技术，政策环境、充电设施、产业链发展、关键技术等方面持续进行月度跟踪与分析。每年开展新能源汽车消费者的需求调研，了解用户的逐年演变趋势及其对新能源汽车需求的变化，并对未来 5~10 年新能源汽车总体市场和细分市场规模进行预测。在市场预测的基础上，帮助企业发现市场机会，确定用户及产品定位。

自 2016 年以来开展了智能网联汽车的研究，对汽车的智能化和网联化的相关技术研发、配置搭载、成本走势、应用场景、消费者需求重点、接受度及使用评价等进行了持续跟踪研究，对智能网联汽车的应用前景进行预判。同时开展了共享出行研究，对共享出行市场总规模、细分领域规模进行判断，对各种商业模式的现状、优劣势及发展前景进行研究与预判，为企业开发共享出行产品以及市场进入策略提供建议。

（3）汽车产品与技术研究　及时跟踪了解全球市场最新产品与技术的发展动态，把握汽车产品与技术的发展趋势。分析研究国内市场产品的表现，产品竞争力以及新产品上市对市场的影响。研究产品生命周期管理规律，并对企业产品生命周期管理进行评估，研究基于场景开发产品的新模式。

## 2. 市场预测研究板块

市场预测研究是 SIC 最具代表性的业务，起步早，影响力大，主要包含六大业务模块。

（1）乘用车中长期市场研究　从 1999 年开始 SIC 每年都要对乘用车市场进行中长期预测，2000 年与美国通用合作引入系统动力学模型进行中长期预测，并启动了大样本的全国消费者需求动向调查为模型提供输入变量。这项工作持续至今。为了做好做准中长期预测，SIC 还做了大量的国际比较研究，总结先导国家汽车市场发展规律来指导中国市场的预测工作。其中 R 值理论、两个高速期理论、市场饱和点研究等在业内产生了巨大的影响。此外对细分市场的预测、二手车对新车市场的影响、汽车报废规律、新能源汽车的渗透规律等方向也展开了持久而深入的研究。

（2）乘用车短期市场研究　自 2003 年开始成立专门的研究小组对乘用车市场进行了短期预测。该小组目前为多家企业提供服务，通过持续跟踪产品与市场动态，以及每月持续对 700 多家经销商的调查，了解当期市场的发展变化情况，发现乘用车市场运行的新特点和新变化，探求导致市场变化的原因，评价各企业、各车型在市场中的表现，并对未来各月的乘用车市场走势做出预测。

（3）商用车市场研究　主要研究商用车整体市场、细分市场（重型、中型、轻型、微型货车、皮卡和大型、中型、轻型、微型客车九大车型）和专用车市场，分析跟踪影响这些市场发展的关键因素，研究这些因素对商用车市场的传导机制和规律，并对未来市场走势做各种时间维度的预测。

（4）豪华车与进口车市场研究　对超豪华车、豪华车和进口车的整体市场进行月度跟踪分析与中长期预测分析，并对这些车分级别、分车型、分豪华程度、分产地等细分市场进行分析和预测。近年来强化了高收入人群、汽车新四化对豪华车市场影响的研究，以及品牌建设对车辆销量和溢价的影响研究。

（5）区域市场研究　区域市场包括大区、省、地级市等多个层次。该项研究主要帮助企业解决三方面问题：一是制定销售网络发展规划；二是年度销售任务分配；三是制定区域营销策略。目前区域市场研究的车型范围包括乘用车和商用车，研究的内容包括地区市场分级、地区市场特征研究、地区市场的短期与中长期预测、地区市场营销方式研究、地区市场专题研究等。

（6）经济与政策研究　经济与政策仍是影响市场的关键因素。该项研究不仅支撑所有预测业务，也面向客户提供每月宏观经济、相关政策及重大社会事件的跟踪分析，研究它们对汽车市场的影响，研究各种政策出台的背景、目的、作用对象，并对政策效果进行评价。

### 3. 消费者研究板块

消费者研究板块主要研究对象聚焦在消费者、产品和品牌三个方面，研究消费者的特征、消费者分类及未来变化趋势，消费特征与趋势，消费者对产品的认知与需求偏好，消费者对品牌的认知与评价等。重点实现两个目的，一是大量积累消费者数据，把握消费者动态。通过每年持续进行全面的、大样本、广覆盖的消费者调研，积累基础数据，为企业的战略规划、前瞻设计服务。二是对应企业产品开发的全流程："产品战略规划、概念设计、产品开发、生产上市准备、上市前验证、上市后验证"，为企业产品设计开发提供定制化服务。

（1）消费者研究　通过一年一度的NCBS调查和需求动向调查进行常规的消费者信息收集，了解各类消费者汽车保有和购买情况、购买和使用行为、消费者需求偏好、用户人群特征等。基于这些基础调查数据，可以进行各种人群各种维度的挖掘和分析。为更好地服务于企业产品开发的需要，SIC于2013年完成了乘用车用户的人群分类研究，这几年持续改进迭代，并进一步对十类人群进行再细分，该成果被许多企业广泛应用在车型开发、用户定位上。对于年轻消费者和低线市场消费者SIC也持续关注，每两年进行一次年轻消费者调查，帮助企业把握年轻化的方向。持续进行三线市场、县域市场和农村市场消费者研究，研究这些市场消费者的购车意愿、潜力和需求特征。此外，从宏观层面还研究了中国未来消费趋势和消费者生活方式，以把握消费大势和深入洞察消费者需求背后的动机。

（2）产品研究　SIC 开发了一整套服务于企业产品规划与研发的基础性调研体系，包括产品特征目录体系研究、产品设计和审美偏好研究、产品配置需求研究等，通过该体系能比较完整地提供产品企划阶段关于产品信息的基本输入。SIC 通过联合研究的方式持续开展产品特征目录、产品设计和审美偏好、产品配置需求调研，逐年积累了大量的消费者对产品特征认知及变化的数据，对需求偏好、配置需求及变化的数据，可以为企业新产品开发设计提供输入。针对企业个案需求，在产品市场机会研究、产品概念设计、商品定义、产品上市前后验证、产品生命周期管理、品牌诊断等方面进行研究，为企业开发、改进产品，提升品牌价值提供输入。

（3）品牌研究　包括品牌监测诊断、品牌定位和品牌支撑体系研究。品牌监测诊断是通过调查了解消费者对品牌的认知度、喜爱度、购买意向等，客观中立地衡量各品牌的品牌绩效、形象健康度和品牌溢价，最终为企业找出品牌建设中存在的差距和问题提供帮助，为企业提升品牌价值提供支持。品牌定位研究是在消费者细分的基础上，考虑各细分人群的成长性、规模和市场竞争强度选择目标人群，根据目标人群的价值观、内心诉求、生活方式等来确定品牌的功能形象和个性形象。品牌支撑体系研究是从消费者的角度出发，构建消费者的品牌意识体系，研究品牌对消费者产品购买决策的影响机制及影响程度。

（4）商用车调查研究　立足货运产业链，围绕竞争力和需求两大视角展开调查，输出分货运产业链的产品及营销解决方案。SIC 有 300 余家物流系统核心资源，可以支撑各类商用车的深度调研。

SIC 每年执行约 8 万个定量样本，执行 400 余场用户座谈会和 1000 余位用户的深访或家访。大量鲜活的一手信息对我们理解用户、理解市场具有极大的帮助。SIC 在全国 340 个城市有长期合作的调查代理，涵盖 1~6 级城市。他们有丰富的汽车市场调查经验和很强的执行力。

## 二、汽车市场研究的支撑体系

### 1. 模型方法

自开展汽车研究和咨询业务以来，SIC 非常重视研究手段的建设，通过合作和自主研发等方式研发了一批汽车市场研究与预测模型。

在预测板块，六个研究模块分别针对自己的研究需要开发了各自的预测模型，如乘用车中长期组的"中国汽车工业发展模型"是与美国通用公司合作研制的，已经运行20多年。乘用车年度预测TSC模型、分收入段家庭乘用车需求预测模型、细分市场中长期预测模型、乘用车饱和点预测模型、二手车总量与细分市场预测模型等都是自主研发的。乘用车短期组开发了TSCI模型、乘用车市场先行指数预测模型等。区域市场研究组开发了用于区域市场中长期预测的S曲线模型、用于短期预测的TSCI模型、用于细分市场预测的固定效应模型和限购限行城市预判模型等。商用车组开发了商用车市场景气指数预测模型、基于货运分担率的轻型商用车预测模型、中重货车运能缺口模型等。豪华车组开发了豪华车市场总量与细分市场预测模型、超豪华市场预测模型、进口车市场预测模型等。

消费者研究板块开发了人群细分模型、产品意识研究体系、产品偏好研究体系、产品满意度模型、配置与客户价值分析模型、基于欲望和资源的消费研究体系、企业产品表现评估模型、品牌意识体系、品牌健康度模型、品牌形象评估模型、产品生命周期管理模型等。

产业研究板块开发了技术创新扩散模型、基于场景的新能源汽车预测模型、智能网联汽车预测模型、居民移动出行预测模型等。

SIC一直积极鼓励员工创新，从2011年开始每年举办一次创新大赛，每年征集到各个研究领域的新方法、分析框架和模型等20余项。这些方法大都和日常业务、项目研究紧密联系，部分方法在国内相关领域都处于领先水平。这些方法不仅提升了我们的研究水平，同时为拓展汽车行业研究新业务、不断满足客户新需求提供了可靠的保障。

## 2．数据库系统

为了支撑SIC汽车市场研究的需要，迎合部分汽车厂商的数据需求，SIC的汽车行业相关数据库建设也逐步完善，形成了汽车市场数据库、汽车产品数据库、汽车企业数据库、汽车用户数据库、汽车相关政策数据库、宏观环境数据库六大类数据库系统。近年来还不断开发大数据资源，构建了产品和品牌口碑大数据分析系统，这一系统与产品数据库、用户数据库、市场数据库实现贯通，极大地提升了数据价值，有效地支撑了各类研究的需要。

### 3. 资源系统

SIC 建立了 12 大资源系统，分别是政府关系系统、专家关系系统、经销商关系系统、跨国公司关系系统、横向关系系统、国内厂商关系网络、大用户系统、零部件厂商关系系统、汽车整车厂商关系系统、媒体关系系统、新业态关系系统以及后产业链关系系统，这些系统能随时帮助我们获取第一手信息，让我们及时了解市场的动态情况，帮助我们深入挖掘事件背后的原因。SIC 针对各资源系统定期组织了如下活动。

（1）**每月定期做经销商调查** 针对乘用车和商用车的经销商做调查，了解当月的市场情况及变化原因，为 SIC 的月度市场评估分析与预测服务。

（2）**定期召集汽车市场研讨会** 从 1992 年起，国家信息中心每年在年中和年底召集两次国内汽车厂家及行业市场分析专家参加的"宏观经济与汽车市场形势分析会"，目前这个会议已经成为汽车界了解汽车市场发展趋势，切磋对市场的看法，进行各种信息交流的平台。

（3）**定期组织跨国公司交流平台的活动** 国家信息中心从 2006 年起开始搭建乘用车跨国公司交流平台，2008 年又成立了商用车跨国公司交流平台。全球主要的汽车跨国公司均加入了交流平台。两个平台每个季度分别开展一次活动，研讨当前的宏观经济形势和汽车市场形势。

（4）**每月邀请专家讲座** 通过请进来和走出去的方式每月与多名专家进行交流，借助外脑及时跟踪了解经济、政策、市场动态及专家对形势的判断。

（5）**参加政府组织的各种会议** 参加国家发展和改革委员会、工业和信息化部、商务部等汽车主管部门组织的有关规范和促进中国汽车市场发展的研讨会、政策分析会、五年规划会等，为政府制定政策出谋划策。

## 三、汽车市场研究团队

SIC 的汽车市场研究团队带头人是国家信息中心徐长明副主任，他自 1986 年开始从事汽车市场研究，见证了中国汽车行业的整个发展过程，对中国汽车市场有着深刻的认识和理解，是目前国内知名的汽车市场研究专家之一。

SIC 汽车市场研究团队是一支上百人的高素质团队，97%的员工拥有硕士以上学历，且 80%以上毕业于国内外知名大学，如清华大学、北京大学、中国人民大学、南开大学、北京师范大学、香港大学、英国帝国理工大学、美国哥伦比亚大学、伦敦政治经济学院、英国林肯大学、日本东北大学、德国明斯特大学等。他们不仅具有经济、计量经济、管理、数学、心理学、统计学、社会学、汽车、法律等专业知识，60%的人更具备五年以上的汽车市场研究经验。正是这支"专业与经验"相结合的团队才使我们能够持续保持较强的研究能力、学习能力和创新能力。

## 四、机构特色与服务模式

SIC 是国家发展和改革委员会下属的事业单位，背靠政府是我们的一大特色。SIC 作为国家经济智囊之一，经常参与国家经济政策的研究与制定，对政府目标和政策意图有更深的理解。特色二是事业单位本身的性质为我们开展研究工作、开展各类机构的调研提供了便利条件。特色三是注重培养研究人员的国际视野。每年通过走出去的方式考察国际市场、参观国外先进的工厂约 40 人次，每年通过请进来的方式邀请国外研究机构、汽车企业的专家约 100 人次进行专题交流。特色四是预测、产业和消费者研究三个板块可以相互支撑融合，共同解决企业的综合性研究需求。

SIC 的汽车咨询业务面向政府和企业两类客户，服务模式有两种，一是一对一的咨询服务，我们根据客户的研究需求定制研究方案，为客户解决所关心的问题；二是采取联合研究的方式，每年由我们确定十几个研究课题，征集感兴趣的企业开展共同研究。

我们始终坚持客观、公正、实事求是的态度，以专业、敬业的精神服务于客户，助力客户成功，做客户忠实的事业伙伴。

**国家信息中心通信地址和联系电话**
地址：北京市西城区三里河路 58 号　国家信息中心大楼 A 座 704 房间
邮编：100045　　　　　　　　　　传真：010-68557465
电话：010-68558704　010-68558531　E-mail：panzhu@sic.gov.cn